Mensch Computer Kommunikation – G

Herausgegeben von Helmut Balzert

Einführung in die Software-Ergonomie

Herausgegeben von
Helmut Balzert, Heinz U. Hoppe,
Reinhard Oppermann, Helmut Peschke,
Gabriele Rohr, Norbert A. Streitz

Mit Beiträgen von
David Ackermann, Helmut Balzert, Joachim Bauer,
Edmund Eberleh, Thomas Hermann, Heinz U. Hoppe,
Rolf Ilg, Reinhard Oppermann, Helmut Peschke,
Gabriele Rohr, Thomas Schwab, Norbert A. Streitz,
Eberhard Ulich, Jürgen Ziegler, Magdalena Zoeprittz,
Harald Zwerina

Walter de Gruyter · Berlin · New York 1988

Herausgeber der Reihe
Prof. Dr.-Ing. habil. Helmut Balzert
Lehrstuhl für Software-Technik, Ruhr-Universität Bochum

Bildnachweis
Abb. 4-1 : I. T. T. A. GmbH, Köln
Abb. 4-3 : Nixdorf Computer AG, Paderborn
Abb. 4-6 : Hohe Electronics, Neunkirchen
Abb. 4-7 : Hewlett-Packard, Bad Homburg
Abb. 4-10: Macrotron, München
Abb. 4-11: CalComp GmbH, Düsseldorf
Abb. 4-13: TA Triumph-Adler AG, Nürnberg
Abb. 4-14/15: Olivetti, Ivrea
Abb. 4-15: frogdesign, Altensteig

Das Buch enthält 114 Abbildungen und 29 Tabellen.

CIP-Kurztitelaufnahme der Deutschen Bibliothek

Einführung in die Software-Ergonomie / hrsg. von Helmut Balzert ... Mit Beitr. von David Ackermann ... – Berlin ; New York : de Gruyter, 1988
  (Mensch-Computer-Kommunikation : Grundwissen ; 1)
Mit 114 Abb. u. 29 Tab.
ISBN 3-11-011939-0
NE: Balzert, Helmut [Hrsg.]; Ackermann, David [Mitverf.];
Mensch-Computer-Kommunikation / Grundwissen

© Copyright 1988 by Walter de Gruyter & Co., Berlin 30.

Alle Rechte, insbesondere das Recht der Vervielfältigung und Verbreitung sowie der Übersetzung, vorbehalten. Kein Teil des Werkes darf in irgendeiner Form (durch Photokopie, Mikrofilm oder ein anderes Verfahren) ohne schriftliche Genehmigung des Verlages reproduziert oder unter Verwendung elektronischer Systeme verarbeitet oder verbreitet werden. – Printed in Germany.
Satz: H. Balzert, Witten. – Druck: Gerike GmbH, Berlin. – Bindearbeiten: Lüderitz & Bauer GmbH, Berlin. – Umschlagentwurf: Hansbernd Lindemann.

Editorial

Computersysteme sind bereits heute aus dem Berufsleben nicht mehr wegzudenken. Im Jahr 2000 sollen sogar 90% aller Berufstätigen damit konfrontiert werden. Der menschengerechte Zugang zur Computertechnologie muß daher ein vordringliches Ziel von Forschung und Lehre sein. Neben der Gestaltung der Hardware spielt vor allem die **Software-Ergonomie** eine entscheidende Rolle.

Die Forschung hat in den letzten Jahren umfangreiche Ergebnisse zu diesem Gebiet hervorgebracht. Wichtige Erkenntnisse sind in der Buchreihe **Mensch-Computer-Kommunikation** publiziert.

Wegen der Relevanz dieser Thematik ist es nun an der Zeit, das wissenschaftlich abgesicherte Wissen in Form von Lehrbüchern einer breiteren Öffentlichkeit zur Verfügung zu stellen. Die Grundlagen der Software-Ergonomie sollten in Zukunft zum Basiswissen eines jeden gehören, der Softwaresysteme evaluiert und ihre Einführung in der Praxis vorbereitet, und erst recht zum Basiswissen eines jeden Systemanalytikers und Softwareentwicklers, der neue Softwaresysteme entwirft und realisiert. Damit ist das Ziel der neuen Buchreihe **Mensch-Computer-Kommunikation - Grundwissen** klar definiert.

Diese Buchreihe wendet sich an alle, die eine systematische Einführung in das Gebiet der Software-Ergonomie suchen. Das gilt gleichermaßen für **Studenten** und **Praktiker**. Die Probleme der Software-Ergonomie lassen sich nur durch interdisziplinäre Zusammenarbeit von Spezialisten verschiedener Fachrichtungen lösen. Diese Buchreihe gehört daher in die Hand eines jeden **Informatikers, Arbeitswissenschaftlers** und **Psychologen.**

Der vorliegende erste Band *Einführung in die Software-Ergonomie* der Buchreihe **Mensch-Computer-Kommunikation - Grundwissen** bietet eine systematische, interdisziplinäre Einführung in dieses Thema.

Das Buch entstand im Rahmen der von mir 1986 initiierten Software-Ergonomie-Herbstschule (SEH) der Gesellschaft für Informatik. Diese Herbstschule findet seitdem jährlich einmal statt. Die Autoren des vorliegenden Buches stammen aus verschiedenen Disziplinen und forschen auf dem Gebiet der Software-Ergonomie. Ihre Erfahrungen vermitteln sie auf der Herbstschule.

Die Herausgeber dieses Buches haben die Erfahrungen der vergangenen Herbstschulen in ein didaktisch-methodisches Konzept eingebracht, deren Ergebnis hier vorliegt.

Möge dieses Buch Ihnen als Leser einen fundierten Einblick in das noch junge Gebiet der Mensch-Computer-Kommunikation geben und Sie dazu anregen, bei der ergonomischen Gestaltung, Entwicklung und Evaluation von Software-Systemen mitzuwirken.

Helmut Balzert
Herausgeber der Reihe Mensch-Computer-Kommunikation - Grundwissen

Vorwort

Computersysteme sind auf dem Wege, in allen Bereichen unserer Gesellschaft eine zentrale Rolle zu spielen. Sie werden überall vorhanden sein und dabei nicht nur das Arbeitsleben entscheidend prägen, sondern auch weite Bereiche des privaten Informations- und Kommunikationsverhaltens beeinflussen. Obwohl eine Reihe von Computersystemen so ausgelegt sind, daß sie ihre Funktion im wesentlichen autonom ausführen, erfordert die Mehrzahl einen Zugang für den Benutzer, d.h. eine Möglichkeit der direkten Interaktion zwischen Benutzer und Computersystem: die Mensch-Computer-Schnittstelle. Es ist mittlerweile wohl unumstritten, daß die Verwendungsfähigkeit von Mensch-Computer-Systemen maßgeblich durch die Gestaltung der Mensch-Computer-Schnittstelle (MCS) bestimmt wird. Das Ausmaß an ergonomischer und menschengerechter Gestaltung entscheidet oft über den Erfolg oder Mißerfolg von Systemen. Außerdem ist der Anteil der MCS am Gesamtprogrammieraufwand eines Systems ein nicht zu unterschätzender Kostenfaktor. So zeigen Studien für ausgewählte Anwendungen im kaufmännischen Bereich, daß die Programmierung der MCS im Mittel 59 % des gesamten Programms ausmachte. Neuere Untersuchungen besagen, daß die Realisierung der MCS in vielen Fällen zwischen 30 % und 50 % des Codes von wissensbasierten oder Expertensystemen beträgt.

Obwohl die MCS also wichtig zu sein scheint, ist sie in mancherlei Hinsicht immer noch eine der am wenigsten verstandenen und in vielen Fällen am schlechtesten gestalteten Komponenten von Mensch-Computer-Systemen. Die Gründe dafür sind vielfältig und werden in verschiedenen Teilen dieses Buches ausführlich behandelt. Einer der zentralen Gründe ist sicher auch der Mangel an ergonomischem Wissen bei denjenigen, die an der Entwicklung von Systemen und da speziell der MCS beteiligt sind. Verbindet sich Unkenntnis mit Unverständnis und fehlendem Problembewußtsein für die spezifische Komplexität und Problematik der Mensch-Computer-Interaktion, dann bekommen wir die Mensch-Computer-Schnittstellen, wie wir sie oft leidvoll erfahren müssen.

Das vorliegende Buch ist aus der Notwendigkeit entstanden, diese Lücken in der augenblicklichen Ausbildung von Informatikern und anderen an der Systementwicklung Beteiligten zu schließen. Es soll helfen, das existierende Defizit an problemspezifischem Wissen zu verringern und Anstöße zum Überdenken herkömmlicher Vorgehensweisen geben. Das Buch nennt sich *Einführung in die Software-Ergonomie* und bezieht sich damit auf ein noch relativ junges Forschungsgebiet, das sich der oben skizzierten Fragestellungen angenommen hat.

Dieses Buch ist aus einer jährlich stattfindenden einwöchigen Weiterbildungsveranstaltung entstanden, die die Fachgruppe *Software-Ergonomie* der Gesellschaft für Informatik in Verbindung mit der Deutschen Informatik-Akademie 1986 das erste Mal durchgeführt hat: die Software-Ergonomie Herbstschule (SEH). Im Rahmen der Vorbereitung und Durchführung der SEH '87 ist dann vom Programmkomitee eine didaktische Konzeption für ein entsprechendes Lehrbuch entwickelt worden. Das vorliegende Buch basiert auf Beiträgen der Referenten zur SEH '87, die von den Autoren gemäß der von den Herausgebern entwickelten Konzeption für die Buchversion überarbeitet wurden. Es handelt sich dabei mit Absicht um keinen Tagungsband, in dem die neuesten, vielleicht noch spekulativen Überlegungen aus der Forschungsarbeit berichtet werden. Vielmehr haben wir einerseits versucht, eine Übersicht über die grundlegenden Konzepte und Methoden zu geben, die dieses interdisziplinäre Gebiet prägen. Andererseits werden diese ergänzt durch Ergebnisse fundierter experimenteller Untersuchungen – soweit diese in einem noch so jungen und sich dynamisch entwickelnden Gebiet wie der Software-Ergonomie schon vorhanden sein können. Dieses Buch ist neben der individuellen Aus- und Weiterbildung vor allem auch für den Einsatz in Lehrveranstaltungen verschiedener Fachrichtungen zu dieser Thematik gedacht.

Die Beiträge in diesem Buch sind in vier Hauptgruppen geordnet, die durch ein einführendes Kapitel und einen Ausblick eingerahmt werden. Im ersten Kapitel werden die Fragestellungen der Software-Ergonomie, die beteiligten Disziplinen und die dabei verwendeten Forschungsstrategien vorgestellt, verbunden mit einem historischen Überblick über die Hardware- und Softwareentwicklung.

Es folgen in der Gruppe *Grundlagen* drei Kapitel, die Erkenntnisse über die menschliche Informationsverarbeitung (Gedächtnis, Wahrnehmung, Wissensrepräsentation, kognitive Prozesse), die Einordnung der MCS-Gestaltung in Arbeits- und Organisationsstrukturen und soziotechnische Systemgestaltung, sowie die technischen Grundlagen und Voraussetzungen zur Gestaltung der MCS (Ein-/Ausgabegeräte wie z. B. Tastaturen und Zeigeinstrumente) vermitteln.

In der aus vier Kapiteln bestehenden Gruppe *Dialogformen* werden nach der Analyse und Klassifikation von Dialogformen die wichtigsten Dialogformen im einzelnen detailliert dargestellt. Dabei handelt es sich um die Menüauswahl als eine insbesondere für Anfänger und gelegentliche Benutzer geeignete Interaktionsform, die eher für fortgeschrittene Benutzer geeigneten Interaktionssprachen wie Kommandos, Abfrage- und Programmiersprachen, gefolgt von Empfehlungen für die Gestaltung von Masken und Formularen. Den Abschluß dieser Gruppe bildet das Kapitel über direkte Manipulation, einer Interaktionsform, die von neuen technischen Möglichkeiten Gebrauch macht.

In der Gruppe *Hilfesysteme* gibt es zwei Kapitel, von denen das erste die konstruktiven Voraussetzungen behandelt, während das zweite sich kritisch mit dem Einsatz, insbesondere von aktiven und adaptiven Hilfesystemen auseinandersetzt.

Die Gruppe *Entwurf und Gestaltung* besteht aus fünf Kapiteln. Sie wird eingeleitet durch einen Beitrag zum Verhältnis von Aufgabenanalyse und Funktionsentwurf, bezieht sich damit über die MCS hinaus auf die Funktionalität. Es folgen Ausführungen zur Einbindung software-ergonomischer Aspekte in den Software-Entwicklungsprozeß, u. a. unter Berücksichtigung von Normen. Daran schließt sich ein Beitrag zum Einsatz von Werkzeugen bei der Prototypentwicklung von MCS an, verbunden mit einem Überblick über Programmiersprachen und Entwicklungsumgebungen. Die Beteiligung der zukünftigen Benutzer am Systementwicklungsprozeß und geeignete Maßnahmen zur Einführung von neuen Systemen sind Gegenstand des vierten Beitrags in dieser Gruppe, die abgeschlossen wird durch Ausführungen zu Evaluationsverfahren von Softwaresystemen, insbesondere vor dem

Hintergrund von Richtlinien und Normen, wie sie z.Zt. in der Diskussion sind. Im Kapitel *Trends und Perspektiven* wird der Stand der gegenwärtigen Situation in Hinblick auf neue techische Entwicklungen, aber auch auf den Einsatz neuer Konzepte für interaktive, wissensbasierte Systeme extrapoliert.

Das vorliegende Buch ist ein Einführung und erhebt nicht den Anspruch, für alle anstehenden Probleme der MCS-Gestaltung eine Lösung anbieten zu können, zumal es auch in der Forschung noch eine Reihe von offenen Fragen gibt. Da es aber z. Zt. keine adäquate Ausbildung in Software-Ergonomie gibt, war es notwendig, das sehr verstreut und teilweise nur fachspezifisch formulierte Wissen zusammenzutragen und in einer aufbereiteten Form zusammenzustellen. Wir hoffen, daß die Leser dieses Buches davon für ihre Arbeit profitieren werden, in welcher Weise sie auch immer – als Benutzer oder als Entwickler von interaktiven Systemen – mit dieser Thematik konfrontiert sind.

Die Herausgeber

Inhalt

Einführung

1 Fragestellungen und Forschungsstrategien der Software-Ergonomie 3
Norbert A. Streitz
   1.1 Ausgangspunkt 3
   1.2 Sachproblem und Interaktionsproblem 6
   1.3 Forschungsziele und Systementwurf 9
   1.4 Hardware- und Software-Entwicklung im Rückblick 10
   1.5 Die Wissenschaftslandschaft 13
   1.6 Beteiligte Disziplinen und Forschungsstrategien 14
   1.7 Schlußbemerkung 20

Grundlagen

2 Grundlagen menschlicher Informationsverarbeitung 27
Gabriele Rohr
   2.1 Einführung 27
   2.2 Visuelle Wahrnehmung 28
      2.2.1 Foveales Sehen und Blickbewegungen 28
      2.2.2 Gestaltgesetze 31
   2.3 Aufmerksamkeitssteuerung 33
   2.4 Gedächtnisorganisation 36
      2.4.1 Struktur des Gedächtnisses 36
      2.4.2 Codierung und Abrufprozesse 36
   2.5 Wissensrepräsentation 39
      2.5.1 Kategorienbildung 39
      2.5.2 Verknüpfung von Wissenselementen 41
   2.6 Kognitive Prozesse 43
      2.6.1 Handlungssteuerung 43
      2.6.2 Erwerb neuer Wissenssysteme: Metaphern 44
   2.7 Methoden der Datenerhebung 46
      2.7.1 Einfache Reaktionen 46
      2.7.2 Reaktionsmuster 46

3 Arbeits- und organisationspsychologische Aspekte 49
Eberhard Ulich
   3.1 Kriterien zur Bewertung von Arbeits- und Organisationsstrukturen . 49
   3.2 Strategien der Arbeitsgestaltung 49
   3.3 Das Konzept der soziotechnischen Systemgestaltung 50
   3.4 Technologie als Option 51
   3.5 Tätigkeitsspielraum und Aufgabenorientierung 52
      3.5.1 Zum Konzept des Tätigkeitsspielraums 52
      3.5.2 Merkmale der Aufgabengestaltung 55
   3.6 Differentielle Arbeitsgestaltung 56

3.7 Kriterien der Benutzerfreundlichkeit 57
  3.7.1 Flexibilität / Individualisierbarkeit 59
  3.7.2 Partizipation 61

4 E/A-Geräte für die Mensch-Computer-Interaktion 67
Helmut Balzert
4.1 Einleitung 67
4.2 Tastaturen 68
  4.2.1 Funktionstasten 71
  4.2.2 Cursortasten 71
  4.2.3 Weiterentwicklungen 72
4.3 Zeigeinstrumente 73
  4.3.1 Direkte Manipulation 73
  4.3.2 Kriterien für Zeigeinstrumente 74
  4.3.3 Der Lichtgriffel 75
  4.3.4 Berührungsempfindliche Gebiete, Flächen und Folien ... 76
  4.3.5 Die Maus 78
  4.3.6 Der Steuerknüppel 79
  4.3.7 Die Rollkugel 81
  4.3.8 Das Grafiktablett 82
  4.3.9 Vergleich von Zeigeinstrumenten 83
4.4 Handschrifteingabe 85
4.5 Sprachspeicherung und Spracherkennung 86
4.6 Bildverarbeitung 89
4.7 Bildschirme 89
4.8 Drucker 91
4.9 Kombinierte E/A-Geräte 91

Dialogformen

5 Klassifikation von Dialogformen 101
Edmund Eberleh
5.1 Definition von Dialogform 101
5.2 Grundlagen der Klassifikation 102
  5.2.1 Ziel und Probleme der Klassifikation 102
  5.2.2 Bestimmung und Reduktion des Merkmalsraumes ... 103
5.3 Charakterisierende Merkmale von Dialogformen 103
  5.3.1 Komponenten und Determinanten der Kommunikation .. 104
  5.3.2 Prozesse und Zyklus der Interaktion 104
  5.3.3 Medium der Kommunikation 106
5.4 Integration verschiedener Dialogformen: ein Beispiel 111
5.5 Ansätze zur Klassifikation von Dialogformen 113
  5.5.1 Eindimensionale Klassifikationen 113
  5.5.2 Mehrdimensionale Klassifikationen 116

6 Menüauswahl ... 121
Edmund Eberleh
- 6.1 Ein alltägliches Beispiel ... 121
- 6.2 Allgemeine Eigenschaften von Menüauswahlen ... 122
  - 6.2.1 Konzeptuelle Charakteristika ... 122
  - 6.2.2 Vor- und Nachteile ... 122
- 6.3 Strukturelle Organisation ... 123
  - 6.3.1 Einzelne Menüs ... 123
  - 6.3.2 Darstellung der Items ... 126
  - 6.3.3 Lineare Sequenzen ... 126
  - 6.3.4 Baumstrukturen (Hierarchien) ... 127
  - 6.3.5 Netzwerke (Heterarchien) ... 128
- 6.4 Auswahlkürzel ... 128
  - 6.4.1 Ziffern ... 129
  - 6.4.2 Buchstaben ... 129
  - 6.4.3 Ziffern plus Buchstaben ... 130
  - 6.4.4 Zeigen ... 130
- 6.5 Gestaltung von Menüs ... 131
  - 6.5.1 Benennung der Titel ... 131
  - 6.5.2 Benennung der Items ... 132
  - 6.5.3 Anordnung der Items ... 132
  - 6.5.4 Graphische Gestaltung ... 132
  - 6.5.5 Orientierungshilfen für Benutzer ... 133
- 6.6 Antwort- und Bildaufbauzeit ... 134
- 6.7 Beschleunigung der Menüwahlen ... 134
  - 6.7.1 Pfadnamen ... 135
  - 6.7.2 Direkter Zugriff ... 136
  - 6.7.3 Makro-Kommandos ... 136

7 Interaktionssprachen ... 139
Magdalena Zoeprittz, Gabriele Rohr
- 7.1 Einführung ... 139
  - 7.1.1 Definition und Abgrenzung ... 139
  - 7.1.2 Eigenschaften von Interaktionssprachen ... 140
- 7.2 Die vier Hauptgruppen von Interaktionssprachen ... 141
  - 7.2.1 Kommandosprachen ... 141
  - 7.2.2 Abfrage-Sprachen ... 144
  - 7.2.3 Programmiersprachen ... 147
  - 7.2.4 Makros ... 148
- 7.3 Hilfsmittel für das Lernen und Behalten von Interaktionssprachen ... 149
  - 7.3.1 Wo ist welche Hilfe notwendig ... 149
  - 7.3.2 Untersuchungen zu Benennungen und mnemonischen Abkürzungen in Kommandosprachen ... 151
  - 7.3.3 Untersuchungen zu natürlichsprachlichen Hilfsmitteln in Abfragesprachen ... 152
  - 7.3.4 Untersuchungen zur Strukturierung von Befehlsfolgen in Programmiersprachen ... 155

7.4 Schlußbemerkung 158
8 Masken und Formulare 163
Harald Zwerina
   8.1 Dialogsysteme in Maskentechnik 163
   8.2 Situationsanalyse im Vorfeld der Entwicklung 164
   8.3 Gestaltung von Dialoginhalt und Dialogablauf 166
   8.4 Visuelle Gestaltung der Maskeninformation 170

9 Direkte Manipulation 175
Rolf Ilg, Jürgen Ziegler
   9.1 Einführung 175
   9.2 Definitionen der Direkten Manipulation 175
      9.2.1 Beschreibung der Direkten Manipulation nach Shneiderman 175
      9.2.2 Hutchins, Hollan & Norman: Direkt manipulative Benutzerschnittstellen 177
      9.2.3 Direkte Manipulation in einem Modell der Mensch-Rechner-Interaktion 178
      9.2.4 Direktheit 181
   9.3 Eigenschaften und Anwendungen von Direkter Manipulation ... 183
      9.3.1 Funktionsaufruf 183
      9.3.2 Syntax 186
      9.3.3 Generische Kommandos 187
      9.3.4 Integration funktionaler Bereiche 188
      9.3.5 Funktionen und Attributierungen 189
   9.4 Empirische Untersuchungen 191

Hilfesysteme

10 Anforderungen an Hilfesysteme 197
Joachim Bauer, Thomas Schwab
   10.1 Einleitung 197
   10.2 Die Notwendigkeit für Hilfesysteme 197
   10.3 Klassifikation von Hilfesystemen 198
   10.4 Anforderungen an Hilfesysteme 199
      10.4.1 Ein guter Entwurf des Anwendungssystems ist Voraussetzung 199
      10.4.2 Hilfesysteme müssen einfach zu bedienen sein 200
      10.4.3 Dynamische Hilfe ist notwendig 200
      10.4.4 Individuelle Hilfe ist notwendig 201
      10.4.5 Aktive Hilfe ist notwendig 202
      10.4.6 Das Gesamtsystem muß wissensbasiert sein 203
      10.4.7 Bewertung der Forderungen 204
   10.5 Ein integriertes Hilfesystem 205
      10.5.1 Die zentrale Komponente COMMANDHELP 205
      10.5.2 Die aktive Komponente AKTIVIST 207
      10.5.3 Die natürlichsprachliche Komponente PASSIVIST ... 208

10.5.4 Die dynamische Komponente DYNHELP 210
10.5.5 Bewertung des Hilfesystems 211
10.6 Ausblick 212

11 Probleme bei der Konstruktion und beim Einsatz von Hilfesystemen .. 215
Thomas Hermann
11.1 Einleitende Systematisierung 215
11.2 Formen der Hilfestellung 217
   11.2.1 Zur Orientierung von Erklärungen 217
   11.2.2 Zur Form der Darstellung von Hilfen 218
   11.2.3 Formen informationstechnisch-gebundener Hilfestellung
          und Systemerklärung 220
11.3 Probleme bei der Kontextberücksichtigung 222
11.4 Probleme beim Einsatz von wissensbasierten Hilfesystemen 225
11.5 Abschließende Einsichten 226

Entwurf und Gestaltung

12 Aufgabenanalyse und Funktionsentwurf 231
Jürgen Ziegler
12.1 Einleitung 231
12.2 Grundbegriffe der Aufgabenanalyse 232
   12.2.1 Was ist eine Aufgabe? 232
   12.2.2 Aufgabenmerkmale 233
   12.2.3 Ebenen der Aufgabenanalyse 234
   12.2.4 Aufgabenangemessenheit 234
12.3 Analyse- und Entwurfsmethoden 235
   12.3.1 Analyseorientierte Verfahren 236
   12.3.2 Entwurfsorientierte Verfahren 237
   12.3.3 Entwurf von Objekten und Operationen
          (Konzeptueller Entwurf) 238
   12.3.4 Optimierungsfragen beim semantischen Entwurf 241
   12.3.5 Kognitive Aufgabenanalysen in der Mensch-Rechner-
          Interaktion 242
   12.3.6 Task-Action-Grammatiken (TAG) 243
   12.3.7 GOMS-Modelle und die Theorie der kognitiven
          Komplexität 246
12.4 Schlußbemerkung 250

13 Empirie des Softwareentwurfs: Richtlinien und Methoden 253
David Ackermann
13.1 Einleitung 253
13.2 Aspekte und Schritte des Softwareentwicklungsprozesses 253
13.3 Normen, Richtlinien und Leitfaden 255
13.4 Der Leitfaden zur Einführung und Gestaltung von Arbeit mit
     Bildschirmsystemen 256
   13.4.1 Gliederung des Leitfadens und Beispiele 257

13.4.2 Ausschnitte aus (Arbeits-)Psychologische Aspekte der
 Bild- und Dialoggestaltung 257
13.4.3 Diskussion 259
13.5 Deutsche Industrie Norm: DIN 66234, Teil 8 260
13.5.1 Überblick und Beispiel 260
13.5.2 Diskussion 261
13.6 Entwurfsrichtlinien von Smith und Mosier 262
13.6.1 Beispiele 262
13.6.2 Diskussion 264
13.7 Methoden der Entwicklung 264
13.7.1 Analyse des Handlungsspielraums 264
13.7.2 Analyse der in den Dialog abzubildenden
 Aufgabenstellung 265
13.7.3 Definition der Anforderungen 265
13.7.4 Fallbeispiel 1: Aspekte des iterativen Entwurfs 266
13.7.5 Methoden des Entwurfs 267
13.7.6 Implementation 267
13.7.7 Benutzerbeteiligung 269
13.7.8 Diskussion 269
13.8 Fallbeispiel 2: Dialogstruktur und Kompetenzentwicklung 269
13.8.1 Aufgabenstellung 270
13.8.2 Experimente zum Dialogentwurf 270
13.8.3 Dialogstruktur und Wissen 271
13.8.4 Diskussion 272
13.9 Ausblick 273

14 Werkzeuge für die Prototypenentwicklung von Benutzerschnittstellen .. 277
Heinz Ulrich Hoppe
14.1 Prototypentwicklung von Benutzerschnittstellen 277
14.2 Prototypenentwicklung als Modellkonstruktion
 – verschiedene Ansätze und Sichtweisen 278
14.3 Schnittstellengeneratoren und UIMS 280
14.3.1 Allgemeine Einordnung 280
14.3.2 Das System SYNICS 281
14.3.3 Das System XS-2 283
14.4 Werkzeuge und Methoden aus dem Bereich der KI 285
14.4.1 Überblick 285
14.4.2 Sprachen und Programmierstile der KI 286
14.5 Programmierumgebungen auf LISP-Maschinen 291
14.6 Vergleichende Gegenüberstellung verschiedener Werkzeuge 294

15 Partizipative Entwicklung und Einführung von Informationssystemen .. 299
Helmut Peschke
15.1 Einleitung 299
15.2 Ganzheitliche Gestaltung 301
15.3 Rückgekoppelte Vorgehensweise 304
15.4 Beteiligung der Betroffenen 307

    15.4.1 Beteiligungsform 308
    15.4.2 Ausprägungen der Partizipation 309
    15.4.3 Inhalte der Partizipation 311
15.5 Einordnung in der Praxis 314
    15.5.1 Beispiel einer Beteiligung im Rahmen von
            Organisationsentwicklung 314
    15.5.2 Beispiel korrektiver Software-Ergonomie 317
15.6 Zusammenfassung und Ausblick 319

16 Software-ergonomische Evaluationsverfahren 323
Reinhard Oppermann
16.1 Einleitung 323
16.2 Unbestimmtheit software-ergonomischer Evaluationskriterien . . . 323
16.3 Ebenen von Systemevaluationen 325
16.4 Evaluation in unterschiedlichen Phasen der Systementwicklung . . 326
16.5 Methoden der Evaluation 327
    16.5.1 Subjektive Evaluationsmethoden 327
    16.5.2 Objektive Evaluationsmethoden 328
    16.5.3 Leitfadenorientierte Evaluationsmethoden 329
    16.5.4 Experimentelle Evaluationsmethoden 330
16.6 Exemplarischer Evaluationsansatz EVADIS 331
    16.6.1 Ziel und Entwicklungsstand des Leitfadens 332
    16.6.2 Prüf-Items 332
    16.6.3 Standardaufgabe 334
    16.6.4 Durchführungsvorschrift 335
    16.6.5 Bezugsrahmen der Itemsammlung 337
    16.6.6 Auswertung nach technischen Systemkomponenten und/
            oder software-ergonomischen Prüfkriterien 339
16.7 Schlußbemerkung 340

Ausblick

17 Trends und Perspektiven der Software-Ergonomie 345
Helmut Balzert
17.1 Einführung 345
17.2 Ergonomische Organisations-Gestaltung 346
17.3 Ergonomische Gestaltung von Anwendungssystemen 347
17.4 Auskunfts- und Beratungssysteme 350
17.5 Adaptierbare und adaptive Systeme 352
17.6 Konstruktion ergonomischer Software-Systeme 358
    17.6.1 Basisarchitektur 358
    17.6.2 Integration eines eigenständigen Auskunfts- und
            Beratungssystems 363
    17.6.3 Exkurs: Wissenbasierte Systeme und Expertensysteme . . 364
17.7 Resümee 372

Glossar 375

Kurzbiographien 383

XVIII Inhalt

Personenregister 387
Sachregister 393

Einführung

1 Fragestellungen und Forschungsstrategien der Software-Ergonomie

Norbert A. Streitz

1.1 Ausgangspunkt

In diesem einleitenden Kapitel soll erläutert werden, was **Software-Ergonomie** ist, warum es dieses Forschungsfeld überhaupt gibt und warum es verstärkt betrieben werden sollte. Damit verbunden ist ein kurzer Abriß der historischen Entwicklung von Software-Ergonomie. Im Anschluß daran werden die an diesem inter- und multidisziplinären Arbeitsgebiet beteiligten Disziplinen mit ihren unterschiedlichen Sichtweisen und daraus resultierenden Forschungsstrategien vorgestellt.

Was ist Software-Ergonomie? In Kurzform kann man sagen, daß sich die Software-Ergonomie auf der Basis des Grundverständnisses von Ergonomie, i. e. der Anpassung von technischen Systemen an den Menschen und nicht umgekehrt (!), mit dem besonderen Verhältnis von Softwaresystemen und ihren Benutzern, sowie der Berücksichtigung dieses Verhältnisses bei der Analyse, Gestaltung und Bewertung interaktiver Computersysteme beschäftigt. Diese Charakteristika klingen auch in anderen Namensgebungen an, die in diesem Gebiet Verwendung finden: **Mensch-Computer-Interaktion** (MCI), bzw. im englischen Sprachraum **Human-Computer-Interaction** oder Human Factors in Computing. Dabei kennzeichnet der Begriff Mensch-Computer-Interaktion einen umfassenderen Themenkreis als Software-Ergonomie. So sind Fragen der Gestaltung von Tastaturen, von blend- und flimmerfreien, hochauflösenden Bildschirmen, etc. – also die sog. **Hardware-Ergonomie** – Teil der MCI-Forschung, aber nicht der Software-Ergonomie. Die Software-Ergonomie thematisiert diejenigen Aspekte der MCI, die sich aus der Gestaltung von Software ergeben. Dieser Themenbogen kann sich sehr weit spannen – z.B. von der Gestaltung von Kommandosprachen, Menühierarchien und Fenstersystemen über Ursachen für Beanspruchung und Belastung bis hin zur Funktionsaufteilung zwischen Mensch und Computer. In letzter Zeit findet dabei insbesondere das Verhältnis von benutzerfreundlicher Schnittstellengestaltung und bereitgestellter Funktionalität verstärkte Beachtung. Die dabei erzielten Lösungen haben unmittelbare Rückwirkungen auf die Arbeitsgestaltung. /Hacker 87/ formuliert diese Beziehung, indem er herausstellt, daß Softwaregestaltung als Arbeitsgestaltung zu begreifen ist. Daher werden sich Fragen der Software-Ergonomie nicht auf die unverzichtbare Schnittstellengestaltung beschränken lassen, sondern müssen zusätzlich die Gestaltung der unterstützten Arbeitstätigkeiten einschließen.

Obwohl die zuletzt gemachten Ausführungen fast schon eine Antwort darstellen, wollen wir doch die Frage nach dem Ausgangspunkt stellen und beantworten: *„Warum gibt es das Forschungsfeld Software-Ergonomie und Mensch-Computer-Interaktion?"*

Orientiert man sich allein an der Zahl der z. Z. in der Bundesrepublik existierenden Bildschirmarbeitsplätze (ca. 2 Millionen, in den USA ca. 35 Millionen Computerterminals), so muß das überaus starke Interesse an diesem Thema auf tieferliegende Ursachen als die zahlenmäßige Verbreitung dieses Arbeitsmittels zurückzuführen sein. Schließlich gibt es kein eigenständiges Forschungsgebiet „Mensch-Fahrrad-Interaktion", obwohl es alleine in der Bundesrepublik ca. 35 Millionen Fahräder und ca. 100 Millionen in den USA gibt. Es gibt 29,3 Millionen Telefonapparate in der BRD, aber keine spezielle Tagung zur „Mensch-Telefon-Interaktion". Mit Sicherheit gibt es auch mehr Radio- und Fernsehgeräte als Computersysteme, aber keine wissenschaftliche Zeitschrift zum speziellen Thema „Mensch-Radio-Interaktion". Bei den genannten Beispielen liegt die Betonung immer auf der „Interaktion", denn natürlich gibt es z. B. in der Verkehrspsychologie Untersuchungen zum Fahrverhalten und zur Verkehrssicherheit. Es gibt ergonomische Überlegungen wie Telefonhörer geformt und die Zifferntasten gruppiert sein sollten. Manche Hersteller machen sich sicherlich auch Gedanken darüber, wie und wo Knöpfe und Anzeigen auf Radio- und Fernsehgeräten angeordnet sein sollten – oft mit Folgen, die nicht unter das Stichwort Verständlichkeit und leichte Bedienbarkeit einzuordnen sind. Worauf es uns bei der Diskussion über die Mensch-Computer-Interaktion ankommt, ist der spezielle Chararakter der hier vorliegenden Interaktivität, die bei fortgeschrittenen Computersystemen auf das Verhalten des Benutzers reagierende dynamische Reaktionen einschließt. Die Reaktionen der Softwaresysteme sind zwar algorithmisch festgelegt und damit im Prinzip auch vorhersehbar, aber die Fülle an Funktionen und Situationen führen zu einer Komplexität, die einer Mensch-Mensch-Interaktion durchaus vergleichbar sein können. Während die Benutzung eines Fahrades eine rein mechanische Interaktion darstellt, ein (herkömmliches) Telefon oder Radio eine ziemlich begrenzte Anzahl von Optionen zur Auswahl anbietet, kann bereits ein Anwendungsprogramm mit mittlerem Funktionsumfang in seinen Reaktionen für einen normalen Benutzer nicht in jedem Moment vorhersehbar und damit problemlos bedienbar sein. In dem Maße, in dem bei den zuvor als „einfache" Systeme geschilderten Geräten zusätzliche Funktionalität über Computer realisiert oder Funktionen vom Menschen interaktiv gesteuert werden (Bordcomputer im Auto, Telekommunikation, etc.), bekommen auch bei diesen Systemen Fragen der Software-Ergonomie eine Bedeutung. Entscheidender Punkt unserer Argumentation ist der Einsatz von Computern und damit die zentrale Rolle interaktiver Software, die anteilig Aufgaben übernimmt, die zuvor vom Menschen ausgeführt wurden.

Wie groß der Anteil computerunterstützter Arbeit auch immer in der Zukunft [1] sein wird, Informationssysteme- und Kommunikationstechnologien werden unser zukünftiges berufliches und privates Leben entscheidend beeinflussen. Es ist aber nicht möglich und auch nicht wünschenswert, die Gesamtheit der Vorgänge im Büro-, Verwaltungs-, Konstruktions- und Produktionsbereich vollständig zu automatisieren. Damit verbleiben immer Anteile der Aufgabenbearbeitung beim Men-

---

[1] Nach /Giuliano 82/ wird geschätzt, daß im Jahre 1990 zwischen 40% und 50% aller amerikanischen Arbeiter „will use some type of electronic terminal eqipment on a daily basis". Nach /Fähnrich 87/ „werden im Jahre 2000 fast 90% aller Berufstätigen mit Computertechnologien am Arbeitsplatz konfrontiert sein".

schen, die die eingesetzten Systeme auch bedienen und kontrollieren müssen. Mit der zunehmenden Verbreitung von interaktiven Computersystemen in allen Bereichen nimmt dabei die Anzahl derjenigen Benutzer zu, die nicht über eine spezielle Ausbildung im Umgang mit Computersystemen verfügen. Dazu kommt die zunehmende Einsicht, daß interaktive Computersysteme so komplex werden können, daß man sich nicht mehr auf die konventionellen Verfahren von Personalauswahl und Training stützen kann, um eine einfache und fehlerfreie Bedienung und Wartung zu gewährleisten.

Vor diesem Hintergrund ist die Ausgangsfrage nach dem „warum" einfach zu beantworten. Die Antwort basiert auf der trivialen, aber entscheidenden Beobachtung, daß Computersysteme und Menschen – hier in der Rolle als Benutzer dieser Systeme – sich in wesentlichen Punkten voneinander unterscheiden. Beide *Systeme* verarbeiten zwar Informationen, z. T. auch die gleichen Informationen, aber auf der Basis unterschiedlicher Wissensbasen und insgesamt auf sehr verschiedene Art und Weise. Diesem Umstand wird aber bei der Gestaltung der Mensch-Computer-Interaktion bei den meisten existierenden Computersystemen nicht oder nur ungenügend Rechnung getragen. Offenbar ist die Mehrzahl der Systementwerfer und Softwareentwickler unfähig, sich vorzustellen oder zu klären, wer ihre Systeme tatsächlich verwenden wird und wozu. Dieses Unvermögen basiert z. T. auf unzureichenden Kenntnissen über Arbeitsabläufe und Aufgabengestaltung sowie über Prinzipien der menschlichen Informationsverarbeitung für die Bereiche Wahrnehmung und Gedächtnis, Denken und Handeln. Diese Defizite führen zu Softwaresystemen, die zu wenig Rücksicht nehmen auf die zu unterstützenden Arbeitsinhalte und auf die Bedürfnisse und Vorraussetzungen der sie benutzenden Menschen.

Shneiderman formuliert seinen Ausgangspunkt für die Notwendigkeit von Forschung und praktischer Umsetzung auf dem Gebiet der Mensch-Computer-Interaktion sehr drastisch, wenn er schreibt:

> „Frustration and anxiety are a part of daily life for many computer users of computerized information systems. They struggle to learn command language or menu selection systems that are supposed to help them do their job. Some people encounter such serious cases of computer shock, terminal terror, or network neurosis that they avoid using computerized systems. These electronic-age maladies are growing more common; but help is on the way!" /Shneiderman 87/

Verbunden mit dem Ausmaß der Funktionalität und Komplexität von Anwendungssoftware ist deshalb nur zu oft eine unvollständige, nicht effektive oder sogar fehlerhafte Nutzung zu beobachten. Durch die weitreichenden sozialen und ökonomischen Folgen des Einsatzes von Softwaresystemen kommt der Forschungsthematik *Software-Ergonomie / Mensch-Computer-Interaktion* daher über die Aspekte der individuellen Arbeitssituation hinaus eine globale Bedeutung zu.

Wie äußert sich nun das Interesse an dieser erst seit einigen Jahren verstärkt Beachtung findenden Thematik? Das Interesse wird in einem Anstieg von Verweisen auf diesen Forschungszweig in den Medien und in der allgemeinen Literatur über Computersysteme deutlich, dem Anwachsen von Teilnehmerzahlen auf speziellen Tagungen zur Software-Ergonomie, von entsprechenden thematischen Fachgesprächen auf großen allgemeineren Tagungen und einer Vielzahl von Artikeln in Fachzeitschriften und Büchern. Es ist festzustellen, daß sich software-ergonomische Fragestellungen entweder als Teil in den unterschiedlichsten Wissenschaftsdisziplinen oder auch in zunehmenden Maße als eigenständige Disziplin etabliert haben. Daß dies nicht immer so war und wie sich dieses Forschungsgebiet zu dem entwickelt hat, wie es sich heute darstellt, darauf wird in dem Abschnitt über die historische Entwicklung näher eingegangen.

Auch wenn wir die zunehmende Bedeutung der MCI-Forschung hier herausstellen, so ist die von /Shneiderman 87/ gemachte Aussage

„Human engineering, which was seen as the paint put on at the end of a project, is now understood to be the steel frame on which the structure is built."

sicherlich noch keine Realität. Eine in diesem Sinne verstandene Software-Ergonomie ist noch auf dem Wege, diese Position zu erobern. Dies wird umsomehr der Fall sein, je mehr Computersysteme, wie z. B. Expertensysteme, ihre Anwendungsfelder in bisher der menschlichen Intelligenz und Kreativität vorbehaltenen Bereichen finden. Vor diesem Hintergrund finden dann auch Begriffe wie **kognitive Ergonomie / cognitive ergonomics** /Dzida 80/, /Shackel 81/, /Streitz 86/ oder **cognitive engineering** /Norman 86/, /Rasmussen 87/ ihre Berechtigung. Damit wird deutlich gemacht, daß zunehmend die Computerunterstützung von Arbeitstätigkeiten, die über Routineanforderungen hinausgehen und kognitiv anspruchsvolle Problemlösefähigkeiten erfordern, zum Gegenstand der Forschung wird.

1.2 Sachproblem und Interaktionsproblem

Nachdem wir den Ausgangspunkt für software-ergonomische Forschungsthemen identifiziert haben, wollen wir nun den Gegenstandsbereich näher spezifizieren und beispielhaft beschreiben. Bei der Diskussion der Gestaltung interaktiver Systeme werden häufig Forderungen nach Benutzerfreundlichkeit / Benutzbarkeit (*usability*, vgl. /Shackel 85/) und nach Nützlichkeit (*utility*) erhoben. Obwohl diese beiden Anforderungen immer gemeinsam betrachtet werden sollten, kennzeichnen sie doch unterschiedliche Aspekte der Gestaltung der Mensch-Computer-Interaktion. Beschreibt man das Bearbeiten von Arbeitsaufgaben mit interaktiven Anwendungsprogrammen innerhalb des Problemlöseparadigmas, so kann diese Arbeitstätigkeit als *interaktives Problemlösen* konzeptualisiert werden /Streitz 85/. Die Verwendung von interaktiven Computersystemen als Arbeitsmittel führt zu einer Aufteilung der Arbeitsaktivitäten in die Arbeit an der inhaltlichen Problemstellung einerseits und die Benutzung der Arbeitsmittel andererseits[2]. Diese Aufteilung kann durch die Unterscheidung in **Sachproblem** und **Interaktionsproblem** gekennzeichnet werden /Streitz 85, 86/.

---

[2] Hier ist anzumerken, daß es ein solches Interaktionsproblem im Prinzip in jeder Arbeitssituation gibt, die aber bei interaktiven Computersystemen verstärkt sichtbar wird. So kann z. B. auch die Handhabung von traditionellen Werkzeugen am Anfang ein Problem darstellen.

Diesen Problemtypen entsprechen unterschiedliche Rollen, die z. B. ein Sachbearbeiter übernehmen muß, wenn er seine Arbeitsaufgabe mit Hilfe eines Computersystems bearbeiten möchte. Dabei versteht man unter dem Sachproblem die eigentliche Arbeitsanforderung, im Falle eines Ingenieurs also z. B. die Konstruktion eines Werkstücks, die auf den Vorgaben des Auftraggebers an den Sachbearbeiter basiert. Die Tätigkeit ist dem Konstrukteur prinzipiell zwar vertraut, erfordert aber insbesondere bei neuen Fragestellungen Problemlösefähigkeiten zu bezeichnen. Benutzt er dabei einen Computer (z. B. ein CAD-System) als Arbeitsmittel (oder Werkzeug), muß er mit diesem interagieren. Das Bearbeiten des Sachproblems mit Hilfe des Computersystems erzeugt nun – insbesondere für neue oder gelegentliche Benutzer und solche, die keine spezielle DV-Ausbildung haben – ein neues, zusätzliches Problem: das Interaktionsproblem. Diese Auffassung der Mensch-Computer-Interaktion ist in Abb. 1-1 dargestellt.

Diese Darstellung soll veranschaulichen, daß das Sachproblem nicht auf direktem Wege mit dem im Computer (über den Realitätsbereich) repräsentierten Wissen bearbeitet werden kann, sondern erst nach Überwindung des Interaktionsproblems. Dazu muß der Sachbearbeiter neben der Rolle des (Sach)problemlösers auch die Rolle eines Benutzers (des interaktiven Computersystems) übernehmen. Innerhalb des von uns zur Beschreibung verwendeten Problemlöseansatzes bedeutet dies, daß der Sachbearbeiter entsprechende Wissensrepräsentationen für beide Probleme aufbauen und verwenden muß.

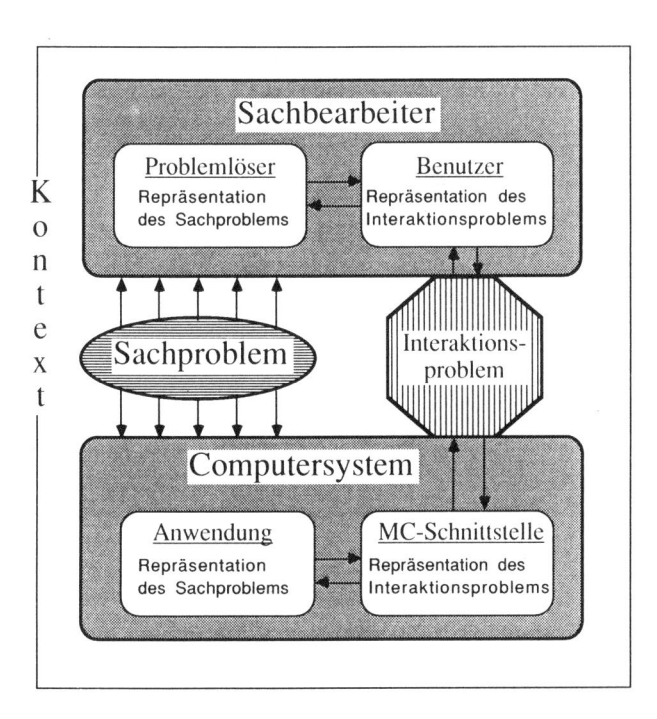

Abb. 1-1: Mensch-Computer-Interaktion als interaktives Problemlösen

Diese unterschiedlichen Aspekte interaktiven Problemlösens spiegeln sich auch in Äußerungen von Personen wider, die existierende Software verwenden. So weist die Bemerkung

„Wenn ich in das Formular auf dem Bildschirm Informationen eintragen will, muß ich zuerst verschiedene Tasten betätigen, um an die gewünschten Stellen zu gelangen."

auf die Existenz des Interaktionsproblems hin. Während beim Eintragen von Zahlen mit dem Bleistift in ein Papierformular die entsprechenden Bewegungen der Hand unmittelbar mit der Funktion *Schreiben* verbunden sind, erfordert die Positionierung des Cursors (Schreibmarke) auf dem Bildschirm eine zusätzliche Handlungsfolge. Daß die Positionierungsproblematik keine triviale Angelegenheit ist, zeigt die Vielzahl von technischen Lösungsansätzen (z. B. Kontrollkommandos, Cursortasten, Maus, Lichtgriffel, berührempfindliche Folien, Knie-, Fuß- ud Kopfsteuerung) (siehe /Balzert, in diesem Band/) und die Fülle von empirischen Untersuchungen zum Vergleich dieser Positionierungshilfsmittel. Die Verwendung von Computerprogrammen zur Bearbeitung von Aufgaben kann aber auch Schwierigkeiten für den inhaltlichen Anteil der Tätigkeit – das Sachproblem – zur Folge haben. So beschreibt die Äußerung

„Ich kann die Aufgaben nicht so bearbeiten, wie ich es zuvor gewohnt war, da die Reihenfolge der Schritte anders ist und auch neue Schritte hinzugekommen sind."

eine häufige Folge des Einsatzes von Software. Mehr oder weniger inhaltlich-sachlogisch gerechtfertigt hat die Umsetzung von existierenden Arbeitsabläufen in Interaktionen mit einem Anwendungsprogramm die eben beschriebenen Auswirkungen. Dafür können unterschiedliche Gründe wirksam sein. Es führt aber in jedem Fall dazu, daß in unserem Beispiel der Konstrukteur Entscheidungen über die Gestaltung von Details des Werkstücks in einer anderen Reihenfolge treffen muß als zuvor üblich. Damit wird sein Problemlöseverhalten geändert, u. U. in entscheidender Weise. Es erfordert nicht nur ein Umdenken auf seiten des Konstrukteurs, sondern kann auch Rückwirkungen auf das Ergebnis der Konstruktionstätigkeit haben, da die meisten Konstruktionsentscheidungen nicht unabhängig voneinander sind. Dies ist auch ein Beispiel für den Einfluß von unterschiedlichen Beschreibungswelten, die zur Vermittlung der Problemstellung verwendet werden. Unterschiedliche Beschreibungs-/Metaphernwelten für Arbeitsinhalte und für die Interaktionsmöglichkeiten (z. B. Kommando- und Menübezeichnungen) setzen unterschiedliche Wissensrepräsentationen voraus und induzieren mentale Modelle /Streitz 88a/. Die Verfügbarkeit und Adäquatheit der mentalen Modelle wirken sich wiederum entscheidend auf den Problemlöseprozeß aus (für eine Übersicht siehe /Streitz 88b/).

Obwohl diese Beispiele für das Auftreten des Interaktions- und des Sachproblems zunächst unverbunden erscheinen, sollten Gestaltungsmaßnahmen in bezug auf diese beiden Aspekte nicht unabhängig voneinander durchgeführt werden. So hat z. B. die Verfügbarkeit bestimmter Positionierungsinstrumente (Interaktionsproblem) Rückwirkungen auf mögliche grafische Darstellungsformen, auf die Art der entstehenden Konstruktionszeichnungen und damit auf die Bearbeitung des Sachproblems.

Hier wird deutlich, daß die Bewertung eines Computersystems bzw. einer bestimmten Software in bezug auf ihre Verwendbarkeit zur Erledigung von Arbeitsaufgaben immer sowohl über die Gestaltung der Benutzerschnittstelle (Interaktionsproblem) als auch über die Funktionalität (Sachproblem) erfolgen muß.

Um einen Eindruck von der Bandbreite der Funktionalität zu geben, die in unterschiedlichen Anwendungen erforderlich ist, geben wir nachfolgend – ohne Anspruch auf Vollständigkeit – einige Beispiele für Klassen von Benutzergruppen und Situationen. So sind Mensch-Computer-Schnittstellen zu gestalten für:

- Situationen mit hoher mentaler Belastung und psychischem Druck (Fluglotsen, Piloten, Prozeßkontrolle)
- Situationen mit hohen Sicherheitsanforderungen (Versicherungs- und Bankbereich, Kernkraftwerke, militärische Anwendungen)
- behinderte Personen (blind, taub, motorisch behindert)
- Situationen und Personen, bei denen keine Voraussetzungen über Wissensstand / Training gemacht werden können (öffentliche Auskunftssysteme)
- Personen mit unterschiedlichen Sprachen und kultureller Herkunft (bei der Flugreservierung, Auskunftssysteme auf Bahn- und Flughäfen)
- das Herstellen von Transparenz und Selbsterklärungsfähigkeit von Systemen (für Wartungs-, Diagnose- und Reparaturmaßnahmen)
- das Navigieren und Suchen in sehr großen Datenbanken (Fachinformationssysteme, Patentwesen, Wirtschaftsdatenbanken)
- die Unterstützung von kooperativem Arbeiten mit räumlich / zeitlich verteilten Teilnehmern (Entscheidungssysteme für Manager, Videokonferenzen, große Software-Entwicklungsteams, Autoren- und Publikationsteams)

1.3 Forschungsziele und Systementwurf

Die aufgeführten Beispiele machen deutlich, daß Forschung zur Software-Ergonomie nicht als Selbstzweck betrieben wird. Obwohl aufzuteilen auf die drei Hauptgebiete – Analyse, Gestaltung und Evaluation – gibt es eine eindeutige Zielsetzung: die Entwicklung interaktiver Computersysteme zu ermöglichen, die vorgegebene ergonomische Kriterien erfüllen. Dazu gehören einerseits theoretische und empirische Untersuchungen, um Kriterien aufstellen zu können. Andererseits müssen diese Erkenntnisse als Vorgaben für existierende Systeme umgesetzt werden. Wie diese Kriterien im einzelnen aussehen, kann nicht Gegenstand dieses einleitenden Kapitels sein (vgl. dazu die folgenden Einzelbeiträge). Es können aber einige globale Vorgaben benannt werden, die als Orientierung und als Rahmenbedingungen angesehen werden können.

Die Diskussion der beiden Rollen interaktiver Problemlöser in bezug auf das Sach- und das Interaktionsproblem hat Konsequenzen für den Entwurf interaktiver Systeme. Sie spiegeln sich wider in der *Forderung nach aufgabenzentrierten und benutzerorientierten Systemen*. Die **Aufgabenzentriertheit** erfordert, daß die zur

Bearbeitung des Sachproblems erforderliche Funktionalität in aufgabenkompatibler und flexibler Weise (u. U. also auch mehrere Bearbeitungsverfahren für das gleiche Problem) zur Verfügung gestellt wird. Damit sollen die Voraussetzungen zur optimalen Verwendbarkeit in Hinblick auf die Nützlichkeit (*utility*) des Systems geschaffen werden.

Benutzerorientiertheit bedeutet, daß durch Maßnahmen zur Minimierung des Interaktionsproblems das Ausmaß an Bedienbarkeit (*usability*) entscheidend erhöht wird. Dazu ist die These der *kognitiven Kompatibilität* aufgestellt worden, die ein Minimum an Diskrepanzen zwischen Vorwissensstrukturen beim Benutzer einerseits und in dem Computersystem verwendeten Wissensrepräsentationen andererseits gewährleisten soll /Streitz 87/. Die entsprechenden Maßnahmen basieren auf dem Grundverständnis von Ergonomie, daß die Technik auf die Fähigkeiten und Möglichkeiten, aber auch auf die Grenzen menschlicher Informationsverarbeitung ausgerichtet werden muß. Liegen entsprechende wissenschaftlich abgesicherte Befunde über spezielle Eigenschaften des Menschen noch nicht vor, dann müssen diese Voraussetzungen für Gestaltungsmaßnahmen selbst erforscht werden. Hieran zeigt sich die enge Verbindung und gegenseitige Anregung von Grundlagenforschung und angewandter Forschung innerhalb der Software-Ergonomie.

In einem umfassenderen Selbstverständnis von Software-Ergonomie werden ergänzende und weitergehende Betrachtungen und Anforderungen, wie sie in den Arbeitswissenschaften ganz allgemein für Arbeitssituationen aufgestellt werden (z. B. zur Arbeitszufriedenheit, zur Persönlichkeitsförderlichkeit und zur organisationalen Einbettung von Arbeit), einbezogen und für den hier vorliegenden Gegenstandsbereich präzisiert (siehe z. B /Spinas, Troy, Ulich 83/, /Balzert 86/, /Hacker, Schönfelder 86/, /Skarpelis 87/, /Ulich, in diesem Band/). Wir erinnern in diesem Zusammenhang auch noch einmal an unsere bereits zu Beginn gemachte Bemerkung, daß Software-Gestaltung zugleich Arbeitsgestaltung ist.

Wie die genannten Zielsetzungen erreicht werden können, darüber entscheiden die gewählten Forschungs- und Entwicklungsstrategien, die in Abschnitt 1.6 behandelt werden.

1.4 Hardware- und Software-Entwicklung im Rückblick

Im Rahmen einer Einführung in die Software-Ergonomie erscheint es angebracht, auch einige Anmerkungen zur historischen Entwicklung und Einordnung dieses Gebietes zu machen. Dabei kann es hier nicht um Vollständigkeit und intensives Quellenstudium gehen. Dazu sei z. B. auf /Shackel85/ verwiesen oder auf /Gaines 86/, der die Entwicklung „*from timesharing to the sixth generation*" nachgezeichnet hat. Dabei wird die Entwicklung der MCI-Forschung im Rahmen und im Vergleich zur allgemeinen Hardware- / Software-Entwicklung und zur Forschung auf dem Gebiet der Künstlichen Intelligenz betrachtet (vgl. Tab. 1-1).

Zu Beginn des Computerzeitalters, d. h. zwischen 1948 und 1955, mußten die Benutzer von Computern erst selbst zu Computerspezialisten werden. Dies erforderte viel Zeit und Aufwand, aber es gab genügend Personen, die dazu bereit waren, weil

Tab. 1-1: Entwicklungen bei Rechnern, Künstlicher Intelligenz und Mensch-Computer-Interaktion über sieben Generationen /Gaines 86/

	Hardware/Software EDT/VMA/POL	State of AI KBS/IIS/AAS	State of HCI HCI
0 1940 - 47	**Up and down** Relays to vacuum tubes COLOSSUS, ENIAC	**Mind as Mechanism** Logic of neural networks *Behavior, purpose & teleology*	**Designer as User** Judge by ease of use
1 1948 - 55	**Gee Whiz** Tubes, delay lines, drums BINAC, EDSAC, UNIVAC, WHIRLWIND, EDVAC, ACE IBM 701, 702, 650 Numeric control, navaids	**Cybernetics** Turing test Ashby's homeostat Grey Walter's tortoise Samuel's checkers player *Design for a Brain*	**Machine Dominates** Person adapts to machine *Human Use of Human Beings*
2 1956 - 63	**Paper Pushers** Transistors & core stores I/O control programs IBM 704, 7090, 1401, NCR 315 UNIVAC 1103, PDP 1, 3, 4, 5 FORTRAN, ALGOL, COBOL Batch, execs, supervisors Petrinets *Communications of ACM*	**Generality/Simplicity The Oversell** Perceptron, GPS, EPAM Learning machines Self-Organizing systems IPL V, LISP 1.5 Dartmouth AI Conference *Mechanization of Thought Processes*	**Ergonomics** Console ergonomics Job control languages Simulators, graphics CTSS, MAC JOSS, BASIC *Breakthrough to HCI*
3 1964 - 71	**Communicators** Large-scale ic's Interactive terminals IBM 360, 370 CDC 6600, 7600 PDP 6, 7, 8, 9, 10 DBMS, relational model Intel 1103, 4004	**Perform by Any Means** Semantic nets, ATNs, ELIZA PLANNER, fuzzy sets DENDRAL, scene analysis Resolution principle, 1st ICAI *Machine Intelligence I Artificial Intelligence Breakthrough to KBS*	**Man-Machine Studies Interactive Experience** Time-sharing services Interactive terminals Speech synthesis TSS360, APL\360 Unix, shell *Int. J. Man-Machine Studies*
4 1972 - 79	**Personal Resources** Personal computers Supercomputers VLSI Very large file stores Databanks, videotex IBM 370/168 - MOS memory & virtual memory Intel 8080, NS PACE 16-bit	**Encoded Expertise & Over-Reaction** PROLOG, Smalltalk, frames Scripts, systemic grammars SHRDLU, MARGIE MYCIN, TEIRESIAS Dreyfus, Lighthill & Weizenbaum attacks on AI *Cognitive Science*	**HCI Design Rules** Personal compuring Dialog rules LUNAR, ROBOT, LIFER Videotex services Altair & Apple PC's Visicalc *J. Assn. Comput. Linguistics Byte*
5 1980 - 87	**Action Aids** PC's with power & storage of mainframes plus graphics & speech processing Networks, utilities OSI, NAPLS standards IBM 370 chip, HP-9000 chip with 450.000 transistors	**Commercialization** LISP and PROLOG machines Expert system shells EMYCIN, AL/X, OPS5, APES Fifth generation project ICOT PSIM & PIM Knowledge bases *Handbook of AI*	**User-Natural Systemic Principles** Xerox Star, IBM PC Apple Macintosh Videodisk Human protocol KLONE-ED, INDIS, KLAUS ARGOT, HAM-ANS
6 1988 - 93	**Partners** Optical logic and storage Organic processor elements AI in routine use	**Learning & Emotion** Parallel knowledge systems Audio and visual sensors Multi-modal modeling	**User-Similar Automated Design** Integrated multi-modal systems Emotion detection

sie die Möglichkeiten und den potentiellen Nutzen erkannten. In dieser Zeit spielten ergonomische Überlegungen kaum eine Rolle (auch wenn /Gaines 84, 86/ nicht müde wird, immer wieder Mauchly mit einer Bemerkung aus dem Jahre 1947 zu zitieren, in dem erste ergonomische Überlegungen anklingen.) Die Verfügbarkeit einer bestimmten Funktionalität, wie z. B. ein bestimmtes Berechnungsverfahren, stand im Vordergrund. Die Situation begann sich Ende der 50er bis Anfang der 60er Jahre zu wandeln. Die ersten ergonomischen Arbeiten, die sich mit Computersystemen beschäftigten, wurden sporadisch durchgeführt, ohne theoretische Grundlage und waren hauptsächlich an Hardware-Fragen orientiert. Diese Arbeiten waren verstreut, wurden – mit einigen Ausnahmen wie z. B. /Shackel 59/ – meistens in den USA durchgeführt und bezogen sich vornehmlich auf militärische Anwendungen.[3]

Die Entwicklung von Minicomputern und von *time-sharing*-Systemen mit verteilten Terminals, die interaktives Arbeiten zu erlauben begannen, hatte Ende der 60er und Anfang der 70er Jahre eine erste Ausweitung der Gruppe möglicher Benutzer zur Folge. Es waren nicht mehr notwendigerweise nur Computerspezialisten. Zu dieser Zeit wurden ergonomische Probleme bei der Computerbenutzung auch in wissenschaftlichen Veröffentlichungen angesprochen /Nickerson 69/, /Shackel 69/. Aber erst das Auftauchen des Mikrocomputers und seine weite Verbreitung in den 80er Jahren zusammen mit seiner Propagierung zum Personal Computer veranlaßte die Computerindustrie, den Aspekt der Benutzerfreundlichkeit als Problem und als Marketingfaktor zugleich anzuerkennen. Parallel dazu wurde die Palette der Computeranwendungen immer breiter und folglich auch die Gruppe der Benutzer immer heterogener, was Ausbildungsstand und Anwendungsanforderungen betrifft. Heutzutage kommt eigentlich jeder als potentieller Benutzer in Frage, insbesondere dann, wenn man an die Integration der eigentlichen Computersysteme mit den Kommunikationssystemen zu integrierten und umfassenden Informationssystemen denkt. Wenn die Qualität der Mensch-Computer-Schnittstelle (inkl. Handbücher etc.) nicht den Anforderungen der Benutzer entspricht, d. h. die Interaktion mit dem System zu schwierig zu erlernen ist, dann müssen die Hersteller solcher Systeme damit rechnen, daß ihre Produkte nicht gekauft werden. Aber von der Einsicht in die Notwendigkeit software-ergonomischer Überlegungen bis zur Umsetzung bei der Produktentwicklung ist es immer noch ein weiter Weg. Andererseits sind die Möglichkeiten, die Schnittstelle mit zusätzlichen Komponenten zu versehen, durch die dramatische Reduzierung der Kosten für Hardware (z. B. für Speicherkapazität) und die Steigerung der Rechengeschwindigkeit erheblich gestiegen. So ist es nicht verwunderlich, daß wir seit Ende der 70er Jahre einen Anstieg der Forschungs- und Entwicklungsaktivitäten auf dem Gebiet der Software-Ergonomie zu verzeichnen haben, die diese Möglichkeiten zu nutzen versuchen.

---

[3] Die Beschäftigung mit ergonomischen Fragestellungen ist eine Erscheinung, die vor allem in den USA unter der Bezeichnung *human factors engineering* oder auch *engineering psychology* in den 40er Jahren (d. h. während und nach dem 2.Weltkrieg) ihren Ursprung zum großen Teil im militärischen Bereich hatte. So erkannte das Department of Defense (DOD) sehr zeitig die Rolle des „menschlichen Faktors" für die Sicherheit und Zuverlässigkeit bei der Bedienung der immer komplexer werdenden technischen Systeme.

Ab Anfang bis Mitte der 80er Jahre tauchen dann die ersten Früchte dieser Aktivitäten in Form von kommerziellen Systemen auf, wie z. B. der Xerox Star, Apple Lisa und Macintosh. Die innovativen Interaktionsmöglichkeiten werden realisiert mit Hilfe von hochauflösenden Grafikbildschirmen, Fenstersystemen, Zeigeinstrumenten für die direkte Manipulation, Metaphernwelten, die visuell über Piktogramme dargestellt werden, wie die Schreibtischmetapher. Heute gehören diese Merkmale zum Standard bei fortgeschrittenen Arbeitsplatzrechnern (*workstations*) wie sie in vielen Forschungsinstituten verwendet werden. Gemessen an der Vielzahl der insgesamt existierenden Bildschirmarbeitsplätze sind diese Hardware-Voraussetzungen aber noch nicht allgemeiner Standard.

1.5 Die Wissenschaftslandschaft

Veränderungen in der wissenschaftlichen Landschaft können in jedem Fachgebiet an dem Erscheinen einflußreicher Bücher, dem Abhalten bedeutender Tagungen und dem Gründen von themenspezifischen Fachzeitschriften sowie wissenschaftlichen Gesellschaften abgelesen werden. So auch bei der Software-Ergonomie.

Nach /Gaines 86/ wird das 1965 in Yorktown Heights durchgeführte IBM *Scientific Computing Symposium on Man-Machine Communication* als die erste wissenschaftliche Tagung zu diesem Thema angesehen. 1969 erschien die erste Nummer des *International Journal of Man-Machine Studies*. Anschließend erschienen die ersten Bücher zu diesem Thema z. B. *Man-Computer Problem Solving* /Sackman 70/, *The Psychology of Computer Programming* /Weinberg 71/, *Design of Man-Computer Dialogues* /Martin 73/. In diese Zeit fällt auch ein Anstieg von Veröffentlichungen zu software-ergonomischen Themen in anderen Zeitschriften, wie *Human Factors, Ergonomics, Communications of the ACM*. Die Folgezeit sah und sieht eine Vielzahl von Buchveröffentlichungen, von denen hier nur einige examplarisch genannt werden sollen: /Badre, Albert, Shneiderman 80/, /Shneiderman 80/, /Card, Moran, Newell 83/, /Thomas, Schneider 84/, /Vassiliou 84/, /Hartson 85/, /Norman, Draper 86/, /Shneiderman 87/. Seit 1985 erscheint die Fachzeitschrift *Human-Computer Interaction*.

Seit 1982 wird in den USA jährlich (außer 1984) die sog. CHI-Konferenz als Veranstaltung der *Special Interest Group on Computer-Human Interaction der Association for Computing Machinery* (SIGCHI der ACM) duchgeführt. 1984 findet die First USA-Japan Conference on Human-Computer Interaction in Hawaii statt /Salvendy 84/. Beide Tagungen hatten bereits ihre Folgeveranstaltungen /Salvendy 87/, /Salvendy, Sauter, Hurrell 87/, wobei die zweite INTERACT-Konferenz in Stuttgart stattfand /Bullinger, Shackel 87/. Darüber hinaus gab und gibt es natürlich eine Reihe kleinerer themenspezifischer Tagungen.

Die Tatsache, daß die beiden INTERACT-Konferenzen in Europa stattfanden, liegt einerseits natürlich in der unbestrittenen Rolle von Brian Shackel begründet, ist andererseits aber auch Ausdruck der wachsenden Aktivitäten in Europa. Hier lag der Schwerpunkt zunächst mehr auf der ergonomischen Gestaltung von Bildschirmarbeitsplätzen im Sinne der Hardware-Ergonomie, wie z. B. in den Büchern von

/Grandjean, Vigliani 80/ und /Cakir, Hart, Stewart 80/ dargestellt. Aber auch software-ergonomische Themen mit Berücksichtigung kognitiver Aspekte wurden in Europa auf Tagungen und in Büchern behandelt /Smith, Green 80/, /Coombs, Alty 81/, /Shackel 81/, /Sime, Coombs 83/. 1982 erschien die Fachzeitschrift *Behavior and Information Technology* (BIT). Im europäischen Rahmen entwickelte sich auch eine eigenständige Tagungsreihe, die seit 1982 alle zwei Jahre als *European Conference on Cognitive Ergonomics* (ECCE) insbesondere die kognitiven Aspekte in den Vordergrund stellt /Green, Payne, van der Veer 83/, /van der Veer et al. 84/, /Falzon et al. 88/. Diese Aktivitäten führten dann 1987 zu der formellen Gründung der European Association of Cognitive Ergonomics (EACE) mit Sitz in Paris.

Hauptsächlich durch europäische Forscher getragen, aber international ausgerichtet, ist das MACINTER-Network der *International Union of Psychological Sciences on Man-Computer Interaction Research*. Es wurde 1984 mit einer ersten Tagung /Klix,Wandke 86/ gestartet und hat in der Zwischenzeit eine Reihe von Workshops und Symposia in Zusammenhang mit anderen größeren Veranstaltungen durchgeführt. 1988 wurde wiederum eine Überblickstagung /Klix et al.88/ veranstaltet.

Aber auch in Deutschland war man nicht untätig. So gibt es seit 1981 die jährlich stattfindenden Arbeitstagungen zur Mensch-Maschine-Kommunikation, in denen ein kleiner Kreis von Wissenschaftlern und Praktikern diskutierte. 1983 fand das Thema in Nürnberg mit der Tagung *Software-Ergonomie* /Balzert 83/ zum ersten Mal ein größeres Forum im deutschsprachigen Raum. Im Anschluß daran wurde im gleichen Jahr innerhalb der Gesellschaft für Informatik (GI) der Fachausschuß *Ergonomie in der Informatik* und die Fachgruppe *Software-Ergonomie* gegründet. Der Erfolg dieser ersten Veranstaltung setzte sich fort in einem zweijährigen Rhythmus mit den Tagungen in Stuttgart /Bullinger 85/ und in Berlin /Schönpflug, Wittstock 87/. Aufgrund des allseits erkannten Defizits an Ausbildungsmöglichkeiten auf diesem interdisziplinäres Wissen erfordernden Gebiet wurde 1986 erstmals die Software-Ergonomie Herbstschule (SEH) durchgeführt, die seitdem jährlich stattfaindet.

Auf der Basis dieses Überblicks erscheint es gerechtfertigt festzustellen, daß die Software-Ergonomie / Mensch-Computer-Interaktion inzwischen ein auf vielfältigen Ebenen etabliertes Forschungs- und Entwicklungsgebiet ist, das hoffentlich auch in der Zukunft eine Fülle von wichtigen Ergebnissen zu unser aller Nutzen und Freude produzieren wird.

1.6 Beteiligte Disziplinen und Forschungsstrategien

Aus den bisher gemachten Ausführungen ist unmittelbar einsichtig, daß die Fragestellungen der Software-Ergonomie verschiedene wissenschaftliche Disziplinen berühren. In diesem Abschnitt wollen wir diese und ihr Verhältnis zueinander näher betrachten.

Computersysteme können zunächst einmal aus der rein technischen Perspektive betrachtet werden. Die *Informatik* stellt eine Reihe von Ansätzen zum Entwurf und zur Realisierung von Software-Systemen bereit. Damit liegt eine Wurzel der Software-Ergonomie in der Informatik. Wie schon in dem historischen Abriß angedeutet, ist die Entwicklung interaktiver Computersysteme bisher weitgehend durch Fortschritte in der Hardware- und Software-Entwicklung bestimmt worden. Die Umsetzung dieser Möglichkeiten geschah aber meistens allein unter dem Gesichtspunkt der technischen Machbarkeit und weniger gemäß den Anforderungen der Benutzer und ihren Aufgabenstellungen.

Die Tatsache, daß diese Systeme von Menschen benutzt werden, macht den Mensch und die zu erledigende Aufgabe gemäß unserem zuvor dargestellten Grundverständnis zum zentralen Ausgangspunkt. Dadurch ist die Bedeutung der *Psychologie* – als der Wissenschaft vom menschlichen Verhalten – für den Systementwurf unmittelbar deutlich. Sie übernimmt für die Einlösung der Forderung nach benutzerorientiertem und aufgabenzentriertem Systementwurf eine entscheidende Rolle, insbesondere wenn es um die kognitiven Aspekte der Mensch-Computer-Interaktion geht.

Der Umgang mit Computern erfolgt meistens im Rahmen von Arbeitsaufgaben und in einer bestimmten Arbeitsumgebung. Über die allgemeinen Prinzipien menschlichen Verhaltens hinaus gibt es damit Abhängigkeiten vom (Arbeits-) Kontext, in dem dieses Verhalten gezeigt wird. Diese Fragen berühren Ansätze aus den *Arbeitswissenschaften* als der Wissenschaft von den Erscheinungsformen der menschlichen Arbeit, von den Voraussetzungen und Bedingungen, unter denen sich Arbeit vollzieht, und den Wirkungen und Folgen, die sie auf Menschen ausübt.[4]

Damit sind die drei beteiligten Hauptdisziplinen identifiziert: Informatik, Psychologie und Arbeitswissenschaften. Dabei ist natürlich zu berücksichtigen, daß nicht immer der gesamte Umfang der jeweiligen Disziplin eine Rolle spielt, sondern immer nur in gewissen relevanten Ausschnitten. Über die unterschiedlichen Perspektiven hinaus ist zu beachten, daß jede Disziplin auch ihre spezifischen Methoden mitbringt und damit verbunden ihre Sichtweise, Forschung zu betreiben, zu bewerten und zu akzeptieren. Forscher, die aus den jeweiligen Disziplinen kommen, haben auch ein unterschiedlich ausgeprägtes Erkenntnisinteresse, wenn sie sich mit Software-Ergonomie beschäftigen. So ist dem einen neben der Verbesserung von konkreten Arbeitssituationen auch an Fortschritten in den Grundlagen seiner Disziplin gelegen. Der Gegenstandsbereich der Software-Ergonomie übernimmt dann die Funktion einer Testumgebung für Grundlagenuntersuchungen, z.B. für die Weiterentwicklung von Theorien über das menschliche Verhalten in komplexen Situationen, wie sie bei der Mensch-Computer-Interaktion auftreten. Ganz allgemein kann man aber festhalten, daß es natürlich Arbeitsteilungen zwischen den Beteiligten geben muß. Diese ergeben sich daraus, ob zu einem bestimmten

---

[4] Wir wollen uns hier nicht streiten, ob diese Fragen, wie z. B. die organisatorische Einbettung der Arbeitsaufgabe, zu den Arbeitswissenschaften gehören oder nicht eher einen abgrenzbaren Gegenstand der Arbeits- und Organisationspsychologie darstellen. Es gibt da weniger Probleme bei der Zuordnung von Gegenstandsbereichen als vielmehr einen Unterschied in den Methoden, die bei den Arbeitswissenschaftlern eher ingenieurwissenschaftlich orientiert sind.

16   1 Fragestellungen und Forschungsstrategien der Software-Ergonomie

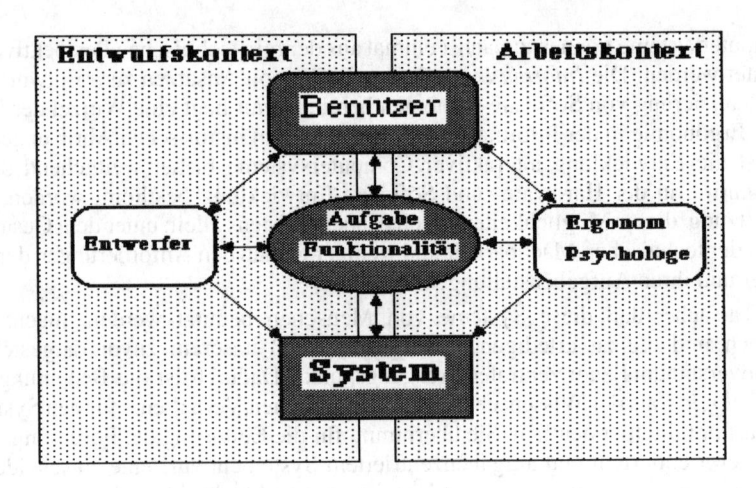

Abb. 1-2: Unterschiedliche Kontexte der Systementwicklung

Zeitpunkt des Entwicklungsprozesses gerade mehr die Analyse der Aufgabe und des Benutzers innerhalb des existierenden und des zukünftigen Arbeitskontextes im Mittelpunkt steht oder ob es sich mehr um die konkreten Überlegungen zur technischen Planung, zur Auswahl von Realisierungskonzepten und deren Umsetzung in Prototypen innerhalb des **Entwurfskontextes** handelt (siehe auch Abb. 1-2).

Forschungs- und Entwicklungsstrategien

Verbunden mit der Vielfalt der Disziplinen stellt sich die Frage, ob ein *interdisziplinärer* oder *nur* ein *multidisziplinärer* Ansatz verfolgt werden soll. So vertritt z.B. /Rasmussen 87/ die These, daß nur ein multidisziplinärer Ansatz sinnvoll und erfolgreich zu sein verspricht. Es hängt davon ab, ob die Integration von Wissen aus verschiedenen Disziplinen leichter innerhalb einer Person oder zwischen mehreren Personen zu bewerkstelligen ist. Die Befürchtung, daß der Anspruch, wirklich interdisziplinär zu sein, zu hoch ist, sollte uns aber nicht abhalten, dieses Ziel als Idealvorstellung beizubehalten. Inwieweit es erreicht werden kann unter den v. a. in Deutschland sehr festen Grenzziehungen zwischen den Fakultäten, soll an dieser Stelle nicht diskutiert werden. Auf jeden Fall sollte es aber möglich sein, daß alle am Systementwicklungsprozeß Beteiligten sich soviel Wissen über den jeweils anderen Fachbereich aneignen, daß eine reibungslose Kommunikation in einem Entwicklungsteam gewährleistet ist. Aber auch hier gibt es unterschiedliche Sichtweisen.

So vertreten /Gould, Lewis 85/ den Standpunkt, daß der Entwurf grunsätzlich empirisch orientiert anzugehen ist. Entwerfer sollen sich viel Wissen über die Benutzer und die Arbeitsaufgabe aneignen. Sie sollen das Revidieren von Entwürfen von Anfang an einplanen. Diese Revisionen sollen auf der Basis von empirischen Messungen von Erfolg und Problemen bei tatsächlicher Benutzung z. B. von Prototypen erfolgen.

Ein anderer Standpunkt wird durch den Ansatz von /Card, Moran, Newell 83/ vertreten, der darauf basiert, daß kognitionspsychologische Untersuchungen quantitativ formulierbare Regeln entdecken, die in gewisser Annäherung Vorhersagen für die Gestaltung der Schnittstelle bzw. Komponenten davon machen. Diese können dann von Systementwerfern als Anweisungen verwendet werden.

Eine dritte Vorgehensweise wird oft gar nicht als solche explizit formuliert, ist aber durch das tatsächliche Vorgehen implizit gegeben: Die Ansicht, daß Schnittstellengestaltung vornehmlich technologiegetrieben ist. Verbesserungen resultieren z. B. aus der Verfügbarkeit von größeren Bildschirmen, dem Erfinden neuer Hilfsmittel zur Cursorpositionierung, etc.

In den im Abschnitt 1.3 aufgestellten Zielsetzungen haben wir uns für aufgabenzentrierten und benutzerorientierten Systementwurf ausgesprochen. Es stellt sich nun die Frage, wie dieser Anspruch zu erreichen ist. Dazu sollten unserer Meinung nach u. a. die Erkenntnisse der (kognitiven) Psychologie über die menschliche Informationsverarbeitung für die Konstruktion und Gestaltung von Software-Systemen nutzbar gemacht werden. Die Verbindung von Grundlagenforschung und angewandter Systementwicklung bedarf aber einer Forschungsstrategie, die der gegenseitigen Anregung und Förderung dient. Ein Vorschlag dazu /Streitz 87/ besteht in der in Abb. 1-3 skizzierten Vorgehensweise. Bei dieser Darstellung ist zu beachten, daß es sich dabei nicht um eine umfassende Strategie zur Entwicklung von Software-Systemen handelt. Unsere Vorschläge sind durch Methoden des Software-Engineering, die hier aber zunächst einmal ausgeklammert werden sollen, zu ergänzen.

Wenn es das Ziel ist, benutzerorientierte Software-Systeme zu erstellen, dann verlangt dies eine allgemeine Theorie menschlichen Verhaltens, die bei diesem Vorschlag der Psychologie entstammt. Aus einer solchen Theorie können Modelle der Mensch-Computer-Interaktion abgeleitet werden, indem als Gegenstandsbereich des menschlichen Verhaltens das Arbeiten mit interaktiven Computersystemen gewählt wird und die allgemeinen Aussagen der Theorien zur menschlichen Informationsverarbeitung darauf bezogen werden. Auf der Basis der dazu formulierten prädiktiven Modelle können dann Vorhersagen abgeleitet werden, die als Arbeitshypothesen wiederum einer Überprüfung unterzogen werden können und auch müssen. Software-ergonomisches Wissen kann aber auch in anderer Form als nicht allgemein formulierte, sondern als bereichsspezifische Theorie oder als praktisches Expertenwissen von Entwerfern und erfahrenen Benutzern vorliegen. Entsprechend kann die Überprüfung auf unterschiedliche Art und Weise erfolgen:

- experimentelle Laboruntersuchungen,
- Felduntersuchungen,
- Fallstudien.

Dabei entsprechen den verschiedenen Formen des vorliegenden Wissens auch bestimmte Überprüfungsverfahren. Experimentelle Laboruntersuchungen dienen hauptsächlich der Überprüfung detaillierter Vorhersagen prädiktiver Modelle. Sie weisen, wenn sie mit einer ausreichenden Anzahl von Versuchspersonen und unter kontrollierten Bedingungen durchgeführt werden, eine hohe interne Validität auf. Allerdings sind sie auch sehr aufwendig, wenn sie die Komplexität der Mensch-Computer-Interaktion einigermaßen vollständig erfassen sollen. (Als ein Beispiel

1 Fragestellungen und Forschungsstrategien der Software-Ergonomie

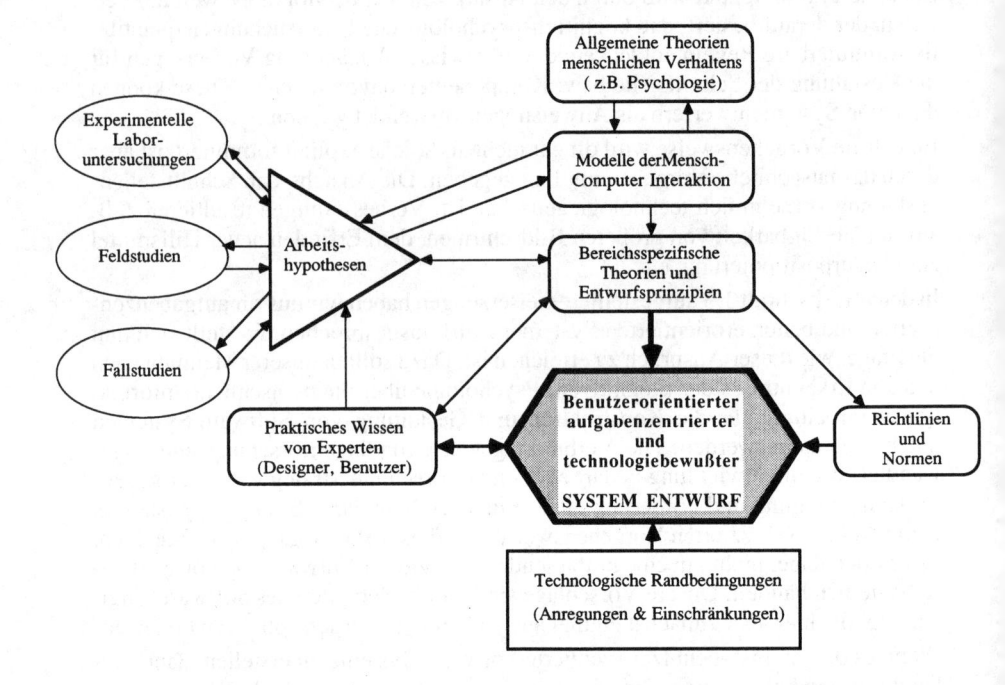

Abb. 1-3: Forschungsstrategien und -methoden im Bereich der Software-Ergonomie

dafür sei hier die Serie von sechs aufwendigen experimentellen Untersuchungen zur mentalen Belastung und kognitiven Prozessen bei komplexen Dialogstrukturen angeführt /Streitz, Eberleh 88/.)

Die Vorhersagen bereichsspezifischer Theorien, die oft auch als Entwurfprinzipien formuliert vorliegen, lassen sich eher in Feldstudien überprüfen, d. h. daß hier zwar die strenge Kontrolle der experimentellen Bedingungen nicht mehr ausreichend gegeben ist, aber die Verallgemeinerbarkeit auf reale Situationen und Aufgaben untersucht werden kann.

Das Praxiswissen der Experten resultiert dagegen meistens aus Fallstudien, die keinen Anspruch auf Verallgemeinerbarkeit erheben können, aber trotzdem ihre Berechtigung innerhalb des Gesamtprozesses der benutzerorientierten Systementwicklung haben, z. B. zur Generierung von Hypothesen. Es ist offensichtlich, daß das Testen der verschiedenen Arbeitshypothesen mit prototypischen Benutzerschnittstellen Teil eines iterativen Prozesses ist, der zu Modifikationen auf den verschiedenen Beschreibungsebenen führt. Im weiteren Verlauf werden sich Teile des akkumulierten Wissens in Richtlinien und Standards (DIN, ISO) niederschlagen und als Randbedingungen bedeutsam sein. Beim aktuellen Systementwurf fließt in jedem Fall das Praxiswissen des Entwerfers und von erfahrenen Benutzern im Umfeld der Systementwicklung ein.

Auch wenn diese Vorstellungen einer benutzerorientierten und aufgabenzentrierten Systementwicklung entsprechen, so ist doch ein weiterer wichtiger Faktor zu betonen: Anregungen und Randbedingungen aus den Computerwissenschaften und der allgemeinen technologischen Entwicklung. Man muß natürlich wissen, was technologisch möglich ist und wie die Vorstellungen umzusetzen sind. Diese Einflüsse kann man unter dem Stichwort *technologiebewußter* Systementwurf zusammenfassen. Aber – und da sind wir bei einem entscheidenden Punkt für Forschungsstrategien – wer sollte wem welche Vorgaben machen? An dieser Stelle erscheint es hilfreich, sich die z. Zt. existierenden Forschungsstrategien genauer anzuschauen. Dazu erweist sich eine Kategorisierung von Forschungs- und Entwicklungsstrategien im Hinblick auf methodische Aspekte als nützlich. So ist zwischen deskriptiven, prädiktiven, konstruktiven und evaluativen Vorgehensweisen zu unterscheiden. In unterschiedlicher Kombination finden diese Eingang in die folgenden drei Arten von Forschung /Streitz 86/:

○ **Nachlaufforschung**

Darunter fällt eigentlich der größte Teil der z. Zt. in der Software-Ergonomie durchgeführten psychologisch und arbeitswissenschaftlich orientierten Forschung. Bestehende Systeme werden *deskriptiv* analysiert und *nachträglich evaluiert*, vgl. /Oppermann, in diesem Band/, d. h. auf ihre Erlernbarkeit und Benutzbarkeit hin untersucht und auf ihre Übereinstimmung mit Normen – soweit vorhanden – überprüft. Dieses Vorgehen ist natürlich notwendig, da der Entwerfer dadurch Rückmeldung über die von ihm implementierten Systeme erhält. Außerdem ist es dabei auch möglich, existierende Systeme auf ihre *Verträglichkeit* mit Anforderungen z. B. aus der Wahrnehmungs- und Gedächtnispsychologie hin zu untersuchen und zu bewerten. Als entscheidender Nachteil ist festzuhalten, daß diese Forschung der technologischen Entwicklung immer hinterherlaufen muß.

○ **Begleitforschung**

Darunter verstehe ich die Teilnahme software-ergonomischer Experten im Entwurfsteam. Sie begleiten die aktuelle Entwicklung von Anfang an und beraten bei Entscheidungen über die Gestaltung der Mensch-Computer-Schnittstelle. Wir finden hier *deskriptive* und *evaluative* Verfahren auf der Seite des Ergonomen und des Psychologen gepaart mit einem *konstruktiven* Vorgehen auf der Seite des Entwerfers. Eine sinnvolle Hilfe ist dabei die Entwicklung von Prototypen, die bereits alle wesentlichen Charakteristika der Schnittstelle zeigen, aber noch keine umfangreiche Funktionalität aufweisen. Dadurch ist es zu einem frühen Zeitpunkt im Entwicklungszyklus möglich, Experimente durchzuführen und Änderungen mit geringem und damit vertretbarem Aufwand zu erreichen. Dieser Ansatz stellt bereits einen entscheidenden Fortschritt gegenüber der Nachlaufforschung dar und wird heutzutage an einigen Stellen auch praktiziert.

○ **Vorlaufforschung**

Die zuvor erwähnte Begleitforschung sollte m. E. durch den Ansatz der Vorlaufforschung ergänzt werden, der sehr stark auf psychologische Grundlagenforschung angewiesen ist. Die Grundidee besteht hier darin, daß aus den Erkenntnissen über die Art und Weise, wie Menschen ihre Arbeitsaufgaben und Problemstellungen bearbeiten und lösen, Vorgaben an zu entwickelnde Systeme und damit auch an Technologien abgeleitet werden. Diesen Vorgaben sollten Analysen zugrundeliegen, die sich zwar an den Eigenschaften menschlicher Informationsverarbeitung orientieren, sie aber nicht in ihren Beschränkungen simulieren. Damit ist die Vorlaufforschung prädiktiv und konstruktiv ausgerichtet. Sie dient dazu, die technische Entwicklung anzuregen, um Möglichkeiten bereitzustellen, die diese Beschränkungen zu überwinden helfen. Dabei sollte aber weiterhin das Prinzip der kognitiven Kompatibilität in bezug auf die jeweiligen Wissensrepräsentationen zwischen Benutzer und System gewährleistet sein.

1.7 Schlußbemerkung

Damit wir dem Ziel – der Entwicklung benutzerorientierter und aufgabenzentrierter Computersysteme – näherkommen, ist es notwendig, das erforderliche Wissen auf vielen Ebenen der Beteiligung an diesem Prozeß bereitzustellen. Da es aber bisher keinen Studiengang oder auch nur ein Curriculum *Software-Ergonomie* gibt, war es notwendig, dieses Wissen, das sehr verstreut und teilweise nur fachspezifisch formuliert vorliegt, in einer aufbereiteten Form zusammenzustellen. Dies geschieht nun in dem vorliegenden Buch, dessen Kapitel auf wiederholt überarbeiteten Beiträgen zur Software-Ergonomie Herbstschule (SEH) basieren. Die Software-Ergonomie Herbstschule wird seit 1986 jährlich als einwöchige Weiterbildungsveranstaltung im Rahmen der Deutschen Informatik Akademie (DIA) von der Fachgruppe *Software-Ergonomie* in der Gesellschaft für Informatik veranstaltet.

Literatur

/Badre, Shneiderman 80/
  Badre A., Shneiderman B. (Eds.): *Directions in human-computer interaction*, Norwood, N.J.: Ablex 1980

/Balzert 83/
  Balzert H. (Hrsg.): *Software-Ergonomie*, Stuttgart: Teubner 1983

/Balzert 86/
  Balzert H.: *Gestaltungsziele der Software-Ergonomie*, in: Software-Ergonomie Herbstschule SEH '86, Berlin 1986

/Balzert, in diesem Band/
  Balzert H.: *E/A-Geräte für die Mensch-Computer-Interaktion*, in diesem Band

/Bullinger 85/
  Bullinger H. (Hrsg.): *Software-Ergonomie '85 – Mensch-Computer Interaktion*. Stuttgart: Teubner 1985

1.7 Schlußbemerkung 21

/Bullinger, Shackel 87/
Bullinger H., Shackel B. (Eds.): *Proceedings of the Second IFIP Conference – Human-computer interaction INTERACT '87*, Amsterdam: North-Holland 1987

/Cakir, Hard, Stewart 80/
Cakir A., Hart D., Stewart, T.: *Visual display terminals. A manual*, New York: John Wiley & Sons 1980

/Cakir, Hart, Stewart 80/
Cakir A., Hart D., Stewart T.: *Bildschirmarbeitsplätze,* Heidelberg: Springer 1980

/Card, Moran, Newell 83/
Card S. K., Moran T. P., Newell A.: *The psychology of human-computer interaction*, Hillsdale, N. J.: Erlbaum 1983

/Coombs, Alty 81/
Coombs M., Alty J. (Eds.): *Computing skills and the user interface*, London: Academic Press 1981

/Dzida 80/
Dzida W.: *Kognitive Ergonomie für Bildschirmarbeitsplätze,* in: Humane Produktion / Humane Arbeitsplätze, 10, 1980, S.18-19

/Falzon et al. 88/
Falzon P., Hoc J., Streitz N., Waern Y. (Eds.): *Cognitive Ergonomics – Understanding, learning, and designing human-computer interaction.* Chichester: John Wiley & Sons, in Vorbereitung.

/Fähnrich 87/
Fähnrich K.: *Software-Ergonomie: Stand und Entwicklung.* in: K. Fähnrich (Hrsg.): Software-Ergonomie. State-of-the-Art 5. München: Oldenbourg 1987, S. 9-28

/Gaines 84/
Gaines B.: *From ergonomics to the fifth generation,* in: B. Shackel (Ed.): Proceedings of the INTERACT'84 – Human-computer interaction. Amsterdam: North-Holland 1984, pp. 3-7

/Gaines 86/
Gaines B.: *From timesharing to the sixth generation: the development of human-computer interaction,* in: International Journal of Man-Machine Studies, 24, 1986, Part I, pp. 1-27

/Gould, Lewis 85/
Gould J., Lewis C.: *Designing for usability: key principles and what designers think,* in: Shackel, B. (Ed.): Proceedings of the Conference INTERACT '84 – Human-computer interaction. Amsterdam: North-Holland 1985

/Grandjean, Vigliani 80/
Grandjean E., Vigliani E. (Eds.): *Ergonomic aspects of visual display terminals,* London: Taylor & Francis 1980

/Green, Payne, van der Veer 83/
Green T., Payne S., van der Veer G. (Eds.): *The psychology of computer use.* London: Academic Press 1983

/Guliano 82/
Guliano V.E.: *The mechanization of office work,* in: Scientific American, 247, 1982, pp.148-165

/Hacker 87/
Hacker W.: *Software-Gestaltung als Arbeitsgestaltung,* in: K. Fähnrich (Hrsg.): Software-Ergonomie. State-of-the-Art 5. München: Oldenbourg 1987, S. 29-42

/Hacker, Schönfelder 86/
Hacker W., Schönfelder E.: *Job organization and allocation of functions between man and computer,* in: Klix F., Wandke H. (Eds.): Man-Computer Interaction Research: MACINTER I, Amsterdam: North-Holland 1986, pp. 403-420

/Hartson 85/
  Hartson H.: *Advances in human-computer interaction*. Norwood, N.J.: Ablex 1985
/Klix et al. 88/
  Klix F., Streitz N. A., Wandke H., Waern Y.: *Man-Computer Inetraction Research,* MACINTER II, Amsterdam: North-Holland, in Vorbereitung
/Klix,Wandke 86/
  Klix F., Wandke H. (Eds.): *Man-Computer Interaction Research, MACINTER I.*, Amsterdam: North-Holland 1986
/Klix, et al. 88/
  Klix F., Streitz N., Waern Y., Wandke H. (Eds.): *Man – computer interaction research: MACINTER II.*, Amsterdam: North-Holland 1988
/Martin 73/
  Martin J.: *Design of man-computer dialogues*, Engelwood Cliffs N.J.: Prentice Hall 1973
/Nickerson 69/
  Nickerson R.: *Man-computer interaction: a challenge for human factors researc,* in: IEEE Transactions on Man-Machine Systems, 4, 1969, pp. 164-180
/Norman 86/
  Norman D.A.: *Cognitive Engineering,* in: Norman D. A., Draper S. (Eds.): User centered system design: New perspectives on human-computer interaction, Hillsdale N.J.: Erlbaum 1986, pp. 31-61
/Norman, Draper 86/
  Norman D., Draper S. (Eds.): *User centered system design: New perspectives on human-computer interaction*, Hillsdale N. J.: Erlbaum 1986
/Oppermann, in diesem Band/
  Oppermann R.: *Software-ergonomische Evaluationsforschung,* in diesem Band
/Rasmussen, 87/
  Rasmussen J.: *Cognitive Engineering,* in: Bullinger H., Shackel B. (Ed.): Proceedings of the Conference INTERACT'87 - Human-computer interaction. Amsterdam: North-Holland 1987, pp. XXV-XXX
/Sackman 70/
  Sackman H.: *Man-computer problem solving*, Princeton: Auerbach 1970
/Salvendy 84/
  Salvendy G.: *Human-computer interaction*, Proceedings of First USA-Japan Conference. Amsterdam: Elsevier 1984
/Salvendy 87/
  Salvendy G.: *Cognitive engineering in the design of human-computer interaction and expert systems,* Amsterdam: Elsevier 1987
/Salvendy, Sauter, Hurrel 87/
  Salvendy, G. Sauter S., Hurrel J.: *Social, ergonomic, and stress aspects of work with computers,* Amsterdam: Elsevier 1987
/Schönpflug, Wittstock 87/
  Schönpflug W., Wittstock M. (Hrsg.): *Software-Ergonomie '87 – Nützen Informationssysteme dem Benutzer?* Stuttgart: Teubner 1987
/Shackel 59/
  Shackel B.: *Ergonomics for a computer,* in: Design, 120, 1959, pp.36-39
/Shackel 69/
  Shackel B.: *Man-computer interaction: the contribution of the human sciences,* in: Ergonomics, 12, 1969, pp. 485-499

/Shackel 81/
Shackel B. (Ed.): *Man-computer interaction: Human factors aspects of computers and people*, The Netherlands: Sijthoff & Noordhoof 1981

/Shackel 84/
Shackel B. (Ed.): *Proceedings of the Conference INTERACT '84 – Human-computer interaction*, Amsterdam: North-Holland 1984

/Shackel 85/
Shackel B.: *Human factors and usability – whence and whither?* in: H. Bullinger (Hrsg.): Software-Ergonomie '85 – Mensch-Computer-Interaktion, Stuttgart: Teubner 1985, S.13-31

/Shneiderman 80/
Shneiderman B.: *Software psychology: Human factors in computer and information systems*, Boston: Little, Brown and Co. 1980

/Shneiderman 87/
Shneiderman B.: *Designing the user interface: Strategies for effecitve human-computer interaction*, Reading: Addison-Wesley 1987

/Sime,Coombs 83/
Sime M., Coombs M. (Eds.): *Designing for human-computer communication*, London: Academic Press 1983

/Spinas,Troy, Ulich 83/
Spinas Ph., Troy N., Ulich E.: *Leitfaden zur Einführung und Gestaltung von Arbeit an Bildschirmarbeitsplätzen*, Zürich: Verlag Industrielle Organisation 1983

/Skarpelis 87/
Skarpelis C.: *Software gestalten heißt Arbeitsbedingungen gestalten*, in: K. Fähnrich (Hrsg.): Software-Ergonomie. State-of-the-Art 5, München: Oldenbourg 1987, S. 54-71

/Smith,Green 80/
Smith H., Green T. (Eds.): *Human interaction with computers*, London: Academic Press 1980

/Streitz 85/
Streitz N. A.: *Die Rolle von mentalen und konzeptuellen Modellen in der Mensch-Computer Interaktion: Konsequenzen für die Software- Ergonomie?* in: H.J. Bullinger (Hrsg.): Software-Ergonomie '85: Mensch-Computer-Interaktion. Stuttgart: Teubner 1985, S. 280-292

/Streitz 86/
Streitz N. A.: *Cognitive Ergonomics: An approach for the design of user-oriented systems*, in: Klix F., Wandke H. (Eds.): Man-Computer Interaction Research : MACINTER I, Amsterdam: North-Holland 1986, pp.21-33

/Streitz 87/
Streitz N. A.: *Cognitive compatibility as a central issue in human-computer interaction: Theoretical framework and empirical findings.*, in: Salvendy, G. (Ed.): Cognitive engineering in the design of human-computer interaction and expert systems, Amsterdam: Elsevier 1987, pp. 75-82

/Streitz 88a/
Streitz N. A.: *Mental models and metaphors: Implications for the design of adaptive user-system interfaces*, in: Mandl H., Lesgold A. (Eds.): Learning issues for intelligent tutoring systems, Cognitive Science Series, New York: Springer 1988, pp. 164-186

/Streitz 88b/
Streitz N. A.: *Psychologische Aspekte der Mensch-Computer-Interaktion*, in: Hoyos, Zimolong (Hrsg.): Ingenieurpsychologie. Enzyklopädie der Psychologie. Göttingen: Hogrefe 1988

/Streitz, Eberleh 88/
Streitz N. A., Eberleh E. (Hrsg.): *Mentale Belastung und kognitive Prozesse bei komplexen Dialogstrukturen*, Abschlußbericht an die Bundesanstalt für Arbeitsschutz, Dortmund. (Arbeitsbericht Nr. I/48 -1988 des Instituts für Psychologie der RWTH Aachen)

/Thomas 84/
    Thomas J., Schneider M. (Eds.): *Human factors in computer systems*, Norwood, N.J.: Ablex 1984
/Ulich, in diesem Band/
    Ulich, E.: *Arbeits- und organisationspsychologische Aspekte*, in diesem Band
/Vassiliou 84/
    Vassiliou Y. (Ed.): *Human factors and interactive computer systems*, Norwood, N.J.: Ablex 1984
/van der Veer et al. 84/
    van der Veer G., Tauber M., Green T., Gorny P. (Eds.): *Readings on cognitive ergonomics – mind and computers*, Berlin: Springer 1984
/Weinberg 71/
    Weinberg G.: *The psychology of computer programming*, New York: Nostrand Reinhold 1971

Grundlagen

2 Grundlagen menschlicher Informationsverarbeitung

Gabriele Rohr

2.1 Einführung

Wenn wir uns der Frage der *Benutzerfreundlichkeit* von Anwendungssoftware zuwenden, müssen wir im ersten Schritt zu bestimmen versuchen, welche Komponenten dazu beitragen. Dabei ist es in erster Linie wichtig zu wissen, wie der Mensch Information aufnimmt, weiterverarbeitet und für die Steuerung von Handlungen einsetzt. Je mehr Information über ein System wir dem Menschen auf einem Bildschirm interaktiv zeigen, umso mehr müssen wir uns darum kümmern, wie wir es zeigen, d. h., wir müssen über Phänomene der menschlichen visuellen Wahrnehmungsleistung Bescheid wissen. Je weniger wir dem Benutzer auf dem Bildschirm zeigen, umso mehr ist dessen Gedächtnisleistung beansprucht. Hier kommt es darauf an, Gedächtnis-Abrufprozesse in einer Lernphase optimal zu unterstützen. Mit dem letztgenannten Extrem hatten wir eher in den früheren Zeiten der Rechnerprogrammierung zu tun, während man bei heutiger Software eher Tendenzen zum erstgenannten Extrem vorfindet. Wichtig ist es, eine ausgewogene Darstellungsform zu finden, welche die Informationsgewinnung optimiert. Dazu müssen wir alles Wichtige über die menschliche visuelle Wahrnehmungsleistung, die Gedächtnisorganisation und die Aufmerksamkeitssteuerung wissen.

Während die oben aufgeführten Punkte eher die Handhabbarkeit eines Softwaresystems betreffen, haben wir uns auch um die prinzipielle Verständlichkeit oder Lernbarkeit eines Systems zu kümmern. Optimale Verständlichkeit oder auch leichte Lernbarkeit eines Systems hängt zum großen Teil davon ab, wie gut die Kategorien der Systemfunktionen den Kategorien entsprechen, die der Mensch zum Erfassen seiner Umwelt benutzt. Das ist einer der Vorteile von **Metaphern**, daß sie es erlauben, neue Strukturen in alte bereits vorhandene zu integrieren. Sind die Metaphern allerdings zu spezialisiert, können sie nicht mehr alle Struktureigenschaften eines Systems beschreiben und können zu fatalen Bedienungsfehlern aufgrund der falschen Interpretation der Systemstruktur führen. Es kommt also darauf an, Beschreibungssprachen über die Struktureigenschaften eines Systems auf der Oberfläche zu finden, die grundlegenden Kategoriensystemen beim Menschen entsprechen.

Sind die bisher erläuterten Aspekte unabdingbare Voraussetzungen für die Erkennbarkeit von Systemkomponenten und die Verständlichkeit der Strukturzusammenhänge, so ist dabei bisher ein Aspekt unberücksichtigt geblieben: die Aufgabe, die mit Hilfe des Systems bearbeitet werden soll. Die Adaption der Systemoperationen an vorgestellte Aufgabenschritte betrifft die **Aufgabenangemessenheit** von Softwaresystemen. Hierbei kommt es auf die Planung von Ausführungsschritten zur Erreichung von Teilzielen an, die in ihrer Aufeinanderfolge zum Erreichen des Zielzustands führen. Dafür müssen wir einiges über die menschlichen Mechanismen der **Handlungssteuerung** wissen.

Im folgenden wollen wir nun versuchen, die wichtigsten Fakten über die Funktionsweise menschlicher Informationsverarbeitung bezüglich visueller Wahrnehmung, Gedächtnisorganisation, Aufmerksamkeitssteuerung, Kategorienbildung und Handlungssteuerung darzustellen. Abb. 2-1 zeigt noch einmal im Überblick, für welche Aspekte der Mensch-Computer-Interaktion diese Fakten für die Schnittstellengestaltung nützlich sein können.

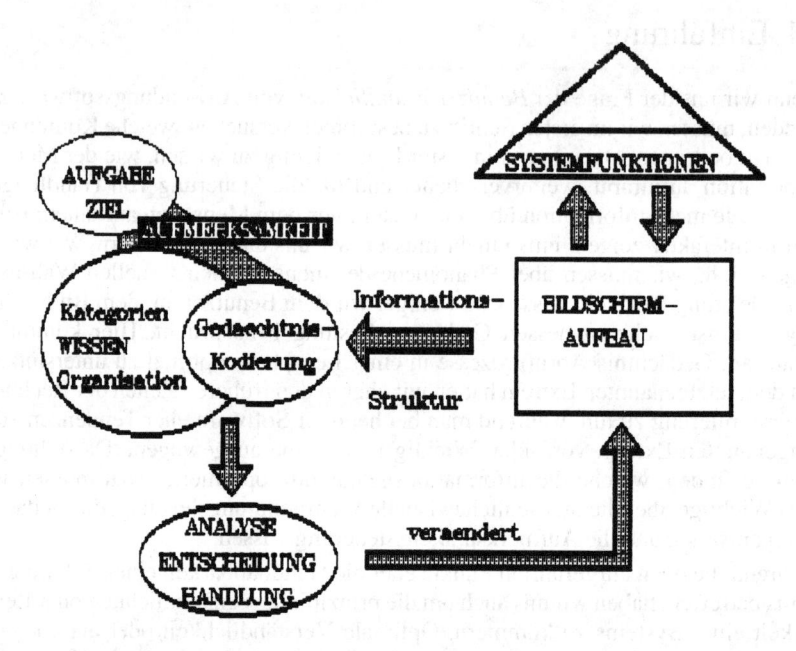

Abb. 2-1: Die Interaktion von mentalen und Software-Komponenten in der Mensch-Computer-Interaktion

2.2 Visuelle Wahrnehmung

2.2.1 Foveales Sehen und Blickbewegungen

Der erste Schritt bei der Erfassung von Information, die auf einem Bildschirm dargeboten werden, ist das Erkennen dieser Information. Obwohl das trivial klingt, ist es das tatsächlich nicht. Der Grund ist der Aufbau des menschlichen Auges.

Das menschliche Auge hat nur einen sehr kleinen Bereich, in dem es höchstauflösend scharf sieht. Dieser Bereich auf der Netzhaut wird *Fovea* genannt. Er entspricht einem Sehwinkel von 1 bis 2 Grad. Mit zunehmender Entfernung von der Fovea nimmt die Sehschärfe immer stärker ab. Nur noch grobe Konturen können

2.2 Visuelle Wahrnehmung   29

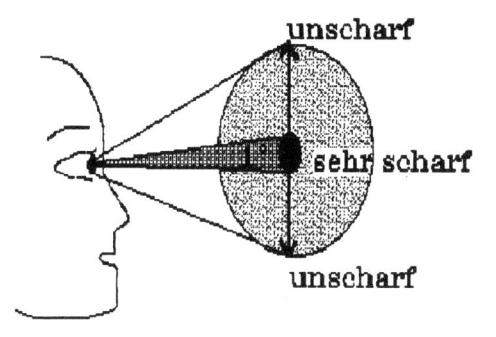

Abb. 2-2: Das Prinzip des fovealen Sehens des menschlichen Auges. Zum Rand der Retina nimmt die Sehschärfe des Auges ab.

adäquat wahrgenommen werden. Auch die Farbwahrnehmung wird abgeschwächt. Hingegen nimmt die Bewegungsempfindlichkeit immer mehr zu (siehe dazu Abb. 2-2). Um nun über einen großen Bereich detaillierte Informationen zu erlangen, muß das Auge nacheinander kleine Bereiche fixieren und in ein Gesamtbild integrieren (siehe Abb. 2-3). Dabei werden die Pfade der Blickfixationen entweder von der Grobstruktur der Peripherieinformation oder der Erwartung determiniert. Besteht weder eine konkrete Erwartung noch eine ausgeprägte wahrnehmbare Grobstruktur in der Peripherie muß das Bild erschöpfend abgesucht werden (siehe hierzu auch /Senders 78/ und /Groner, Fraisse 82/).

Aus dieser Funktionsweise des menschlichen Auges resultieren einige Phänomene von Nicht-Erkennen möglicher relevanter Information. Zaubertricks z. B. beruhen häufig darauf, daß die Blickfixation auf einen irrelevanten Punkt gelenkt wird, der sich weit entfernt von dem Ort befindet, an dem die entscheidende Operation stattfindet. Ausgelöst werden kann der Blicksprung durch eine deutliche Bewegung am Zielort. Hierbei handelt es sich um eine reflexartige Reaktion. Demzufolge sollte

Abb. 2-3: Ein Beispiel für die Pfade von Blickfixationen zur Aufnahme detaillierter Information

man bei der Bildschirmgestaltung darauf achten, daß nicht an irrelevanten Orten ständig etwas blinkt, weil das immer wieder eine Blickbewegung auf diese Orte hin erzwingt. Für wichtige Systemnachrichten dagegen, die peripher dargeboten werden, kann es ein Mittel sein, die rechtzeitige Kenntnisnahme der Information zu bewirken.

Gegenüber plötzlich auftretenden Nachrichten, die schnell erkannt werden müssen, gibt es noch die mehr dauerhafte Orientierungsinformation, z. B. in welchem Zustand man sich befindet. Erleichtert wird die **Zustandsorientierung** durch grobe grafische Strukturunterschiede am Bildschirmrand oder durch unterschiedliche Hintergrundfarben. Sie kann parallel zum tatsächlichen Fokussierungsort, an dem gearbeitet wird, wahrgenommen werden. Eine kleine Wortmarke am Rande des Bildschirms erschwert die Orientierung, da sie immer wieder von Neuem fixiert werden muß.

Insgesamt können durch visuelle Strukturgestaltung der Information auf der Bildschirmoberfläche Suchprozesse erleichtert oder erschwert werden. Klare grobe Strukturen, in welche die Detailinformation eingebettet ist, können die Suche erleichtern. Abb. 2-4 zeigt ein Beispiel für eine die Informationssuche behindernde Lösung. Es gibt sehr viele Einzelinformationen und nur wenig periphere Hinweisreize für die Gliederung der Information.

```
| Editor Help              |   | Block Manipulation |          |            |          |
|--------------------------|---|---------|----------|----------|------------|----------|
| Text Markers             |   | Put     | Cursor   | Alt-L    | Alt-B/W    | Alt-Z    |
| a => Alt Key             |   |         |          |          |            |          |
| a-B: block mark for      |   |         |          |          |            |          |
|      rectangles or       |   |         | Adjust   |     -    | Top Left   |     -    |
|      lines               |   |         | Alt-A    |          | Corner     |          |
| a-Z: character mark      | T |         |          |          |            |          |
|      for sentences,      | y |         |          |          |            |          |
|      phrases and         | p |         |          |          |            |          |
|      characters          | e |         | Copy     | Line     | Top Left   | At       |
| a-W: word mark           |   |         | Alt-C    | above    | Corner     | Line     |
| a-L: line mark for       |   |         |          |          |            |          |
|      one line or         |   |         |          |          |            |          |
|      paragraph           |   |         |          |          |            |          |
| a-U: unmarks any         | o |         | DELETE   | Any      | Any        | Any      |
|      area                | f |         | Alt-D    | Position | Position   | Position |
|                          |   |         |          |          |            |          |
| Marked Text Operators    |   |         |          |          |            |          |
| a-A: adjust mark         |   |         |          |          |            |          |
|      (a-O w/fill)        |   |         | OVERLAY  |     -    | Top Left   |     -    |
| a-C: copy mark           | o |         | Alt-O    |          | Corner     |          |
| a-D: delete mark         | p |         |          |          |            |          |
| a-O: overlay mark        | e |         |          |          |            |          |
| a-M: move mark           | r |         |          |          |            |          |
|                          |   |         | MOVE     | Line     | Top Left   | Top Left |
|                          |   |         | Alt-M    | Above    | Corner     | Corner   |
| PgDn: (Edit and Exit)    |   |         | PgUp     | (Cursor Movement) |  | F3= Exit |
```

Abb. 2-4: Beispiel einer Vorlage, die visuelle Suchprozesse auslöst

2.2.2 Gestaltgesetze

Die oben beschriebene Hilfe für die grobe Strukturierung der Gesamtinformation kann noch etwas detaillierter beschrieben werden. Sie beruht auf Prinzipien, die erstmals durch die Gestaltpsychologen (z. B. /Wertheimer 22/) entdeckt und als **Gestaltgesetze** deklariert wurden. Es handelt sich dabei darum, daß visuelle Elemente nicht als eine Ansammlung von Einzelelementen wahrgenommen werden, sondern nach bestimmten Prinzipien wahrnehmungsmäßig zu Figuren zusammengesetzt erlebt werden, z. B.: das Gesetz der Nähe, das Gesetz der geschlossenen Gestalt usw. (Abb. 2-5).

Diesen Figuren ist gemeinsam, daß unter Ausnutzung der strukturell informationstragenden Punkte einer Figur die redundanten Teile als weggelassen betrachtet werden können und somit ein figuraler Eindruck besteht. Mit Hilfe von informationstheoretischen Analysen zur Klärung der Frage, welches die Punkte eines Objektes sind, die die Konfiguration des Objektes soweit determinieren, daß die Aufnahme dieser Information allein genügt, um ein fast vollständiges Bild dieser Konfiguration zu erhalten, kam man zu dem Nachweis, daß das genau die Knick-, Wende- und Krümmungspunkte einer Figur sind /Klix 71/.

Eine besondere Eigenschaft des visuellen Systems erleichtert diese Informationsauswertung. Der parafoveale Teil des Auges hat zwar eine geringe Auflösung, ist aber in der Lage durch spezielle neuronale Verschaltungen Kontraste zu verstärken. Daraus ergibt sich für das Wahrnehmungsgesamtsystem die Möglichkeit, die foveale Fixation mit Hilfe der Augenbewegungen auf jene Teile des Musters zu lenken, die die maximale strukturelle Information tragen und zwar, angesteuert durch die Beschaffenheit des Musters selber /Bozkov et al. 77/.

Das richtige und schnelle Erfassen eines Objektes setzt hierbei allerdings voraus, daß sich das Objekt oder die Figur deutlich vom Hintergrund abhebt und selber nicht zu komplex ist. So konnten /Arend et al. 87/ zeigen, daß das Erkennen von global unterschiedlichen Piktogrammen wesentlich schneller erfolgt als das von lokal unterschiedlichen.

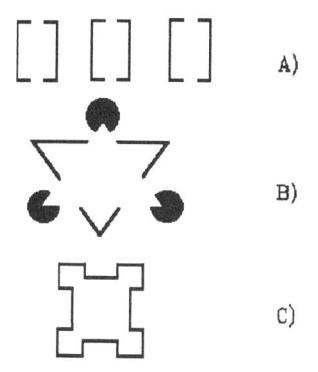

Abb. 2-5: Gestaltgesetze: a) Nähe, b) geschlossene Gestalt, c) *gute* Gestalt

Ein weiteres Gestaltphänomen, nämlich das der *guten* Gestalt, wurde ebenfalls analysiert. Es basiert auf dem Aufdecken von Regelmäßigkeiten innerhalb eines Bildmusters, d. h. es werden solche Bildmuster bevorzugt, die sich mit relativ wenigen Regeln beschreiben lassen. Tversky fand bei einer Analyse von Bezugssystembildungen bei Ähnlichkeitsurteilen heraus, daß bei dem Vergleich zweier Muster, bei dem das eine eher einer *guten* Gestalt entsprach, dieses auch eher als Referenzmuster gewählt wurde /Tversky 77/. Wenn A das Muster der *guten* Gestalt ist und B das andere Muster, wurde eher gesagt: „B ist A ähnlich" als „A ist B ähnlich". Waren zwei Muster im Ausmaß der *guten* Gestalt gleich, so wurde das komplexere von beiden als Referenzsystem benutzt, d. h. das weniger komplexe wurde als Teilsystem des komplexeren aufgefaßt (Abb. 2-6).

Zusammenfassend kann man sagen, daß durch je weniger Regeln eine Figur beschreibbar ist, um so mehr hat sie eine *gute* Gestalt, und je mehr von diesen Regeln auf die Analyse einer anderen Figur angewandt werden können, als um so ähnlicher wird diese andere Figur der anderen gegenüber empfunden.

Diese Grundphänomene scheinen einem von /Jacob et al. 76/ berichteten Effekt bei der Bildschirmgestaltung zugrunde zu liegen. Müssen mehrere Systemparameter gleichzeitig auf ihre Abweichung von einem Normwert beobachtet werden, so werden am schnellsten und genauesten Abweichungen bemerkt, wenn die Normwerte in einer regelmäßigen symmetrischen Kontur dargestellt werden, so daß Normabweichungen zu Asymmetrien führen (siehe Abb. 2-7). Am schlechtesten schneiden Parameterlisten und glyphische Displays ab. Einen ähnlichen Effekt wie die *gute* Gestalt hat die Vertrautheit von Figuren, in diesem Fall Gesichter, wobei Parameterabweichungen durch eine Veränderte Mimik dargestellt werden. Jedes Gesichtsmerkmal repräsentiert dabei einen Parameter (Mund, Augenstellung, Augenbrauen, Nase usw.). Dieser Effekt beruht wohl darauf, daß bei sehr vertrauten

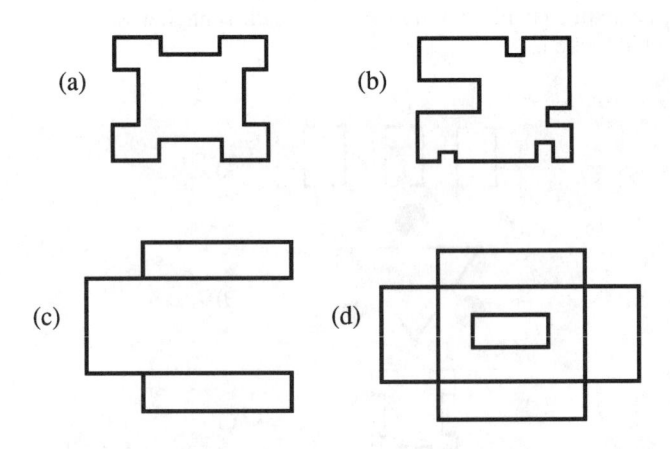

Abb. 2-6: Beispielfiguren aus Tverskys Experiment zu Ähnlichkeitsurteilen: a) *gute* Gestalt, b) ähnliches Muster, keine *gute* Gestalt, c) einfaches Muster, d) komplexes Muster

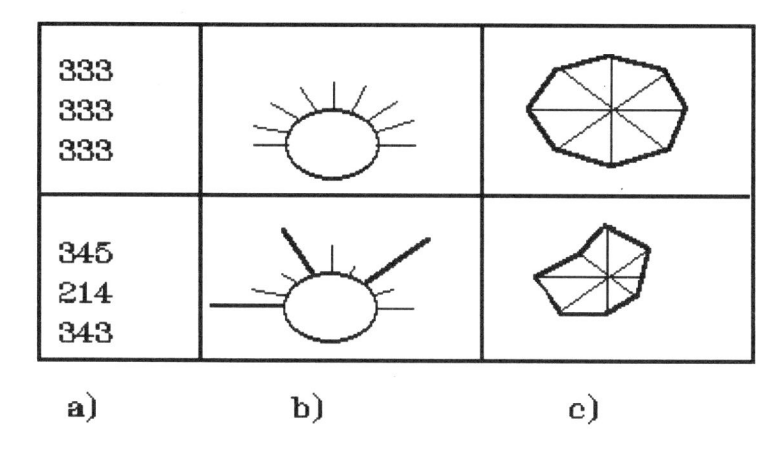

Abb. 2-7: Darstellungsformen für die gleichzeitige Überwachung mehrerer Parameter: a) Parameterliste, b) glyphische Darstellung, c) *gute* Gestalt (regelmäßig, wenn keine Normabweichung erfolgt)

Objekten Regeln und Transformationen für auftretende Veränderungen bereits bekannt sind.

Ein wichtiger Faktor für die Erfassung und Gruppierung mehrerer Figuren ist deren räumliche Tiefenordnung. Wenn diese auf eine Fläche projiziert wird, müssen ein paar wahrnehmungsunterstützende Faktoren für das Erfassen der Räumlichkeit berücksichtigt werden: Überlappung (hintere Objekte werden teilweise verdeckt), Größenänderung (hintere Objekte werden verkleinert), Farbänderung (hintere Objekte haben eine schwächere Farbsättigung und eine stärkere Blautönung).

Die in diesem Kapitel geschilderten **Wahrnehmungsfaktoren** beziehen sich erst einmal nur auf die strukturelle und gestaltmäßige Erfassung von Information. Sie haben noch nichts mit deren bedeutungsmäßiger Entschlüsselung zu tun.

2.3 Aufmerksamkeitssteuerung

Für die Verarbeitung von Information ist eine gewisse Aktiviertheit des verarbeitenden Organismus grundsätzlich notwendig. Ist diese Aktiviertheit auf speziell zu verabeitende Information ausgerichtet, so spricht man von Aufmerksamkeit. Die Funktion von Aufmerksamkeit ist es, in erster Hinsicht eine adäquate wahrnehmungsmäßige Verarbeitung der im Augenblick wichtigen sensorischen Signale sicherzustellen, und in zweiter Hinsicht, die Ausführung der augenblicklich wichtigsten Aktion zu gewährleisten /Kahneman et al. 83/. Der Hauptmechanismus der Aufmerksamkeit ist also in erster Linie die selektive Verarbeitung und erst dann die Auswahl eines angemessenen Verhaltensrepertoires.

Die selektive Aufmerksamkeit bedeutet, daß der Mensch auf bestimmte Reize oder Aspekte dieser Reize achtet und andere vernachlässigt. Dem liegt die Annahme zugrunde, daß eine Begrenzung der Kapazität im Verarbeitungssystem existiert, die durch Aufmerksamkeitsverschiebung bewältigt werden kann.

Man unterscheidet verteilte Aufmerksamkeit und fokussierte Aufmerksamkeit:

○ **Verteilte Aufmerksamkeit** ist durch die simultane Ausführung einer größeren Anzahl von Aufgaben oder die simultane Ausrichtung auf eine größere Anzahl von Reizen charakterisiert.

○ **Fokussierte Aufmerksamkeit** bedeutet die Fähigkeit irrelevante Informationen zu ignorieren.

Die Effizienz dieser Arten von Aufmerksamkeitsausrichtung kann bei unterschiedlichen Klassen von Verarbeitungsprozessen auf unterschiedliche Art beeinträchtigt werden. Im wesentlichen kann man zwei globale Klassen von Verarbeitungsprozessen unterscheiden, die automatisierte und die kontrollierte Verarbeitung:

1. Die *automatisierte* Form der Verarbeitung ist charakterisiert durch Schnelligkeit, Parallelität, geringen Aufwand, keine Limitierung in folge begrenzter Kurzzeitgedächtnis-Kapazität. Sie steht nicht unter bewußter Kontrolle und ist ein Anzeichen gut entwickelter Fertigkeiten. Ihre Entwicklung wird begünstigt durch konsistente Reaktionen auf bestimmte Reize über einen längeren Zeitraum hinweg.

2. Die *kontrollierte* Form der Verarbeitung vollzieht sich langsam, seriell, mit hohem Aufwand, kapazitätsbeschränkt und steht unter bewußter Kontrolle. Sie wird bei neuer oder inkonsistenter Information eingesetzt.

Die automatisierte Form der Verarbeitung wird durch konsistente Übung hervorgerufen, wobei Reiz und Reaktion konsistent aufeinander bezogen werden. Werden dagegen Reiz und Reaktion variabel aufeinander bezogen, d. h. die Antworten auf bestimmte Reize wechseln mit den Vorgaben, kann keine automatische Form der Verarbeitung aufgebaut werden, und die Leistung ändert sich wenig mit der Übung /Schneider, Shiffrin 77/, /Shiffrin, Schneider 77/. In der Benutzerschnittstellen-Gestaltung liegt dieses Phänomen z. B. vor, wenn die Bedeutung der PF-Tasten sich von Zustand zu Zustand ändert.

Bei verteilter Aufmerksamkeit kann die Leistung, abhängig vom Grad der Automatisierung oder mehr kontrollierter Informationsverarbeitung, sehr unterschiedlich ausfallen, mit schweren Engpässen, wenn die kontrollierte Form der Verarbeitung eingesetzt wird. Wird ein Training mit konsistenten Zuordnungen durchgeführt, verbessert sich die Leistung drastisch, nicht aber bei Trainings mit variabler Zuordnung (s. o.). Eine Untersuchung von /Fisk, Schneider 83/ macht diese Effekte exemplarisch deutlich: Zuerst wurden den Testpersonen zwischen einer bis vier Kategorien oder Wörter dargeboten. Danach mußten die Testpersonen bei zwei dargebotenen Wörtern entscheiden, ob eines von ihnen zu einer der vorher dargebotenen Kategorien gehörte oder den vorher dargebotenen Wörtern entsprach, und ihre Entscheidung mit einer *anwesend* oder *abwesend* Reaktion beantworten. Die vorher durchgeführten Trainings übten entweder eine konsistente Zuordnung (KZ) oder eine variable (VZ) ein. Es zeigte sich ein fast dramatischer Unterschied zwischen beiden Bedingungen, insbesondere für negativ zu beantwortende Kategorieurteile und gleich danach für positiv zu beantwortende Kategorieurteile (siehe Abb. 2-8).

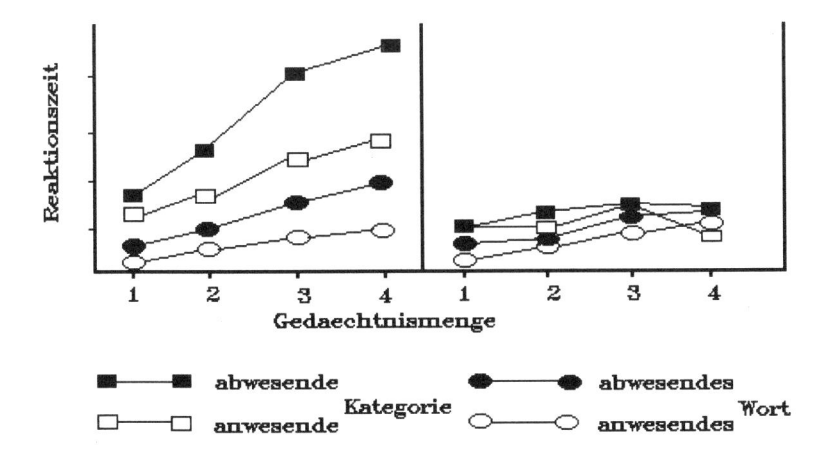

Abb. 2-8: Ergebnisse der Experimente über Aufmerksamkeitsleistung bei konsistenter und variabler Zuordnung von Signalen zu Ereignissen

Bei fokussierter Aufmerksamkeit ist die kontrollierte Form der Verarbeitung notwendig, um effiziente Leistungen zu erbringen. Schwierigkeiten entstehen dann, wenn die irrelevanten Signale, auf die nicht geachtet werden muß, zu einem automatisierten Verarbeitungsprozeß gehören. Unter diesen Bedingungen ist die kontrollierte Verarbeitung sehr schwierig. Das gilt nicht, wenn die konkurrierenden, zu unterdrückenden Signale zu einem anderen Kontrollprozeß gehören. Am schwierigsten ist die Aufmerksamkeitsfokussierung, wenn sie zwei konkurrierende automatisierte Verarbeitungsprozesse betrifft.
Als Beispiel dafür kann der Stroop-Effekt gelten /Dyer 73/, /Gibson 71/. Dieser Effekt wird dadurch hervorgerufen, daß Testpersonen die Aufgabe haben, die Druckfarben zu benennen in denen bestimmte Wörter geschrieben sind. Diese Wörter bezeichnen Farben, die sich von der Druckfarbe unterscheiden. Zum Beispiel ist das Wort „gelb" in blauer Farbe geschrieben, und die Testperson hätte „blau" zu antworten. Diese Antworten erfolgen stark verzögert und mit Fehlern behaftet. Das liegt daran, daß im Auswerteprozeß zuerst das Muster als Folge von Buchstaben identifiziert wird und damit ein automatischer Prozeß des Lesens angestoßen wird. Dieser abstrahiert auch von der Farbe. Für die spezielle oben beschriebene Aufgabe muß dieser Prozeß unterdrückt werden. Das gelingt umso besser, je undeutlicher das Schriftbild ist (kontrollierte Verarbeitung des Gesamtmusters). Ein ähnlicher Effekt konnte durch das das Umkehren von Buchstabenreaktionen erzeugt werden /Shiffrin, Schneider 77/.

2.4 Gedächtnisorganisation

2.4.1 Struktur des Gedächtnisses

Extern gewonnene Information wird im menschlichen Gedächtnis in zwei Stufen verarbeitet:

1. Aufnahme in das Arbeitsgedächtnis und Vergleich mit langfristig gespeicherten Strukturen
2. Integration in die langfristig gespeicherten Strukturen (Langzeitgedächtnis)

Diese Abrufprozesse und Vergleichsprozesse haben für den Umgang des Menschen mit Computer-Systemen insofern eine Bedeutung, als er auf die jeweils momentan dargebotene Information sein Wissen (langfristig gespeicherte Information) über den Zustand und das weitere mögliche Vorgehen anwenden muß. Die aktive Bearbeitung langfristig gespeicherter Information und der Vergleich mit aktuell gewonnener Information kann nur im Arbeitsgedächtnis stattfinden.

Das Arbeitsgedächtnis ist der aktive Teil des menschlichen Gedächtnisses, in das die gespeicherte Information, die aktuell benötigt wird, um eine Aufgabe zu bearbeiten oder ein Problem zu lösen, hineingetan und verarbeitet wird. Das Arbeitsgedächtnis ist limitiert in der Anzahl der Informationen, die es auf einmal verarbeiten kann. Diese Limitierung liegt im Bereich von fünf bis maximal neun voneinander unabhängiger semantischen Einheiten. Das ist eine Tatsache, die heute besonders bei der Gestaltung von Menüsystemen berücksichtigt wird, d. h. wieviele Items pro Menü und wieviele Menü-Ebenen. Hier handelt es sich auch in den meisten Fällen um semantisch unabhängige Einheiten. Im menschlichen Gedächtnis sind jedoch Strategien entwickelt worden, diese Limitierung zu umgehen. Das ist eine notwendige Voraussetzung für die Bearbeitung komplexer Aufgaben, wo eine große Anzahl von Elementen miteinander verknüpft und verarbeitet werden müssen.

2.4.2 Codierung und Abrufprozesse

Extern gewonnene Information wird im menschlichen Gedächtnis in zwei unterschiedlichen Arten kodiert:

1. *bildlich räumlich* (relational)
2. *begrifflich sequentiell* (propositional, prozedural).

Sie bedingen einen unterschiedlichen Abruf der Information aus der Außenwelt oder der langfristig intern gespeicherten Informationsstruktur in das Arbeitsgedächtnis: parallelen Zugriff für relational kodierte, seriellen für propositional kodierte Information. Sehen wir uns dazu einmal das Beispiel in Abb. 2-9 an. Wenn man versucht, die Frage nach dem Wahrheitsgehalt der Relation „Arthur ist grün" mit richtig oder falsch zu beantworten, so gelingt das viel schneller für die bildliche Repräsentation als für die Darstellung in Sätzen. Im Fall der Sätze müssen wir Satz für Satz nacheinander abrufen, behalten und mit dem folgenden Satz vergleichen.

1. Alle Reptilien sind grün
2. Frösche sind Reptilien
3. Arthur ist ein Frosch

```
           grüne Tiere
            Reptilien
             Frösche
              Arthur
```

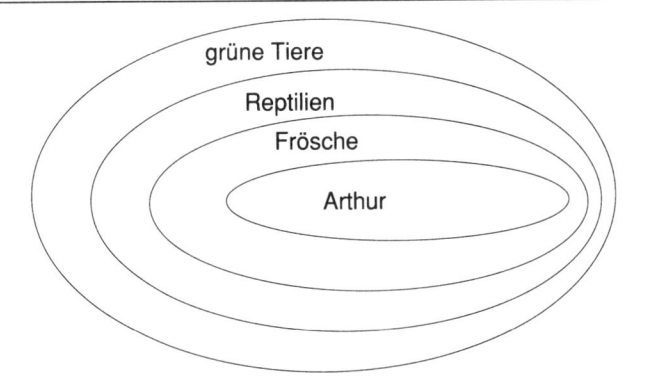

Abb. 2-9: Sprachliche und bildliche Repräsentationsformen, auf denen die Frage „ist Arthur grün?" beantwortet werden kann

Zusätzlich müssen wir den letzten Satz wieder mit dem ersten vergleichen. Das erfordert einen hohen Aufwand an Vergleichsprozessen. Im Fall der bildlichen Repräsentation kann auf die wesentlichen Elemente und ihre Relation direkt zugegriffen werden. Man kann sehen, daß die unterschiedlichen Zugriffsarten, bedingt durch die unterschiedlichen Kodierungsarten der Information Konsequenzen auf die Auswertung der Information haben. In einigen Untersuchungen wurde herausgefunden, auf welche Weise solche Strategien mit den beiden Kodierungsformen interagieren.

Spezielle Untersuchungen haben ergeben /Bugelski 77/, daß bei der Integration voneinander unabhängiger Begriffs-Elemente (z. B. Wörter) in eine bildlich räumliche Repräsentation, bis zu 30 Begriffe unmittelbar im Gedächtnis behalten werden können, gemessen über die Reproduktionsleistung einer einmalig vorgegebenen Liste von Wörtern. Bilder scheinen als Gesamtstruktur gespeichert zu werden, unabhängig von der Anzahl der Elemente. Die Elemente können aus der mental gebildeten räumlichen Struktur beliebig nacheinander herausgegriffen werden. Dabei ist die Reihenfolge der Wiedergabe nicht mehr identisch mit der Reihenfolge der vorherigen Präsentation, sondern abhängig von der räumlichen Nähe der Elemente in der vorgestellten bildlich räumlichen Repräsentation. Diese Reihenfolge muß aber eher als eine Hilfe für die durch die Sprache bedingte sequentielle Reproduktion betrachtet werden. Es kann im Prinzip jede beliebige Reihenfolge hergestellt werden. Nur die ursprüngliche Reihenfolge wird nicht mehr erinnert, weil sie bei dieser Art der Kodierung verloren geht.

Ähnliche Behaltensphänomene konnten für eine ganz andere Präsentationsform gefunden werden, z. B. für sinnlose Silben als Behaltenselemente, wenn sie in einer syntaktischen Struktur mit syntaktischen Schlüsselwörtern dargeboten wurden

/Epstein 61/. Hierbei blieb die ursprüngliche Reihenfolge bei der Reproduktion erhalten. Unter diesen Bedingungen kann allerdings keine beliebige Reihenfolge hergestellt werden. Auf jedes Element kann nur in der zeitlichen Prozedur zugegriffen werden, hinter der es steht. Die syntaktischen Schlüsselwörter scheinen so etwas wie einen sequentiellen Trigger für die Abrufe im Gedächtnis darzustellen, ein spezieller Vorteil der natürlichen Sprache. Abb. 2-10 zeigt schematisch die beiden von der Kodierungsform abhängigen Abrufstrategien.

Die relationale Kodierung ermöglicht also einen parallelen Zugriff, dagegen erfordert die sprachliche, prozedurale Komponente einen seriellen Abruf. Das hat Implikationen für die Gestaltung von Mensch-Computer-Schnittstellen. Während bildlich räumliche Beschreibungsformen (grafische Schnittstellen) von Strukturkomponenten eines Systems eine relationale Kodierung erzwingen, legen sprachliche Beschreibungsformen (Kommandosprachen) eine propositional prozedurale Kodierung nahe. Die bildlich räumliche Darstellung von Strukturkomponenten ist also überall da geboten, wo eine Aufgabe einen unmittelbaren freien Zugriff auf eine große Menge von Elementen erfordert. Allerdings müssen die einzelnen Operationen eine geringe Zeitabhängigkeit aufweisen, d. h. in der zeitlichen Sequenz nicht sehr kompliziert sein. Das ist vor allem bei komplexen Aufgaben mit noch nicht eingefahrenen Lösungsalgorithmen der Fall. Für Aufgaben, die hoch komplizierte Ketten von Operationen mit strenger zeitlicher Abfolge auf einzelnen Objekten benötigen, sind sprachlich syntaktische Repräsentationsformen von Vorteil.

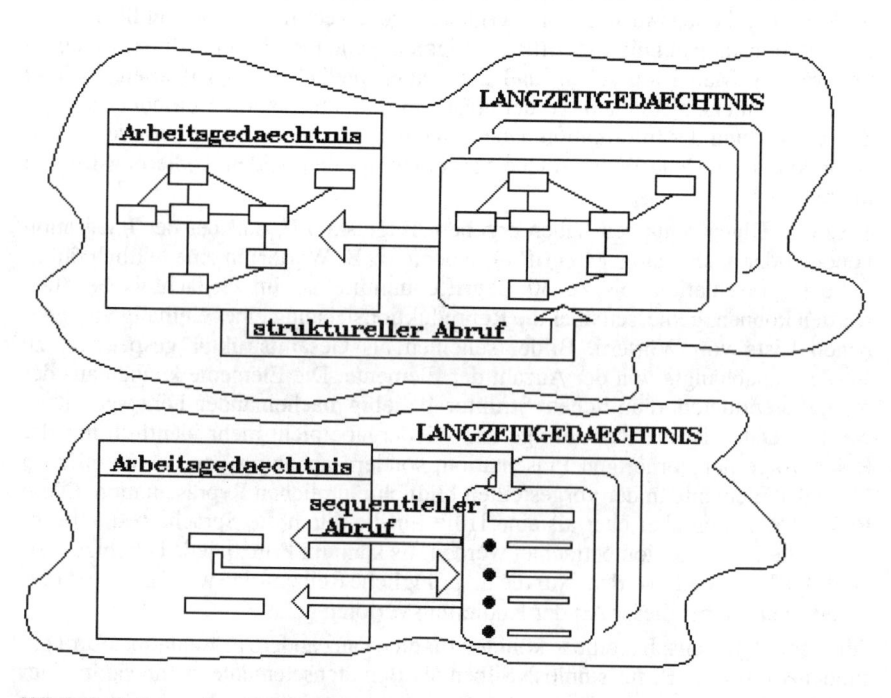

Abb. 2-10: Kodierungsform und Abrufstrategie

Eine dritte Kodierungsstrategie, die hilft die Limitierung des Arbeitsgedächtnisses zu umgehen, ist das *Chunking*, d. h. das Zusammenfassen von Einzelelementen zu übergeordneten Kategorien. Es vermindert die Anzahl der zu behaltenden Elemente auf die Anzahl der Kategorien einschließlich der Bildungsregeln. Diese Strategie ist dann effizient, wenn größere Teilmengen von Elementen eindeutig einer Kategorie zugeordnet werden können und die Regeln für die Kategorienbildung bereits langfristig gespeichert sind (propositionale Struktur). Sequentielle Information kann nur dann erhalten bleiben, wenn alle Elemente einer Kategorie oder Subkategorie alle nacheinander positioniert sind und keine komplizierte Abfolge von Elementen verschiedener Kategorien erfolgt (das bedeutet die Bildung einfacher Regeln wie z. B. die Wiederholung kategorialer Elemente). Diese Repräsentationsform ermöglicht speziell das Operieren auf Mengen.

Bei der Gestaltung von Mensch-Computer-Schnittstellen (Oberflächen) müssen die speziellen mit einem Softwaresystem zu bearbeitenden Aufgaben unter diesen Aspekten analysiert werden.

2.5 Wissensrepräsentation

2.5.1 Kategorienbildung

Die Erfassung der Umwelt erfolgt beim Menschen nicht in singulären Ereignissen, sondern in Kategorien. Diese ermöglichen es ihm, mit der Komplexität der Einzelfälle zurechtzukommen. Für den speziellen Fall, abhängig von der Aufgabe, werden diese Kategorien in Einzelfälle spezifiziert. So sind z. B. der Küchentisch und der Schreibtisch Einzelfälle der Kategorie *Tisch*. Interessant ist dabei, auf welcher Ebene die primäre Kategorienbildung stattfindet. So sind z. B. *Tisch, Stuhl, Vogel, Baum* primäre Kategorien, jedoch nicht *Möbelstück, Schwalbe, Eiche*. /Rosch 78/ fand heraus, daß diese Basiskategorien die geringste Erkennungszeit benötigten. Weiterhin fand sie heraus, daß Basiskategorien diejenigen Kategorien sind, deren Mitglieder auf der höchstmöglichen abstrakten Stufe den größten gemeinsam visuell vorstellbaren Nenner haben. So haben *Tische* oder *Stühle* mehr gemeinsame visuelle Merkmale als *Möbelstücke*. Der entscheidende Punkt ist aber die gemeinsame Funktion, die durch die visuellen Merkmale reflektiert wird. Auf alle *Tische* kann man etwas stellen, womit man etwas tut. Auf alle *Stühle* kann man sich setzen, alle *Fische* schwimmen im Wasser, alle *Vögel* fliegen. Dieser Mechanismus wird besonders deutlich, wenn man an menschliche Fehlleistungen denkt wie „Wale sind Fische" oder „Strauße sind keine Vögel". Jede Kategorie hat ihre **Prototypen**, d. h. denjenigen Stellvertreter, der die meisten visuellen Merkmale aller Mitglieder der Kategorie in sich vereint, z. B. die *Amsel* für die Kategorie *Vogel* (siehe Abb. 2-11). Für diese Prototypen ist die kategoriale Erkennungszeit noch einmal verkürzt.

Das Wissen um diese Phänomene menschlicher Kategorienbildung ist überall da nützlich, wo wir kategoriale Begriffe oder bildliche **Metaphern** für eine Funktions-

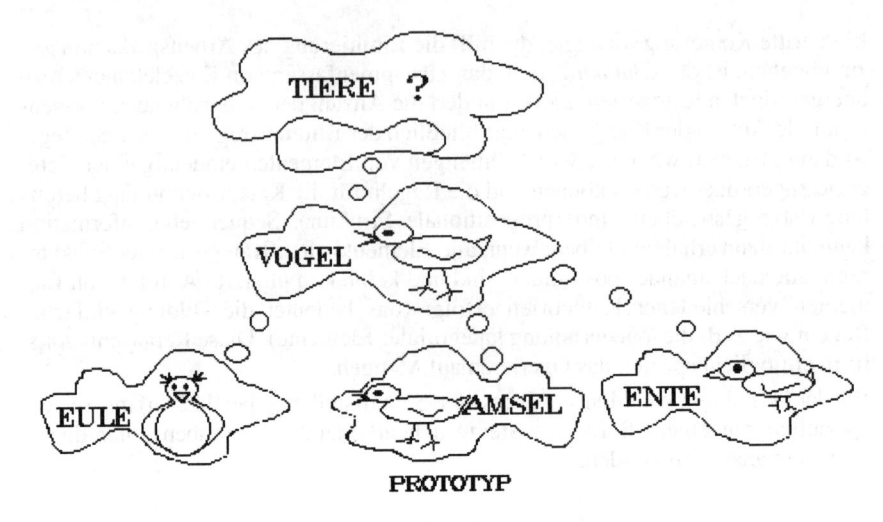

Abb. 2-11: Basiskategorie und Prototyp in der Kategorienhierarchie „Amsel - Vogel - Tier"

klasse in einem Softwaresystem finden wollen. Als erstes müssen wir die Funktionen genau definieren, um dann natürliche Kategorien und deren Stellvertreter zu finden, die dieser Funktionsklasse entsprechen. Zum Beispiel ist Schreibtischoberfläche *(desk top)* somit eine gute Metapher für alles das, wo man Dinge ablegt, mit denen man etwas tun möchte.

Bisher haben wir mehr oder weniger Kategorien von Funktionseigenschaften kennengelernt. Sie sind in sehr konkreten Objekten repräsentiert. Außerdem hängen sie sehr stark von der Erfahrung mit diesen Objekten ab, obwohl sie prinzipielle Mechanismen der menschlichen Kategorienbildung bloßlegen.

Im Folgenden wollen wir uns den noch mehr grundsätzlichen, über die Evolution herausgebildeten, ontologischen Kategorien zuwenden. /Jackendoff 83/ fand bei Analysen verschiedener Sprachen, daß so etwas wie grundsätzliche Kategorien als Platzhalter nachgefragt werden können. Es betrifft die Fragewörter:

○ **Was?** (Objekt/Ereignis)
○ **Wo?** (Ort/Richtung)
○ **Wie?** (Eigenschaft/Art und Weise)

Hierbei handelt es sich um eine Art Funktionsprimitive. Objekte befinden sich auf Plätzen und haben Eigenschaften. Sie sind in einer bestimmten Art und Weise Ereignissen unterworfen und wechseln den Ort in einer bestimmten Richtung. Mithilfe dieses Beschreibungsrahmens können schon prinzipielle Strukturzusammenhänge der umgebenden Welt erfaßt werden. Später hinzugekommen sind:

○ **Wann?** (Zeitpunkt)
○ **Warum?** (Ursache)
○ **Wozu?** (Ziel)

Die Verständlichkeit noch abstrakterer Funktionen wird schon dann erreicht, wenn sie auf diese Funktionsprimitive abgebildet werden. Dabei ist eine genaue Analyse notwendig, welche Funktionen auf welche Funktionsprimitive (Platzfunktion, Eigenschaftsfunktion, Existenzfunktion, etc.) abgebildet werden können. /Rohr 86/ konnte z. B. zeigen, daß es originäre Platz- und Existenzfunktionen im Softwarebereich gibt. Wurden originäre komplexe Platzfunktionen bildlich räumlich repräsentiert, benötigten die Benutzer weniger Zeit zur Ausführung als wenn sie verbal als Ereignisse oder Eigenschaftstransformationen ausgedrückt wurden.

Diese Phänomene sollten bei der Spezifizierung von Systemen für die spätere Oberflächengestaltung berücksichtigt werden. Sie erübrigen die vereinfachte Anwendung von Metaphern zum Verständnis der Systemstruktur, die so häufig in den Implikationen in die Irre führen kann.

2.5.2 Verknüpfung von Wissenselementen

Unterschiedliche Aspekte von Wissen werden in hauptsächlich drei verschiedenen Repräsentationsformen kodiert: sequentielle Phrasen, bildlich räumliche Konfigurationen und propositionale Strukturen /Anderson 83/. Die sich daraus ergebenden Differenzen sind vor allem für die darauf ablaufenden Verarbeitungsprozesse (Produktionen) wesentlich.

Die speziellen Charakteristika dieser Repräsentationsformen sind die sprachlich syntaktische Verknüpfung linearer Operationsfolgen (sequentielle Phrasen), die bildlich räumliche Repräsentation komplexer Strukturen und ihrer Teilansichten (bildlich räumliche Konfiguration) und die Zuweisung von Elementen zu definierten Klassen, ihre Kondensierung innerhalb dieser Klassen und ihre mögliche formale Verknüpfung (propositionale Strukturen). /Gerstendörfer, Rohr 87/ konnten zeigen, daß Aufgaben, die jeweils von einer dieser Charakteristiken dominiert wurden, am Besten bearbeitet wurden, wenn sie in der für die entsprechende Charakteristik geeigneten Modalität (Sprache, Bild, formale Tabelle) dargeboten wurden. Am schlechtesten schnitten dabei die Personen ab, die die strukturellen Sichten sprachlich vornehmen mußten und die Mengenzuordnungen und Verknüpfungen bildlich. Da in größeren Aufgabenbereichen diese Teilcharakteristiken in vielfältiger Form gemischt auftreten, ist die jeweils richtige Wahl der entsprechenden Modalität von größter Bedeutung für eine erfolgreiche Aufgabenbearbeitung.

Anderson nimmt einen allgemeinen Prozeß an, bei dem spezifisch für die Auswertung die charakteristische Repräsentationsform ausgewählt und auf dieser dann spezifisch weitergearbeitet wird. Die entscheidende Frage, wie es zu dieser Entscheidung kommt, ist dabei allerdings noch nicht geklärt. /Kosslyn 83/ nimmt an und belegt es durch eine Reihe von Experimenten, daß auf allen drei Repräsentationsformen parallel gearbeitet wird und die erste zum Erfolg führende dann ausgewählt wird. Die Untersuchungen von Gerstendörfer und Rohr sprechen eher dafür, daß zuerst in der dargebotenen Repräsentationsform gearbeitet wird, nur wenn diese nicht zum Erfolg führt, wird umkodiert.

Die wohl am breitesten untersuchten Problemlöse-Phänomene sind dreigliedrige Ordnungsprobleme in der Art A>B, B>C mit dem Antwortverhalten über dieser

Struktur bei Fragen wie „welches ist das größte/kleinste?" (für einen Überblick über die große Zahl von Untersuchungen siehe /Groner 78/). Man fand drei Hauptparameter, die die strukturelle Repräsentation dieses dreigliedrigen Beziehungsgefüges so beeinflussen, daß Fragen darauf leichter beantwortet werden können:

1. Die Existenz eines konzeptuellen *End-Ankers*: A>B, C<B, wobei auf B referenziert wird.
2. Die Korrespondenz zwischen *logischem* und *grammatikalischem Subjekt*: B>C, B<A, wobei B referiert, d. h. das Subjekt ist.
3. Die Linearität der dargestellten Ordnung: A>B, B>C. B wird referiert und referiert wiederum selber.

Wird einer dieser Parameter für die Darstellung des Ordnungsproblems verwandt, können Fragen darauf leichter und schneller beantwortet werden als wenn eine beliebige andere Darstellung erfolgt. Hierbei wirkt der erste Parameter am stärksten und der letzte am schwächsten.

Bei Ordnungsproblemen höherer Ordnung dominiert allerdings der dritte Parameter, weil es kein einzelnes logisches Subjekt und auch keine einzelne Referenz mehr gibt. So ist es einfacher, die Frage zu beantworten, „ob Betty älter als Frank ist", wenn es in der Form präsentiert wird:

Michael ist älter als Betty,

Betty ist älter als Hans,

Hans ist älter als Frank,

Frank ist älter als Susi.

als wenn es in der folgenden Form präsentiert wird:

Michael ist älter als Betty,

Hans ist jünger als Betty,

Hans ist älter als Frank,

Susi ist jünger als Frank.

/Kosslyn 83/ berichtet, daß es am einfachsten ist, Fragen dieser Art zu beantworten, wenn die lineare Ordnung bildlich präsentiert wird (siehe Abb. 2-12). Hierbei muß die konzeptuelle Struktur nicht erst aufgebaut werden, sondern kann unmittelbar eingesehen werden. In allen Fällen, auch bei den dreigliedrigen Ordnungsproblemen, scheinen Parameter, die den Aufbau einer räumlich konzeptuellen Struktur erleichtern, von Vorteil für das Operieren auf der Wissensbasis zu sein. So kann bei den dreigliedrigen Ordnungsproblemen der Parameter *End-Anker* beschrieben werden als ein Referenzplatz B, bezüglich dem die Position der Objekte A und C definiert wird, während bei dem Parameter *logisches/grammatikalisches Subjekt* ein Objekt B bezüglich der Plätze A und C positioniert wird. Die Fragen, die auf dieser Struktur gestellt werden, können dann als Positionierungs-Fragen angesehen werden („wo befindet sich A im Bezug auf die räumliche Position von B und C?"). Für eine ausführliche Diskussion dieser Phänomene in Zusammenhang mit Datenbank-Anfragen siehe /Rohr 88/.

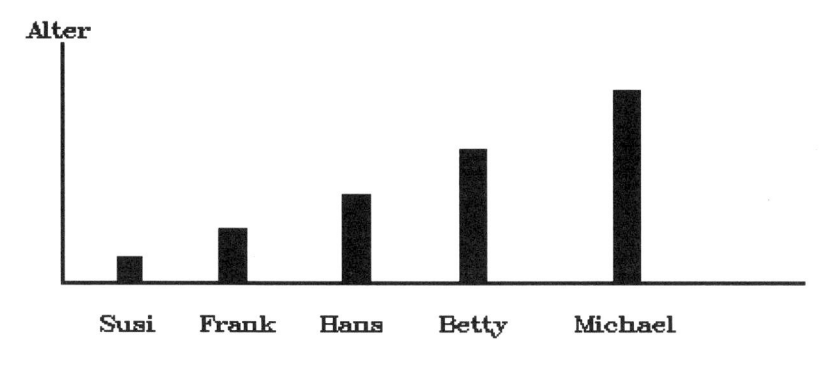

[Balkendiagramm: Alter – Susi, Frank, Hans, Betty, Michael]

IST BETTY AELTER ALS FRANK ?

Abb. 2-12: Bildliche Darstellung der mehrgliedrigen Ordnungsrelation zwischen Betty, Michael, Hans usw.

2.6 Kognitive Prozesse

2.6.1 Handlungssteuerung

Wir haben bisher einiges darüber gesagt, wie man Systemkomponenten erkennbarer, handhabbarer und verständlicher machen kann. Ein wesentlicher aber schwieriger Punkt fehlt noch: Wie kann man ein Softwaresystem für die mit ihm zu lösenden Aufgaben optimieren? Hierzu müssen wir einiges über den Prozeß der Aufgabenlösung selbst wissen (siehe hierzu auch /Heine, Rohr 86/).

Bei jeder Aufgabenbearbeitung steht am Anfang das Ziel, ein Objekt von einem Ausgangszustand in einen Zielzustand zu bringen. Für diesen Prozeß gibt es vorgestellte Zwischenzustände. Im Ideal der Vorstellung sind das sukzessive Merkmalstransformationen zwischen Ausgangs- und Zielzustand. Da sich die Veränderung an konkreten Objekten nicht durch reine geistige Tätigkeit bewirken läßt, muß ein Werkzeug zur Hilfe genommen werden. Dieses schafft aber selten die reinen Zwischenzustände der geistigen Merkmalstransformation. Es müssen vermittelnde vorgestellte Zustände gebildet werden, die den Prozeß der Aufgabenlösung komplizieren. Ein Werkzeug ist umso effektiver, je weniger vermittelnde vorgestellte Zustände es erfordert (siehe hierzu Abb. 2-13).

Wie man leicht sehen kann, ist die Übertragung von alten gebräuchlichen Werkzeugmetaphern auf Anwendungssoftware nicht unbedingt ein Vorteil, wenn das alte Werkzeug durch viele notwendige vermittelnde Zustände die Aufgabenlösung eher kompliziert (z. B. das *Cut and Paste* bei Editiersystemen, wo ein einfaches *Move* viel eher der Zielvorstellung entspricht). Bei der Gestaltung der Systemkomponenten sollte vielmehr versucht werden, Funktionsprimitive für die *reine* Aufga-

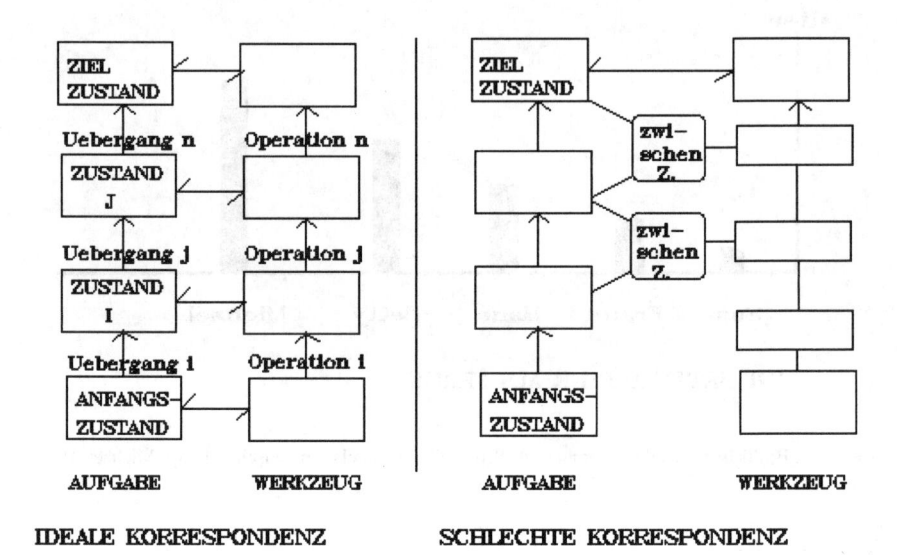

44 2 Grundlagen menschlicher Informationsverarbeitung

IDEALE KORRESPONDENZ   **SCHLECHTE KORRESPONDENZ**

Abb. 2-13: Optimale (a) und schlechtere (b) Angepaßtheit

benlösung und deren Transformationsschritten zu finden. Detaillierte Aufgabenanalysen sind hier notwendig.

2.6.2 Erwerb neuer Wissenssysteme: Metaphern

Unser Verständnis von uns umgebenden komplexen Systemen basiert auf der mentalen Zerlegung dieser Systeme in Grundkonzepte, die unmittelbar verständlich sind, und der Integration dieser Grundkonzepte in komplexe Funktionen. D. h., um die Welt zu verstehen, zerlegen wir sie, wie schon oben erwähnt, in *Objekte*, *Plätze*, *Eigenschaften*, usw. Deren Beziehungen zueinander und ihre Veränderung sehen wir als *Zustände* oder *Ereignisse*. Diese grundlegenden mentalen Konzepte müssen auf neue, komplexe künstliche Systeme projiziert werden, um diese verstehen zu können. Das ist insbesondere bei komplexen Softwaresystemen mit sehr neuartigen Funktionen der Fall.

Bei solchen Systemen haben wir in erster Linie nur eine funktionale Struktur vorliegen, die aus einem bestimmten Satz von Elementen besteht, und Funktionen, die diese Elemente transformieren. In dieser Form ist das Verhalten und die Struktur des Systems nicht verstehbar. Infolgedessen haben wir eine Beschreibung der Systemkomponenten in Form von Text und Bild in Handbüchern vorliegen, die für den Benutzer mehr oder weniger bekannte Konzepte verwenden. Diese Beschreibungen erscheinen auch in etwas verkürzter Form als Kommandowörter, Piktogramme oder visuell räumliche Anordnungen auf der Systemoberfläche, d. h. als

Folge von Bildschirminhalten. Das kann als symbolische Repräsentation der tatsächlichen funktionalen Struktur verstanden werden.

Wenn keine Handbücher verfügbar sind, muß der Benutzer eines solchen Systems die Natur der funktionalen Struktur aus seinem Verständnis der symbolischen Repräsentation ableiten. Semantisch schlecht gewählte Wörter oder Bilder können den Benutzer in seinen Annahmen über das System fehlleiten und bewirken, daß er sich in der Systemstruktur *verirrt*. Wenn ein Handbuch zur Verfügung steht, so gilt dieses auch für die beschreibenden und erklärenden Texte und Bilder.

Wörter und Bilder haben erst einmal eine Bedeutung für sich im Alltagswissen. Wird diese Bedeutung auf Eigenschaften und Verhalten eines erst einmal abstrakten künstlichen Systems projiziert, so spricht man von einer Metapher. Neue, unbekannte Strukturen können vom Menschen nur unter Zuhilfenahme solcher Metaphern oder ganzer Metapher-Systeme und ihrer möglichen erweiterten Bedeutungen erfaßt werden /Carroll, Thomas 82/. Die *Desktop-Metapher* (Schreibtischoberflächenmetapher) in integrierten Anwendungssystemen stellt eine solches Metaphernsystem dar. Es gibt Blätter auf einem Schreibtisch, auf die man einen Text schreiben kann, die man in einen Ordner ablegen kann oder in einen Papierkorb werfen. Außerdem gibt es einen Terminkalender, einen Post-Eingang und Post-Ausgang, Karteikästen usw. (siehe Abb. 2-14). Dieses im Alltagsleben wohlbekannte System wird in seiner Bedeutung auf die Eigenschaften von Funktionskomponenten im Software-System projiziert. Das wird bis in die detaillierten Funktionen hinein fortgesetzt. Beim Editieren eines Textes *schneidet* man Stücke heraus und *setzt* oder *klebt* sie an anderer Stelle wieder ein.

Die Benutzung von Metaphern setzt allerdings eine genaue Analyse des Bedeutungsraumes voraus, damit eine adäquate Übertragung auf das Verhalten des unbekannten Systems erfolgen kann, und es zu keinen Fehlannahmen kommt. Dieses sicherzustellen, ist eines der schwierigsten Probleme, da man nirgendwo eine reine Eins-zu-Eins-Beziehung zwischen dem konkreten Bedeutungsraum und dem neuen abstrakten System herstellen kann. Diese ist sogar häufig gar nicht erwünscht. Es müssen also sorgfältig Zusatzmetaphern zur Beschreibung des Systems ausgewählt

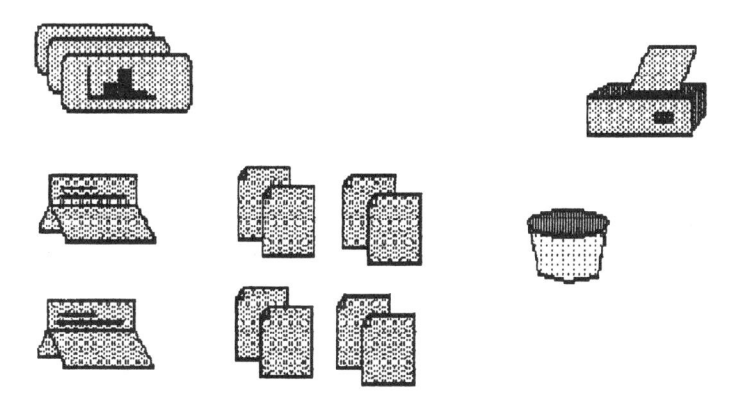

Abb. 2-14: *Desktop*-Metapher-Symbole, die Systemfunktionen repräsentieren

werden, die die Abweichung vom natürlichen System ebenfalls bedeutungsmäßig erfassen.

2.7 Methoden der Datenerhebung

Um die konkreten Auswirkungen von Unterstützungsmitteln für die menschliche Informationsverarbeitung beim Gebrauch von Software-Paketen analysieren zu können, muß man sich sehr genauer kontrollierter Beobachtungsmethoden bedienen. Das Wesentliche bei diesen Methoden ist die kontrollierte Variation der zur Diskussion stehenden Unterstützungsmittel und die genaue Beobachtung der Verhaltenskonsequenzen. Je nachdem welcher Verhaltensparameter für die Beobachtung ausgewählt wird, kann auf die Auswirkung auf jeweils unterschiedliche Aspekte der menschlichen Informationsverarbeitung geschlossen werden. Für die Mensch-Computer-Interaktion gibt es dabei einen eingegrenzten Bereich von Parametern von einfachen Reaktionen und Reaktionsmustern, die hierbei anwendbar sind, und ebenfalls einen eingegrenzten Bereich von Paradigmen.

2.7.1 Einfache Reaktionen

Die häufigsten Beobachtungmittel sind die Aufzeichnung von Tastatureingaben *(Keystroke-Recording)* und Reaktionszeitmessungen. Reaktionszeiten geben Aufschluß über die Verarbeitungsdauer von Informationen unter einer bestimmten Darstellungsart. Mit der Aufzeichnung von Tastatureingaben kann die Richtigkeit einzelner Eingabesequenzen unter unterschiedlichen Bedingungen, wie z. B. unterschiedlichen Kommandosprachen, beobachtet werden.

2.7.2 Reaktionsmuster

Mithilfe der Analyse von Reaktionsmustern kann man detaillierteren Aufschluß über die Informationsverarbeitungsschritte und deren mögliche Irritation gewinnen. Die verbreitetste Methode ist die der Fehleranalyse. Sie setzt eine genaue Fehlerklassifikation voraus. Diese Klassifikation bezieht sich auf die Verarbeitungsstufen, in denen die jeweilige Klasse von Fehlern nur auftreten kann. Wenn man die Häufigkeiten verschiedener Fehlerklassen unter bestimmten Bedingungen daraufhin berechnet, kann man entscheiden, welche Verarbeitungsstufe durch die jeweilige variierte Bedingung am meisten gestört wird.

Eine andere Methode ist die Analyse von Blickbewegungen. Diese geben Aufschluß darüber, wodurch längere Reaktionszeiten bedingt sind: durch die Unfähigkeit bestimmte, für die Weiterverarbeitung wichtige Informationen auf dem Bildschirm zu finden (viele Blickfixationen über den gesamten Bildschirm, in kurzen Abständen) oder durch die Schwierigkeit mentaler Vergleichsprozesse (wenige Blickfixationen mit langen Abständen, nicht an den Bildschirm gebunden).

Unter Paradigma versteht man die eher globale Struktur eines Versuchsaufbaus, von der bekannt ist, welche Aspekte der menschlichen Informationsverarbeitung sie im einzelnen mißt. So ist die Methode der Reproduktion von Dingen vor allem dazu geeignet, die mentale Organisation sequentieller Handlungsabläufe unter bestimmten gegebenen Bedingungen zu messen. Wiedererkennen mißt mehr die Repräsentationsform von komplexen Objekten, insbesondere die mentale Relevanz von Detailinformation an diesen Objekten.

Die Methode des *lauten Denkens* wird oft dazu verwendet, Problemlösevorgänge genau zu beobachten. Diese Methode birgt allerdings in sich das Problem, daß der Beobachtete durch die Reflektion seiner Gedankenabläufe in seinem originären Denkprozeß gestört wird. Zur Zeit werden Verfahren diskutiert, in denen man zwei Personen an einem Problem arbeiten läßt und durch die Aufgabenstellung erzwingt, daß sie ihre Lösungsschritte gegenseitig kommunizieren.

Literatur

/Anderson 83/
    Anderson J. R.: *The Architecture of Cognition*, Harvard University Press: Cambridge (Mass.) 1983

/Arend et al. 87/
    Arend U., Muthig K.-P., Wandmacher J.: *Evidence for global feature superiority in menu selection by icons*, in: Behaviour and Information Technology 6 (4), 1987

/Bozkov et al. 77/
    Bozkov V., Bodanecky Z., Radil-Weiss T.: *Target point selection during scanning eye movements*, in: Biological Cybernetics 27, 1977, pp. 215-220

/Bugelski 77/
    Bugelski B. R.: *The association of images*, in: /Nicholas 77/

/Carroll, Thomas 82/
    Carroll J. M., Thomas J. C.: *Metaphor and the cognitive representation of computing systems*, in: IEEE Transactions on Systems, Man, and Cybernetics, 12 (2), 1982

/Dyer 73/
    Dyer F. N.: *The stroop phenomenon and its use in the study of perceptuel, cognitive and response processes*, in: Memory and Cognition, 1, 1973, pp. 106-120

/Epstein 61/
    Epstein W.: *The influence of syntactical structure on learning*, in: American Journal of Psychology, 74, 1961

/Fisk, Schneider 83/
    Fisk A. D., Schneider W.: *Control and automatic processing during tasks requiring sustained attention: A new approach to vigilance*, in: Human Factors, 23, 1983, pp. 737-750

/Gerstendörfer, Rohr 87/
    Gerstendörfer M., Rohr G.: *Which task in which representation on what kind of interface*, in: Bullinger H.-J., Shackel B. (Eds.): Human-Computer Interaction - INTERACT '87, North Holland: Amsterdam 1987

/Groner 78/
    Groner R.: *Hypothesen im Denkprozeß*, Hans Huber: Bern 1978

/Groner, Fraisse 82/
    Groner R., Fraisse P.: *Cognition and Eye Movements*, Amsterdam: North Holland 1982

/Heine, Rohr 86/
Heine S., Rohr G.: *Human - Computer Interaction (HCI) A Problem of Cognitive Ergonomics*, in: Willumeit, H.-P. (ed): Human Decision Making and Manual Control, North Holland: Amsterdam 1986

/Jackendoff 83/
Jackendoff R.: *Semantics and Cognition*, Cambridge (Mass.): MIT Press 1983

/Jacob et al. 76/
Jacob R. J. K., Egeth H. E., Bevan W.: *The face as a data display*, in: Human Factors, 18, 1976, pp. 189-200

/Kahneman et al. 83/
Kahneman D., Treisman A., Burkell J.: *The costs of visual filtering*, in: Journal of Experimental Psychology: Human Perception and Performance, 9, 1983, pp. 510-522

/Klix 71/
Klix F.: *Information und Verhalten*, Bern: Hans Huber: 1971

/Kosslyn 78/
Kosslyn S. M.: *Imagery and internal representation*, in: /Rosch, Lloyd 78/

/Kosslyn 83/
Kosslyn S. M.: *The Ghosts in the Mind's Machine*, New York: W.W. Norton & Company 1983

/Nicholas 77/
Nicholas J. M. (Ed.): *Images, Perception, and Knowledge*, Dodrecht: D. Reidel Publishing Company 1977

/Paivio 77/
Paivio A.: *Images, propositions, and knowledge*, in: /Nicholas 77/

/Rohr 86/
Rohr G.: *Using visual concepts*, in: Chang et al.: Visual Languages, New York: Plenum Press 1986

/Rohr 88/
Rohr G.: *Graphical user languages for querying information: Where to look for criteria?*, in: IEEE Workshop on Visual Languages, Pittsburgh, October 12 - 14, 1988

/Rosch 78/
Rosch E.: *Principles of Categorization*, in: /Rosch, Lloyd 78/

/Rosch, Lloyd 78/
Rosch E., Lloyd B. B.: *Cognition and Categorization*, LEA: Hillsdale 1978

/Schneider, Shiffrin 77/
Schneider W., Shiffrin R. M.: *Controlled and automatic human information processing: I. Detection, search, and attention*, in: Psychological Review, 84, 1977, pp. 1-66

/Senders 78/
Senders J. W., Fischer D. F., Monty R. A.: *Eye Movements and the higher psychological Functions*, LEA: Hillsdale 1978

/Shiffrin, Schneider 77/
Shiffrin R. M., Schneider W.: *Controlled and automatic human information processing: II. Perceptual learning, automatic attending and a general theory*, in: Psychological Review, 84, 1977, pp. 127-190

/Tversky 77/
Tversky A.: *Features of similarity*, in: Psychological Review, 84, 1977, pp. 327-352

/Wertheimer 22/
Wertheimer M.: *Untersuchungen zur Lehre von der Gestalt*, in: Psychologische Forschung 1, 1922, S. 47-58; 4, 1923, S. 301 - 350

3 Arbeits- und organisationspsychologische Aspekte

Eberhard Ulich

3.1 Kriterien zur Bewertung von Arbeits- und Organisationsstrukturen

Die Aufgabe der Arbeits- und Organisationspsychologie besteht in der Erarbeitung von Beiträgen zur Analyse, Bewertung und Gestaltung von Arbeitssystemen und Organisationsstrukturen nach definierten Humankriterien. Als solche Kriterien gelten für uns insbesondere die **Schädigungsfreiheit**, die **Beeinträchtigungslosigkeit**, die **Persönlichkeitsförderlichkeit** und die **Zumutbarkeit**. Sie finden ihren Niederschlag in der folgenden Definition:

Als human werden Arbeitstätigkeiten bezeichnet, die die psychophysische Gesundheit des Arbeitstätigen nicht schädigen, ihr psychosoziales Wohlbefinden nicht – oder allenfalls vorübergehend – beeinträchtigen, ihren Bedürfnissen und Qualifikationen entsprechen, individuelle und/oder kollektive Einflußnahme auf Arbeitsbedingungen und Arbeitssysteme ermöglichen und zur Persönlichkeitsentwicklung im Sinne der Entfaltung von Potentialen und Förderung von Kompetenzen beizutragen vermögen.

3.2 Strategien der Arbeitsgestaltung

Es kann beinahe als Alltagserfahrung bezeichnet werden, daß Arbeitssysteme und Arbeitsabläufe nach ihrer Installation irgendwelchen menschlichen Besonderheiten angepaßt werden müssen. Derartige Vorgänge bezeichnen wir als **korrektive Arbeitsgestaltung**. Korrektive Arbeitsgestaltung wird immer dann notwendig, wenn ergonomische, physiologische, psychologische, sicherheitstechnische oder rechtliche Erfordernisse von Planern, Konstrukteuren, Anlagenherstellern oder Organisatoren nicht oder nicht angemessen berücksichtigt worden sind.

Derartige korrektive Arbeitsgestaltung ist – sofern sie hinreichend wirksam sein soll – nicht selten mit erheblichem ökonomischem Aufwand verbunden; ihre Unterlassung kann andererseits unter Umständen erhebliche Beeinträchtigungen oder Schädigungen der physischen und/oder psychischen Gesundheit bewirken. Im ersten Fall haben die Betriebe, im zweiten Fall die betroffenen Arbeitnehmer und die Volkswirtschaft die Folgen zu tragen. Beide Arten von Folgen können aber vermieden oder doch erheblich vermindert werden, wenn korrektive Arbeitsgestaltung wo immer möglich durch präventive Arbeitsgestaltung ersetzt wird.

Präventive Arbeitsgestaltung meint die Berücksichtigung arbeitswissenschaftlicher Konzepte und Regeln bereits im Stadium des Entwurfs von Arbeitssystemen und Arbeitsabläufen, bedeutet also gedankliche Vorwegnahme möglicher Beeinträchtigungen der Gesundheit und des Wohlbefindens spätestens zu dem Zeitpunkt, in dem die Funktionsteilung zwischen Mensch und Maschine festgelegt wird. Die Forderung nach Schaffung persönlichkeitsförderlicher Arbeitstätigkeiten verlangt darüber hinaus eine Vorgehensweise, die wir als prospektive Arbeitsgestaltung bezeichnen.

Prospektive Arbeitsgestaltung meint die bewußte Vorwegnahme von Möglichkeiten der Persönlichkeitsentwicklung im Stadium der Planung bzw. des Entwurfs von Arbeitssystemen durch Schaffung objektiver Handlungsspielräume, die von den Beschäftigten in unterschiedlicher Weise genutzt werden können. Damit stellt sich zugleich die Frage nach den Möglichkeiten der Berücksichtigung interindividueller Differenzen. Die Tatsache solcher Differenzen sollte Konstrukteure, Planer, Arbeitsvorbereiter und Organisatoren dazu anregen, Arbeitssysteme so flexibel wie möglich zu gestalten, damit individuelle Arbeitsweisen auch realisiert werden können.

3.3 Das Konzept der soziotechnischen Systemgestaltung

In der Praxis ist oft zu beobachten, daß die Entwicklung computerunterstützter Arbeitssysteme von innen nach außen erfolgt. Das heißt: „Man geht aus von der Hardware, entwirft Software dafür, fügt als letztes noch eine Benutzerschnittstelle hinzu und fragt sich ganz am Schluß, wozu ein solches System auch benutzt werden kann" /Fischer 83, S. 34/. Ein derartiges Vorgehen verlangt nicht nur vielfältige nachträgliche Korrekturen, sondern führt möglicherweise auch zu Veränderungen von Tätigkeits- und Organisationsstrukturen, die ursprünglich gar nicht beabsichtigt waren. Wie für die industrielle Fertigung gilt demzufolge auch für computerunterstützte Büroarbeit, daß die Systeme von außen nach innen entwickelt werden sollten. Das heißt: Zunächst muß das soziotechnische System, in das das Computersystem eingebettet werden soll, analysiert bzw. konzipiert werden, erst daran anschließend werden die geeignete Hard- und Software beschafft bzw. angepaßt oder neu entwickelt.

Ähnlich fordert /Sydow 85, S. 594/ eine

> „doppelte Integration des Gestaltungsprozesses. (...) Erstens dürften technische und organisatorische Aspekte nicht mehr in getrennter Verantwortung liegen; zweitens sollte auch die Zuständigkeit in Unternehmungen für den Einsatz unterschiedlicher Bürotechnologien und der damit einhergehenden Reorganisation der Büroarbeit zusammengefaßt werden."

Das **Konzept der soziotechnischen Systemgestaltung** (z.B. /Alioth 80/, /Sydow 81/) postuliert explizit die Notwendigkeit, den Technologieeinsatz und die Organisation gemeinsam zu optimieren.

Dabei sind folgende Prinzipien soziotechnischer Systemgestaltung von Bedeutung (vgl. /Ulich, Baitsch, Alioth 83, S. 24f./:

(1) **Bildung von relativ unabhängigen Organisationseinheiten:**

(2) **Einheit von Produkt und Organisation:**

Der technisch-organisatorische Ablauf muß so gestaltet sein, daß das Arbeitsergebnis qualitativ und quantitativ auf die Organisationseinheit rückführbar ist.

(3) **Der innere Aufgabenzusammenhang in einer Organisationseinheit:**

Die verschiedenen Arbeitstätigkeiten in einer Organisationseinheit sollten einen inhaltlichen Zusammenhang aufweisen, damit beispielsweise gegenseitige Unterstützung möglich ist.

(4) **Selbstregulation von Schwankungen und Störungen:**

Schwankungen und Störungen müssen an ihrem Entstehungsort aufgefangen werden, damit sie nicht unkontrolliert auf eine andere Organisationseinheit übertragen werden.

(5) **Grenzregulation durch den Vorgesetzten:**

Die Hauptaufgabe des Vorgesetzten besteht darin, die Beziehungen zwischen den verschiedenen Organisationseinheiten sicherzustellen und die Selbstregulation und Unabhängigkeit der Organisationseinheiten zu gewährleisten.

Diese Prinzipien verhindern unter anderem das Entstehen von technischen Sachzwängen, die sich üblicherweise dann ergeben, wenn technische Systeme ohne Berücksichtigung von Organisationsanforderungen konzipiert werden.

3.4 Technologie als Option

Entgegen verschiedenen Annahmen nimmt der Spielraum für die Gestaltung organisatorischer Strukturen mit den neueren technologischen Entwicklungen deutlich zu. So können Informatikmittel sowohl zum Zwecke der weitergehenden Zentralisierung – und das heißt zumeist auch: Bürokratisierung – eingesetzt werden, als auch zur Erhaltung bzw. Wiedergewinnung dezentraler Strukturen. Das bedeutet, daß der Einsatz computergestützter Arbeitssysteme Grundsatzentscheide im Sinne der Formulierung einer Unternehmens-Philosophie voraussetzt. Werden solche Entscheidungen nicht oder nicht rechtzeitig getroffen, läuft ein Unternehmen Gefahr, daß sich seine Organisation ungeplant und unvorhergesehen als Konsequenz einer technologisch bzw. technisch bestimmten Struktur entwickelt.

Darüber hinaus läßt sich zeigen, daß auch

„bei der Gestaltung von Stellen im Benutzerbereich computerunterstützter Informationstechnologien ein erheblicher Gestaltungsspielraum besteht, der es dem Systemgestalter und Organisator erlaubt, sehr unterschiedliche Arbeitsbedingungen zu schaffen" /Kieser, Kubicek 77, S. 373/.

Die diesbezüglichen Optionen können am Beispiel eines großen schweizerischen Unternehmens aufgezeigt werden, in dem es um die Einführung eines Personal-Informationssystems ging. Dabei stand auch die Frage nach unterschiedlichen Möglichkeiten der Strukturierung von Arbeitsaufgaben und Arbeitsabläufen zur Diskussion. In diesem Falle wurden aufgrund sorgfältiger Analysen sechs mögliche Varianten gefunden, von denen fünf mit dem geplanten DV-System voll abdeckbar waren. Die sechste Variante hätte eine zusätzliche Verbindung von Stellen durch lokale Netzwerke verlangt (vgl. Tab. 3-1).

3.5 Tätigkeitsspielraum und Aufgabenorientierung

Folgt man der Konzeption von /Leontjew 79, S. 108/, so ergibt sich die Notwendigkeit der Unterscheidung in (1) einzelne „Tätigkeiten anhand der sie initiierenden Motive", (2) Handlungen „als bewußten Zielen untergeordnete Prozesse" und (3) Operationen, „die unmittelbar von den Bedingungen zur Erlangung des konkreten Ziels abhängen". Dabei ist „der Gegenstand einer Tätigkeit deren tatsächliches Motiv" /a.a.O., S. 102/. Das hierarchische – aber nicht summative – Verhältnis von Tätigkeit, Handlung und Operation ist in Abb. 3-1 schematisch dargestellt.

In ihrer Analyse von Arbeit und Kompetenzentwicklung kommen /Frei, Duell, Baitsch 84, S. 46/ unter Rückgriff auf die Konzeption von Leontjew zu dem Schluß: „Die Genese von Kompetenzen erfolgt im realen Vollzug von Tätigkeiten." Damit kommt dem Tätigkeitsspielraum, innerhalb dessen Arbeitsaufgaben zu bewältigen sind, eine für die Persönlichkeitsentwicklung besondere Bedeutung zu.

3.5.1 Zum Konzept des Tätigkeitsspielraums

Der **Tätigkeitsspielraum** ist ein mehrdimensionales Konstrukt, das sich aus dem Handlungs-, dem Gestaltungs- und dem Entscheidungsspielraum zusammensetzt.

Der **Handlungsspielraum** ist die Summe der Freiheitsgrade, d. h. der „Möglichkeiten zum unterschiedlichen aufgabenbezogenen Handeln" in bezug auf Verfahrenswahl, Mitteleinsatz und zeitliche Organisation von Aufgabenbestandteilen

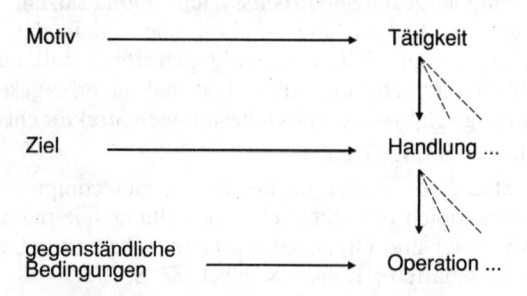

Motiv ⟶ Tätigkeit

Ziel ⟶ Handlung ...

gegenständliche Bedingungen ⟶ Operation ...

Abb. 3-1: Die hierarchische Tätigkeitskonzeption nach Leontjew 79 (aus: /Frei, Duell, Baitsch 84/)

Tab. 3-1: Varianten der Organisations- und Arbeitsgestaltung mit dem geplanten Personal-Informationssystem (aus: /Troy, Baitsch, Katz 86/)

	Organisatorische Veränderung	Veränderungsebene	Arbeitsgestaltungsmaßnahmen	Konsequenzen für die Arbeitstätigkeiten	EDV-System
Variante 1	. . Strukturanpassungen . .	Einzelarbeitsplatz	Tätigkeiten wie bisher, zusätzlich Einblick in mehr Information zwecks verbesserter Auskunftsgebung	Erhöhte Transparenz	Mit dem .
Variante 2	. . . innerhalb . . .	Teile einer Gruppe (z. B. Unterabteilung Präsenzdaten)	Zusammenlegung von (z. B.) Ausbildungsdaten und allgemeinen Daten, Sonderfälle wie bisher separat	Aufgabenerweiterung, evtl. -bereicherung	. . geplanten System .
Variante 3	. . des . .	Gesamtgruppe (z. B. Unterabteilung Präsenzdaten)	Ausbildungs- und allgemeine Daten sowie Sonderfälle werden von der Gruppe bearbeitet, evtl. in Rotation	Aufgabenbereicherung	. . weitgehend abdeckbar .
Variante 4	. . . Funktionsbereiches	Abteilungen übergreifend (z. B. Vereinigung von Gehalt/Lohn und Datenverwaltung)	Mehrere Mitarbeiter bearbeiten zusammen einen bestimmten Mitarbeiterkreis in allen Lohn- und Zeitfragen	Polyvalente Arbeit, evtl. teilautonome Gruppen	. . ohne . .
Variante 5	. Funktionsbereichsübergreifende .	Neustrukturierung zu integriertem Personaldienst und -administration (zentral)	Vollintegrierte Administrationsstellen in den Personaldienstgruppen	Polyvalenz evtl. Rotation	. wesentliche Änderungen .
Variante 6	. Strukturanpassungen .	Neustrukturierung zu integriertem Personaldienst und -administration (dezentral)	Vollintegrierte Administration z. B. werksweise zugeordnet. Kleine zentrale Verwaltung	Polyvalente Arbeit, teilautonome Gruppen, Kundennähe	...im Datenverbund mit lokalen Netzwerken

/Hacker 78, S. 72f./. Der objektive Handlungsspielraum umfaßt die vorhandenen, der subjektive Handlungsspielraum die erkannten diesbezüglichen Wahlmöglichkeiten. Unterschiede im Handlungsspielraum bestehen beispielsweise bei einer Montagetätigkeit, wenn im einen Fall deren Ablauf hinsichtlich der einzelnen Schritte nach einem Vorranggraph festgelegt ist, im anderen Fall dagegen der Beschäftigte zwischen verschiedenen möglichen Abfolgen wählen kann. Die Größe des Handlungsspielraums bestimmt also das Ausmaß an möglicher **Flexibilität** bei der Ausführung einer Teil-Tätigkeit.

Bei Dialogsystemen, die auf den Techniken Menü und Eingabemaske basieren, kann sich dieser Unterschied wie folgt zeigen (vgl. ausführlicher /Spinas 87/): Dialog A bietet dem Benutzer fast uneingeschränkte Möglichkeiten, sich im Dialog vorwärts, rückwärts und seitwärts zu bewegen, auch durch Überspringen von Menüs direkt zur gewünschten Eingabemaske zu gelangen. Damit kann der Benutzer auf unterschiedlichen Wegen zum gleichen Ziel gelangen.

Er kann also in

„weiten Grenzen Teilaufgaben definieren, deren Bearbeitungsreihenfolge festlegen und auch bei unvorhergesehenen Ereignissen (z.B. telefonische Anfrage) oder Fehlern kurzfristig und flexibel seine Pläne ändern. Er kann den Dialogablauf nach seinen kognitiven Prozessen ausrichten, ja selbst assoziative Gedankensprünge können durch Sprünge im Dialog verwirklicht werden" /Spinas 87, S. 247/.

In Dialog B kann der Benutzer die hierarchische Menü-Baumstruktur nur schrittweise und in absteigender Abfolge durchlaufen; es gibt keine Sprungmöglichkeiten, und die Abfolge der Eingabemasken ist zwingend vorgegeben. Dieser stark vorbestimmte Dialogablauf zwingt dem Benutzer eine Vorgehensweise auf, die seinen Bedürfnissen und Qualifikationen möglicherweise kaum gerecht wird.

Der **Gestaltungsspielraum** wird durch die Möglichkeiten zur selbständigen Gestaltung von Vorgehensweisen bestimmt. Die Erweiterung des Gestaltungsspielraums läßt sich an folgendem Beispiel konkretisieren:

„Das Projekt des neuen Katalogisiersystems sieht vor, daß der Bibliothekar seine Einreihung und Notizen auf dem Bildschirm so frei wie früher auf der Katalogkarte gestalten kann. Der ganze Bildschirm steht ihm zur Dateneingabe zur Verfügung... Diese Entwicklung der EDV-Unterstützung für eine Bibliothek, die über frühere Batch-Verarbeitung mit Datatypistinnen und heutige Titelerfassung über Bildschirm mit komplizierter, EDV- angepaßter Codierung verläuft, wird im Betrieb ausdrücklich als *Rückkehr zur natürlichen Bibliotheksarbeit* festgehalten" /Aschwanden, Zimmermann 84, S. 20/.

Damit wird zugleich deutlich, daß die Größe des Gestaltungsspielraums das Ausmaß an Variabilität einer Tätigkeit oder Teiltätigkeit bestimmt.

Der Entscheidungsspielraum schließlich kennzeichnet den Umfang der Entscheidungskompetenz einer Person oder einer Gruppe von Personen. Ein Beispiel für vergleichsweise weitreichende Entscheidungskompetenz eines in der Hierarchie nicht sehr weit oben angesiedelten Beschäftigten geben /Aschwanden, Zimmermann 84, S. 21/:

„Die Abteilung *space control* ist für eine möglichst hohe Auslastung aller Flüge verantwortlich. Der *space controller* bestimmt den dazu notwendigen Überbuchungsanteil, der nach Jahrestag, Destination und Zeit des Abflugs

differiert. Es liegt in der Kompetenz des *space controllers*, die Flüge mehr zu überbuchen, als die Statistik rät. Seine Entscheidungsbefugnis geht bis zur Bereitstellung eines Extrafluges, falls die Nachfrage unerwartet ansteigt."
Mit diesem Beispiel soll verdeutlicht werden, daß die Größe des Entscheidungsspielraumes das Ausmaß an Autonomie bestimmt, das mit einer Tätigkeit verbunden ist.
Handlungs-, Gestaltungs- und Entscheidungsspielräume können sowohl bezüglich der **Primäraufgabe** – zum Beispiel der Auftragsabwicklung durch den Sachbearbeiter – als auch bezüglich der **Sekundäraufgabe** – zum Beispiel der Bedienung bzw. Benutzung des Computersystems – bestehen. Bei der Gestaltung von Arbeitstätigkeiten, die mit dem Einsatz neuer Technologien verknüpft sind, ist allerdings zu beachten, daß Einschränkungen des Tätigkeitsspielraumes in der Sekundäraufgabe – möglicherweise ungewollt – entsprechende Einschränkungen bezüglich der Primäraufgabe nach sich ziehen können.
Im übrigen stellt sich die Frage, wie die Arbeitsaufgaben gestaltet werden sollen, damit eine Aufgabenorientierung entsteht, die die Entwicklung der Persönlichkeit im Arbeitsprozeß fördert und zur Aufgabenerfüllung motiviert, ohne daß es der ständigen Kompensation durch extrinsische Stimulation bedarf.

3.5.2 Merkmale der Aufgabengestaltung

Nach den Angaben von /Emery, Thorsrud 82/ (vgl. /Alioth 80/) sind es im wesentlichen folgende Gestaltungsmerkmale, die die Entwicklung einer Aufgabenorientierung begünstigen:
1. Ganzheitlichkeit
2. Anforderungsvielfalt
3. Möglichkeiten der sozialen Interaktion
4. Autonomie
5. Lern- und Entwicklungsmöglichkeiten.

„Der Vorteil der **Ganzheitlichkeit** einer Aufgabe liegt einerseits darin, daß der Mitarbeiter den Bedeutungsgehalt und den Stellenwert seiner Tätigkeit im betrieblichen Arbeitsablauf klarer erkennen kann und andererseits die Möglichkeit von Rückmeldungen über den Arbeitsfortschritt aus der Tätigkeit selbst gegeben ist..." /Spinas, Troy, Ulich 83, S. 30/.
Die **Anforderungsvielfalt** einer Aufgabe soll den Einsatz unterschiedlicher Fähigkeiten, Kenntnisse und Fertigkeiten ermöglichen und ist am ehesten durch eine Kombination von Aufgabenanteilen erreichbar, die Elemente der Planung, Ausführung – evtl. auch Wartung/Instandhaltung – und Kontrolle enthalten. Daß damit zugleich die Ganzheitlichkeit der Aufgabe gefördert werden kann, ist offensichtlich.
Funktionierende **Möglichkeiten der sozialen Interaktion** vermitteln die Erfahrung sozialer Unterstützung der Beschäftigten bei der Bewältigung ihrer Aufgaben, aber auch ihrer Probleme und Schwierigkeiten. Die Erfahrung, „daß für viele Menschen die Kooperation mit anderen helfen könnte, streßbelastete Situationen... er-

träglicher und handhabbarer zu machen" /Emery, Thorsrud 82, S. 50/ stützt die Annahme, daß durch erfolgreiche gemeinsame Bewältigungsprozesse die Auswirkungen potentieller Stressoren reduziert und Problemlösungsversuche zum Abbau der potentiellen Stressoren ausgelöst werden können.

Mit **Autonomie** sind hier die Möglichkeiten der Selbstregulation im Prozeß der Aufgabenerfüllung gemeint. Unnötige Einschränkungen der Autonomie durch sachlich nicht hinreichend begründbar einengende Vorschriften oder starke Abhängigkeit vom technischen System können die Aufgabenorientierung mindern und Maßnahmen der extrinsischen Motivation erforderlich machen.

Lern- und Entwicklungsmöglichkeiten schließlich resultieren im wesentlichen aus der Realisierung der vorgenannten vier Gestaltungsmerkmale. In diesem Zusammenhang ist allerdings noch einmal explizit darauf hinzuweisen, daß Arbeitsgestaltung, die an einem Umwelt-Vereinfachungs-Modell orientiert ist, weniger Lern- und Entwicklungsmöglichkeiten schafft als Arbeitsgestaltung, die an einem Umwelt-Komplexitäts-Modell orientiert ist /Schroder 78/. Insofern ist die auch von Computerfachleuten bisweilen geäußerte Devise So einfach wie möglich – so komplex wie nötig mit Vorbehalt zu versehen. Andererseits genügt es natürlich nicht, lediglich die Umweltkomplexität – hier: die Komplexität der Arbeitsaufgabe – zu erhöhen; vielmehr ist es notwendig, z. B. durch geeignete Instruktion oder adäquate Lernverfahren die Voraussetzungen zum Erkennen von in der Arbeitstätigkeit enthaltenen Handlungs- und Gestaltungsspielräumen zu vermitteln.

Im übrigen verweist das in Abschnitt 3.1 genannte Kriterium der Persönlichkeitsförderlichkeit auf die Notwendigkeit, im Prozeß der Gestaltung von Arbeitstätigkeiten und Arbeitsaufgaben interindividuelle Differenzen zu berücksichtigen.

3.6 Differentielle Arbeitsgestaltung

Im Zusammenhang mit Konzepten persönlichkeitsförderlicher Arbeitsgestaltung, wie sie in der deutschsprachigen Arbeitspsychologie seit den siebziger Jahren vertreten werden, stellt sich die Frage nach Möglichkeiten der Berücksichtigung in interindividueller Differenzen im Prozeß der Strukturierung von Arbeitstätigkeiten. Wir gehen davon aus, daß die klassische Suche nach dem one best way für die Gestaltung von Arbeitsinhalten und Arbeitsabläufen den vorhandenen und/oder sich in der Auseinandersetzung mit der Arbeitstätigkeit entwickelnden interindividuellen Differenzen nicht gerecht wird.

So zeigen etwa die Untersuchungen von /Triebe 80/, daß bei nicht im Detail vorgeschriebenen Montageabfolgen – hier: der kompletten Montage von Kraftfahrzeugmotoren – interindividuell unterschiedliche, aber nicht notwendigerweise verschieden effiziente Vorgehensweisen möglich sind. Im Umkehrschluß können solche Ergebnisse bedeuten, daß das strikte Vorschreiben von angeblich optimalen Arbeitsabläufen sogar zu ineffizienter Arbeitsweise führen kann. Die Tatsache solcherart in Erscheinung tretender interindividueller Differenzen sollte Planer, Softwareentwickler und Organisatoren dazu anregen, Arbeitssysteme wo immer möglich so auszulegen, daß interindividuell unterschiedliche Arbeitsweisen tatsächlich realisiert werden können. Das damit angedeutete **Prinzip der flexiblen Arbeitsgestaltung** bezieht sich indes nur auf die Berücksichtigung interindividueller Differenzen innerhalb eines vorgegebenen Arbeitssystems.

Davon abzuheben ist das **Prinzip der differentientiellen Arbeitsgestaltung** /Ulich 78, 87a/: dieses Prinzip meint das gleichzeitige Angebot verschiedener Arbeitsstrukturen, zwischen denen der Arbeitende wählen kann.

Das Angebot alternativer Arbeitsstrukturen sollte in besonderer Weise geeignet sein,

„eine optimale Entwicklung der Persönlichkeit in der Auseinandersetzung mit der Arbeitstätigkeit auf dem Hintergrund interindividueller Differenzen zu gewährleisten" /Ulich 78, S. 568/.

Damit interindividuellen Differenzen über die Zeit, Prozessen der Persönlichkeitsentwicklung also, Rechnung getragen werden kann, bedarf das Prinzip der differentiellen Arbeitsgestaltung der Ergänzung durch das Prinzip der dynamischen Arbeitsgestaltung.

„Damit ist die Möglichkeit der Erweiterung bestehender oder der Schaffung neuer Arbeitssysteme gemeint sowie die Möglichkeit des Wechsels zwischen verschiedenen Arbeitssystemen" /Ulich, 1978/.

In ihrer Stellungnahme zur DFG-Denkschrift „Zur Lage der Arbeitsmedizin und der Ergonomie" haben /Abholz et al. 81, S. 197/ angemerkt, von diesem Konzept gehe „eine erhebliche Ausstrahlung auf die zukünftige Arbeitsgestaltung aus". Und nach der von /Grob, Haffner 82, S. 29/ inzwischen vertretenen Auffassung ist es schlicht „falsch, größere Betriebsbereiche einheitlich zu strukturieren". Unter Verweis auf das Prinzip der differentiellen Arbeitsgestaltung postulieren sie, dem Mitarbeiter müsse „eine breite Palette unterschiedlicher Arbeitsstrukturen angeboten werden".

Interessanterweise wird gerade für computerunterstützte Büroarbeitstätigkeiten auch die Berücksichtigung intraindividueller Differenzen über die Zeit postuliert: „Hilfreich wäre eine Mensch-Computer-Schnittstelle, die sich dem Erfahrungsgrad des Benutzers anpassen könnte und ihm Dialogformen mit unterschiedlichen Schwierigkeiten anbieten würde" /Paetau 84, S. 1203/. Voraussetzung dafür ist allerdings, daß Software wirklich soft ist. Tatsächlich ist diese Voraussetzung in vielen Fällen offensichtlich nicht erfüllt.

3.7 Kriterien der Benutzerfreundlichkeit

Ausgehend von der im ersten Abschnitt wiedergegebenen Definition von Humankriterien für die Gestaltung von Arbeitstätigkeiten wurden wesentliche Erkenntnisse bezüglich der Einführung und Gestaltung computerunterstützter Büroarbeit in einer Reihe von Empfehlungen zusammengefaßt, die die ergonomisch angemessene Gestaltung von Bildschirmarbeitsplätzen, die (arbeits-)psychologisch angemessene Bild- und Dialoggestaltung, die Gestaltung der Arbeitsorganisation und die

58   3 Arbeits- und organisationspsychologische Aspekte

Tab. 3-2: Kriterien für benutzerorientierte Dialoggestaltung (aus /Ulich 86/)

O **Transparenz**
O **Konsistenz**
O **Toleranz**
O **Kompatibilität**
O **Unterstützung**
O **Flexibilität / Individualisierbarkeit**
O **Partizipation**

Planung und Einführung von Veränderungen betreffen /Spinas, Troy, Ulich 83/ (vgl. dazu den Beitrag von /Ackermann, in diesem Band/).

Die folgenden Ausführungen beschränken sich auf die Regeln für die Dialoggestaltung; diese lassen sich vorläufig nach den in Tab. 3-2 genannten sieben Kriterien ordnen.

Die in Tab. 3-2 wiedergegebenen Kriterien für benutzerorientierte Dialoggestaltung stimmen mit der in der DIN-Norm 66234/Teil 8 aufgeführten Kriterien teilweise, aber nicht vollständig überein. Dies ist u. a. in der unterschiedlichen Herleitung und empirischen Überprüfung begründet. Während die DIN-Norm offenbar nur auf Ergebnissen von schriftlichen Befragungen beruht (vgl. dazu /Ulich 87b/ sowie /Ackermann, in diesem Band/), lassen sich die hier vorgestellten Kriterien inzwischen – zumindest teilweise – durch Befunde aus laborexperimentellen Untersuchungen und Erhebungen in verschiedenen Anwendungsfeldern empirisch untermauern (z.B. /Ackermann 87/, /Spinas 87/).

Für die Kriterien Transparenz, Konsistenz, Toleranz und Unterstützung werden hier lediglich je zwei typische Realisierungsregeln genannt (Tab. 3-3). Die Relevanz der anderen Kriterien soll anhand einiger zusätzlicher Anmerkungen erläutert werden. Ergebnisse von Untersuchungen, die die praktische Bedeutung derartiger Regeln konkret belegen, wurden neuerdings verschiedentlich mitgeteilt (vgl. /Ulich 86/).

Für das Kriterium der Kompatibilität ist aus dem Bereich der Gedächtnispsychologie etwa der Hinweis relevant, daß das Kurzzeitgedächtnis (KZG) nur über eine sehr begrenzte Kapazität verfügt. Daraus läßt sich die Notwendigkeit ableiten, das Kurzzeitgedächtnis bzw. die das KZG beanspruchenden psychischen Prozesse durch Berücksichtigung entsprechender Gestaltungsregeln zu entlasten und auf diesem Wege auch die Leistungsfähigkeit der Mensch-Maschine-Kommunikation zu verbessern. Die in diesem Zusammenhang nützliche Unterscheidung zwischen Darstellungskompatibilität und Sprachkompatibilität schlägt sich in den in Tab. 3-4 beispielhaft aufgeführten Gestaltungsregeln nieder.

In Zusammenhang mit gedächtnispsychologischen Überlegungen ist zusätzlich auf die wichtige Unterscheidung zwischen dem **Wiedererkennungsgedächtnis** *(recognition memory)* und dem Erinnerungs- oder **Reproduktionsgedächtnis** *(recall memory)* hinzuweisen. Im hier vorliegenden Kontext wird diese Unterscheidung re-

Tab. 3-3: Beispiele für Regeln zur Realisierung verschiedener Kriterien für benutzerorientierte Dialoggestaltung (aus: /Spinas, Troy, Ulich, 83/)

Transparenz
− Der Benutzer sollte erkennen können, ob ein *eingegebener Befehl* behandelt wird oder ob das System auf weitere Eingaben wartet.
− Bei längeren Vorgängen sollte das System *Zwischenstandsmeldungen* abgeben können.

Konsistenz
− *Die Antwortzeiten* des Systems sollten möglichst wenig variieren; wichtiger als kurze Antworten sind regelmässige und damit kalkulierbare Intervalle.
− Das System sowie dessen *Antwortverhalten* sollten für den Benutzer transparent und konsistent sein; ähnliche Aktionen sollten ähnliche Ausführungen bewirken, andernfalls muß dies durchschaubar gemacht werden.

Toleranz
− *Die Ausgabe* sollte – insbesondere bei einem größeren Umfang – ohne Verlust anhaltbar und fortsetzbar sein.
− Der Benutzer sollte den Ablauf unterbrechen und Eingaben nachträglich ändern können; an solchen *Unterbrechungspunkten,* die vom System her fix gesetzt oder vom Benutzer (evtl. im voraus) gewählt sein können, sollte der Dialog in veränderter Form wieder aufgenommen bzw. fortgesetzt werden können.

Unterstützung
− *Dialoghilfen* sowohl zu inhaltsbezogenen wie zu vorgehensbezogenen Aspekten sollen vom Benutzer während des Dialogs jederzeit abgerufen werden können; das Betätigen einer allfälligen Hilfe-Taste sollte gegenüber anderen Befehlen einen Sonderstatus einnehmen.
− Das System sollte eine *Rückfragemöglichkeit* derart bereitstellen, daß auf eine Aufforderung durch den Benutzer hin ggf. ausführlichere Antworten abgegeben werden

levant, wen wir etwa daran denken, daß bei Menüsystemen in erster Linie das Wiedererkennungsgedächtnis beansprucht wird, bei Systemen mit Funktionstastenorientierung dagegen das Reproduktionsgedächtnis /Fischer 83/.

3.7.1 Flexibilität / Individualisierbarkeit

Vielfältige Erfahrungen zeigen, daß installierte Software allzu häufig nicht mehr soft, d. h. veränderbar bzw. gestaltbar ist oder unterschiedliche Vorgehensweisen zuläßt. Im Sinne des Konzepts der differentiellen Arbeitsgestaltung gehört aber das

Tab. 3-4: Beispiele für Regeln zur Realisierung des Benutzerkriteriums Kompatibilität

Kompatibilität

- Bei der *Darstellungsform* für Einzelinformationen sollte ebenso wie für ganze Bilder ggf. auf Übereinstimmung mit entsprechenden gedruckten Vorlagen oder Unterlagen geachtet werden.
- *Sprache* und begriffliche Komplexität des Dialogs sollten an den Gepflogenheiten und Kenntnissen des spezifischen Benutzerkreises orientiert sein; anstelle von EDV-Kürzeln sollte mit den jeweils fachspezifischen Begriffen der Benutzer gearbeitet werden können.

Kriterium Flexibilität/Individualisierbarkeit zu den unabdingbaren Bestandteilen benutzerorientierter Dialoggestaltung. Umsetzungsregeln für dieses Kriterium sind beispielhaft in Tab. 3-5 wiedergegeben.

Die Relevanz differentieller Konzepte für die Softwasreentwicklung wird immer deutlicher erkennbar. So berichteten /Paetau, Pieper 85/ – die sich explizit auf das Konzept der differentiellen Arbeitsgestaltung berufen – über Ergebnisse von Laboruntersuchungen, in denen u. a. danach gefragt wurde, ob Versuchsnpartner „mit annähernd gleichem Kenntnis- und Erfahrungsstand und bei gleicher Aufgabenstellung auch gleiche Präferenzen für bestimmte Systeme herausbilden". Für verschiedene Büroanwendungssysteme zeigte sich eine Übereinstimmung dahingehend, daß zunächst ein hoher Grad an Benutzerführung durch das System bevorzugt wurde. Mit zunehmender Erfahrung nahm die Übereinstimmung der Präferenzen jedoch deutlich ab. Aufgrund ihrer Ergebnisse und der Erfahrungen und Konzepte anderer Autoren gibt es für /Paetau, Pieper 85, S. 318/ „keinen Grund, nach einer im System zu verankernden, scheinbar objektiven optimalen Dialoggestaltung zu suchen".

Tab. 3-5: Beispiele für Regeln zur Realisierung des Benutzerkriteriums Flexibilität/Individualisierbarkeit

Flexibilität / Individualisierbarkeit

- Zum Zwecke der *Individualisierungsmöglichkeit* von Dialogabläufen sollte die Software unterschiedliche Vorgehensweisen offenlassen; die Abfolge einzelner Arbeitsschritte sollte so wenig wie möglich vorgegeben sein.
- Ebenso wie der inhaltliche Dialogablauf sollte auch die *Geschwindigkeit der Interaktion* vom Benutzer bestimmt werden können; Aufforderungen zur Eingabe (z. B. durch Blinken von Zeichen) sollten möglichst unaufdringlich und abschaltbar sein.

Forderungen nach programmierbaren Software-Systemen /Döbele-Berger, Schwellach 87/, adaptierbaren Benutzerschnittstellen /Rathke 87/ oder Wahlmöglichkeiten zwischen alternativen Dialogformen /Eberleh, Korffmacher, Streitz 87/ unterstreichen die Notwendigkeit der Berücksichtigung interindividueller Differenzen durch differentielle und dynamische Arbeitsgestaltung. So kommen auch /Triebe, Wittstock, Schiele 87, S. 173/ zu dem Ergebnis, daß die Schaffung von Individualisierungsfreiräumen durch individuell adaptierbare Benutzer-Schnittstellen vermutlich „eines der wichtigsten Mittel zur Beanspruchungsoptimierung, Streßprävention und Persönlichkeitsförderlichkeit darstellen".

Möglichkeiten und Auswirkungen der Flexibilisierung und Individualisierung computerunterstützter Arbeitsabläufe wurden in jüngster Zeit mehrfach experimentell überprüft /Aschwanden, Zimmermann 84/, /Raum 84/, /Ackermann 86, 87/, /Ackermann, Nievergelt 85/, /Morrison, Noble 87/. In diesen Untersuchungen wurden in definierbaren Grenzen frei wählbare oder frei gestaltbare Abläufe mit rigide vorgeschriebenen Prozeduren verglichen. Die bisher vorliegenden Ergebnisse zeigen, daß (1) die flexiblen Varianten der rigiden Varianten hinsichtlich zentraler Merkmale der Effizienz deutlich überlegen sind, daß aber (2) nicht alle beteiligten Personen gegebene Handlungs- und Gestaltungsspielräume in gleicher Weise nutzen (vgl. /Ulich 86, 87a/). Damit erfährt das Konzept der differentiellen Arbeitsgestaltung, dessen Realisierung schon im Fertigungsbereich erhebliche Effizienzverbesserungen bewirkt hat (vgl. /Zülch, Starringer 84/, /Grob 85/), auch für computerunterstützte Büroarbeitstätigkeiten zusätzliche Unterstützung. Möglichkeiten der Individualisierung bestehen vor allem in der Entwicklung adaptierbarer, d.h. durch den Benutzer selbst anpaßbarer und erweiterbarer Schnittstellen.

„Adaptierbare Benutzerschnittstellen bilden zugleich eine wichtige Grundlage dafür, daß auch im Bereich der neuen Informationstechniken die ...Prinzipien der differentiellen und dynamischen Arbeitsgestaltung realisiert werden können" /Triebe et al. 87, S. 70/.

Dem entspricht auch die Forderung modularer, anwendungsneutraler Benutzerschnittstellen /Herczeg 86/.

3.7.2 Partizipation

Zur Exploration technisch realisierbarer, objektiver Handlungs- und Gestaltungsspielräume ist der Einbezug möglicher Benutzer bereits bei der Systementwicklung erforderlich. Damit gewinnen Fragen nach der Vorgehensweise und der Benutzerpartizipation bei der Entwicklung und Einführung der Arbeitssysteme erhebliche praktische Bedeutung (vgl. dazu den Beitrag von /Peschke, in diesem Band/). Umsetzungsregeln für das Kriterium Partizipation sind beispielhaft in Tab. 3-6 aufgeführt.

Ergebnisse einer Untersuchung, die von /Spinas, Mussmann 85/ durchgeführt wurde, deuten auf die Möglichkeiten hin, die in der Nutzung von Konzepten partizipativer Systementwicklung liegen. Gegenstand der Untersuchung sind Sachbearbeitertätigkeiten in verschiedenen Unternehmen.

Tab. 3-6: Beispiele für Regeln zur Realisierung des Benutzerkriteriums Partizipation

Partizipation
- Den Mitarbeitern soll durch die Beteiligung am Veränderungsprozeß Gelegenheit zur Beeinflussung der Veränderung geboten werden. Dies trägt zum Abbau von Widerstand bei bzw. ermöglicht dessen Umsetzung in konkrete (Alternativ-) Vorschläge.

- Der Einbezug der Mitarbeiter sollte schon in der Vorbereitungs- und Planungsphase erfolgen, damit ihre Bedürfnisse bei der Planung berücksichtigt und ihr Fachwissen genutzt werden kann. Dies reduziert auch die Wahrscheinlichkeit, daß nachträgliche Korrekturen notwendig werden.

Tab. 3-7 zeigt die Einschätzung des Bildschirmsystems durch Sachbearbeiter aus zwei Betrieben mit unterschiedlichen Möglichkeiten der Partizipation. Im Betrieb 1 wurden Entwicklung und Einführung der neuen Arbeitssysteme vorwiegend aufgrund von Expertentscheidungen und durch die Experten selbst vorgenommen.

Tab. 3-7: Bewertung des Bildschirmsystems durch 21 Sachbearbeiter mit geringer Möglichkeit der Partizipation (Gruppe 1) und durch 25 Sachbearbeiter mit ausgeprägter Möglichkeit der Partizipation (Gruppe 2) bei dessen Entwicklung und Einführung (nach Angaben von /Spinas, Mussmann 85/) - Angaben in Prozent

Skala / Items	überhaupt nicht / kaum Gruppe 1	Gruppe 2	etwas Gruppe 1	Gruppe 2	ziemlich vollkommen Gruppe 1	Gruppe 2
Das Bildschirmgerät ...						
macht meine Arbeit interessant und abwechslungsreich	53	48	33	12	15	40
hat meinen Arbeitsbereich erweitert	29	20	43	20	28	60
ermöglicht besseren Einsatz meiner Kenntnisse und Fähigkeiten	71	48	19	8	10	44
verursacht lästige Zusatzarbeit	67	76	10	24	24	--
ist für meine Arbeit unzweckmäßig gestaltet	90	96	10	4	--	--

Im Betrieb 2 wurden die zukünftigen Benutzer nach ihren eigenen Aussagen „umfassend und rechtzeitig" informiert; sie erhielten darüber hinaus vielfältige Gelegenheit, sich am Planungsprozeß zu beteiligen und ihre Wünsche bei der Programmgestaltung einzubringen.

Ein Vergleich der Angaben in Tab. 3-7 läßt erkennen, daß die Benutzergruppen mit der Möglichkeit der Partizipation bei Entwicklung und Einführung des neuen Arbeitssystems dieses später auch eindeutig positiver beurteilten. /Spinas 85/ konnte zeigen, daß die Dialogstruktur in Betrieb 2 den psychologischen Anforderungen schließlich auch deutlich besser entsprach als die Struktur des in Betrieb 1 vorgefundenen Dialogs.

In einer neueren Publikation haben von /Benda et al. 85, S. 111/ zu Recht darauf hingewiesen, daß einerseits „im Bereich der Grundlagenforschung zur Benutzerfreundlichkeit noch gravierende Defizite" bestehen und daß es andererseits Aufgabe von Arbeitswissenschaftlern sei, „auf die Verwirklichung der partizipativen Systemgestaltung hinzuwirken". Die in beiden Hinweisen enthaltenen Aufforderungen sind umso dringlicher zu befolgen, als sich – wie etwa aus dem Bericht von /Katz et al. 87/ hervorgeht – mit den gegenwärtigen Entwicklungen von multifunktionalen Arbeitsstationen, lokalen und weiterreichenden Netzwerken sowie Spracheingabe- und Sprachausgabesystemen vielfältige und zum Teil neuartige Gestaltungsspielräume eröffnen.

Literatur

/Abholz et al. 81/
Abholz H.-H., Hildebrandt E., Ochs P., Rosenbrock R., Spitzley H., Stebani J., Wotschak, W.: *Von den Grenzen der Ergonomie und den Möglichkeiten der Arbeitswissenschaft*, in: Zeitschrift für Arbeitswissenschaft, 1981, 35, S. 193-199

/Ackermann 86/
Ackermann D.: *Untersuchungen zum individualisierten Computerdialog: Einfluß des Operativen Abbildsystems auf Handlungs- und Gestaltungsspielraum und die Arbeitseffizienz*, in: Dirlich G., Freksa C., Schwatlo U., Wimmer K. (Hrsg.): Kognitive Aspekte der Mensch-Computer-Interaktion, Berlin: Springer 1986, S. 95-110

/Ackermann 87/
Ackermann D.: *Handlungsspielraum, mentale Repräsentation und Handlungsregulation am Beispiel der Mensch-Computer-Interaktion*, Phil. Diss., Universität Bern 1987

/Ackermann, Nievergelt 85/
Ackermann D., Nievergelt J.: *Die Fünf-Finger-Maus: eine Fallstudie zur Synthese von Hardware, Software und Psychologie*, in: Bullinger H.J. (Hrsg.), Software-Ergonomie '85, Mensch-Computer-Interaktion. Berichte des German Chapter of the ACM, Band 24, Stuttgart: Teubner 1986, S. 376-385

/Alioth 80/
Alioth A.: *Entwicklung und Einführung alternativer Arbeitsformen*, Schriften zur Arbeitspsychologie (Hrsg. E. Ulich) Band 27, Bern: Huber 1980

/Aschwanden, Zimmermann 84/
Aschwanden C., Zimmermann M.: *Flexibilität in der Arbeit am Bildschirm*, Psychologische Lizentiatsarbeit, Zürich, Universität/ETH 1984

3 Arbeits- und organisationspsychologische Aspekte

/Benda et al. 85/
Benda H.v., Gora E., Hacker S., Schwatlo U., Seeliger H.: *Zur Gestaltung der Dialog-Schnittstelle für Bildschirm-Arbeitsplätze in der Verwaltung*, Technische Universität München: Lehrstuhl für Psychologie, Bericht Nr. 14, 1985

/Döbele-Berger, Schwellach 87/
Döbele-Berger C., Schwellach G.: *Untersuchung programmierbarer Softwaresysteme anhand tätigkeitsbezogener und qualifikatorischer Kriterien der Software-Ergonomie*, in: Schönpflug W., Wittstock M. (Hrsg.): Software-Ergonomie '87: Nützen Informationssysteme dem Benutzer? Berichte des German Chapter of the ACM, Band 29, Stuttgart: Teubner 1987, S. 428-439

/Eberleh, Korffmacher, Streitz87/
Eberleh E., Korffmacher W., Streitz, N.: *Denken oder Handeln? Zur Wirkung von Dialogkomplexität und Handlungsspielraum auf die mentale Belastung*, in: Schönpflug W., Wittstock M. (Hrsg.): Software-Ergonomie '87: Nützen Informationssysteme dem Benutzer? Berichte des German Chapter of the ACM, Band 29. Stuttgart: Teubner 1987, S. 317-326

/Emery, Thorsrud 82/
Emery F., Thorsrud E.: *Industrielle Demokratie*, Schriften zur Arbeitspsychologie (Hrsg.: E. Ulich), Band 25. Bern: Huber 1982

/Fischer 83/
Fischer G.: *Entwurfsrichtlinien für die Software-Ergonomie aus der Sicht der Mensch-Maschine-Kommunikation*, in: Balzert H. (Hrsg.): Software- Ergonomie. Stuttgart: Teubner 1983, S. 30-48

/Frei, Duell, Baitsch 84/
Frei F., Duell W., Baitsch C.: *Arbeit und Kompetenzentwicklung*, Schriften zur Arbeitspsychologie (Hrsg.: E. Ulich), Band 39. Bern: Huber 1984

/Frese, Ulich, Dzida 87/
Frese M., Ulich E., Dzida W. (Eds.): *Psychological Issues of Human-Computer Interaction in the Work Place*, Amsterdam: North-Holland 1987

/Grob 85/
Grob R.: *Flexibilität in der Fertigung*, Berlin: Springer 1985

/Grob, Haffner 82/
Grob R., Haffner H.: *Planungsleitlinien Arbeitsstrukturierung*, Berlin, München: Siemens AG 1982

/Hacker 78/
Hacker W.: *Allgemeine Arbeits- und Ingenieurpsychologie*, 2. Auflage, Schriften zur Arbeitspsychologie (Hrsg.: E. Ulich) Band 20. Bern: Huber 1978

/Herczeg 86/
Herczeg M.: *Modulare anwendungsneutrale Benutzerschnittstellen*, in: Fischer G., Gunzenhäuser R. (Hrsg.): Methoden und Werkzeuge zur Gestaltung benutzergerechter Computersysteme, Berlin: de Gruyter 1986, S. 73-100

/Katz et al. 87/
Katz C., Ruch L, Betschart H., Ulich E.: *Arbeit im Büro von morgen: Technologie, Organisation, Arbeitsinhalte und Qualifikationsanforderungen*, Schriftenreihe Arbeit im Büro (Hrsg.: E. Ulich), Band 1, Zürich: Verlag des Schweizerischen Kaufmännischen Verbandes 1987

/Kieser, Kubicek 77/
Kieser A., Kubicek H.: *Organisation*, Berlin: de Gruyter,1977

/Leontjew 79/
Leontjew A.N.: *Tätigkeit, Bewußtsein, Persönlichkeit*, Berlin (DDR): Volk und Wissen 1979

/Morrison, Noble 87/
Morrison P.R., Noble G.: *Individual differences and ergonomic factors in performance on a videotex-type task*, in: Behavior and Information Technology, 1987, 6, pp. 69-88

/Paetau 84/
Paetau M.: *Arbeitswissenschaftliche Bewertung der Mensch-Maschine-Kommunikation auf dem Prüfstand*, in: Office Management, 1984, 32, pp. 1198-1203

/Paetau, Pieper 85/
Paetau M., Pieper M.: *Differentiell-dynamische Gestaltung der Mensch-Maschine-Kommunikation*, in: Bullinger H.-J. (Hrsg.): Software-Ergonomie '85, Mensch-Computer-Interaktion, Berichte des German Chapter of the ACM, Band 24. Stuttgart: Teubner 1985, S. 316-324

/Rathke 87/
Rathke Ch.: *Adaptierbare Benutzerschnittstellen*, in: Schönpflug W., Wittstock M. (Hrsg.): Software-Ergonomie '87: Nützen Informationssysteme dem Benutzer? Berichte des German Chapter of the ACM, Band 29, Stuttgart: Teubner 1987, S. 121-135

/Raum 84/
Raum H.: *Zum Prinzip des alternativen Informationsangebots*, in: Zeitschrift für Arbeits- und Organisationspsychologie, 1984, 28, S. 149-154

/Schroder 78/
Schroder H.M.: *Die Bedeutsamkeit von Komplexität*, in: Mandel H., Huber G. L. (Hrsg.): Kognitive Komplexität, Göttingen: Hogrefe 1978

/Spinas 85/
Spinas P.: *Bildschirmeinsatz und Benutzerfreundlichkeit der Dialoggestaltung aus der Sicht von Angestellten*, in: Bullinger H.-J. (Hrsg.): Menschen, Arbeit, Neue Technologien, Berlin: Springer, 1985, S. 397- 413

/Spinas 87/
Spinas P.: *Arbeitspsychologische Aspekte der Benutzerfreundlichkeit von Bildschirmsystemen*, Phil. Diss., Universität Bern 1987

/Spinas, Mussmann 85/
Spinas P., Mussmann C.: *Arbeitspsychologische Analyse und Bewertung unterschiedlicher Formen des Bildschirmeinsatzes im Bürobereich*, Vortrag am 32. Kongress der Gesellschaft für Arbeitswissenschaft, Wien 1985

/Spinas, Troy, Ulich 83/
Spinas P., Troy N., Ulich E.: *Leitfaden zur Einführung und Gestaltung von Arbeit mit Bildschirmsystemen*, München: CW-Publikationen / Zürich: Verlag Industrielle Organisation 1983

/Sydow 81/
Sydow J.: *Der soziotechnische Ansatz der Arbeits- und Organisationsgestaltung*, Frankfurt: Campus 1981

/Sydow 85/
Sydow J.: *Organisationsspielraum und Büroautomation*, Berlin: de Gruyter 1985

/Triebe 80/
Triebe J. K.: *Untersuchungen zum Lernprozeß während des Erwerbs der Grundqualifikation (Montage eines kompletten Motors)*, Arbeits- und sozialpsychologische Untersuchungen von Arbeitsstrukturen im Bereich der Aggregatefertigung der Volkswagenwerk AG, Bonn: BMFT 1980, HA 80-019

/Triebe, Wittstock, Schiele 87/
Triebe J.K., Wittstock M., Schiele F.: *Arbeitswissenschaftliche Grundlagen der Software-Ergonomie*, Schriftenreihe der Bundesanstalt für Arbeitsschutz S 24, 1987

/Troy, Baitsch, Katz 86/
Troy N., Baitsch C., Katz C.: *Bürocomputer - Chance für die Organisationsgestaltung?* Schriftenreihe 'Arbeitswelt' (Hrsg.: A. Alioth), Band 3, Zürich: Verlag der Fachvereine 1986

/Ulich 78/
Ulich E.: *Über das Prinzip der differentiellen Arbeitsgestaltung*, in: Industrielle Organisation, 1978, 47, S. 566-568

/Ulich 83/
Ulich E.: *Differentielle Arbeitsgestaltung – ein Diskussionsbeitrag*, in: Zeitschrift für Arbeitswissenschaft, 1983, 37, S. 12-15

/Ulich 86/
Ulich E.: *Aspekte der Benutzerfreundlichkeit*, in: Remmle W., Sommer M. (Hrsg.): Arbeitsplätze morgen, Berichte des German Chapter of the ACM, Band 27, Stuttgart: Teubner 1986, S. 102-122

/Ulich 87a/
Ulich E.: *Zur Frage der Individualisierung von Arbeitstätigkeiten unter besonderer Berücksichtigung der Mensch-Computer-Interaktion*, in: Zeitschrift für Arbeits- und Organisationspsychologie, 1987, S. 31-93

/Ulich 87b/
Ulich E.: *Arbeitspsychologie*, in: Zink K. (Hrsg.): Arbeitswissenschaft und neue Technologien, Frankfurt: RKKW 1987

/Ulich, Baitsch, Alioth 83/
Ulich E., Baitsch C., Alioth A.: *Führung und Organisation*, Schriftenreihe 'Die Orientierung', Nr. 81, Bern: Schweizerische Volksbank 1983

/Zülch, Starringer 84/
Zülch G., Starringeru G.: *Differentielle Arbeitgestaltung in Fertigungen für elektronische Flachbaugruppen*, in: Zeitschrift für Arbeitswissenschaft, 1984, 38, S. 211-216

4 E/A-Geräte für die Mensch-Computer-Interaktion

Helmut Balzert

4.1 Einleitung

Die physikalische Interaktion des Menschen mit dem Computer geschieht durch die Benutzung von **Ein-/Ausgabe-Geräten** (E/A-Geräte). Die technische Entwicklung dieser E/A-Geräte hat die Möglichkeiten und Beschränkungen der Mensch-Computer-Interaktion sowie den Gestaltungsraum für den Software-Ergonomen wesentlich determiniert.

Ziel dieses Beitrages ist es, die heutigen sowie mögliche zukünftige E/A-Geräte für die Mensch-Computer-Interaktion und ihre Auswirkungen auf den software-ergonomischen Gestaltungsraum zu skizzieren. Außerdem werden die Kriterien dargestellt, die für die Auswahl von E/A-Geräten in Abhängigkeit von der zu erledigenden Arbeitsaufgabe wesentlich sind. Empirische Untersuchungen zu einzelnen Geräten oder zu Vergleichen verschiedener Geräte werden aufgeführt.

Betrachtet man aus der Sicht heutiger Computersysteme die notwendigen Fähigkeiten des Menschen, um diese zu bedienen, dann sieht der Mensch in etwa folgendermaßen aus: Er benötigt ein gut entwickeltes Auge, einen langen rechten Arm, einen dünnen linken Arm, gleichlange Finger und ein rudimentäres Ohr. Offensichtlich trifft diese Beschreibung nicht ganz die wirklichen Fähigkeiten des Menschen. Diese Beschreibung hebt jedoch die Mängel heutiger Computersysteme bezogen auf die physikalischen Eigenschaften des Menschen hervor.

Unzweifelhaft sind jedoch in den letzten Jahren große Fortschritte in den E/A-Geräten zur Mensch-Computer-Interaktion erzielt worden. Ein Blick zurück zeigt dies deutlich.

Historisch gesehen erfolgte die Interaktion zwischen Mensch und Computer zunächst über Lochkarten für die Dateieingabe und Ausdrucke, die die Ergebnisse enthielten.

Der erste qualitative Sprung erfolgte durch den Anschluß von Fernschreibern an die Computer. Ähnlich wie bei Schreibmaschinen erfolgte eine zeilenorientierte Dateneingabe durch den Benutzer und eine zeilenorientierte Datenausgabe auf demselben Medium durch den Computer. Die Technik dieses E/A-Gerätes erzwang eine zeilenorientierte E/A.

Neue E/A-Möglichkeiten eröffneten die Bildschirmterminals und bildschirmorientierten Arbeitsplatzrechner. Die Verwendung von Bildschirmen anstelle von Endlospapier beim Fernschreiber erlaubt es, die Bildschirmfläche als zweidimensionale Gestaltungsebene zu verwenden. Die Dialogformen Menü-, Masken- und Formulartechniken nutzen diese Möglichkeiten. Als Standard setzten sich zeichendarstellende Bildschirme mit 24 bis 25 Zeilen und 80 Zeichen pro Zeile durch. Zum Positionieren des Lichtpunktes (Cursor) auf dem Bildschirm werden Cursortasten verwendet, die es ermöglichen, den Cursor um jeweils ein Zeichen nach rechts, links, oben und unten sowie in die 1. Spalte der 1. Zeile zu bewegen. Zum Standard-E/A-Medium für die Interaktion wurde ein zeichendarstellender Bildschirm und eine Tastatur mit Cursortasten und zusätzlichen Funktionstasten.

Durch die Einführung von Grafikbildschirmen und den Einsatz von Fenstersystemen zeigte sich, daß das Positionieren des Cursors auf eine beliebige Stelle des Bildschirms mit Hilfe von Cursortasten sehr zeitaufwendig ist. Da Grafikbildschirme im Gegensatz zu zeichendarstellenden Bildschirmen keine geeignete große Rastereinheit wie ein Zeichen besitzen, ist ein schnelles und genaues Positionieren mit Cursortasten nicht gegeben. Als Alternative wurden **Zeigeinstrumente** *(pointing devices)* entwickelt, wobei sich die Maus (s. u.) zum heutigen Standard entwickelt hat. Damit ist in etwa der heutige Standard bei den E/A-Geräten erreicht.

In den folgenden Abschnitten wird zunächst näher auf Tastaturen und Zeigeinstrumente mit ihren jeweiligen Vor- und Nachteilen eingegangen. Anschließend werden die Möglichkeiten der Handschrifteingabe, der gesprochenen Sprache und der Bildverarbeitung näher betrachtet. Gerade diese Techniken eröffnen neue Dimensionen der Interaktion. Anschließend wird auf Bildschirme, Drucker und kombinierte E/A-Geräte eingegangen.

4.2 Tastaturen

Die **Tastatur** stellt nach wie vor das wichtigste Eingabemedium dar. Die noch heute verwendete QWERTZ-Tastaturanordnung entstand bereits in den siebziger Jahren des 19. Jahrhunderts ohne vorherige empirische Forschung. Ziel war es vielmehr, einen Konstruktionsfehler der älteren Maschinengeneration zu beheben, deren Typenhebel sich bereits bei einer mittleren Schreibgeschwindigkeit ineinander verhakten.

Der Nachteil dieser Tastaturanordnung ist, daß sie *nicht* der Häufigkeit der einzelnen Buchstaben in verschiedenen Sprachen entspricht. Gerade die schwächsten Finger der Hand werden am stärksten belastet.

Da jedoch alle Schreibmaschinen- und Computerbenutzer diese Tastatur kennen, hat eine geänderte Tastaturanordnung keine Durchsetzungschance.

Beim Entwurf neuer Tastaturen geht es daher vor allem um eine bessere, menschengerechtere Gestaltung, ohne die Anordnung der Tasten grundsätzlich zu ändern.

Die QWERTZ-Tastatur erlaubt Eingabegeschwindigkeiten von bis zu 15 Tastenanschlägen pro Sekunde (ungefähr 150 Worte pro Minute). Ein Anfänger bringt es jedoch nur auf 1 Tastenanschlag pro Sekunde. Ein durchschnittlicher Büromitarbeiter gibt 5 Zeichen pro Sekunde ein, das entspricht etwa 50 Worten pro Minute.

Eine höhere Geschwindigkeit bis hin zu 300 Worten pro Minute erreicht man nur durch eine Tastatur, bei der mehrere Zeichen oder ein Wort simultan eingegeben

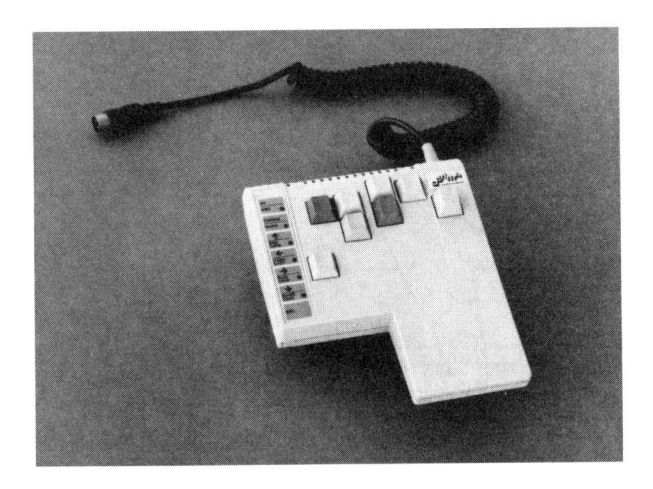

Abb. 4-1: Einhandtastatur mit 8 mechanischen Tasten /CHIP 87, S. 74/

werden (Abb. 4-1). Gerichtsstenographen benutzen solche Tastaturen, um den gesprochenen Text simultan mitschreiben zu können. Solche Spezialtastaturen erfordern jedoch monatelanges Training und ständige Benutzung, um die komplexen Eingabemuster nicht zu vergessen.

Bezogen auf die Hardware-Ergonomie haben empirische Forschungen zu QWERTZ-Tastaturen zu folgenden Ergebnissen geführt:
Die Tastaturhöhe sollte zwischen 30 und 45 mm betragen. Dies erlaubt dem Benutzer, seine Handgelenke auf der übergreifenden Kante der Tastatur abzustützen. Eine sanfte Neigung der Tastatur zwischen 10° und 25° erhöht den Bedienungskomfort. Der Tastenanschlag muß prellfrei erfolgen. Ein Druckpunkt gibt dem Benutzer eine taktile Rückmeldung über das erfolgreiche Drücken der Taste.

Untersuchungen über die Handhaltung (Abb. 4-2) haben zu Tastenanordnungen geführt, bei denen die Tastenfelder nicht mehr senkrecht nach unten orientiert sind, sondern leicht zur Seite verdreht – eine Hälfte nach rechts und eine nach links (Abb. 4-3). Dadurch wird eine bequemere Handhaltung ermöglicht. Bei den heutigen Tastaturen muß der Schreibende die Hände ständig abgeknickt halten.

Neue Tastaturanordnungen berücksichtigen außerdem durch ihre fächerförmige Anordnung die natürliche Spreizung der Finger. Ziel ist es, daß mit möglichst wenig Kraftaufwand schnell gearbeitet werden kann (Abb. 4-3).

Alle Untersuchungen haben jedoch auch gezeigt, daß es nicht *die* Tastatur für alle Benutzer gibt. Es ist ein Unterschied, ob eine geübte Sekretärin blind Texte mit hoher Geschwindigkeit eingibt oder ob ein Gelegenheitsbenutzer ab und zu Dateneingaben vornimmt. Dementsprechend unterschiedlich fallen auch die Tastaturen aus.

Neben dem genormten QWERTZ-Teil einer Tastatur spielen die zusätzlichen Tasten bez. ihrer Größe und Anordnung noch eine wichtige Rolle. Insbesondere ist hier auf eine geeignete Kompatibiltät zur Schreibmaschine zu achten. Die ENTER-

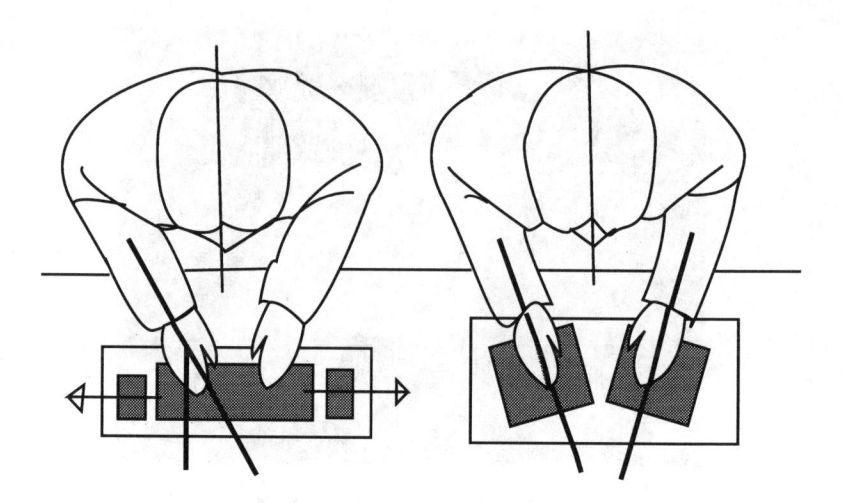

Abb. 4-2: Handhaltung bei herkömmlichen (links) und ergonomischen Tastaturen (rechts)

Taste sollte größer wie normale Tasten sein; Tasten, die zwischen zwei Zuständen umschalten, sollten ihren jeweiligen Zustand anzeigen z. B. die SHIFT-Taste.

Neben den Schreibtasten ist in eine Computertastatur meist noch eine Zehner-Tastatur zur Eingabe von Ziffern integriert. Bei Tasten-Telefonen befinden sich die Ziffern 1-2-3 in der oberen Reihe, bei Taschenrechnern jedoch die Ziffern 7-8-9. Untersuchungen haben leichte Vorteile für die Telefon-Anordnung ergeben. Die meisten Computertastaturen verwenden jedoch die Taschenrechner-Anordnung.

Abb. 4-3: Ergonomische Profi-Tastatur für schnelle Texterfassung

Einer möglichen Integration des Telefons in ein Computersystem steht dies jedoch entgegen.

4.2.1 Funktionstasten

Zusätzlich zu den Schreib- und Zifferntasten verfügen die heutigen Tastaturen noch über Funktionstasten. Diese meist frei programmierbaren Tasten können vom jeweiligen Anwendungssystem mit anwendungsabhängiger Semantik belegt werden. Die Funktionstasten sind meist mit F1 .. F12 oder PF1 .. PF12 beschriftet. Die entsprechende Funktionszuordnung muß der Benutzer entweder im Kopf haben oder er sieht sie auf einer hinter den Funktionstasten austauschbar angebrachten Plastikschablone. Oft wird auch das *Softkey-Konzept* angewendet, d. h. auf dem Bildschirm wird optisch die aktuelle Belegung der Funktionstasten angezeigt. Durch Funktionstasten können Funktionen durch einen Tastendruck ausgelöst werden. Das reduziert die Anzahl der Tastendrücke und damit auch die Fehlermöglichkeiten. Auf der anderen Seite wird – ohne permanente Anzeige der Tastenbelegung – das Gedächtnis des Benutzers belastet. Außerdem verlassen die Finger die Grundposition, die sie sonst zum Schreiben einnehmen.

Leider gibt es keine einheitlichen Vereinbarungen über die Belegung der Funktionstasten. Die Hilfe-Taste variiert bei verschiedenen Systemen zwischen F1 bis F9 und F12.

Eine wichtige Rolle spielt ebenfalls die räumliche Anordnung der Funktionstasten. Je größer der Abstand der Funktionstasten von der Grundschreibhaltung ist, desto problematischer ist die Anordnung. Viele Benutzer tippen lieber 6 oder 8 Buchstaben als die Grundposition zu verlassen.

Eine 3 mal 4-Anordnung von 12 Tasten hilft dem Benutzer Funktionen durch ihre Anordnung oben links oder unten rechts zu erlernen. Eine Anordnung von 12 Tasten in einer Reihe besitzt dagegen nur zwei exponierte Positionen – nämlich links und rechts. Das führt zu einer langsameren und fehlerbehafteten Auswahl der mittleren Tasten. Eine schmale Lücke zwischen der 6. und 7. Taste kann dem Benutzer helfen, die Tasten zu gruppieren. Eine 2 mal 6-Anordnung stellt einen geeigneten Kompromiß dar .

Wenn der Wechsel zwischen Schreibtastatur und Funktionstasten sehr häufig vorkommt, dann ist es eine bessere Strategie, die CRTL-Taste in Verbindung mit einem Buchstaben zum Aufrufen einer Funktion zu benutzen. Diese Strategie hat memonische Vorteile, läßt die Hände in der Grundposition und reduziert die Anzahl zusätzlicher Tasten.

4.2.2 Cursortasten

Eine spezielle Klasse von Funktionstasten stellen die Cursortasten dar. Sie dienen dazu, den Cursor auf dem Bildschirm zu bewegen. Normalerweise werden vier Cursortasten für Aufwärts- Abwärts-, Links- und Rechts-Bewegungen verwendet.

Um Diagonalbewegungen (linke obere Ecke, rechte untere Ecke) zu beschleunigen, werden oft zusätzliche Cursortasten angebracht.

Die Anordnung der Cursortasten spielt eine wichtige Rolle, um eine schnelle und fehlerfreie Bedienung zu ermöglichen. Die besten Anordnungen plazieren die Tasten in ihren natürlichen Positionen (Abb. 4-4). In der Praxis findet man aber auch noch andere Anordnungen (Abb. 4-5).

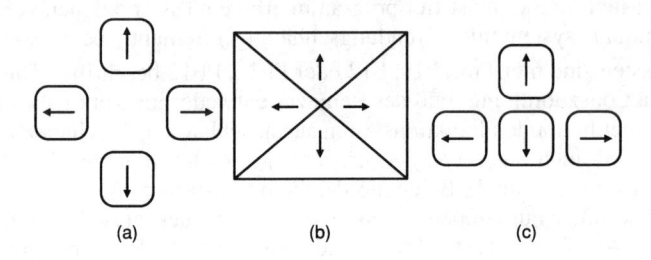

(a)   (b)   (c)

Abb. 4-4: Cursortasten-Layout, das kompatibel zu den Pfeilrichtungen ist

Untersuchungen haben gezeigt, daß die Kreuzanordnung in Abb. 4-4 für Anfänger schneller zu bedienen ist als die lineare Anordnung in Abb. 4-5 /Foley 83/. Die Kreuzanordnung war ebenfalls schneller für Anfänger als die quadratische Anordnung der Abb. 4-5b, aber nicht für häufige Benutzer /Emmons 84/.

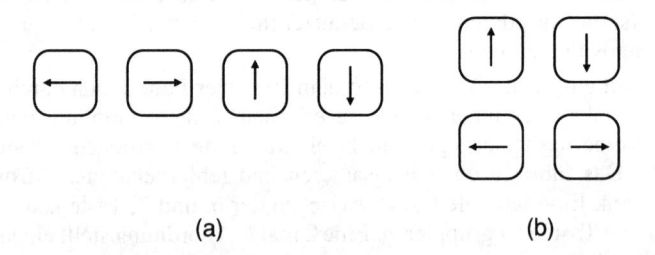

(a)   (b)

Abb. 4-5: Cursortasten-Layout, das inkompatibel zu den Pfeilrichtungen ist

In manchen Systemen ist die Bewegungsgeschwindigkeit des Cursors bei gedrückter Taste einstellbar. Die Variation der Cursorgeschwindigkeit von 10 zu 14 zu 33 Zeichen pro Sekunde hat jedoch zu keiner verbesserten Produktivität in einer Textbearbeitungsaufgabe geführt /Gould et. al. 85/.

4.2.3 Weiterentwicklungen

Um eine kontextabhängige Beschriftung nicht nur der Funktionstasten, sondern auch der Schreibtasten für multilinguale Anwendungen (griechisch, thailändisch usw.) zu ermöglichen, gibt es inzwischen bereits Tastaturen, wo jede Taste mit einer LCD-Anzeige (LCD = *Liquid Crystal Display*) bestückt ist (Abb. 4-6) (siehe auch /Penninger 87/). Die aktuelle Tastenbeschriftung kann dabei vom Anwendungsprogramm gesteuert werden.

Heutige LCD-Tastaturen haben noch folgende Nachteile:

- Fünffacher Preis gegenüber einer Standard-Tastatur. In einigen Jahren soll der Preisfaktor auf drei sinken.
- Die Lesbarkeit einer gravierten Taste ist heute noch etwas besser als die des LCDs; Kontrast und Lesbarkeit sind aber voll ausreichend.
- Die Auflösung muß noch weiter erhöht werden (heute 12x8 Punkte), um auch Piktogramme und Kurzworte darstellen zu können.
- Die Umschaltzeit zwischen den Anzeigen ist noch zu lang.

Als Alternative zu den Cursortasten, den Funktionstasten, der Maus (siehe unten) und eines Grafiktabletts (siehe unten) gibt es berührungsempfindliche Flächen (siehe unten), die in die Tastatur integriert sind und ganz oder teilweise die aufgeführten Funktionen übernehmen können.

Abb. 4-6: LCD-Tastatur

4.3 Zeigeinstrumente

4.3.1 Direkte Manipulation

Es gibt heute eine Vielzahl von Anwendungen, bei denen Informationen auf dem Bildschirm angezeigt werden. Auf Teile der angezeigten Informationen muß der Benutzer zeigen, um weiterarbeiten zu können.

Bei der Korrektur von Schreibfehlern und der Gestaltung von Texten muß der Benutzer beispielsweise auf Zeichen, Wörter und Abschnitte zeigen, um anschließend Funktionen mit ihnen auszuführen. Beim computerunterstützten Entwurf (CAD) muß der Benutzer auf Teile einer Zeichnung zeigen, die weiter bearbeitet werden sollen.

In gewisser Analogie zur Arbeitsweise in einer physikalischen Arbeitsumgebung werden Arbeitsobjekte (z. B. Dokumente, Maschinenteile, Textausschnitte) unmittelbar visuell identifiziert, durch einen Zeigevorgang selektiert *(zur Hand genommen)* und bearbeitet (z. B. auf dem Bildschirm verschoben). Diese Dialogform wird als **direkte Manipulation** (siehe /Ilg, Ziegler, in diesem Band/) bezeichnet.

Die Cursortasten haben sich dabei – insbesondere bei Grafikbildschirmen (siehe Abschnitt 4.6.1) – zum Positionieren auf Bildschirmobjekte als nicht optimal herausgestellt.

Als Alternative wurden **Zeigeinstrumente** entwickelt, die sich in zwei Klassen teilen lassen:

O Direktes Zeigen auf die Bildschirmoberfläche
- Lichtgriffel
- Berührungsempfindliche Bildschirmoberfläche

O Indirektes Zeigen auf die Bildschirmoberfläche
- Maus
- Steuerknüppel
- Rollkugel
- Grafiktablett

4.3.2 Kriterien für Zeigeinstrumente

Zeigeinstrumente lassen sich nach verschiedenen Kriterien beurteilen. Sie können generell für sechs Typen von Interaktions-Aufgaben eingesetzt werden /Foley et. al. 84/:

1. Auswählen: Der Benutzer wählt aus einer Menge von Objekten.
   Beispiele: Menüauswahl, Identifikation einer Datei in einem Inhaltsverzeichnis, Markieren eines Maschinenelements bei einer Maschinenkonstruktion.

2. Positionieren: Der Benutzer wählt einen *Punkt* in einem 1-, 2-, 3- oder höherdimensionalen Raum.
   Beispiele: Kreieren einer Zeichnung, Plazieren eines neuen Fensters, Einfügen eines Textblocks in eine Graphik.

3. Orientierung: Der Benutzer wählt eine *Richtung* in einem 2-, 3- oder höherdimensionalen Raum.
   Beispiele: Rotation eines Symbols auf dem Bildschirm, Bewegungsrichtung für eine Bildanimation, Steuerung eines Roboterarms.

4. Pfad: Der Benutzer führt in kurzer Zeit eine Reihe von Positions- und Orientierungsoperationen aus.
Beispiele: Kurven in einem Zeichenprogramm, Weg auf einer Karte.
5. Quantifizierung: Der Benutzer spezifiziert einen numerischen Wert.
Beispiel: Auswahl von ganzzahligen oder reellen Werten zum Setzen von Parametern wie Setzen einer Seitenzahl in einem Dokument.
6. Text: Der Benutzer gibt Text ein, bewegt und editiert ihn in einem zweidimensionalen Raum.
Beispiele: Einfügen, Löschen, Ändern, Layout-Gestaltung.

Alle diese Aufgaben können auch mit der Tastatur erledigt werden. Zeigeinstrumente erlauben aber eine schnellere und fehlerfreiere Aufgabenerledigung.

Eine weitere Klassifizierung teilt die Zeigeinstrumente ein in
− absolut adressierende Zeigeinstrumente und
− relativ adressierende.

Absolut adressierende Zeigeinstrumente erlauben die Lokalisierung einer absoluten Position auf dem Bildschirm, während relativ adressierende nur eine relative Position bestimmen.

4.3.3 Der Lichtgriffel

Ein **Lichtgriffel** *(lightpen)* ermöglicht es, durch Zeigen auf einen aktiv beleuchteten Bildschirm (Kathodenstrahlröhre) Aktionen, wie Auswählen und Positionieren, durchzuführen . Er kann sogar benutzt werden, um alle oben aufgeführten Aufgaben zu erledigen. Lichtgriffel werden bereits längere Zeit im CAD-Bereich eingesetzt.

Technisch besteht ein Lichtgriffel aus einem lichtempfindlichen Bauteil an der Spitze (Fotosensor), das das Aufleuchten des Bildschirmpunktes am Ort der Spitze erkennt. Immer dann, wenn der Leuchtpunkt sich am Lichtgriffel vorbeibewegt, erzeugt der Lichtgriffel ein elektrisches Signal. Durch Vergleich des Zeitpunktes des Signals mit der gerade ausgelesenen Bildspeicherzelle ist ein eindeutiger Rückschluß auf die Position des Lichtgriffels möglich.

Die meisten Lichtgriffel enthalten einen Knopf, damit der Benutzer Aktionen auslösen kann. Lichtgriffel variieren in Dicke, Länge, Gewicht und Form sowie in der Position des Knopfes.

Mit einer Lichtpistole können Stellen des Bildschirms aus der Entfernung adressiert werden. Über einen entsprechenden Abzugshebel können dabei die erforderlichen Lichtsignale ausgelöst werden.

Vorteile:
− Direktes Zeigen auf Objekte, d. h. absolute Adressierung.
− Alle 6 Zeigeoperationen können ausgeführt werden.

Nachteile:
- Der Benutzer muß nah genug vor dem Bildschirm sitzen.
- Starke Belastung der Armmuskulatur bei häufiger Anwendung; Ermüdungserscheinungen.
- Ein Lichtgriffel muß jedesmal aufgenommen werden, wenn er benutzt wird. Dazu muß man häufig die Augen vom Bildschirm wenden, um ihn zu suchen.
- Der Benutzer muß eine Hand von der Tastatur entfernen.
- Die Hand des Benutzers verdeckt Teile des Bildschirms.
- Bei passiv leuchtenden Anzeigeeinheiten, z. B. LCDs, nicht einsetzbar.

Literatur: /Computer 84 a/.

4.3.4 Berührungsempfindliche Gebiete, Flächen und Folien

Berührungsempfindliche Gebiete und Flächen registrieren die *Unterbrechung* oder *Beeinflussung* von Strahlen oder elektrischen Feldern durch Gegenstände z. B. einen Stift oder einen Finger. Berührungsempfindliche Folien reagieren auf den *Druck* eines Fingers oder eines Stiftes.

Je nach den Anforderungen der Anwendungen können verschiedene Techniken gewählt werden:

○ Infrarot:
Der Rahmen eines Bildschirms enthält an zwei Seiten Infrarot-Sender (z. B. unten und rechts); auf den gegenüberliegenden Seiten sind Infrarot-Empfänger angebracht. Wird durch einen beliebigen Gegenstand der Weg der Infrarot-Strahlen zwischen Sender und Empfänger unterbrochen, dann wird ein Signal ausgelöst, das die Position beschreibt, an der die Strahlen unterbrochen wurden (Abb. 4-7).

○ Mechanisch:
Zwei mit Goldstaub bedampfte, durchsichtige Kunststoffolien, die durch Noppen voneinander getrennt sind, werden bei Berührung an der Berührungsstelle zusammengedrückt, so daß an dieser Stelle ein Strom fließt. Durch eine Kreuzmessung läßt sich die Druckposition ermitteln.

○ Kapazitiv:
Eine Glasplatte ist mit einer dünnen, fast unsichtbaren, leitenden Metallschicht überzogen. Berührt man diese Platte, z. B. mit einem Finger oder einem metallischen Gegenstand, dann erkennt die elektronische Auswerteschaltung den Kapazitätsunterschied zwischen berührten Stellen und der nicht berührten Umgebung und gibt die Lage dieser Stelle an.

Insbesondere die ersten beiden Techniken werden als Alternative zum Lichtgriffel verwendet. Ähnlich wie mit dem Lichtgriffel kann dann auf den Bildschirm gezeigt werden.

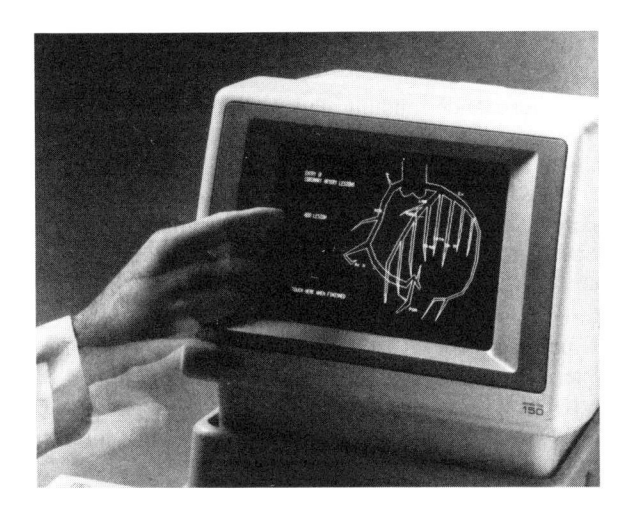

Abb. 4-7: Bildschirm nach dem Infrarotprinzip

Vorteile:
- Direktes Zeigen auf Objekte, d. h. absolute Adressierung.
- Beliebiger Stift verwendbar (kein Kabel zum Rechner).
- Finger verwendbar (Abb. 4-7).
- Für Anwendungen, die nur Menüauswahl benötigen, wird keine Tastatur mehr benötigt.
- Für Anfänger und Anwendungen zur Informationsabfrage gut geeignet.
- Keine bewegten Teile, hohe Lebensdauer auch bei häufiger Benutzung.

Nachteile:
- Starke Belastung der Armmuskulatur bei häufiger Anwendung; Ermüdungserscheinungen (wenn senkrecht vor Bildschirm).
- Der Benutzer muß nah genug vor dem Bildschirm sitzen.
- Verschmutzung des Bildschirms durch Fingerabdrücke.
- Die Hand des Benutzers verdeckt Teile des Bildschirms.
- Der Benutzer muß seine Hand von der Tastatur entfernen.
- Bei Verwendung eines Fingers ungenaue Positionierung und u. U. Parallaxenprobleme.
- Meist direkte Auslösung einer ausgewählten Funktion beim Berühren, während beim Lichtgriffel ein Knopf gedrückt werden muß.

Literatur: /Computer 84b, c/, /Markt & Technik 82/, /Pickering 86/.

4.3.5 Die Maus

Um die Probleme der Handermüdung und des Verdeckens von Bildschirmteilen mit der Hand zu vermeiden, wurden **indirekte Zeigeinstrumente** entwickelt, die jedoch das Problem der Indirektheit haben. Wie beim Lichtgriffel bleiben die Probleme des Entfernens einer Hand von der Tastatur und des Ergreifens des Zeigeinstruments. Außerdem erfordern indirekte Zeigeinstrumente eine erhöhte kognitive Verarbeitung und Hand-Auge-Koordination, um den Cursor auf das gewünschte Ziel zu positionieren.

Das heute am meisten verbreitete indirekte Zeigeinstrument ist die **Maus**. Eine Maus ist ein kleines handliches Kästchen mit einem, zwei, drei oder fünf Schaltern auf der Oberseite und einer Rollkugel auf der Unterseite (Abb. 4-8). Sie wird auf eine glatte Oberfläche gelegt und kann dann leicht hin- und herbewegt werden. Die Bewegung der Maus wird dabei von dem Cursor auf dem Bildschirm nachvollzogen. bestimmte Unterlage mit einem Gittermuster.

Technisch gibt es neben der Maus mit Rollkugel (mechanische Maus) auch Mäuse, die ohne Mechanik arbeiten und eine feingemusterte Oberfläche abtasten (optische Mäuse). Während die mechanische Maus auf nahezu jeder beliebigen Tischfläche funktioniert, benötigt die optische Maus eine ganz bestimmte Unterlage mit einem Gittermuster.

Die Auflösung einer Maus liegt bei etwa 200 Punkten pro Zoll (ca. ein Punkt/mm). Typischerweise entspricht ein Zoll Bewegung der Maus 2,5 Zoll auf dem Bildschirm.

Vorteile:
− Bequeme Hand- und Armhaltung.
− Die Knöpfe auf der Maus sind leicht zu drücken.
− Hohe Positioniergeschwindigkeit.
− Niedrige Fehlerrate.

Abb. 4-8: Mäuse

- Die Empfindlichkeit der Maus kann i. allg. eingestellt werden.
- Die Benutzerakzeptanz ist sehr hoch; es wird Zeit gespart; die Umgewöhnung geht relativ schnell /Computer 83a/.

Nachteile:
- Indirektes, relatives Zeigen.
- Höhere kognitive Belastung als bei direkten Zeigeinstrumenten.
- Es muß Platz auf dem Schreibtisch freigehalten werden.
- Man hat ein weiteres Gerät auf dem Schreibtisch.
- Grafik- oder Handschrifteingabe ist nicht möglich.
- Kleine Ziele schwierig zu positionieren.
- Die Maus muß gesucht und gegriffen werden.
- Mehrfaches Aufheben und Absetzen der Maus ist für weite Bewegungen erforderlich.
- Das Mauskabel kann sich verdrehen.
- Für portable Computer nicht geeignet.

4.3.6 Der Steuerknüppel

Ein **Steuerknüppel** *(joystick)* ist ein Zeigeinstrument, das sich vom Benutzer in mindestens vier Richtungen bewegen läßt und an den Computer Steuersignale übermittelt, die der Bewegungsrichtung des Knüppels entsprechen. Es gibt eine Vielzahl unterschiedlicher Ausführungen mit verschiedenen Knüppellängen und Knüppelstärken, Verstellungskräften und -entfernungen, Knöpfen und Auslösern, Anordnungen relativ zur Tastatur und zum Bildschirm (Abb. 4-9). Die wesentlichen Unterschiede betreffen die Größe des Steuerknüppels, die Muskelgruppen, die bei der Bedienung angesprochen werden, sowie der benötigte Druck.

Für den professionellen Einsatz verwendet man *analoge Steuerknüppel*. Sie enthalten in ihrem Inneren zwei Potentiometer, die im rechten Winkel zueinander angeordnet sind und sich kontinuierlich in ihrem Widerstandswert verändern lassen. Dadurch kann mit diesen Steuerknüppeln sehr feinfühlig gesteuert werden. Insbesondere kann die Stärke, mit der der Steuerknüppel gedrückt wird, z. B. zur Geschwindigkeitsregulierung eines bewegten Objektes herangezogen werden.

Es gibt Steuerknüppel, die umschaltbar sind zwischen automatischem Rücksprung in die Zentrallage und *free floating*, wobei der Knüppel in seiner Lage stehenbleibt, wenn man ihn losläßt.

Isometrische Steuerknüppel lassen sich nicht bewegen. Der Steuerknüppel ist druckempfindlich und nimmt die Stärke des Drucks und die Richtung wahr.

Der Steuerknüppel wird insbesondere bei Videospielen verwendet.

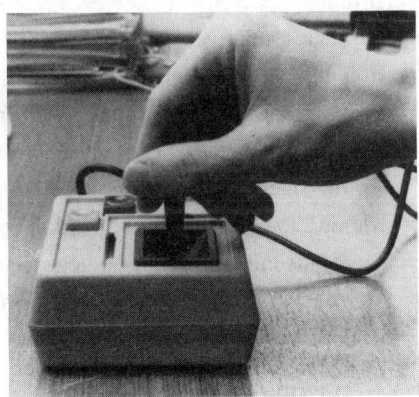

Abb. 4-9: Verschiedene Ausführungsarten von Steuerknüppeln

Vorteile:
- Eignet sich gut, um bewegten Objekten auf dem Bildschirm zu folgen, da nur geringe Bewegungsveränderungen nötig sind, um den Cursor zu bewegen und da es leicht ist, die Richtung zu ändern.
- Es ist einfacher alle drei Dimensionen simultan zu steuern als mit einer Rollkugel (siehe unten) /Buxton 86, S. 224/.
- Es ist einfach, während einer Rundumbewegung in Regionen hinein- und herauszuzoomen. Man muß nur den Drehknopf auf dem Knüppel drehen, während man den Knüppel bewegt.
- Weniger Platzbedarf als die Maus.

Nachteile:
- In Positionierzeit und Fehlerrate i. allg. schlechter als die Maus.
- Für Grafik- und Handschrifteingabe ungeeignet.
- Man kann nicht den Drehknopf bewegen, ohne die x-y-Richtung zu verändern.

Literatur: /Computer 84d, e/, /Chip 86/

4.3.7 Die Rollkugel

Bei einer Rollkugel *(trackball)* wird eine frei drehbar gelagerte Kugel (Durchmesser 5 – 15 cm) mit den Fingerspitzen bewegt (Abb. 4-10). Diese Bewegung wird in eine entsprechende Cursorbewegung auf dem Bildschirm umgesetzt. Eine 3-D-Rollkugel kann sowohl im Uhrzeiger- und Gegenuhrzeigersinn gedreht als auch horizontal und vertikal gerollt werden.

Abb. 4-10: Rollkugel

Vorteile:
– Rundum-Bewegung ist leichter als beim Steuerknüppel.
– Weniger Platzbedarf als die Maus.

Nachteile:
– In Positionierzeit und Fehlerrate i. allg. schlechter als die Maus.
– Für Grafik- und Handschrifteingabe ungeeignet.

Ein Beispiel für die Weiterentwicklung von Rollkugeln ist eine 3D-Rollkugel, die die Bewegung von dreidimensionalen Grafikobjekten in sechs Freiheitsgraden ermöglicht: Verlagerung und Drehung jeweils in X-, Y- und Z-Richtung, wenn nötig auch gleichzeitig. Dazu umfaßt man die Kugel und drückt, zieht oder dreht daran. Optische Sensoren im Eingabegerät stellen fest, welche Kräfte auf die Kugel wirken und übertragen diese an den Computer. Diese 3D-Kugel eignet sich besonders gut für Echtzeit-Simulationen, Animation und Steuerung von Robotern/Computer 86/.

4.3.8 Das Grafiktablett

Ein **Grafiktablett** ist ein i. allg. rechteckiges Tablett, auf dem mit Hilfe eines Stiftes, einer beweglichen Meßlupe mit Fadenkreuz oder eines Fingers Eingaben möglich sind.

Entsprechend den Anwendungsanforderungen bezüglich dem Auflösungsvermögen gibt es verschiedene technische Lösungen. Eine Technik verwendet das Prinzip der magnetischen Kopplung. Das Tablett enthält ein Gitter von Drähten, die mit einem phasenverschobenen Signal versorgt werden. Im Tablett entsteht ein magnetisches Wanderfeld. Eine Spule im Stift empfängt das Signal und führt es der Phasenvergleichsmeßschaltung zu (Abb. 4-11).

Je nach gewählter Technik kann ein Auflösungsvermögen zwischen 0,5 und 0,0025 mm erzielt werden.

Vorteile:
– Gut geeignet für Freihandzeichnen und Handschrifteingabe.

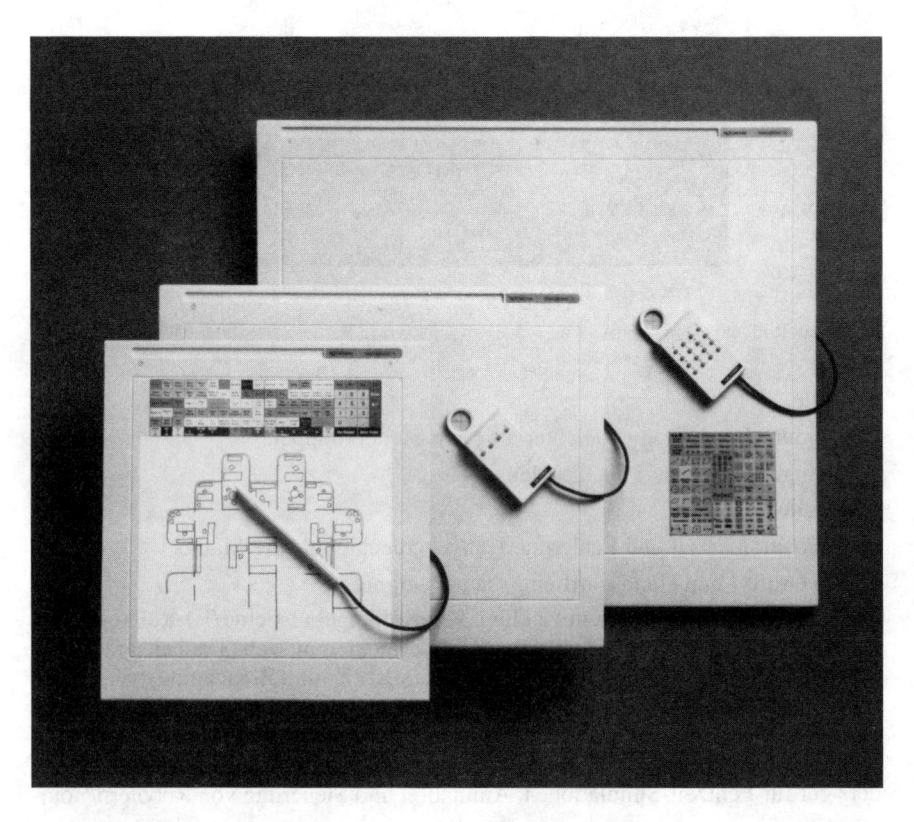

Abb. 4-11: Graphiktabletts

- Absolute Positionierung möglich, da jedem Punkt auf dem Bildschirm ein Punkt auf der aktiven Fläche des Tabletts eindeutig zugeordnet wird (konforme Abbildung).
- Berühren eines bestimmten Punktes innerhalb der Tablettfläche bewirkt einen sofortigen Sprung des Cursors auf den entsprechenden Ort auf dem Bildschirm, unabhängig von der vorherigen Position des Cursors.
- Papierunterlagen, die auf das Tablett gelegt werden, können nachgezeichnet werden.
- Ein Teil des Tabletts kann als Kommandofeld markiert werden und so die Funktionstasten und Menüfelder auf dem Bildschirm ersetzen (Auflegen von anwendungsabhängigen Kommandofolien).
- Formate größer DIN A3 möglich.

Nachteile:
- Wird ein Stift benutzt, dann muß er jedesmal aufgenommen werden, wenn er benutzt wird (siehe Lichtgriffel).
- Das Tablett muß als Unterlage immer vorhanden sein.

Literatur: /Computer 84f, 87/, /Tafel, Kohl 82/, /Poge 88/

4.3.9 Vergleich von Zeigeinstrumenten

Kriterien für den Vergleich von Zeigeinstrumenten sind /Shneiderman 87, S. 245/:
- Bewegungsgeschwindigkeit für kurze und weite Entfernungen,
- Fehlerraten,
- Zeit zum Erlernen,
- Zufriedenheit des Benutzers.

Andere Faktoren sind die Kosten, die Haltbarkeit, die Platzerfordernisse, das Gewicht, der Einsatz der linken oder rechten Hand und die Kompatibilität mit anderen Systemen.

Zeigeinstrumente, die ein **direktes Zeigen** auf die Bildschirmoberfläche erlauben, sind meist die *schnellsten*, aber die *ungenauesten* /Stammers, Bird 80/, /Albert 82/, /Haller et. al. 84/. Die hohe Geschwindigkeit entsteht durch das direkte Zeigen, die Ungenauigkeit durch Probleme mit dem nicht ganz scharfen Bildschirm. Daraus ergibt sich folgende Empfehlung:

❍ Bei großen Zeigeobjekten, die auf einem großen Bildschirm viel Platz einnehmen, sind direkte Zeigeinstrumente einzusetzen. Unterschiede zwischen *Lichtgriffel* und *berührungsempfindlichem Bildschirm* sind gering.

Vergleiche **indirekter Zeigeinstrumente** lassen folgende Aussagen zu:

❍ Ein *Grafiktablett* ist zu empfehlen, wenn der Benutzer lange Zeit auf dem Tablett arbeiten kann, ohne einen Wechsel zur Tastatur vornehmen zu müssen.

○ Die *Maus* ist schneller als der *Steuerknüppel* /English et al. 67/, /Card et al. 77/.

○ Eine *Rollkugel* ist schneller und genauer als ein *Steuerknüppel*.

○ Ein *Grafiktablett* ist etwas schneller, aber etwas ungenauer als eine *Rollkugel* /Albert 82/.

○ *Zeigeinstrumente* sind schneller als Cursorsteuerungen über die *Tastatur* z. B. durch Cursortasten /Goodwin 75/, /Card et al. 77/, /Albert 82/, jedoch hängt dies von der zu erledigenden Aufgabe ab.

○ Sind nur wenige Zielobjekte auf dem Schirm (zwei bis zehn) und kann der Cursor von einem Zielobjekt zum nächsten springen, dann sind die Cursorsprünge schneller als Zeigeinstrumente /Ewing et al. 86/.

○ Für Aufgaben, die aus einer Mischung von Tastatureingaben und Zeigeoperationen bestehen, sind Cursortasten schneller und werden mehr bevorzugt als die Maus /Korat et al. 86/. Dieses Ergebnis wird gestützt durch die Untersuchung von /Card et al. 78/, die gezeigt haben, daß Cursortasten für kurze Entfernungen schneller als die Maus sind (Abb. 4-12).

○ Die Positionierzeit wächst für Cursortasten sehr schnell für wachsende Entfernungen, aber nur geringfügig für die Maus oder die Rollkugel.

Obwohl viele Fragen bzgl. der Aufgabengerechtheit und den individuellen Unterschieden zwischen den Zeigeinstrumenten noch nicht ausreichend untersucht

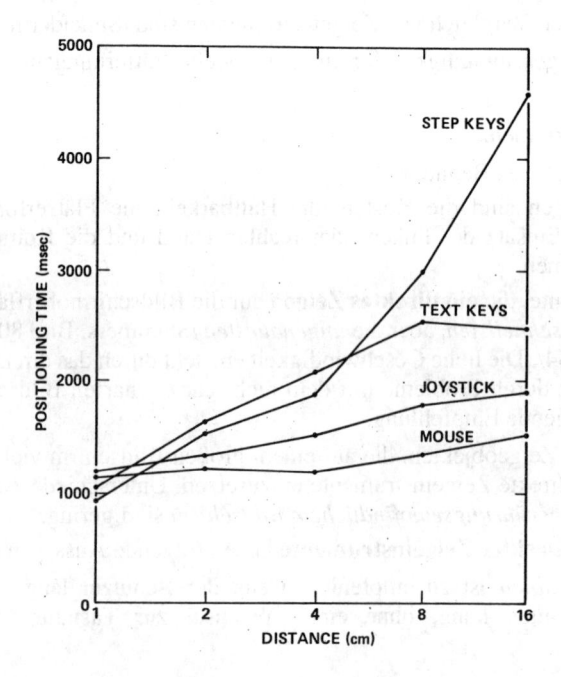

Abb. 4-12: Positionierzeit in Abhängigkeit von der Zielentfernung /Card et al. 78/

wurden, lassen sich aus heutiger Sicht doch folgende praktische Empfehlungen geben /Reinhart, Marken 85/, /Shinar et al. 85/:

- Der berührungsempfindliche Bildschirm ist attraktiv, wenn eine genaue Positionierung nicht erforderlich ist.
- Die Maus und die Rollkugel sind vorzuziehen, wenn eine genaue Positionierung auf Pixel-Ebene erforderlich ist.
- Cursor-Sprungtasten sind vorteilhaft, wenn es nur eine kleine Anzahl von Zielobjekten gibt.
- Grafiktabletts sind nützlich, wenn sie für zusätzliche Menüoptionen genutzt werden, die dann nicht mehr auf dem Bildschirm erscheinen müssen.
- Lichtgriffel zeigen keine Vorteile gegenüber berührungsempfindlichen Bildschirmen. Die Notwendigkeit, den Stift jeweils aufzunehmen, ist ein ernsthafter Nachteil.
- Steuerknüppel sind für Spiele und Flugzeugcockpits attraktiv, da sie einen festen Halt bieten und leicht bewegbar sind. Sie sind jedoch langsam und ungenau, um einen Cursor in ein vorgegebenes Ziel im Bereich der Büroautomation zu positionieren.

4.4 Handschrifteingabe

In der Zukunft wird es verstärkt nötig sein, eine handschriftliche Eingabe von Informationen zu ermöglichen, da es sich dabei um die verbreitetste Schreibart des Menschen handelt.

Gerade Führungskräfte im Büro sind es gewöhnt, Schriftstücke durch handschriftliche Kommentare zu ergänzen bzw. handschriftliche Notizen zu machen.

Bei der Handschrift müssen zwei Dinge unterschieden werden (Tab. 4-1):
- Handschrifteingabe ohne Schrifterkennung,
- Handschrifteingabe mit Schrifterkennung.

Bei der ersten Alternative wird die Schrift nur als Bitmuster aufgezeichnet. Für viele Anwendungen ist dies ausreichend, da über Grafikbildschirme die Schrift – auch von anderen Personen – gelesen werden kann. Die Handschrift kann jedoch nicht weiterverarbeitet werden, abgesehen von Manipulationen des Bitmusters.

Bei der zweiten Alternative wird Handschrift von einer Erkennungssoftware erkannt und in ASCII-Zeichen umgewandelt. Handgeschriebene Großbuchstaben in unterschiedlicher Größe können heute mit ausreichender Zuverlässigkeit und Geschwindigkeit erkannt werden.

Handschrift kann beispielsweise über ein Grafiktablett eingegeben werden.

Tab. 4-1: Überblick über die Technik der Handschrifteingabe und -erkennung

Technik	Anwendungen	Technik heute	Technik morgen
	Handschrift		
Handschrifteingabe	•Handschriftliche Notizen und Hausmitteilungen •Kommentare auf Dokumente •Unterschrift auf Briefe •Korrekturzeichen auf Dokumente	Eingabemöglichkeiten über Grafiktzabletts; Anzeige auf Graphikbildschirmen	Eingabe über normale Schreibstifte
Handschrifterkennung	•Postverteiler •Stichworte für Information Retrieval	Erkennung von Blockschrift; langsames Schreiben; noch keine Echtzeiterkennung beliebige Größe; im Markt verfügbar	Erkennung von schnellgeschriebener Blockschrift, Echtzeiterkennung

4.5 Sprachspeicherung und Spracherkennung

Neben der Handschrifteingabe wird als zusätzliche Ein- *und* Ausgabedimension die gesprochene Sprache hinzukommen.

Über ein **Mikrophon** als Eingabemedium kann gesprochene Sprache einegeben werden:

1. **Speicherung** der eingegebenen Sprachsignale in komprimierter und digitalisierter Form.
2. **Erkennung** der eingegebenen Sprachsignale und Umwandlung in Zeichen, Worte, Texte oder Kommandos.

Über einen **Lautsprecher** als Ausgabemedium kann gespeicherte Sprache oder synthetisierte Sprache vom Computersystem ausgegeben werden.

Einen Überblick über die Anwendungsmöglichkeiten und die Technik gibt Tab. 4-2.

Bei der Spracherkennung kann man drei Qualitätsstufen unterscheiden.

- wortweise Spracherkennung,
- Spracherkennung von Wortketten,
- kontinuierliche Spracherkennung.

Wortweise Spracherkennung bedeutet, daß als Wortketten gesprochene Wörter, d.h. mit genügendem zeitlichen Abstand voneinander, erkannt werden. *Wortketten-Erkennung* bedeutet, daß als Wortketten gesprochene Sätze erkannt werden. Bei *kontinuierlicher Spracherkennung* werden normal gesprochene Sätze erkannt.

Bei allen drei Erkennungsarten muß noch zwischen *sprecherabhängiger* und *sprecherunabhängiger* Erkennung unterschieden werden. *Sprecherabhängig* bedeutet,

4.5 Sprachspeicherung und Spracherkennung

Tab. 4-2: Überblick über die Technik der gesprochenen Sprache

Technik	Anwendung	Technik heute	Technik morgen
	gesprochene Sprache		
Sprachspeicherung	•Voice mailing •Diktiergerät •Sprachanmerkungen in Dokumenten •Zeitversetzte Sprachkommunikation	Im Markt verfügbar; Verfahren: •Delta-Modulation •LPC	Bessere Kompressionsverfahren, dadurch weniger Speicherplatz; bessere Sprachqualität
Spracherkennung •wortweise, sprecherabhängige Erkennung	•MCS*-Steuerung über Kommandos •Telefonteilnehmerselektion •AS*-Steuerung z. B. elektron. Briefkasten über Telefon	•bis zu 500 Worten im Markt verfügbar Sprechdauer max. 2,5 sec •Erkennungsgenauigkeit > 98 %	
•wortweise, sprecherunabhängige Erkennung		10 Ziffern, 30-40 Worte	
•Wortketten, sprecherabhängig	•Kommandofolgen •Parametereingaben	40 zusammenhängende Worte	500 Worte Vokabular, 200 Wortketten bis zu je 5 Wörtern
•Wortketten, sprecherunabhängig			50 Worte Vokabular
•kontinuierlich, sprecherabhängig	•automatische Schreibmaschine	•bis zu 50 Wörtern im Markt •Erkennungsgen. > 99 %	
•kontinuierlich, sprecherunabhängig		in Forschung: < 1300 Wörter Vokabular	wissensbasierte Systeme
Sprachausgabe •halbsynthetisch –Ausgangspunkt ist ein vom Menschen gesprochener Text (50fache Speicherplatzersparnis) –höchste Sprachqualität –Vokabular muß vorher bekannt sein	•Ansage- und Auskunftssysteme	im Markt verfügbar	
•vollsynthetisch –begrenzte Sprachqualität	•Vorlesen von beliebigen Texten z. B. über Telefon	für englische Texte im Markt verfügbar	auch für deutsche Texte

* MCS = Mensch-Computer-Schnittstelle
  AS = Anwendungssystem

daß der jeweilige Sprecher den zu erkennenden Wortschatz durch mehrmaliges Sprechen dem Erkennungssystem bekanntmacht. Diese Trainingsphase dient dazu, die individuellen Sprachmerkmale zu extrahieren und als Referenzmuster für die Spracherkennung aufzubewahren. Bei einer *sprecherunabhängigen* Erkennung ist die Trainingsphase nicht nötig. Am einfachsten ist eine wortweise, sprecherabhängige Spracherkennung; am schwierigsten eine kontinuierliche, sprecherunabhängige Spracherkennung (siehe auch Tab. 4-2). Untersuchungen an experimentellen Büroarbeitsplätzen mit jeweils einem 200 Worte umfassenden sprecherabhängigen Spracherkennungssystem legen folgende Ergebnisse nahe:

- Die Spracheingabe als additive, optionale Eingabeform zur Steuerung der Mensch-Computer-Schnittstelle (Aufruf von Anwendungen und generischen Operationen) ist beliebt und wird häufig genutzt.
- Zur Steuerung der Mensch-Computer-Schnittstelle reicht minimal bereits ein Wortumfang von 25 bis 50 Wörtern aus.
- Die Spracherkennungs-Rate ist außerordentlich hoch; nach der Trainingsphase (dreimaliges Sprechen jedes Wortes) ist auch nach einem halben Jahr die Erkennungsrate noch fast unverändert hoch.
- Wichtig ist, daß das Mikrophon für die Spracheingabe nicht am Körper des Benutzers getragen werden muß, sondern am Computersystem angeordnet ist, d. h. die Arbeitsmittelbindung muß möglichst gering sein.

Eine Erkennung von Wortketten würde es ermöglichen, komplexe Kommandos und Kommadofolgen verbal einzugeben. Dies scheint eine geeignete Eingabeform für den Benutzungsexperten zu sein, der komplexe Bedienungsfolgen *im Kopf hat*. Die Spracherkennung befreit ihn aber von dem lästigen und fehlerhaften Eintippen von Kommandos oder Kommandokürzeln.

Die sprecherunabhängige, kontinuierliche Spracherkennung eröffnet neue Anwendungen, insbesondere die direkte Sprach-Text-Umsetzung *(automatische Schreibmaschine, Sprechschreiber)*. Dies dürfte jedoch nicht innerhalb der nächsten zehn Jahre praktikabel sein.

Bei der **Sprachausgabe** lassen sich zwei Arten unterscheiden:

- Ausgabe von digital gespeicherter Sprache,
- Ausgabe von vollsynthetischer Sprache.

Bei der vollsynthetischen Sprachausgabe wird in mehreren Schritten aus einem vorliegenden Text – z. B. in deutsch oder englisch – eine Sprachausgabe aufgebaut und synthetisiert, ohne daß vorher eine menschliche Stimme als Vorlage oder Referenz vorhanden war.

Beide Sprachausgabearten sind für die Interaktions-Gestaltung von Bedeutung. Die Ausgabe von digital gespeicherter Sprache und Tönen kann bei tutoriellen Systemen u. U. zusammen mit Bildsequenzen zur Erläuterung von Sachverhalten dienen.

Die vollsynthetische Sprachausgabe kann verwendet werden, um Hilfeinformationen und Mitteilungen statt in geschriebener Form auf dem Bildschirm in sprachlicher Form auszugeben. Dies hat durchaus praktische Relevanz, da dadurch die Arbeitsmittelbindung drastisch reduziert wird. Wartet beispielsweise eine Führungskraft auf eine eilige Mitteilung in seinem elektronischen Briefkasten - befindet er sich aber die meiste Zeit an seinem Besprechungstisch, um mit Mitarbeitern zu diskutieren – dann ist eine Sprachausgabe, die auf eingegangene eilige Mitteilungen hinweist, sehr nützlich.

Durch die Kombination von Sprachein- und -ausgabe sowie Spracherkennung werden neue Anwendungen ermöglicht. Beispielsweise ist es möglich, Informationen, die im elektronischen Briefkasten vorliegen, über Telefon abzurufen bzw. Informationen im elektronischen Briefkasten abzulegen. Über die Spracherkennung werden Kommandos an den Briefkasten gegeben. Eingegangene Briefe können von der vollsynthetischen Sprachausgabe vorgelesen werden. Anweisungen und Kommentare für Mitarbeiter können über die Sprachabspeicherungskomponente im elektronischen Briefkasten abgelegt werden (siehe auch /Balzert 88/).

4.6 Bildverarbeitung

Als zusätzliche Dimension kommt das *stehende* und *bewegte* Bild hinzu. Wird das Computersystem als Kommunikationsmedium genutzt, dann ist auch Bildfernsprechen möglich. Dazu wird auf der Eingabeseite eine Videoeingabe über eine Filmkamera möglich sein. Die Ausgabe erfolgt über farbige Bildschirme. Die Bilder können in beliebiger Größe in einem Fenster dargestellt werden.
Neben der Eingabe von Bildern über Videokameras können Bildvorlagen auch über **Scanner** abgetastet und digitalisiert werden. Graustufenscanner mit einer Auflösung von bis zu 800 Punkten pro Zoll (31 Punkte pro mm) sowie Farbscanner sind im Markt bereits verfügbar.
Multimediale Dokumente bestehend aus Texten, Grafiken und Bildern können von Programmen separiert werden. Texterkennungssoftware (OCR-Software, *optical character recognition software*) kann eingelesene Texte erkennen und in ASCII-Zeichen umwandeln. Vielfältige Graphik- und Bildverarbeitungs-Programme stehen zur Be- und Weiterverarbeitung zur Verfügung.
Die Ausgabe von stehenden und bewegten Bildern hat nicht nur für die personale Kommunikation eine Bedeutung, sondern wird auch von tutoriellen Systemen zur Einführung in die Computer-Benutzung verwandt.

4.7 Bildschirme

Kathodenstrahl-Bildschirme wurden zu hochauflösenden Graphik- und Farbbildschirmen mit einer Größe bis zu DIN A3 weiterentwickelt. Die Auflösung beträgt ungefähr 100 Bildpunkte pro Zoll (4 Punkte/mm).
Um die räumliche Tiefe der Kathodenstrahl-Bildschirme zu überwinden, wurden Flachbildschirme entwickelt, die sich in passive und aktive Flachbildschirme unterteilen lassen.

Tab. 4-3: Vor- und Nachteile verschiedener Bildschirmtechnologien

Kathodenstrahl-Bildschirm	
Vorteile	**Nachteile**
- preiswert	- räumliche Tiefe
- schwarz/weiß und farbig	- großer Energiebedarf
- starker Bildkontrast	- empfindlich gegen Erschütterungen
- Negativ- / Positivdarstellung	- hohes Gewicht
- Größe bis zu DIN A3	

Flüssigkristallanzeigen (LCD)	
Vorteile	**Nachteile**
- relativ preiswert	- niedriger Kontrast
- klein und leicht	- geringe Helligkeit
- geringer Energiebedarf (Akkubetrieb möglich)	- enger Betrachtungswinkel
- unempfindlich	- grauweißes Bild
- sehr flach	- schlechte Lesbarkeit
	- nicht entspiegelt
	- langsame Reaktionsgeschwindigkeit

Plasma-Bildschirm	
Vorteile	**Nachteile**
- gute Lesbarkeit	- nur rot-schwarz Bild
- hoher Stromverbrauch	- hohe Auflösung
- kontrastreiches, flackerfreies Bild	- teuer
- leuchtstark	
- unempfindlich gegen mechanische Beanspruchungen	

Elektrolumineszenz-Bildschirm	
Vorteile	**Nachteile**
- leuchtendes Bild	- hoher Stromverbrauch
- leicht	- teuer
- unempfindlich gegen mechanische Beanspruch.	- nur monochrom

Bei den *passiven Techniken* wird das Umgebungslicht genutzt, um die Informationen erscheinen zu lassen. Bei den *aktiven Verfahren* leuchtet der Bildschirm selbst.

Flüssigkristallanzeigen *(LCD = Liquid Crystal Display)* arbeiten mit dem Umgebungslicht. In Flüssigkristallen bewirkt das Anlegen einer Spannung Veränderungen der optischen Eigenschaften. Die Flüssigkristalle sind ohne Spannung durchsichtig. Das Licht fällt durch sie hindurch auf einen Spiegel auf der Rückseite und wird von dort reflektiert. Die Anzeige ist weiß. Legt man an einen bestimmten Punkt Spannung an, dann verändern die Flüssigkristalle hier die Polarisationsrichtung des Lichtes. Mit Hilfe von entsprechenden Filtern vor und hinter dem Flüssigkristall erscheint der angesteuerte Punkt dunkel.

Der **Plasma-Bildschirm** arbeitet nach dem Prinzip der Neon- oder Leuchtstoffröhren. Dort wird zwischen zwei Elektroden an den beiden Enden der hermetisch abgeschlossenen Glasröhre eine Spannung erzeugt. Die Röhre ist mit einem Gas gefüllt, das in diesem Spannungsfeld zu leuchten beginnt. Um zu einem Plasma-bildschirm zu gelangen, müssen viele dieser Elektroden dicht gepackt werden. Außerdem müssen sie in so schneller Folge zum Leuchten angeregt werden, daß das Auge die Information als Bild auffaßt. Über ein Netz von dünnen Drähten, die an zwei Glasplatten in dichten waagrechten bzw. senkrechten Reihen verlegt sind, sucht die Schaltelektronik die entsprechende Zeile und Spalte aus, legt eine Spannung an und die Gasentladung findet am Kreuzungspunkt statt.

Elektrolumineszenz-Bildschirme arbeiten ähnlich wie Plasmaanzeigen mit Leuchtpunkten in einem elektrischen Spannungsfeld. Hier wird aber nicht ein Gas, sondern ein Halbleiter-Werkstoff zum Leuchten gebracht.

Die Vor- und Nachteile der einzelnen Techniken sind in Tab. 4-3 aufgeführt.

4.8 Drucker

Bei den Ausgabemedien, die Informationen auf Papier, Folie oder Film ausgeben, erhalten die nicht-mechanischen bzw. abschlagsfreien *(non-impact)* **Drucker** eine immer größere Bedeutung. Vom Preis-/Leistungsverhältnis werden Laserdrucker, die ähnlich wie Kopierer arbeiten, immer attraktiver. 300 Punkte pro Zoll (12 Punkte pro mm) bilden heute für die Ausgabeauflösung den Standard, 600 Punkte pro Zoll sind im Markt verfügbar. Für die Erstellung von Büchern stehen **Laserbelichter** zur Verfügung, die Auflösungen von über 2500 Punkten/Zoll (90 Punkte/mm) und mehr erreichen. Laserdrucker und -belichter erlauben die beliebige multimediale Ausgabe von Texten, Graphiken und Bildern in Schwarz-Weiß. Die Standard-Ausgabegeschwindigkeit liegt bei 10 Seiten/min. Das Ausgabeformat ist DIN A4, aber auch DIN A3-Geräte sind erhältlich.

Für die Farbausgabe werden **Tintenstrahl-Drucker** *(ink jet)* bei denen Tintenpunkte aufs Papier gespritzt werden, und **Thermo-Transfer-Drucker** eingesetzt. Beim Thermo-Transfer-Drucker erzeugen die einzelnen Druckelemente eines Thermodruckkopfs kurzzeitig hohe Temperaturen und schmelzen damit Farbe von einem Transferfarbband auf das zu bedruckende Papier.

Tintenstrahl- und Thermo-Transfer-Drucker benötigen für eine Seite eine bis mehrere Minuten Druckzeit. Die Auflösung geht bei Thermo-Transfer-Druckern bis zu 300 Punkten pro Zoll, die Auflösung bei Tintenstrahl-Druckern ist geringer.

4.9 Kombinierte E/A-Geräte

Geht man das Problem der Zeigeinstrumente grundsätzlicher an, dann stellt man fest, daß die meisten Probleme durch den senkrecht stehenden Bildschirm verursacht werden. Die normale Arbeitsweise des Menschen – zumindest im Bürobereich – besteht darin, mit einem Stift ein waagerecht liegendes Papier zu beschreiben. Versucht man von der Hardware-Technik sich dieser Arbeitsweise des Menschen anzupassen, dann bedeutet dies, den Bildschirm horizontal statt vertikal an-

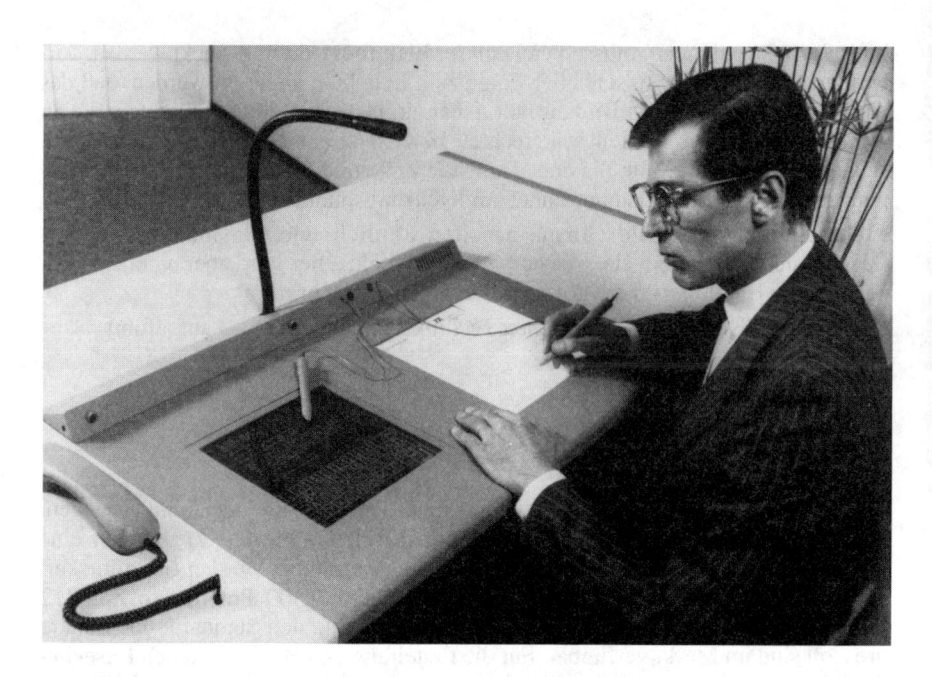

Abb. 4-13: Experimenteller Managerarbeitsplatz

zuordnen. Als natürliches Zeiginstrument bietet sich ein Stift an, mit dem auf dem Bildschirm gezeigt, geschrieben und gezeichnet werden kann.

Um ein solches Konzept zu erproben, wurde in dem Forschungsbereich der TA Triumph-Adler AG bereits 1983 in einen experimentellen Managerarbeitsplatz (Abb. 4-13) ein Plasma-Bildschirm plan und horizontal in die Schreibtischplatte eingebaut. Als Zeiginstrument wurde ein akustischer Digitalisierer gewählt, der es ermöglichte, Zeige- und Eingabeoperationen auf dem Bildschirm vorzunehmen. Zusätzlich konnte eine virtuelle Tastatur auf dem Bildschirm eingeblendet werden. Über dem Bildschirm war eine durchsichtige, berührungsempfindliche Folie angebracht. Durch Drücken mit den Fingern auf die angezeigten Tasten – sogar im 10-Finger-System – konnte Text eingegeben werden – allerdings nicht so schnell wie mit einer traditionellen Tastatur. Als Zeiginstrument auf Menüs, Fenster und Piktogramme konnteebenfalls der Finger benutzt werden – ein Medienwechsel war also nicht nötig (siehe auch /Balzert 86, 87/, /TA 84/).

Die Weiterentwicklung der E/A-Technologie in den letzten Jahren hat zu transparenten Tabletts (siehe z. B. /Ikeda 86/) und hintergrundbeleuchteten LCD-Anzeigen mit integriertem Zeiginstrument auf der Basis der elektromagnetischen Induktion geführt (siehe z. B. /Yamada 86/). Dadurch können Arbeitsplätze wie oben skizziert in der Praxis Wirklichkeit werden.

In dem Forschungsprojekt EPOC *(Experimental Personal Office Computer)* von Olivetti /Hauser 86, 87/ wird beispielsweise von einem Flachbildschirm mit integriertem, transparenten Grafiktablett ausgegangen (Abb. 4-14). In der Schreibposition liegt der Flachbildschirm plan auf dem Schreibtisch. Geschrieben werden kann mit einem Stift oder es kann eine Fingereingabe über die eingeblendete Tastatur erfolgen. Muß umfangreicher Text eingegeben werden, dann kann zusätzlich eine traditionelle Tastatur angeschlossen werden. Soll vom Bildschirm nur gelesen werden, dann kann er in eine vertikale Position in Augenhöhe geschwenkt werden.

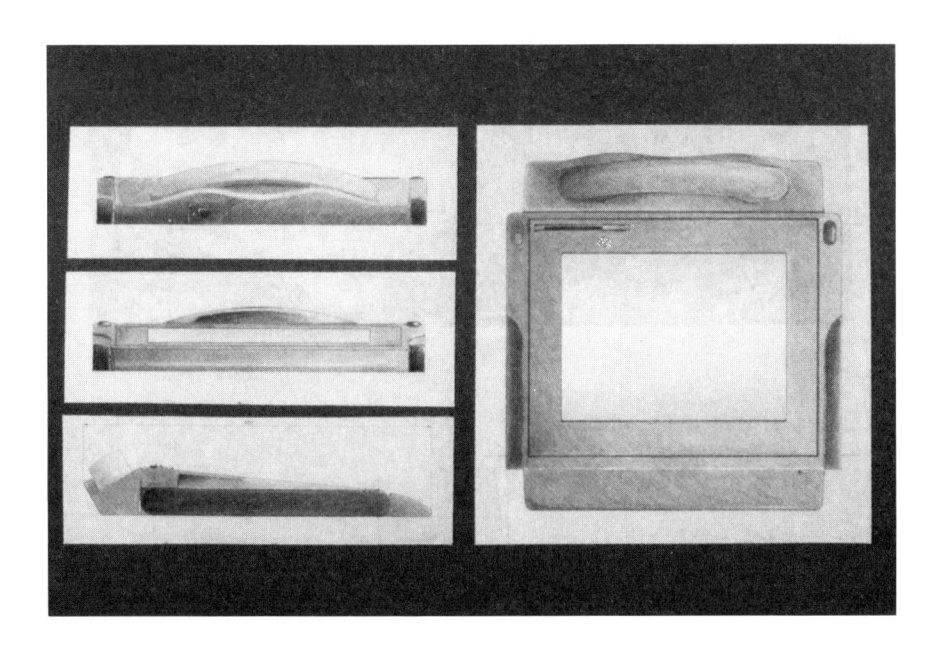

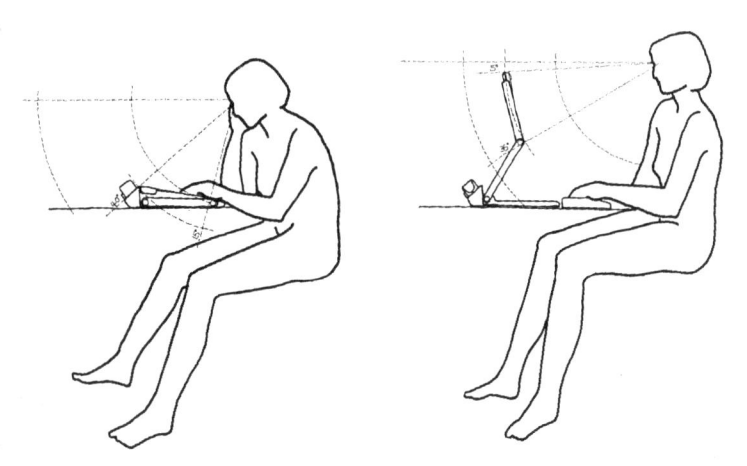

Abb. 4-14: Modell einer kombinierten Anzeige-Eingabe- Einheit mit integriertem Telefon

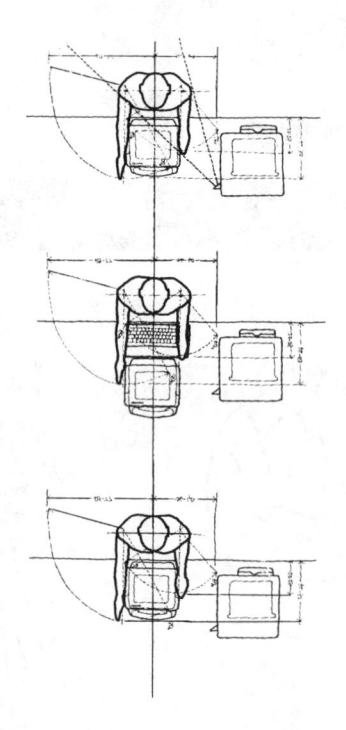

94   4 E/A-Geräte für die Mensch-Computer-Interaktion

Abb. 4-15: Modell einer integrierten Scanner-/Drucker-Einheit mit Videokamera und externen Speichern sowie verschiedenen Bewegungsstudien

In einer zweiten Geräteeinheit, die ebenfalls auf dem Schreibtisch steht, sind ein Scanner, ein Drucker, eine Videokamera sowie ein Chip-Kartenleser, ein DAT-Laufwerk (Digital Audio Tape) und ein CD-Laufwerk integriert (Abb. 4-15).

Design-Studien für E/A-Geräte der Zukunft werden in /Rossberg 87/ und /Weng 87/ beschrieben. In der Studie von *frogdesign* (Abb. 4-16) /Rossberg 87/ enthält eine *Manager-Werkbank* alle Computer-Komponenten an einem durchgehenden Gerätebügel. Die Abbildung zeigt eine Videokonferenz mit drei Teilnehmern. Auf dem unteren Teil des oberen Bildschirms ist das Werkstück zu sehen, über das gerade diskutiert wird. Die Rückseite der drahtlosen Tastatur ist ein Scanner zum Abtasten von Texten und Bildern.

Zusammenfassend läßt sich sagen, daß die heutigen und zukünftigen E/A-Geräte für die Gestaltung der Mensch-Computer-Interaktion neue Möglichkeiten eröffnen, die zu einer qualitativen Erleichterung und Verbesserung der Computerbenutzung führen können.

Durch die neuen technischen Möglichkeiten wird insbesondere die Anzahl der expliziten Kommunikationskanäle, über die der Benutzer physisch kommuniziert, vom Sehen und Tippen/Zeigen auf Sehen, Hören, Tippen/Zeigen, Sprechen und Handschrift schreiben ausgedehnt.

Abb. 4-16: *Manager-Werkbank* von *frogdesign*

Literatur

/Albert 82/
Albert A.: *The effect of graphic input devices on performance in a cursor positioning task*, in: Proc. Human Factors Society, 26th Annual Meeting, 1982, pp. 54-58

/Balzert 86/
Balzert H.: *Software-Ergonomie und Software Engineering*, Habilitationsschrift, Universität Stuttgart 1986

/Balzert 87/
Balzert H.: *Three experimental multimedia workstations – a realistic Utopia for the office of tomorrow*, in: Mitchell R. (Ed.): Industrial Software Technology, London: Peter Peregrinus Ltd. 1987, pp. 155-166

/Buxton 86/
Buxton W.: *There's More to Interaction Than Meets the Eye: Some Issues in Manual Input*, in: Norman D. A., Draper S. W. (eds.), User Centered System Design, Hillsdale: Erlbaum 1986, pp. 319-337

/Card et al. 77/
Card S. K., English W.-K., Burr B. J.: *Evaluation of mouse, rate-controlled esometric joystick, step keys, and text keys for text selection on a CRT, XEROX*, Palo Alto Research Center, 552-77-1, April 1977

/Chip 86/
Joystick, Maus & Co., in: Chip, Febr. 1986, S. 50 - 52

/Chip 87/
Einhandtastatur Octima, in: Chip, Nov. 1987, S. 74

/Computer 83a/
Erste Erfahrungen mit einer Maus im Büro, in: Computer persönlich, 27.7.83, S. 13

/Computer 83b/
So programmiert man eine Maus, in: Computer persönlich, 21.9.83, S. 44-51

/Computer 83c/
Die Mäuse sind unterwegs, in: Computer persönlich, 13.7.83, S. 114-119, 150

/Computer 84a/
Licht ins Dunkel gebracht: so funktioniert ein Lichtgriffel, in: Computer persönlich, 8.2.84, S. 134-137

/Computer 84b/
Maus überflüssig – anfassen genügt, in: Computer persönlich, 7.3.84, S. 32-36

/Computer 84c/
HP 150 – Eine neue Dimension der Bedienerfreundlichkeit, in: Computer persönlich, 18.4.84, S. 166-169

/Computer 84d/
Joystick und Controller News, in: Computer persönlich, 25.1.84, S. 26-28

/Computer 84e/
So funktioniert ein Joystick, in: Computer persönlich, 25.1.84, S. 28-32

/Computer 84f/
Wie funktionieren Grafiktabletts?, in: Computer persönlich, 11.1.84, S. 40-44

/Computer 86/
Die Sache mit der Computer-Kugel, in. Computer persönlich, 26.11.86, S. 12

/Computer 87/
Sinn und Zweck des Grafiktabletts, in. Computer persönlich, 7.1.87, S. 115-116

/Emmons 84/
　　Emmons W. A.: *A comparison of cursor-key arrangements (box versus cross) for VDUs*, in: Grandjean E. (Ed.), Ergonomics and Health in Modern Offices, London and Philadelphia: Taylor and Francis 1984, pp. 214-219

/English et al. 67/
　　English W. K., Engelbart D. C., Berwon M. L.: *Display-selection techniques for text manipulation*, in: IEEE Transactions on Human Factors in Electronics, HFE-8, 1, March 1967, pp. 5-15

/Ewing et al. 86/
　　Ewing I., Mehrabanzad S., Sheck S., Ostroff D., Shneiderman B.: *An experimental comparison of a mouse and arrow-jump keys for an interactive encyclopedia*, in: International Journal of Man-Machine-Studies 23, 1986

/Foley 83/
　　Foley I. D.: *Unveröffentlichter Bericht über ein Studentenprojekt*, George Washington University, Washington DC 1983

/Foley et. al. 84/
　　Foley I. D., Wallace V. L., Chan R.: *The human factors of computer graphics interaction techniques*, in: IEEE Computer Graphics and Applications, Nov. 1984, pp. 13-48

/Goodwin 75/
　　Goodwin N. C., *Cursor positioning on an electronic display using lightpen, lightgun, or keyboard for three basic tasks*, in: Human Factors 17, 3, June 1975, pp. 289-295

/Gould et. al. 85/
　　Gould I. D., Lewis C., Barnes V.: *Effects of cursor speed on text-editing*, in: Proc. ACM CHI #85 Conference 1985, pp. 7-10

/Haller et al. 84/
　　Haller R., Mutschler H., Voss M.: *Comparison of input devices for correction of typing errors in office systems*, in: INTERACT 84, 1984, pp. 218-223

/Hauser 86/
　　Hauser H.:. *The Option Of Leading*, Direzione Olivetti Ricerca, Ivrea October 1986

/Hauser 87/
　　Hauser H.: *A Low Cost Personal Workstation*, in: Informatik-Fachberichte 156, Berlin: Springer 1987, S. 16-22

/Ikeda 86/
　　Ikeda S.: *Fully Transparent Digitizer With Only 6.4 mm Thickness*, in: OEP July 1986, pp. 72-73

/Karat et al. 86/
　　Karat J., McDonald J., Anderson M.: *A comparison of selection techniques: touch panel, mouse and keyboard*, in: Int. J. Man-Machine Studies, 25, 1986, pp. 73-88

/Markt & Technik 82/
　　Touch-Teminals als Tastaturersatz?, in: Markt & Technik, Nr. 10, 12.3.82, S. 28-36

/Page 88/
　　Göttliche Eingebungen, Page, 3. Jahrgang, März/April 1988, S. 66 - 69

/Penninger 87/
　　Penninger H.-I.: *LCD-Tastatur: Aufbau, Anwendung und Programmierung*, in: mini micro magazin, Nr. 4, 1987, S. 106-108

/Pickering 86/
　　Pickering J. A.: *Touch-sensitive screens: the technologies and their application*, in: Int. J. Man-Machine Studies, 1986, No. 25, pp. 249-269

/Reinhart, Marken 85/
　　Reinhart W., Marken R.: *Control systems analysis of computer pointing devices*, in: Proc. Human Factors Society - 29th Annual Meeting, 1985, pp. 119-121

/Rossberg 88/
Rossberg R.R.: *Die Computer bitten zu Tisch*, in: Stern, Nr. 9, 19. Febr. 1987, S. 148-152

/Shinar et al. 85/
Shinar D., Stern H. I., Bubis G., Ingram D.: *The relative effectiveness of alternate selection strategies in menu driven computer programs*, in: Proc. Human Factors Society - 29th Annual Meeting 1985, pp. 645-649

/Shneiderman 87/
Shneiderman B.: *Designing the User Interface: Strategies for Effective Human-Computer Interaction*, Reading MA: Addison-Wesley 1987, pp. 227-269

/Stammers, Bird 80/
Stammers R. B., Bird J. M.: *Controller evaluation of a touch input air traffic data system: An indelicate experiment*, in: Human Factors 22.5.1980, pp. 581-589

/TA 84/
Videofilm: 7 *Szenen aus dem Büro von morgen*, Nürnberg: TA Triumph-Adler AG 1984

/Tafel, Kohl 82/
Tafel H. I., Kohl A.: *Ein- und Ausgabegeräte der Datentechnik*, München: Carl Hauser Verlag 1982

/Warfield 83/
Warfield R. W.: *The New Interface Technology*, in: BYTE, Dec. 1983, pp. 218-230

/Weng 87/
Weng G. : *Der CHIP-Wunsch-Computer*, in: Chip Nr. 5, Mai 1987, S. 30-34

/Yamada 86/
Yamada S.: *Development of Integrated Flat I/0 Device, F.I.O.S.-6440*, in: OEP August 1986, pp. 70-72

Dialogformen

5 Klassifikation von Dialogformen

Edmund Eberleh

5.1 Definition von Dialogform

Menschen verwenden Computer zur Bearbeitung einer bestimmten Aufgabe, zur Lösung eines Problems oder einfach zur Unterhaltung. Im Unterschied zu bisherigen Werkzeugen des Menschen erhält die Benutzung eines Computersystems durch dessen Fähigkeit zu einer mehr oder minder *intelligenten* Rückmeldung auf das menschliche Handeln und zur Verwendung einer Sprache eine neue Qualität /Dzida 83/. Das Werkzeug kann sogar aktiv werden und den Menschen zu Handlungen auffordern: es wird zu einem *Gegenüber*. Es wird daher auch von Mensch-Computer-Interaktion oder noch weitergehender von einem *Dialog* des Menschen mit einem Computersystem gesprochen. Für die Art und Weise der Interaktion werden zahlreiche synonyme Bezeichnungen verwendet, wie z. B. Interaktionsart, Dialogtechnik, Dialogform oder Ein-/Ausgabesprache. Im folgenden soll hier in Übereinstimmung mit den anderen Beiträgen des Buches der Begriff Dialogform verwendet werden.

Über eine einheitliche Begriffsverwendung hinaus muß jedoch noch eine inhaltliche Begriffbestimmung vorgenommen werden. Die DIN 66234 (Teil 8) gibt folgende Definitionen:

„Dialog: Dialog ist ein Ablauf, bei dem der Benutzer zur Abwicklung einer Arbeitsaufgabe – in einem oder mehreren Schritten – Daten eingibt und jeweils Rückmeldung über die Verarbeitung dieser Daten erhält."

Diese Definition berücksichtigt nur den Computer. Um das *gesamte* Mensch-Computer-System zu erfassen, wird die Mensch-Computer-Interaktion oft als *Interaktionszyklus* betrachtet und in einzelne Prozesse zerlegt /Norman 85, 86/. Der Benutzer führt eine Handlung aus und erzeugt so für den Computer verständliche Zeichen und Sinneinheiten. Das dialogfähige Computersystem verarbeitet diese Infomation und erzeugt seinerseits Zeichen, die vom Benutzer als Antwort wahrgenommen und in Hinsicht auf seine Ziele bewertet werden.

Die vom Benutzer und Computer wechselseitig aufgenommenen und erzeugten Zeichen stellen die eigentliche Verbindung oder *Schnittstelle* zwischen Mensch und Maschine dar. Diese Zeichen können vom Benutzer und vom Computer auf ganz unterschiedliche Art und Weise erzeugt und aufgenommen werden, übertragen in den meisten Fällen jedoch sinnvolle und interpretierbare Information.

Die Art und Weise der Zeichenübermittlung ist von technischen Randbedingungen abhängig. Mit der Entwicklung graphikfähiger Computersysteme entstanden weitreichende neue Möglichkeiten dafür, wie etwa die direkte Manipulation von Objekten bzw. Piktogrammen auf dem Bildschirm oder die Fenstertechnik. Darüberhinaus gestatten die technischen Möglichkeiten mittlerweile begrenzt die Verwendung natürlicher Sprache als Ein- und Ausgabemedium. Alle diese Realisierungen der Informationsübermittlung werden als Dialogform bezeichnet. Der Begriff Dialogform im Kontext einer Mensch-Computer-Interaktion soll damit ganz allgemein wie folgt definiert werden:

> „Dialogform ist die Form der Interaktion zwischen Mensch und Computer. Sie ist bestimmt durch die Eigenschaften der Aufnahme und Produktion der zwischen Mensch und Computer ausgetauschten Information."

Für eine optimale Gestaltung und Bewertung des Mensch-Computer-Systems ist eine theoriegeleitete Beschreibung und Klassifikation der Vielfalt möglicher Dialogformen wünschenswert.

5.2 Grundlagen der Klassifikation

5.2.1 Ziel und Probleme der Klassifikation

Versuche zur Ordnung der Objekte eines bestimmten Gegenstandsbereiches durch Taxonomien oder Klassifikationen haben in der Wissenschaft stets eine große Rolle gespielt. Beweggründe dafür liegen nicht nur im Wunsch nach Vereinfachung des Gegenstandsbereichs. Die Ordnung soll vor allem aufzeigen, welche Aspekte der Objekte – gemessen am jeweiligen Interesse – als wichtig und welche als unwichtig erscheinen: Um die Aufmerksamkeit auf die wichtigen Aspekte lenken zu können, werden alle jene Objekte zusammengefaßt und mit einem gemeinsamen Begriff benannt, die sich nur in unwesentlichen Aspekten oder Merkmalen voneinander unterscheiden. Die Vorgehensweise, Problematik und Arten von Klassifikationen in Bio- und Humanwissenschaften werden ausführlich von /Fleishman, Quaintance 84/ diskutiert.

Fassen wir verschiedene Dialogformen zu Klassen von Dialogformen zusammen, dann können diese Klassen z. B. in Hinblick auf ihre besten Einsatzbereiche, ihre Komplexität oder der von ihnen bewirkten mentalen Belastung des Benutzers eingeschätzt werden. Eine derartige Klassenbildung bietet neben einer Strukturierung und Ordnung der Dialogvielfalt den Vorteil, daß eine Charakterisierung und Bewertung einer Dialogform allein durch Feststellung der Klassenzugehörigkeit möglich wird, da die Klasseneigenschaft in bezug auf z. B. die Erlernbarkeit bekannt ist.

Bei der Mensch-Computer-Interaktion bearbeitet eine Person mit Eigenschaften mit einem Computersystem eine Aufgabe. Wie kann nun diese spezielle Situation, dieser Dialog, beschrieben werden, so daß etwa ein Vergleich mit einer anderen Situation stattfinden kann und evtl. verschiedene Dialogsituationen zusammengefaßt werden können?

5.2.2 Bestimmung und Reduktion des Merkmalsraumes

Die Aufgabe einer wissenschaftlichen Klassifikation eines Gegenstandsbereiches muß daher zunächst darin bestehen, sämtliche Merkmale eindeutig zu bestimmen, die zur Kennzeichnung eines Begriffs oder zur Unterscheidung von Objektgruppen herangezogen werden können. /Barton 55/ spricht in diesem Zusammenhang von der Definition des **Merkmalsraumes**. Mit dem Merkmalsraum wird die Gesamtheit der Merkmale beschrieben, auf die sich das Interesse konzentrieren soll. Indirekt ist damit auch festgelegt, was als unwichtig gilt und deshalb unbeachtet bleibt. Das Konzept des Merkmalsraumes enthält außerdem die Vorstellung einer Anordnung der Elemente: anhand seiner relevanten Merkmale wird jedes Element als Punkt im Merkmalsraum dargestellt. *Ähnlichkeit* der Elemente ist damit z. B. als geringe Distanz im Merkmalsraum zu denken, *Zusammengehörigkeit* der Elemente eines Typs als relativ dichte Anordnung dieser Elemente im Raum bei gleichzeitig relativ großem Abstand von anderen, nicht zum Typ gehörenden Elementen.

Die Definition des Merkmalsraumes wird durch Entscheidungen über die Bedeutsamkeit von Merkmalen bestimmt. Diese müssen auf irgendeine Weise aus der beabsichtigten Verwendung der gesuchten Klassifikation abgeleitet werden. Wichtige Merkmalskombinationen werden von unwichtigen unterschieden und von den wichtigen Merkmalskombinationen alle jene zu Klassen zusammengefaßt, welche im Rahmen der beabsichtigten Aussagen als gleichwertig zu behandeln sind. Auch bei der Klassifiktion von Dialogformen wird es somit davon abhängen, in Bezug auf welches Kriterium (z. B. Erlernbarkeit, Akzeptanz, Ausführungszeit, Programmieraufwand oder Komplexität) die einzelnen Klassenmitglieder ähnlich sein sollen. Was wichtig und was gleichwertig erscheint, bleibt normativen Entscheidungen überlassen. Klassen der so definierten Art sagen deshalb weniger etwas über die Wirklichkeit aus als über das Interesse ihrer Urheber.

Bevor bestehende Klassifikationsansätze vorgestellt werden, soll zunächst eine theoriegeleitete, systematische Charakterisierung der Mensch-Computer-Interaktion vorgenommen werden, soll der Merkmalsraum möglichst umfassend aufgespannt werden. Auf der Grundlage dieses Merkmalsraumes lassen sich einerseits bestehende Klassifikationsansätze einordnen, andererseits können davon ausgehend neue Klassenbildungen für neue Zwecke vorgenommen werden.

5.3 Charakterisierende Merkmale von Dialogformen

Eine Interaktion zwischen beliebigen biologischen oder technischen Systemen besteht ganz allgemein aus dem Austausch bedeutungshaltiger Zeichen, die mittels der Semiotik oder Zeichentheorie beschrieben werden können /Morris 46/. Sowohl die Mensch-Mensch-Kommunikation als auch die Mensch-Computer-Interaktion können als Spezialfälle einer Interaktion zweier allgemeiner Systeme angesehen werden /Gaines, Shaw 84/. Bei der folgenden Charakterisierung von Dialogformen werden daher sowohl Ergebnisse der menschlichen Kommunikation und Informationsverarbeitung als auch der Zeichentheorie soweit als möglich berücksichtigt, siehe auch /Cyranek 88/. Die Darstellung geschieht so, daß zuerst ein allgemeiner Rahmen abgesteckt wird, der anschließend in ausgewählten Aspekten verfeinert wird.

5.3.1 Komponenten und Determinanten der Kommunikation

Nach dem Schema der sprachlichen Kommunikation /Bühler 34/ sind an jeder Kommunikation ein Sender, ein Empfänger und auf bestimmte Objekte bezogene Zeichen beteiligt. /Kupka, Maaß, Oberquelle 81/ definieren Kommunikation als „koordiniertes symbolisches Handeln mehrerer Beteiligter unter Zuhilfenahme eines Mediums" S. 25.

Übertragen wir dieses auf die Mensch-Computer-Interaktion, lassen sich vier Komponenten jeder Dialogsituation identifizieren: *Menschen,* die mittels eines bestimmten *Mediums* mit einem *Computersystem* interagieren, eingebettet in eine bestimmte *Umgebung*. Diese Komponenten sind durch bestimmte Faktoren oder *Determinanten* gekennzeichnet, die die Interaktion beeinflussen. Beim Menschen sind dies hauptsächlich *Kognition, Emotion* und *Motivation*. Die kognitiven Fähigkeiten und Verhaltensweisen eines Menschen zu einem gegebenen Zeitpunkt sind ihrerseits bestimmt durch die vorhandenen Wissensstrukturen und die Verarbeitungsprozesse /Newell, Simon 72, Krause 81/.

Im folgenden werde ich mich auf die Beschreibung der Kognition und der Determinanten des Kommunikationsmediums konzentrieren. Den Determinanten Emotion und Motivation fällt jedoch in Hinblick auf den Übergang von Belastung zu Beanspruchung eine wichtige Vermittlerfunktion zu, und sie sind darüberhinaus als Katalysatoren des Lernens /Klix 76/ von großer Bedeutung. Auch auf die Determinanten der Umgebung kann an dieser Stelle nicht eingegangen werden. Hier sind besonders *physikalische Gegebenheiten* wie Lärm und Licht Aspekte der *Arbeitsorganisation* und *Anforderungen* an den Menschen als bedeutsame Faktoren zu erwähnen. Die Wechselwirkung einiger Merkmale dieser Faktoren (wie die für eine Aufgabenbearbeitung zur Verfügung stehende Zeit und Lärm während der Aufgabenbearbeitung), mit Merkmalen prototypischer Dialogformen wurde von /Eberleh, Korffmacher, Streitz 87/ ausführlicher diskutiert und experimentell geprüft.

5.3.2 Prozesse und Zyklus der Interaktion

Menschliche Kommunikation besteht aus der Verzahnung zweier symmetrisch darstellbarer Informationsverarbeitungszyklen, mit den Teilprozessen Wahrnehmung, Bewertung, Zielsetzung, Planung und Handlung /Argyle 69/. Durch das Handeln eines Dialogteilnehmers wird eine Änderung der Umwelt bewirkt, welche von dem zweiten Teilnehmer wahrgenommen wird, auf die er reagiert, usw. Auf die Mensch-Computer-Interaktion übertragen, ergibt sich der in Abb. 5-1 dargestellte Zyklus der Interaktion zwischen Mensch und Computer. Das Medium der Informa-

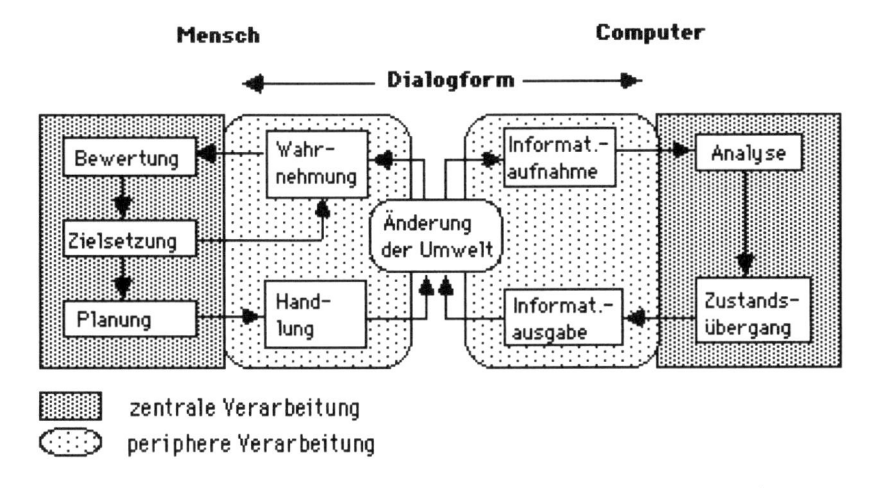

5.3 Charakterisierende Merkmale von Dialogformen

Abb. 5-1: Zyklus der Mensch-Computer-Interaktion

tionsübermittlung ist in diesem Falle die Dialogform, die durch die Eigenschaften der peripheren Informationsverarbeitung von Mensch und Computer definiert ist.

Ein derartiger Interaktionszyklus wird in ähnlicher Form von /Benbasat, Wand 84/ als *event cycle* formalisiert dargestellt. /Norman 86/ formuliert sieben Stadien der Benutzeraktivität, die den hier genannten Prozessen ebenfalls sehr ähnlich sind: *goals, intention, action specification, execution, perception, interpretation* und *evaluation*.

Der Interaktionszyklus ist oberflächlich scheinbar kontinuierlich, ohne Anfang und Ende. Jeder Teilnehmer einer Interaktion zerlegt sie jedoch in gewisse Sequenzen und weist den Interaktionssequenzen eine Reiz-Reaktion oder Ursache-Wirkung Verknüpfung zu. /Watzlawick, Beavin, Jackson 67/ sprechen von einer *Interpunktion* des Kommunikationsablaufs. Jeder kann sich etwa folgende Interaktionssequenz vorstellen:

Ehemann: „Ich gehe zu meiner Skatrunde, weil Du immer nur meckerst".

Ehefrau: „Ich meckere, weil Du immer nur zu Deiner Skatrunde gehst". ... u.s.w.

Dialogsituationen lassen sich u. a. durch die in einem Dialog primär erforderlichen Prozesse und deren Eigenschaften beschreiben. So kann der Dialog danach eingeteilt werden, welche der in Abb. 5-1 dargestellten fünf Prozesse beim Benutzer hauptsächlich beansprucht werden, wobei jeder Prozeß auf einem höheren Auflösungsgrad weiter spezifiziert werden kann. Schließlich sind neben Eigenschaften der einzelnen Prozesse noch Eigenschaften des gesamten Interaktionszyklus zu berücksichtigen. Besonders relevant für die Mensch-Computer-Interaktion sind neben der Interpunktion das Feedback und die Antwortzeiten des Computers /Norman 84/, /Schaefer et al. 86/ sowie die Möglichkeiten des Menschen, die Reaktion bzw. Antwort des Rechners unterbrechen, d. h. in den Zyklus eingreifen zu können.

Auf eine Darstellung der Wissensstrukturen soll an dieser Stelle verzichtet werden, da sie die Benutzergruppe charakterisieren und zur Beschreibung von Dialogformen nicht benötigt werden (vgl. Abb. 5-1).

5.3.3 Medium der Kommunikation

Dem Medium einer Kommunikation entspricht im Falle der Mensch-Computer-Interaktion die Dialogform. Die Eigenschaften der Dialogform können auf drei Dimensionen angeordnet werden: Modalität der Informationsübermittlung, Symmetrie der Dialogteilnehmer und Zeichenaspekt (s. Abb. 5-2).

Modalität der Informationsübermittlung

Eine grundlegende Dimension der Informationsübermittlung betrifft die Modalität der Übermittlung /Watzlawick, Beavin, Jackson 67/. In einem lebenden Organismus kann Information durch Neurone bzw. vorhandenen oder nicht vorhandenen Aktionspotentialen *(digital)* und durch Hormone (analog) übertragen werden, in Computern durch Zahlen bzw. Bitmuster *(digital)* und physische Größen wie Strom- oder Lichtstärken (analog). Dem entspricht in der menschlichen Kommunikation die Bezeichnung eines Sachverhalts durch Namen (digital) oder durch eine Analogie wie z. B. Bilder, Tonfall, Mimik oder Farbe hierfür. Bei einer digitalen Bezeichnung eines Sachverhalts kann noch weiter zwischen Benennen und Beschreiben unterschieden werden /Searle 83/.

Diese zwei Modalitäten der Informationsübermittlung haben eine Entsprechung in der menschlichen Informationsverarbeitung und Wissensrepräsentation: In den meisten Theorien hierzu wird zwischen einem verbalen, begrifflichen und einem bildlichen, anschaulichen Repräsentationscode unterschieden /Klix 76, Oschanin 76, Paivio 71/.

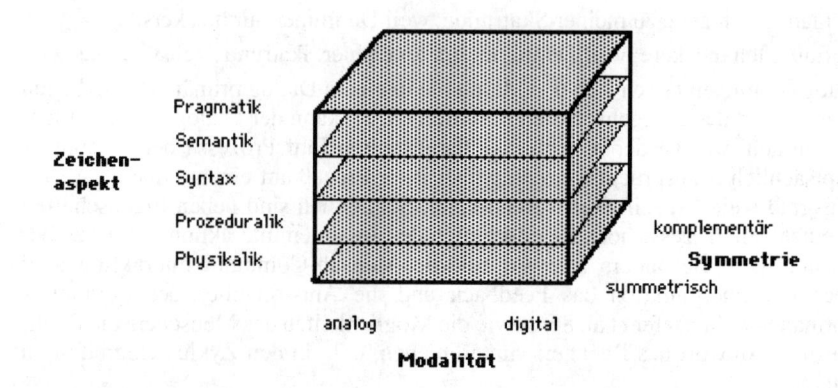

Abb. 5-2: Dimensionen der Dialogform

Im Spezialfall einer Mensch-Computer-Interaktion wird Information bisher meistens in digitaler Modalität durch Tastatureingabe übermittelt. Erst bei neueren graphikfähigen Bildschirme kann durch Piktogramme und deren direkter Manipulation analoge Information ausgetauscht werden. Für zukünftige Computersysteme sind aber weitere Arten analoger Informationsübermittlung in Betracht zu ziehen: etwa der Tonfall bei Sprachein- und ausgabe, variierende Farben des Bildschirms, die Stärke eines Tastendrucks als Angabe der Eingabepriorität oder das einfache Durchstreichen von zu löschendem Text.

Symmetrie der Dialogteilnehmer

Als eine zweite Dimension der Kommunikation läßt sich eine Unterscheidung in *symmetrische* und *komplementäre* Interaktion treffen /Watzlawick, Beavin, Jackson 67/. Im ersten Fall ist der Dialog hinsichtlich Dominanz, Nachgiebigkeit, Intelligenz u. a. Faktoren spiegelbildlich und symmetrisch. Im zweiten Fall ergänzt sich das Verhalten beider Dialogteilnehmer, sie haben unterschiedliche Stellungen. Je nachdem, ob der Mensch oder der Computer sein Verhalten am anderen Teilnehmer ausrichtet, spricht man von *benutzergeführten* (-initiierten) oder *systemgeführten* Dialogen. Diese Unterscheidung wird in der Zukunft Mensch-Computer-Dialoge nicht mehr generell charakterisieren können, da sich die Dialogführung im Sinne der Aufgabenangemessenheit, Persönlichkeitsförderung und des Lernaspektes in der Interaktion ändern wird. Hier wird, wie bei menschlicher Kommunikation, eine Analyse der gesamten Interaktionssequenz notwendig werden, wobei die korrekte Interpunktion der Ereignisfolgen wichtig ist.

Dominante menschliche Kommunikationsteilnehmer können neben einer Beeinflussung der Handlungen auch tiefergreifende Einstellungsänderungen bei ihrem Kommunikationspartner hervorrufen. Hier werden direkt kognitive Strukturen, Assoziationen und Bewertungen verändert. Auf die Mensch-Computer-Interaktion übertragen bedeutet dies, daß der Benutzer nicht nur eine vorgegebene Menge von Kommandos ausführen lassen kann, die das Computersystem zu vordefinierten Zustandsübergängen veranlassen, sondern daß er auch Parameter des Computersystems modifizieren kann, die ein neues Systemverhalten bewirken.

Aspekte der übermittelten Zeichen

Der Austausch von Information zwischen Mensch und Computer kann allgemein als Übermittlung von bedeutungshaltigen Zeichen aufgefaßt werden. Nach dem Semiotik-Modell von /Morris 46/ sind ein syntaktischer, ein semantischer und ein pragmatischer Aspekt von Zeichensystemen zu unterscheiden. Der *syntaktische* Aspekt gibt die Relationen der Zeichen untereinander an, d. h. hier wird die zulässige *Verknüpfung* der Zeichen beschrieben. Der *semantische* Aspekt gibt die Relation des Zeichens zu einem Objekt an, und bestimmt so die *Bedeutung* des Zeichens. Der pragmatische Aspekt bestimmt den *Zweck* des Zeichens, indem er die Relation des Zeichens zu dem Sender oder Empfänger des Zeichens angibt. Zusätzlich sind Zeichen jedoch noch bzgl. ihrer *physikalischen* Eigenschaften wie Farbe, Größe oder Lautstärke zu unterscheiden, und bzgl. der *Prozeduren* der Zeichenproduktion und -wahrnehmung. Auf jeder Ebene kann der Dialog durch bestimmte

Merkmale weiter spezifiziert werden. Eine derartige Beschreibung der Mensch-Computer-Interaktion auf verschiedenen Schichten liegt der *Command Language Grammar* von /Moran 81/ und anderen Modellen zugrunde, z. B. /Iivari, Koskela 84/, tauchte jedoch als Idee schon bei /Martin 73/ und /Foley, Wallace 74/ auf.

Pragmatik

Die von mir herangezogenen Beschreibungsmerkmale der Ebene *Pragmatik* bauen auf den drei Grundfunktionen der Sprache nach Bühler auf. Ein Zeichen kann danach einmal etwas über ein Objekt der Umwelt aussagen und besitzt in diesem Falle eine Symbol- bzw. *Informationsfunktion*. Zweitens kann es einen Bezug zum Empfänger des Zeichens herstellen und so eine Instruktions- bzw. *Exekutionsfunktion* besitzen. Und drittens kann es etwas über den Sender des Zeichens selbst aussagen und besitzt dann eine Signal- bzw. *Diagnosefunktion*. Die drei Zeichenfunktionen sollen hier noch um die Funktion der *Reflexion* erweitert werden. Reflexion liegt vor, wenn Zeichen über sich selbst etwas aussagen. In Abb. 5-3 sind beispielhaft einige Aspekte von Mensch-Computer-Interaktionen diesen Sprachfunktionen zugeordnet. Die Funktionszuordnung einer konkreten Benutzerhandlung oder einer Computerausgabe kann jedoch nur unter Berücksichtigung des jeweiligen Kontextes geschehen.

Semantik und Syntax

Auf der *Semantik*-Ebene können folgende Merkmale zur Beschreibung der Dialogform herangezogen werden: die *Menge* der durch die Zeichen übertragenen Bedeutung /Krause 81/ sowie deren *Kompatibilität* zu Vorwissensstrukturen des Benut-

Handlung Mensch		Ausgabe Computer	
Information	– Dateneingabe	Information	– Objektinformation – Fehlermeldung – Online-Hilfe – Eingabeoptionen
Exekution	– Kommandos + Ausführung + Informationsanfrage	Exekution	– Aufforderung zur Dateneingabe
Diagnose	– Zustandsangabe von + Wissen + Lernstadium + psychischem Befinden + Intentionen	Diagnose	– Statusmeldung – progress indicator – Speicherbelegung
Reflexion	– Wahl von + Zeichensatz + Schriftlayout + Überschreib-/Einfüge- modus	Reflexion	– Angabe von + aktuellem Zeichensatz + Ausgabemodalitäten

Abb. 5-3: Beschreibung von Mensch-Computer-Interaktionen auf der Pragmatik-Ebene

| Spracheingabe | Kompatibilität mit Vorwissen |||
	hoch	mittel	gering
Bedeutungsmenge von Zeichen hoch	natürliche Spracheingabe PROLOG	Makrokommandos	Aktionscodes Funktionstasten
Bedeutungsmenge von Zeichen mittel	Menüauswahl *Metaphern*	FORTRAN PASCAL	Aktionscodes
Bedeutungsmenge von Zeichen gering	direkte Manipulation	Masken Formulare	Assembler Maschinensprache

Abb. 5-4: Beschreibung von Mensch-Computer-Interaktionen auf der Semantik-Ebene

zers. Eine hohe Kompatibilität mit dem Vorwissen des Benutzers wird durch Verwendung von Metaphern, Menüs und direkter Manipulation erreicht, während eine Interaktion mittels Funktionstasten einen sehr geringen Bezug zum Vorwissen aufweist. Bei der direkten Manipulation überträgt ein Zeichen wegen der kontinuierlichen Informationsdarstellung meistens nur eine geringe Bedeutung, während Makrokommandos z. B. eine große Bedeutungsmenge übertragen können. In Abb. 5-4 sind einige Formen von Mensch-Computer-Interaktionen beispielhaft den zwei abgestuften Semantik-Merkmalen zugeordnet.

Die Bedeutungsmenge eines Zeichens kann bei einem festgelegten Auflösungsgrad der Interaktionsanalyse durch die Zahl der *closed-loop* Verarbeitungszyklen operationalisiert werden, die durch das Zeichen beim Dialogpartner ausgelöst werden. *Closed-loop*-Zyklen sind Wahrnehmungs-Handlungs-Zyklen, die beim Benutzer nach dem ersten Anstoß ohne weitere Information vom Computer ablaufen. Beim Computer entsprechen sie dem Grad der Automatisierung oder Funktionsübernahme. Auf der Syntax-Ebene wird der Wortschatz einer Sprache festgelegt bzw. der Zeichenvorrat und die erlaubten bedeutungshaltigen Zeichenkombinationen. Die Syntax einer Sprache kann durch verschiedene Maße erfaßt werden: Tiefe, Breite und Übergangswahrscheinlichkeiten der Dialogzustände; Zahl und Art der Relationen; Zahl und Art der Ersetzungsregeln /Reisner 84/, /Payne 84/.

Prozeduralik

Auf der *Prozeduralik*-Ebene wird der prozedurale Aspekt der Ein- und Ausgabe betrachtet (vgl. *interaction level* von /Moran 81/ und Kap. 3 von /Christie 85/). Es kann hier eine Unterscheidung nach dem physischen *Mittel (Device)* der Zeichenproduktion und -aufnahme und dem damit verknüpften *Prozeß* vorgenommen werden. In Abb. 5-5 sind beispielhaft einige gebräuchliche Ein-Ausgabegeräte aufgeführt (vgl. den Beitrag von /Balzert, in diesem Band/). Die Bezeichnung des jeweils zugehörigen Prozesses kann nicht eindeutig vorgenommen werden, da die Beschreibung der Handlung und Wahrnehmung in verschiedenen Abstraktionsgraden möglich ist.

110   5 Klassifikation von Dialogformen

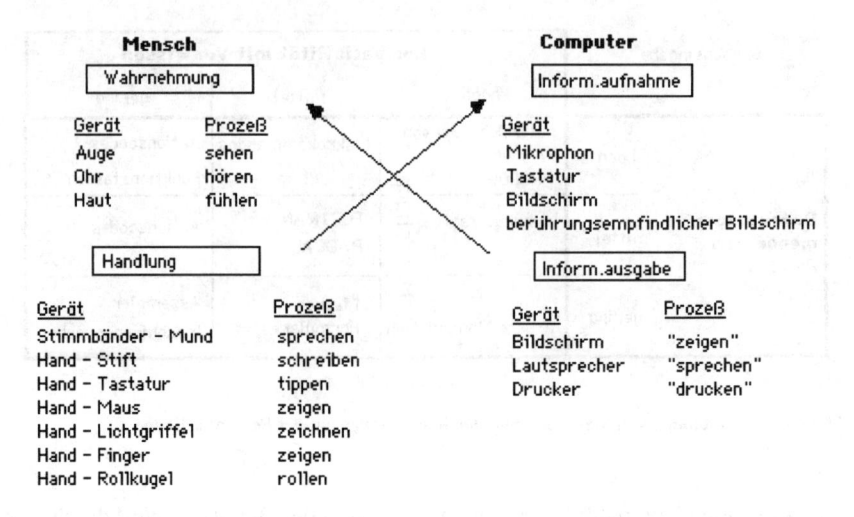

Mensch			Computer	
Wahrnehmung			**Inform.aufnahme**	
Gerät	Prozeß		Gerät	
Auge	sehen		Mikrophon	
Ohr	hören		Tastatur	
Haut	fühlen		Bildschirm	
			berührungsempfindlicher Bildschirm	
Handlung			**Inform.ausgabe**	
Gerät	Prozeß		Gerät	Prozeß
Stimmbänder – Mund	sprechen		Bildschirm	"zeigen"
Hand – Stift	schreiben		Lautsprecher	"sprechen"
Hand – Tastatur	tippen		Drucker	"drucken"
Hand – Maus	zeigen			
Hand – Lichtgriffel	zeichnen			
Hand – Finger	zeigen			
Hand – Rollkugel	rollen			

Abb. 5-5: Beschreibung von Mensch-Computer-Interaktionen auf der Prozeduralik-Ebene

Auf einem weniger *oberflächlichen* Beschreibungsniveau aufgrund der Geräte- und Prozeßart kann die *Ausgabe des Computers* durch die in Abb. 5-6 dargestellten Faktoren charakterisiert werden: Die Systemzustände können durch Zustandsübergangsnetzwerke formal beschrieben werden /Kieras, Polson 85/. Jeder Zustandsübergang des Computers hat eine bestimmte Beziehung zum vorangegangenen Zustand. Der neue Zustand kann entweder der gleichen Ebene des Übergangsnetzwerks angehören, oder aber einer über- bzw. untergeordneten Dialogebene. Ein für den Benutzer wichtiger Wechsel der Dialogebene findet bei einem Programmaufruf statt, z. B. über hierarchische Menüs. In neueren Computersystemen ist es möglich, zwischen verschiedenen Anwendungsprogrammen zu wechseln *(swit-*

		Wechsel der Dialogebene			
		Ja		Nein	
		Zeichendarbietung von verschiedenen Objekten		Zeichendarbietung von verschiedenen Objekten	
		parallel	sequentiell	parallel	sequentiell
Zeichen-darbietung	dynamisch			Fenstertechnik Bildschirm-ausgabe	Druckausgabe Sprachausgabe scrolling
	statisch		Hierarchisches Menü Programmaufruf	Fenstertechnik split screen Dialogbox Desk accessories	Switcher α-Taste Lineares Menü

Abb. 5-6: Beschreibung der Ausgabe des Computers auf der Prozeduralik-Ebene

chen), ohne die Dialogebene zu verlassen. Ein weiteres Beispiel für das Beibehalten der Dialogebene ist die sog. Alpha-Taste, mittels der der Benutzer aus einem Anwendungsprogramm heraus bestimmte Betriebssystembefehle ausführen lassen kann. Ein Beispiel für einen Dialog auf nur einer Ebene sind lineare Menüstrukturen.

Die vom Computer übermittelten Zeichen können weiterhin Aussagen über das gleiche Objekt oder über verschiedene Objekte machen. Computerreaktionen unterscheiden sich dadurch, ob Zeichen verschiedener Objektbereiche gleichzeitig *(parallel)* oder aufeinanderfolgend *(sequentiell)* dargeboten werden, vgl. /Wandke 87/. Die Fenstertechnik ist eine Realisierung der parallelen Zeichendarbietung /Budde, Sylla 81/, ebenso die im Programm aufrufbaren sog. *desk accessories* bei Computern, die die Schreibtischmetapher verwenden.

Und schließlich kann die Zeichendarbietung des Computers entweder *dynamisch* sein (es werden kontinuierlich neue Zeichen erzeugt) oder *statisch* (eine bestimmte feste Zeichenmenge wird zu einem Zeitpunkt ausgegeben). Dynamische Zeichendarbietung liegt bei einer Druck- und Sprachausgabe vor, und beim Roll-Modus *(scrolling)* auf dem Bildschirm, während unveränderbare Fenster oder Dialogboxen Beispiele für eine statische Zeichendarbietung sind.

Zur Beschreibung der *Handlung des Benutzers* unter dem Prozeduralik-Aspekt beziehe ich mich auf die Trennung von Objekten und damit arbeitenden Operationen als grundlegende Elemente menschlicher Handlungen, z. B. /Norman, Rumelhart 75; Moran 81/. Die Handlung kann danach durch die Art der Objektauswahl und die *Art der Operationsdurchführung* charakterisiert werden. Die Durchführung der Operation kann entweder analog (z. B. durch Verschieben von Objekten oder durch Zeigen auf Objekte) oder digital durch Eingabe von Kommandos geschehen, und ebenso die Auswahl der Objekte durch Zeigen oder Benennen (siehe Abb. 5-7)

Damit soll die Darstellung einiger die Dialogform charakterisierenden Merkmale abgeschlossen werden. Auf die Ebene der *Physikalik* soll an dieser Stelle nicht eingegangen werden, da ihre Beschreibungsmerkmale für eine Klassifikation von Dialogformen unerheblich sind. Diese Darstellung ist aufgrund des zur Verfügung stehenden Platzes weder vollständig noch endgültig aufgrund des Standes der Wissenschaft. Am Beispiel des Apple Macintosh soll nun exemplarisch gezeigt werden, wie die bei modernen, interaktiven Computersystemen vorhandene Vielfalt und Flexibilität von Dialogformen durch einige dieser Merkmale jeweils beschreibbar ist.

5.4 Integration verschiedener Dialogformen: ein Beispiel

Ich verwende hierfür die erwähnte Charakterisierung menschlichen Handelns nach der Art der Operationsdurchführung und der Art der Objektauswahl. Zusätzlich beziehe ich ein, ob die Operationen und Objekte vom Computersystem dargeboten werden oder nicht (siehe Abb. 5-7). Bestimmte Faktorkombinationen definieren eine Menü- und eine Kommandotechnik. Dabei wird deutlich, daß es unterschied-

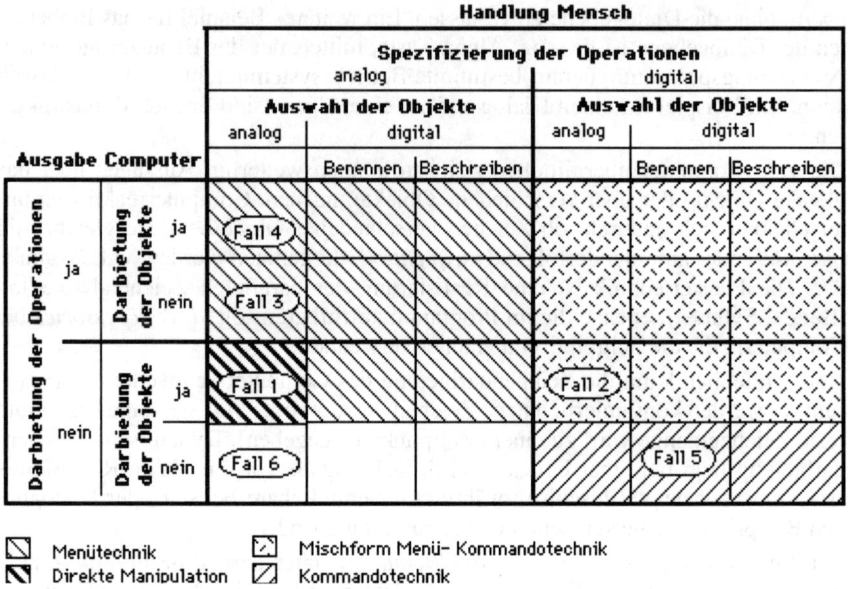

112   5 Klassifikation von Dialogformen

Abb. 5-7: Beschreibung von Mensch-Computer-Interaktionen durch Kombination von Merkmalen

liche Variationen dieser beiden Dialogformen gibt und daß sie miteinander kombinierbar sind.

Als ein Beispiel wählen wir das Auswerfen einer Diskette aus dem Laufwerk. Es ist beim Macintosh auf sechs verschiedene Arten möglich:

1. Das Disketten-Piktogramm wird mit der Maus ausgewählt und mit ihr auf das Papierkorb-Piktogramm gezogen. Hier wird das Objekt vom Rechner dargeboten, durch Zeigen vom Benutzer ausgewählt und durch eine analoge, physische Handlung manipuliert. Diese Dialogform konstituiert somit Zelle 31(= Zeile drei, Spalte eins gemäß Matrix-Notation).

2. Das Disketten-Piktogramm wird mit der Maus ausgewählt und durch Eingabe des Aktionscodes CTRL-E ausgeworfen. Diese Dialogform ist Zelle 34 zuzuordnen.

3. Aus einem *pull-down*-Menü wird durch Zeigen mit der Maus das Item AUSWERFEN ausgewählt, d. h. es wird die Operation dargeboten. Das Disketten-Piktogramm muß nicht sichtbar sein, und muß auch nicht ausgewählt worden sein. Diese Dialogform kann somit in Zelle 21 fallen.

4. Befindet man sich in einem Anwendungsprogramm, kann man sich die Liste der vorhandenen Dateien zeigen lassen. Dabei wird das Disketten-Piktogramm gezeigt und gleichzeitig eine Option AUSWERFEN, die mit der Maus anzuklicken ist. Hier sind sowohl Objekt als auch Operation sichtbar, so daß diese Dialogform Zelle 11 zuzuordnen ist.

5. Durch Eingabe des Aktionscodes SHIFT-CTRL-1 kann die Diskette ausgeworfen werden. Das Objekt Diskette wird implizit durch den Aktionscode ausgewählt, so daß diese Form der Interaktion in die Zelle 45 fällt.
6. Eine sechste Möglichkeit zum Diskettenauswurf beruht auf der Hardware: Ein dünner Stift wird in ein kleines Loch neben dem Laufwerk gesteckt. Durch Druck auf eine kleine dahinterliegende Platte wird der Auswurfmechanismus mechanisch ausgelöst. In diesem letzten Fall kann die Diskette sichtbar sein oder nicht, und die Operation wird analog durchgeführt. Er kann damit den Zellen 31 oder 41 zugeordnet werden.

5.5 Ansätze zur Klassifikationen von Dialogformen

Im vorangegangenen Abschnitt haben wir uns mit einer Darstellung charakterisierender Merkmale von Dialogformen beschäftigt. Eine konkrete Dialogsituation ist nun durch das gesamte Merkmalsbündel individuell beschreibbar, kann als Punkt in einem n-dimensionalen Merkmalsraum dargestellt werden. Das Herausgreifen nur eines Merkmals von einem Zeichenaspekt zur Charakterisierung einer Dialogform führt zwangsläufig zu einer vereinfachten Betrachtung. Zur Klassenbildung muß der Merkmalsraum jedoch reduziert werden, wobei die Kriterien der Reduktion davon abhängen, in bezug auf welche Eigenschaft sich die Klassenmitglieder ähnlich sein sollen.

Es erscheint daher nicht verwunderlich, daß eine Reihe verschiedener Klassifikationsansätze existiert. Sie reichen von eindimensionalen oder rein deskriptiven bis zu mehrdimensionalen und konzeptuellen Gruppierungen. Aufgrund der Flexibilität und Komplexität moderner Benutzerschnittstellen können eindimensionale Klassifikationen nur Teile einer Dialogform erfassen, da sich die Charakteristika der Dialogsituation im Laufe des Dialogs vielfältig ändern können. Im folgenden werden bestehende Klassifikationsversuche und ihre Bezüge zu den genannten Merkmalen kurz vorgestellt.

5.5.1 Eindimensionale Klassifikationen

Initiative

/Martin 73/ führte die Einteilung in benutzer- und systeminitiierte (-geführte) Dialoge ein, die seitdem häufig aufgegriffen wurde. Diese Einteilung ergibt sich aufgrund der Symmetrie-Dimension des Dialogs. /Benbasat, Wand 84/ definieren sie folgendermaßen:

Ein *systeminitiierter Dialog* liegt vor, wenn der Rechner eine feste Reaktionssequenz abarbeitet. Die jeweils nächste Aktion des Rechners ist nur von dem vorausgehenden Interaktionsereignis determiniert; sie ist von der spezifischen Reaktion des Benutzers völlig unabhängig, solange diese in die Gruppe zulässiger Operationen fällt. Eingaben werden als Daten (Argumente) behandelt.

Ein benutzerinitiierter Dialog liegt vor, wenn die nächste Rechnerreaktion vom Benutzer bestimmt werden kann. Eingaben werden als direkte oder implizite Kommandos betrachtet.

Eine Mischform liegt vor, wenn der Rechner eine feste Reaktionssequenz hat, die solange abgearbeitet wird, bis vom Benutzer eine Eingabe kommt, die als Kommando und Sprung zu einem beliebigen Interaktionsereignis definiert ist.

Masken und *Formulare* stellen die extreme Realisation eines systeminitiierten Dialogs dar, während reine *Kommandosprachen* ein Beispiel für einen extremen benutzerinitiierten Dialog darstellen. Diese Unterscheidung wird durch die Beschreibungsmerkmale der Pragmatik-Ebene noch deutlicher (vgl. Abb. 5-8): Sowohl Masken/Formulare als auch Menüauswahlen stellen eine Handlungsaufforderung (Exekutionsfunktion) durch den Computer dar (z. B. BITTE WÄHLEN SIE EINE OPTION), auf die der Benutzer mit einer Dateneingabe (Informationsfunktion) antworten muß. Bei einer Kommandosprache besteht das umgekehrte Verhältnis: die vom Menschen übermittelten Zeichen (z. B. RUN) besitzen die Funktion einer Exekution, auf die der Rechner mit einer Informationsangabe (Daten) antwortet bzw. antworten sollte.

Interaktivität

/Kupka, Wilsing 75/ unterscheiden zwischen einem aktiven Dialog und einem *interaktiven* Dialog. Bei einem aktiven Dialog treten die Aktionen der beiden Dialogteilnehmer streng abwechselnd auf, während bei einem interaktiven Dialog der Rechner während des Verarbeitungsvorganges bzw. der Mensch in seinen Eingabetätigkeiten vom anderen Dialogteilnehmer unterbrochen werden kann. Diese Klassifikation beruht ebenfalls auf der Betrachtung der Symmetrie-Dimension, berücksichtigt jedoch zusätzlich den Interaktionszyklus und die Eingriffsmöglichkeiten der Dialogteilnehmer.

Freiheitsgrade des Benutzers

Die Freiheitsgrade des Benutzers drücken aus, wie weit der Dialogablauf durch das System vorgeben wird. /Ernst 79/ legt den Freiheitsgrad anhand der Veränderbarkeit des Dialogablaufs durch den Menschen fest. Je nach Grad der vornehmbaren Veränderung unterscheidet er zwischen *statischen* Dialogen, *quasistatischen*, *semistatischen* und *dynamischen* Dialogen. Bei einem statischen Dialog hat der Benutzer keine Eingriffsmöglichkeit auf die Zahl der Systemzustände, auf deren Abfolge und auf Charakteristiken der Ein-/Ausgaben, während bei dynamischen Dialogen alle drei Eingriffsmöglichkeiten bestehen. Im Unterschied zur Trennung von benutzer- und systeminitiierten Dialogen hebt diese Unterscheidung auf die Möglichkeit eines Benutzers ab, durch extreme Dominanz eine Veränderung in der Daten- und Wissensbasis und im Aktionsmuster des Computers vorzunehmen.

Naming vs. Pointing

/Norman 84/ unterscheidet Benutzerhandlungen danach, ob sie Objekte und Aktionen benennen *(naming)*, oder ob darauf mittels eines Zeigeinstrumentes gezeigt wird *(pointing)*. Diese Unterscheidung ergibt sich unmittelbar durch die Modalität der Informationsübermittlung. Norman vermischt in seiner Einteilung jedoch die Aktionsdurchführung und die Objektauswahl. Beide Handlungen können unterschiedliche Modalitäten haben.

Das Prinzip des Zeigens wird besonders in Zusammenhang mit der *direkten Manipulation* von Objekten eingesetzt /Hutchins, Hollan, Norman 85/. Die zentralen Eigenschaften einer direkten Manipulation beruhen hauptsächlich darauf, daß sowohl die Objektrepräsentation und -auswahl wie auch die Aktionsdurchführung analogen Charakter besitzt (vgl. Abb. 5-7).

Metaphern

Dialoge können auf beim Benutzer bereits vorhandenes und vom spezifischen Computersystem unabhängiges Aufgaben- und Handlungswissen aufbauen /Carroll, Mack 85/. Dieses wird erreicht, indem der im Computersystem repräsentierte Realitätsbereich möglichst eine eindeutige Abbildung eines alltäglichen Realitätsbereiches ist /Streitz 88/. Eine bekannte derartige Metapher im Bereich der Büroanwendungen ist die sog. *Schreibtischmetapher*. Dialogformen, die Metaphern verwenden, sind dadurch gekennzeichnet, daß im Dialog auf Vorwissensstrukturen des Benutzers zurückgegriffen wird. Diese Klassifikation ergibt sich somit aus dem Kompatibilitätsmerkmal der Semantik-Ebene (vgl. Abb. 5-4). Die Verwendung von Metaphern ist am effektivsten, wenn sie mit direkter Manipulation und Piktogrammen kombiniert werden /Sanders et al. 86/.

Metadialog vs. Anwendungsdialog

Diese Klassifikation von /Maaß 84/ ergibt sich, wenn man das Verhalten eines Dialogteilnehmers und die entsprechende Reaktion des Partners auf der Pragmatik-Ebene betrachtet (Abb. 5-8). Metadialoge liegen vor, wenn die von den Dialogteilnehmern übermittelten Zeichen die Funktion einer Diagnose oder Reflexion haben,

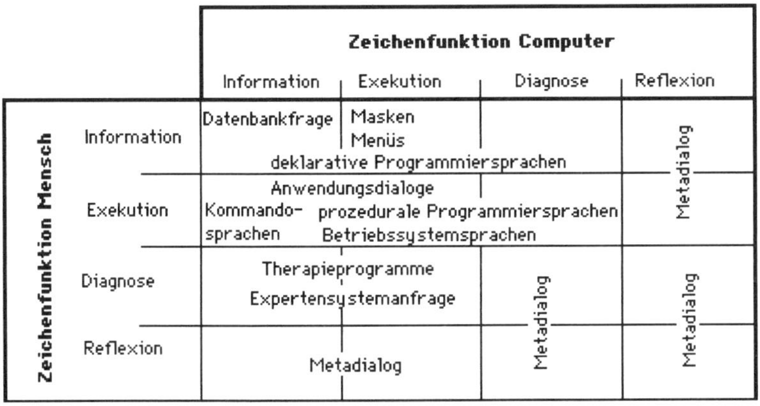

		Zeichenfunktion Computer			
		Information	Exekution	Diagnose	Reflexion
Zeichenfunktion Mensch	Information	Datenbankfrage	Masken Menüs deklarative Programmiersprachen		Metadialog
	Exekution	Kommando- sprachen	Anwendungsdialoge prozedurale Programmiersprachen Betriebssystemsprachen		Metadialog
	Diagnose	Therapieprogramme Expertensystemanfrage		Metadialog	Metadialog
	Reflexion	Metadialog		Metadialog	Metadialog

Abb. 5-8: Klassifikation von Dialogen durch deren Pragmatik

während Anwendungsdialoge die Informations- und Exekutionsfunktion betreffen. /Viereck 87/ ergänzt beide Dialogarten noch um Kontrolldialoge und Gestaltungsdialoge.

Steuer- vs. Versorgungsdialoge

/Ernst 79/ faßt unter *Steuerdialoge* die Dialoge zusammen, die Zustandsänderungen herbeiführen sollen. Unter *Versorgungsdialoge* fallen alle Dialoge, die den Rechner mit Parameterwerten versorgen. Diese Unterscheidung entspricht der Unterscheidung zwischen der Exekutions- und der Informationsfunktion des menschlichen Verhaltens.

Sprachebene

/Tauber 83/ und /Hutchins, Hollan, Norman 85/ unterscheiden *high-level vs. low-level languages*. Die letztgenannten Autoren definieren eine *higher-level language* als

„one that directly expresses frequently encountered structures of problem decomposition. Instead of requiring the complete decomposition of the task to low-level operations, let the task be described in the same language used within the task domain itself" (a.a.O., S.324).

Diese Klassifikation läßt sich auf der Semantik-Ebene anhand der Bedeutungsmenge von Zeichen vornehmen.

Hierarchische vs. parallele Dialoge

Ein *hierarchisch* strukturierter Dialog liegt vor, wenn von einem Dialogzustand aus untergeordnete Dialogzustände erreichbar sind. *Parallele* Dialogstrukturen sind demgegenüber durch Zustandsverzweigungen auf der gleichen Dialogebene gekennzeichnet /Hoffman 79/.

Diese Unterscheidung bezieht sich auf die Beschreibung eines Computersystems durch ein Zustandsübergangsnetzwerk und dem Wechsel der Dialogebene. Auf diese Struktureigenschaften des Dialogs soll hier nicht weiter wird eingegangen werden. Sie werden von /Kraasch, Stein 85/ aus der Systemsicht detaillierter dargestellt.

5.5.2 Mehrdimensionale Klassifikationen

Repräsentation, Referenzierung und Interpunktion

/Ziegler 87/ klassifiziert Dialogformen in einem durch obige Dimensionen aufgespannten Entwurfsraum. Unter *Repräsentation* versteht er die Art der Abbildung rechnerinterner Objekte auf die wahrnehmbare Systemoberfläche. Die verschiedenen Repräsentationsklassen können danach bestimmt werden, inwieweit Änderungen der Oberflächenobjekte durch System und Benutzer möglich sind. Unter *Referenzierung* wird die Art und Weise verstanden, wie der Benutzer Objekte und Funktionen des Softwaresystems ansprechen kann: durch Zeigen, durch Benennen oder durch Beschreiben. Die dritte Dimension, *Interpunktion*, bezieht sich auf die Segmentierung des zeitlich ablaufenden Informationsaustausches zwischen Benutzer und System. Sie gibt die Mächtigkeit oder Reichweite eines Benutzerkommandos an.

Engagement und Distanz zu Benutzerzielen

/Hutchins, Hollan, Norman 85/ nennen zwei Dimensionen, anhand derer sie einige Dialogformen klassifizieren. Sie beziehen sich einmal auf die *Distanz* der Dialogform zu den Zielen des Benutzers, zum anderen auf das Ausmaß des *Engagements* des Benutzers in der Interaktion. Die direkte Manipulation ist durch die Kombination von geringer Distanz zu Benutzerzielen und hohem Engagement des Benutzers gekennzeichnet.

Kompatibilität und Handlungsspielraum

/Streitz, Eberleh 88/ klassifizieren die Vielfalt interaktiver Systeme auf den zwei Dimensionen *Handlungsspielraum* und *Kompatibilität* der Repräsentation von Computersystem und Benutzer. Diese Klassifikation ist speziell mit dem Ziel entwickelt worden, Dialogformen zusammenzufassen, die hinsichtlich der mentalen Belastung des Benutzer ähnliche Eigenschaften aufweisen. Die unterschiedlichen Ausprägungen der Dimension Handlungsspielraum sind durch den Grad der Funktionsaufteilung zwischen Mensch und System bestimmt. Sie variieren von der Programmierung des Dialogablaufs durch den Benutzer (hoher Handlungsspielraum) über anteilige Funktionsübernahme durch den Benutzer bis zur automatischen Aufgabendurchführung durch das System (geringer Handlungsspielraum).

Damit soll die Darstellung zur Klassifikation von Dialogformen abgeschlossen werden. Es war mein Hauptanliegen zu verdeutlichen, daß es nicht die eine Beschreibung und Klassifikation von Dialogformen gibt. Durch die diskutierten Dimensionen der Dialogform sollte ein Entwurfsraum aufgespannt werden, in dem eine konkrete Benutzerschnittstelle durch einen bestimmten Pfad abbildbar ist. Je nach Sichtweise und Interesse können verschiedene Merkmale betont und die Dialogform so zu verschiedenen Klassen zusammengefaßt werden.

In den folgenden vier Kapiteln werden vier in der Praxis weit verbreitete Klassen von Dialogformen ausführlicher dargestellt: Menüauswahl, Interaktionssprachen, Masken und Formulare sowie die direkte Manipulation.

Literatur

/Argyle 69/
  Argyle M.: *Social interaction*, London: Methuen 1969

/Barton 55/
  Barton A. H.: *The concept of property-space in social research*, in: P. F. Lazarsfeld & M. Rosenberg (Eds.), The language of social research, New York 1955, pp. 40-53

/Benbasat, Wand 84/
  Benbasat I., Wand Y. : *A structured approach to designing human – computer dialogues*, in: International Journal of Man-Machine Studies, 21, 1984, pp.105-126

5 Klassifikation von Dialogformen

/Bühler 34/
Bühler K.: *Sprachtheorie*, Jena 1934

/Budde, Sylla 81/
Budde R., Sylla K.-H.: *Der Bildschirm als Arbeitsmittel*, in: Notizen zum interaktiven Programmieren, Fachgruppe der Gesellschaft für Informatik, 6, 1981, S. 111-119

/Carroll, Mack 85/
Carroll J.M., Mack, R.L.: *Metaphor, computing systems, and active learning*, in: International Journal of Man-Machine Studies, 22,1985, pp. 39-57

/Christie 85/
Christie B.(Ed.): *Human factors of the user-system interface*, Amsterdam: North-Holland 1985

/Cyranek 88/
Cyranek G.: *Menschliche Kommunikation und Rechnerdialog*, in: Nullmeier E., Rödiger K.-H. (Hrsg.), Dialogsysteme in der Arbeitswelt, Mannheim: Wissenschaftsverlag 1988, pp. 139-154

/Dzida 83/
Dzida W. : *Das IFIP-Modell für Benutzerschnittstellen*, in: Office Management, Sonderheft 1983, S. 6-8

/Eberleh, Korffmacher, Streitz 87/
Eberleh E., Korffmacher W., Streitz N. A.: *Denken oder Handeln: Zur Wirkung von Dialogkomplexität und Handlungsspielraum auf die mentale Belastung*, in: Schönpflug W., Wittstock M., (Hrsg.), Software – Ergonomie '87: Nützen Informationssysteme dem Benutzer?, Stuttgart: Teubner 1987, pp. 317-327

/Ernst 79/
Ernst G.: *Eine Beschreibung von dynamischen Mensch-Rechner Dialogen*, Dissertation, FB Informatik der TU Berlin 1979

/Fleishman, Quaintance 84/
Fleishman E., Quaintance M.: *Taxonomies of human performance. The description of human tasks*, Orlando, Florida: Academic Press 1984

/Foley, Wallace 74/
Foley J. D., Wallace V. L.: *The art of natural graphic man-machine conversation*, Proceedings of the IEEE, 62, 1974, pp. 462-471

/Gaines, Shaw 84/
Gaines B. R., Shaw M.: *Dialogue shell design*, in: Shackel B. (Ed.), Human-Computer Interaction – Interact '84, Amsterdam: North-Holland 1984, pp. 629-636

/Hoffmann 79/
Hoffmann H.-J.: *Modelle mehrschichtiger Dialoge*, in: Notizen zum interaktiven Programmieren, 2, 1979, pp. 55-70

/Hutchins, Hollan, Norman 85/
Hutchins E. L., Hollan J. D., Norman D. A.: *Direct manipulation interfaces*, in: Human-Computer Interaction, Vol. 1, 1985, pp. 311-338

/Iivari, Koskela 84/
Iivari J., Koskela E.: *On the modelling of human-computer interaction as the interface between the users work activity and the information system*, in: B. Shackel (Ed.), Human-Computer Interaction – Interact 84, Amsterdam: North-Holland 1984, pp. 39-144

/Kieras, Polson 85/
Kieras D. E., Polson P. G.: *An approach to the formal analysis of user complexity*, International Journal of Man-Machine Studies, 4, , 1985, pp. 365-394

/Klix 76/
Klix F. (Hrsg.): *Psychologische Beiträge zur Analyse kognitiver Prozesse*, Kindler: Berlin 1976.

/Kraasch, Stein 85/
   Kraasch W., Stein R.: *Beschreibungs- und Realisierungsmöglichkeiten von Mensch-Rechner-Dialogen*, Diplomarbeit, Universität Hamburg 1985
/Krause 81/
   Krause B.: *Zur Analyse der Informationsverarbeitung in kognitiven Prozessen*. Zeitschrift für Psychologie, Supplement 2, 1981
/Kupka, Maaß, Oberquelle 81/
   Kupka I., Maaß S., Oberquelle H. : *Kommunikation–ein Grundbegriff für die Informatik*, Mitteilung 91 des Fachbereich Informatik der Universität Hamburg, August 1981
/Kupka, Wilsing 75/
   Kupka I., Wilsing N.: *Dialogsprachen*, in: Studienbücher Informatik, Bd. 32, Stuttgart: Teubner 1975
/Maaß 84/
   Maaß S.: *Mensch-Rechner-Kommunikation – Herkunft und Chancen eines neuen Paradigmas*, Berichte des FB Informatik der Universität Hamburg Nr. 104, 1984
/Martin 73/
   Martin J.: *Design of Man-Computer Dialogues*, Englewood Cliffs, N. J.: Prentice-Hall 1973
/Moran 81/
   Moran T. P.: *The command language grammar: a representation for the user interface of interactive computer systems*, International Journal of Man-Machine Studies, 15, 1981, pp. 3-50
/Morris 46/
   Morris C.: *Signs, language and behavior*, New York: Prentice-Hall 1946
/Newell, Simon 72/
   Newell A., Simon H. A.: *Human problem solving*, Englewood Cliffs, N.J.: Prentice-Hall 1972
/Norman 84/
   Norman D. A.: *Stages and levels in human-machine interaction*, in: Int. J. Man-Machine Studies, 21, 1984, pp. 365-375
/Norman 86/
   Norman D.A.: *Cognitive engineering*, in: Norman D.A., Draper S.W. (Eds.), User centred system design, Hillsdale: Erlbaum pp. 31-61
/Norman, Rumelhart 75/
   Norman D. A., Rumelhart D. A.: *Explorations in cognition*, San Francisco: Freeman 1975
/Oschanin 76/
   Oschanin D. A.: *Dynamisches operatives Abbild und konzeptionelles Modell*, Probleme und Ergebnisse der Psychologie, 59, 1976, pp. 37-48
/Paivio 71/
   Paivio A.: *Imagery and verbal processes*, New York: Rinehart & Winston 1971
/Payne 84/
   Payne S. J:, *Task-action grammars*, in: Shackel B. (Ed.), Human-Computer Interaction – Interact 84, Amsterdam: North-Holland 1984, pp. 39-144
/Reisner 84/
   Reisner P.: *Formal grammar as a tool for analyzing ease of use: Some fundamental concepts*, in: Thomas J.C., Schneider M.L. (Ed.), Human factors in computer systems, Norwood, N.J.: Ablex Publishing 1984, pp. 53-78
/Schaefer 86/
   Schaefer F., Kuhmann W., Boucsein W., Alexander J.: *Beanspruchung durch Bildschirmtätigkeit bei experimentell variierten Systemresponsezeiten*, Zeitschrift für Arbeitswissenschaft 40 (12.NF), 1986, pp. 31-38

/Searle 83/
Searle J. R.: *Sprechakte*, Frankfurt: Suhrkamp 1983

/Streitz 88/
Streitz N.A.: *Mental models and metaphors: Implications for the design of adaptive user-system interfaces*, in: Mandl L., Lesgold A. (Eds.), Learning issues for intelligent tutoring systems. New York: Springer 1988

/Streitz, Eberleh 88/
Streitz N.A., Eberleh E. (Hrsg.): *Mentale Belastung und kognitive Prozesse bei komplexen Dialogstrukturen*, Abschlußbericht an die Bundesanstalt für Arbeitsschutz, Dortmund. (Arbeitsbericht Nr.I/48-1988 des Instituts für Psychologie der RWTH Aachen)

/Tauber 83/
Tauber M.: *Softwareergonomie Ein Überblick*, Heidelberg Scientific Center, IBM Germany 1983

/Viereck 87/
Viereck A.: *Klassifikationen, Konzepte und Modelle für den Mensch-Rechner-Dialog*, Dissertation, Oldenburg: Fachbereich Informatik 1987

/Wandke 87/
Wandke H.: *Mensch-Rechner Interaktion: Sequentieller oder paralleler Informationsaustausch*, Vortrag auf der Tagung Software-Ergonomie 87, 21.-25. April, Berlin 1987

/Watzlawick, Beavin, Jackson 67/
Watzlawick P., Beavin J. H,: Jackson D. D.: *Pragmatics of human communication. A study of interactional patterns, pathologies, and paradoxes*, New York: W. W. Norton & Company 1967

/Williges, Williges 84/
Williges B. H., Williges R. C.: *Dialogue design considerations for interactive computer systems*, in: F. A. Muckler (Ed.), Human factors review 1984, Santa Monica: The Human Factors Society 1984

/Ziegler 87/
Ziegler J.: *Grunddimensionen von Interaktionsformen*, in: W. Schönpflug & M. Wittstock (Hrsg.), Software-Ergonomie 87, Stuttgart: Teubner 1987, pp. 489-497

6 Menüauswahl

Edmund Eberleh

6.1 Ein alltägliches Beispiel

Wenn wir in einem Restaurant essen gehen, bekommen wir in der Regel eine Speisekarte vorgelegt, aus der wir die uns zusagenden Gerichte auswählen. Dieser Auswahlvorgang ist jedem von uns geläufig, und auf dem gleichen Prinzip basiert auch die Dialogform der *Menüauswahl*. Bei der Dialogform Menüauswahl wird dem Benutzer eines Computersystems eine Liste von Objekten oder Kommandos (im folgenden *Items* genannt) angeboten, aus der er ein geeignetes auswählen kann. Die Menüauswahl kann eine auch von unerfahrenen Benutzern unmittelbar einsehbare und schnell erlernbare Interaktionstechnik mit einem Computer sein.

Ob sie es jedoch auch in der Verwirklichung in einem konkreten Computersystem ist, hängt von der Sorgfalt bei der Menügestaltung ab. Die Gestaltung einer Speisekarte erscheint uns einfach und unproblematisch zu sein. Dennoch lassen sich schon dort elementare Prinzipien der Gestaltung von Menüauswahlen erkennen, die im Kontext eines Computers nicht mehr so offensichtlich sind und leider auch noch häufig unbeachtet bleiben (Abb. 6-1).

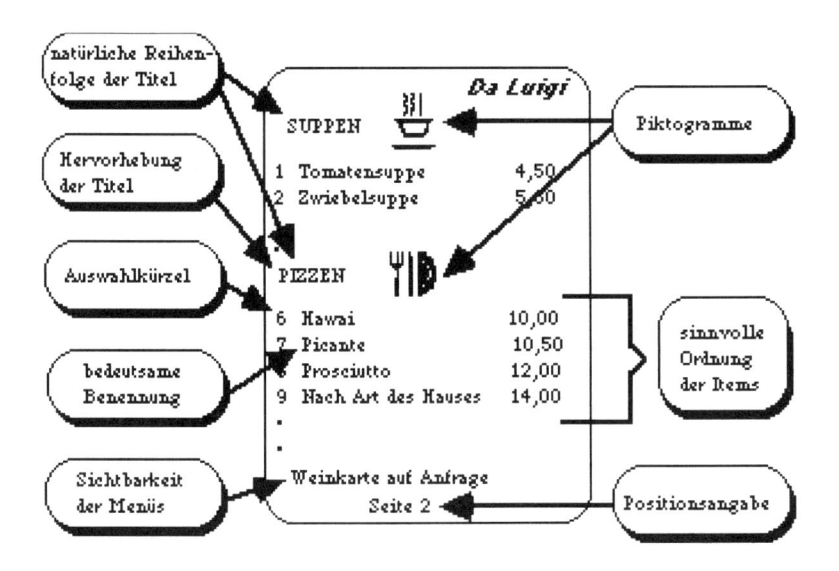

Abb. 6-1: Einige zu beachtende Aspekte bei der Gestaltung von Menüauswahlen

Es beginnt damit, daß die Speisekarte eine gewisse Gliederung hat, von Vorspeisen über Suppen und anderen Gerichten bis zum Dessert als krönenden Abschluß. Die Namen dieser Gruppen sind meistens optisch hervorgehoben und oft mit Bildern illustriert. Auch innerhalb der einzelnen Speisefolgen sollten die Gerichte zum schnelleren Auffinden sinnvoll geordnet sein, sollten bedeutungshaltige Namen besitzen und sind oft durch Nummern einfacher anzugeben. Und schließlich kann man in vielen Fällen auf Nachfrage weitere speziellere Karten erhalten. Diese und noch einige andere Aspekte spielen auch bei der Gestaltung einer Menüauswahl auf einem Computersystem eine wichtige Rolle. Sie werden im folgenden nach einer kurzen konzeptuellen Charakterisierung der Menüauswahl detaillierter dargestellt.

6.2 Allgemeine Eigenschaften von Menüauswahlen

6.2.1 Konzeptuelle Charakteristika

Die Dialogform Menüauswahl wird oft mit Kommandosprachen kontrastiert. Eine derartige Gegenüberstellung ist problematisch und nicht immer gerechtfertigt, da es fließende Übergänge zwischen beiden Dialogformen gibt (siehe Kapitel 5). Ein wesentliches Merkmal von Menüs ist die Sichtbarkeit der auswählbaren Items für den Benutzer /Fabian 86/. Der Computer bietet meistens nur eine beschränkte Zahl von Kommandos oder Objekten an, aus denen der Benutzer eine Auswahl treffen kann. Zwischen Kommandosprachen und Menüauswahl bestehen somit zwei grundsätzliche psychologische Unterschiede:

1. Bei einer Kommandosprache muß der Benutzer Informationen über Kommandonamen und -syntax aus seinem Gedächtnis *abrufen* (recall), bei der Menüauswahl braucht er Information nur *wiederzuerkennen* (recognition).
2. Bei einer Menüauswahl wird der Benutzer im Vergleich zu einer Kommandosprache in seinem Planungs- und Entscheidungsprozeß durch das System unterstützt. Dieses geschieht durch die Vorgabe der jeweils möglichen Handlungsalternativen und einer aufgabenbezogenen Strukturierung der Menüfolge.

6.2.2 Vor- und Nachteile

Eine Menüauswahl ist besonders für *ungeübte* und *gelegentliche* Benutzer geeignet. Wenn die Formulierung und Bedeutung der einzelnen Items verständlich und klar ist, können Benutzer ihre Aufgabe im Vergleich zu einer Kommandosprache mit *geringerem Lernaufwand, geringerer Gedächtnisbelastung* und *weniger Eingabeaktionen* erledigen. Dieses liegt zum großen Teil an der Verwendung des Wiedererkennungsprinzips. Menschen können ganz erheblich mehr Informationen nach nur einmaligem Sehen oder Hören wiedererkennen, als sie ohne Anhaltspunkt frei wiedergeben. Dieser menschlichen Fähigkeit kommt die Menüauswahl entgegen.

Ein weiterer großer Vorteil für Anfänger liegt darin, daß ihnen eine *Strukturierung des Dialogablaufs* und des Entscheidungsprozesses vorgegeben wird. Meistens werden nur wenige Items gleichzeitig zur Auswahl stehen, und eine vordefinierte Folge von Menüs kann den unerfahrenen Benutzer fehlerfrei zu seinem angestrebten Zielzustand leiten.

Durch Menüauswahlen reduziert sich darüberhinaus die Wahrscheinlichkeit von Eingabe- oder Tippfehlern, da keine langen, komplexen Kommandos eingegeben werden müssen.

Im Vergleich zu Kommandsprachen dauert eine Interaktion mittels Menüauswahl in der Regel jedoch trotzdem länger. Diese Eigenschaft ist für Anfänger unerheblich, macht sich jedoch in einem fortgeschritteneren Übungsstadium unangenehm bemerkbar, und wird daher von erfahrenen Benutzern stets bemängelt. Möglichkeiten zur Beschleunigung und Optimierung einer Menüauswahl für diese Benutzer werden am Schluß dieses Kapitels vorgestellt. Nachhaltig kann sich darüberhinaus auswirken, daß Menüs eine bestimmte Bildschirmfläche belegen und vorhandene Information auf dem Bildschirm verdecken können.

6.3 Strukturelle Organisation

Das wichtigste Ziel im Entwurfsprozeß ist eine den Aufgaben des Benutzers entsprechende verständliche, erinnerbare und gebräuchliche Organisation der Dialogstruktur. Durch eine bedeutsame Organisation der Menüs lassen sich Fehlerraten, Auswahlzeiten und Lernzeiten verringern /Liebelt et al. 82/. Nach Ergebnissen von /Ulich, Spinas, Mussman 86/ bestimmt der Typ der Dialogstruktur darüberhinaus entscheidend die Benutzerfreundlichkeit eines Computersystems. Je nach Strukturierung der Menüfolge lassen sich Menüauswahl-Systeme in vier allgemeine Gruppen einteilen: in *einzelne Menüs, lineare Menüsequenzen, Baum-Strukturen* und *Netzwerke*. (vgl. /Shneiderman 87/).

6.3.1 Einzelne Menüs

Bei einzelnen Menüs *(single menus)* wird nur *einmal* ein Menü dargeboten. Einzelne Menüs können als *binäres* Menü, als *multiples* Menü, als *erweitertes* oder *Mehrfachwahl*-Menü, als *pop-up, pull-down* und *drop-down* Menü oder als *permanentes* Menü gestaltet werden. Diese Gestaltungsmöglichkeiten können allerdings in allen anderen Menüstrukturen ebenfalls verwendet werden, da sie ja quasi eine Verkettung einzelner Menüs in einer bestimmten Form darstellen. Die Menü-Versionen beruhen auf der Unterscheidung folgender Eigenschaften:

124   6 Menüauswahl

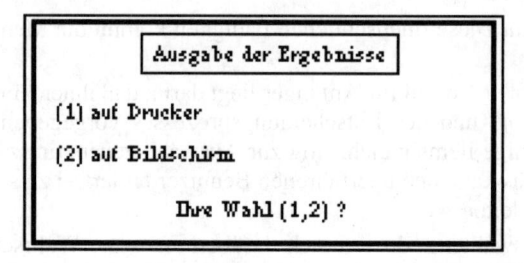

```
┌─────────────────────────────────────┐
│                                     │
│        Ausgabe der Ergebnisse       │
│                                     │
│     (1) auf Drucker                 │
│     (2) auf Bildschirm              │
│                                     │
│              Ihre Wahl (1,2) ?      │
│                                     │
└─────────────────────────────────────┘
```

Abb. 6-2: Binäres Menü

Zahl der Items

Damit man von einer Auswahl sprechen kann, müssen mindestens *zwei* Wahlmöglichkeiten bestehen (s. Abb. 6-2). In diesem Falle spricht man von einem *binären* Menü (*binary menu*). Menüs mit drei und mehr Wahlmöglichkeiten werden als *mehrfache* Menüs (multiple menus) bezeichnet. Der Benutzer sollte durch die Formulierung der Möglichkeiten klar die Konsequenzen seiner jeweiligen Wahl verdeutlicht bekommen.

Das in Abb. 6-2 gezeigte Menü ist insofern noch verbesserungsfähig, da es den Benutzer über die Konsequenzen seiner Wahl im unklaren läßt und auch keine Abbruchmöglichkeit vorsieht.

Zahl der Bildschirmseiten

Normalerweise sind alle Wahlmöglicheiten auf *einer* Bildschirmseite untergebracht. Bedingt die große Zahl der Items mehrere Bildschirmseiten, so liegt ein *erweitertes Menü* (extended menu) vor. Bei dieser Menüform ist es besonders wichtig, daß der Benutzer eine klare Angabe über seinen jeweiligen Standort bekommt, und die Möglichkeit hat, sich frühere Seiten nochmals anzuschauen.

Zahl gleichzeitig möglicher Wahlen

In den meisten Fällen kann der Benutzer nur *eine* Auswahl treffen. Vor allem bei Suchangaben für Datenbanken sowie bei Parameterangaben z. B. über das Layout eines Textes sind jedoch oft mehrere Wahlen möglich. Diese Menüform wird als *Mehrfachwahl*-Menü (*multiple selection menu*). bezeichnet. Abb. 6-3 zeigt ein derartiges Menü, in dem die Wahlen (schwarze Punkte) durch anklicken der Kreise mit der Maus angegeben werden.

Sichtbarkeit der Items

Damit Benutzer bei einem kommandosprachlichen Dialog die wichtigsten Kommandos stets verfügbar haben, werden sie oftmals ständig auf einem dafür reservierten Teil des Bildschirms angezeigt. In einem solchen Falle liegt ein *permanentes* Menü (*permanent menu*) vor. Eine zweite häufige Anwendung permanenter Menüs liegt bei CAD - Systemen und anderen Zeichen- und Malprogrammen, in

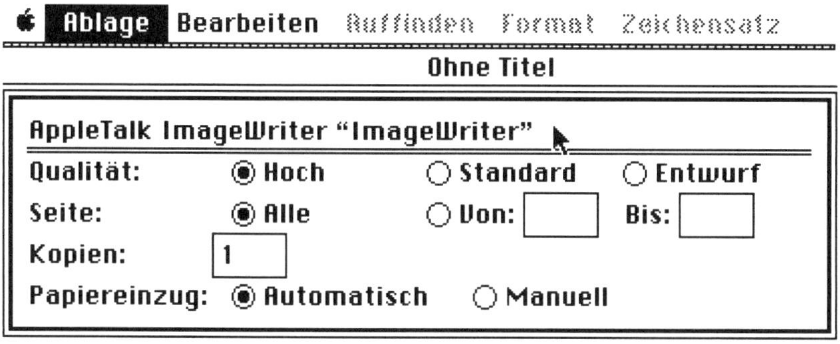

6.3 Strukturelle Organisation 125

```
 Ablage  Bearbeiten  Auffinden  Format  Zeichensatz
                          Ohne Titel
┌─────────────────────────────────────────────────────┐
│ AppleTalk ImageWriter "ImageWriter"                 │
│ Qualität:        ● Hoch      ○ Standard   ○ Entwurf │
│ Seite:           ● Alle      ○ Von: [  ]  Bis: [  ] │
│ Kopien:          [1]                                │
│ Papiereinzug:    ● Automatisch   ○ Manuell          │
└─────────────────────────────────────────────────────┘
```

Abb. 6-3: Mehrfachwahl-Menü

denen die Zeichen- oder Werkzeugfunktionen ständig anwählbar sind (siehe Abb. 6-5).
Da diese Form jedoch ständig einen Teil des knappen Bildschirmplatzes belegt oder ein großes, unübersichtliches Graphiktablett erfordert, werden die meisten Menüs erst nach einer bestimmten Aufforderung an den Computer sichtbar gemacht. Spezielle Varianten hiervon sind sog. *pull-down* Menüs, bei denen das Menü nach Anklicken der Titelleiste unter dem Titel sichtbar wird (siehe Abb. 6-4), und *drop-down* Menüs, bei denen das Menü bereits nach Berühren der Titelleiste mit dem Cursor unter dem jeweiligen Titel „herunterfällt". *Pop-up* Menüs, erscheinen an einer durch die Maus ausgewählten Stelle auf dem Bildschirm und enthalten die Funktionen, die mit dem zuvor ausgewählten Objekt möglich sind (vgl. dazu den Beitrag von /Ilg, Ziegler, in diesem Band/).

```
  Ablage  Bearbeiten  Auffinden  Format  Zeichensatz
 ┌──────────────────┬═══════ Ohne Titel ═══════
 │ Neu              │
 │ Öffnen...    ⌘O  │
 │ Schließen    ⌘W  │
 │ Sichern      ⌘S  │
 │ Sichern unter... │
 │ Papierformat...  │
 │ Drucken...   ⌘P  │
 │ Beenden      ⌘Q  │
 └──────────────────┘
```

Abb. 6-4: Pull-down Menü

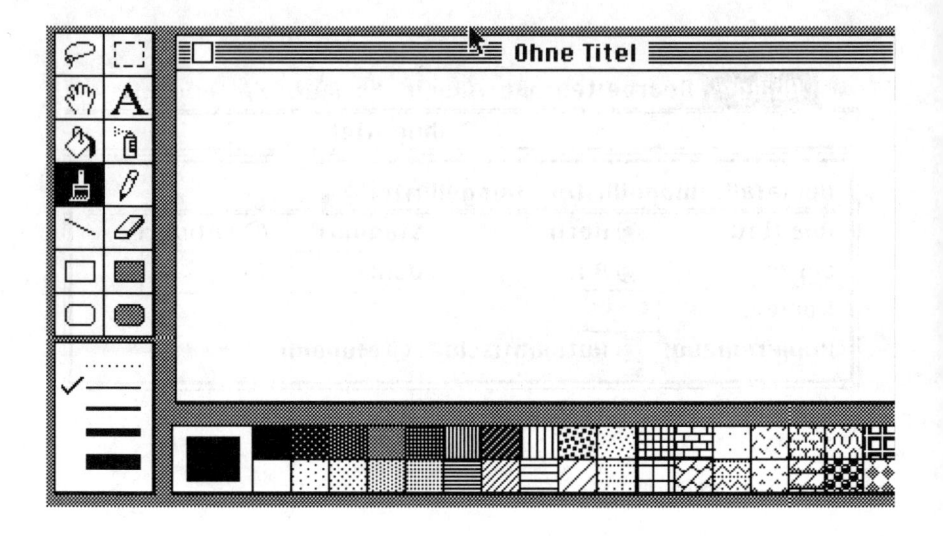

Abb. 6-5: Permanentes Menü mit Benutzung analoger Informationsdarstellung

6.3.2 Darstellung der Items

Eine letzte Unterscheidungsmöglichkeit von Menüs besteht in der Art der Informationsdarstellung der Items. In der häufigsten Form werden die Wahlmöglichkeiten sprachlich beschrieben, was einer digitalen Informationsübermittlung entspricht. Diese Form erfordert eine sorgfältige Benennung der Menütitel und -items. Besonders für die Darstellung konkreter Objekte und allgemeinverständlicher Funktionen erweist sich eine analoge Informationsdarstellung durch Piktogramme oder entsprechende Farbmuster oft als sehr viel geeigneter (siehe Abb. 6-5).

6.3.3 Lineare Sequenzen

Bei lineraren Menüsequenzen durchläuft ein Benutzer unabhängig von seiner Auswahl stets eine vordefinierte Folge von Menüs. Diese Form ist sinnvoll bei einer gleichbleibenden notwendigen Folge von Handlungsschritten oder Parametereingaben wie etwa beim Drucken. Ungeübte oder gelegentliche Benutzer werden so zu ihrem Handlungsziel geleitet ohne bestimmte Eingaben zu vergessen. Des weiteren werden komplexe Entscheidungprozesse vereinfacht, indem der Benutzer zu jedem Zeitpunkt nur eine Entscheidung zu treffen braucht.

Die Menüs sollten in der Reihenfolge zu durchlaufen sein, die sich aufgrund der Aufgabenstruktur als natürliche Sequenz ergibt. Ist dies nicht möglich, so sollten vom Benutzer zuerst einfache Entscheidungen erfragt werden. Ihm wird dadurch

bei komplexeren Entscheidungen die Konzentration auf das Wesentliche erleichtert.
In linearen Menüsequenzen sollte der Benutzer durch eine Anzeige darauf hingewiesen werden, wo er sich gerade befindet. Ihm sollte die Möglichkeit gegeben werden, sich frühere Wahlen nochmals anzuschauen bzw. die Sequenz abzubrechen. Nichts ist so lästig, als eine für falsch befundene Handlung zu Ende führen zu müssen, weil ein anderer Abbruch nicht möglich ist. Als eine Version linearer Sequenzen können die sequentiellen Menüabfragen auch in einem Menü zusammengefaßt werden, in dem dann evtl. mehrere Wahlen zu treffen sind (siehe Abb. 6-3).

6.3.4 Baumstrukturen (Hierarchien)

In vielen Fällen bedingt die große Zahl von Objekten oder Konzepten eine zusammenfassende Gruppierung der Items, soll nicht die Übersicht verlorengehen. Die Hierarchie der Gruppen ergibt eine Baumstruktur, deren großer Vorteil darin besteht, daß schon mit wenigen Hierarchieebenen eine sehr große Itemzahl untergebracht werden kann.
Der Benutzer beginnt hier mit der Auswahl in einem allgemeinen Menü, d. h. auf der allgemeinsten Entscheidungsebene. In Abhängigkeit von seiner Wahl wird ein anderes Menü der darunterliegenden Hierarchieebene dargeboten. Eine Verbindung zwischen einzelnen Zweigen der Hierarchie existiert nicht (siehe Abb. 6-6).
Für die Gruppeneinteilung sollten folgende Richtlinien beachtet werden:
Die Klassen oder Gruppen von Items müssen für den Benutzer bedeutungsvolle, verständliche Namen tragen, die aus dem Wortschatz des Benutzers stammen. Die Gruppen sollten keine Überschneidungen untereinander aufweisen und es sollten möglichst alle Alternativen damit abgedeckt werden. Die Gruppen sollten so gewählt und bezeichnet werden, daß die Items der untergeordneten Menüs *typische* Mitglieder der jeweiligen Gruppe sind. Dieses führt zu schnelleren und genaueren Itemauswahlen /Verwey et al. 88/.
Bei Erfüllung dieser Richtlinien führen Baumstrukturen zu sehr schnellem Auffinden des gesuchten Items. Sind sie allerdings mißachtet worden, führen Baumstruk-

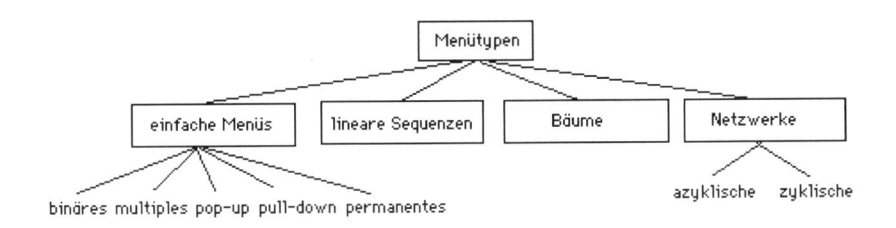

Abb. 6-6: Baumstruktur

turen schnell zu einem Verirren des Benutzers in der Vielfalt der Hierarchien und Gruppen.

Eine häufig untersuchte Frage betrifft das Verhältnis von Tiefe zu Breite von Bäumen. Im allgemeinen haben sich breitere Bäume mit drei bis vier Ebenen und jeweils ca. acht Items pro Menü als am günstigsten herausgestellt /Landauer, Nachbar 85/. Schmale, tiefe Bäume führen dagegen zu langsamen ungenauen Auswahlen, und werden von Benutzern wenig geschätzt /Kiger 84/. Bietet das Menü aber in analoger Darstellung Farben oder Muster zur Auswahl an, kann auch in einer größeren Anzahl von Elementen das Gewünschte sehr schnell erkannt werden. Der Vorteil breiterer Bäume ist mit einer besseren Orientierung der Benutzer zu erklären. Indem mehr Items gleichzeitig sichtbar sind bekommt der Benutzer eine bessere Übersicht und Entscheidungshilfe, indem er die einzelnen Möglichkeiten gegeneinander abwägen kann.

Baumstrukturen mit semantisch gruppierten Items ergaben im Vergleich zu einer alphabetischen Anordnung keine Unterschiede in Leistungsmaßen und Bevorzugung /Tombaugh, McEwen 82/.

6.3.5 Netzwerke (Heterarchien)

Manchmal ist es sinnvoll, von verschiedenen Menüs auf das gleiche untergeordnete Menü zugreifen zu können. Diese Möglichkeit ist bei streng hierarchischen Baumstrukturen nicht gegeben. Eine weitere Einschränkung von Bäumen liegt darin, daß ein Wechsel zwischen verschiedenen Zweigen nur nach einem Umweg über das Hauptmenü möglich ist. Netzwerkstrukturen vermeiden diese Nachteile.

Netzwerken liegt eine Baumstruktur zugrunde, die um zusätzliche Übergänge zwischen Menüs erweitert ist. Bei *azyklischen Netzwerken* sind Verbindungen zwischen verschiedenen Zweigen erlaubt, allerdings stets nur in einer Richtung. Bei *zyklischen Netzwerken* sind zusätzlich noch Rücksprünge zu übergeordneten bzw. vorausgegangenen Menüs möglich (siehe Abb. 6-7). Prinzipiell ist somit der Handlungsspielraum der Benutzer bei einem Netzwerk höher als bei einer Baumstruktur.

Ein schwerwiegender Nachteil von Netzwerken liegt in ihrer Unübersichtlichkeit für den ungeübten Benutzer. Infolge der komplexen Dialogstruktur wird der Aufbau eines mentalen Modells erschwert, wodurch die Gefahr steigt, daß Benutzer die Orientierung verlieren bzw. den ihnen zur Verfügung gestellten Handlungsspielraum nicht ausschöpfen. Es sollte daher eine Übersicht über die Menüstruktur in Form einer graphischen Netzwerkdarstellung verfügbar sein (siehe Abb. 6-9).

6.4 Auswahlkürzel

Die Wahl eines Menüitems kann dem Computer auf verschiedene Art und Weise mitgeteilt werden. Möglich ist die Eingabe einer Ziffer oder eines Buchstabens mittels Tastatur oder das Zeigen auf das gewünschte Item mit einem Zeigeinstrument wie der Maus. Das entsprechende Auswahlkürzel oder Item kann allerdings

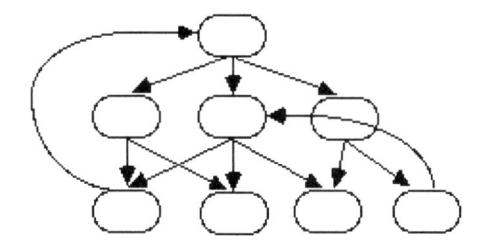

Abb. 6-7: Zyklisches Netzwerk

auch mittels natürlicher Sprache ausgewählt werden (vgl. den Beitrag von /Balzert in diesem Band/). Spracheingabe bietet den Vorteil, daß kein Platz für Tastatur oder Zeigeinstrument vorhanden sein muß. Sie ist darüberhinaus besonders für Dialogsituationen geeignet in denen Benutzer aufgrund ihrer Arbeitsaufgaben keine Hände zur Computerbedienung frei haben. Menüauswahl durch Spracheingabe setzt allerdings eine aufwendigere Analyse der Eingabe voraus, und erlaubt bisher nur ein beschränktes Vokabular.

6.4.1 Ziffern

Eine Verwendung von Zahlen als Auswahlkürzel ist besonders bei Menüs mit natürlicher Itemfolge sinnvoll. Hier können die Items durchnumeriert werden, was dem Benutzer sofort einen Überblick über die Gesamtzahl der möglichen Alternativen erlaubt, die er dann systematisch absuchen kann. Oftmals stehen als Auswahlmöglichkeit auch nur numerische Tasten zur Verfügung, wie teilweise beim Btx. Und schließlich sind Zahlen auf der Tastatur leicht auffindbar, auch von Benutzern, denen die Tastatur noch nicht so vertraut ist. Tauchen gleiche Items in mehreren Menüs auf, sollte darauf geachtet werden, daß sie nach Möglichkeit stets die gleiche Ziffer zugeordnet bekommen.

Etwas umständlicher werden Zahlen zur Auswahl bei Menüs mit mehr als zehn Items, da hier in einigen Fällen zweistellige Ziffern eingegeben werden müssen. Zu Mißverständnissen beim Benutzer können Zahlen schließlich in den Fällen führen, in denen den Items keine natürliche Folge zugrundeliegt. Eine Durchnumerierung könnte vom Benutzer als Angabe der Wichtigkeit oder Mächtigkeit eines Items interpretiert werden (siehe Abb. 6-2).

6.4.2 Buchstaben

Im Vergleich zu Ziffern stehen bei Buchstaben 26 verschiedene Kürzel zur Verfügung, so daß in den meisten Fällen nur eine Taste getippt werden muß. Bei Buchstaben verringert sich die Wahrscheinlichkeit eines Tippfehlers, da sie über die Tastatur verstreut liegen und somit gezielt gesucht werden müssen. Diese Verstreutheit erschwert und verlängert jedoch die Wahl für Benutzer, die mit Tastaturen wenig vertraut sind.

Die Buchstaben können den Items entweder einfach *sequentiell* von A ausgehend zugeordnet werden oder aber nach einem gedächtnispsychologisch sinnvolleren, aber auch aufwendigeren *mnemotechnischen* Prinzip.

Bei einer mnemotechnische Buchstabenwahl wird versucht, den Items bestimmte geeignete Buchstaben gezielt zuzuordnen. So kann z. B. der Buchstabe gewählt werden, mit dem das Item oder Kommando beginnt, wie *C* für *Copy* oder *S* für *Save*. Durch eine derartige Zuordnung kann die Auswahlzeit und Erinnerbarkeit der Items erhöht werden.

Sie erhöht darüberhinaus die Sicherheit und das Vertrauen des Benutzers in seine Wahl, da die Funktion durch das Kürzel bei der Wahl nochmal verdeutlicht wird. Werden neue Items hinzugefügt, ist keine Umorganisation der Auswahlkürzel notwendig wie bei einer sequentiellen Buchstabenwahl. Ein Problem kann allerdings dann auftreten, wenn zwei Items den gleichen Buchstaben erfordern würden. Hier werden oftmals zwei Buchstaben zur Unterscheidung notwendig.

In einer Studie von /Perlman 84/ ergaben sich bei Verwendung von mnemotechnischen Auswahlkürzeln die geringsten Auswahlzeiten, gefolgt von numerierten Items und einer sequentiellen Buchstabenzuordnung.

6.4.3 Ziffern plus Buchstaben

In manchen Fällen kann eine Kombination von Ziffern und Buchstaben sinnvoll sein. So könnten etwa Ziffern für das Hauptmenü verwendet werden, und eine mnemotechnische Buchstabenzuordnung für oft und in verschiedenen Menüs auftretende generische Funktionen wie *H* für *Help* und *N* für *Next*. Ist eine Pfadangabe (s. u.) möglich, können Menüs mit Ziffernwahl und Menüs mit Buchstabenwahl abwechseln, um bei irrtümlicher zweimaliger Eingabe des Kürzels ein Überspringen von Menüs zu vermeiden.

6.4.4 Zeigen

In modernen Computersystemen wird zunehmend mehr die Auswahl durch Zeigeinstrumente verwendet. Dieses Prinzip kann durch Geräte wie Maus, Steuerknüppel oder berührungsempfindliche Bildschirme (siehe Kapitel 4) realisiert werden, aber auch mit Pfeiltasten zur Cursorsteuerung. Das gewünschte Item wird hiermit ausgewählt und anschließend optisch hervorgehoben, z. B. durch inverse Darstellung oder Unterstreichen (siehe Abb. 6-8).

Der große Vorteil dieses Auswahlprinzips liegt darin, daß es dem natürlichen Vorgehen des Menschen entspricht, auf gewünschte oder interessante Dinge durch Zeigen hinzuweisen. Ein weiterer Vorteil ist, daß kein Bildschirmplatz für Ziffern oder Buchstaben reserviert werden muß, und daß das ausgewählte Item optisch hervorgehoben wird. Dieses verringert die Wahrscheinlichkeit einer falschen Wahl

Abb. 6-8: Menüwahl durch Zeigen und Hervorhebung des gewählten Items

und vermittelt dem Benutzer ein Gefühl der Sicherheit. Ein Nachteil dieses Auswahlprinzips ist, daß keine Menüauswahl durch Pfadangaben möglich ist. Hier muß auf Makrokommandos zurückgegriffen werden (s. u.).

6.5 Gestaltung von Menüs

6.5.1 Benennung der Titel

Bei Büchern und Filmen kann der Titel über Erfolg oder Mißerfolg entscheiden. Auch bei einer Menüauswahl ist die Titelwahl ein wichtiger Aspekt im Gestaltungsprozeß. Titel sollten möglichst kurz und prägnant formuliert werden. Dabei ist auf einen einheitlichen grammatikalischen Stil zu achten. Kurze Sätze mit Substantiven oder gar nur ein Stichwort (z. B. *Zeichensätze*) selbst erweisen sich als günstiger als längere Phrasen mit Verben (wie etwa *Wählen Sie einen Zeichensatz*). Je nach Menütyp sind noch weitere Gestaltungsaspekte zu beachten:

Bei einem einzelnen Menü sollte der Titel möglichst einfach und eindeutig die Situation beschreiben. Bei *Menüsequenzen* sollten die Titel die einzelnen Schritte der Sequenz widerspiegeln. Liegt eine *hierarchische Menüstruktur* vor, sollte der Anfang bzw. das Hauptmenü am Titel eindeutig erkennbar sein. Die Items des Hauptmenüs können jeweils als Titel der untergeordneten Menüs übernommen werden. Dieses Vererbungsprinzip ist dem Benutzer eine Orientierungshilfe und gibt ihm die Rückmeldung und Bestätigung, das gewünschte Menü auch wirklich aufgerufen zu haben.

Bei *Netzwerken* werden Titel für die Orientierung des Benutzers noch wichtiger. Hier können ja Titel von mehreren übergeordneten Menüs aufgerufen werden. Deshalb ist eine gleiche Benennung der Menüitems in den verschiedenen Menüs und die entsprechende Titelbenennung des untergeordneten Menüs zu gewährleisten.

6.5.2 Benennung der Items

Die Menüitems sollten so formuliert werden, daß sie klar voneinander abgegrenzt sind, und daß sie für alle Benutzer verständlich sind. Um dieses zu erreichen, sollten gebräuchliche und dem Benutzer vertraute Namen verwendet werden. Hierdurch kann die Auswahlzeit verringert werden /Somberg, Picardi 83/. Wie bei Titeln ist eine konsistente, knappe Formulierung zu wählen, wobei Verben nach Möglichkeit zu vermeiden sind. Das Schlüsselwort sollte als erstes genannt werden.

6.5.3 Anordnung der Items

Besitzen die Items eines Menüs eine natürliche Ordnung wie z. B. die Kapitel eines Buches, die Wochentage oder die Zeichensatzgröße, so sollten die Items in dieser natürlichen Folge auch angeordnet werden. Dimensionen für natürliche Ordnungen können die Zeit sein (*chronologische* Ordnung), der Zahlenstrahl (*ordinal* aufsteigende oder absteigende Ordnung) und *physikalische* Eigenschaften (etwa Länge, Volumen, Temperatur oder Strichstärke).

Liegt den Items keine natürliche Ordnung zugrunde, kann eine *alphabetische* Anordnung gewählt werden, oder eine Anordung nach *Häufigkeit* der Benutzung oder *Wichtigkeit* der Items. Schließlich können *funktional ähnliche* Items zu Gruppen zusammengefaßt werden, wobei die Gruppen optisch getrennt werden sollten. Im Vergleich zu einer zufälligen Anordnung führten alphabetische Ordnungen und funktionale Gruppierungen zu kürzeren Auswahlzeiten /Card 82/, /McDonald, Stone, Liebelt 83/.

Schließlich können die Menüitems auch so angeordnet werden, daß jeweils *semantisch ähnliche* Items aufeinander folgen. Hierdurch geschieht eine Voraktivierung des folgenden Items im Gedächtnis, was kürzere Auswahlzeiten erzeugt /Verwey et al. 88/.

6.5.4 Graphische Gestaltung

Die graphische Gestaltung sollte nach Möglichkeit über alle Menüs einheitlich sein. Durch ein konsistentes Format baut sich beim Benutzer im Laufe der Arbeit ein *Schema* auf. Ein derartiges Schema lenkt die Aufmerksamkeit des Benutzers auf relevante Information. Insgesamt wird dadurch Information schneller gefunden, und die Bedeutung einer Information ist evtl. allein aus dessen Position erschließbar(vgl. /Zwerina, in diesem Band/). Und schließlich bekommt der Benutzer das Gefühl der Sicherheit und Vorhersagbarkeit von Computerreaktionen vermittelt. In einer Studie von /Teitelbaum und Granda 84/ konnte durch eine konsistente, ein-

heitliche Gestaltung aller Menüs eine Halbierung der Auswahlzeiten erreicht werden.
Konsistente Gestaltung ist in folgenden Punkten wichtig:
- Titel sollten in jedem Menü an der gleichen Position stehen.
- Die Items selbst sollten möglichst linksbündig aufgeführt werden.
- Gleiche Positionen sollten weiterhin jeweils Fehlermeldungen, Statusanzeigen und Instruktionen haben.

6.5.5 Orientierungshilfen für Benutzer

Bei komplexen Menüstrukturen können wenig geübte Benutzer leicht die Orientierung verlieren. Eine Angabe darüber, wo bzw. in welchem Menü sich der Benutzer gerade befindet, ist daher oft sehr hilfreich. Bei *linearen Menüsequenzen* kann dies z. B. durch eine einfache gestrichelte Linie geschehen, in der jeder Strich ein Menü darstellt. Der aktuelle Standort (Menü) könnte durch ein Kreuz (Plus) dargestellt werden. Mit diesem einfachen Hilfsmittel wird der Benutzer in die Lage versetzt, den Dialogablauf zu verfolgen und zu sehen, wieviel Menüs noch durchlaufen werden müssen.
Bei *hierarchischen Menüs* kann der Titel auf jeder Ebene zur Differenzierung ein anderes Layout bekommen, z. B.
    Ebene 1: HAUPTMENÜ
    Ebene 2: Ablage
    Ebene 3: ::::: Drucken :::::
Bei graphikfähigen Bildschirmen bietet es sich an, als Orientierungshilfe auf Anfrage eine Abbildung des *Menünetzwerkes* mit Angabe des aktuellen Standortes vorzusehen (siehe Abb. 6-9).
Derartige Landkarten ermöglichen dem Benutzer eine schnelle globale Orientierung und fördern den Aufbau eines mentalen Modells von der Dialogstruktur. Sind in Form der einzelnen Menüs stets nur Ausschnitte aus der Gesamtstruktur erkennbar, ist das Zusammenfügen dieser Ausschnitte zu einem Ganzen besonders bei komplexen Netzwerken erheblich erschwert und führt zu längeren Lernzeiten /Parton et al. 85/.
Ist es nicht möglich, eine derartige Karte *on-line* als Hilfe einzublenden, bietet eine auf Papier vorliegende Karte der Menüstruktur ebenfalls schon erhebliche Leistungsverbesserungen in Suchzeit und -genauigkeit. Auf Papier vorliegende schriftliche Indexierungen der Menüeinträge führen ebenfalls zu effizienterem Suchen, allerdings nicht in dem Maße wie beim Vorliegen einer Karte /Billingsley 82/.

134   6 Menüauswahl

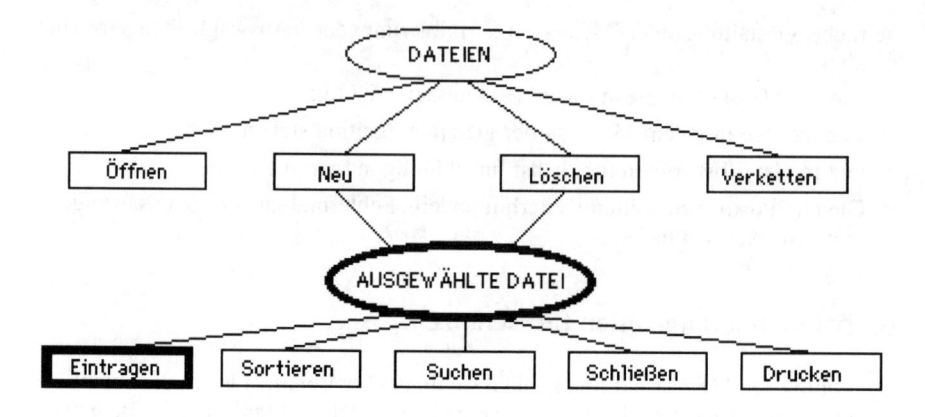

```
                    ( DATEIEN )
           /         |          |         \
    [Öffnen]   [Neu]      [Löschen]   [Verketten]
           \         |          |         /
              ( AUSGEWÄHLTE DATEI )
       /        |        |         |        \
[Eintragen] [Sortieren] [Suchen] [Schließen] [Drucken]
```

Sie befinden sich in der Funktion EINTRAGEN
im Menü AUSGEWÄHLTE DATEI

Abb. 6-9: Menüstruktur mit aktuellem Standort als Orientierungshilfe   (aus /Streitz, Eberleh 88/)

6.6 Antwort- und Bildaufbauzeit

Die Antwortzeit des Computers sowie die Zeit für den Bildschirmaufbau sind kritische Variablen für die Akzeptanz einer Dialogform /Barber, Lucas 83/ und die mentale Belastung /Schaefer et al. 86/. Es ist daher wichtig, die Dialogform so zu gestalten, daß sie ungünstige Zeiteigenschaften der Computerreaktion auffängt.

Eine Menüauswahl ist eine sehr geeignete Dialogform bei kurzer Antwortzeit und kurzer Bildaufbauzeit. Ist die Antwortzeit lang, dann sollten die einzelnen Menüs viel Items enthalten, damit häufige Menüwechsel entfallen. Bei einer langen Bildaufbauzeit sollten die Menüs dagegen weniger Items enthalten. Sind beide Zeiten recht lang, sollte überlegt werden, ob eine Kommandosprache nicht die geeignetere Dialogform darstellt (siehe Abb. 6-10).

In Experimenten zeigte sich, daß schneller Bildaufbau insgesamt von Benutzern bevorzugt wird /Shneiderman 87/. Bei der Antwortzeit scheint dagegen keine eindeutige Präferenz für eine kurze Zeit vorzuliegen. Vor allem Novizen bevorzugen eine eher längere Antwortzeit, obwohl hierin sehr große individuelle Unterschiede bestehen /Murray, Abrahamson 83/.

6.7 Beschleunigung der Menüwahlen

Für geübte Benutzer ist die Interaktion mittels Menüauswahl in der Regel zu langsam und zu langweilig, besonders bei langen Antwortzeiten des Computers. Es

Antwortzeit	Bildaufbauzeit	Empfehlung
kurz	kurz	Menüauswahl
kurz	lang	Menüs mit wenig Items
lang	kurz	Menüs mit vielen Items
lang	lang	Kommandosprache

Abb. 6-10: Gestaltungsempfehlungen bei verschiedenen Antwort- und Bildaufbauzeiten des Computers

gibt drei Möglichkeiten, die es erlauben, eine Menüauswahl auch für fortgeschrittene Benutzer beizubehalten.

6.7.1 Pfadnamen

Bei bestimmten häufig vorkommenden Arbeitsaufgaben wie z. B. das Einstellen von Druckparametern wird immer wieder die gleiche Menüsequenz durchlaufen. Ein erfahrener Benutzer lernt im Laufe seiner Arbeit mit dem Computer diese Menüsequenzen und die jeweiligen Auswahlkürzel auswendig. Eine erste Möglichkeit zur Beschleunigung der Interaktion besteht darin, daß der Benutzer mit seiner Wahl nicht warten muß, bis das jeweilige Menü auf dem Bildschirm erscheint, sondern daß es ihm schon im Anfangsmenü möglich ist, die Sequenz von Auswahlkürzeln im voraus einzugeben. Wird die Auswahl durch Buchstaben gesteuert, ergibt sich dadurch eine mehr oder minder mnemotechnische Silbe, die den *Pfadnamen* zum gewünschten Item darstellt.

Diese Auswahlstrategie weist mehrere Vorteile auf:
Der Benutzer kann von Anfang an die gesamte Funktionalität des Computers nutzen, da alle Kommandos über die Menüs wählbar sind. Nachdem er einige Auswahlsequenzen gelernt hat, kann er sie nach eigenen Wünschen graduell zur Beschleunigung der Interaktion einsetzen. Die Dialogform begleitet quasi den Benutzer in seinem Lernfortschritt. Wurde etwas wieder vergessen, kann auf die Menüs zurückgegriffen werden. Bei einem sorgfältigen Entwurf der Auswahlbuchstaben für die einzelnen Items können die Buchstaben einer Auswahlsequenz zu einem sinnvollen *Superzeichen* oder *Chunk* zusammengefaßt werden. Als ein sinnvolles Wort sind sie damit leichter zu behalten als die einzelnen Buchstaben. Bei Verwendung von Ziffern als Auswahlkürzel ist eine Pfadangabe dagegen nur schwer zu merken. Die Nachteile von Pfadangaben bestehen darin, daß eine aufwendigere Analyse der Benutzereingabe durch das Computersystem nötig wird und daß die Items eines Menüs eindeutig auswählbar sein müssen.

6.7.2 Direkter Zugriff

Eine zweite Möglichkeit besteht darin, einen direkten Aufruf des gewünschten Menüitems zu gestatten. Hierzu müssen die Menüs mit Namen (Titel) belegt werden und die Items mit Ziffern. Eine Eingabe von *FAZ-2* könnte so z. B. die Seite zwei der *Frankfurter Allgemeinen Zeitung* zeigen. Das Durchlaufen der gesamten Menüsequenz bis zu diesem Item entfällt dadurch. Ein direkter Zugriff auf Menüitems setzt voraus, daß es insgesamt nur relativ wenige Menünamen gibt, die sich der Benutzer leicht merken kann. /Laverson, Norman, Shneiderman 85/ verglichen eine Menüauswahl durch Pfadangabe mit einem direkten Zugriff auf Items. Letztere Auswahlform wurde von Benutzern leichter erlernt und bevorzugt.

6.7.3 Makro - Kommandos

Oft zu durchlaufende Menüsequenzen können schließlich durch ein Makrokommando kodiert werden (vgl. den Beitrag von /Zoeppritz, Rohr, in diesem Band/). Hierzu muß die gewünschte Sequenz durchlaufen und mittels eines speziellen Programms unter einem Namen abgespeichert werden. Nach erneuter Eingabe des Names wird die Sequenz dann automatisch bis zur Wahl des letzen Items wiederholt, so daß eine Menüauswahl teilweise zu einer Kommadosprache wird. Es wird damit quasi auch ein direkter Zugriff auf einzelne Items erreicht, wobei sich jedoch die Benutzer individuell Kommandonamen wählen können.

Literatur

/Barber, Lucas 83/
    Barber R. E., Lucas H. C.: *System response time, operator productivity and job satisfaction,* in: Communications of the ACM 26, 11, 1983, pp. 972-986

/Billingsley 82/
    Billingsley P. A.: *Navigation through hierarchical menu structures: Does it help to have a map?* in: Proc. Human Factors Society, 26th Annual Meeting, 1982, pp. 103-107

/Card 82/
    Card S. K.: *User perceptual mechanisms in the search of computer command menus,* in: Proc. Human Factors in Computer Systems, (March 1982), pp. 190-196

/Fabian 86/
    Fabian F.: *Fenster- und Menüsysteme in der MCK,* in: Fischer G., Gunzenhäuser R. (Hrsg.), Methoden und Werkzeuge zur Gestaltung benutzergerechter Computersysteme, Berlin: de Gruyter, S. 101-119

/Kiger 84/
    Kiger J. I.: *The depth/breadth trade-off in the design of menu-driven user interfaces,* in: International Journal of Man-Machine Studies 20, 1984, pp. 201-213

/Landauer, Nachbar 85/
    Landauer T.K., Nachbar D.W.: *Selection from alphabetic and numeric menu trees using a touch screen: Breadth, depth, and width,* in: Proc. Human Factors in Computing Systems, ACM SIGCHI, New York 1985, pp. 73-78

/Laverson, Norman, Shneiderman 85/
Laverson A., Norman K., Shneiderman B.: *An evaluation of jump-ahead techniques for frequent menu users*, University of Maryland Computer Science Technical Report 1591, December 1985

/Liebelt et al. 82/
Liebelt L. S., McDonald J. E., Stone J. D., Karat J.: *The effect of organization on learning menu access*, in: Proc. Human Factors Society, 26th Annual Meeting 1982, pp. 546-555

/McDonald, Stone, Liebelt 83/
McDonald J. E., Stone J. D., Liebelt L. S.: *Searching for items in menus: The effect of organization and type of target*, in: Proc. Human Factors Society, 27th Annual Meeting 1983, pp. 834-837

/Murray, Abrahamson 83/
Murray R. P., Abrahamson D. S.: *The effect of system response delay and delay variability on inexperienced videotex users*, in: Behaviour and Information Technology 2, 3, 1983, pp. 237-251

/Parton et al. 85/
Parton D., Huffman K., Pridgen P., Norman K., Shneiderman, B.: *Learning a menu selection tree: Training methods compared*, in: Behaviour and Information Technology 4, 2, 1985, pp. 81-91

/Perlman 84/
Perlman, G.: *Making the right choices with menus*, in: INTERACT 84, Amsterdam: North-Holland 1984, pp. 291-295

/Schaefer et al. 86/
Schaefer F., Kuhmann W., Boucsein W., Alexander J.: *Beanspruchung durch Bildschirmtätigkeit bei experimentell variierten Systemresponsezeiten*, in: Zeitschrift für Arbeitswissenschaft 40 (12, NF), 1986, S. 31-38

/Shneiderman 87/
Shneiderman B.: *Designing the user interface: Strategies for effective human-computer interaction*, Reading Mass: Addison-Wesley 1987

/Somberg, Picardi 83/
Somberg B., Picardi M.C., *Locus of information familiarity effect in the search of computer menus*, in: Proc. Human Factors Society, 27th Annual Meeting 1983, pp. 862-830

/Streitz, Eberleh 88/
Streitz N.A., Eberleh E. (Hrsg.): *Mentale Belastung und kognitive Prozesse bei komplexen Dialogstrukturen. Abschlußbericht an die Bundesanstalt für Arbeitsschutz, Dortmund. (Arbeitsbericht Nr. I/48-1988 des Instituts für Psychologie der RWTH Aachen)*

/Teitelbaum, Granda 84/
Teitelbaum R. C., Granda R.: *The effects of positional constancy on searching menus for information*, in: A. Janda (Ed.), Human Factors in Computing Systems, Amsterdam: North-Holland 1984, pp. 150-153

/Tombaugh, McEwen 82/
Tombaugh J. W., McEwen S. A.: *Comparison of two information retrieval methods on Videotex: Tree-structure versus alphabetic directory*, in: Proc. Human Factors in Computer Systems 1982, pp. 106-110

/Ulich, Spinas, Mussman 86/
Ulich E., Spinas P., Mussman C.: *Optimierung von Benutzerschnittstellen interaktiver Systeme*, Schlußbericht zum ETH Forschungsprojekt, Lehrstuhl für Arbeits- und Organisationspsychologie der ETH Zürich, Zürich 1986

/Verwey et al. 88/
Verwey W., Glaser K., Grass A., Eberleh E.: *Zum Einfluß von Typikalität und semantischer Distanz von Menü-Items auf Suchzeiten und -genauigkeiten in hierarchischen Menüs*, Arbeitsbericht Nr. I-45, Institut für Psychologie der RWTH Aachen, Aachen 1988

7 Interaktionssprachen

Magdalena Zoeppritz, Gabriele Rohr

7.1 Einführung

7.1.1 Definition und Abgrenzung

Da Computer immer symbolisch manipuliert werden, und da Sprache das sicher wesentlichste Medium symbolischer Manipulation unter Menschen ist, kann im Prinzip jede Art der Interaktion mit Computern (außer Aufstellung, Montage oder Auswechseln von Teilen) als Sprache aufgefaßt werden, die nach Syntax, Semantik und kommunikativen Eigenschaften beschrieben werden kann. Das ist auch sinnvoll, wenn man die verschiedenen Arten der Interaktion in bezug auf eben diese Eigenschaften innerhalb eines gemeinsamen Bezugsrahmens vergleichen will. So kann von Syntax und Semantik der Programmfunktionstasten ebenso geredet werden, wie von der des Englischen oder des Prädikatenkalküls, und versucht werden, das, was dort vorgeht, im Rahmen einer Grammatik zu beschreiben. Auch die Interaktion mit der Maschine im Ganzen kann Gegenstand einer grammatischen Beschreibung sein /Reisner 81a/. Insofern können alle Interaktionsweisen mit der Maschine als Sprachen aufgefaßt und beschrieben werden.

Betrachtet man aber das Spezifische der Sprachen gegenüber anderen Arten symbolischen Handelns, wie Zeichen geben, Deuten, Kultus, u. ä., dann ist für Sprachen charakteristisch, daß ein (im wesentlichen) vorgegebenes Vokabular, eine verbindliche Syntax, und (größtenteils) vorgegebene Bedeutungen existieren, womit die Sprechenden selbst Ausdrücke formulieren und komplexere Ausdrücke aus einfacheren bilden können. Unter diesem Gesichtspunkt unterscheiden sich auch die verschiedenen Interaktionsweisen mit Maschinen erheblich und es ist sinnvoll Interaktions*sprachen* von anderen Interaktionsweisen zu unterscheiden. Sprachen, in denen die Benutzenden selbst Ausdrücke formulieren und aus einfacheren Elementen komplexere Einheiten konstruieren können, statt sie aus Vorgegebenem auszuwählen, sind Interaktionssprachen im engeren Sinn. Sie sind damit von Masken, Menüs, direkter Manipulation usw. unterscheidbar (siehe dazu auch die Kapitel 5, 6, 8 und 9), weil diese immer einen vorgegebenen Rahmen haben auf dem interagiert wird und somit in ihrer Flexibilität eingeschränkt sind. Wenn im weiteren von Interaktionssprachen die Rede ist, sind immer Interaktionssprachen im engeren Sinne gemeint.

7.1.2 Eigenschaften von Interaktionssprachen

Sprachen zur Interaktion mit Computern werden geschrieben (nur für einige spezielle Anwendungen sind bereits Einzelkommandos in gesprochener Form möglich) (siehe auch 4. Kapitel). Ihr Vokabular, ihre Syntax und ihre Semantik müssen von den Benutzenden gelernt und beherrscht werden, wenigstens in dem Umfang, der es dem jeweiligen Benutzer erlaubt, seine/ihre Intentionen auszudrücken.

Bei den Interaktionssprachen kann grob unterschieden werden nach Kommandosprachen, Abfragesprachen *(Query languages)* und Programmiersprachen. Eine Zwischenstellung nehmen die Makrosprachen ein (s. u.).

Obwohl bei den Abfragesprachen der Name den Zweck – Abfrage einer Datenbank – zu charakterisieren scheint, während die Bezeichnungen Kommandosprache bzw. Programmiersprache auf einen bestimmten Interaktionsstil hindeuten, bezeichnen alle inzwischen jeweils unterschiedliche sprachliche Eigenschaften, die sich im Zusammenhang mit bestimmten Aufgaben und den dafür als besonders geeignet empfundenen Interaktionsstilen herausgebildet haben.

Weitere oft getroffene Unterscheidungen sind *interaktive* gegenüber *nicht interaktiven* und *prozedurale* gegenüber *nicht prozeduralen* Sprachen. Oft sind auch die Übergänge zwischen den verschiedenen Sprachtypen fließend, oder verwischen sich für eine gegebene Sprache mit der Zeit aufgrund von später hinzukommenden Anforderungen.

Eine ganz andere Unterscheidung ist die nach dem Anwendungsgebiet: allgemein verwendbare Sprachen *(general purpose languages),* gegenüber Sprachen für bestimmte Zwecke *(special purpose languages)* und, innerhalb der Sprachen für bestimmte Anwendungen, etwa: Sprachen zum Erstellen von Texten *(editor languages),* Sprachen zum Formatieren von Texten, Sprachen zum Beschreiben von Formularen, zur Steuerung von Prozeßrechnern o. ä. Mit der Beschreibung des Zwecks ist über die speziellen Eigenschaften der Sprache, d. h. über die Art, wie in dieser Sprache formuliert werden kann, wie Ausdrücke gebildet werden und woraus sie sich zusammensetzen, noch nichts gesagt. Andererseits ist es natürlich nicht zufällig, daß sich die Interaktion mit einem Editor meist in einer Kommandosprache abspielt, während der Editor selbst eher in einer Programmiersprache geschrieben ist.

Benutzen von Sprachen heißt, Bedeutungsinhalte auszudrücken (wie /Smith 81/ und /Zoeppritz 86b/ betonen, gilt das auch für Interaktionssprachen). Dann ist es wichtig, wie Bedeutungen in Sprachen festgelegt sind. Für das Weitere ist vor allem zu unterscheiden zwischen Wortbedeutungen und syntaktisch definierten Bedeutungen. Bei Wortbedeutungen ergibt sich die Bedeutung eines Wortes aus dem Wortlaut selbst, bei syntaktisch definierten Bedeutungen ergibt sich die Bedeutung eines Wortes aus seiner Position innerhalb eines Ausdrucks. Rein kommen eigentlich nur syntaktisch definierte Bedeutungen vor (als vom Benutzer frei wählbare Namen), Wortbedeutungen (Schlüsselwörter, Operatoren) bedürfen meist eines bestimmten syntaktischen Rahmens, in dem die Bedeutung aktualisiert wird. Die Bedeutung eines Ausdrucks setzt sich aus Wortbedeutungen und syntaktisch definierten Bedeutungen zusammen. Sprachen unterscheiden sich darin, wie die Bedeutun-

gen auf Syntax und Vokabular verteilt sind und wie Syntax und Vokabular den Benutzergewohnheiten und Benutzerinteressen entsprechen.
Im folgenden sollen die Eigenschaften der verschiedenen Typen von Interaktionssprachen: *Kommandosprachen, Abfragesprachen, Programmiersprachen* kurz beschrieben werden, mit besonderer Beachtung dessen, was sich daraus für die Benutzung der Sprachen ergibt.

7.2 Die vier Hauptgruppen von Interaktionssprachen

7.2.1 Kommandosprachen

Bei den **Kommandosprachen** sind die Bedeutungen überwiegend im Vokabular festgelegt, im Inventar an verfügbaren Kommandos. Soll der Geltungsbereich eines Kommandos näher bestimmt werden, müssen dem Kommando Zusatzinformationen beigegeben werden, das geschieht meist in Form von Parametern. Parameter können Variable sein, so das Objekt der Benutzenden, auf das das Kommando angewendet werden soll. Parameter können aber auch die Art der Anwendung des Kommandos beschreiben, dann sind sie, wie die Kommandos selbst, im Vokabular festgelegt (*Options*). Die Aufgabe der Syntax ist es, Kommandos von Parametern und, innerhalb der Parameter, verschiedene Arten von Parametern voneinander zu unterscheiden. Die Bedeutung einer Zeichenkette ergibt sich dann aus der Kette selbst und ihrer relativen Position gegenüber den anderen Zeichenketten innerhalb eines Ausdrucks.

Beispiele

LOGOFF

Die Position am Zeilenanfang charakterisiert LOGOFF als Kommando. LOGOFF hat keine Parameter, die Bedeutung des Kommandos ist vorgegeben: eine Benutzersitzung soll abgeschlossen werden. Der Geltungsbereich des Kommandos ist ebenfalls festgelegt, nämlich diejenige Sitzung soll beendet werden, in der das Kommando gegeben wird.

Die folgenden Beipiele zeigen Varianten eines Kommandos LIST:

LIST START * * (LABEL
L START * * (L
L L L L (L

Das Kommando LIST hat Parameter, deren Position festgelegt ist:

1. Name der Liste
2. Typ der Liste
3. Adresse der Liste

4. fakultativ: Klammer gefolgt von Unterkommandos
Die Unterkommandos sind im Wortlaut, aber nicht in ihrer Syntax festgelegt, sie können in beliebiger Reihenfolge erscheinen

Aus der Position direkt nach dem Kommando ergibt sich, daß START der Name einer Liste ist. Die Sterne sind festgelegte Platzhalter für Typ und Adresse der Liste, mit der Bedeutung *alle* und *überall*. Die Klammer trennt Kommando und Parameter von den Unterkommandos (Options), die wieder aus dem Vokabular der Kommandosprache kommen. Mit ihnen kann in dieser Kommandosprache spezifiziert werden, was man von der Liste sehen möchte. Die Festlegung der Position (Kommando am Zeilenanfang, Unterkommando nach der Klammer) erlaubt es, das gleiche *Wort* L zur Abkürzung von zwei verschiedenen Wörtern zu verwenden, wie im zweiten Beispiel. Ebenso ist die dritte Variante dadurch möglich, daß die Bedeutung der Wörter *syntaktisch,* hier durch die Position allein, vorgegeben ist.

LISTE mit L abzukürzen, setzt allerdings zwei Dinge voraus: es darf kein anderes Kommando geben, das mit L anfängt, sonst wäre nicht klar, was mit L gemeint ist, und die Abkürzungen müssen als Wörter der Kommandosprache zur Verfügung stehen. Da der Beginn einer Reihe von Unterkommandos durch die Klammer angezeigt werden muß, könnte man auf die Platzhalter für Typ und Adresse der Liste verzichten. Man könnte aber auch auf die Klammer verzichten und alle Wörter ab dem vierten als Unterkommandos verstehen. Anders gesagt: die Platzhalter für Typ und Adresse der Liste sind redundant, wenn gleichzeitig die Unterkommandos durch Klammer abgetrennt werden. Solche Redundanz kann aus zwei Gründen sinnvoll sein: Einerseits kann dadurch der Analysealgorithmus für die Kommandosprache einfacher (und damit schneller) werden, andererseits kann die Sprache dem Benutzer konsistenter erscheinen, und damit einfacher zu handhaben sein.

Im folgenden Beispiel sind in einer Zeichenkette mehrere Elemente verschmolzen:
:hp3.

Der Doppelpunkt markiert den Beginn eines Kommandos, der Punkt sein Ende. Der Doppelpunkt hat damit die gleiche Funktion wie die Position am Anfang der Zeile bei LOGOFF und LISTE. Die Wortbedeutung des Doppelpunkts in der syntaktischen Umgebung *nicht vor Leerzeichen* ersetzt die rein syntaktische Markierung. Das Wort *hp* ist das eigentliche Kommando: wechseln der Schrift. Die *3* gibt an, welche Schrift gewählt werden soll und fungiert damit wie ein Parameter zu *hp*. Der gesamte Ausdruck *:hp3.* kann aber als ein einzelnes Kommando gelesen und benutzt werden. ❏

Aus dem oben gesagten ergeben sich Konsequenzen bei der Benutzung von Kommandosprachen. Das Vokabular muß gelernt werden und bei komplizierten Anwendungen können die Vokabularien recht groß werden. Für die Lernbarkeit ist es gut, möglichst sprechende Namen zu wählen. Parametrisierung ist eine der Möglichkeiten, das Vokabular überschaubar zu halten, indem man verschiedene Varianten gleicher Operationen, statt mit verschiedenen Kommandos, durch ein Kommando mit verschiedenen Parametern realisiert. Dann muß man sich aber die Syntax der Parameter merken. Schwierig wird es, wenn die Parameter sowohl ihrer Form als auch ihrer Position nach vorgegeben sind, man also nicht nur die Namen der Parameter, sondern auch ihre Position lernen muß. Solche unnötige Redundanz wird inzwischen bei der Entwicklung von Kommandosprachen nach Möglichkeit vermieden. Andererseits ist es wichtig, die Wahlmöglichkeiten der Benutzer bei der Vergabe von Variablennamen nicht dadurch einzuschränken, daß das System Wörter für sich reserviert. Die Positionen eines Kommandos, an denen Variablen der Benutzer stehen können, sollten also sinnvollerweise syntaktisch markiert und identifizierbar sein. Bei der Entwicklung von Kommandosprachen ist es deshalb wichtig, eine möglichst sinnvolles Gleichgewicht zu finden zwischen *Größe des Vokabulars* (viele Kommandos, wenig Parametrisierung) und *syntaktischer Komplexität* (weniger Kommandos, stärker parametrisiert), aber auch zwischen syntaktisch definierten Bedeutungen beliebiger Wörter und im System definierten Wortbedeutungen, wobei eine gewisse Redundanz für die Sicherheit bei der Handhabung der Sprache durchaus günstig sein kann, unnötige Redundanz aber vermieden werden sollte (ein Versuch, relevante Vorgänge zu modellieren, ist /Card et al. 83/, rezensiert von /Swigger 84/).

Das Ziel, möglichst sprechende Namen zu wählen, führt zu der Frage, zu wem die Namen denn eigentlich sprechen sollen, und damit zur Begrifflichkeit des Benutzerkreises einerseits und zum Zweck, dem die Kommandosprache dienen soll, andererseits. Dabei liegt es zunächst nahe, nur an die Benutzenden zu denken und zu versuchen, die Begrifflichkeit in jedem Fall den Benutzern anzupassen. Aber es hat sich gezeigt, daß es durchaus sinnvoll ist, Benutzern, die sich mit einem neuen Gerät vertraut machen wollen, auch die entsprechenden Begriffe zu vermitteln, statt krampfhaft nach Analogien auch für solche Konzepte zu suchen, die spezifisch für das Gerät sind. Bei einer neuen Aufgabe ist es natürlich, auch einige neue Begriffe zu lernen: Wenn man lernt, daß man sich beim System anmelden und abmelden muß, ist LOGON und LOGOFF so sinnvoll oder unsinnig wie jedes andere Wort (obwohl sich auch hier besseres denken ließe).

Anders ist es, wenn die Kommandosprache dazu dienen soll, die Benutzenden bei Arbeiten zu unterstützen, die sie vorher ohne Maschine auch schon gemacht haben. Da ist es wünschenswert, sich an die Begrifflichkeit der Benutzer zu halten, denn es ist nicht einzusehen, warum mit einem Wechsel des Arbeitsmittels gleich ein neues Vokabular für bekannte Tätigkeiten gelernt werden soll. Allerdings kann es dabei auch Überraschungen geben. So orientiert sich das Vokabular von SCRIPT, einer Kommandosprache zum Formatieren von Texten, an der Begrifflichkeit der Setzer, der Berufsgruppe mit der detailliertesten Begrifflichkeit für Formatierungsprobleme. Verwendet wird die Sprache aber auch von vielen anderen, die Texte schreiben, vor allem im Büro, und damit sicherlich in der Mehrzahl von Leuten, zu denen die Namen der Kommandos zunächst einmal nicht *sprechen*.

Ob die Begriffe, an denen sich die Namen der Kommandos orientieren, für die Benutzer neu sind, oder ob sie schon bekannten Begriffen entsprechen, in jedem Fall muß die spezielle Bedeutung der Kommandos im Rahmen der Anwendung gelernt werden. Das führt zur Frage nach der Sprache, in der die zu verwendenden Begriffe eingeführt werden, den geeigneten Oberbegriffen, Unterbegriffen und Analogien, die es den Benutzenden erleichtern, sinnvolle und realistische Vorstellungen über die für ihre Zwecke relevanten Vorgänge in der Maschine zu entwickeln. Dadurch erst wird die Wahl des geeigneten Kommandos und die Reaktion der Maschine auf das Kommando für die Benutzenden plausibel, während falsche Vorstellungen zu Mißverständnis, Verwirrung und Frustration führen /Lewis, Mack 82/.

Wie der Name schon andeutet, sind Kommandosprachen dazu da, einfache oder komplexere Befehle auszudrücken, um spezielle Zustände des Systems zu erreichen. Die Geltungsbereiche solcher Befehle sind zeitlich und örtlich relativ begrenzt. Die Liste, die auf das LIST-Kommando hin erscheinen soll, soll jetzt und hier erscheinen. Die Leerzeile in einem gegebenen Dokument soll an die Stelle formatiert werden, an der das Kommando für *Leerzeile* im Dokument steht. Die einzelnen innerhalb einer Sitzung abgegebenen Kommandos mögen in einem logischen und sachlichen Zusammenhang stehen, aber sie werden unabhängig voneinander eingegeben, das Resultat kann im allgemeinen gleich überprüft werden, es gibt – mehr oder weniger verständliche – Rückmeldungen, und es ist meist nicht unbedingt nötig, über das gerade in Frage stehende Kommando hinaus zu planen. Im Zweifel sieht man an der Rückmeldung, wenn man sich vertan hat.

Weil aber Folgen von an sich unabhängigen Kommandos oft in einem sachlichen und logischen Zusammenhang stehen, möchte man sie auch real zusammenfassen können. Für die meisten Kommandosprachen gibt es diese Möglichkeit durch die Definition von Makros (s. u.).

Kommandosprachen sind meist zweckgebundene Sprachen: Platzbuchung, Erstellen von Texten, Formatieren von Texten, Kommunikation mit dem Betriebssystem usw. Die Anzahl erwarteter Funktionen ist begrenzt und kann durch eine entsprechende Anzahl gegebenenfalls parametrisierter Kommandos implementiert werden. Man stelle sich aber eine Kommandosprache vor, in der Funktionen und entsprechende Kommandos sowohl für Platzbuchung, als auch für die Kommunikation mit dem Betriebssystem, für Lohnbuchhaltung und für die Aufnahme von Krankengeschichten vorgesehen sind. Das Vokabular einer solchen Sprache würde sehr groß und, wegen der unterschiedlichen Verfahren und Begrifflichkeiten, ziemlich unhandlich, ohne daß eine Gewähr dafür bestünde, daß wirklich an alles gedacht ist. Andererseits würde sich hinter diesem Vokabular eine Menge Gemeinsames verstecken, was die Steuerung von Abläufen, die Behandlung von Variablen, das Abfragen von Bedingungen, Verzweigung, Speicherung und Adressierung betrifft. Zur Behandlung dieser Gemeinsamkeiten eignet sich besser eine Programmiersprache, und zwar eine allgemein verwendbare Programmiersprache (*general purpose language*), dort stehen diese Probleme im Vordergrund, während sich in den Kommandosprachen die von den Benutzenden gewünschten Funktionen widerspiegeln.

7.2.2 Abfrage-Sprachen

Abfragesprachen, genauer Datenbank-Abfragesprachen, dienen dem Abruf von Daten aus Datenbanken. In /Lehmann, Blaser 79/ werden mehrere Abfragesprachen nach ihrem Aufbau und der Art ihrer Benutzung charakterisiert, /Reisner 81b/ gibt eine Übersicht über experimentelle Untersuchungen von Abfragesprachen und deren methodische und konzeptuelle Probleme, /Vassiliou, Jarke 84/ versuchen eine Taxonomie.

Mit den sogenannten *prozeduralen* Abfragesprachen beschreiben die Benutzenden, wie die gewünschten Daten in der Datenbank zu finden sind. Eine Abfrage ist dann quasi ein Programm. Insofern sind die prozeduralen Abfragesprachen unter die Programmiersprachen für spezielle Zwecke zu rechnen. Benutzer einer solchen Sprache müssen nicht nur wissen, welche Daten sie sehen wollen und wie sie organisiert sind, sondern auch, wie die Auffindungsprozesse im Datenbanksystem zu steuern sind.

Wichtiger sind inzwischen die sogenannten *deskriptiven* Abfragesprachen. Mit ihnen können die Daten, die der Benutzer sehen will, beschrieben werden, ohne daß der Benutzer wissen muß, wie das Datenbanksystem das Aufsuchen der Daten im Detail bewerkstelligt.

Beispiel

SELECT VORNAME, NAME	Zeige mir die Spalten *Vorname* und *Name*
FROM PERSONAL	aus der Relation *Personal*
WHERE KINDERZAHL > 2	wobei die Spalte *Kinderzahl* > 2 sein soll ❑

In dieser Abfragesprache sind SELECT, FROM, WHERE und > in der Sprache definiert, während *Personal*, *Kinderzahl*, *Vorname* und *Name* Variable sind. Gültig ist der Ausdruck, wenn es eine Relation namens *Personal* mit (mindestens) den Spalten *Name*, *Vorname* und *Kinderzahl* gibt, und wenn die Werte in der Spalte *Kinderzahl* numerisch sind. Weder die Reihenfolge der erwähnten Spalten, noch welche Spalten es sonst noch in dieser Relation gibt, muß berücksichtigt werden. Auch nicht, wie und wo die Relation in der Datenbank gespeichert ist, nur daß es sie gibt, daß sie die gewünschten Daten enthält, und wie sie und ihre Spalten benannt sind. Die Sprache, aus der das Beispiel stammt, hat allerdings *reservierte Wörter*. Beim Aufbau der Datenbank muß also berücksichtigt werden, daß man eine Relation oder eine Spalte in einer Relation nicht z. B. *Select* nennen darf, und sei das von der Anwendung her noch so sinnvoll. Solche Beschränkungen erlauben eine einfachere und schnellere Analyse der Abfrage, sind aber aus Benutzersicht weniger günstig.

Einfache Abfragen sind relativ einfach zu formulieren, wie das Beispiel oben zeigt. Bei komplizierteren Abfragen wird jedoch deutlich, daß die zugrundeliegenden Konzepte dieser Abfragesprache Mengen und Relationen sind. Die Benutzenden müssen ihre Frageinteressen innerhalb dieses konzeptuellen Rahmens ausdrücken, was einiges Umdenken erfordern kann.

Bei den heutigen Abfragesprachen liegt die Schwierigkeit also weniger in der Menge des zu lernenden Vokabulars und der Bedeutung der einzelnen Operatoren, sondern in der Umsetzung von Frageintentionen in die Konzepte, die dem jeweiligen Datenmodell, hier dem relationalen, zugrundeliegen. Die Anlehnung an Wörter aus der natürlichen Sprache, die beim Lernen des Vokabulars sicher eine Hilfe ist, hilft bei der geforderten Umsetzung nicht mehr. Zwar werden Wörter aus der natürlichen Sprache verwendet, die zugehörigen Konstruktionen und deren Bedeutung, die Syntakto-semantik der natürlichen Sprache, ist nicht übernommen.

Dieses Ziel haben die Versuche, die natürlichen Sprachen selbst als Abfragesprachen verfügbar zu machen. In solchen Systemen wird die Umsetzung von der natürlichen Sprache in die formale Abfragesprache und deren Begrifflichkeit vom System übernommen. Die folgenden Beispiele sollen das kurz illustrieren.

Beispiele

Welche Mitarbeiter haben ein Auto?
SELECT   UNIQUE MITARBEITER
          FROM PERSONAL
          WHERE AUTO IS NOT NULL

Welche Mitarbeiter haben kein Auto ?
SELECT   UNIQUE MITARBEITER
          FROM PERSONAL
          WHERE AUTO IS NULL

Die formalen Versionen der Fragen gelten nur, wenn die Mitarbeiter und deren Autos sich in der gleichen Relation finden. Wenn Mitarbeiter und Autobesitzer in verschiedenen Relationen abgelegt sind, die Autos etwa in einer Relation *Auto* mit den Spalten *Nummer* und *Besitzer*, ist die Übersetzung wie folgt:

Welche Mitarbeiter haben ein Auto ?
SELECT UNIQUE MITARBEITER
       FROM PERSONAL, AUTO
       WHERE MITARBEITER = BESITZER

Welche Mitarbeiter haben kein Auto ?
SELECT UNIQUE MITARBEITER
       FROM PERSONAL
       WHERE MITARBEITER NOT IN
       (SELECT UNIQUE MITARBEITER
              FROM PERSONAL, AUTOS
              WHERE MITARBEITER = BESITZER)   ❑

Der Parallelität der Artikel *ein* und *kein* in der natürlichen Sprache entspricht eine Parallelität der formalen Ausdrücke (IS NULL bzw. IS NOT NULL) nur, wenn die abzufragenden Daten in derselben Relation zu finden sind, sonst muß die Negation als Mengendifferenz ausgedrückt werden, und damit unterscheidet sich die formale Entsprechung von ... *kein Auto* erheblich von der für ... *ein Auto*. Über das Für und Wider natürlicher Sprache ist viel gestritten worden, inzwischen gibt es erste Untersuchungsergebnisse, die einerseits zeigen, daß die natürliche Sprache durchaus Vorteile hat, andererseits hochgespannten Erwartungen (z. B., daß kein Lernen mehr nötig sei) entgegentreten /Krause 82/, /Jarke et al. 86/, /Zoltan et al. 82/, Zoeppritz 83, 86a/.

Abfragesprachen, vor allem die neueren, sind zwar zur interaktiven Verwendung gedacht, da man aber gern häufig wiederkehrende Abfragefolgen nicht jedesmal neu eingeben und zusammenhängende Folgen gemeinsam ausführen möchte, gibt es die Möglichkeit, Abfragefolgen zu sogenannten Transaktionen zusammenzufassen. Ebenso können Abfragen in Programme eingebettet werden.

7.2.3 Programmiersprachen

Die Programmiersprachen liegen allen anderen Interaktionssprachen zugrunde und bilden die Voraussetzung für deren Implementierung. In ihnen wird ein gewünschtes Ergebnis als Folge derjenigen Aktionen, Bedingungen, Verzweigungen usw. beschrieben, die zum Erreichen des Resultats nötig sind. Entsprechend spiegelt sich in Vokabular und Syntax der Programmiersprachen, vor allem der allgemein verwendbaren, eine Begrifflichkeit, die im wesentlichen mit der Bestimmung von Aktionen und der Steuerung und Kontrolle von Abläufen zu tun hat.

Man unterscheidet höhere und niedrigere Programmiersprachen. Höhere Programmiersprachen fassen Einzelinstruktionen an die Maschine zu quasi Oberbegriffen zusammen, die sich mehr an der gewünschten Aktion (Prüfen einer Bedingung z. B.) als an der dazu nötigen Abfolge von Maschinenzuständen orientieren. Durch Übersetzung (Kompilation vor der Ausführung) oder Interpretation (bei der Ausführung) werden höhere Programmiersprachen in diejenige Sprache überführt, die auf der jeweiligen Maschine ausgeführt werden kann. Ein Beispiel (zur Übersetzung vgl. Abschnitt 7-3):

Beispiel

```
q := 0;
for j := 1 to 10 do
    begin
    read (p) ;
    if p > 1 then q := q + 1
    end
write (q) ;
```
❑

Wörter der Sprache sind *for, to, do, begin, end, read write, if, then* und die Operatoren := und > . Die Elemente *q, p, j* sind Variablen, die bei der Programmierung frei gewählt werden. Den Namen der Variablen kommt eine wichtige mnemonische Funktion zu, wie man gerade am Fehlen sprechender Namen im Beispiel sieht. Daß *p* jeweils eine Zahl ist, erkennt man an seiner Verwendung im Ausdruck *p > 1*, aber welche Bedeutung die Zahlenfolge hat und welchem Zweck der Wert von *q* dient, ist aus dem Programm selbst nicht zu ersehen. Die Syntax der Sprache ist komplex. Sie erlaubt Schachtelungen von Bedingungen und Befehlsfolgen, die Definition von Schleifen für Aktionen, die mehrmals ausgeführt werden sollen und die Kontrolle von Ein- und Ausgabeoperationen. Die Ausdrucksfähigkeit von Programmiersprachen hat schon /Higman 67/ problematisiert, ihre Erweiterung durch Konzepte der natürlichen Sprache schlägt /Schefe 83/ vor, und /Curtis 83/ zeigt, daß neuere Untersuchungen diese Aspekte immer noch zu wenig berücksichtigen.

Während bei den Kommandosprachen und auch bei den Abfragesprachen im allgemeinen nicht über das abzusetzende Kommando bzw. die zu stellende Frage hinaus geplant werden muß, und ein wesentlicher Vorteil der Interaktivität ja gerade ist, daß man das weitere Vorgehen vom Resultat einer vorangehenden Aktion abhängig machen kann, ist die Planung, das Vorhersehen möglicher Systemzustände und entsprechender Reaktionen des Programms auf solche Zustände ein wesentliches

Element der Programmierung. Zu den kognitiven Aspekten des Programmierens siehe /Solloway et al. 83/, /Solloway, Ehrlich 84/.

Wenn man Kommandos und Abfragen mit Befehlssätzen und Fragen in der natürlichen Sprache vergleichen kann, so entspricht das Programmieren dem Schreiben ganzer Texte. Auch dort ist es wichtig, das Verständnis des Lesers in ganz anderer Weise zu berücksichtigen, als es bei der Kommunikation von Angesicht zu Angesicht nötig ist, denn für Rückfragen und Klärung von Mißverständnissen im Dialog ist keine Gelegenheit.

7.2.4 Makros

Die Programmiersprachen sind dafür da, einen ganzen Ablauf von Systemzuständen zu beschreiben und zu kontrollieren. Demgegenüber sind die Kommandosprachen im wesentlichen darauf ausgerichtet, das System mit kurzen Befehlen in den Zustand zu versetzen, den man gern haben möchte, um die Arbeit zu tun, um die es eigentlich geht. Oft läßt sich aber der gewünschte Zustand nicht mit einem Kommando allein erreichen. Um nicht immer wieder die gleiche Folge von Kommandos zu geben, ist es wünschenswert, solche Folgen unter einem neuen selbst definierten Kommando zusammenfassen zu können. Diesem Bedürfnis tragen die Makros und Makrosprachen Rechnung. Makros werden entweder über ein spezielles Kommando der Kommandosprache definiert, oder es besteht eine spezielle Makrosprache dafür. Der Unterschied zwischen Kommandosprachen und Programmiersprachen wird dabei fließend.

Beispiel

Vor und nach einem Zitat soll eine Leerzeile stehen und das Zitat selbst soll um 5 Anschläge eingerückt werden. Statt also vor und nach jedem Zitat zwei Kommandozeilen einzufügen (*.sk* für die Leerzeile und *.in 5* bzw. *.in 0* für Einrücken und Ausrücken), kann man sich zwei Makros definieren, und braucht dann nur noch je eine Zeile zu schreiben. Ein weiterer Vorteil ist, daß man, falls man etwas am Format ändern will (z. B. keine Leerzeile oder nur 3 einrücken), man nur die Definition des Makros zu ändern braucht, und nicht die Umgebung aller Zitate.

.dm zitat .sk / .in 5
.dm zitende .sk / .in 0

.dm steht für *definiere Makro* und der Schrägstrich trennt die einzelnen Kommandos voneinander. Man kann die so definierten Makros dann so verwenden, als wären sie Kommandos der Formatierungssprache:

.zitat
Text des Zitats
.zitende ❏

Makros wie in diesem Beispiel sind einfache Zusammenfassungen von mehreren Kommandos unter einem neuen Namen. Aber es geht auch komplizierter. Haben die Kommandos Parameter, so soll es möglich sein, diese an das Makro zu übergeben, wenn als Konstante, so auch als Variable. Und wenn es schon die Möglichkeit gibt, mehrere Kommandos zusammenzufassen, so soll es auch möglich sein, Abfolgen, die sich nur wenig unterscheiden, unter einem Makro zusammenzufassen. Die Bedingungen für jeweils unterschiedliche Abläufe müssen dann ermittelt und der Ablauf entsprechend gesteuert werden. Sobald Abläufe zu steuern sind und Variablen manipuliert werden, unterscheidet sich die Handhabung von Makros nicht wesentlich von der Benutzung einer Programmiersprache, was die Erfordernisse an Planung und Voraussicht angeht.

7.3 Hilfsmittel für das Lernen und Behalten von Interaktionssprachen

7.3.1 Wo ist welche Hilfe notwendig

Für jede Art von Interaktionssprache gilt, egal ob sie sehr formal konstruiert ist oder natürlichsprachliche Elemente enthält, daß sie in irgendeiner Form die Struktur, auf der die Interaktion stattfindet, reflektiert. Dieses ist die erste Form einer Gedächtnishilfe insofern, als mit der gelernten Interaktionssprache dem Benutzer auch immer die Struktur des augenblicklichen Systems präsent ist und nicht gesondert aus dem Gedächtnis abgerufen werden muß. Nun unterscheiden sich die beschriebenen vier Hauptgruppen von Interaktionssprachen wesentlich in den relevanten Parametern der Struktur, auf der interagiert wird:

1. **Kommandosprachen** sind gekennzeichnet durch Operationsanweisungen auf Systemkomponenten (Datei, String, Buffer, Speicher usw.), wobei die Operationen entweder eine räumliche Zu- oder Umordnung, eine Eigenschaftsänderung (z. B. große Schrift, kleine Schrift, Nachricht, Textdatei usw.) oder ein Ereignis (Austauschen oder Erschaffen von Einheiten usw.) darstellen. Es handelt sich meistens um einfache sequentielle Operationsabfolgen auf den entsprechenden Systemkomponenten. Kommandosprachen erfordern also eine einfache konsistente Syntax mit differenzierten Benennungen von Objekten (Systemkomponenten), deren Eigenschaften (Parametern), Operationen und Operationsklassen. Bei funktional mächtigen Systemen wird die Anzahl der Objekte, deren Eigenschaften und die auf ihnen möglichen Operationen sehr groß, so daß mnemonische Hilfen für die richtige Auswahl des entsprechenden Elements in einer bestimmten Situation erforderlich sind. Das kann nur durch eine treffende Benennung dieser Einheiten erfolgen.

2. **Abfragesprachen** sind gekennzeichnet durch die Herauslösung von Elementen und deren Teilmengen und deren Verknüpfung, wobei diese in einer strukturellen Beziehung zueinander stehen. Wichtig ist die Kennzeichnung der Beziehungen durch Begriffe für Oberklassen und Untermengen, die auch Beziehungen zwischen Klassen gleicher Ordnung reflektieren. Die Abfrage-Operationen sind verzweigte voneinander abhängige Operationsfolgen, die

die Gesamtstruktur aller Elemente sukzessive auf eine bestimmte Teildarstellung einschränken. Damit erfordern sie eine kompliziertere Syntax, die die Anordnungen der Elemente und die Reduzierungsmöglichkeiten der Struktur reflektiert. Eine solche Syntax sollte wegen ihrer Komplexität durch Gedächtnishilfen unterstützt werden.

3. **Programmiersprachen** dienen in erster Linie dazu, Abläufe zu steuern und in Abhängigkeit von bestimmten Ablaufbedingungen Berechnungen durchzuführen und Ein-/Ausgabe-Modalitäten zu bestimmen. Die verwendeten Elemente (Objekte) müssen bestimmten Klassen mit spezifischen Eigenschaften zugeordnet werden. Eine Unterstützung sollte hier durch Benennungen der Objektklassen erfolgen, die die spezifischen Eigenschaften dieser Objektklassen reflektieren. Komplizierte Ablaufsteuerungen erfordern ebenfalls eine komplexe Syntax, die einer Gedächtnisunterstützung bedarf.

4. **Makros** fassen eine Sequenz von Kommandos zusammen, wobei auch, ähnlich den Programmiersprachen, an bestimmte Ablaufbedingungen gebundene Ablaufverzweigungen hergestellt werden können. Dabei ist die Syntax weitaus einfacher als die der Programmiersprachen, weil keine so komplizierten Verzweigungen und Bedingungen von Objektklassen existieren. Die Unterstützung solcher Sprachen sollte aus der von Kommandosprachen und Programmiersprachen abgeleitet werden.

Die einzelnen Hauptgruppen von Interaktionssprachen erfordern somit teilweise an ganz unterschiedlichen Stellen eine Unterstützung. Charakteristischerweise konzentrieren sich die empirischen Untersuchungen bestimmter Unterstützungsformen auf die entsprechende Interaktionssprachen-Gruppe. So werden Benennungsstrategien (*Naming*) und Mnemotechnik meist im Zusammenhang mit Kommandosprachen untersucht und diskutiert, quasi-natürlichsprachliche Syntax dagegen meist im Zusammenhang mit Abfragesprachen.

Zu Programmiersprachen gibt es bisher nur wenige sehr systematische Untersuchungen, und die meisten von ihnen beziehen sich auf grafische Hilfen und syntaktische Struktur. Einige untersuchen natürlichsprachliche Anweisungen. Interessanterweise verwenden die höheren Programmiersprachen Wörter, die aus den natürlichen Sprachen teilweise als Schlüsselwörter entnommen sind und dort auch noch in ihrer Bedeutung die Syntax der Programmiersprache reflektieren. Ganz besonders gilt das z. B. für PASCAL, das ursprünglich als Lehrsprache entwickelt wurde (IF Bedingung THEN Aktion ELSE Aktion, WHILE Zustand DO Aktion usw.). Die Herstellung von Makros ist bisher so gut wie gar nicht empirisch untersucht worden. Das liegt vermutlich daran, daß die Erstellung von Makros den nicht mehr naiven Systembenutzern zugeordnet wird, die dann angeblich keine Unterstützung mehr benötigen. Für diese Benutzergruppe untersucht man lieber gleich die Unterstützung bei Programmiersprachen, obwohl die Herstellung von Makros auch grundsätzlich eigene Charakteristiken hat. Mehr Untersuchungen in diesem Bereich wären wünschenswert, vor allen Dingen, um auch *normalen* Benutzern mehr Flexibilität im Umgang mit ihren Systemen zu gewährleisten. Aus diesem Grund befassen wir uns in diesem Kapitel auch etwas ausführlicher mit Untersuchungen zu Programmiersprachen. Wenn man den Aspekt der Benutzerfreundlichkeit nicht nur als funktionale Einschränkung des Benutzers sieht, wobei der Benutzer auf streng definierten Bahnen durch das System geleitet wird (siehe Menü-Strukturen), sondern wenn man ihm eine flexible Planung und Steuerung von Aufgabensequenzen ermöglichen möchte, können die Ergebnisse der Untersuchungen an Programmiersprachen wesentliche Hinweise für die Gestaltung solcher Steuerungssprachen geben. Programmiersprachen können durchaus, wenn sie nicht auf der Maschinen-Ebene operieren, als Kommandosprachen angesehen werden, die die Planung längerer Handlungsabläufe ermöglichen.

7.3.2 Untersuchungen zu Benennungen und mnemonischen Abkürzungen in Kommandosprachen

Im allgemeinen gelten Metaphern bei der Einführung von Software-Systemen als sehr hilfreich, insbesondere beim Erstellen einer Modellvorstellung /Carroll, Mack 85/. Kommandonamen, die sich in konsistenter Weise auf ein ausgearbeitetes Metaphernsystem beziehen, müßten somit am leichtesten gelernt werden. Es spricht viel dafür, daß diese Metaphern bildlich räumliche Konzepte repräsentieren sollten. Rogers und Oborne fanden z. B., daß Kommandowörter, die konkret bildliche Vorstellungen hervorrufen, schneller gelernt und fehlerfreier benutzt werden als abstrakte Wörter /Rogers, Oborne 85/. Dieser Effekt wird noch verstärkt, wenn es sich um Wörter handelt, die im Alltagsgebrauch nicht sehr häufig auftreten. Rohr konnte speziell zeigen, daß eine konsistente Beschreibung der Systemkomponenten mit darauf ausführbaren Operationen als räumliche Anordnung von Objekten, die in spezifischer Weise manipuliert werden, sich vorteilhaft auf die Bearbeitungsgüte an einem Dateihandhabungs- und Editor-System auswirkt /Rohr 87/. Dabei zeigte es sich als wichtig, daß die Bezeichnung der Kommandofunktionen sowohl das Objekt als auch die Operation enthielt, Kommandobezeichnungen, die nur Funktionsnamen mit Synonymen für Operationen auf unterschiedlichen Objekten darstellten, führten zu schlechteren Ergebnissen. Tauber spezifiziert eine in dieser Weise konzeptionell strukturierte Schnittstelle, allerdings für direkte Manipulation /Tauber 87/. Sie kann aber leicht in sprachliche Begriffssysteme übersetzt werden.

In vielen Fällen ist die Ausführung solchermaßen ausführlicher Kommandos sehr zeitintensiv, so daß man sich mit Abkürzungen behelfen möchte. Grudin und Barnard fanden heraus, daß in jedem Fall zuerst der komplette Kommandoname gelernt werden sollte, bevor man zu den entsprechenden Abkürzungen kommt, um Verwechslungen und Fehler zu vermeiden /Grudin, Barnard 85/. Die besten Ergebnisse erzielten dabei Abkürzungen, die sich auf die ersten zwei Buchstaben des Kommandowortes bezogen. Dieses ist aber nur dann möglich, wenn die Kommandonamen nur Funktionsnamen sind. Eigenbenennungen durch die Benutzer führten durchwegs zu schlechteren Ergebnissen, weil die meisten Benutzer wenig Konsistenz bei der Benennung zeigten und somit sehr häufig ihre eigene gewählte Abkürzung wieder vergaßen.

Andere Formen der Abkürzung wurden von Wandtke und Wetzenstein-Ollenschläger untersucht /Wandtke, Wetzenstein-Ollenschläger 84/. Sie verglichen die oftmals als vorteilhaft genannten *aussprechbaren* Abkürzungen mit solchen, die Objektstruktur und Operation kodierten (z. B. *Lösche Text-Datei* als *Lö-Te-Da*).

152   7 Interaktionssprachen

Die stark strukturierten Kommando-Abkürzungen führten zu geringerer Fehlerzahl, wurden schneller gelernt und benötigten die gleiche Schreibzeit trotz längerer Buchstabenkette als die Kommando-Abkürzungen, die aussprechbar gehalten wurden.

7.3.3 Untersuchungen zu natürlichsprachlichen Hilfsmitteln in Abfragesprachen

Es wird immer wieder angenommen, daß Abfragesprachen am besten dann für programmiernaive Benutzer sind, wenn sie der natürlichen Sprache am stärksten ähneln, d. h. im Extremfall mit der natürlichen Sprache identisch sind. Betrachtet man dagegen die Ergebnisse, die in der Literatur über Untersuchungen zum Vergleich von natürlichsprachlichen Abfragen mit mehr formalen, wie SEQUEL und SQL (eine neuere Variante von SEQUEL), berichtet werden, so ist immer wieder in diesen Untersuchungen die natürliche Sprache den mehr formalen Sprachen unterlegen. Was ist der Grund für diese, dem *gesunden Menschenverstand* widersprechenden Fakten? Erstens einmal lassen viele dieser Untersuchungen einen Vergleich gar nicht zu, da zu viele Bedingungen miteinander vermischt sind. Zum Beispiel lernen die Testpersonen mit der mehr formalen Sprache ebenfalls die Struktur der Daten mit, nicht aber bei der natürlichsprachlichen Abfrage, wobei die Struktur dann nur bestimmte Frageformen zuläßt. Zweitens werden oft die Fragearten stark eingeschränkt: Abfragen auf nur einer Tabelle, wobei die Fragen eher einer rechnerischen Auswertung entsprechen, die sowieso einen eher formalen Charakter hat. Systematische Untersuchungen, die aufzeigen, in welchem Bereich die natürliche Sprache ihren Vorteil hat oder welche Aspekte von ihr, gibt es bisher so gut wie gar nicht. Für eine Kritik der bisher verwendeten Methoden siehe /Zoeppritz 86a/.

Sehen wir uns einmal beispielhaft eine Untersuchung von Shneiderman etwas genauer an. Sie ist in ihrer Form stellvertretend für viele Untersuchungen dieser Art /Shneiderman 80/ (siehe als Kritik dazu auch /Rowe 82/). Er verglich SEQUEL mit einer natürlichsprachlichen Abfragesprache, beschränkte aber die Abfragen auf Daten in einer einzigen Tabelle und Operationen mehr rechnerischer Art wie SUM, COUNT, AVG, MAX usw. Das schlechte Abschneiden der natürlichsprachlichen Gruppe war hauptsächlich darauf zurückzuführen, daß diese Gruppe vermehrt Anfragen an die Datenbank stellten, die aus der Art der angelegten Struktur der Daten nicht beantwortet werden konnte. Hatte die natürlichsprachliche Gruppe allerdings vorher die SEQUEL-Sprache gelernt und in ihr Abfragen durchgeführt, war sie hinterher in ihren Abfragen vergleichbar mit der SEQUEL-Gruppe, d. h. sie hatte etwas über die Datenstruktur gelernt.

Die Faktoren, die also hier mit dem Sprachvergleich verquickt sind, betreffen formale Rechenoperationen und den Aufbau der Datenstruktur. Beim Durchführen von Rechenoperationen wird sowieso in den meisten Fällen die natürliche Sprache verlassen und mit formalen Hilfsmitteln weitergearbeitet. Diese enthalten sogar häufig formale Verfahrensvorschriften. Eine Untersuchung von Welty und Stemple /Welty, Stemple 78/ erhärtet diese These. Sie verglichen SQL mit einer ähnlichen aber stärker prozedural orientierten Sprache, TABLET. Die Testpersonen unter der

TABLET-Bedingung zeigten bessere Leistungen bei Verknüpfungen von mehr als einer Tabelle, insbesondere, wenn es sich um Gruppierungsfunktionen handelte, d. h. der formale prozedurale Aspekt dieser Sprache verstärkte noch einmal zusätzlich die Durchsichtigkeit der Durchführungsprozedur. Welty und Stemple interpretieren den Effekt in der Weise, daß es einfacher ist, mit TABLET Gruppierungsaufgaben durchzuführen, weil die Reihenfolge der *Query-Statements* der Reihenfolge der auszuführenden Operationen entspricht. Weiterhin konnten Gerstendörfer und Rohr auch zeigen, daß für Aufgaben, bei denen es sich um Zuordnungen und Umordnungen von Mengen handelt, eine Tabellenstruktur für das Umgehen mit den erforderlichen Daten von Vorteil ist /Gerstendörfer, Rohr 87/.

Kommen wir nun zur Datenstruktur. In allen derzeitigen Datenbanken schlägt die Struktur ihres Aufbaus in der Abfrage durch. Bei den relationalen Datenbanken ist es die Tabellenstruktur als geeignetstes Hilfsmittel der in Relationen organisierten Daten. Die SQL-Abfragesprache reflektiert in gewisser Weise diese Datenstruktur. Deswegen wurden die Testpersonen von Shneiderman mit ihren natürlichsprachlichen Abfragen auch besser, nachdem sie SQL gelernt hatten. Sie hatten damit die Möglichkeit gehabt, die Datenstruktur und die semantische Abfragelogik zu verinnerlichen.

Schlager und Ogden konnten zeigen, daß die Vermittlung eines Modells für die Abfrage von wesentlicher Bedeutung ist /Schlager, Ogden 86/. Sie teilten ihre Testpersonen drei Lernbedingungen zu: Eine Gruppe *ohne Modell*, die nur Funktion und Syntax der Abfragesprache lernte; eine Gruppe *mit Prozeßmodell*, der erläutert wurde, welche Lösungsschritte die Formulierung der Abfrage umfaßte; eine Gruppe *mit konzeptuellem Modell*, die Diagramme für die wichtigsten Bestandteile der Abfrage und der dadurch möglichen Suchprozesse dargeboten bekam. Die Gruppe ohne jede Modellvermittlung war durchwegs am schlechtesten in ihren Abfragen. Bei sehr komplexen Abfragen war dann die Gruppe mit dem konzeptuellen Modell der Gruppe mit dem Prozeßmodell weit überlegen.

Das erklärt unter Umständen auch die Überlegenheit, die die Abfragesprache *Query By Example* (QBE) noch einmal gegenüber SQL hat, wie sich in einem Experiment von Greenblatt und Waxman, zitiert nach /Thomas 83/, gezeigt hat. Bei QBE wird die Abfrage direkt in der Tabellenstruktur formuliert.

In neuerer Zeit mehren sich aber die Berichte darüber, daß QBE bei sehr komplexen Verknüpfungen ebenfalls SQL unterlegen ist. Das ist besonders dann der Fall, wenn mehrere Tabellen von der Abfrage betroffen sind. Genaue Analysen fehlen allerdings bisher. Ein entscheidender Punkt könnte sein, daß QBE jegliche natürlich-syntaktischen *Cues* (Indiz) fehlen, die wir bei SQL für einen großen Bereich der Syntax vorfinden, und die räumliche Verknüpfung von Tabellen, wenn diese eine bestimmte Anzahl überschreiten, unübersichtlich wird. SQL (SEQUEL) reflektiert dabei auch die Tabellenstruktur und führt zur Präzisierung der Fragestruktur. Diesen wesentlichen Vorteil der Verwendung von aus der natürlichen Sprache entnommenen Schlüsselwörtern und der an dieser angelehnten Syntax kann durch einen Versuch von /Reisner et al. 74/ als belegt gelten. Die Autoren verglichen SQL mit SQARE, einer ähnlichen Abfragesprache für relationale Datenbanken, die aber keine solchen Schlüsselwörter enthielt. Zur Veranschaulichung zeigen wir je ein Beispiel für jede Abfragesprache für eine bestimmte Abfrage.

Beispiel

SELECT NAME
FROM EMP
WHERE SAL < '1200'
AND WHERE AGE > '28'
AND WHERE MGR = 'WHITE'

EMP (< '1200', > '28', 'WHITE')
NAME   SAL, AGE, MGR

Die obere Abfrage stellt die SQL-Abfrage dar, die untere die SQUARE-Abfrage. Benutzer ohne Erfahrung im Programmieren stellten wesentlich korrektere Abfragen mit SQL her als mit SQARE. ❏

Vieles spricht dafür, daß, wenn die syntaktische Struktur die logische Abfragestruktur reflektiert, dieses dann zu mehr Sicherheit in der Abfrage führt. In einer Untersuchung von Small, Weldon mußten Testpersonen, die die natürliche Sprache zur Abfrage verwenden sollten, zuerst gewisse Einschränkungen lernen /Small, Weldon 83/. Sie wurden angehalten, ihre Abfragen genauso detailliert zu spezifizieren, wie es in der SQL-Sprache durch die vorgegebene Konstruktion erforderlich ist. Es wurde aber keine rechnerbezogene Wissensbasis in die Sprache eingeführt, die Form der Spezifizierung war frei. Außerdem konnten beliebig Synonyme verwendet werden. Es wurden Aufgaben mit einfachen und Mehr-Tabellen Abfragen konstruiert, die entweder logische UND- oder logische ODER-Verknüpfungen enthielten. Die natürlichsprachliche Abfrage wurde mit der SEQUEL-Abfrage verglichen. SEQUEL war der natürlichen Sprache in allen Bereichen außer den logischen UND-Verbindungen überlegen. Diesen Effekt interpretieren die Autoren in der Weise, daß die Syntax von SEQUEL entsprechend des tatsächlichen Suchprozesses strukturiert ist und somit die Formulierung der Abfrage erleichtert. Dieser Effekt ist aber nur da wirksam, wo die Aufgabe lediglich eine Strukturierung, aber keine logischen Operationen erfordert. Bei der Formulierung logischer Operationen dagegen ist nicht die Strukturierung wichtig, sondern die richtige Identifikation der Aufgabenstellung. Hierbei bekommt die natürliche Sprache einen Vorteil. Eine weitere Überlegung wäre, inwieweit nicht das gewählte Schlüsselwort UND in der SQL-Sprache zu zusätzlicher Erschwerung führt, da es in der natürlichen Sprache kontextabhängig als *und* oder *oder* verwendet wird, hier aber angehalten ist, nur die eine Bedeutung zu verwenden, ohne den spezifizierenden Kontext benutzen zu können.

Die aufgabenbezogene Strukturierung des Frageraums und die dazu notwendige Auswahl der entsprechenden treffenden Schlüsselwörter scheinen durch eine freiere Verwendbarkeit der natürlichen Sprache unterstützt zu werden. Das scheint auch den Effekt zu erzielen, den Broadbent und Broadbent in einer Untersuchung fanden /Broadbent, Broadbent 78/. Sie konnten zeigen, daß Benutzer bei dem Umgang mit Datenbanksystemen besser mit selbstgewählten Schlüsselwörtern zurechtkamen als mit fremden hierarchisch aufgebauten Schlüsselwortsystemen, die als unhandlich empfunden wurden.

7.3.4 Untersuchungen zur Strukturierung von Befehlsfolgen in Programmiersprachen

Bei Untersuchungen mit komplett natürlichsprachlichen Programmanweisungen zeigten sich große Schwierigkeiten für die meistens programmier-naiven Testpersonen, die Anweisungen exakt und mit den entsprechenden Bedingungsanweisungen auszudrücken. Ebenfalls fiel auf, daß selten Wiederholungsschleifen formuliert wurden. Zu einer Übersicht siehe /Solloway, Ehrlich 84/. Green führt das auf die generelle Schwierigkeit beim Menschen, exakte Instruktionen zu geben, zurück /Green 80/. Diese Exaktheit ist auch in der zwischenmenschlichen Kommunikation nicht notwendig, da beide Kommunikationspartner auf so etwas wie ein gemeinsames Alltagswissen (*common sense*) zurückgreifen können. Galotti und Ganong führten daher zur Untersuchung dieser Hypothese ein Experiment durch, das diese Faktoren kontrollierte. Die Testpersonen waren angewiesen, sich für das Schreiben ihrer Instruktionen jeweils zwei unterschiedliche Kommunikationspartner vorzustellen: Marsianer ohne *gesunden Menschenverstand* und Personen *wie Du und ich*. Außerdem variierten sie noch die Aufgabencharakteristik, eine Gruppe mit hohem Kontrollanteil und die andere mit niedrigem. Bei der Gruppe, die für die Marsianer ohne *gesunden Menschenverstand* Instruktionen schrieb, fanden sie mehr Kontrollaufrufe in den Instruktionen und am meisten, wenn es sich dann auch noch um die Aufgabe mit hohem Kontrollanteil handelte. Das Problem, das also vorher mit der natürlichen Sprache bestand, war der Eindruck, auf einen gemeinsamen Wissensvorrat zurückgreifen zu können und damit nicht ausformulieren zu müssen. Die Autoren weisen darauf hin, daß es wichtig ist, eine Programmierumgebung nicht so aussehen zu lassen, als ob ein *common sense*-Verständnis vorausgesetzt werden kann. Dieses wird durch die Möglichkeit der freien Verwendung natürlicher Sprache aber oft induziert.

Eine wesentliche Hilfe für das Verständnis und die Handhabung von Programmieranweisungen scheint jedoch ähnlich wie in den Abfragesprachen die Verwendung natürlichsprachlicher Schlüsselwörter darzustellen. Dabei spielt die Eindeutigkeit der Syntax eine entscheidende Rolle. Green führte einen Versuch durch, bei dem Testpersonen eine vollständig künstliche Sprache ohne Semantik lernen mußten /Green 77/. Der eine *Dialekt* der Sprache enthielt Signalwörter, bestehend aus drei Buchstaben, denen immer eindeutig bestimmte Klassen anderer Wörter folgen mußten. Das war angelehnt an die natürliche Sprache, bei der z. B. auf *der* immer ein Hauptwort folgt und *wer* immer eine Frage signalisiert. Bei den anderen *Dialekten* wurden die Signalwörter zunehmend mehr uneindeutig gehalten, d. h. es waren immer mehr Alternativen als Folge zugelassen. Bei der Extremvariante gab es so gut wie keine Signalwörter in diesem Sinne mehr. Die Stärke der Signalwörter war ein entscheidender Faktor für die Lernbarkeit der Sprache. Die schlechtesten Leistungen erbrachte die Bedingung ohne jede Signalwörter.

Green zeigte ein Beispiel für die Wirksamkeit solcher Signalparameter anhand von drei Programmiersprachen die einen Kontrollablauf für „lies 10 Zahlen ein und zähle, wieviel davon größer sind als 1" beschreiben, das wir zur Veranschaulichung auch hier zeigen wollen /Green 80/:

Beispiel

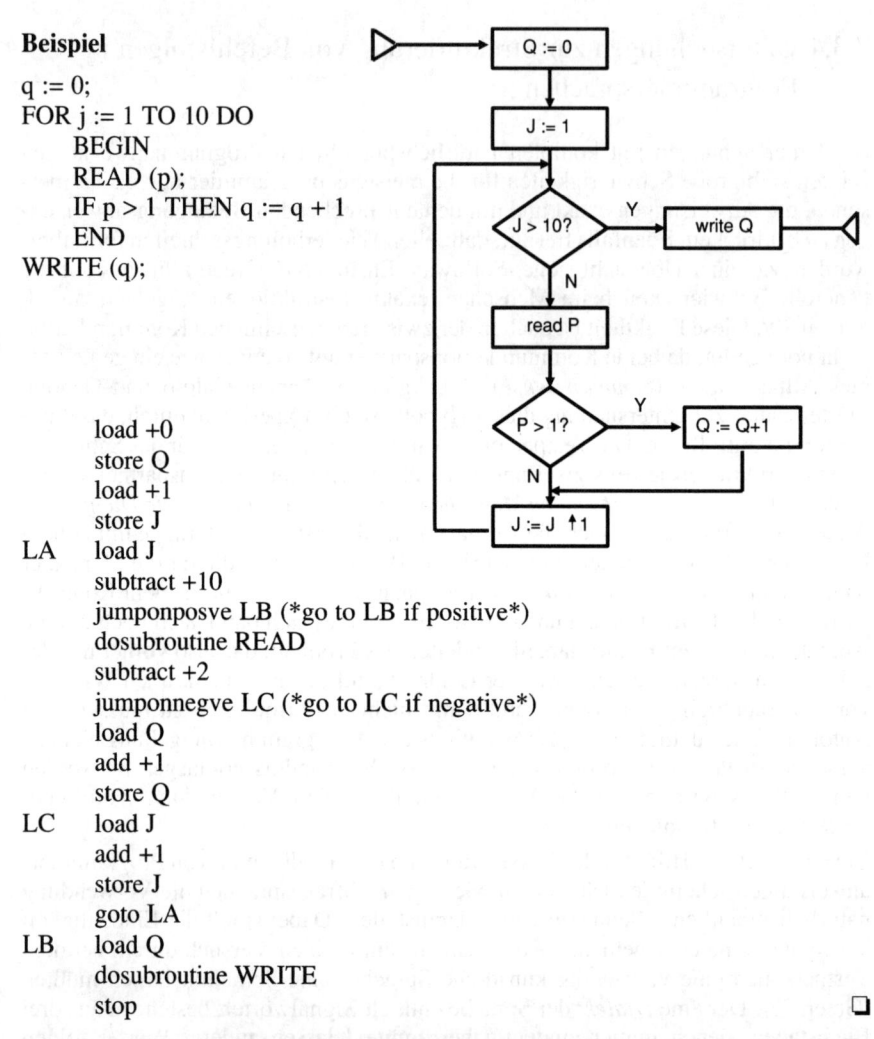

```
q := 0;
FOR j := 1 TO 10 DO
    BEGIN
    READ (p);
    IF p > 1 THEN q := q + 1
    END
WRITE (q);
```

```
           load +0
           store Q
           load +1
           store J
LA         load J
           subtract +10
           jumponposve LB (*go to LB if positive*)
           dosubroutine READ
           subtract +2
           jumponnegve LC (*go to LC if negative*)
           load Q
           add +1
           store Q
LC         load J
           add +1
           store J
           goto LA
LB         load Q
           dosubroutine WRITE
           stop
```

Die obersten Anweisungen sind in der Sprache PASCAL geschrieben, die sehr viele Signalwörter als natürlichsprachliche Schlüsselwörter enthält, das Bild stellt eine Flußdiagramm-Darstellung derselben Struktur dar und der unterste Text eine künstliche, dem ASSEMBLER-CODE ähnliche Sprache mit sehr wenigen Signalwörtern. Wie deutlich wird, nimmt die Lesbarkeit und damit auch die Verständlichkeit der Kontrollstrukturen in der Reihenfolge der Darstellung von oben nach unten ab.

Green schließt daraus, daß eine gute Programmiersprache ihre syntaktische Konstruktion signalisieren und Hilfsmittel benutzen sollte, die es wahrnehmungsmäßig offensichtlich machen, was jede Konstruktion bedeutet, wo sie anfängt und wo sie endet. Rein graphische Hilfsmittel bieten für Kontrollstrukturen keinen Vorteil, weil sie bei komplexen Verästelungen schnell zur Unübersichtlichkeit führen. Graphische Hilfsmittel hingegen, die die syntaktische Struktur unterstützen, wie das *pretty printing* in PASCAL, können durchaus zur strukturellen Klarheit beitragen.

Aus einer Reihe von Untersuchungen, z. B. /Shipstone 60/, /Restle 70/, /Green 80/, geht hervor, daß grundsätzlich eine hohe Anzahl geschachtelter Phrasen oder auch allein von Wiederholungselementen, dem Menschen in der Erfassung Schwierigkeiten bereitet. Das beschränkt sich nicht nur auf die formale Repräsentation dieser Wiederholungs- oder Verzweigungsschleifen, sondern gilt auch für natürlichsprachliche Sätze. Eine zusätzliche Schwierigkeit bildet dabei das Nullkonzept, d. h., wenn in der Verschachtelung Schleifen vorkommen, die unter einer bestimmten eintreffenden Bedingung null mal durchgeführt werden. Für diese besondere Schwierigkeit existieren bisher keine klaren Vorstellungen für eine mögliche Unterstützung. Anders verhält es sich da bei der Darstellung geschachtelter Schleifen. Mayer führte eine Untersuchung durch /Mayer 76/, in der im großen und ganzen die von Kenighan und Plauger aufgestellten Thesen /Kenighan, Plauger 74/ empirisch bestätigt wurden, daß Verschachtelungen von IF-Statements in der Form

IF a THEN
   IF b THEN ... ELSE ...
ELSE IF c THEN ... ELSE ...

schwieriger nachzuvollziehen sind als in der Form

IF a THEN ...
   ELSE IF b THEN ...
   ...
ELSE ...

In einem nachfolgenden Versuch fanden Green und Menton, daß die Variante

IF a : ...
NOT a : ...
END a : ...

für einige Aufgaben noch einfacher zu handhaben war und bei anderen Aufgaben sich als gleich gut erwies /Green, Menton 78/. Damit kann diese Variante als generell den anderen überlegen betrachtet werden.

Die bisher berichteten Untersuchungen beziehen sich alle auf Hilfsmittel, entweder mit natürlichsprachlichen Schlüsselwörtern oder durch graphische Strukturierung, für die prozedurale Erfassung eines Programms und dessen Bedingungsverzweigungen. Dieses ist sicherlich ein wesentliches Element von Programmiersprachen, aber nicht der einzige wesentliche Faktor. Ratcliff und Siddiqui untersuchten Fehlersuche bei Programmieranfängern und Experten in bezug auf die Art des strategischen Vorgehens /Ratcliff, Siddiqui 85/. Die Fehlersuche setzte voraus, daß die Programme in Einheiten zerlegt werden mußten. Es zeigte sich, daß die Programmieranfänger rein prozedurale Strategien bei der Zerlegung verwendeten, während die Experten zusätzlich mehr abstrakte Bedeutungseinheiten bildeten. Den Anfängern fehlten die Konzepte für die komplexen Objekte, auf denen die Prozeduren ansetzen. Pressmar untersuchte die Konzepte von Experten bei der Programmiersprache PASCAL /Pressmar 87/. Dabei stellten sich unterschiedliche mentale Repräsentationsformen für verschiedene Konzeptklassen heraus: Prozeduren und Kontrollstrukturen waren eher begrifflich und syntaktisch sprachlich abgelegt, während die komplexen Datenstrukturen, auf denen operiert wird, eher bildlich räumlich repräsentiert wurden. Eine Erklärung für den von Ratcliff und Siddiqui gefundenen Effekt könnte nun sein, daß Anfänger durch die dominierende sprachlich-syntaktische Form der Programmiersprache stärker auf die prozeduralen Aspekte der Programmiersprache gelenkt werden. Natürlich-sprachliche Schlüsselwörter in Programmiersprachen sollten auch räumlich bildliche Konzepte von komplexen Datenstrukturen vermitteln. Zumindest sollte in der Lernphase einer Programmiersprache versucht werden, solche Konzepte zu vermitteln.

7.4 Schlußbemerkung

Aus den Untersuchungen lassen sich zwei generelle Faktoren für die benutzerfreundliche Gestaltung von Interaktionssprachen ableiten: die Wichtigkeit der Vermittlung von angemessenen Konzepten und der mnemonische Wert von geeigneten Schlüsselwörtern. Die Schlüsselwörter erleichtern es, mit den Konzepten zu arbeiten, weil es unter bestimmten Bedingungen leichter ist, sie an die entsprechenden Konzepte anzubinden. Aus der diskutierten Literatur ist zu entnehmen, daß seltene und bildlich konkrete Begriffe am ehesten geeignet sind, diese Funktion zu erfüllen.

Aber es wurde zu wenig untersucht, ob und wann überhaupt Schlüsselwörter dazu beitragen, die notwendigen Konzepte aufzubauen. Gerade wenn aus mnemonischen Gründen die Schlüsselwörter keine arbiträren Zeichenketten, sondern Wörter aus der natürlichen Sprache sind, bringen die Benutzer ein Vorverständnis dieser Wörter mit. So betrachtet kann der mnemonische Wert von Wörtern ebenso günstig wie irreführend sein. Daher ist es wichtig, die Unterschiede zwischen der Bedeutung der Wörter in der natürlichen Sprache gegenüber deren Bedeutung in einer Interaktionssprache deutlich zu machen. Jede Interaktionssprache ist nicht nur eine Ansammlung von Wörtern mit irgendeiner Syntax. Sie spiegelt ein System von Annahmen, ein Modell einer Anwendung, einer Programmierschule, einer Datenbankstruktur usw. wider. Das zugrundeliegende Modell kann aus der Sprache selbst nur unvollkommen erschlossen werden. Die Elemente der Sprache selbst sind nur Teile des Kategoriensystems, aus dem das Modell gebildet wird. Diese Kategorien müssen in der einen oder anderen Form vermittelt werden, damit die Sprache adäquat benutzt werden kann.

Weitere Untersuchungen sind notwendig, in denen die Interaktionssprachen mehr im Zusammenhang und in bezug auf ihre Ausdrucksfähigkeit für Benutzerintentionen betrachtet werden. Eine wesentliche Voraussetzung hierfür wäre, mit einer detaillierten Aufgabenanalyse zu beginnen, ein Aspekt, der bei den uns bekannten Untersuchungen bisher zu wenig berücksichtigt wurde.

Literatur

/Broadbent, Broadbent 78/
 Broadbent D .E., Broadbent M.H.P.: *The allocation of descriptor terms by individuals in a simulated retrieval system, in:*. Ergonomics, 21, 343-353,1978

/Card et al. 83/
 Card Stuart K., Moran Thomas P., Newell A.: *The psychology of human-computer interaction,* in: Hillsdale N. J.: Lawrence Erlbaum 1983

/Carroll, Mack 85/
 Carroll J.M., Mack R.L.: *Metaphor, computing systems, and active learning,* in: International Journal of Man-Machine Studies, 22, (1), 39-58, 1985

/Curtis 83/
 Curtis B: *A review of human factors research in programming languages and specifications,* in: AEDS Monitor 21,9/10 (March/April), 1983, pp. 24-30,

/Galotti, Ganong 85/
 Galotti K.M., Ganong W.F., III.: *What non-programmers know about programming, Natural language procedure specification,* in: International Journal of Man-Machine Studies, 22, (1), 1985, pp. *1-10,*

/Gerstendörfer, Rohr 87/
 Gerstendörfer M., Rohr, G.: *Which Task in Which Representation on What Kind of Interface?* in: IFIP INTERACT (Ed.), Proceedings of the INTERACT 1987, Stuttgart 1987

/Green 77/
 Green T.R.G.: *The necessity of syntax markers: two experiments with artificial languages,* Memo Nr. 145, MRC Social & Applied Psychology Unit, University of Sheffield 1977

/Green 80/
 Green T.R.G.: *Programming as a cognitive activity,* in: Smith, H.T. and Green, T.R.G. (Eds.), Human Interaction with Computers. Academic Press, London 1980

/Higman 67/
 Higman B.: *A comparative study of programming languages,* London, Mac Donald 1967. Auch: Amsterdam: Elsevier 1968

/Jarke et al. 86/
 Jarke M., Krause J., Vassiliou Y.: *Studies in the evaluation of a domain-independent natural language query system,* in: L. Bolc, M. Jarke (eds.), Cooperative Interfaces to Information Systems. Berlin, Heidelberg, New York, Tokyo: Springer 1986, pp. 101-129.

/Krause 82/
 Krause J.: *Mensch-Maschine-Interaktion in natürlicher Sprache,* Tübingen, Niemeyer 1982

/Lehmann, Blaser 79/
 Lehmann H., Blaser A.: *Query languages in data base systems,* Heidelberg Scientific Center, TR 79.07.004, 1979

/Lewis, Mack 82/
 Lewis C., Mack R.: *The role of abduction in learning to use a computer system.,* IBM Research Report RC 9433. Yorktown Heights, NY, IBM 1982

/Mayer 76/
 Mayer R.E.: *Comprehension as affected by structure of problem representation,* in: Memory and Cognition, 4, 1976, pp. 249-255,

/Pressmar 87/
 Pressmar, O.: *Versuch der Rekonstruktion mentaler Modelle bei EDV-Experten,* Diplomarbeit, Universität Tübingen 1987

/Ratcliff, Siddiqui/
: Ratcliff B., Siddiqui J.I..: *An empirical investigation into problem decomposition strategies used in program design,* in: International Journal of Man-Machine Studies, 22, 1985

/Reisner et al. 74/
: Reisner P., Boyce R., Chamberlin D.: *Human Factors Evaluation of Two Database Query Languages, SQUARE and SEQUEL.,* IBM Research Report, RJ 1478

/Reisner 81a/
: Reisner P.: *Formal grammar and human factors design of an interactive graphics system,* in: IEEE Transactions on Software Engineering, SE-7.2, March 1981

/Reisner 81b/
: Reisner P.: *Human factors studies of data base query languages: A survey and assessment.,* in: ACM Computing Surveys, 13, 1981, pp. 13-31,

/Restle 70/
: Restle F.: *Theory of serial pattern learning: structural trees.,* in: Psychological Review, 77, 1970, pp. 481-495

/Rogers, Oborne 85/
: Rogers Y., Oborne, D.J.: *Some psychological attributes of potential computer command names,* in:. Behaviour and Information Technology, Vol. 4, (4), 1985, pp. 349-365,

/Rohr 87/
: Rohr G.: *How people comprehend unknown system structures: Conceptual primitives in systems' surface representations,* in: Gorny P., Tauber M.J. (Eds.), Visual Aids in Programming. Proceedings of the Interdisciplinary Workshop "Informatics and Psychology", Schärding 1986. Heidelberg: Springer 1987

/Rowe 82/
: Rowe N.C.: *On some arguable claims in B. Shneiderman's evaluation of natural language interaction with data base systems,* in: ACM SIGMOD RECORDS 13.1, 198, pp. 92-97,. Followed by a response by B. Shneiderman.

/Schefe 83/
: Schefe P.: *Natürlichsprachlicher Zugang zu Datenbanken?* in: Angewandte Informatik, 10, 1983, S. 419-423

/Schlager, Ogden 86/
: Schlager M.S., Ogden W.C.: *A cognitive model of database querying: A tool for novice instruction.,* in: ACM SIGCHI (Ed.), Proceedings of the CHI 1986, Boston (Mass.) 1986

/Shneiderman 80/
: Shneiderman B.: *Software Psychology: Human Factors in Computer and Information Systems,* Cambridge (Mass.) 1980

/Shipstone 60/
: Shipstone E.I.: *Some variables affecting pattern conception,* in: Psychological Monographs, 74, 17, 1960

/Small, Weldon 83/
: Small D.W. and Weldon L.J.: *An experimental comparison of natural and structured query languages,* in: Human Factors, 25, 1983, pp. 253-263,

/Smith 81/
: Smith R.N.: *Dialog with a computer: issues in linguistic ergonomics,* in: Proceedings IEEE National Telecommunications Conference, New Orleans, LA. 1981, pp. 1-5,

/Solloway et al. 83/
: Solloway E., Ehrlich K., Bonar J.: *Cognitive strategies and looping constructs: An empirical study,* in: CACM, 26, 853-861, 1983

/Solloway, Ehrlich 84/
Solloway E., Ehrlich K.: *Empirical studies of programming knowledge,* in: IEEE Transactions on Software Engineering. Special Issue, Reusability, 1984

/Swigger 84/
Swigger K.M.: *Review of Card/Moran/Newell: The psychology of human-computer interaction,* in: SIGCHI Bulletin (ACM) 14, 5, 26, 1984

/Tauber 87/
Tauber M.: *On visual interfaces and their conceptual analysis,* in: Gorny P., Tauber M.J. (Eds.), Visual Aids, in: Programming. Proceedings of the Interdisciplinary Workshop "Informatics and Psychology", Schärding 1986. Heidelberg: Springer 1987

/Thomas 83/
Thomas J.C.: *Psychological issues in the design of database query languages,* in: Sime M.E., Coombs, M.J. (Eds.), Designing for Human-Computer Communication. London: Academic Press, 1983

/Vassiliou, Jarke 84/
Vassiliou Y., Jarke M.: *Query languages – a taxonomy,* in: Vassiliou Y. (Ed.), Human Factors and Interactive Computer Systems. Proceedings of the NYU Symposium on User Interfaces, New York, May 26-28, 82. Ablex, New Jersey 1984

/Wandtke, Wetzenstein-Ollenschläger 84/
Wandtke H., Wetzenstein-Ollenschläger E.: *Informationsstrukturierung und Kommandokodierung – Ein Beitrag zur nutzerfreundlichen Softwaregestaltung für rechnergestützte Bildschirmarbeitsplätze,* Wissenschaftliche Zeitschrift der Humboldt-Universität zu Berlin, Math.-Nat. R. XXXIII, 6, 1984

/Welty, Stemple 78/
Welty C., Stemple D.: *A human factors comparison of a procedural and a non-procedural query language.,* COINS Technical Report 78-24, University of Massachusetts, Amherst 1978

/Zoeppritz 83/
Zoeppritz, M.: *Endbenutzersysteme mit 'natürlicher Sprache' und ihre Human Factors,* in: Balzert H. (Hrsg.), Software-Ergonomie. Tagung des German Chapter of the ACM Software-Ergonomie 28.-29. April 1983 in Nürnberg. Berichte des German Chapter of the ACM 14. Stuttgart: Teubner 1983, S. . 397-410,

/Zoeppritz 86a/
Zoeppritz M.: *Investigating human factors in natural language data base query,* in: Mey J.L. (Ed.), Language and discourse: Test and protest, A Festschrift for Petr Sgall. (Linguistic and Literary Studies in Eastern Europe 19). Amsterdam, Philadelphia, Benjamins. pp. 585-605. Zuvor: IBM Germany Heidelberg Scientific Center TR 84.08.008, 1986

/Zoeppritz 86b/
Zoeppritz M.: *A Framework for Investigating Language-Mediated Interaction with Machines,* in: International Journal of Man-Machine Studies, 25, 1986, pp. 295-315.

/Zoltan et al. 82/
Zoltan E., Weeks G.D., Fordü W.R.: *Natural language communication with computers: A comparison of voice and keyboard input,* in: Johannsen G., J.E. Rijsdorp (Eds.), Analysis, Design, an Evaluation of Man-Machine Systems, IFAC/IFIP/IFORS/IEA Conference, Baden-Baden, Federal Republic of Germany, September 1982, pp. 27-28,

8 Masken und Formulare

Harald Zwerina

8.1 Dialogsysteme in Maskentechnik

Dialogsysteme werden heute im industriellen Bereich weitgehend in der sogenannten *Maskentechnik* ausgeführt. Die Maskentechnik beschränkt sich dabei nicht nur auf die *Ein-Fenster-Technik* zeichenorientierter Bildschirmsysteme, sondern findet auch bei der *Mehr-Fenster-Technik* grafikfähiger Bildschirmsysteme Verwendung. Bei den verwendeten Masken handelt es sich im Prinzip um herkömmliche Formulare, die allerdings nicht auf Papier, sondern auf einem Bildschirm dargestellt werden. Sie bestehen aus überschreibbaren Feldern und nicht überschreibbaren Feldbenennungen (Abb. 8-1).

Die ergonomische Gestaltung derartiger Systeme erfordert eine systematische Vorgehensweise. Folgende Schritte sollten dabei durchlaufen werden:

○ Situationsanalyse im Vorfeld der Entwicklung
○ Gestaltung von Dialoginhalt und Dialogablauf
○ Visuelle Gestaltung der Maskeninformation

Die einzelnen Schritte dieser Systematik werden nachfolgend erläutert.

```
PKW-DATEN    FUNKTION : AUSK    BEARBEITER: KUESPERT    MASKE: 24    HERSTELLER:
FORD    FAHRZEUGTYP: TAUNUS    MODELL: L    HUBRAUM: 1285 CCM    LAENGE: 438 CM
DURCHSCHNVERBR.: 9,4 L    LEISTUNG: 43 KW    TANKINHALT: 50 L    AUSSTATTG.:
LUXUS    HOECHSTGESCHW.: 138 KM/H    GLAS: GETOENT    POLSTER: KUNSTL.    LACK-
IERUNG: NORMAL    PREIS: 2-TUERIG:    BJ.82/14115 DM (100 %)    BJ.81/ 8950 DM
(60 %)    BJ.80/ 6850 DM (48 %)    BJ.79/ 5650 DM (40 %)    BJ.78/
4500 DM (32 %);    PREIS 4-TUERIG:    BJ.82/14760 DM (100 %)    BJ.81/ 8950
DM (61 %)    BJ.80/ 7450 DM (50 %)    BJ.79/ 6250 DM (42 %)    BJ.78/
5100 DM (35 %);    PREIS 5-TUERIG:    BJ.82/15405 DM (100 %)    BJ.81/ 9595 DM
(62 %)    BJ.80/ 8095 DM (53 %)    BJ.79/ 6895 DM (45 %)    BJ.78/ 5745 DM (37
%);    FOLGEMASKE: 34                            FOLGEFUNKTION: AUSK
```

Abb. 8-1: Beispiel einer konventionellen Bildschirmmaske /Benz, Haubner 83/

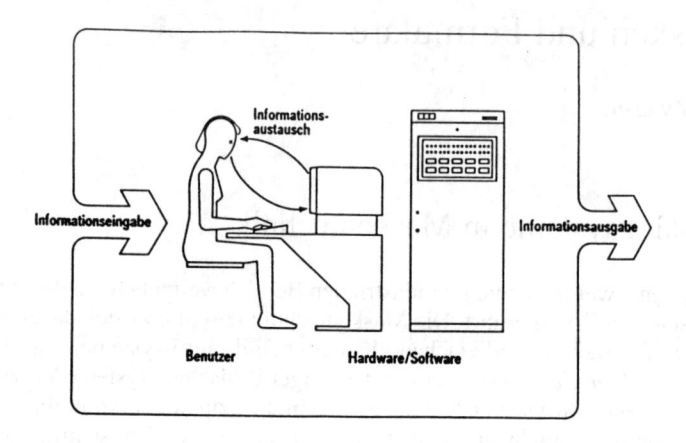

Abb. 8-2: Gesamtsystem Benutzer-Dialogsystem

8.2 Situationsanalyse im Vorfeld der Entwicklung

Das Gesamtsystem, welches nun betrachtet wird, besteht einerseits aus dem Benutzer, andererseits aus dem Dialogsystem mit seinen Elementen Hardware und Software. Systemeingangsgrößen bzw. Systemausgangsgrößen sind Informationen, die im System entsprechend der Arbeitsaufgabe verarbeitet werden (Abb. 8-2). Im Mittelpunkt stehen dabei Aspekte, die für einen benutzerangepaßten Informationsaustausch erforderlich sind.

Die konkrete Definition dessen, was das Zusammenwirken von Benutzer und Dialogsystem bewirken soll, kennzeichnet den Zweck des Gesamtsystems. Dieser Schritt ist die Voraussetzung, um im Sinne der Ergonomie zu einer geeigneten Einteilung der Aufgaben des Gesamtsystems in Benutzeraufgaben und Aufgaben des Dialogsystems gelangen zu können.

Ein weiterer wichtiger Punkt im Vorfeld der Entwicklung beinhaltet die Ermittlung der Merkmale der Benutzer, die später einmal mit dem Dialogsystem arbeiten werden. Zweckmäßigerweise sollte man dabei von Benutzergruppen ausgehen, denen sich in der Regel die potentiellen Benutzer zuordnen lassen. Die wichtigsten Merkmale von Benutzergruppen lassen sich grob klassifizieren in allgemeine Merkmale und Merkmale, die mit einem Dialogsystem und im engeren Sinne mit einem speziellen Anwenderprogramm zusammenhängen.

Allgemeine Merkmale beziehen sich auf Kenntnisse über Datenverarbeitung, spezielle Fachkenntnisse über das Fachgebiet, in dem das Anwenderprogramm eingesetzt werden soll sowie die Fähigkeit der relevanten Benutzer Sachverhalte zu abstrahieren.

Merkmale von Benutzern, die mit einem Anwenderprogramm zusammenhängen, betreffen zu erwartende Schulung und Übung im Umgang mit dem jeweiligen Dialogsystem. Die erforderlichen Kenntnisse werden durch Schulung erworben und Können wird durch Übung erreicht (Tab. 8-1).

Tab. 8-1: Benutzergruppen und ihre Merkmale

Benutzer-Gruppe (Beispiele)	Allgemeine Merkmale			Merkmale bezogen auf das Anwenderprogramm	
	DV-Kenntnisse	Fach-kenntnisse	Abstraktions-vermögen	Schulung	Übung
Naiver Benutzer	Keine	Keine	Gering bis hoch	Keine	Keine
Sachbearbeiter in Lernphase	Keine	Mittel	Mittel	Mittel	Keine
Sachbearbeiter nach Lernphase	Keine	Mittel	Mittel	Mittel	Groß

Bei der Beschreibung von Benutzergruppen wird in der Praxis aus Gründen der Vereinfachung von vier Ausprägungsstufen der genannten Merkmale ausgegangen: groß, mittel, gering, nicht vorhanden. Die Zuordnung einzelner Benutzer zu Benutzergruppen ist jedoch nicht statisch zu betrachten, da sich beispielsweise die Kenntnisse im Umgang mit einem bestimmten Dialogsystem durch Schulung verändern werden.

Die Akzeptanz vieler Dialogsysteme ist deshalb so gering, weil benutzerrelevante Merkmale nicht ausreichend berücksichtigt worden sind oder weil vielfach Dialogsysteme eingesetzt worden sind, die eigentlich für eine andere Benutzergruppe konzipiert waren; so eignen sich z. B. kommando-orientierte Dialogsysteme nicht für Benutzer ohne DV-Kenntnisse, die dieses System außerdem nur selten verwenden.

Bei der Entwicklung von Dialogsystemen müssen auch frühzeitig die Möglichkeiten von Hardware und Software berücksichtigt werden. So kann es sich als äußerst ungünstig erweisen, wenn nicht rechtzeitig erkannt wird, daß die Verwendung der Spracheingabe oder eines vollgrafikfähigen Bildschirms nicht möglich sind (Tab. 8-2).

Tab. 8-2: Möglichkeiten von Hardware und Software

Eingabe	Verarbeitung	Ausgabe
alphanumerische Tastatur	Blockweise Verarbeitung	alphanumerische Zeichen
Funktionstastatur	Feldweise Verarbeitung	Semigrafik
Programmierbare Tasten	Zeichenweise Verarbeitung	Vollgrafik
Virtuelle Tastatur	Pixelweise Verarbeitung	Farbe
Maus	•Vollgrafik	:
Grafik-Tablett	•Fenstertechnik	:
Lichtgriffel	:	:
Spracheingabe	:	:
:	:	:

Basierend auf einer ausführlichen Situationsanalyse kann dann die inhaltliche Gestaltung eines masken-orientierten Dialogsystems in Angriff genommen werden.

8.3 Gestaltung von Dialoginhalt und Dialogablauf

Nach den erforderlichen Klärungen im Vorfeld kann die eigentliche Gestaltung beginnen. Bevor jedoch formale Aspekte betrachtet werden, sollen zunächst Dialoginhalt und Dialogablauf beschrieben werden.

In dieser Phase der Gestaltung sollte auch eine möglichst exakte Aufgabenteilung zwischen dem Dialogsystem (Hardware, Software) und dem Benutzer stattfinden. Diese Aufgabenteilung sollte unter dem Gesichtspunkt erfolgen, daß einerseits die Möglichkeiten des Dialogsystems ausgeschöpft werden und andererseits die spezifischen Fähigkeiten und Bedürfnisse des Benutzers berücksichtigt werden (Tab. 8-3).

Tab. 8-3: Aufgabenteilung zwischen Benutzer und Hardware / Software

Mensch	Hardware / Software
•aktuelle Daten einbringen	•große Datenmengen speichern
•Hardware / Software steuern	•Daten nach Merkmalen aussuchen
•Daten bewerten	•Daten ordnen
•Schlüsse ziehen	•Berechnungen durchführen
•Entscheidungen ableiten	•Daten anzeigen
•Verallgemeinerungen vornehmen	•Daten ausdrucken
•flexibel reagieren	•ermüdet nicht
•improvisieren	
•formale Ungenauigkeiten überwinden	

Die *inhaltliche Dialoggestaltung* erfordert die Einbeziehung aller Informationen, die zur Erledigung der Arbeitsaufgabe erforderlich sind. Bei maskenorientierten Dialogsystemen lassen sich die Informationen zunächst folgendermaßen klassifizieren /Benz, Haubner 83/:

○ Statusinformation

○ Arbeitsinformation

○ Steuerinformation

○ Meldungen

Tab. 8-4 enthält hierzu einige praktische Beispiele.

Arbeitsinformation ist die einzige Kategorie, die Nutzinformation im Sinne der Arbeitsaufgabe enthält. Alle übrigen Kategorien (Statusinformation, Steuerinforma-

8.3 Gestaltung von Dialoginhalt und Dialogablauf   167

Tab. 8-4: Beispiele für Informationsklassen

Informations-Klasse	Ausgabe	Eingabe
Status-Information	•Systemname •Maskenname ⋮	–
Arbeits-Information	•Mengen •Preise ⋮	•Mengen •Preise ⋮
Steuer-Information	•Code der vorbelegten Folgemaske •Menü der wählbaren Masken ⋮	•Code der gewünschten Folgemaske •Auftragskennzeichen der Folgemaske ⋮
Meldungen	•Fehlermeldungen •Warnmeldungen ⋮	

tion und Meldungen) sind notwendig, um die Arbeitsinformation mit einem Dialogsystem vernünftig handhaben zu können.

Arbeitsinformation bildet den größten Anteil an der gesamten Maskeninformation. Da es normalerweise nicht möglich ist, die gesamte Arbeitsinformation auf einer einzigen Maske darzustellen, sind mehrere Masken erforderlich. Die Aufteilung der gesamten Arbeitsinformation auf Masken sollte in diesem Fall hierarchisch erfolgen (Abb. 8-3).

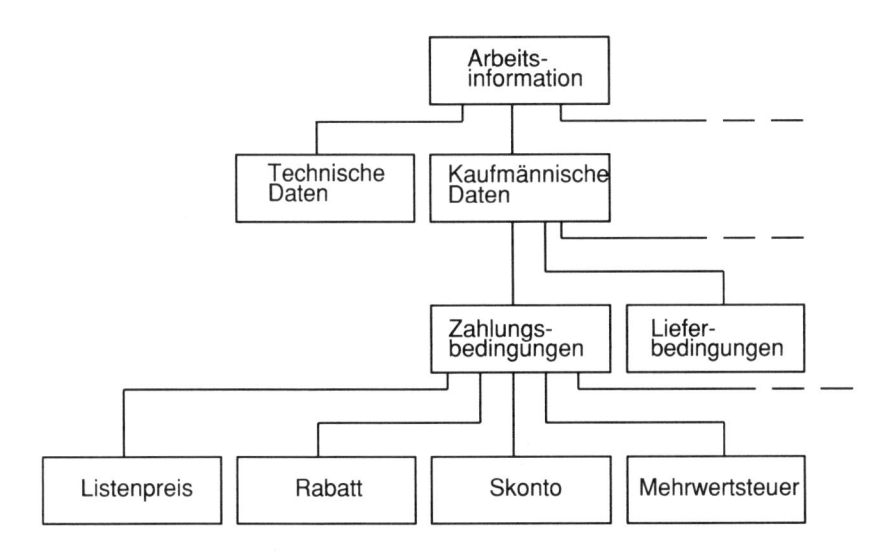

Abb. 8-3: Hierarchische Gliederung von Arbeitsinformation

8 Masken und Formulare

Bezieht man die im zweiten Abschnitt beschriebenen Benutzergruppen in die Phase der inhaltlichen Gestaltung mit ein, so ergeben sich, bezogen auf die Arbeitsinformation, erste Einschränkungen. Diese betreffen folgende Aspekte:

○ Menge von Arbeitsinformationen pro Bildschirmmaske
○ Ausführlichkeit von Arbeitsinformationen
○ Formulierung von Arbeitsinformationen

So sollte man *naive Benutzer* (Merkmale dieser Benutzergruppe: keine DV-Kenntnisse, keine Fachkenntnisse, geringes Abstraktionsvermögen, weder Schulung noch Übung im Umgang mit dem Dialogsystem) nicht mit zu überladenen Bildschirmmasken konfrontieren. Dagegen ist ein Sachbearbeiter, der auf seinem Arbeitsgebiet entsprechende Kenntnisse besitzt, DV-Kenntnisse hat, im Umgang mit seinem Dialogsystem geschult ist und aufgrund häufiger Benutzung einen hohen Übungsgrad erreicht hat, in der Lage, etwas umfangreichere Bildschirminhalte zu bearbeiten. Allerdings sollte man darauf achten, daß pro Maske nicht mehr als 50% der zur Verfügung stehenden Fläche für alphanumerische Information verwendet wird (Tab. 8-5).

Tab. 8-5: Gestaltung von Arbeitsinformation in Abhängigkeit von Benutzergruppen

Benutzergruppe ⇒ Information ⇓	*Naiver* Benutzer	Sachbearbeiter
Menge pro Bild	Gering (kleine Schritte)	Hoch (maximal 50%)
Ausführlichkeit	Erläuterungen	Schlagworte
Ausdrucksweise	•Umgangssprache •keine Fachbegriffe •keine Abkürzungen •keine DV-Begriffe	•Umgangssprache •Fachbegriffe •gebräuchliche Abkürz. •keine DV-Begriffe

Von der Benutzergruppe ist weiterhin die Art der verwendeten Dialogtechnik abhängig. So eignet sich beispielsweise als rechnerinitiierte Dialogtechnik die Menütechnik, wenn ein Dialogsystem nur sehr selten benutzt wird, weil es hier eher auf leichte Erlernbarkeit als auf hohe Flexibilität ankommt (Tab. 8-6).

Dagegen eignen sich benutzerinitiierte Dialogtechniken (zum Beispiel Kommandotechnik) eher für geübte Benutzer /Benz, Grob, Haubner 80/. Weitere Vor- und Nachteile dieser Dialogtechnik sind in Tab. 8-7 zusammengefaßt.

Unabhängig von Benutzergruppen gibt es eine Reihe von Dialoggrundfunktionen, die möglichst permanent verfügbar sein sollten:

○ Beginnen
○ Beenden
○ Unterbrechen
○ Fortsetzen

○ nächsten Schritt durchführen
○ vorhergehenden Schritt durchführen
○ Ungeschehen machen
○ Helfen

Es ist vom Einzelfall abhängig, ob eine Grundfunktion explizit aktiviert werden muß (z. B. Drücken der Taste *Unterbrechen*) oder ob eine Grundfunktion implizit aktiviert wird (Beispiel: bei einer Fehlermeldung wird automatisch die Möglichkeit der Fehlerbehebung als Hilfsinformation mitangezeigt).

Generell sollten auch die Grundsätze der Dialoggestaltung Berücksichtigung finden. Sie sind in einer Norm (DIN 66 234, Teil 8) ausführlich, mit vielen anschaulichen Beispielen beschrieben:

○ Aufgabenangemessenheit

○ Selbstbeschreibungsfähigkeit

○ Steuerbarkeit

○ Erwartungskonformität

○ Fehlerrobustheit

Nach Abschluß der inhaltlichen Gestaltungsmaßnahmen kann mit der Visualisierung begonnen werden.

Tab. 8-6: Eigenschaften rechnerinitiierter Dialogtechniken

Vorteile	Nachteile
•leichte Erlernbarkeit •keine Sprachkenntnisse notwendig •geringe Fehleranfälligkeit	•geringe Flexibilität •langsames Vorgehen •eventuell Gefühl der *Gängelung*
Anwendung	
•Benutzer in Lernphase bzw. bei geringer Benutzungshäufigkeit •geübter Benutzer bei Routineabläufen	

Tab. 8-7: Eigenschaften benutzerinitiierter Dialogtechniken

Vorteile	Nachteile
•Anpassung an Benutzeraufgabe und Benutzerlogik •Vermeidung langwieriger Eingabeumwege-umwege	•Ausbildung und Übung erforderlich •erhöhte Anforderungen an das System (z. B. Interpretation der Benutzereingabe)
Anwendung	
•geübter Benutzer (außer Routineabläufe)	

8.4 Visuelle Gestaltung der Maskeninformation

Wie bereits erwähnt, sollte jede Bildschirmmaske vier Informationsklassen enthalten:

○ Statusinformation
○ Arbeitsinformation
○ Steuerinformation und
○ Meldungen

Formal betrachtet ergibt sich die Notwendigkeit, jeder dieser Informationsklassen einen bestimmten Bereich in der Maske zuzuordnen. Legt man den normalen Ablauf beim Bearbeiten einer Maske zugrunde, dann ergibt sich die Anordnung der Bereiche in der oben dargestellten Reihenfolge (Abb. 8-4).

```
┌─────────────────────────┐
│   STATUS-INFORMATION    │
├─────────────────────────┤
│                         │
│   ARBEITS-INFORMATION   │
│                         │
├─────────────────────────┤
│   STEUER-INFORMATION    │
├─────────────────────────┤
│   MELDUNGEN             │
└─────────────────────────┘
```

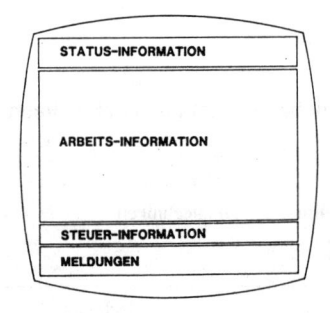

Abb. 8-4: Anordnung von Informationsklassen in einer Bildschirmmaske

In den Abb. 8-5 und 8-6 ist eine Maske zum Vergleich einmal ohne und einmal mit Bereichen für Informationsklassen dargestellt.

Durch die Einteilung der Bildschirmmaske in Bereiche für Informationsklassen wird sie etwas übersichtlicher.

Normalerweise ist diese Bereichseinteilung im Sinne einer übersichtlichen Form noch nicht ausreichend. Die Einbeziehung weiterer Aspekte zur formalen Gestaltung ist vielfach notwendig. Dazu gehören an erster Stelle die Gesetze der Gestaltpsychologie /Metzger 75/, /Moritz 83/, /Rosemann 87/. Die wichtigsten Gesetze betreffen *Nähe, Symmetrie* und *Gleichartigkeit* (Abb. 8-7).

Die Anwendung der Gestaltgesetze auf Bildschirmmasken führt zu einer prägnanten, übersichtlichen und klar strukturierten Bildschirmmaske. Dazu müssen zusammengehörige Informationen nahe beieinander liegen, eine symmetrische Figur bilden und innerhalb symmetrischer Figuren sollten möglichst ähnlich aussehende Informationen vorkommen. Diese Gesichtspunkte, angewandt auf die in Abb. 8-6 dargestellte Bildschirmmaske, führen zu der Bildschirmmaske in Abb. 8-8. Zu erwähnen ist, daß die Informationsmenge in Form von alphanumerischen Zeichen unverändert geblieben ist.

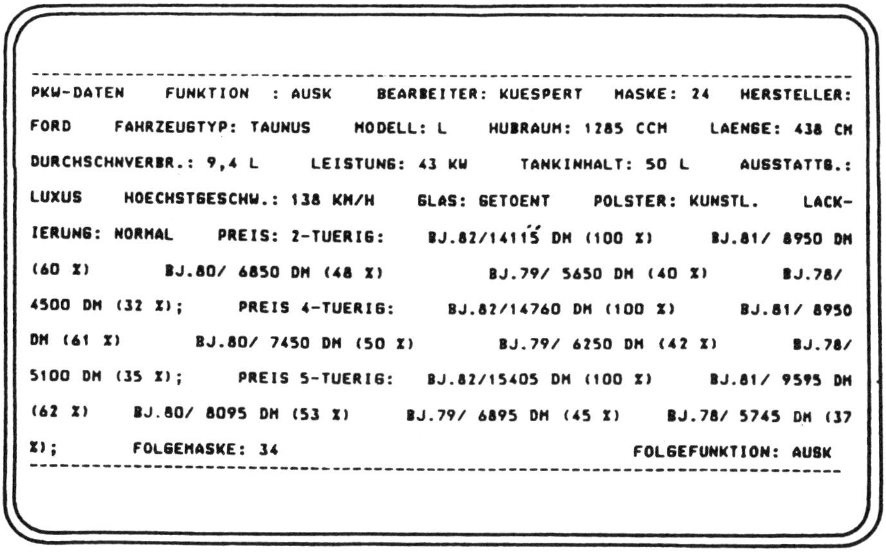

8.4 Visuelle Gestaltung der Maskeninformation   171

```
----------------------------------------------------------------
PKW-DATEN      FUNKTION : AUSK    BEARBEITER: KUESPERT    MASKE: 24    HERSTELLER:
FORD      FAHRZEUGTYP: TAUNUS      MODELL: L     HUBRAUM: 1285 CCM      LAENGE: 438 CM
DURCHSCHNVERBR.: 9,4 L       LEISTUNG: 43 KW       TANKINHALT: 50 L        AUSSTATTG.:
LUXUS    HOECHSTGESCHW.: 138 KM/H      GLAS: GETOENT     POLSTER: KUNSTL.    LACK-
IERUNG: NORMAL      PREIS: 2-TUERIG:       BJ.82/14115 DM (100 %)       BJ.81/ 8950 DM
(60 %)       BJ.80/ 6850 DM (48 %)         BJ.79/ 5650 DM (40 %)        BJ.78/
4500 DM (32 %);      PREIS 4-TUERIG:      BJ.82/14760 DM (100 %)       BJ.81/ 8950
DM (61 %)       BJ.80/ 7450 DM (50 %)        BJ.79/ 6250 DM (42 %)        BJ.78/
5100 DM (35 %);      PREIS 5-TUERIG:      BJ.82/15405 DM (100 %)       BJ.81/ 9595 DM
(62 %)     BJ.80/ 8095 DM (53 %)      BJ.79/ 6895 DM (45 %)      BJ.78/ 5745 DM (37
%);       FOLGEMASKE: 34                             FOLGEFUNKTION: AUSK
----------------------------------------------------------------
```

Abb. 8-5: Bildschirmmaske *ohne* Bereiche für Informationsklassen

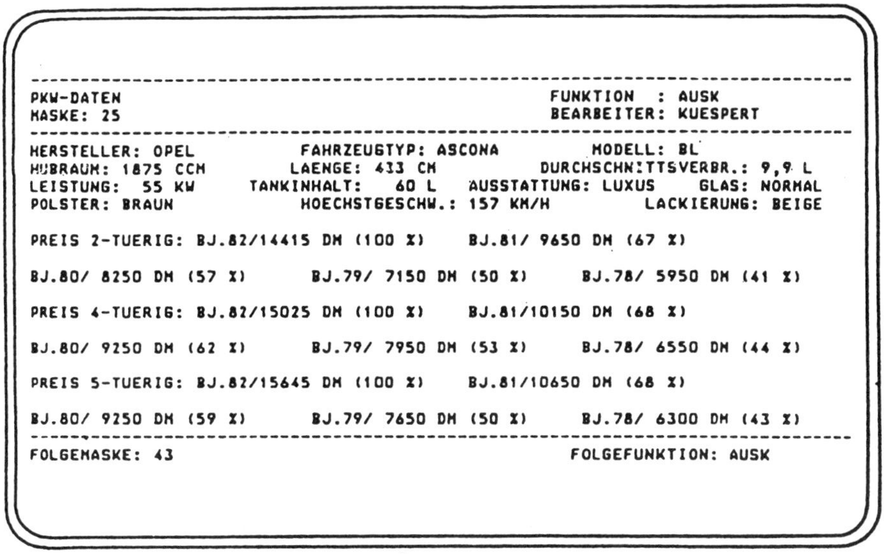

```
----------------------------------------------------------------
PKW-DATEN                                      FUNKTION : AUSK
MASKE: 25                                      BEARBEITER: KUESPERT
----------------------------------------------------------------
HERSTELLER: OPEL          FAHRZEUGTYP: ASCONA       MODELL: BL
HUBRAUM: 1875 CCM         LAENGE: 433 CM          DURCHSCHNITTSVERBR.: 9,9 L
LEISTUNG:  55 KW        TANKINHALT:  60 L    AUSSTATTUNG: LUXUS    GLAS: NORMAL
POLSTER: BRAUN            HOECHSTGESCHW.: 157 KM/H          LACKIERUNG: BEIGE

PREIS 2-TUERIG: BJ.82/14415 DM (100 %)     BJ.81/ 9650 DM (67 %)

BJ.80/ 8250 DM (57 %)      BJ.79/ 7150 DM (50 %)      BJ.78/ 5950 DM (41 %)

PREIS 4-TUERIG: BJ.82/15025 DM (100 %)     BJ.81/10150 DM (68 %)

BJ.80/ 9250 DM (62 %)      BJ.79/ 7950 DM (53 %)      BJ.78/ 6550 DM (44 %)

PREIS 5-TUERIG: BJ.82/15645 DM (100 %)     BJ.81/10650 DM (68 %)

BJ.80/ 9250 DM (59 %)      BJ.79/ 7650 DM (50 %)      BJ.78/ 6300 DM (43 %)
----------------------------------------------------------------
FOLGEMASKE: 43                                 FOLGEFUNKTION: AUSK
```

Abb. 8-6: Bildschirmmaske *mit* Bereichen für Informationsklassen

8 Masken und Formulare

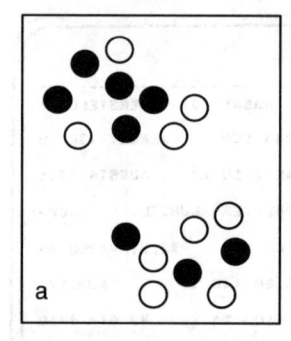

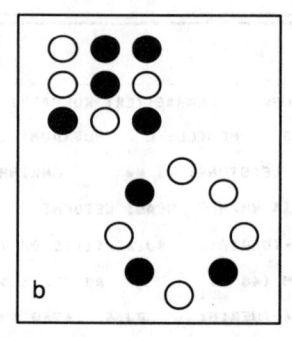

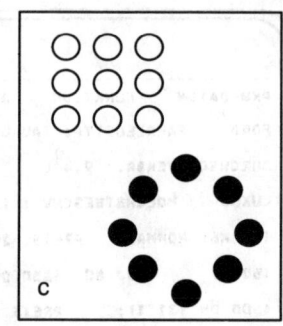

Abb. 8-7: Gesetze der Gestaltpsychologie (a: Nähe, b: Symmetrie, c: Gleichartigkeit)

Wie Untersuchungen zeigen, ergeben sich aufgrund derartiger Maßnahmen positive Auswirkungen bezüglich Akzeptanz, Beanspruchung und Leistung. Weitere Verbesserungen lassen sich durch die Verwendung der Groß-/Kleinschreibung erzielen (Abb. 8-9, Abb. 8-10).

Abb. 8-10 zeigt die Suchleistung in Form richtig erkannter Felder pro Minute. Schwache, mittlere und starke Struktur entsprechen den folgenden Bildern:

```
------------------------------------------------------------------
PKW-DATEN                                FUNKTION   : AUSK
MASKE: 15                                BEARBEITER: KUESPERT
------------------------------------------------------------------

HERSTELLER  : AUDI/NSU           HUBRAUM          : 2144 CCM
FAHRZEUGTYP : AUDI               LEISTUNG         :   85 KW
MODELL      : 100 SL             HOECHSTGESCHW.   :  188 KM/H
AUSSTATTUNG : SPORT              TANKINHALT       :   60 L
LACKIERUNG  : SCHWARZ            DURCHSCHNVERBR.  :  9,3 L
POLSTER     : GRAU               LAENGE           :  469 CM
GLAS        : GETOENT

BAUJAHR       PREIS (2-TUERIG)     PREIS (4-TUERIG)     PREIS (5-TUERIG)
-------       ----------------     ----------------     ----------------
1982           20 200 DM  100 %     20 885 DM  100 %     23 175 DM  100 %
1981           11 850 DM   59 %     12 700 DM   60 %     12 800 DM   55 %
1980            9 750 DM   48 %     10 650 DM   51 %     10 600 DM   46 %
1979            7 950 DM   39 %      8 750 DM   42 %      8 550 DM   37 %
1978            - --- DM   -- %      - --- DM   -- %      - --- DM   -- %
------------------------------------------------------------------
FOLGEMASKE: 31                           FOLGEFUNKTION: AUSK
------------------------------------------------------------------
```

Abb. 8-8: Nach Gestaltgesetzen strukturierte Bildschirmmaske

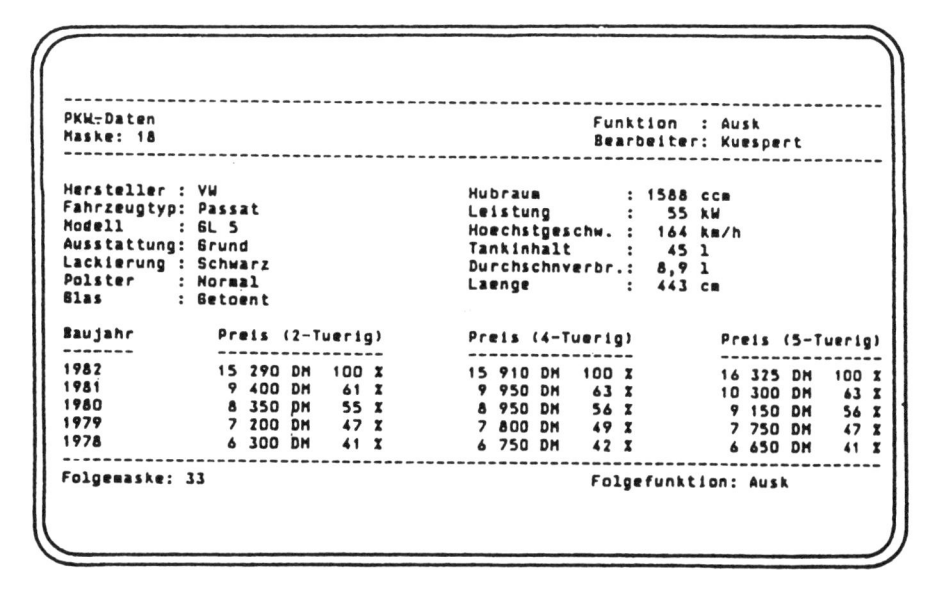

8.4 Visuelle Gestaltung der Maskeninformation   173

```
PKW-Daten                              Funktion   : Ausk
Maske: 18                              Bearbeiter: Kuespert
------------------------------------------------------------
Hersteller  : VW         Hubraum          : 1588 ccm
Fahrzeugtyp : Passat     Leistung         :   55 kW
Modell      : GL 5       Hoechstgeschw.   :  164 km/h
Ausstattung : Grund      Tankinhalt       :   45 l
Lackierung  : Schwarz    Durchschnverbr.  :  8,9 l
Polster     : Normal     Laenge           :  443 cm
Glas        : Getoent

Baujahr       Preis (2-Tuerig)    Preis (4-Tuerig)    Preis (5-Tuerig)
-------       ----------------    ----------------    ----------------
1982          15 290 DM  100 %    15 910 DM  100 %    16 325 DM  100 %
1981           9 400 DM   61 %     9 950 DM   63 %    10 300 DM   63 %
1980           8 350 DM   55 %     8 950 DM   56 %     9 150 DM   56 %
1979           7 200 DM   47 %     7 800 DM   49 %     7 750 DM   47 %
1978           6 300 DM   41 %     6 750 DM   42 %     6 650 DM   41 %
------------------------------------------------------------
Folgemaske: 33                         Folgefunktion: Ausk
```

Abb. 8-9: Nach den Gestaltgesetzen strukturierte Bildschirmmaske in Groß-/Kleinschreibung

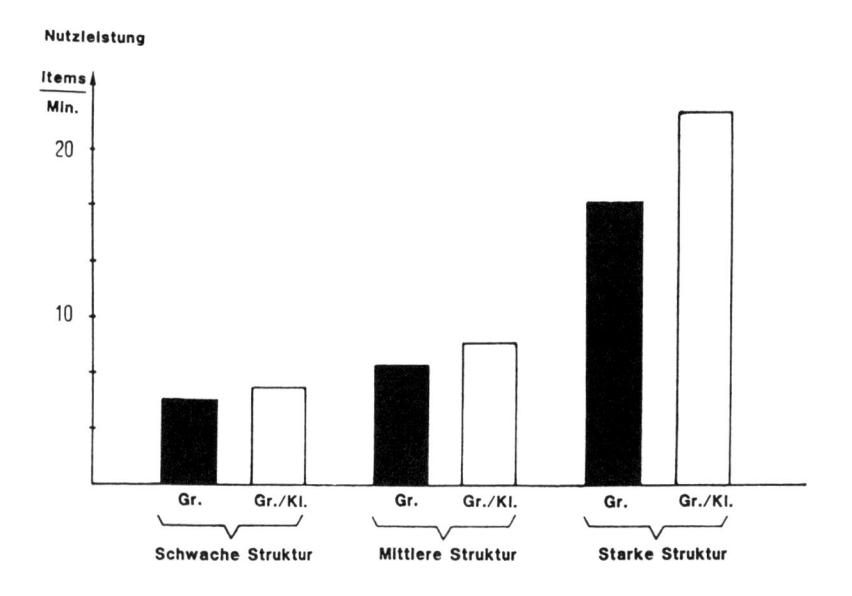

Abb. 8-10: Auswirkungen der formalen Maskengestaltungen auf die Suchleistung /Zwerina 84/

8 Masken und Formulare

○ Schwache Struktur (ohne Bereiche für Informationsklassen) Abb. 8-5
○ Mittlere Struktur (mit Bereichen für Informationsklassen) Abb. 8-6
○ Starke Struktur (nach Gestaltgesetzen strukturierte Maske) Abb. 8-8
○ Starke Struktur (Gestaltgesetze und Groß-/Kleinschreibung) Abb. 8-9

Wie obige Grafik zeigt, erhöht sich die Suchleistung bei der starken Struktur in Groß-/Kleinschreibung gegenüber der schwachen Struktur in Großschreibung etwa um das Vierfache. Signifikante Vorteile zugunsten der Groß-/Kleinschreibung ergeben sich allerdings erst dann, wenn Bereiche für Informationsklassen gebildet werden und die Information zusätzlich nach gestaltpsychologischen Gesichtspunkten angeordnet wird.

Weitere Möglichkeiten bieten z. B. grafikorientierte Bildschirmsysteme in Verbindung mit Farbdarstellung /Derisavi-Fard, Frieling 85/. Die Vielfalt der Darstellungsmöglichkeiten ist allerdings noch kein Indiz für gute Darstellungsqualität. Notwendig ist die Abstimmung von Inhalt und Form!

Literatur

/Benz, Haubner 83/
Benz C., Haubner P.: *Gestaltung von Bildschirmmasken*, in: Office Management (Sonderheft), 31 Jg., 1983, S. 36-39

/Benz, Grob, Haubner 80/
Benz, C., Grob, R., Haubner, P.: *Gestaltung von Bildschirm-Arbeitsplätzen*, Buchreihe Praxis der Ergonomie., Köln: Verlag TÜV Rheinland. 1980

/Derivari-Fard, Frieling 85/
Derivari-Fard, F., Frieling, E.: *Dialogdesign und Informationsdarstellung am Beispiel einer CAD-Menüvorlage, in:* Berichte des German Chapter of the ACM 24. Bullinger, H.-J. (Hrsg.). Stuttgart: Teubner 1985, S. 155-167

/DIN 66 234
DIN 66 234 Teil 8 - Entwurf November 1986. *Bildschirmarbeitsplätze - Grundsätze der Dialoggestaltung*

/Metzger 75/
Metzger, W.: *Gesetze des Sehens*, Frankfurt/Main: Verlag Waldemar Kramer 1975

/Moritz 83/
Moritz, H.: *Umsetzung wahrnehmungspsychologischer Erkenntnisse für die Informationsdarstellung am Bildschirm.*, in: Berichte des German Chapter of the ACM 14. Balzert, H. (Hrsg.). Stuttgart: Teubner 1983, S. 98-113

/Rosemann 87/
Rosemann, H.: *Einige wahrnehmungspsychologische Prinzipien zur Gestaltung von Hilfsmenüs*, in: Angewandte Informatik 2/87, S. 65-74

/Zwerina 84/
Zwerina, H.: *Ergonomische Bewertung der Struktur und Schreibweise von Bildschirm-Masken*, in: Zeitschrift für Arbeitswissenschaft 38 (10 NF) 1984/2, S. 106-109

9 Direkte Manipulation

Rolf Ilg, Jürgen Ziegler

9.1 Einführung

Zu Beginn der 80er Jahre tauchte auf dem Markt eine neue Klasse von Arbeitsplatzsystemen auf, die vielfach als Ausgangspunkt für eine neue Ära der Mensch-Rechner-Interaktion angesehen wurde. Intensive Vorarbeiten am Forschungszentrum PARC der Firma XEROX führten zur Entwicklung des STAR-Systems, dessen gesamte Konzeption auf eine neuartige Benutzerschnittstelle ausgerichtet war /Smith et. al. 83/. Neuartig an dieser Benutzerschnittstelle war, daß sie in graphischer Weise dem Benutzer vertraute Gegenstände der Bürowelt- und -anwendungen präsentierte. Diese *Objekte* konnten mit Hilfe eines Zeigeinstruments (der Maus) selektiert und anschließend manipuliert werden. Die Grundlagen für diesen neuen Ansatz finden sich sowohl in (schon länger bekannten) Techniken bei Graphiksystemen wie auch in den Sichtweisen der objektorientierten Programmierung. /Shneiderman 82/ prägte für diese Art der Mensch-Rechner-Interaktion den Begriff **Direkte Manipulation** (DM).

9.2 Definitionen der Direkten Manipulation

Für Benutzerschnittstellen, die nach dem Prinzip der Direkten Manipulation gestaltet sind, gibt es verschiedene Definitionsansätze, deren Hauptpunkte im folgenden dargestellt werden sollen.

9.2.1 Beschreibung der Direkten Manipulation nach Shneiderman

/Shneiderman 82, 83/ hat Direkte Manipulation als Sammelbegriff für eine Reihe neuer Charakteristika von Benutzerschnittstellen eingeführt. Seine Beschreibung von DM beruht auf den Hauptprinzipien:
- permanente Sichtbarkeit der jeweils interessierenden Objekte
- schnelle, umkehrbare, einstufige Benutzeraktionen mit unmittelbarer Rückmeldung
- Ersetzung komplexer Kommandos durch physische Aktionen (wie Mausbewegungen, Selektionsaktionen und Funktionstastenbetätigung).

Shneiderman nennt eine Reihe von Systembeispielen, die typische Merkmale von DM aufweisen:

- **Bildschirmeditoren** zeigen – im Gegensatz zu Zeileneditoren – das Dokument in seiner tatsächlichen Form (der späteren Papierform) mit sofortiger Rückmeldung bei Änderungen (WYSIWYG-Prinzip: *What You See Is What You Get).*
- **Tabellenkalkulationen** (*Spreadsheets*) benutzen die Metapher des Arbeitsblattes eines Buchhalters und vermitteln eine einfach verständliche visuelle Repräsentation der komplexen numerischen und logischen Abhängigkeiten von Daten.
- **Systeme zur räumlichen Verwaltung von Objekten** (*spatial management systems*) oder **graphische Browser** erlauben eine gute Orientierung und Zugriffsmöglichkeiten in umfangreichen Strukturen von Datenobjekten (siehe auch /Williams 84/).
- Bei **Videospielen** finden sich nach Shneiderman interessante Realisierungen der Prinzipien von DM.
- **CAD/CAM-Systeme** sind traditionelle Gebiete für graphische Interaktionen.
- *Query-by-example* /Zloof 75/ zeigt, daß DM-artigeTechniken auch bei formalisierteren Aufgaben wie Zugriffe auf Datenbanken möglich sind.

Der Entwurf von DM-Systemen sollte dabei auf einfachen, *emotional ansprechenden* Metaphern beruhen und den Anfänger am System mit einem minimalen Satz von Konzepten zur Lösung von Grundaufgaben versorgen. Shneiderman postuliert eine ganze Reihe positiver Benutzungseigenschaften, die durch DM erreicht werden sollen:

- schnelle Erlernbarkeit der grundlegenden Funktionalität (für Anfänger),
- effiziente Arbeitsweise und Erweiterbarkeit (für Experten),
- leicht zu behaltende Interaktionsmöglichkeit (für Benutzer, die nur ab und zu mit dem System arbeiten),
- Fehlermeldungen werden kaum benötigt,
- Unterstützung zielgerichteter Arbeit durch sofortige Reaktion auf Aktionen,
- Reduzierung der Beanspruchung des Benutzers durch leichte Verständlichkeit, vorhersehbare Systemreaktionen und Möglichkeit zum Rückgängigmachen von Operationen.

Inwieweit diese hypothetischen Pluspunkte von DM mit der Realität übereinstimmen, wird im Verlauf dieses Abschnittes anhand der (wenigen) verfügbaren empirischen Untersuchungen noch zu diskutieren sein. Insgesamt liefert Shneidermans Beschreibung eine Auflistung wesentlicher Merkmale von DM, ohne daß damit schon eine präzise Definition und Abgrenzung gegen andere Techniken möglich wäre.

9.2.2 Hutchins, Hollan & Norman: Direkt manipulative Benutzerschnittstellen

Eine umfangreiche Diskussion von DM findet sich in der Arbeit von /Hutchins, Hollan, Norman 86/. Die Autoren gehen von folgendem aus:

„...Direct Manipulation is not a unitary concept nor even something that can be quantified in itself. It is an orienting notion."

Einige Beispiele werden angeführt, angefangen bei Sutherlands *Sketchpad*-Programm /Sutherland 63/, einer sehr frühen Arbeit, deren Ideen in CAD/CAM-Systemen verwendet wurden, über *Thinglab* /Borning 79/ und *Budge's Pinball Construction Set* /Budge 83/ zu STEAMER /Hollan, Hutchins, Weitzman 84/, einem intelligenten System, das auch Werkzeuge zur Konstruktion interaktiver, graphischer Schnittstellen zur Verfügung stellt.

Die Autoren nennen ein eigenes Implementationsbeispiel, bei dem es sich um statistische Analysen von Daten handelt. Die Anwendung statistischer Analysen wird durch das Verknüpfen von graphischer Datendarstellung, Analyse-(Funktions-) und Diagramm-Piktogrammen erreicht. Gruppen von interessierenden Datenpunkten in einer graphischen Darstellung können direkt selektiert und einem statistischen Verfahren übergeben werden, indem man die selektierten Daten mit dem Piktogramm des statistischen Verfahrens verbindet.

Die Autoren basieren ihre Betrachtungen auf dem Konzept der Direktheit, das anhand eines Schemas der Mensch-Rechner-Interaktion dargestellt wird. Dieses Schema beruht auf den Begriffen *gulf of execution* (Kluft der Ausführung) und *gulf of evaluation* (Kluft der Auswertung). *Gulf of execution* bezieht sich auf die erforderliche Umsetzung der Ziele des Benutzers in Eingaben, die vom System *verstanden* werden.

In der anderen Richtung, dem *gulf of evaluation*, muß die Reaktion des Systems in eine Darstellungsform gebracht werden, die der Benutzer verstehen kann (Abb.

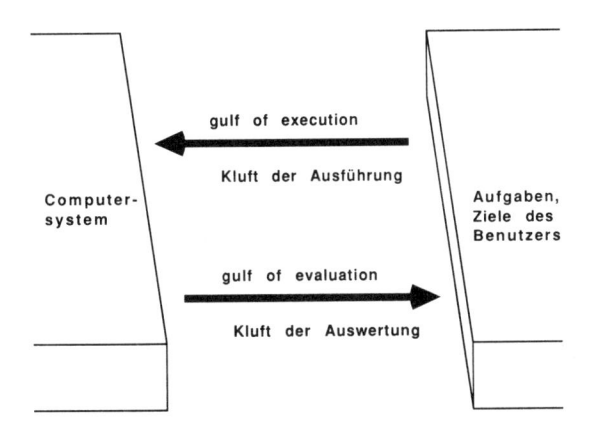

Abb. 9-1: Kluft der Ausführung und Auswertung (aus /Hutchins et al. 86/)

9-1). Die beiden Klüfte müssen durch die *Ein- und Ausgabesprache* der Benutzerschnittstelle überbrückt werden.

Als eine zentrale Eigenschaft von DM zur Überbrückung dieser Kluft nennen die Autoren die Möglichkeit, Ausdrücke der Ausgabe-Sprache direkt als Elemente der Eingabe-Sprache zu verwenden. Sie bezeichnen dies als *interreferential I/O*.

Als wesentliche Eigenschaften von Benutzerschnittstellen werden zwei Begriffe diskutiert, die durch DM besonders gut zu erreichen seien: semantische und formale Direktheit. Diese Begriffe werden im Abschnitt 9.2.4. noch einmal aufgegriffen und genauer diskutiert

9.2.3 Direkte Manipulation in einem Modell der Mensch-Rechner-Interaktion

In einer Reihe von Arbeiten /Fähnrich, Ziegler 84/, /Fähnrich, Ziegler 85/, /Ziegler 87/ wurde DM im Rahmen eines allgemeineren Modells der Mensch-Rechner-Interaktion diskutiert. Durch eine solche Modellvorstellung kann zum einen besser unterschieden werden zwischen objektiven Systemeigenschaften, die eine Interaktionstechnik kennzeichnen, und ihren psychologischen Benutzungseigenschaften, zum zweiten wird eine bessere Abgrenzung gegenüber anderen Techniken möglich.

Als Ausgangspunkt dient ein Kommunikationsmodell mit unterschiedlichen Abstraktionsebenen. Solche Schnittstellen wurden – allerdings mit unterschiedlicher Anzahl von Ebenen – häufig zur Beschreibung von Benutzerschnittstellen verwendet /Moran 81/, /Fähnrich, Ziegler 84/, /Nielsen 86/. Hier sollen drei Hauptebenen unterschieden werden (Abb. 9-2):

– **Konzeptuelle Ebene**: beschreibt Aufgaben, die mit dem System durchgeführt werden können, sowie die dazu verwendeten semantischen Objekte und Operationen.
– **Dialogebene**: beschreibt Dialogstrukturen und -abläufe und den syntaktischen Aufbau von Ein- und Ausgaben.
– **Ein- /Ausgabeebene**: beschreibt Struktur, z. B. zweidimensionale Anordnung und Form der Elemente der Ein-/Ausgabe.

In die verschiedenen Ebenen ist ein Interaktionszyklus eingebettet, der die notwendigen Informationstransformationen zwischen den einzelnen Ebenen beschreibt (beim Benutzer als mentale und motorische Prozesse, beim System durch die Software realisiert). Für die Definition von Interaktionstechniken kann die Systemkomponente weiter analysiert werden durch die Art der Transformationen zwischen der konzeptuellen und der Ein-/Ausgabeebene. Dabei soll die Abbildung vom jeweiligen Systemzustand auf der konzeptuellen Ebene auf die Ausgabe als **Repräsentation**, das Ansprechen konzeptueller Objekte durch den Benutzer über Ein-/Ausgabeelemente als **Referenzierung** und die zeitliche Sequenzierung und Strukturierung der Interaktion als **Interaktivität** bezeichnet werden (Abb. 9-3).

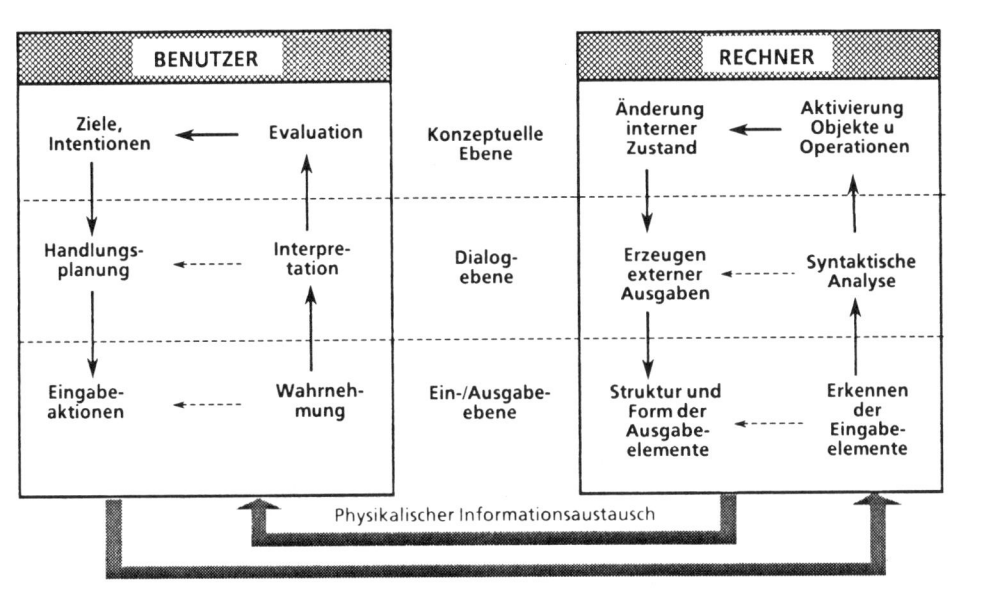

Abb. 9-2: Modell der Mensch-Rechner-Interaktion

Für manipulative Systeme können im Rahmen dieses Systems folgende notwendige Anforderungen aufgestellt werden (der Aspekt der Direktheit soll später noch separat behandelt werden):

1. Für die Repräsentation ist erforderlich, daß die extern dargestellten Objekte einen aktiven internen (konzeptuellen) Zustand besitzen. Damit wird das am Bildschirm Dargestellte zu einem Modell für einen Ausschnitt der konzeptuellen Welt im Rechner. Dies steht im Gegensatz etwa zu dem ständigen Wechsel zwischen Ein-und Ausgaben, wie man dies bei kommandosprachlichen Systemen antrifft (System als *Black Box*). Die Darstellung bleibt innerhalb eines Interaktionskontextes permanent erhalten. Diese Repräsentationsform ist eine Voraussetzung dafür, daß der Benutzer interne Objekte und Operationen über Darstellungsobjekte ansprechen kann (Selektieren).

2. Manipulative Systeme müssen die Möglichkeit des **Referenzierens** durch Zeigeoperationen ermöglichen (im Gegensatz zu symbolischen Referenzen durch Angabe von Namen).

3. Manipulative Systeme zeichnen sich durch eine hohe **Interaktivität** aus, d. h. daß jede elementare Eingabe sofort interpretiert wird, eine Zustandsänderung (intern) bewirkt und eine Rückmeldung geliefert wird. Eingaben von Funktionen mit mehreren Parametern oder mehrerer Funktionen, die erst nach vollendeter Eingabe interpretiert werden, fallen nicht in die Klasse manipulativer Interaktionen.

9 Direkte Manipulation

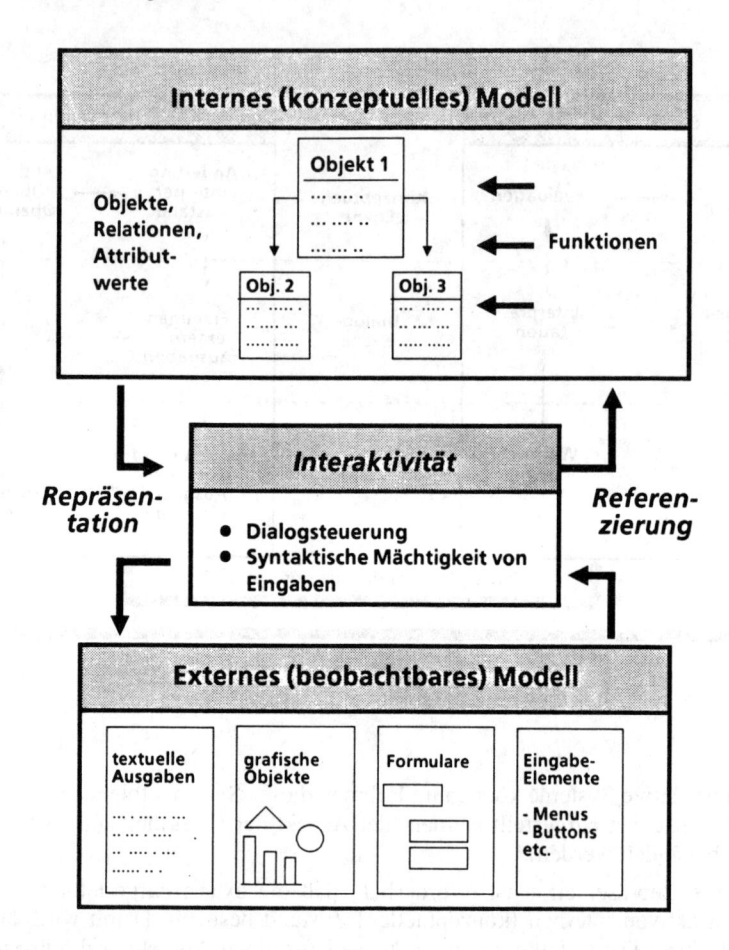

Abb. 9-3: Repräsentation, Referenzierung und Interaktivität als Grunddimensionen von Interaktionstechniken

Diese Ausprägungen stellen notwendige Voraussetzungen für manipulative Systeme dar. In Verbindung damit ergeben sich eine Reihe weiterer Merkmale, die bei DM-Systemen zur Erfüllung dieser Eigenschaften herangezogen werden.

Um eine entsprechende Repräsentation zu ermöglichen, muß die Benutzerschnittstelle ein festgelegtes **konzeptuelles Modell** für den jeweiligen Aufgabenbereich beeinhalten, das in geeigneter Weise visuell dargestellt werden kann. Hierzu werden oft Metaphern verwendet. Dabei wird ein der Realität entlehntes Bild, wie etwa die Schreibtischoberfläche mit ihren verschiedenen Objekten und physikalischen Operationsmöglichkeiten verwendet.

Auf der **semantischen Ebene** wird explizit eine Trennung in Objekte (Daten) mit zugehörigen Eigenschaften und Operationen durchgeführt. Ein Großteil der Systemfunktionalität wird durch die Veränderung von Objektattributen durch den Benutzer erreicht. Objekte können durch universelle Operationen (z. B. Löschen, Übertragen, Kopieren etc.) bearbeitet werden, die unabhängig vom jeweiligen Objekt für den Benutzer in der stets gleichen Form ansprechbar sind.

Die klare Organisation in Objekte und Funktionen ist eine Voraussetzung für die **Syntax** bei DM. Zumeist wird die syntaktische Reihenfolge Objektselektion-Funktionsaufruf bei den realisierten Systemen angetroffen. Das System reagiert auf jede Benutzeraktion mit einer expliziten Rückmeldung (z. B. Anzeige eines selektierten Objekts). Aufgaben werden durch inkrementelle Aneinanderreihung elementarer Benutzeraktionen bearbeitet.

Auf der physikalischen **Ein-/Ausgabeebene** wird eine Informationsumgebung mit paralleler Darstellung mehrerer Informationsbereiche (in Fenstertechnik) angeboten. Auf der Eingabeseite ist ein Zeigeinstrument (z. B. Maus) erforderlich.

Die angegebene Definition bezieht sich auf Eigenschaften manipulativer Techniken, die am System selbst beobachtbar sind. Im nächsten Abschnitt soll diskutiert werden, was unter dem Aspekt der Direktheit bei DM verstanden werden kann.

9.2.4 Direktheit

Wodurch wird Manipulation zu direkter Manipulation? Im vorangegangenen Abschnitt wurde dargestellt, daß manipulative Techniken als Eigenschaft des Systems analysiert werden können. Direktheit hingegen kann nur unter Berücksichtigung des Benutzers, seiner mentalen Konzepte, Intentionen und Pläne bestimmt werden und ist damit ein psychologisch vermitteltes Benutzbarkeitsmerkmal. Ausgehend von dem in Abb. 9-2 dargestellten Modell kann Direktheit aufgefaßt werden als ein Maß für die Angepaßtheit der implementierten Benutzerschnittstelle an die jeweiligen Vorstellungen und Erwartungen des Benutzers. Diese Betrachtung läßt sich auf jeder Ebene des Modells anstellen, es gibt demzufolge unterschiedliche Arten von Direktheit. In dieses Schema lassen sich die von /Hutchins, Hollan, Norman 86)/ aufgestellten Begriffe der semantischen und formalen Direktheit integrieren, hinzu kommt allerdings der Aspekt der Direktheit auf der Dialogebene, der hier operationale Direktheit genannt werden soll.

Semantische Direktheit

Semantische Direktheit wird durch die Distanz zwischen den Intentionen des Benutzers und den im System verfügbaren semantischen Objekten und Operationen bestimmt. Für den Benutzer ist es wesentlich, daß er (1) überhaupt ausdrücken kann, was er dem System mitteilen will, und (2) daß er dies einfach und prägnant ausdrücken kann. Dazu ist es erforderlich, daß das System Objekte und Operationen auf einer Ebene zur Verfügung stellt, auf der der Benutzer über seine Aufgaben nachdenkt. Dieses Problem ist gut bekannt aus dem Bereich höherer Programmiersprachen, wo ebenfalls die Konstrukte der Sprache direkter an den Problembereich angepaßt werden sollen.

Für den Benutzer wird die semantische Direktheit gering sein, wenn er zur Bearbeitung eines für ihn zusammenhängenden Objektes der Aufgabe am System mehrere unterschiedliche Objekte bearbeiten oder zusammensetzen muß, oder wenn eine bestimmte intendierte Operation nur durch eine Aneinanderreihung verschiedener Systemoperationen erreicht werden kann. Bei geringer Direktheit werden die Anforderungen an die geistige Planung der Aufgabenausführung höher oder aber die Aufgabe wird zum Problem. Kommt zum Beispiel in einer Aufgabe beim Erstellen von Graphik das Ziel <Rechteck erstellen> vor und das System kennt nur Linien als Objekte, so ist das Ziel zwar erreichbar, aber nur mit höherem Planungs- und Handlungsaufwand. DM-Systeme zur Dokumentbearbeitung liefern deshalb entsprechende Basisobjekte; wo dies für die Aufgabe nicht ausreicht, sollte der Benutzer eigene, wiederverwendbare Objekte definieren können.

Operationale Direktheit

Auf der Dialogebene ist Direktheit unter dem Aspekt der zeitlichen Kontrollstrukturen der Interaktion und der Syntax der Eingaben zu betrachten. Systemgesteuerte Dialogsequenzen sind indirekt, wenn der Benutzer einen anderen Handlungspfad beabsichtigt hatte. Das Selektieren eines Piktogramms z. B. mit unmittelbarer Bewegungsmöglichkeit bei gedrückter Maustaste ist operational direkt, da die Handlungseinheit nicht durch weitere Funktionsaufrufe zerteilt werden muß.

Vorannahmen über die vom Benutzer beabsichtigten oder ihm bekannten Handlungsabläufe sind in der Regel schwer zu treffen. Bei DM-Systemen wird deshalb versucht, alle dargestellten Objekte benutzergesteuert zugänglich zu machen und durch unmittelbare Rückmeldung zu Operationen die Überprüfung des Handlungsablaufes zu unterstützen.

Formale Direktheit

Dieser Aspekt von Direktheit bezieht sich auf die unmittelbare Verständlichkeit der Systemausgaben und leichte, vertraute Handhabbarkeit der Eingabeelemente. Sinnfällige Verwendung von Piktogrammen, Objekt- und Funktionsselektion anstelle von Eingaben symbolischer Namen, übersichtliche Anordnung und verständliche Bezeichnung von Funktionstasten können die formale Direktheit erhöhen. Das WYSIWYG-Prinzip, bei dem Dokumente am Bildschirm so dargestellt werden, wie sie später ausgedruckt werden, fördert ebenfalls den Eindruck der Direktheit.

Direktheit ist benutzerabhängig und kann sich somit z. B. bei wachsendem Lernfortschritt des Benutzers verändern. Was dem Anfänger direkt erscheint, kann u. U. für die komplexeren Aufgaben und Handlungspläne des Experten nicht angepaßt sein. Eine gewisse Flexibilität und Erweiterbarkeit des Systems erscheint deshalb für das Aufrechterhalten des Eindrucks der Direktheit beim Benutzer erforderlich zu sein.

9.3 Eigenschaften und Anwendungen von Direkter Manipulation

Die Ein-/Ausgabe-Voraussetzungen für Direkte Manipulation werden von /Balzert, in diesem Band/ erläutert und sollen deshalb hier nicht näher betrachtet werden. Nachfolgend werden einige Eigenschaften und Anwendungsbeispiele aufgezeigt, die zum Verständnis von Direkter Manipulation beitragen.

9.3.1 Funktionsaufruf

Für die Gestaltung von Funktionsaufrufen gibt es fünf grundsätzliche Möglichkeiten (abgesehen von Kommandoeingaben, die hier nicht näher betrachtet werden sollen). Unterschieden werden kann in:
- Funktionstasten
- *Pop-up*-Menüs
- Menüleisten
- *Pull-down*-Menüs / *Drop-down*-Menüs
- Impliziter Funktionsaufruf.

Zur Menüauswahl siehe auch /Eberleh, Kap.6 in diesem Band/.

Funktionstasten

Funktionstasten sind meist in einem oder mehreren Funktionstastenblöcken angeordnet. Vorzugsweise sollte ihnen eine feste Bedeutung zugeordnet werden, um Fehler zu vermeiden. Wechselt die Tastenbelegung, so sollte dies eindeutig dargestellt werden. Eine Möglichkeit ist, wie erwähnt, die Darstellung der aktuellen Tastenbelegung auf dem Bildschirm (*Softkeys*). Im Idealfall können die *Tasten* auf dem Bildschirm auch durch ein Zeigeinstrument (z. B. Anklicken mit der Maus) aktiviert werden. Daran wird deutlich, daß ein fließender Übergang zur Realisierung von Funktionsaufrufen mit Menüs und Menüleisten besteht.

Pop-up-Menüs

Pop-up-Menüs erscheinen an der aktuellen Bearbeitungsstelle auf dem Bildschirm, z. B. gekoppelt an den Mauscursor. Sie können durch Funktionstasten oder Maustasten aufgerufen werden. Zur Auswahl der Menüeinträge durch eine Maus gibt es grundsätzlich zwei Möglichkeiten:

1) Die Maustaste bleibt während des Positioniervorgangs gedrückt. Beim Loslassen der Maustaste wird der gerade selektierte Menüeintrag (meist inverse Darstellung) ausgeführt.

2) Durch Überfahren der Menüeinträge mit dem Mauscursor werden diese ohne Drücken einer Taste selektiert (inverse Darstellung). Zur Ausführung des Kommandos ist ein explizites Drücken der Maustaste notwendig.

184   9 Direkte Manipulation

Bei zu großer Zahl von Funktionen kann es nötig sein, Funktionsaufrufe hierarchisch zu gestalten (Abb. 9-4). Eine Menütaste eröffnet ein Grundmenü, dessen Einträge Untermenüs (Gleitmenü) haben.

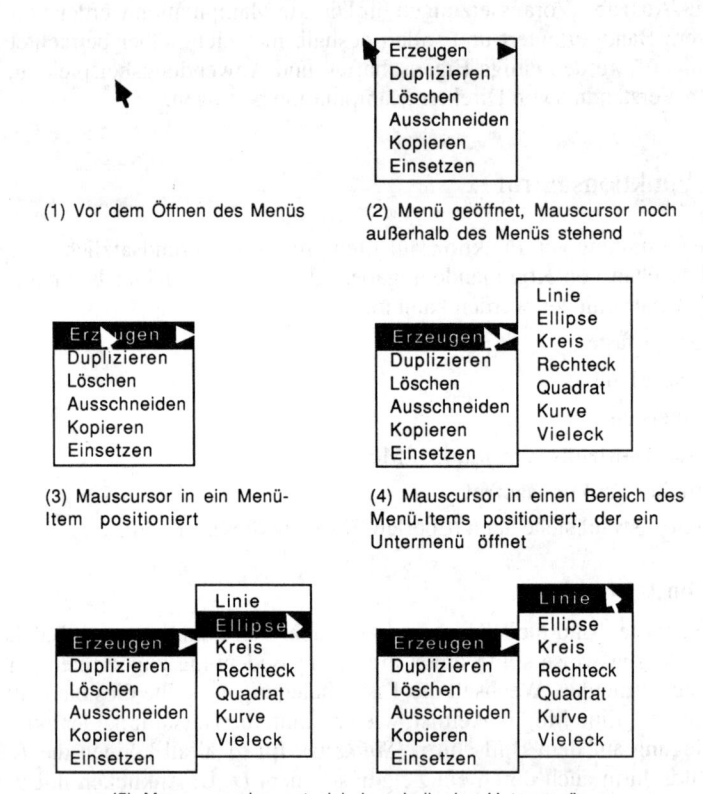

(1) Vor dem Öffnen des Menüs

(2) Menü geöffnet, Mauscursor noch außerhalb des Menüs stehend

(3) Mauscursor in ein Menü-Item positioniert

(4) Mauscursor in einen Bereich des Menü-Items positioniert, der ein Untermenü öffnet

(5) Mauscursor bewegt sich innerhalb des Untermenüs

Abb. 9-4: Beispiel eines mehrstufigen Pop-up-Menüs

Menüleisten

Es gibt auf dem Bildschirm eine feststehende Leiste mit Funktionsbezeichnungen, die durch ein Zeigeinstrument ausgelöst werden können. Diese Leiste kann senkrecht oder waagrecht, ein- oder mehrspaltig angeordnet sein.

Pull-down-Menüs / *Drop-down*-Menüs

Für *Pull-down*-Menüs und *Drop-down*-Menüs muß auf dem Bildschirm eine waagrechte Leiste mit Oberbegriffen von Funktionen vorhanden sein. Diese Leiste ähnelt einer Menüleiste. Im Unterschied zu dieser enthalten die Felder jedoch keine Funktionsbezeichnungen selbst, sondern verweisen mit einem Oberbegriff auf eine

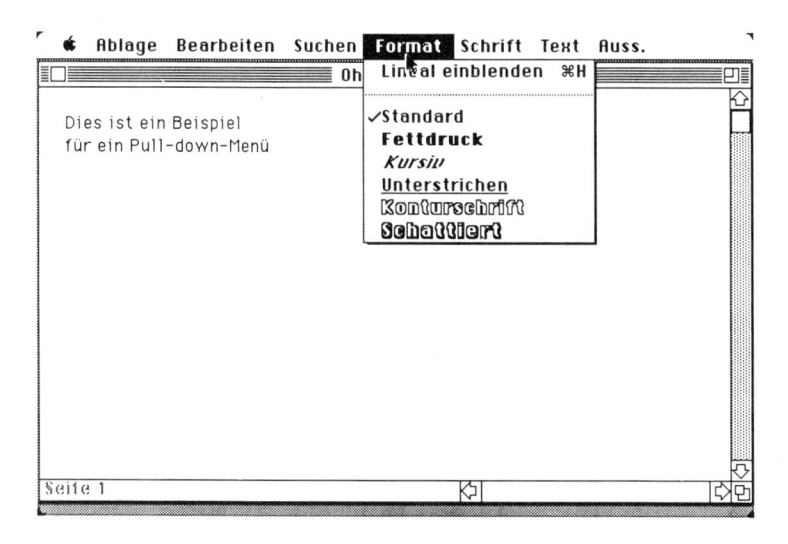

9.3 Eigenschaften und Anwendungen von Direkter Manipulation   185

Abb. 9-5: Beispiel eines Pull-down-Menüs (APPLE MACINTOSH)

Liste von Funktionsbezeichnungen in einem zu öffnenden Fenster. Die Funktionsbezeichnungen sind in diesem Fenster ein- oder mehrspaltig darstellbar (Abb. 9-5).
Ein *Pull-down*-Menü wird geöffnet, indem die Maustaste auf einem bestimmten Menütitel gedrückt wird. Im Gegensatz dazu wird das *Drop-down*-Menü bereits geöffnet, wenn der Mauscursor einen bestimmten Menütitel berührt (ohne Betätigen einer Taste).
Die Wege, die man mit einem Zeigeinstrument (z. B. Maus) zurücklegen muß, um ein *Pull-down*-Menü bzw. *Drop-down*-Menü zu öffnen sind länger als bei *Pop-up*-Menüs. Der Cursor muß zum oberen Bildschirmrand bewegt werden. Der Vorteil von *Pull-down*-Menüs und *Drop-down*-Menüs gegenüber *Pop-up*-Menüs liegt jedoch in der großen Anzahl von Funktionen, die sich in solchen Fenstern unterbringen lassen und in der permanenten Sichtbarkeit.

Impliziter Funktionsaufruf

Implizite Funktionsaufrufe finden im Rahmen der Selektion, also ohne Umweg über einen expliziten Funktionsaufruf, statt. Sie sind nur für sehr wenige Funktionen einsetzbar, weil die Semantik der zur Selektion benutzten Eingabeinstrumente nicht überladen werden sollte. Beispiele sind die Realisierungen einiger Funktionen im APPLE MACINTOSH: *Bewegen* (Graphik- und Pixelbereich), *Dehnen* (Graphikbereich), *Pixels von schwarz auf weiß / von weiß auf schwarz setzen* (in einem Modus des Pixelbereichs) und *Ersetzen* (Textbereich). Implizite Funktionsaufrufe sind sehr effektiv und schnell handzuhaben, führen aber leichter zu Fehlern als direkte Funktionsaufrufe.

9.3.2 Syntax

Geht man von einem geschichteten Modell der Benutzerschnittstelle aus, so werden in der Syntax-Ebene (Dialog-Ebene) detaillierte Angaben zur Abfolge der Benutzerinteraktionen gemacht (z. B. Reihenfolge: Objekt - Funktion (OF) oder Funktion - Objekt (FO)). Beide Formen besitzen Vor- und Nachteile. Bei DM-Systemen scheint die OF-Syntax aufgrund der Objektorientiertheit für den Benutzer natürlicher zu sein. Für beide Syntax-Arten können folgende Gesichtspunkte angegeben werden:

Gesichtspunkt 1: Die FO-Syntax ist universeller als die OF-Syntax und kann mehr Vorgänge beschreiben.

Führt man die OF-Syntax als Haupt-Interaktionssyntax ein, kann man sie nicht durchgängig verwenden, sondern muß für einige Aufgaben zusätzlich die FO-Syntax zur Verfügung stellen. Als Beispiel für eine Funktion, die FO-Syntax voraussetzt, kann man das Zeichnen einer beliebigen Linie in einem Pixel-Editor anführen. Es ist nicht möglich, zuerst die Position der zu zeichnenden Linie einzugeben (= Objekt), danach *Zeichnen* (= Funktion) aufzurufen. Statt dessen muß die Funktion *Zeichnen* aufgerufen und danach der Verlauf der Linie auf dem Zeichenblatt angegeben werden. Ein Beispiel für eine Funktion, die sowohl gemäß der FO- wie der OF-Syntax aufrufbar wäre, ist *Löschen*.

Gesichtspunkt 2: Sollen mehrere Objekte für eine Funktion angegeben werden, dann ist die FO-Syntax konsistenter zu handhaben als die OF-Syntax.

Dieser Gesichtspunkt soll am Beispiel der Funktion *Vertauschen* verdeutlicht werden. In einer FO-Syntax würde die Funktion selbst vor den zu vertauschenden Objekten bezeichnet. Dem System ist die Absicht des Benutzers damit bekannt und es kann den Benutzer führen. Benutzt man die OF-Syntax, gibt es zwei Möglichkeiten: Man läßt zwei qualitativ unterschiedliche Objektselektionen zu, mit denen man zwei Objekte getrennt selektieren kann (siehe z. B. Interlisp-D-Programmier-Umgebung), verzichtet damit aber völlig auf Benutzerführung. Oder man wählt das eine zu vertauschende Objekt, dann die Funktion *Vertauschen* und das System fordert anschließend zur Eingabe des zweiten Objektes auf. Die Funktion *Vertauschen* wird zwischen den Objekten bezeichnet. Man spricht dabei von einer Infix-Notation.

Gesichtspunkt 3: Die FO-Syntax kennt mehr Systemzustände, die dem Benutzer den Umgang mit dem System erschweren können.

Bei einer FO-Syntax wird das System durch Funktionsselektion in einen Modus versetzt, in dem es das oder die anschließend selektierten Objekte verändert. Objektselektionen können dann viele verschiedene Bedeutungen haben, je nach vorher gewählter Funktion. Bei einer OF-Syntax hat eine Objektselektion immer nur eine Bedeutung, nämlich das Objekt für eine noch zu wählende Funktion bereitzustellen.

Gesichtspunkt 4. Die FO-Syntax ist weitgehend fehleranfälliger.

Objekte können sehr unterschiedlich auf dem Bildschirm dargestellt sein und von einzelnen Pixeln bis hin zu großen Flächen auf dem Bildschirm variieren. Kleine Objekte (z. B. Satzzeichen) sind schwer selektierbar und werden oft falsch selektiert. Liegen Objekte sehr dicht auf dem Bildschirm oder überlappen sie sich gar, treten ebenfalls häufig Selektionsfehler auf. Bei großen Flächen auf dem Bildschirm müssen manchmal deren Grenzen sehr exakt spezifiziert werden. Wird das Objekt schon bei seiner Selektion manipuliert, weil die Funktion schon eingegeben wurde, so bedeuten Selektionsfehler bereits fehlerhafte Funktionsauslösungen. Dagegen sind Fehler bei Funktionsauslösungen wesentlich seltener, weil Menüfehler auf dem Bildschirm oder Funktionstasten auf der Tastatur eine konstante Größe haben, die leicht zu treffen ist. Insgesamt erhält man weniger fehlerhafte Manipulationen, wenn man den fehleranfälligen Anteil (die Objektselektion) zeitlich nach vorne zieht und korrigierbar macht (durch Neuselektion).

Gesichtspunkt 5: Möchte man die FO-Syntax so weit verbessern, daß sie die geringe Fehleranfälligkeit der OF-Syntax erreicht, muß man zusätzliche Sicherungen einbauen.

Eine Möglichkeit ist die Einführung einer UNDO-Funktion, die mindestens den letzten Interaktionsschritt rückgängig machen kann. Sie wird bei einer FO-Syntax häufiger eingesetzt werden müssen. In jedem Fall kann durch eine UNDO-Funktion besonders dem unerfahrenen Benutzer das Experimentieren mit einem System erleichtert werden. Eine andere Möglichkeit ist, nach der Funktions- und Objektselektion explizit eine Bestätigung des Kommandos durch den Benutzer zu verlangen. Dadurch wird das Arbeiten mit dem System jedoch ineffizienter.

Fazit: Bei den meisten Systemen greift man inzwischen zur OF-Syntax als Haupt-Interaktionssyntax. Man nimmt in Kauf, daß man mehrere Arten der Syntax einführen muß: Die Hauptform ist die OF-Syntax; falls mehrere Argumente einzugeben sind, wählt man die Infix-Notation; daneben muß gelegentlich nach der FO-Syntax vorgegangen werden. Sobald nach einer Funktionseingabe noch Objekte oder Positionen als Argumente für die Funktion zu spezifizieren sind (dies gilt für Infix-Notation und FO-Syntax), soll dies angezeigt werden: Als geeignet hat sich die Änderung der Cursorform erwiesen, die zusätzlich durch eventuelle Systemmeldungen ergänzt werden kann.

9.3.3 Generische Kommandos

Die Anwendungen der DM machen deutlich, daß es möglich wird, die Anzahl der Kommandos gering zu halten. Werden diese Kommandos darüberhinaus in verschiedenen Bereichen (Text, Graphik) sehr konsistent gehalten (z. B. XEROX STAR/, Smith et al.83/), so spricht man von **generischen Kommandos**. /Rosenberg, Moran 84/ haben diesen Begriff für solche universellen und konsistenten Funktionen gebildet und geben als Beispiel das XEROX STAR-System mit den Funktionen *move*, *copy* und *delete* an.

Im Gegensatz dazu gibt es Funktionen, die nur auf einen Bereich zutreffen. Als Beispiel kann hier die Funktion *Dehnen* im Graphikbereich angegeben werden, die in dieser Form im Textbereich keine sinnvolle Bedeutung aufweist.

Die Vorteile der generischen Kommandos liegen für den Benutzer in der konsistenten Anwendung über die verschiedenen Bereiche und in der dadurch geringeren Anzahl von Bearbeitungsregeln. Als Nachteil einer konsequenten Anwendung der generischen Kommandos kann die geringere Effizienz eines derartigen Systems angesehen werden, da komplexere Funktionen aus einfachen generischen Kommandos zusammengesetzt werden müssen. Dies erfordert darüberhinaus einen höheren Planungsaufwand.

9.3.4 Integration funktionaler Bereiche

Eine wesentliche Anforderung an multifunktionale Systeme ist die Möglichkeit zur Integration verschiedener Datentypen (Text, Graphik, Daten) in einem Endprodukt (z. B. Dokument). Bei DM-Systemen werden für eine Integration unterschiedliche Möglichkeiten angetroffen:

1) Die Bereiche sind getrennte Anwendungsprogramme. Es gibt unterschiedliche Arten von Dokumenten: z. B. Text- und Graphik-Dokumente. In jeder Dokumentenart wird nur die Funktionalität des jeweiligen Bereiches zur Verfügung gestellt. Es ist möglich, Informationen zwischen den Dokumenten zu übertragen (z. B. Graphiken in Textdokumente einfügen), aber sobald eine solche Übertragung stattgefunden hat, kann das übertragene Objekt nicht mehr manipuliert werden. Die nötige Funktionalität dazu ist nicht verfügbar, abgesehen von z. B. minimalen Textfunktionen im Graphikbereich, die eine Beschriftung von Graphiken ermöglichen. Texte sind hier graphische Objekte, die ähnlich wie andere graphische Objekte (z. B. Linien) erzeugt werden. Eine solche Konzeption verfolgt z. B. APPLE MACINTOSH.

2) Es gibt nur eine Dokumentenart, in der z. B. sowohl Graphiken wie Texte erstellt werden. Auf dem Dokument werden Bereiche definiert, innerhalb derer Text- oder Graphikfunktionalität zur Verfügung stehen soll. Eine solche Konzeption verfolgt z. B. XEROX STAR. Sie ist dort so realisiert, daß in einem Dokument zunächst die Funktionalität eines Textsystems zur Verfügung steht. Sollen Graphiken eingesetzt werden, dann muß ein *Graphikrahmen* aufgespannt werden, der sich wie ein graphisches Objekt verhält und z. B. verschoben, gedehnt, dupliziert und gelöscht werden kann. Innerhalb dieses *Graphikrahmens* ist die Graphikfunktionalität verfügbar. Sollen innerhalb des Graphikrahmens wieder Texte stehen, muß in den Graphikrahmen ein Textrahmen eingesetzt werden, innerhalb dem wieder die Funktionalität des Textsystems aufgerufen werden kann. Auch diese Textrahmen können selbst wie graphische Objekte behandelt werden.

Im Sinne einer echten Integration ist die zweite Lösung eindeutig vorzuziehen. Änderungen können direkt am Dokument vorgenommen werden, ohne daß in ein anderes Anwendungsprogramm gegangen werden und die Information anschließend wieder in das Zieldokument übertragen werden muß. Der zweite Ansatz ist zudem aus Standardisierungsgründen vorzuziehen (ISO-Norm Office Document Architecture, ODA).

9.3.5 Funktionen und Attributierungen

Funktionen können auf zwei Arten ausgelöst werden: direkt oder über Zwischenschritte. Das Aufrufen eines *Property-Sheets* (Eigenschaften-Fenster) auf dem Bildschirm (Abb. 9-6), das für Attributierungen benutzt wird, ist ein solcher Zwischenschritt. Das Aufrufen der Löschfunktion ist ein Beispiel für einen direkten Funktionsaufruf. Vereinfachend wird nachfolgend von *Funktionen* für direkte Funktionsauslösungen und *Attributierungen* für indirekte Funktionsauslösungen gesprochen, da letztere meist zum Ändern von Objektattributen eingesetzt werden.

Beim Systementwurf ist zu entscheiden, welche Vorgänge im System durch den Benutzer direkt als Funktionen und welche attributiv ausgelöst werden sollen. Im folgenden sollen einige Gesichtspunkte genannt werden, die für diese Entscheidung zu berücksichtigen sind.

Funktionen sind im allgemeinen effizienter als Attributierungen. Häufig benötigte Vorgänge legt man deshalb nicht (oder nicht nur) auf *Property-Sheets*, weil ihre Auslösung damit aufwendig wird und den Arbeitsfluß stören kann. Das gilt für Vorgänge die

- in allen Bereichen gleichartig, d. h. als generische Funktionen auslösbar sein sollen (z. B. sowohl Graphik- wie Textobjekte sollten auf die gleiche Weise gelöscht werden können),
- bereichsspezifisch sind, aber sehr häufig benötigt werden (z. B. Wechsel zwischen Normalschrift und Fettschrift).

Der Effizienznachteil von *Property-Sheets* gegenüber Funktionen wird dann reduziert, wenn häufig mehrfache Änderungen am gleichen Objekt durchzuführen sind.

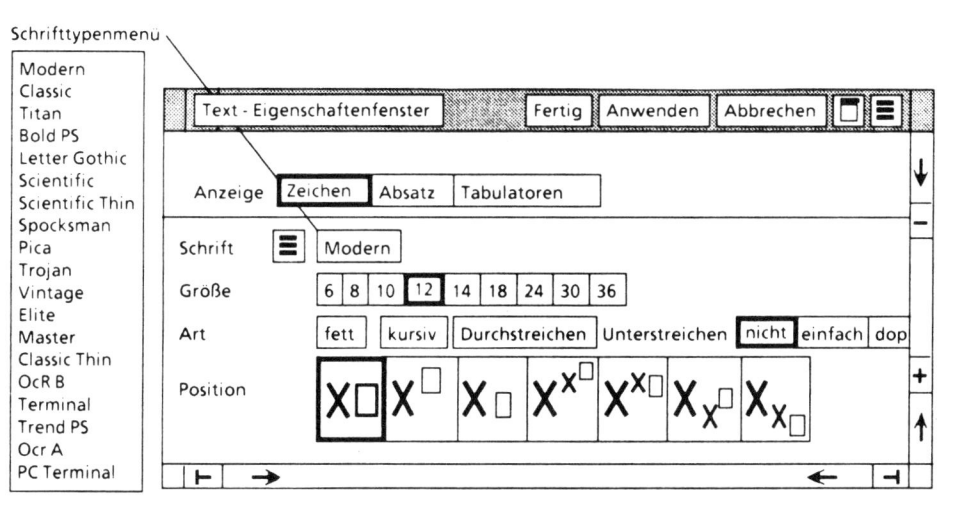

Abb. 9-6: Beispiel eines *Property-Sheets* (Eigenschaftenfensters) zur Änderung der Schrift (Bürosystem SIEMENS 5800)

Wenn das *Property-Sheet* geöffnet ist, kann man sehr einfach z. B. Schriftgröße, Schriftart und Schrifttyp gemeinsam ändern. Das ist für den Benutzer einfacher als das Öffnen eines *Pull-down*-Menüs für jede einzelne Funktion und wird fast so effizient wie die Verwendung von Funktionstasten.

Manche Funktionen nutzen die Möglichkeiten analoger Eingabemedien besser als Attributierungen aus: Die Parameter für die Funktion *Bewegen* oder *Dehnen* können durch analoge Eingabeinstrumente viel einfacher und mit der Möglichkeit zu kontinuierlicher visueller Rückmeldung übergeben werden, wenn es nicht auf höchste Genauigkeit ankommt. Der Benutzer erhält während der Funktionsauslösung ständig Rückmeldung, wo das Objekt sich gerade befindet.

Vom Gesichtspunkt der Erwartungskonformität aus eignen sich Funktionen, die die *Eigenschaften* eines Objektes aus der Perspektive ungeübter Benutzer verändern, besonders gut für die Auslösung über *Property-Sheets*. Die Position eines Objektes ist aus der Sicht ungeübter Benutzer keine Eigenschaft des Objektes, dagegen wird z. B. die Strichstärke als Eigenschaft erlebt.

Ein *Property-Sheet* kann stark von der jeweiligen Objektart abhängig sein. Beispielsweise haben Graphikobjekte Füllmuster als mögliche Eigenschaften, Buchstaben haben Schriftarten als mögliche Eigenschaften (Abb. 9-6).

Sogar innerhalb eines Systembereichs (z. B. Textverarbeitung) bestehen Unterschiede. Abschnitte als Objekte im Textbereich haben u. a. den Zeilenabstand als Eigenschaft. Wörter als die in der Hierarchie darunterliegenden logischen und Layout-Objekte haben diese Eigenschaften nicht mehr. Diese Heterogenität wird als **semantische Inkonsistenz** bezeichnet. Die Verwendung von *Property-Sheets* gestattet relativ einfach dennoch **syntaktische Konsistenz** einzuführen: Das *Property-Sheet* selbst wird unabhängig von der Objektart auf die gleiche Weise erzeugt und ausgefüllt/verändert.

Zusammenfassend kann zu Funktionen und Attributierungen folgendes gesagt werden:

- Generische und bereichsspezifisch häufig gebrauchte Funktionen und Funktionsaufrufe, deren Parameterübergabe ständig visuelle Rückmeldungen benötigt, sind besser direkt und mit Parameterübergabe über ein Zeiginstrument (z. B. Maus) auszulösen. Als Beispiel kann hierfür die Bewegungsfunktion genannt werden.
- Eine Auslösung über *Property-Sheets* ist sinnvoll, wenn *Eigenschaften* von Objekten zu verändern sind und wenn Funktionen häufig gemeinsam ausgelöst werden. Auch Vorgänge, die nicht deutlich oder nicht sichtbare Änderungen an Objekten durchführen, sollten über *Property-Sheets* auslösbar sein, weil das *Property-Sheet* eine visuelle Rückmeldung über die Änderung zur Verfügung stellt.
- *Property-Sheets* machen mehrfache Funktionsauslösungen dann effizienter, wenn die Auslösung mehrerer Funktionen gemeinsam nicht wesentlich mehr Systemreaktionszeit benötigt als die Auslösung einer einzelnen Funktion (z. B. Schriftsatz und Zeilenabstand im Dokument ändern).

9.4 Empirische Untersuchungen

Bislang gibt es nur wenige empirische Untersuchungen zur Eignung und zum Einsatz von DM für bestimmte Aufgabenstellungen. Eine erste vergleichende Untersuchung zu verschiedenen Interaktionsformen wurde von /Whiteside et al. (85)/ durchgeführt. Hierbei stellen sie einen empirischen Vergleich zu Benutzungseigenschaften von sieben Systemen vor. Zwei der sieben ausgewerteten Systeme haben eine DM-Benutzerschnittstelle, bei Whiteside auch *iconic interfaces* genannt, die anderen waren Menüsysteme und kommandosprachliche Systeme mit und ohne Hilfesysteme.

Ziel dieser Arbeit war es, die verschiedenen Interaktionstechniken bzgl. Benutzerleistung und Präferenz bei standardisierten Aufgaben zu vergleichen. 76 Probanden, unterteilt in Anfänger, Transfer- und Systembenutzer, mußten einfache Ausfüllaufgaben lösen, wobei ihnen nur eine kurze Einführung gegeben wurde sowie die Systemdokumentation bzw. Systemhilfen zur Verfügung standen.

Das Experiment führte zu folgenden Ergebnissen:
- Es gibt große Unterschiede in der Erlernbarkeit und Benutzbarkeit der Systeme, auch zwischen *iconic systems*.
- Es wurde kein *Trade-off* zwischen leichtem Erlernen und Benutzen festgestellt.
- Es wurde keine Abhängigkeit der Leistung oder Präferenz von der Art der Schnittstelle an sich gefunden. Von großer Bedeutung ist allerdings die Detailgestaltung des jeweiligen Systems.

Zusätzlich zeigte das Experiment einige spezielle Probleme:
- Die Rückmeldung war oft unverständlich oder wurde nicht verstanden bzw. erkannt.
- Es gab Inkonsistenzen bei der Eingabesyntax. Besonders die Syntax für Mausoperationen war überraschenderweise schwierig und komplex (mehrere Klicks usw.) und führte zu Fehlern.
- Hilfemeldungen waren oft ungeeignet, irreführend oder verwirrend.
- Die Probanden gebrauchten oft falsche Positionierungsstrategien bei DM-Systemen.

Diese Arbeit fand keinen generellen Vorteil von DM, verglichen mit den vielen Vorschußlorbeeren für diese Interaktionsform. Andererseits ist zu fragen, ob die einfachen und kurzen Ausfüllaufgaben, die bei diesem Experiment verwendet wurden, ein vollständiges Bild liefern können. Ein unbefriedigend implementiertes DM-System muß nicht notwendigerweise ein Argument gegen die zugrundeliegenden Prinzipien von DM sein.

Eine vergleichende Untersuchung verschiedener Text-Editoren wurde 1983 von Card beschrieben /Card 83/. Dabei handelt es sich um die Untersuchung von Leistungsunterschieden zwischen 5 verschiedenen Editoren, bei der Bearbeitung von 4 verschiedenen Aufgaben (Text erstellen, Text ändern, Textbausteinverarbeitung, Tabellenerstellung). Unter den 5 Editoren (POET, SOS, TECO, BRAVO und

RCG) waren zwei *bildschirm-orientiert* und hatten als Zeigeinstrument eine Maus (BRAVO, RCG). Die Versuchsteilnehmer waren alle Experten und hatten mehr als ein Jahr Praxis mit dem jeweiligen Editor. Die Zeitunterschiede zwischen dem *schnellsten* und *langsamsten* Editor lagen je nach Aufgaben zwischen den Faktoren 1,4 und 2,3 , wobei besonders die direkt manipulativen Editoren BRAVO und RCG für die Aufgaben *Text ändern* und *Textbausteinverarbeitung* erhebliche Zeitvorteile erkennen ließen.

Erlernbarkeit an Textsystemen mit unterschiedlichen Interaktionstechniken wurde von /Frese et al. 87/ untersucht, wobei die Abhängigkeit von der Trainingsmethode, von Personenmerkmalen und von der Benutzeroberfläche analysiert wurde. Untersucht wurde ein direkt manipulatives System (Macwrite) gegen ein System mit kommandoorientierter Interaktion (Wordstar). Dabei konnte festgestellt werden, daß sich eine Überlegenheit derjenigen Methode ergibt, bei der das mentale Modell selbstgesteuert und integrativ entwickelt wird. Bei den Personenmerkmalen ergaben sich höhere Leistungen bei hoher Planorientierung und adäquater Problemlösekompetenz. Bei der Benutzeroberfläche lassen sich bessere Lernleistungen bei DM im Vergleich zu konventioneller Interaktion nachweisen.

Von /Ziegler, Vossen, Hoppe 86/ wurde ein Experiment zum Einlernverhalten und Lerntransfer an einem direkt manipulativen System (XEROX STAR) durchgeführt. Dabei wurde die *Cognitive Complexity Theory* /Polson, Kieras 85/ zugrunde gelegt, wonach Lern- und Ausführungszeiten sowie Lerntransfer aus Parametern von Produktionssystemmodellen der jeweiligen Aufgaben (Modellierung des erforderlichen prozeduralen Benutzerwissens) vorhergesagt werden können (siehe hierzu auch /Ziegler, in diesem Band/).

88 Probanden bearbeiteten 4 unterschiedliche Aufgabentypen in vier Gruppen mit jeweils unterschiedlichen Aufgabenreihenfolgen. Die Aufgaben bestanden aus dem Editieren des Inhalts bzw. der Objektattribute im Text- bzw. Graphikbereich. Aus der Modellierung wurden Vorhersagen zur Lernzeit (Zeit bis zu einem bestimmten Lernkriterium) und Transfer zwischen den Aufgaben abgeleitet. Dabei wurde im Modell die Annahme zugrundegelegt, daß gemeinsame Regeln und Methoden vollständig zwischen den Aufgabenbereichen transferiert werden können und daß damit die durch die generischen Funktionen des Systems bewirkte Konsistenz zu einem hohen Lerntransfer führt.

Die Ergebnisse der Untersuchungen zeigten eine gute Bestätigung der Vorhersagung im Rahmen der *Cognitive Complexity Theory* und untermauerten die Annahme des durch die Systemkonsistenz bewirkten Lerntransfers. Die detaillierte Modellierung legte andererseits aber auch die Unterschiedlichkeit von Methoden offen, die oberflächlich einander sehr ähnlich sind (z. B. Selektieren von Text- und Graphikobjekten mit der Maus).

In einer neueren Studie verglich /Shneiderman 87/ einfache Dokumentverwaltungsaufgaben bei kommandosprachlichen und direkt manipulativen Systemen. 30 ungeübte Probanden erlernten diese Aufgabe an IBM PCs (MS-DOS) und APPLE Macintosh-Systemen. Die Aufgaben bestanden aus *Dokument öffnen, Dokument kopieren, Dokumentennamen ändern* und *Dokument löschen.* Nach einer Einführungs- und Trainingsphase wurden Bearbeitungszeiten und Fehler gemessen. Durch Fragebögen wurde der subjektive Eindruck festgehalten. Die Auswertung

zeigte insgesamt eine Überlegenheit des DM-Systems bzgl. Erlernbarkeit, Ausführungszeiten und subjektiver Einschätzung. Als Argumente werden angeführt, daß
1) die Kommandos und Prozeduren der Dokumentenverwaltung desto leichter zu erlernen und anzuwenden sind, je geringer die Gedächtnisanforderungen sind,
2) die Bearbeitungszeiten beim DM-System durch die Verwendung der Maus und der *Pull-down*-Menüs im Vergleich zur Kommandoeingabe geringer sind.

Literatur

/Borning 79/
  Borning A.: *Thinglab: A constraint- oriented simulation laboratory*, Palo Alto: Xerox PARC Technical Report SSL -79-3, 1979

/Budge 83/
  Budge B.: *Pinball Construction Set (Computer program)*, San Mateo CA: Electronics Arts 1983

/Cakir 85/
  Cakir A.: *Terminal-Ergonomie*, in: Electronic Journal 20 (1985) 11, S.60-65

/Card, English, Burr 78/
  Card St.K., English W.K., Burr B.: *Evaluation of Mouse, Rate-Controlled Isometric Joystick, Step Keys, and Text Keys for Text Selection on a CRT*, in: Ergonomics, Vol. 21, No. 8, 1978, pp. 601-613

/Card 83/
  Card St.K.: *The Psychology of Human-Computer Interaction*, New Jersey: Lawrence Erlbaum Associates Inc. 1983

/Fähnrich, Ziegler 85/
  Fähnrich K.-P., Ziegler J.: *Workstations using direct manipulation as interaction mode*, in: Shackel B. (Hrsg.): Human-Computer Interaction - INTERACT '84, Amsterdam-New York-Oxford: North-Holland 1985, pp. 693-698

/Fähnrich, Ziegler 85a/
  Fähnrich K.-P., Ziegler J.: *Direkte Manipulation als Interaktionsform an Arbeitsplatzrechnern*, in: Bullinger, H.-J. (Hrsg.), Software-Ergonomie '85, Stuttgart: Teubner 1985, S.75-85

/Frese, Schulte-Göcking, Altmann 87/
  Frese M., Schulte-Göcking H., Altmann A.: *Lernprozesse in Abhängigkeit von der Trainingsmethode, von Personenmerkmalen und von der Benutzeroberfläche (Direkte Manipulation vs. konventionelle Interaktion)*, in: W. Schönpflug / M. Wittstock (Hrsg.): Software-Ergonomie '87, Stuttgart: Teubner 1987, S.377-386

/Gittings 86/
  Gittings D.: *Icon-based human-computer interaction*, in: Int. J. Man-Machine Studies (1986) 24, pp. 519-543

/Goldberg, Robson 83/
  Goldberg A., Robson D.: *Smalltalk-80: The Language and its Implementation*, Reading M.A.: Addison-Wesley 1983

/Hollan, Hutchins, Weitzman 84/
  Hollan J.D., Hutchins E., Weitzman L.: *STEAMER: An interactive inspectable simulation-based training system*, in: AI Magazine, 5, 1984, pp. 15-27

/Hutchins, Hollan, Norman 86/
  Hutchins E.L., Hollan J.D., Norman D.A.: *Direct Manipulation Interfaces*, in: D.A. Norman, W.S. Draper: User Centered System Design: New Perspectives in Human-Machine Interaction, Hillsdale London: Lawrence Erlbaum 1986 (Zitiert aus Vorabdruck)

/Ilg, Ziegler 87/
Ilg R., Ziegler J.: *Interaktionsformen,* in: Fähnrich K.-P. (Hrsg.): Software-Ergonomie, München: Oldenbourg Verlag 1987, S. 106-117

/Lodding 83/
Lodding K.N.: *Iconic Interfacing,* in: IEEE Computer Graphics & Applications, March/April 1983, pp. 11-30

/Marcus 84/
Marcus A.: *Corporate Identity for Iconic Interface Design: The Graphic Design Perspective,* in: IEEE Computer Graphics & Applications, Dec. 1984, pp. 24-32

/Moran 81/
Moran T.P.: *The command language grammar - a representation for the user interface of interactive computer systems,* in: Int. Journal Man-Machine Studies (15), 1981, pp.3-50

/Nielsen 86/
Nielsen J.: *A virtual protocol model for computer-human interaction,* in: Int. Journal Man-Machine Studies (24) 1986, p. 3

/Rosenberg, Moran 84/
Rosenberg J.K., Moran T.P.: *Generic commands,* in: Proc. of Interact 84, London, Vol.1

/Shneiderman 82/
Shneiderman B.: *The Future of Interactive Systems and the Emergence of Direct Manipulation,* in: Behaviour and Information Technology 1982, Vol.1, No. 3, pp. 237-256

/Shneiderman 83/
Shneiderman B.: *Direct Manipulation: A Step beyond Programming Languages,* in: IEEE Computer, 16, 1983, No. 8, pp. 57-69

/Shneiderman 87/
Shneiderman B.: *Designing the User Interface, Strategies for Effective Human-Computer Interaction,* Reading M.A.: Addison- Wesley 1987

/Shneiderman, Margono 87/
Shneiderman B., Margono S.: *A Study of File Manipulation by Novices Using Commands vs. Direct Manipulation,* in: Proc. of Twenty-Sixth Annual Technical Symposium of the Washington D.C. Chapter of the ACM, National Bureau of Standards, Gaithersburg, MD June 11 1987

/Smith et al. 83/
Smith D.C., Irby C., Kimball R., Verplank B., Harslem E.: *Designing the STAR User Interface,* in: Degano P., Sandewall S.(Hrsg.): Integrated Interactive Computing Systems, Amsterdam-New York-Oxford: North-Holland 1983

/Sutherland 63/
Sutherland I.E.: *Sketchpad: A Man-Machine Graphical Communication System,* in: Proc. Spring Joint Computer Conference 1963

/Tesler 81/
Tesler L.: *The Smalltalk Environment,* in: BYTE, August 1981, pp. 90-147

/Whiteside et al. 85/
Whiteside J., Jones S., Levy P., Wixon D.: *User Performance with Command, Menu and Iconic Interfaces,* in: Proc. of CHI '85: Human Factors in Computing Systems, San Francisco 1985

/Williams 83/
Williams G.: *The Lisa Computer System,* in: BYTE; February 1983, pp. 33-50

/Williams 84/
Williams G.: *The Apple Macintosh Computer,* in: BYTE, No.9, 1984, pp. 30-54

/Zloof 75/
Zloof M.: *Query by Example,* in: AFIPS Conf. Proc.; Vol 4. Montvale 1975

Hilfesysteme

10 Anforderungen an Hilfesysteme

Joachim Bauer, Thomas Schwab

10.1 Einleitung

Während Computersysteme billiger werden, sind die Trainingskosten zum Erlernen dieser Systeme immer noch relativ hoch. Je besser Hilfesysteme sind, um so weniger Training ist nötig, um mit Anwendungssystemen umgehen zu können. Das heißt, durch gute Hilfesysteme wird nicht nur das Arbeiten mit einem Anwendungssystem erleichtert, sondern es können auch hohe Trainingskosten gespart werden. Ein wichtiges Ziel der Software-Ergonomie-Forschung ist es, Systeme zu bauen, die so gut wie kein vorheriges Training für einfache Aufgaben erfordern. Sie besitzen ein Hilfesystem, das als Trainer für komplizierte oder vom speziellen Benutzer selten ausgeführte Aufgaben fungiert. Aus diesem Grund sind Hilfesysteme ein entscheidender Teil von interaktiven Systemen. Dies gilt besonders für Systeme aus dem Bürobereich, wo der Benutzer im Normalfall kein Computerexperte ist.

Im folgenden werden einige Thesen zu Hilfesystemen aufgestellt und eine prototypische integrierte Hilfeumgebung zu einem Texteditor vorgestellt.
Die wichtigsten Thesen sind, daß Hilfesysteme *dynamische, individuelle und aktive* Eigenschaften haben sollten. Diese Forderungen lassen sich am besten mit wissensbasierten Hilfesystemen erreichen, die in wissensbasierte Anwendungssysteme eingebettet sind.

10.2 Die Notwendigkeit für Hilfesysteme

Beim Bau von Systemen werden Hilfesysteme meistens vernachlässigt. Eine häufig anzutreffende Begründung für das Nichtvorhandensein eines Hilfesystems ist die Aussage, das System sei selbsterklärend. Für die meisten Systeme ist dies aber nur zum Teil der Fall. Selbst Benutzer von einfach zu bedienenden Systemen wie dem APPLE MACINTOSH /Williams 84/ benötigen in bestimmten Situationen noch Hilfe. Wir glauben allerdings, daß leicht bedienbare Benutzerschnittstellen eine gute Basis zum Bau eines guten Hilfesystems sind. Dann kann die Hilfe auf wirklich komplizierte Sachverhalte konzentriert werden und der Designer des Hilfesystems muß nicht nur die Mängel einer schlechten Schnittstelle ausbügeln.

Hilfesysteme können die Schwelle zur Computerbenutzung verringern. Es entfällt die Notwendigkeit, vor dem ersten Arbeiten mit einem System dicke Handbücher lesen zu müssen. Die Lernphase kann so erheblich verkürzt werden, da fehlendes Wissen über das System nach und nach beim Arbeiten vom Hilfesystem beigesteuert wird.

Gedruckte Handbücher sind kein Ersatz für ein Hilfesystem. Stark vernetzte Hilfeinformation kann mithilfe des Computers viel besser dargeboten werden (z. B. mit Browsertechniken /Hayes 82/) als in Buchform. Index und Inhaltsverzeichnis in einem gedruckten Manual sind nur ein unbefriedigender Ersatz. Während der Benutzer eines gedruckten Manuals sich bei textueller Suche schwer tut, kann dies bei einem *Online*-Manual vom Rechner unterstützt werden. Außerdem können *Online*-Hilfesysteme den aktuellen Zustand der Interaktion in Betracht ziehen, was bei gedruckten Handbüchern nicht möglich ist.

Liegt die Hilfeinformation auf dem Rechner vor, lassen sich Inkonsistenzen mit neu erstellten Softwareversionen eher vermeiden. Die Hilfeinformation ist Bestandteil des Systems und bei neuen Versionen automatisch auf dem aktuellen Stand. Wenn die Hilfetexte ähnlich wie die Dokumentation beim Programmcode lokalisiert sind, wird ein Programmierer bei einer Codeänderung eher bereit und in der Lage sein, auch die entsprechende Hilfeinformation damit konsistent zu halten. Teile der Hilfeinformation können auch automatisch aus dem Programmcode generiert werden (z. B. Beschreibung der Tastenbindungen). Dies ist vor allem bei wissensbasierten Systemen möglich, wo der Code auch in expliziter Form vorliegt. Das Problem der Inkonsistenz wird dadurch umgangen.

10.3 Klassifikation von Hilfesystemen

Der Bereich von möglichen Hilfesystemen ist sehr groß. Er reicht von einfachen *Online*-Manuals, die Hilfe in der Art von gedruckten Handbüchern anbieten, bis zu Hilfesystemen, die jeden Benutzer individuell unterstützen und zum Teil sogar von sich aus Hilfe anbieten. Tab. 10-1 zeigt eine Klassifikation von Hilfesystemen.

Die meisten existierenden Hilfesysteme sind **passive Hilfesysteme.** Sie bieten verschiedene Formalismen, die dem Benutzer erlauben, eine Anfrage zu stellen. Ge-

Tab. 10-1: Klassifikation von Hilfesystemen

passive Hilfe: wird ausgelöst durch eine explizite Anfrage des Benutzers. liefert Information, die den aktuellen Kontext nicht berücksichtigt.	**aktive Hilfe:** wird gegeben, wenn das Hilfesystem feststellt, daß Hilfe nötig ist. berücksichtigt den Kontext zum Zeitpunkt der Hilfeanforderung.
statische Hilfe: liefert Information, die den aktuellen Kontext nicht berücksichtigt.	**dynamische Hilfe:** berücksichtigt den Kontext zum Zeitpunkt der Hilfeanforderung.
uniforme Hilfe: liefert für jeden Benutzer dieselbe Information.	**individuelle Hilfe:** liefert Information, die an die speziellen Bedürfnisse des Benutzers angepaßt ist.

bräuchliche Anfragetechniken sind direkter Zugriff über Kommandonamen, Suche über Schlüsselwörter, Navigation durch Informationsnetze und Anfragen in natürlicher Sprache. **Aktive Hilfe** umfaßt automatische Korrektur von Schreibfehlern, automatische Abfrage von fehlenden Parametern bei Kommandoeingabe und Hinweise bei Kommandos mit schwerwiegenden Folgen. Die fortgeschrittenste Art von aktiver Hilfe gibt dem Benutzer Ratschläge, wie er das System besser nutzen kann, indem seine Arbeitsweise beobachtet wird.

Statische Hilfe ist die Art von Information, die in gedruckten Handbüchern zu finden ist. *Statisch* bedeutet hier, daß die angebotene Hilfe gleich bleibt, während das Programm abläuft. Statische Hilfesysteme geben immer dieselbe Antwort auf dieselbe Frage, unabhängig vom Kontext, in dem gefragt wird. **Dynamische Hilfe** bedeutet dagegen, daß Fragen über den aktuellen Systemzustand beantwortet werden, oder daß der aktuelle Kontext dazu benutzt wird, um irrelevante Teile der Antwort auszufiltern bzw. eine allgemeine Antwort zu konkretisieren. Gute Fehlermeldungen sind ein Beispiel für dynamische Hilfe. Es wird nicht nur erklärt, daß etwas falsch ist *(error in command)*, sondern die Eingabe des Benutzers wird zur Erklärung benutzt *(You can't write on the not existing file „paper.txt")*.

Uniforme Hilfesysteme bieten jedem Benutzer dieselbe Hilfe unabhängig von dessen Kenntnisstand und Erfahrungen mit dem System. **Individuelle Hilfesysteme** dagegen unterscheiden entweder verschiedene Benutzergruppen (z. B. Anfänger und Experten) oder modellieren die Eigenschaften eines jeden Benutzers individuell, um so gezielt Hilfe geben zu können.

10.4 Anforderungen an Hilfesysteme

Unsere Arbeiten im Bereich Hilfesysteme führen uns zu folgenden Anforderungen, die moderne Hilfesysteme erfüllen sollten.

10.4.1 Ein guter Entwurf des Anwendungssystems ist Voraussetzung

Obwohl fast immer die Ankoppelung eines Hilfesystems an ein existierendes Anwendungssystem die Bedienbarkeit verbessert, sind wir der Meinung, daß es nicht lohnt, aufwendige Hilfesysteme zu Anwendungssystemen mit umständlicher oder komplizierter Bedienung zu konstruieren. Der Bau eines Hilfesystems zu einem nur schwer benutzbaren Anwendungssystem bedeutet meist ein Ausflicken von schlechten Systemeigenschaften und Lösen von Problemen, die mit einer besseren Schnittstelle gar nicht auftreten würden. Ein sauberes *Redesign* des Anwendungssystems ist in solchen Fällen meist erfolgversprechender und weniger zeitintensiv.

Moderne Systeme sollten so entworfen werden, daß die häufigsten Aktionen ohne ein Hilfesystem erledigt werden können und die Schnittstelle soweit wie möglich selbsterklärend ist. Der Einsatz des Hilfesystems sollte in den Punkten beginnen, wo einfache Selbsterklärungsfähigkeit alleine nicht mehr ausreicht. Dies sind vor allem komplexe Aufgaben oder solche, die der Benutzer nur selten mit dem System durchführt.

10.4.2 Hilfesysteme müssen einfach zu bedienen sein

Eine große Menge von Hilfeinformation bedeutet nicht notwendigerweise schon ein gutes Hilfesystem. Es ist viel wichtiger, daß der Benutzer schnell und einfach zu den Informationsteilen gelangt, die ihn interessieren. Dies bedeutet, daß der Benutzerschnittstelle eines Hilfesystems sehr große Bedeutung zukommt. Das Hilfesystem muß ebenso wie das Anwendungssystem selbsterklärend sein und möglichst dieselben Interaktionsmechanismen wie das Anwendungssystem benutzen. Damit kommt ein Benutzer, der die Schnittstelle des Anwendungssystem beherrscht, auch mit dem Hilfesystem zurecht.

Das Hilfesystem sollte so gut in das Anwendungssystem integriert sein, daß es vom Benutzer nicht als Fremdkörper oder separater Zusatz empfunden wird. Ein gutes Hilfesystem wird dem Benutzer gar nicht als solches auffallen; er sieht es vielmehr als natürlichen Teil des Gesamtsystems.

10.4.3 Dynamische Hilfe ist notwendig

Viele Hilfesysteme (z. B. das UNIX Hilfesystem *man*) bieten nur statische Hilfeinformation an. In vielen Fällen reicht die aber nicht aus, um den Benutzer auf effektive Art und Weise zu unterstützen. Er benötigt dynamische Hilfeinformation, die für folgende Zwecke sinnvoll ist:

○ Herausfiltern der Information, die im aktuellen Kontext irrelevant ist.

○ Beschreiben des aktuellen Zustands von Objekten, die vom Benutzer oder vom Programm während dem Arbeiten modifiziert wurden.

○ Auflisten der zu einem bestimmten Zeitpunkt der Interaktion sinnvollen oder möglichen Operationen.

○ Anpassen der Antwort an den spezifischen Kontext zum Zeitpunkt der Hilfeanforderung.

Das Ausfiltern von irrelevanter Information bedeutet, daß der Benutzer nicht lange Textteile lesen muß, bevor er an die ihm wichtige Information kommt. Die Hilfe bleibt auf das wesentliche konzentriert. Wenn man davon ausgeht, daß das Anwendungssystem *adaptiv* oder *adaptierbar* ist /Bauer, Herczeg 85/, kann nur noch ein dynamisches Hilfesystem wirklich die Eigenschaften des Systems beschreiben. Ein statisches Hilfesystem kann kein System beschreiben, dessen Schnittstelle vom Benutzer verändert werden kann.

Zu bestimmten Zeitpunkten der Interaktion gibt es meist eine eingeschränkte Menge von ausführbaren oder sinnvollen Aktionen. Mehrdeutige Hilfeanfragen können durch Ausnutzen dieses Wissens oft in eindeutiger Weise beantwortet werden. Wenn zu einem Zeitpunkt nur noch ein einziges Kommando möglich ist,

kann der Benutzer durch Drücken der Hilfetaste ohne weitere Eingaben dazu Hilfe bekommen. Bei einem statischen Hilfesystem müßte er erst mühsam aus allen bekannten Kommandos das richtige heraussuchen. Manche Anfragen lassen sich nur mit Berücksichtigung des aktuellen Kontexts beantworten. Es handelt sich dabei eher um Problemlösungen in der aktuellen Arbeitsumgebung. Ein Beispiel aus dem Editierbereich ist die Frage „Wie lösche ich die Zeile?". Wenn die Schreibmarke innerhalb der Zeile steht, lautet die Antwort vielleicht so :
Setze die Schreibmarke an den Anfang der Zeile.
Löse das Kommando „delete-to-end-of-line" aus.
Steht die Schreibmarke schon am Zeilenanfang, kann der erste Satz der Antwort entfallen.

10.4.4 Individuelle Hilfe ist notwendig

Computersysteme werden von Menschen mit unterschiedlichen Erfahrungen im Umgang mit Computern im allgemeinen und mit dem System im speziellen benutzt. Dies bedeutet aber auch, daß sie unterschiedliche Arten von Hilfe benötigen.
Oft wird dasselbe Sytem sogar für ganz unterschiedliche Aufgaben verwendet. So kann z. B. derselbe Editor von einer Sekretärin zum Schreiben von Texten benutzt werden und von einem Programmierer als Modul zum Bau weiterer Anwendungssoftware. Die Sekretärin benötigt Hilfe zur Benutzerschnittstelle des Editors während der Programmierer Hilfe zur Programmierschnittstelle braucht. Das Hilfesystem sollte also in diesem Fall zumindest zwischen *Endbenutzer* und *Programmierer* unterscheiden.
Selbst bei Systemen mit nur einer Art von Benutzern (meist Endbenutzer wie die Sekretärin im obigen Fall) ist es sinnvoll, zwischen unerfahrenen Benutzern und Expertenbenutzern zu unterscheiden. Tab. 10-2 zeigt einige unterschiedliche Eigenschaften dieser Typen auf.
Die Berücksichtigung solcher Benutzerklassen ist erst der Anfangschritt zur individualisierten Hilfe. Der nächste Schritt bedeutet, daß das System wirklich individuelle Modelle darüber aufbaut, welche Erfahrung der Benutzer mit dem System hat.

Tab. 10-2: Unterschiedliche Eigenschaften von Benutzern

unerfahrener Benutzer	**Expertenbenutzer**
hat Schwierigkeiten mit dem System	geht sehr geschickt mit dem System um
gute Benutzerführung ist wichtig	will vom System nicht eingeengt werden
erwartet explizite selbsterklärende Kommandofolgen	erwartet komplexe Kommandos für schnelle Interaktion

Solche Modelle des Systems über den jeweiligen Benutzer werden in Anlehnung an /Rich 79/ und /Fischer 84/ im weiteren **Benutzermodelle** genannt. Wenn Hilfeinformation auf modulare Art und Weise repräsentiert ist, brauchen Teile, die im Benutzermodell als „schon bekannt" markiert sind, bei Erklärungen nicht nochmals ausführlich erläutert werden. Bei der Ausgabe von Hilfetexten kann auf den Konzepten aufgebaut werden, die dem Benutzer bekannt sind. Erklärungen werden dadurch kürzer und leichter verständlich. Aktive Hilfe (siehe nächster Abschnitt) braucht notwendigerweise ein Benutzermodell, um entscheiden zu können, welche Eigenschaften und Konzepte des Systems dem Benutzer noch erklärt werden sollen.

Das Benutzermodell kann folgende Information enthalten:

○ die Erfahrung des Benutzers mit dem Anwendungssystem oder ähnlichen Systemen,

○ die dem Benutzer schon bekannten Konzepte,

○ die vom Benutzer fehlerfrei ausgeführten Kommandos,

○ die vom Benutzer bevorzugten Interaktionstechniken.

Diese Information kann zum Teil vom Benutzers direkt erfragt werden oder aus der Interaktion des Benutzers mit dem Anwendungssystem geschlossen werden. Techniken zum Aufbau solcher Benutzermodelle sind in /Rich 79/ beschrieben.

Da das Benutzermodell bei individuellen Hilfesystemen die gesamte Hilfeaktivität beeinflußt, sollte dieses auch für den Benutzer einsehbar und modifizierbar sein. Das Verhalten des Hilfesystems wird dadurch für den Benutzer durchschaubarer. Außerdem kann er falsche Schlüsse des Hilfesystems korrigieren.

10.4.5 Aktive Hilfe ist notwendig

Wenn im Anwendungssystem Konzepte und Kommandos realisiert sind, von deren Existenz der Benutzer nichts ahnt, wird er niemals von sich aus danach fragen können. Ein passives Hilfesystem muß in diesem Fall versagen. Um dem Benutzer auch solche Konzepte vorschlagen zu können, ist zusätzlich eine aktive Hilfekomponente notwendig.

Aktive Hilfesysteme verkürzen die Einarbeitungszeit erheblich, weil ein Benutzer schon mit wenigen Grundkenntnissen mit dem Anwendungssystem arbeiten kann und dann nach und nach auf weitere Systemeigenschaften hingewiesen wird. Im Gegensatz zu reinen Lehrsystemen, die den Benutzer meist lenken und ihn bestimmte Beispielaufgaben lösen lassen, kann bei einem aktiven Hilfesystem frei gearbeitet werden. Der Benutzer wird nur auf die Dinge hingewiesen, die er für seine gerade aktuelle Tätigkeit benötigt.

Da aktive Hilfesysteme von sich aus reagieren, muß der Benutzer nicht erst eine Anfragesprache lernen, um Hilfeinformation zu bekommen. Dies kann vor allem bei Anfängern sehr nützlich sein, die oft so wenig über das Anwendungssystem wissen, daß sie keine sinnvolle Anfrage stellen können.

Ein aktives Hilfesystem darf jedoch auf keinen Fall aufdringlich sein. Es darf einen Ratschlag, der vom Benutzer nicht akzeptiert wird, nicht immer wieder geben. Ebenso sollte sich eine aktive Komponente auf Wunsch ganz abschalten lassen. Der Benutzer darf sich nicht bevormundet fühlen und sollte selbst entscheiden, ob er diese Art von Hilfe wünscht.

Aktive Hilfesysteme benötigen Wissen über den Benutzer (Benutzermodell) und über das Anwendungssystem sowie den Zustand der Interaktion :

○ der von Benutzer gerade ausgeführte Plan,
○ die im aktuellen Kontext möglichen Kommandos,
○ Beschreibungen, wie Pläne auf einfachste Art realisiert werden können,
○ die häufigsten Fehler und Mißverständnisse,
○ die Kommandos, die der Benutzer beherrscht,
○ die Art und Weise, wie der Benutzer Aufgaben mit dem Anwendungssystem löst (bevorzugte Kommandos),
○ die dem Benutzer bisher erteilten Ratschläge sowie deren Akzeptanz beim Benutzer.

10.4.6 Das Gesamtsystem muß wissensbasiert sein

Hilfesysteme sollten als wissensbasierte Systeme realisiert werden. Wie in den obigen Kapiteln beschrieben, baut ein komfortables Hilfesystem auf einem breiten Spektrum von Wissen auf. Das benötigte Wissen läßt sich zusammenfassend so beschreiben:

○ Wissen über Kommandos und Konzepte,
○ Wissen über den Zustand des Anwendungssystems,
○ Wissen darüber, welche Aktionsfolgen welche Probleme aus dem Anwendungsbereich am besten lösen,
○ Wissen über den Benutzer.

Wenn das Anwendungssystem selbst nicht wissensbasiert aufgebaut ist, muß viel Information, die eigentlich schon im Programmcode steckt, für das Hilfesystem noch einmal repräsentiert werden. Aus diesem Grund ist zu fordern, daß auch das Anwendungssystem selbst wissensbasiert aufgebaut ist und möglichst viele Eigenschaften (Funktionalität, Systemzustände etc.) explizit repräsentiert hat.

Als Vision für die Zukunft ist eine gemeinsame Wissensbasis für das Anwendungssystem und das Hilfesystem denkbar (siehe Abb. 10-1). Kommandos können beispielsweise so repräsentiert werden, daß diese Repräsentation von Anwendungssystem zur Ausführung benutzt werden kann und vom Hilfesystem zur Erklärung. Ein Prototyp hierzu ist das in /Bauer 88/ beschriebene System ERKLAERE. Durch eine solche gemeinsame Wissensbasis tritt auch das Problem von Inkonsistenzen zwischen Systemverhalten und Hilfeinformation nicht mehr auf. Bei Systemänderungen muß weniger Wartungsaufwand für das Hilfesystem getrieben werden.

204   10 Anforderungen an Hilfesysteme

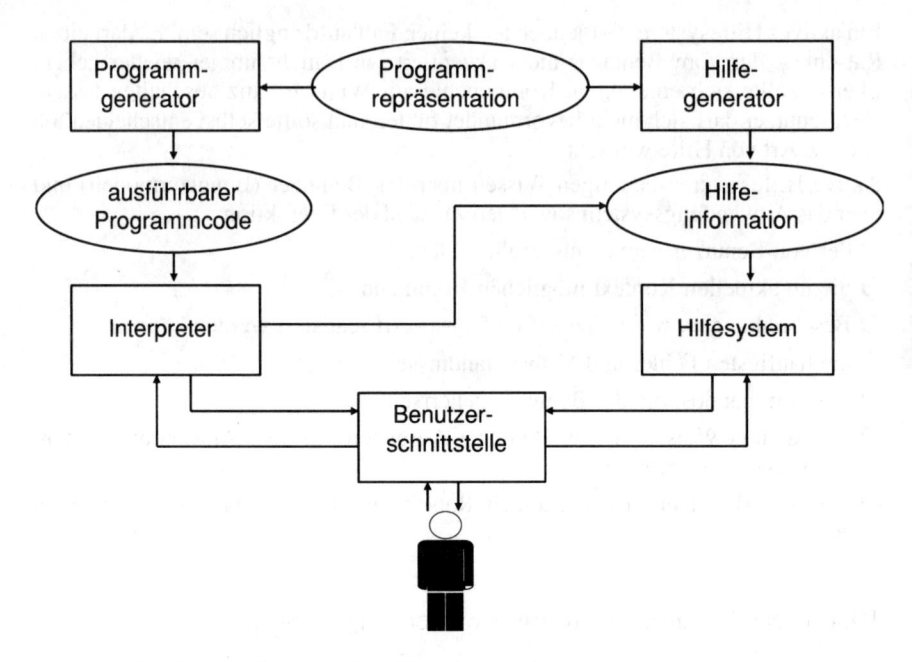

Abb. 10-1: Gemeinsame Wissensbasis für Hilfe- und Anwendungssystem

10.4.7 Bewertung der Forderungen

Die in den vorigen Kapiteln beschriebenen Anforderungen an Hilfesysteme sind von unterschiedlicher Wichtigkeit und Realisierbarkeit. Ein sehr wichtiger Schritt, der auch meist leicht realisierbar ist, ist die Verbesserung der Benutzerschnittstelle zum Anwendungssystem. Existierende Systeme wie der XEROX STAR /Smith et al. 82/ oder der APPLE MACINTOSH /Williams 84/ zeigen, daß eine gute Benutzerschnittstelle Teile eines konventionellen Hilfesystems überflüssig machen. So braucht man beispielsweise bei Verwendung von Menüs keine Hilfe über die Syntax einer Kommandosprache. Es ist selbstverständlich, daß Hilfesystem einfach zu bedienen sein sollten. Ansonsten kann die Situation auftreten, daß man ein *Hilfesystem zur Benutzung des Hilfesystems* benötigt. Die Möglichkeit der dynamischen Hilfe ist ein Hauptargument von *Online*-Hilfesystemen gegenüber gedruckten Handbüchern.

Viele existierenden Systeme erfüllen diese Anforderungen zumindest teilweise. Sie sind schon mit konventionellen Programmiertechniken realisierbar. Die Realisierung der verbleibenden Anforderungen ist zur Zeit noch Forschungsgegenstand /Bauer, Schwab 85/; /Finin 83/; /Zissos, Witten 85/;/ Sleeman et al. 85/; /Fischer et al. 85/. Individuelle Hilfe und aktive Hilfe sind Eigenschaften, von denen wir glauben, daß sie Hilfesysteme stark verbessern können. Auf der anderen Seite ist es wenig sinnvoll, aktive und individuelle Hilfesysteme entwickeln zu wollen, ohne gute passive Hilfesysteme als Grundlage zu haben. Ein Hilfesystem sollte alle Forderungen gleichermaßen erfüllen.

Wissensbasierte Systeme sind ein realistischer Ansatz. Nach unseren Erfahrungen ist es einfacher, ein wissensbasiertes Hilfesystem in ein wissensbasiertes Anwendungssystem zu integrieren, als an ein konventionell programmiertes Anwendungssystem nachträglich eine Hilfekomponente anzukoppeln.

10.5 Ein integriertes Hilfesystem

Im folgenden wird die integrierte Hilfeumgebung für den bildschirmorientierten Texteditor BISY /Bauer 84/ beschrieben. Dieser Editor und die verschiedenen Hilfekomponenten entstanden innerhalb der Forschungsgruppe INFORM /Projektinfo 87/. Das Hilfesystem besteht aus der zentralen Komponente COMMANDHELP als *Browser* für Editorkommandos, AKTIVIST als aktive Hilfekomponente, PASSIVIST als natürlichsprachliche Hilfekomponente und DYNHELP für dynamische Hilfe.

Sowohl der Editor als auch die verschiedenen Hilfekomponenten sind in FRANZLISP /Foderaro, Sklower 82/ und der objektorientierten Wissenrepräsentationssprache OBJTALK /Rathke 85/ implementiert. Das bei INFORM entwickelte Fenstersystem WLISP /Böcker et al. 85/ bildet die Grundlage zur Implementierung der Benutzerschnittstelle.

10.5.1 Die zentrale Komponente COMMANDHELP

COMMANDHELP ist eine *browser*artige Hilfekomponente, die auf einer Wissensbasis über die Editorkommandos aufbaut. Mithilfe von COMMANDHELP können verschiedene Aspekte einzelner Kommandos vom Benutzer inspiziert werden. Die Auswahl des zu beschreibenden Kommandos kann auf verschiedene Art und Weise erfolgen:

○ *Durch Schlüsselworteingabe:* Nach Angabe eines Schlüsselwortes werden alle assoziierten Kommandos in einem Menü angezeigt und der Benutzer kann daraus ein Kommando auswählen.

○ *Durch Angabe des Namens:* Falls der Kommandoname dem Benutzer bekannt ist, kann er diesen auch direkt angeben.

○ *Durch Auswahl mit der Maus:* Falls in der Ausgabe irgendeiner Hilfekomponente Kommandonamen auftauchen, sind diese maussensitiv und ein Anklicken bewirkt, daß das entsprechende Kommando in den Fokus von COMMANDHELP kommt.

○ *Durch direkte Aufrufe von anderen Hilfekomponenten:* Andere Komponenten können über Systemaufrufe Kommandos in COMMANDHELP beschreiben lassen. Solche Systemaufrufe werden z. B. von AKTIVIST und DYNHELP geschickt. Dies bewirkt daß Kommandobeschreibungen immer in der gleichen

Art und Weise dargeboten werden, egal von welcher Hilfekomponente sie ursprünglich ausgelöst wurden.

In allen Fällen, in denen der Benutzer Text eingeben muß (z.B Schlüsselworteingabe oder Eingabe des Namens), erfolgt bei Eindeutigkeit eine automatische Expansion durch das System.

Für das Kommando, das sich gerade im Fokus von COMMANDHELP befindet, kann der Benutzer sich einen, mehrere oder auch alle folgenden Aspekte in einem Textfenster anzeigen lassen:

○ *description:* eine textuelle Beschreibung des Kommandos,

○ *key bindings:* die gerade gültigen Tastenbindungen des Kommandos (diese können vom Benutzer jederzeit verändert werden),

○ *parameters:* eine Beschreibung der Parameter des Kommandos,

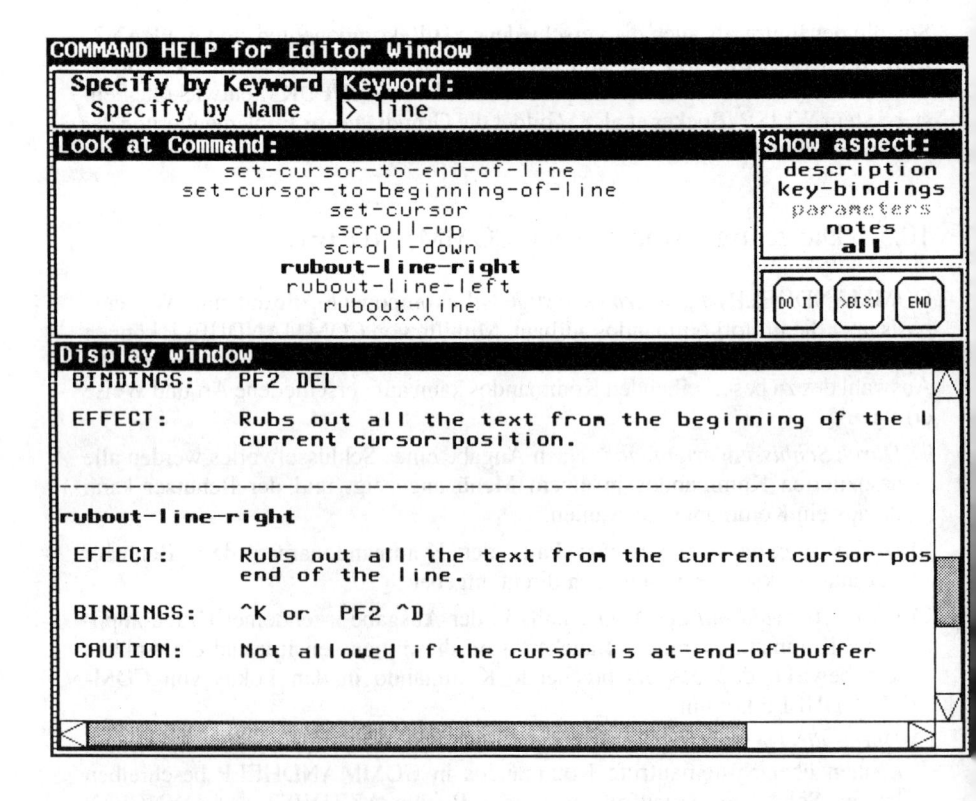

```
COMMAND HELP for Editor Window
 Specify by Keyword  Keyword:
   Specify by Name    > line

 Look at Command:                          Show aspect:
           set-cursor-to-end-of-line         description
           set-cursor-to-beginning-of-line   key-bindings
                   set-cursor                parameters
                   scroll-up                 notes
                   scroll-down               all
           rubout-line-right
           rubout-line-left                 ┌────┐ ┌────┐ ┌────┐
               rubout-line                  │DO IT│ │>BISY│ │END │
                  ^^^^^                     └────┘ └────┘ └────┘

 Display window
  BINDINGS:   PF2 DEL

  EFFECT:     Rubs out all the text from the beginning of the l
              current cursor-position.
  ─────────────────────────────────────────────────────────────
 rubout-line-right
  EFFECT:     Rubs out all the text from the current cursor-pos
              end of the line.

  BINDINGS:   ^K or  PF2 ^D

  CAUTION:    Not allowed if the cursor is at-end-of-buffer
```

Abb. 10-2: Die zentrale Hilfekomponente COMMANDHELP

○ *notes:* ein Hinweis auf besondere Systemzustände, in denen das Kommando beispielsweise nicht ausführbar ist.

All diese Textausgaben werden in einem Fenster ausgegeben, in dem Vor- und Zurückblättern möglich ist, um sich auch ältere Hilfeausgaben jederzeit wieder anschauen zu können. Selbstverständlich sind auch hier alle auftretenden Kommandonamen maussensitiv.

COMMANDHELP hat einige Eigenschaften von dynamischen Hilfesystemen. So kann man das Kommando, das sich gerade im Fokus von COMMANDHELP befindet, unmittelbar im Editor ausführen lassen, sofern die Vorbedingungen im aktuellen Editorkontext erfüllt sind.

COMMANDHELP beschreibt im Augenblick die Kommandos des Editors BISY. Die Hilfekomponente ist so allgemein implementiert, daß sie auch an andere Anwendungssysteme angepaßt werden kann. Es muß dann im wesentlichen die zugrundelegende Wissensbasis über die Kommandos ausgetauscht werden.

10.5.2 Die aktive Komponente AKTIVIST

AKTIVIST /Schwab 84/ ist eine aktive Hilfekomponente, die den Benutzer auf bestimmte ihm bisher unbekannte Editierkommandos und deren Tastenbindung hinweist. Die jetzige Implementierung kann Aufgaben aus den Bereichen *Positionieren der Schreibmarke* und *Löschen von Textteilen* behandeln. Solche Editieraufgaben sind z. B. *An das Zeilenende positionieren* oder *Löschen des nächsten Wortes*.

AKTIVIST beobachtet, wie der Benutzer frei mit dem Editor arbeitet, und erstellt daraus ein individuelles Benutzermodell. Wenn offensichtlich wird, daß der Benutzer bestimmte Konzepte und Kommandos des Editors nicht kennt, die für seine Arbeit hilfreich wären, ergreift AKTIVIST die Initiative und gibt entsprechende Hinweise. Für ausführlichere Beschreibungen von AKTIVIST sei auf /Fischer et al. 84/, /Fischer et al. 85/ und /Schwab 88/ verwiesen.

AKTIVIST kann folgende Schwierigkeiten, die der Benutzer beim Arbeiten mit dem Editor hat, erkennen und entsprechende Hinweise geben:

○ Der Benutzer kennt ein bestimmtes komplexes Editorkommando nicht und benutzt suboptimale Kommandos, um seine Editieraufgaben durchzuführen. Beispiel: Er löscht eine Zeile zeichenweise, anstatt das entsprechende Kommando delete line zu verwenden.

○ Der Benutzer kennt zwar das Kommando, weiß aber nicht, daß es an eine Funktionstaste gebunden ist. Er löst deshalb das Kommando immer durch Eintippen des vollen Kommandonamens aus.

Die Hilfestrategie von AKTIVIST kann vom Benutzer eingestellt werden. Alle Parameter, die bestimmen, wann die Hilfekomponente Hinweise geben soll, können über ein sogenanntes Property Sheet vom Benutzer verändert werden (siehe Abb. 10-3). Die Namen der Parameter sind im folgenden in Anführungszeichen und schräg gedruckt.

Zwei dieser Parameter bestimmen die folgende globale Strategie nach der eine Hilfeinformation ausgegeben werden soll:

○ Die Zeit zwischen zwei Hinweisen soll mindestens *„quiet time between two hints"* Sekunden betragen, um eine Informationsüberflutung zu verhindern. Besonders für einen Anfänger kann es sonst bedeuten, daß er pausenlos von der aktiven Hilfekomponente bessere Ratschläge bekommt, was sehr schnell frustierend wirkt.

Ein Hinweis, der sich auf eine bestimmte Aktion bezieht soll nur *unmittelbar* nach deren Ausführung durch den Benutzer erfolgen. Nur so ist der zeitliche und sachliche Zusammenhang zwischen Hinweis und Arbeiten im Editor gegeben. Falls nach diesem Kriterium ein Hinweis gegeben werden sollte, der letzte aber noch keine *„quiet time between two hints"* Sekunden zurückliegt, erfolgt keine Ausgabe (auch nicht zeitlich verzögert).

○ Hinweise zur gleichen Editieraufgabe oder zum gleichen Kommando werden nur *„maximal hints per plan"* mal gegeben. Dies gewährleistet, daß der Benutzer die Hinweise nicht akzeptieren muß und die Hilfekomponente nicht aufdringlich wird, wenn er auf seine eigene Art und Weise weiterarbeitet.

Um die Hilfeaktivität auf die für den Benutzer wesentlichen Teile zu richten und sporadische Umständlichkeiten nicht überzubewerten, wird die Ausgabe von Hinweisen durch vier Parameter gesteuert. Eine Hinweis zu einer speziellen Editieraufgabe erfolgt,

○ wenn sie mehr als *„tolerate usage of bad commands"* mal mit suboptimalen Kommandos durchgeführt wurde und der Benutzer dadurch mehr als *„keystroke limit for bad commands usage"* unnötige Tastendrücke gegenüber dem Kommandovorschlag des Hilfesystems benötigt hat oder

○ wenn der Kommandovorschlag des Hilfesystems mehr als *„tolerate usage of bad keys"* mal auf nichtoptimale Weise ausgelöst wurde und dadurch *„keystroke limit for bad keys usage"* mehr Tatsendrücke benötigt wurden.

Die aktive Hilfekomponente soll nur Hinweise zu Systemeigenschaften geben, die für den Benutzer wirklich neu sind. Aus diesem Grund existiert ein weiterer Parameter:

○ Wird eine Editieraufgabe mehr als *„ignore good usage"* mal auf optimale Art und Weise vom Benutzer ausgeführt, gibt AKTIVIST die Beobachtung dafür auf. Das heißt, es erfolgen in Zukunft keine Hinweise mehr dazu.

AKTIVIST greift nicht direkt in die Arbeit des Benutzers mit dem Editor ein. Es werden auch keine Editierkommandos rückgängig gemacht. Die aktive Hilfekomponente gibt nur Hinweise (gefolgt von einem akustischen Signal) in einem speziellen Fenster aus (siehe Abb. 10-3). In diesem Fenster kann vor- und zurückgeblättert werden. Um sich näher über die vorgeschlagenen Kommandos zu informieren, genügt ein Anklicken des Kommandonamens mit der Maus, um sich dieses Kommando mithilfe der Komponente COMMANDHELP näher anzuschauen.

10.5.3 Die natürlichsprachliche Komponente PASSIVIST

PASSIVIST /Lemke 84/ ist eine natürlichsprachliche Hilfekomponente, mit der sich der Benutzer informieren kann, wie er Editieraufgaben im aktuellen Kontext

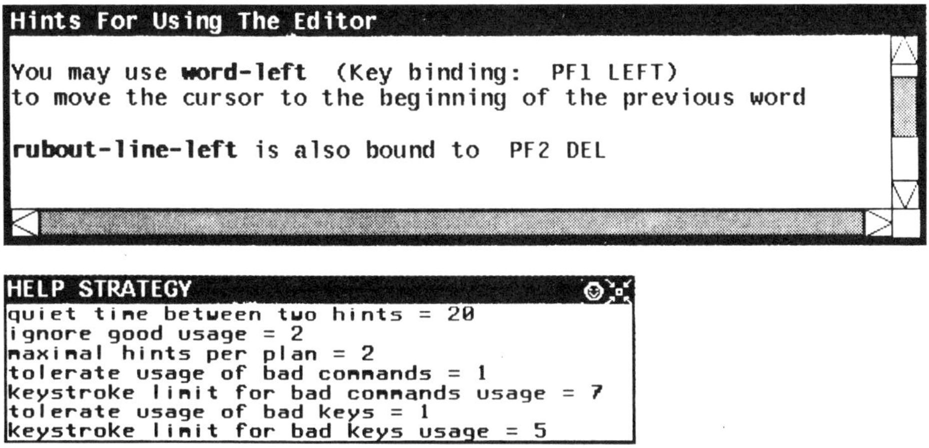

```
Hints For Using The Editor

You may use word-left   (Key binding:   PF1 LEFT)
to move the cursor to the beginning of the previous word

rubout-line-left is also bound to   PF2 DEL
```

```
HELP STRATEGY
quiet time between two hints = 20
ignore good usage = 2
maximal hints per plan = 2
tolerate usage of bad commands = 1
keystroke limit for bad commands usage = 7
tolerate usage of bad keys = 1
keystroke limit for bad keys usage = 5
```

Abb. 10-3: Die aktive Hilfekomponente AKTIVIST

lösen kann. Der Schwerpunkt liegt bei PASSIVIST auf der Problemlösefunktion. Das Verstehen natürlicher Sprache steht nicht im Vordergrund. Die Erkennung der natürlichsprachlichen Anfrage basiert auf der Erkennung von Schlüsselwörtern, nachdem die Eingabe morphologisch und syntaktisch normiert wurde. Wie bei AKTIVIST werden die Bereiche *Positionieren der Schreibmarke* und *Löschen von Textteilen* behandelt.

Der Benutzer kann natürlichsprachliche Anfragen zu einer Editieraufgabe stellen und von PASSIVIST wird die Problemlösung für den aktuellen Kontext geplant und erklärt. Dazu greift PASSIVIST auf eine Wissenbasis zurück, in der Regeln zur Verwendung von Editorkommandos für bestimmte Editieraufgaben enthalten sind, und generiert so eine Kommandofolge, die die Aufgabe löst. Das heißt, es werden keine fest gespeicherten Lösungen angeboten, sondern dynamisch welche generiert.

Da es sich um konkrete Fragen handelt, also solche, die ein auf den aktuellen Kontext bezogenes Problem betreffen, können sie in einem Vorführmodus beantwortet werden (siehe Abb. 10-4). Eine abstrakte, verbale Beschreibung, die vermutlich weit schwieriger zu verstehen und zu behalten ist, kann so vermieden werden.

Es hat sich herausgestellt, daß Anfänger, die nur Erfahrungen mit Schreibmaschinen oder andersartigen Computersystemen haben, beträchtliche Schwierigkeiten

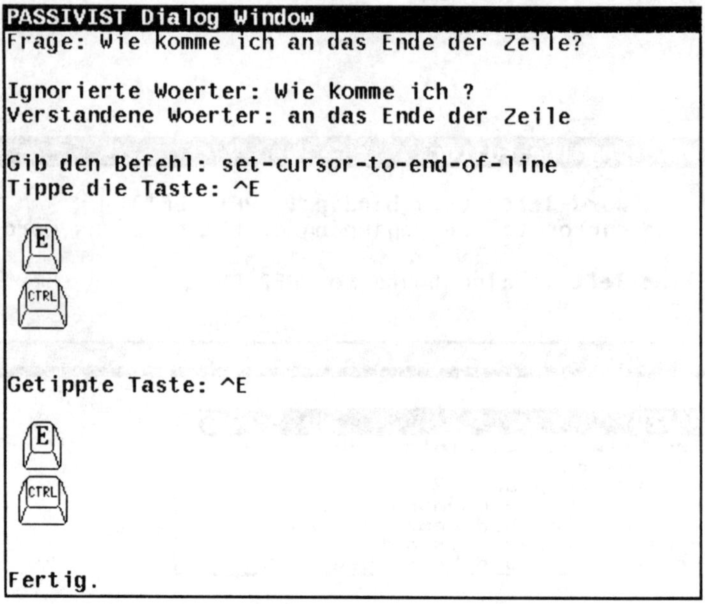

```
PASSIVIST Dialog Window
Frage: Wie komme ich an das Ende der Zeile?

Ignorierte Woerter: Wie komme ich ?
Verstandene Woerter: an das Ende der Zeile

Gib den Befehl: set-cursor-to-end-of-line
Tippe die Taste: ^E

    [E]
    [CTRL]


Getippte Taste: ^E

    [E]
    [CTRL]


Fertig.
```

Abb. 10-4: Die natürlichsprachliche Hilfekomponente PASSIVIST

mit der Bedienung der Tastatur haben so z. B. beim Auffinden und Benennen der Tasten /Lemke 84/. Aus diesem Grund werden in den Antworten von PASSIVIST Tastenfolgen nicht nur in symbolischer Form, sondern auch graphisch dargestellt und, wenn nötig, erläutert.

10.5.4 Die dynamische Komponente DYNHELP

DYNHELP gibt dem Benutzer die Möglichkeit, den Editor zu jedem Zeitpunkt zu unterbrechen und eine der folgenden Aktionen auszulösen (siehe Abb. 10-5):
- Beschreiben des Zustands des Editors,
- Beenden des gerade unterbrochenen Editorkommandos,
- Beenden des Editors,
- Beschreiben des gerade unterbrochenen Editorkommandos in COMMAND-HELP,
- freier Einstieg in die Komponente COMMANDHELP, um sich über beliebige Kommandos zu informieren.

Zwei typische Situationen für den Einsatz von DYNHELP sind:
- Bei der Ausführung eines Editorkommandos wird eine Parametereingabe verlangt. Der Benutzer kann die Interaktion unterbrechen und die Bedeutung des

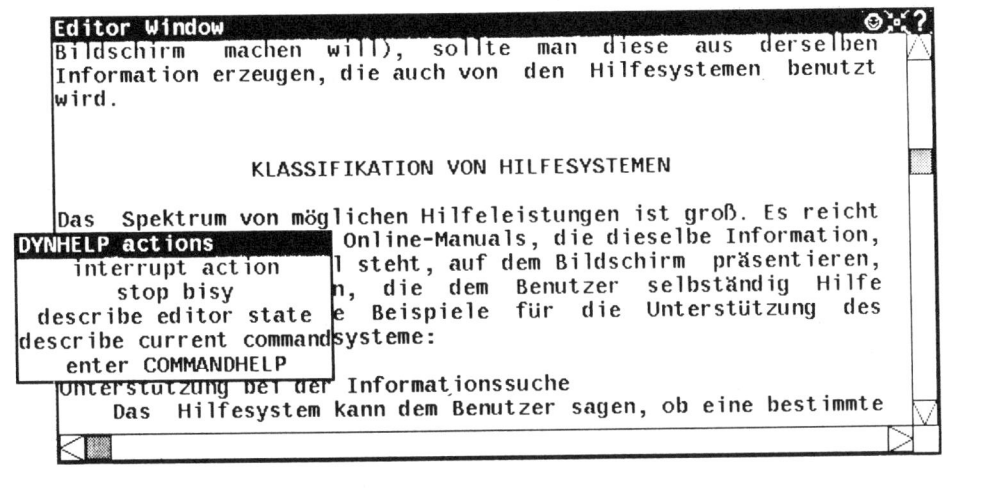

```
┌─Editor Window──────────────────────────────☺⋮?┐
│Bildschirm    machen   will),   sollte   man  diese   aus  derselben│
│Information erzeugen, die auch von  den  Hilfesystemen benutzt│
│wird.                                                              │
│                                                                    │
│              KLASSIFIKATION VON HILFESYSTEMEN                     │
│                                                                    │
│Das  Spektrum von möglichen Hilfeleistungen ist groß. Es reicht│
├─DYNHELP actions────────┐Online-Manuals, die dieselbe Information,│
│   interrupt action     │l steht, auf dem Bildschirm  präsentieren,│
│   stop bisy            │n,  die  dem  Benutzer  selbständig  Hilfe│
│   describe editor state│e  Beispiele  für  die  Unterstützung  des│
│   describe current command│systeme:                             │
│   enter COMMANDHELP    │                                         │
└────────────────────────┘ Informationssuche                      │
│     Das  Hilfesystem kann dem Benutzer sagen, ob eine bestimmte│
└────────────────────────────────────────────────────────────────────┘
```

Abb. 10-5: Die Hilfekomponente DYNHELP

Parameters zum aktuellen Kommando mit COMMANDHELP anzeigen lassen.

○ Der Benutzer ist sich nicht sicher, ob der Editor gerade ein länger dauerndes Kommando ausführt oder auf Eingabe wartet. Mithilfe von DYNHELP kann der Benutzer den Zustand des Editors inspizieren.

10.5.5 Bewertung des Hilfesystems

In diesem Abschnitt soll das oben vorgestellte Hilfesystem des Texteditors an den Anforderungen aus dem vierten Abschnitt gemessen werden.

Ein wichtiges Ziel beim Bau des Editors BISY war es, eine gute, leicht verständliche Benutzerschnittstelle zu haben, die dem Benutzer einen konsistenten Eindruck vermittelt. Sofern Konzepte nicht durchgängig implementiert waren, fiel dies beim Aufbau der Wissensbasen für das Hilfesystem auf. Der Editor wurde daraufhin an einigen Stellen verbessert. Das heißt, beim Bau eines Hilfesystems werden Mängel des Anwendungssystems oft besser erkennbar. Dies ist übrigens ein Grund, Hilfesystem schon zusammen mit den Anwendungssystemen zu entwickeln.

Da das Hilfesystem wie BISY voll in die Fenstersystemumgebung integriert ist, ist es für einen Benutzer, der die grundlegenden generischen Operationen und Interaktionen mit der Maus beherrscht, relativ leicht zu bedienen.

Dynamische Hilfe wird vor allem von den beiden Hilfekomponenten DYNHELP und PASSIVIST angeboten, die einen sehr starken Kontextbezug aufweisen. Dadurch daß der Editor selbst die Tastenbindungen explizit und vom Benutzer änderbar in Form einer sogenannten *Read-Table* /Bauer 85/ repräsentiert hält, ist es für alle Hilfekomponenten einfach, jeweils die aktuell gültige Tastenbindung der Kommandos anzuzeigen (was z. B. für ein gedrucktes Handbuch nicht möglich wäre).

Individuelle Hilfe wird nur von der Komponente AKTIVIST angeboten, da diese Komponente als einzige ein Benutzermodell erstellt und verwendet. AKTIVIST übernimmt im gesamten Hilfesystem auch die Aufgabe der aktiven Hilfe.

Das beschriebene Hilfesystem ist als wissensbasiertes System aufgebaut. Das Wissen ist in Form von Regeln und Objektnetzen in Wissenbasen enthalten, die von den verschiedenen Hilfekomponenten für verschiedene Zwecke ausgenutzt werden. Das Anwendungssystem BISY, das ursprünglich auf konventionelle Art implementiert war, wurde in einigen Teilen so verändert, daß es auf denselben Wissenbasen aufbaut, wie die Hilfekomponenten.

10.6 Ausblick

Das vorgestellte prototypische Hilfesystem erfüllt die Anforderungen aus dem vierten Kapitel nicht in allen Teilen. Der Hauptnachteil entstand dadurch, daß das Anwendungssystem vorher ohne Berücksichtigung eines Hilfesystems implementiert wurde, wie auch einige Hilfekomponenten ursprünglich unabhängig voneinander entstanden sind. Dadurch liegt immer noch eine gewisse Redundanz in der Repräsentation des Wissens für den Editor selbst und für Hilfezwecke vor. Bei einer Integrationbemühung von Anfang an wäre eine stärkere gemeinsame Nutzung einer einzigen globalen Wissensbasis durch das Anwendungssystem und die einzelnen Hilfekomponenten (im Sinne von Abb. 10-1) denkbar gewesen. Zukünftige Arbeiten im Bereich Hilfesysteme werden sich neben Grundlagen zu individueller und aktiver Hilfe auch mit einer einheitlichen Repräsentation von Wissen für Anwendungs- und Hilfesystem zu beschäftigen haben.

Literatur

/Bauer 84/
    Bauer J.: *BISY. A Window-Based Screen-Oriented Editor, Embedded in ObjTalk and FranzLisp*, Institutsbericht, Projekt INFORM, Institut für Informatik, Universität Stuttgart, Januar 1984

/Bauer 85/
    Bauer J.: *A Comfortable Reader*, Institutsbericht, Institut für Informatik, Universität Stuttgart, Juni 1985

/Bauer 88/
Bauer J.: *Konzepte und Prototypen interaktiver Hilfesysteme*, Dissertation, Fakultät Mathematik und Informatik der Universität Stuttgart, März 1988

/Bauer, Herczeg 85/
Bauer J., Herczeg M.: *Software-Ergonomie durch wissensbasierte Systeme*, in: Bullinger H.-J. (Herausgeber), Software-Ergonomie, German Chapter of the ACM, Stuttgart: Teubner 1985, .S. 108-118

/Böcker et al. 85/
Böcker H.-D., Fabian F. Jr., Lemke A.C.: *WLisp: A Window Based Programming Environment for FranzLisp*. in: Proceedings of the First Pan Pacific Computer Conference, Vol. 1, The Australian Computer Society, Melbourne, Australia, September 1985, pp. 580-595

/Finin 83/
Finin T.W.: *Providing Help and Advice in Task Oriented Systems*. in: Proc. of the Eighth IJCAI, 1983, pp. 176-178

/Fischer 84/
Fischer G.: *Formen und Funktionen von Modellen in der Mensch-Computer Kommunikation.* in: Schauer H., Tauber M.J. (Herausgeber), Psychologie der Computerbenutzung, Oldenbourg Verlag, Wien - München 1984. Schriftenreihe der Österreichischen Computer Gesellschaft, Bd. 22, S. 328-343

/Fischer et al. 84/
Fischer G., Lemke A., Schwab T.: *Active Help Systems*. in: Green T., Tauber M., van der Veer G. (Editors), Proceedings of Second European Conference on Cognitive Ergonomics - Mind and Computers, Gmunden, Austria. Springer Verlag, Heidelberg - Berlin - New York, September 1984

/Fischer et al. 85/
Fischer G., Lemke A., Schwab T.: *Knowledge-based Help Systems*. in: Borman L., Curtis B. (Editors), CHI-85, Human Factors in Computing Systems Conference Proceedings, ACM SIGCHI/HFS, New York, April 1985, pp. 161-167

/Foderaro, Sklower 82/
Foderaro J.K., Sklower K.L.: *The FranzLisp Manual*. Technical Report, University of California, Berkeley 1982

/Hayes 82/
Hayes, P.J.: *Uniform Help Facilities for a Cooperative User Interface*. Technical Report, Carnegie-Mellon University, Computer Science Department, Pittsburgh, June 1982

/Lemke 84/
Lemke A.: *PASSIVIST: Ein passives, natürlichsprachliches Hilfesystem für den bildschirmorientierten Editor BISY*. Diplomarbeit Nr. 293, Institut für Informatik, Universität Stuttgart 1984

/Projektinfo 87/
Forschungsgruppe INFORM: *Kurzinformationen über die Forschungsgruppe INFORM*. Technical Report, Universität Stuttgart, Institut für Informatik, März 1987

/Rathke 85/
Rathke C.: *ObjTalk Primer*. Translated Version by A.C. Lemke, V.M. Patten, C.P. Morel, Dept. of Computer Science, University of Colorado, Boulder - Technical Report CU-CS-290-85 -, INFORM, Institut für Informatik, Universität Stuttgart 1985

/Rich 79/
Rich E.: *Building and Exploiting User Models*. Ph.D. Thesis, Carnegie-Mellon University 1979

/Schwab 84/
Schwab T.: *AKTIVIST: Ein aktives Hilfesystem für den bildschirmorientierten Editor BISY*. Diplomarbeit Nr. 232, Institut für Informatik, Universität Stuttgart 1984

/Schwab 88/
Schwab T.: *AKTIVIST: Eine aktive Hilfekomponente für einen Texteditor*, in: Gunzenhäuser R., Böcker H.-D. (Herausgeber), Prototypen benutzergerechter Computersysteme, Kapitel VII, Verlag Walter de Gruyter & Co., Berlin - New York 1988

/Sleeman et al. 85/
Sleeman D., Appelt D., Konolige K., Rich E., Sridharan N.S., Swartout B.: *User Modelling Panel.* in Proceedings of the Ninth International Joint Conference on Artificial Intelligence, American Association for Artificial Intelligence, August 1985, pp. 1296-1302

/Smith et al. 82/
Smith D.C., Irby Ch., Kimball R., Verplank B.: *Designing the Star User Interface.* in: BYTE, April 1982

/Williams 84/
Williams G.: *The Apple Macintosh Computer.* in *BYTE*, February 1984, pp. 30-54

/Zissos, Witten 85/
Zissos A.Y., Witten I.H.: *User Modeling for a Computer Coach: A Case Study.* Research Report 86/199/12, Man-Machine Systems Laboratory, Dept. of Computer Science, Univ. of Calgary, June 1985

11 Probleme bei der Konstruktion und beim Einsatz von Hilfesystemen

Thomas Herrmann

11.1 Einleitende Systematisierung

Beim Einsatz von DV-Systemen sind zwei Problembereiche zu unterscheiden, zum einen die Erstellung eines Konzepts zur Erreichung eines Ziels, das innerhalb eines Aufgabenbereichs (z. B. im Büro, in der Verwaltung, in einer Konstruktionsabteilung) vorgegeben wird. Zum anderen die Benutzung eines konkreten DV-Systems zur Realisierung des Lösungskonzepts.

Hilfesysteme im hier behandelten Sinne sollen den Benutzer im Rahmen des *zweiten Problembereichs* unterstützen; es wird an die Unterstützung während der Mensch-Computer-Interaktion gedacht nach Abschluß der Einweisungsphase. Es ist darauf zu achten, daß der Benutzer bei Schwierigkeiten im Rahmen des zweiten Problembereichs nicht ausschließlich auf die Nutzung von Hilfesystemen angewiesen ist, sondern auch andere Lösungsstrategien verfolgen kann. Er kann durch Experimentieren die Lösung suchen, andere Experten und Benutzer befragen oder nicht-systemgebundene Dokumentationen (Handbücher) benutzen.

Hilfesysteme müssen mit den anderen Unterstützungsstrategien konkurrieren. Wenn man zur Konstruktion von Hilfesystemen Problemfälle antizipiert, so ist stets zu entscheiden, ob eine der anderen Strategien nicht effektiver sein kann.

Zur Unterstützung im Rahmen des genannten zweiten Problembereichs können mehrere Maßnahmen innerhalb eines Konzeptes geplant, systematisiert und aufeinander bezogen werden. Die software-technische Realisierung eines solchen Konzeptes stellt ein Hilfesystem dar. So verstandene Hilfesysteme müssen nicht aus einer isolierbaren Software-Komponente bestehen, sie können insbesondere verschiedene Formen von Hilfestellungen integrieren. Diese unterschiedlichen Formen korrespondieren zu unterschiedlichen Formen software-technischer Realisierung und legen folgende Systematisierung nahe:

1) Indirekte Hilfe (Piktogramm, Mnemo-Technik, Direkte Manipulation etc.)
2) Deskriptive Erklärung (*Online*-verfügbare Systembeschreibung, Systemmeldungen)
3) Argumentative Hilfestellung und Erklärung (wissensbasierte Systeme)

Die einzelnen Formen werden unten erläutert. Von besonderem Interesse ist der dritte Komplex, da er weitgehende Möglichkeiten der Kontextberücksichtigung beinhaltet. **Weitgehende Kontextberücksichtigung** ist das gemeinsame Merkmal von Forderungen, die in verschiedenen Zusammenhängen zur Optimierung der Mensch-Computer-Interaktion aufgestellt wurden:

- Aufbau von Selbsterklärungskomponenten in Expertensystemen (vgl. /Wahlster 81/),
- *Breaking the man-maschine communication barriere* /Hayes et al.81/
- Adaptionsfähigkeit von Systemen /Edmonds 81/
- Aktive Hilfe /Bauer, Schwab, Abschnitt 10.4.5/.

Das Attribut *argumentativ* für solche weitreichenden Konzepte der Hilfestellung ist deshalb angemessen, weil es den Versuch kennzeichnet, Hilfen zu geben, die jeweils anhand der individuellen Eigenschaft eines Benutzers und der spezifischen Dialogsituation *begründbar* sind. Dies beinhaltet auch, daß Hilfestellungen (z. B. automatische Fehlerkorrektur) gegenüber dem Benutzer erklärt werden können. *Argumentativ* heißt, daß die geeignete Hilfestellung über logische Schlüsse hergeleitet werden und daß die dazugehörigen Systemmeldungen kommunikativ-adäquate Argumente beinhalten. Technisch betrachtet ist hierzu auf Grundlage von Wissensbasen **weitgehende Kontextberücksichtigung** notwendig. Dies meint, daß sowohl über Regeln auf den Kontext geschlossen wird als auch über Regeln *aus dem* Kontext Schlüsse auf geeignete Hilfestellungen gezogen werden.

Im Zusammenhang mit der Berücksichtigung von Kontextwissen über den Benutzer und sein Aufgabengebiet wird davon gesprochen, daß Systeme

- *adaptiv* (gegenüber *nicht-adaptiv* oder *adaptierbar*) sind, d. h. sich automatisch an den Benutzer und an Dialogsituationen anpassen. Bei adaptierbaren Systemen soll demgegenüber die Anpassung durch den Benutzer vorgenommen werden. Nicht jedes Hilfesystem ist adaptiv und nicht jedes adaptive System (z. B. Lehrprogramm) ist ein Hilfesystem.
- *aktiv* (gegenüber *passiv*) sind, d. h. ohne Aufforderung durch den Benutzer Hilfe anbieten, (siehe /Bauer, Schwab, Abschnitt 10.4.5/).
- *dynamisch* (gegenüber *statisch*) sind. Daß heißt, die angebotene Unterstützung variiert in Abhängigkeit von der Dialogsituation (s. Abschnitt 10.4.3).

Diese Differenzierungen dienen jedoch *nicht* als Leitlinie der folgenden Ausführungen. Hierfür sind zwei Argumente ausschlaggebend:

Einerseits stellt es eine künstliche Trennung dar, wenn man adaptive oder aktive oder dynamische Systeme gegenüber solchen unterscheidet, die nicht über diese Eigenschaften verfügen. Es handelt sich vielmehr um graduelle Eigenschaften, die in geringem Maße bei jeder Hilfestellung berücksichtigt sind. Eine Fehlermeldung z. B. *(etwa Datei Test.1 nicht vorhanden)* erfolgt aktiv ohne Aufforderung, greift dynamisch einen Dateinamen auf und ist an ein vermutetes Wissensbedürfnis des Benutzers adaptiert. Gegenüberstellungen, wie aktiv vs. passiv etc., lassen nicht erkennen, daß das geeignete Ausmaß und die angemessene Tiefe der Kontextberücksichtigung in feiner gradueller Abstufung abwägbar und gestaltbar ist. Andererseits bezieht man sich in der Diskussion über soziale Risiken des Einsatzes von Hilfesystemen auf die genannte Differenzierung, wobei z. B. Forderungen laut werden, daß aktive Hilfe zu vermeiden ist. Dies zeigt, daß durch die begriffliche Gegenüberstellungen (wie z. B. auch adaptiv vs. adaptierbar) der Blick für die graduellen Gestaltungsmöglichkeiten bzw. -anforderungen verdeckt wird.

Nach der Darstellung unterschiedlicher Anlässe, Orientierungen und Formen von Hilfestellungen soll mit Hinblick auf die beiden genannten Argumente untersucht werden (siehe Abschnitt 11.3), welche Probleme bei der Auswahl des geeigneten Grades der Kontextberücksichtigung zu beachten sind und welche Risiken beim Einsatz der Hilfesysteme zu diskutieren sind (siehe Abschnitt 11.4).

11.2 Formen der Hilfestellung

Es lassen sich folgende **Anlässe** unterscheiden, aus denen Hilfestellungen seitens des Benutzers erwünscht sein können:
- Wissen zur Planung und Durchführung des Dialogs fehlt (bzgl. Leistungsbreite, Funktionsweise des Systems, Möglichkeiten zur Erleichterung der Arbeit und Begrifflichkeit der Dokumentation).
- Wissen zur Fortführung des Dialogs fehlt (bzgl. aktueller Dialogmöglichkeiten und Behebung von Erinnerungslücken).
- Fehlersituationen (Zurückweisung einer Eingabe, Widerspruch zwischen Benutzerziel und Ergebnis).

11.2.1 Zur Orientierung von Erklärungen

Hilfestellungen werden oft durch eine Erklärung realisiert oder sollten zumindest durch Erläuterungen ergänzbar sein. Die Erfahrungen, die ein Benutzer dabei sammelt oder an andere weitergibt, können entweder am *Konzept* eines Systems ausgerichtet sein, also auf das Verständnis der Grundlagen, oder sich an aktuellen Situationen oder Prozessen, also an Ereignissen orientieren, wobei in diesem Fall von Oberflächenerscheinungen ausgegangen wird. Tab. 11-1 verdeutlicht den Unterschied zwischen beiden Sichtweisen.

Die Unterscheidung zwischen konzeptuellen und ereignis-orientiertem Wissen kann an folgenden Beispielen erläutert werden:
- Der Benutzer, der sich für verschiedene Möglichkeiten des Löschens von Texteinheiten (z. B. Zeilen; siehe Abschnitt 10.5.2) unter Optimierungsgesichtspunkten interessiert, sucht konzeptuelles Wissen.
- Das Bedürfnis, möglichst schnell überflüssige Leerzeilen zu entfernen, um endlich die letzte Version eines Textes termingerecht fertigzustellen, zielt auf ereignis-orientiertes Wissen ab.

Es ist zu beachten, daß es sich um eine tendenzielle Unterscheidung und nicht um eine Klassifizierung mit eindeutiger Grenzziehung handelt. Konzeptuelle Erfahrungen werden insbesondere in der Phase der Planung oder bei der Bearbeitung komplexerer Fehler (im Verhältnis zwischen Ziel und Lösungsweg) benötigt. Bei der Durchführung des Dialogs, insbesondere dann, wenn Routine vorhanden ist, steht ereignis-orientiertes Wissen in Frage. Konzeptuelles Wissen ist relativ abstrakt und

Tab. 11-1: Unterscheidung von konzeptuellem gegenüber ereignis-orientiertem Wissen

konzeptuell	ereignis-orientiert
abstrakt	konkret
Bezugspunkte	
prinzipielle Funktion	*Black-Box*-Betrachtung
allgemeiner Zweck	aktuelle Erfordernisse
erkenntnistheoretischer Stellenwert	
verstehende Erklärung (zur Herleitung nicht beobachtbarer Daten)	beschreibende Erklärung (beobachtbarer Daten)
Wirkung	
langfristig	kurzfristig

ermöglicht daher Vergleiche mit der Umgebung der Mensch-Computer-Interaktion. In diesem Sinne kommt ihm wichtige Erklärungsfunktion zu. Umschreibungen wie: „Eine Datenbank ist wie ein elektronischer Karteikasten" oder „der Mikroprozessor ist das Zentrum des Rechners" beziehen sich metaphorisch auf bereits bekannte Phänomene und dienen dem konzeptuellen Verständnis.

11.2.2 Zur Form der Darstellung von Hilfen

Eine weitere Differenzierung bezieht sich auf die Form, in der Informationen dargestellt werden. Der Benutzer verfügt über Wissen, das er regelmäßig anwendet, aber nicht vollständig beschreiben kann. Er stellt es verkürzt dar, entlang seiner Assoziationen. Solche Beschreibungen nenne ich (in Anlehnung an die kommunikationstheoretische Bezeichnung *Ellipse* für eine verkürzte Aussage) assoziativ-elliptisch. Sie spielen auch bei Erklärungen und Hilfestellungen eine Rolle. Der Benutzer sucht in manchen Fällen nur einen knappen Hinweis, der eine Erinnerungslücke schließen soll. Jede weitergehende, ausführlichere Formulierung belastet ihn und ist kommunikativ nicht angemessen.

Daneben gibt es ausführliche Beschreibungen, wie sie z. B. für die Systementwicklung, für die Einführung in ein neues System oder zur Lösung ungewohnter, komplexer Aufgaben benötigt werden. Man kann hier von regelgebunden-expliziter Wissensdarstellung sprechen, die bestimmten Beschreibungskonventionen oder Grammatiken folgen muß (als Grundvoraussetzung intersubjektiver Nachvollziehbarkeit). Zur näheren Erläuterung siehe Tab. 11-2. Für Hilfestellungen zur Mensch-Computer-Interaktion, die vom Menschen, vom System oder durch Dokumentationen gegeben werden, muß situationsbedingt die richtige Mischung zwischen Orientierung und Darstellungsform gewählt werden. Dabei ist zu beachten, daß sich

11.2 Formen der Hilfestellung 219

beide Tendenzen überschneiden können, wie in Abb. 11-1 mit Hilfe von Beispielen dargestellt ist.

Tab. 11-2: Unterscheidung von assoziativ-elliptischem gegenüber regelgebunden-explizitem Wissen

assoziativ-elliptisch	regelgebunden-explizit
stark kontextabhängig	unabhängig von aktuellen Kontexten überprüfbar
Auslassung logischer Glieder	argumentative Herleitung
bildlich	buchstäblich
Interpretationsspielraum, mehrdeutig	eindeutig
folgt Situationsanforderungen	folgt sprachlichen Regeln
Beispiel	
Gestik, Metapher	Flußdiagramm

konzeptuell

"Desktop"-Metapher (z.B. bei APPLE-LISA)	"Help-Strategy" (s. Abschnitt 10.5.2)

assoziativ-elliptisch ⟷ **regelgebunden-explizit**

Piktogramm zur Stützung des Erinnerungsvermögens	Notizen des Benutzers zu einer Kommandoabfolge

ereignisorientiert

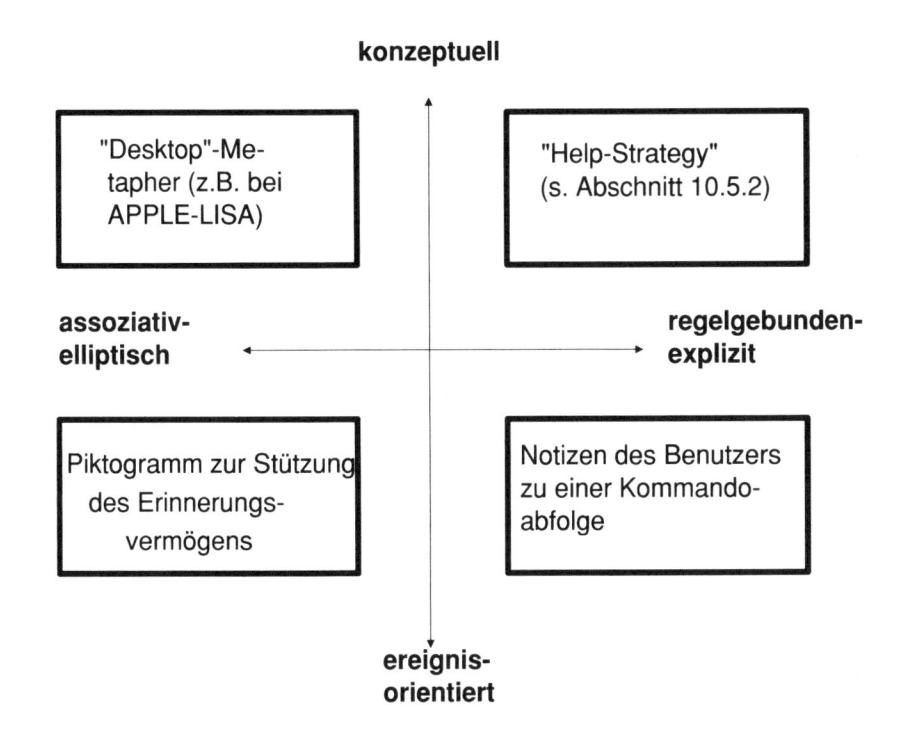

Abb. 11-1: Tendenzen der Form und Orientierung von Wissensdarstellung

11.2.3 Formen informationstechnisch-gebundener Hilfestellung und Systemerklärung

Indirekte Hilfe

Die Unterstützung durch indirekte Hilfe ist mit der Benutzung zur regulären Aufgabenerledigung impliziert, ohne daß der Benutzer besondere Systemeigenschaften aktiviert und ohne systemgesteuerte Aktivierung spezieller Hilfe- oder Erklärungsroutinen. Dazu gehört, daß die verschiedenen Systemteile sinnfällig unterteilt und gruppiert sind. Die Strukturierung und Gruppierung sollte sich an den Gewohnheiten des Benutzers, insbesondere an seinen üblichen Aufgaben orientieren. Es sollte auf Überschaubarkeit geachtet werden (Zahl der Elemente einer Gruppe zwischen drei und sieben, je nach ihrer Komplexität) (vgl. /Jagodzinski 83/). Die Benennung der Kommandos und Systemteile muß ebenfalls sinnfällig sein (an der Fachsprache des Benutzers orientiert) und Konsistenz berücksichtigen. Ähnlichkeit und Unterschied der Kommandos sollte in der Benennung explizit sein. Am Kommandonamen sollte man den dazugehörigen Systemmodus u. U. erkennen. *Innerhalb* einer Gruppe ist Unterscheidbarkeit der entscheidende Aspekt. *Zwischen* unterschiedlichen Gruppen ist Ähnlichkeit bei der Benennung vorteilhaft (siehe /Rosenberg 83/). Obwohl es banal erscheint, ist es anscheinend immer wieder notwendig, darauf hinzuweisen, daß Benennungen in der Sprache der Benutzer gewählt sein sollten, was auch gegen die Verwendung englischer Namen für deutschsprachige Benutzer spricht. Grafische Unterstützung ermöglicht ebenfalls indirekte Hilfe, wie z. B. Veranschaulichung und Informationsgewichtung durch Farbe, geschickte Maskengestaltung nach wahrnehmungspsychologischen Gesichtspunkten, die Verwendung von Fenstertechnik sowie von Piktogrammen. Die grundlegenden Eigenarten dieser Unterstützungsformen sind mittlerweile bekannt und finden Anwendung.

Bei Piktogrammen soll die Form des darstellenden Zeichens mit dem Inhalt der Darstellung in sinnfälligem, evidenten Zusammenhang stehen. Hier ergibt sich die Schwierigkeit, daß die Auswahl geeigneter Zeichen mit zunehmendem Abstraktionsgrad problematischer wird. Die mit DV zu bearbeitenden Sachverhalte zeichnen sich durch einen relativ hohen Abstraktionsgrad aus. Die graphische Unterscheidung verschiedener Büroaktenordner ist in vielen Fällen schwieriger als etwa die Schematisierung verschiedener Sportarten. Analog zu den Piktogrammen ist auch bei der *direkten Manipulation* zu beachten, daß ein sinnfälliger Zusammenhang zwischen Form der Benutzer-Eingabe-Aktivität einerseits und der auf dem Schirm dargestellten Veränderungen andererseits angestrebt wird.

Deskriptive Erklärungen

Deskriptive Erklärungen verfügen über explizite Formulierungen, die vom Systementwickler schon *vor* der Benutzung festgelegt werden müssen. Daß heißt die Entwerfer müssen potentiale Dialogsituationen und Benutzerbedürfnisse antizipieren und möglichst angemessene und umfassende Formulierungen wählen, die den verschiedensten Informationsbedürfnissen entsprechen können. Die Funktion *commandhelp* (siehe Abschnitt 10.5.1) ist ein typisches Beispiel hierfür. Wenn der Benutzer eine Meldung nicht versteht, sich Systemfunktionen erklären läßt oder nach Lösungsmöglichkeiten für ein Problem sucht, dann werden *on-line*-Beschreibungen zur Verfügung gestellt, wie sie in Handbüchern zu finden sind. Es bleibt Aufgabe des Benutzers, aus dem umfangreichen Beschreibungsangebot die für ihn relevanten Ausschnitte herauszufinden. Gerade in problematischen Dialogsituationen, in denen der Benutzer hinsichtlich der Brauchbarkeit des Systems verunsichert ist, stellt dies ein Handicap dar. Er glaubt nicht recht daran, daß er mit dem Hilfe-Kommando mehr Erfolg haben wird, als mit dem gerade erprobten Kommando. Weiterentwickelte Hilfe-Funktionen unterstützen den Selektionsprozeß. Es gibt Stichwortverzeichnisse oder Auswahlverfahren, die sich an der Dialogsituation oder an der grammatikalischen Struktur der Kommandosprache orientieren (siehe /Fenchel, Estrin 82/). So wird ein erster Schritt zur kontextsensitiven Unterstützung unternommen.

Auch Systemmeldungen sind in einfacher Weise kontextsensitiv. Sie werden in Abhängigkeit von der Dialogsituation ausgegeben, allerdings in erster Linie bzgl. syntaktischer Kriterien (hinsichtlich der Ein-Ausgabe-Möglichkeiten oder der vorgesehenen Dialogverzweigung). Die eigentlichen Ziele (Anwendungsbezug) des Benutzers werden bei herkömmlichen Meldungen nicht berücksichtigt. Daher ist es sehr schwierig, geeignete Meldungen zu formulieren, die für den Benutzer gemäß seiner Benutzungsintention (und nicht nur gemäß der Dialogsituation) informativ sind.

Argumentative Hilfestellung und Erklärung

Auch dort, wo eine Hilfe-Funktion aktiviert wird, deren hauptsächliche Funktion nicht in der Produktion einer Meldung liegt, besteht doch der Anspruch, daß die Aktion argumentativ abgesichert werden kann. Daß heißt auch, daß umfassend Kontext berücksichtigt wird. Erweiterte Kontextsensitivität ist das entscheidende Merkmal argumentativer Hilfestellung. Die Berücksichtigung des Kontextes impliziert, daß die erklärenden Systemausgaben nicht vorformuliert werden, sondern mit Hilfe einer geeigneten Komponente zur Generierung natürlich-sprachlicher Äußerungen in der jeweiligen Situation erzeugt werden. Entsprechend ist es im Rahmen dieses Konzepts möglich, natürlich-sprachliche Äußerungen des Benutzers zu verarbeiten.

Argumentative Hilfe läßt sich nach drei Gesichtspunkten differenzieren: Zunächst kann sie stark *dialogische Vorgehensweise* ermöglichen: Der Benutzer erhält nicht sämtliche Informationen mit einer einzigen Systemausgabe, sondern kann sie im Wechsel von Frage und Antwort abrufen und somit den Detaillierungsgrad der Informationen selbst bestimmen. Als Segmentierungsgrundlage, nach der Information detailliert bzw. portioniert werden kann, dient deren argumentative Struktur: Sie kann grob gesehen in Prämissen und Schlüsse aufgeteilt werden, wobei solche argumentative Schemata auch parallel auftreten können (mehrsträngige Argumentation).

Desweiteren ist eine Wissensbasis zu dem *Aufgabenbereich* des Benutzers und zu seinem *Arbeitshandeln* notwendig. Wenn z. B. eine Zeile mit Hilfe von Einzelzeichen-Löschung entfernt wird (siehe Abschnitt 10.5.2), dann kann mittels des allgemeinen Wissens über Arbeiten im Dialog der Hinweis gegeben werden, daß eine Zeile auch mit einem einzigen Kommando gelöscht werden kann. In diesem Zusammenhang wird auch die Variante von Hilfe ermöglicht, die dem Benutzer unaufgefordert Handlungsalternativen anbieten oder automatische Fehlerkorrektur durchführen.

Insbesondere ist auch solche Art weitgehender Kontextberücksichtigung zu beachten, die Wissen über den Benutzer verwendet, indem *systemintern* ein *Benutzermodell* abgespeichert wird. Damit versucht man zum einen, das Problem der Benutzertypisierung zu umgehen, die nach wie vor von erheblichen Unschärfen gekennzeichnet ist. Zum anderen will man auf diese Weise verhindern, daß der Benutzer durch unsinnige Hilfestellung, etwa mit schon bekannten Informationen, belästigt wird. Entscheidende Differenzierungskriterien sind die Fragen, wer das Benutzermodell erstellt (der Benutzer oder das System) und welcher Beobachtungszeitraum der Modellbildung zugrundegelegt wird. Für die Ansprüche und Hoffnungen, die derzeit mit systeminternen Benutzermodellen in Verbindung gebracht werden, wäre automatisch generierte Modellbildung über einen längeren Zeitraum vonnöten. Nur so wären *adaptive* Systeme möglich, die sich flexibel dem Benutzer anpaßten und in der richtigen Situation das richtige Ausmaß an passender Information vermittelten. /Rich 83/ beschreibt, daß verschiedene Ansätze der Benutzermodellierung und Stereotypenbildung notwendig sind, die festlegen, in welches Raster relevante Benutzereigenschaften eingeordnet werden (siehe auch /Kobsa 86/).

11.3 Probleme bei der Kontextberücksichtigung

Die zuletzt beschriebene argumentative Hilfestellung ermöglicht adaptive und aktive Hilfestellung und wird z. T. unter Entgegenstellung des Konzepts der Adaptierbarkeit oder Intervenierbarkeit (siehe /Herrmann 86, S. 109ff, 198ff/) diskutiert. Um hier eine künstliche Konfrontation zu vermeiden, sollte die Diskussion anhand der graduell zu entscheidenden Frage diskutiert werden, wie weitgehend Kontextberücksichtigung zu implementieren ist. Als Kontext stehen dem System nur Daten zur Verfügung, die sich aus den stattgefundenen Dialogsequenzen ableiten lassen. Für diese Ableitungen werden auch Steuerungswerte benötigt, die vom Entwerfer oder vom Benutzer vor dem eigentlichen Dialog eingegeben werden. Es zeigt sich, daß dieser Kontext unterschiedlich weitreichend interpretiert werden kann. Wie weitgehend, ist für jeden Systementwurf speziell zu entscheiden. Als Grundlage dieser Entscheidung werden hier die problematischen Aspekte beschrieben.

Psychische Konstellation des Benutzers

Das Angebot von Hilfestellungen erfordert Einfühlungsvermögen gegenüber demjenigen, der unterstützt werden soll. Dies gilt insbesondere, wenn man unaufgefordert aktiv wird. Man denke zum Beispiel an die gut gemeinten Ratschläge, die man als Beifahrer ständig an Anfänger im Straßenverkehr geben möchte. Selbst sachlich richtige und angemessene Hinweise können aus persönlicher Sicht der Angesprochenen irritierend und unerwünscht sein. Dies gilt auch für Systeme, die relativ stark aktive Hilfe geben. Es ist zu diskutieren, ob der relevante Kontext ausreichend weitgehend registriert und so sicher interpretiert werden kann, daß eine Belästigung des Benutzers zu vermeiden ist.

Syntax, Semantik, Pragmatik

Ein anschauliches Beispiel für automatische Kontextberücksichtigung bietet /Hein 84/: Ein interaktives System gibt den Vorschlag aus, daß ein bestimmtes Fenster auf dem Bildschirm vergrößert werden sollte, weil sich der Benutzer bei der Menü-Auswahl in diesem Fenster ständig vertippt und Korrekturen vornehmen muß. Das System diagnostiziert also ein Problem auf der Ein-Ausgabe-Ebene: zu kleine Schrift. Diese Diagnose kann aber falsch sein und den Benutzer belästigen bzw. dazu veranlassen, das Hilfesystem bald abzuschalten. Es sind zur Beurteilung dieser Frage folgende Aspekte zu unterscheiden:

Syntax: Falls es sich um eine syntaktische Fehlleistung des Benutzers handelt (Vertippen), ist die Aktion des Systems korrekt.

Semantik: Die Hilfestellung ist unangemessen, wenn der Benutzungsfehler auf die Verwechselung zweier Items zurückzuführen ist, die u. U. benachbart sind (z. B. Postausgang-Inland und Posteingang-Ausland).

Pragmatik: Die Hilfe paßt nicht, wenn der Benutzer richtig tippt, richtig versteht, aber nicht im Sinne seiner Intention handelt (z. B. im Post-System Herrn Meier anklickt anstatt dessen Urlaubsvertreter).

Raum, Umfang, Zeit, Rang

Unter Bezug auf die erwähnten Beispiele
- Löschen einer Zeile (siehe Abschnitt 10.5.2)
- Vertippen im Menü /Hein 84/

können weitere Unsicherheitsfaktoren der Kontextberücksichtigung beschrieben werden:

Raum und Umfang: Wie groß ist der zu berücksichtigende Raum bzw. der Umfang relevanter Fakten? Ist beim Zeilen-Lösch-Kommando auch auf die Geschwindigkeit der Betätigung der Einzel-Zeichen-Löschtaste zu achten oder auf die Lage der optimaleren Kommando-Taste auf dem Tastaturfeld. Muß bzgl. des Vertippens neben der Schriftgröße auch die Position des Fensters und die Beleuchtung berücksichtigt werden?

Zeit: Welcher zeitliche Rahmen ist relevant? Nach welcher Zeit kann im ersten Beispiel die optimalere Kommando-Taste vergessen worden sein? Wie lange darf das letzte Vertippen zurückliegen?

Rang: Wie stark ist ein Faktum, das zum relevanten Kontext zählt, gegenüber anderen Fakten zu gewichten? Wie stark ist die Repetitionsgeschwindigkeit der Einzelzeichen-Löschtaste zu werten? Welche Rolle spielt im zweiten Beispiel die Farbe gegenüber der Schriftgröße?

Aktualität und Vagheit

Das Problem des Umfangs des zu berücksichtigenden Kontextwissens stellt sich insbesondere beim systeminternen Benutzermodell. Es gibt z. B. Benutzer, die eine Abneigung gegenüber Kommando-Tasten haben (vgl. erstes Beispiel). Es ist zu bedenken, ob solche Vorlieben oder Aversionen neben dem Erfahrungsstand, dem Grund der Benutzung, Zusatzqualifikation etc. nicht auch zu berücksichtigen sind. Darüber hinaus gilt für diese Eigenschaften, daß sie sich ständig ändern können, und zwar in verschiedenen Richtungen, und dies kontinuierlich. Ein Benutzer hat z. B. unter Streß völlig andere Bedürfnisse nach Bedienungserleichterung als in streßfreien Zeiten. Die relevanten Faktoren können sich täglich, stündlich, minütlich ändern; es wird eine permanente Aktualisierung erforderlich. Dies gilt z. B. auch für die von /Bauer, Schwab, Abschnitt 10.5.2/ vorgeschlagene Hilfe-Strategie, die vom Benutzer festgelegt werden kann und die ständig zu aktualisieren ist. Am Beispiel dieser Hilfe-Strategie wird auch deutlich, welche Schwierigkeiten die Berücksichtigung unsicheren oder vagen Wissens bereitet. Als vage müssen vor allem die Vorstellungen des Benutzers über sein Bedürfnis nach Unterstützung gelten. Die Hilfe-Strategie versucht diese Problem durch das Angebot numerischer Skalen zu bearbeiten. Es ist fraglich, ob hierdurch Vagheit adäquat bearbeitet wird, da Menschen in solchen Fällen eher zu metaphorischen Darstellungsmitteln neigen.

Konzeptuelles Wissen

Um die Problematik der Kontextberücksichtigung genauer zu beschreiben, sind nicht nur der Umfang oder die Gebiete des registrierten Kontextes in Betracht zu ziehen, sondern auch die **Interpretionssicherheit**. Diese Interpretationssicherheit nimmt bei dem Wunsch nach Berücksichtigung der Interaktionsziele und des Partnermodells ab, da sich solche Kontexte durch eine Vielzahl permanent variierender Einzelfaktoren auszeichnen, die schwer schematisierbar sind und zu deren Interpretation die Herstellung ganzheitlicher Bezüge notwendig ist. Hier werden all jene Probleme relevant, die in der kritischen Diskussion um die Realisierbarkeit sogenannten *Künstlicher Intelligenz* eine Rolle spielen (vergl. z. B. /Dreyfus 79/). Insbesondere bei der Darstellung konzeptueller Inhalte ist zu deren Verständnis Hintergrund- und Weltwissen beim Adressaten der Darstellung einerseits notwendig, andererseits kann von einem DV-System nicht überprüft werden, ob dieses Wissen beim Benutzer ausreichend vorhanden ist, wenn ihm eine konzeptuelle Mitteilung gegeben wird. Darstellungen, die z. B. Textverarbeitung und Schreibmaschine miteinander vergleichen, sollten nicht über Systeme ausgegeben werden. Es kann in diesem Fall nicht überprüft werden, ob die konzeptuelle Metapher richtig verstanden wird. Bei Vermittlung konzeptuellen Wissens besteht verstärkt die Gefahr unzureichender Interpretationssicherheit, weshalb es nicht informationstechnisch weitergegeben werden sollte.

Nicht jede erweiterte Kontextberücksichtigung wird durch die genannten Probleme zu einer Quelle von Unsicherheiten. Dies gilt z. B. für die Berücksichtigung der unmittelbaren Dialoggeschichte (z. B. fünf Dialogschritte). Die Verarbeitung von Benutzereigenschaften und -bedürfnissen wird dagegen von den beschriebenen Schwierigkeiten tangiert. Auch für die menschliche Kommunikation ist noch nicht geklärt, auf welchem Weg wir unter Berücksichtigung von Mimik, Gestik, Postur etc. wissen, wann es angemessen ist, einen Gesprächspartner zu unterbrechen und wann nicht.

11.4 Probleme beim Einsatz von wissensbasierten Hilfesystemen

Die Probleme bzw. Risiken, denen der Benutzer beim Einsatz von Hilfesystemen mit weitgehender Kontextberücksichtigung ausgesetzt sein kann, werden hier in Form einer Synopse dargestellt:

Mißverständnisse und Illusionen

Der mögliche Leistungsumfang eines Hilfesystems kann mißverstanden werden, ebenso die ausgegebenen Erläuterungen, insbesondere eventuell verwendete Metaphern. Problematisch ist insbesondere, daß die Mensch-Computer-Interaktion im Gegensatz zur zwischenmenschlichen Kommunikation nicht über ein feines Instrumentarium zum Erkennen von Mißverständnissen verfügt. Sofern der angebotene Leistungsumfang überschätzt wird, bauen sich Illusionen auf. Zum Beispiel könnten sich Benutzer darauf verlassen, daß das System alle suboptimalen Strategien entdeckt und Verbesserungsvorschläge anbietet. Es besteht das Risiko, daß Benutzer zu sehr von einer Berücksichtigung ihrer Intentionen seitens des Systems ausgehen. Dies ist besonders bei Dialogsystemen zur Überwachung großtechnischer Anlagen problematisch; hier stellt sich dann die Frage nach der sozialen Verantwortung im Falle von Mißverständnissen.

Mangelnde Transparenz

Wissensbasierte Systeme, die über mehrere Regeln verfügen, sind in ihrer Funktionsweise und in ihrer Wirkung kaum zu durchschauen. Schon die bei /Bauer, Schwab, Abschnitt 10.5.2/ angegebenen relativ einfachen Relationen zwischen *tolerate usage of bad commands (bzw. bad keys)* und *keystroke limit for bad commands (bzw. bad keys usage)* sind nicht so durchschaubar, daß man sie sich als DV-Laie jederzeit mühelos vergegenwärtigen kann. Auch die implizit implementierte Definition von *suboptimal* gegenüber *optimal* dürfte nicht jedem evident sein. Auch bei komplexen systeminternen Benutzermodellen führt es mit hoher Wahrscheinlichkeit zu einer Verunsicherung, wenn man nicht weiß, was zur eigenen Person abgespeichert ist. Souveräne Benutzung wird dadurch vereitelt.

Mangelnde Lernförderlichkeit

Das Motto „je besser die Hilfesysteme, desto weniger Training ist nötig" führt in seiner Allgemeinheit dazu, daß Benutzern beim Einsatz von Hilfesystemen eine grundlegende DV-Ausbildung vorenthalten wird. Oft ist eine solche Ausbildung jedoch sinnvoll, um den Wegfall von Qualifikationsanforderungen auszugleichen, die bzgl. des Fachwissens eines Benutzers entstehen, wenn sein Arbeitsgebiet durch DV-Einsatz umorganisiert wird. Dies ist ein weiterer Grund dafür, daß Hilfesysteme nur ereignis-orientiertes Wissen vermitteln sollten, während konzeptuelle Inhalte in gesonderten Kursen zu vermitteln sind. Man beachte, daß es niemanden als besondere Qualifikation angerechnet würde, wenn er sich zwei Jahre vom Hilfesystem einer speziellen DV-Anlage trainieren läßt.

Kontrollierbarkeit

Die systeminternen Benutzermodelle können zur Leistungs- und Verhaltenskontrolle eingesetzt werden, was eine ablehnende Haltung bei Benutzern verursachen kann. Dies gilt insbesondere, wenn sie das abgespeicherte Modell zu ihrem Benutzerverhalten nicht nachvollziehen können. Selbst die raffiniertesten technischen Sicherungen (z. B. Benutzermodell auf Chipkarte) nutzen nichts, solange Arbeitgeber im Falle zu schwacher Interessensvertretung oder mangelnder gesetzlicher Grundlage vertraglich vereinbaren können, daß sie Benutzermodelle zur Mitarbeiterbeurteilung heranziehen dürfen. Selbst dort, wo gegenteilige Regelungen getroffen werden, bleibt dennoch ein psychischer Druck auf die Benutzer, da sie nicht selbst kontrollieren können, ob die verbotene Einsicht in ihr Benutzermodell durch andere nicht doch stattfindet (siehe hierzu /Ortmann 84/).

Soziale Isolation

Hilfesysteme können dazu führen, daß Gespräche unter Benutzern zu ihrer Vorgehensweise beim DV-Dialog reduziert werden. Einer weiteren Fixierung des Bildschirmarbeiters auf sein Geräte wird damit Vorschub geleistet. Aus diesem Grund sollte bei Hilfesystemen aller Art immer auch Hinweise enthalten sein, in welchen Situationen menschlicher Rat hinzuzuziehen ist.

11.5 Abschließende Einsichten

○ Die Realisierungsprobleme bei wissensbasierten Hilfesystemen tangieren die Frage nach den Grenzen der sogenannten *künstlichen Intelligenz*. Die Benutzer interaktiver Systeme dürfen nicht zu Testpersonen für die Klärung dieser Frage werden. Wissensbasierte Hilfe lohnt sich nur bei komplexen Anwendungsfeldern und in solchen Fällen, wo schon die Anwendung über eine Wissensbasis ermöglicht wird und somit durch die Erklärungskomponente nicht zusätzlich die technische Komplexität erhöht wird. Hilfesysteme dürfen nicht komplexer sein als das eigentliche Anwendungssystem.

○ Adaptive Hilfestellung bzw. weitgehende Kontextberücksichtigung sollte nur dort praktiziert werden (z. B. im syntaktischen Bereich), wo die Angemessenheit der Meldung relativ zuverlässig ist und beim Benutzer keine Illusionen aufgebaut werden. Hilfesysteme müssen selbst so transparent realisierbar sein, daß man sich nicht unangemessen auf sie verläßt und die Erwartungen realistisch bleiben.

○ Hilfesysteme dienen bisher zur Kompensation, wenn ein ausreichend geschickter Entwurf der Schnittstelle nicht möglich ist bzw. die Anforderungen nicht hinlänglich antizipiert werden können. Diese Rolle wird für die nächsten Jahre praktiziert werden. Es ist jedoch immer abzuwägen, worin der geringere Aufwand besteht. In der Implementierung eines Hilfesystems oder in der besseren Antizipation der Benutzeranforderungen (z. B. durch Prototyping oder evolutionäre Software-Entwicklung). Die Unterstützung von gelegentlichen Benutzern dürfte z. B. langfristig betrachtet durch Standardisierung der Oberfläche verschiedener Systeme eher erreicht werden.

Die indirekten und deskriptiven Hilfekonzepte sind ausbaufähig zur Lösung anstehender Probleme:

Benutzer sollen sich selbst Systemmeldungen formulieren können und Notizen im System ablegen dürfen (selbst implementierte Hilfe).

Es sollten beispielhafte Dialogsequenzen angeboten werden, die der Benutzer ergänzen kann.

Demonstrations-Datenbestände könnten zur Verfügung stehen, mit denen Funktionen ausgetestet werden können.

Die Strukturierung von *On-line*-Handbüchern sollte verbessert und empirisch evaluiert werden.

Es können Hinweise auf Informationsquellen gegeben werden, die neben dem System zugänglich sind.

Literatur

/Bauer,Schwab/
Bauer J., Schwab T.: *Anforderungen an Hilfesysteme*, In diesem Band

/Dreyfus 79/
Dreyfus H.: *What Computers can't do. The Limits of Artificial Intelligence*, Revised edition (1st ed.: 1972), New York a.o.: Harper and Row 1979

/Edmonds 81/
Edmonds E. H.: *Adaptive Man-Computer Interfaces*, in: Coombs, Alty: Computing Skills User Interfaces, 1981, S. 389-426

/Fenchel, Estrin 82/
Fenchel R., Estrin G.: *Self-Describing Systems Using Integral Help*, in: IEEE Transactions on Systems, Man, and Cybernetics, Vol. 12, No. 2, 1982, pp. 162-167

/Hayes u. a. 81/
Hayes P.,Ball E.,Reddy R.: *Breaking the Man-Machine-Communication Barrier*, in: Computer, March 1981, pp. 19-30

/Hein 84/
Hein H.-W.: *Der Computer als „intelligenter" Kommunikationspartner. Ein Ausblick auf wissensbasierte Dialoge*, in: Office Management, 12/1984

/Herrmann 86/
Herrmann Thomas: *Zur Gestaltung der Mensch-Computer-Interaktion: Systemerklärung als kommunikatives Problem*, Tübingen: Niemeyer 1986

/Jagodzinski 83/
Jagodzinski A. P.: *A theoretical basis for the representation of on-line computer systems to naive users*, in: International Journal of Man-Machine-Studies, No. 18, 1983, pp. 215-252

/Kobsa 86/
   Kobsa A.: *Benutzermodellierung in Dialogsystemen*, Berlin u. a. 1986
/Ortmann 84/
   Ortmann G.: *Der zwingende Blick*, Frankfurt 1984
/Rich 83/
   Rich E.: *Users are individuals: individualizing user models*, in: International Journal of Man-Machine Studies, No. 18, 1983, pp. 199-214
/Rosenberg 83/
   Rosenberg J.: *A Featural Approach to Command Names*, in: CHI 83 CONFERENCE PROCEEDINGS: Human Factors in Computing Systems. Boston 1983, pp. 116-119
/Wahlster 81/
   Wahlster W.: *Natürlichsprachliche Argumentation in Dialogsystemen. KI-Verfahren zur Rekonstruktion und Erklärung approximaler Inferenzprozesse*, Berlin u. a. 1981

Entwurf und Gestaltung

12 Aufgabenanalyse und Funktionsentwurf

Jürgen Ziegler

12.1 Einleitung

Die Gestaltung der Interaktion zwischen dem Benutzer und dem Rechner ist wie in anderen konstruktiven Disziplinen auch – in einem hohen Maße eine Frage der geeigneten Optimierung bei oftmals einander entgegengesetzten Anforderungen. Die beiden wesentlichen Grundanforderungen, die die Software-Ergonomie an den Rechner als Arbeitsmittel zu stellen hat, sind nach /Shackel 85/ zum einen die Nützlichkeit *(utility)* des Systems, die sich in einem quantitativ und qualitativ verbesserten Arbeitsergebnis und einer gesteigerten Wirtschaftlichkeit ausdrücken sollte, zum anderen die Benutzbarkeit *(usability)* des Systems, die letzlich bestimmt, wieweit der potentielle Nutzen des Systems in der aktuellen Arbeitssituation überhaupt ausgeschöpft wird.

Vielfach werden Systeme so ausgelegt, daß einfach möglichst viel Funktionalität bereitgestellt wird. Daß dieses Vorgehen oft nicht die gewünschte effiziente Ausnutzung des Systems mit sich bringt, zeigen z. B. Studien von /Rosson 83/, bei denen festgestellt wurde, daß bei der Benutzung eines Texteditors selbst von geübten Benutzern nur etwa maximal 25% der gesamten Funktionalität genutzt wurden. Solche Befunde sind in anderen Studien bestätigt worden / Eason 84/. Einfache und sicher beherrschte Funktionen werden auch von Experten gegenüber potentiell effizienteren Methoden bevorzugt, wenn diese entweder schwer zu erlernen, zu behalten oder zu fehleranfällig sind.

Andererseits wurde vielfach die Beobachtung gemacht, daß Systeme, die ausschließlich auf eine einfache Bedienung ausgerichtet waren, wegen mangelnder Angepaßtheit an die Arbeitsaufgaben und deren oft erhebliche Variabilität in der realen Arbeitssituation nicht akzeptiert wurden.

Eines der wesentlichen Ziele der Software-Ergonomie ist es, auch Systeme mit einer umfangreichen Funktionalität durch eine gute Strukturierung dieser Funktionalität und einfache, konsistente Interaktionsmethoden benutzbar zu machen. Dennoch soll hier von der Grundhypothese ausgegangen werden, daß funktional komplexere Systeme grundsätzlich auch komplizierter zu benutzen sind, wenn man Benutzbarkeit nicht nur als reine Handhabbarkeit der Interaktionstechniken ansieht. Wesentlich ist dabei aus der Sicht der Software-Ergonomie, die Anforderungen bzgl. Effizienz und Flexibilität auf der einen Seite gegenüber Erlernbarkeit, mentalem Aufwand bzw. mentaler Belastung und Fehlerwahrscheinlichkeit auf der anderen Seite zu optimieren.

Grundlegend für jede Optimierung ist dabei, daß die relevanten Einflußgrößen erfaßt und nach Möglichkeit quantifiziert werden können (evtl. mit unterschiedlichen Meßniveaus). Daran schließt sich ein Entscheidungsprozeß an, in dem diese

Einflußgrößen bewertet werden müssen und die zu implementierende Systemfunktionalität festgelegt wird.

Ziel des vorliegenden Beitrages ist es, darzustellen, wie durch verschiedene Methoden der Aufgabenanalyse der funktionale Entwurf von Systemen unter Berücksichtigung der genannten Optimierungsfragen unterstützt werden kann. Dabei muß Aufgabenanalyse unter zwei Gesichtspunkten betrachtet werden (vgl. /Moran 83/):

- die Analyse der *externen* Aufgaben, die im Rahmen der Arbeitsorganisation der Teilkomponente *Benutzer-Rechner* zuzuordnen sind, die Aufteilung dieser Aufgaben zwischen Mensch und Rechner und die möglichen Systemfunktionalitäten zur Erfüllung der Aufgaben.
- die Analyse der *internen* Aufgaben, d. h. derjenigen konkreten Aufgaben, die der Benutzer unter Nutzung einer gegebenen Funktionalität mit dem System durchzuführen hat. Hierbei ist die Analyse der kognitiven Repräsentation dieser Aufgaben durch den Benutzer von größter Bedeutung, um Aussagen über die Benutzbarkeit der Funktionalität ableiten zu können.

12.2 Grundbegriffe der Aufgabenanalyse

12.2.1 Was ist eine Aufgabe?

In der Literatur existieren zahlreiche Definitionen für den Begriff **Aufgabe** *(Task)*.
Häufig wird unterschieden zwischen Aufgaben und Aktivitäten /Leplat 81/. Dabei sind Aufgaben die zielorientierten Vorgaben, Aktivitäten die tatsächlich ausgeführten Handlungen. In diesem Zusammenhang ist auch die Unterscheidung in vorgeschriebene und effektive Aufgabe *(prescribed and effective task)* wesentlich, da gleiche Anforderungen bei unterschiedlichen Benutzern in unterschiedliche Ziele und Vorgehensweisen umgesetzt werden können.

Eine Zusammenfassung einer Menge von Aufgaben, die im Arbeitsprozeß von einer einzelnen Person ausgeführt werden sollen, bezeichnet man auch als Rolle.

In dem Rahmen, der durch die Arbeiten von /Newell, Simon 72/ zum allgemeinen Problemlösen vorgeschlagen wurde, läßt sich folgende allgemeine Definition aufstellen:

Eine Aufgabe besteht in der Anforderung, durch zielgerichtetes Verhalten einen gegebenen Zustand A in einen Zielzustand B zu überführen. Eine Aufgabe wird charakterisiert durch ein Ziel mit entsprechenden Unterzielen sowie durch die Operatoren und Methoden, mit denen der Zielzustand erreicht werden kann /Card, Moran, Newell 83/.

Eine Definition in dieser Art erlaubt es, Aufgaben auf verschiedenen Ebenen der Abstraktion zu bestimmen und zu analysieren. Die Vorstellung von Aufgaben auf verschiedenen Detaillierungsebenen ist eine Voraussetzung, um dem bekannten Dilemma zu entgehen, das darin besteht, angeben zu müssen, ob ein Tastendruck eine Aufgabe ist. Wenn es in der Zerlegung der Aufgabe ein Ziel gibt, das darin besteht, eine Taste (z. B. Funktionstaste) zu drücken, wird dieser Tastendruck tatsächlich zu einem Aufgabenelement. Die zu wählende Analyseebene muß also dem Zweck der Aufgabenanalyse entsprechen.

12.2.2 Aufgabenmerkmale

Aufgaben können anhand verschiedener Merkmale unterschieden werden. Eine wichtige Unterscheidung bezieht sich auf die *Offenheit* von Aufgaben /Harker, Eason 85/. Offenheit kennzeichnet das Maß an Variabilität von Aufgaben in Abhängigkeit von sich verändernden Anforderungen aus der Organisation oder durch externe Einflüsse. Offene Aufgaben können durch einen hohen Anteil an Problemlösungsanforderungen gekennzeichnet sein. Sie erfordern durch ihre Variabilität ein ständiges Lernen des Benutzers. Geschlossene Aufgaben hingegen sind vollkommen determiniert und vorhersagbar; der Benutzer kann höchstens durch einen ständigen Übungseffekt seine Fertigkeit *(Skill)* verbessern (z. B. bei der Dateneingabe).

Eine zweite Unterscheidungsmöglichkeit bezieht sich auf die (absolute oder relative) Häufigkeit einer Aufgabe innerhalb des gesamten Tätigkeitsspektrums. Häufig auftretende Aufgaben führen zu einem hohen Übungsgrad des Benutzers und müssen vor allen Dingen effektiv zu erledigen sein. Seltene Aufgaben stellen besonders hohe Anforderungen an das Gedächtnis des Benutzers und sollten durch Hilfen und gute Dialogführung unterstützt werden. Leider ist es in der Praxis so, daß gerade selten auftretende Aufgaben zu einem unüberwindlichen Hindernis werden können („wie ging das nochmal?"-Effekt). Mit den beiden Merkmalen *Offenheit* und *Frequenz* läßt sich eine erste Grobeinteilung von Aufgaben vornehmen.

Ein besonderer Aspekt der Häufigkeit ist die Repetitivität von Aufgabenelementen, d. h. wenn z. B. eine bestimmte Operation wiederholt auf eine Reihe von Datenobjekten angewendet wird oder eine Reihe von Operationen auf ein bestimmtes Objekt angewendet werden. In diesem Fall muß eine Funktionalität zur effizienten Abkürzung solcher Aufgaben in Betracht gezogen werden, z. B. durch die Möglichkeit zur Makro- oder Objektmengenbildung.

Eine weitere wesentliche Dimension ist die Priorität, d. h. die Wichtigkeit einer Teilaufgabe zur Erfüllung der Gesamtaufgabe. Dieses Merkmal kann Einfluß auf Abläufe und Strategiebildung bei der Aufgabenbearbeitung haben. Für die Systemgestaltung muß entschieden werden, in welchem Maße eine Aufgabe mit niedriger Priorität durch Systemfunktionalität unterstützt wird. Priorität interagiert mit der Häufigkeit einer Aufgabe: eine relativ unwichtige Teilaufgabe, die aber häufig auftritt, muß dennoch durch effektive Methoden zu bearbeiten sein.

Schließlich ist als sehr wichtiges Aufgabenmerkmal der vorhandene oder geforderte *Handlungsspielraum* bei der Aufgabenerfüllung aufzuführen. Handlungsspielraum in Bezug auf die Mensch-Computer-Interaktion bedeutet die Möglichkeit zur Nutzung unterschiedlicher Strategien und Methoden zur Erreichung des Aufgabenziels. Hier ist eine starke Beeinflussung durch die organisatorischen Bedingungen gegeben. Für die Schnittstellengestaltung bedeutet die Forderung nach Handlungsspielraum eine flexible, adaptierbare Auslegung des Software-Systems und eine entsprechende Regelung von Zugriffsrechten. Natürlich muß auch geklärt werden, ob eine Aufgabe auch ohne Zugriff auf das System ausgeführt werden kann.

12.2.3 Ebenen der Aufgabenanalyse

Aufgaben können auf verschiedenen Ebenen analysiert werden, wie auch der Systementwurf sich auf unterschiedliche Ebenen beziehen kann. Je nach Ebene ist dabei der Detaillierungsgrad der Analyse gröber oder feiner. Die unteren Ebenen der Aufgaben entsprechen dabei weitgehend den durch die Interaktionsmethoden am System vorgegebenen Zerlegungen; auf den oberen Ebenen geht es um Aufgabenverteilung im organisatorischen Sinn oder Aufgabenverteilung zwischen Mensch und Rechner. Schichtenmodelle mit mehreren Ebenen sind häufig als Modellvorstellung für die Mensch-Rechner-Interaktion angegeben worden /Foley 73/, /Moran 81/, /Fähnrich, Ziegler 85/. Im folgenden sollen die für die Aufgabenanalyse relevanten Ebenen kurz besprochen werden.

Auf der organisatorischen Ebene wird der Aufgabeninhalt festgelegt und die Zuordnung von Aufgaben auf organisatorische Einheiten bzw. Arbeitsplätze vorgenommen.

Die Aufgabenebene beschreibt die Aufgaben, die ein individueller Benutzer mit dem System durchführt. Wesentlich ist hier die Aufgabenverteilung zwischen Benutzer und System, d. h. welche Aufgaben durch das System unterstützt und zu welchem Grad sie automatisiert werden.

Die semantische Ebene bestimmt die Art und Struktur der konkreten Arbeitsobjekte (Daten) und Operationen, mit denen diese Objekte bearbeitet werden.

Die syntaktische und die Ein-/Ausgabe-Ebene beschreiben die konkreten Interaktionsmethoden und die Art der Informationsdarstellung am Bildschirm sowie die Eingabeelemente und -geräte.

Für den Systementwurf ist dabei prinzipiell ein systematisches Vorgehen von den höherliegenden zu den tieferen Ebenen sinnvoll (Top-Down-Entwurf), während für Analysezwecke auch von tieferliegenden Ebenen ausgegangen werden kann, wobei die entsprechenden Generalisierungen auf den höheren Ebenen erarbeitet werden müssen.

12.2.4 Aufgabenangemessenheit

Durch das Erlernen der Interaktion mit einem System wird der Benutzer zunächst einmal überhaupt in die Lage versetzt, die mit der Funktionalität des Systems durchführbaren Aufgaben zu erledigen und die dafür notwendigen Vorgehensweisen zu behalten. Nach einer mehr oder weniger langen Einarbeitungszeit am System wird aber für den Benutzer das Kriterium einer effizienten Aufgabenerledigung zunehmend an Bedeutung gewinnen.

Unter Aufgabenangemessenheit sollen hier zwei Fragestellungen verstanden werden:

Ob der Benutzer die Zielsetzung seiner Aufgabe überhaupt mit dem System oder der Anwendung erreichen kann, oder auf andere Systeme oder Medien ausweichen muß,

mit welchem Planungs- und Zeitaufwand (incl. des Aufwandes zur Korrektur von Fehlern) sowie mit welcher Qualität des Arbeitsergebnisses dieses Ziel erreicht werden kann. Ein System wird in diesem Sinne grundsätzlich immer dann ineffizient gestaltet sein, wenn bestimmte erforderliche Funktionalitäten nicht verfügbar sind, oder der Benutzer zur Ausführung eines in seinem Verständnis zusammenhängenden und einheitlichen Arbeitsschrittes eine größere Anzahl von Interaktionsschritten am System benötigt.

In der Betrachtung auf den unterschiedlichen Abstraktionsebenen bedeutet dies, daß ein Ziel des Benutzers auf einer bestimmten Ebene mit einer geringstmöglichen Zahl an *Komponenten* der Benutzerschnittstelle auf der nächsttieferen Ebene erreicht werden kann. Dabei kann es sich je nach Ebene z. B. um die Zahl der unterschiedlichen Dokumente oder Formulare handeln, die für einen bestimmten Vorgang bearbeitet werden müssen, um die Zahl der notwendigen Interaktionsschritte zum Versenden einer Nachricht oder um die Zahl der Tastendrücke zur Eingabe eines Kommandos. Die reine Systemeffizenz im Sinne der Antwortzeit stellt hierbei nur einen Unteraspekt der Gesamteffizienz dar.

Aufgabenangemessenheit in dem hier beschriebenen Sinne (vgl. auch /VDI 88/), weist einige Gemeinsamkeiten mit dem gleichlautenden Begriff auf, wie er in DIN 66234 Teil 8 verwendet wird, da es grundsätzlich um den Grad der Angepaßtheit der Systemkonzepte und -funktionen an die Aufgaben des Benutzers geht.

12.3 Analyse- und Entwurfsmethoden

In diesem Abschnitt soll auf verschiedene Modellierungstechniken eingegangen werden, die zur Beschreibung *externer* Aufgaben herangezogen werden können, welche sich aus den Anforderungen der Arbeitsorganisation im Sinne von *normativen* Aufgaben ergeben. Die Art der Repräsentation und Ausführung der Aufgabe durch den individuellen Benutzer ist dabei nicht von Belang (diesen Aspekt versuchen kognitive Analyseverfahren abzudecken, die später beschrieben werden). Je nach Schwerpunkt der Methode kann unterschieden werden zwischen *analyseorientiertenVerfahren*, die auf eine empirische Erfassung der Ist-Situation im Arbeitssystem und den daraus abzuleitenden Anforderungen ausgerichtet sind, und *entwurfsorientierter Verfahren*, die stärker als Spezifikationstechniken für das zu entwerfende Zielsystem eingesetzt werden. Eine genaue Trennung zwischen diesen beiden Gruppen ist meist nicht möglich, da ihr Zweck sich nur im Rahmen der gewählten Vorgehensweise genau bestimmen läßt. Wegen der Fülle der im Software Engineering hierfür verwendeten Methoden können hier nur beispielhaft einige Methoden aufgeführt und software-ergonomische Fragestellungen für ihren Einsatz diskutiert werden. Zunächst soll auf analyseorientierte Verfahren für die organisatorische Aufgabenanalyse eingegangen werden.

12.3.1 Analyseorientierte Verfahren

Bei der organisatorischen Aufgabenanalyse geht es um die Analyse und Gestaltung der Organisationsstrukturen sowie der Arbeitsabläufe und -inhalte organisatorischer Einheiten bzw. einzelner Arbeitsplätze. Fragen der Arbeitsstrukturierung und des Tätigkeitsspektrums am Arbeitsplatz sollen hier nicht diskutiert werden, obwohl sie für die Software-Ergonomie im allgemeinen von großer Bedeutung sind.

Für die funktionale Gestaltung des Systems sind in diesem Zusammenhang eine Reihe von Fragen wesentlich:

− Welche Aufgaben bzw. Unteraufgaben sind an einem Arbeitsplatz mit dem System zu erledigen und wie ist die Verteilung dieser Aufgaben zwischen Benutzer und Rechner?

− Welcher Informationsbedarf besteht beim Benutzer zur Erledigung dieser Aufgaben?

− Welche Informationstypen müssen verarbeitet werden (Text, Grafik, Daten) und welche Bearbeitungsschritte sind dafür erforderlich (Erzeugen, Verändern, Versenden etc.)?

− Welche Kommunikationsmöglichkeiten und Organisationshilfen (z. B. Kalender, Erinnerungsfunktion etc.) müssen bereitgestellt werden. Wie ist der Kommunikationsfluß organisiert?

Zur Untersuchung dieser generellen Fragen wurde eine Fülle von Methoden entwickelt, die hier nicht weiter besprochen werden können (z. B. PLAKOM, MOSAIK, vgl. VDI-Richtlinie 5003 „Bürokommunikation − Methoden zur Analyse und Gestaltung von Arbeitssystemen im Büro"). Es soll hier nur eine aufgabenorientierte Methode in ihren Grundzügen skizziert werden, die Kommunikationsstrukturanalyse (KSA, /Krallmann et al. 86/).

In der KSA werden Aufgaben hierarchisch in Unteraufgaben zerlegt. Den Ausgangspunkt bilden sogenannte Elementaraufgaben, die nur einen Typ von Informationen verändern und nicht über mehrere Arbeitsplätze verteilt sind. In der Analyse wird dabei vorwiegend von Aufgaben mittlerer Komplexität ausgegangen, denen über- und untergeordnete Aufgaben zugeordnet werden.

Den Elementaraufgaben werden Attribute wie Name, Methode zur Bearbeitung, Mitarbeiter, die übergeordnete Teilaufgabe, Typ, Häufigkeit u.a. zugeordnet. Es gibt 15 elementare Methoden zur Bearbeitung von Aufgaben, wie Ablegen, Handhaben, Empfangen usw., die kontextunabhängig sind und zum Zweck einer standardisierten Beschreibung verwendet werden müssen.

Aufgaben haben Informationseinheiten als Ein- und Ausgaben. Dadurch werden die Aufgaben miteinander verbunden und ein Kommunikationsnetzwerk aufgebaut. Die Informationseinheiten können selbst weiter attributiert werden.

Zur Datenerhebung wird zunächst eine Systemabgrenzung durchgeführt und die Daten durch Interviews und Selbstaufschreibung erfaßt. Die Modellierung kann rechnergestützt erstellt und ausgewertet werden. Typische Auswertungen sind Konsistenzprüfungen und die Erstellung von Vorgangsketten.

12.3 Analyse- und Entwurfsmethoden 237

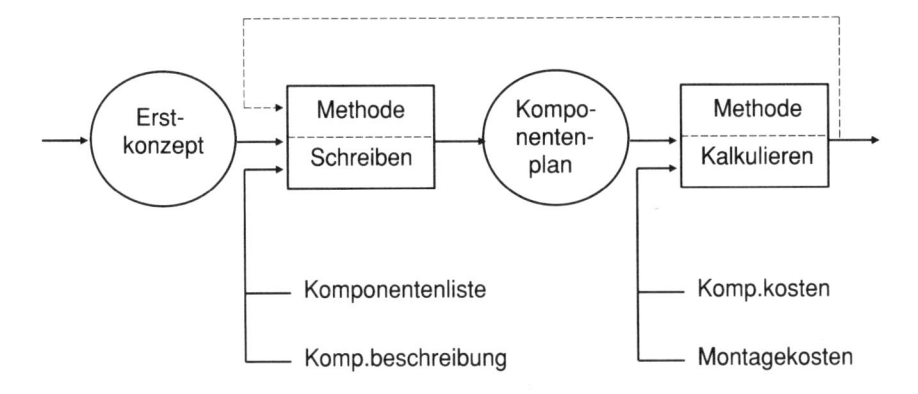

```
              ┌─────────────────────────────────────────────┐
              │                                             ╷
              ▼                                             
   ┌─────────┐   ┌──────────┐   ┌─────────┐   ┌──────────┐
──▶│  Erst-  │──▶│ Methode  │──▶│ Kompo-  │──▶│ Methode  │──▶
   │ konzept │   │──────────│   │ nenten- │   │──────────│
   └─────────┘   │Schreiben │   │  plan   │   │Kalkulieren│
                 └──────────┘   └─────────┘   └──────────┘
                      │                             │
                      ├── Komponentenliste          ├── Komp.kosten
                      │                             │
                      └── Komp.beschreibung         └── Montagekosten
```

Abb. 12-1: Teilausschnitt einer (hypothetischen) KSA-Beschreibung

Das folgende Beispiel soll den Einsatz von KSA verdeutlichen. Das Szenario soll darin bestehen, daß ein Produktmanager die Konzeption für ein neues Produkt entwerfen soll. Hierzu sind verschiedene Aufgaben auszuführen (z. B. Erstellen des Erstkonzeptes, Kalkulieren der erwarteten Kosten). Ergebnisse von Aktivitäten (z. B. ein Komponentenplan für das Produkt) werden als Eingang für weitere Aufgaben (z. B. Kostenkalkulation) verwendet. Neben diesen Informationseinheiten, die durch vorangehende Aktivitäten erzeugt werden, sind Hilfsinformationen (Teilekosten, Montagekosten etc.) erforderlich. Abb. 12-1 zeigt einen kleinen Teilausschnitt des Netzes für dieses Szenario.

12.3.2 Entwurfsorientierte Verfahren

Während die analyseorientierten Methoden darauf ausgerichtet sind, aus durchgeführten Erhebungen und Beobachtungen ein Modell (z. B. des Informationsflusses in einem Büro) zu erstellen, zielen die entwurfs-orientierten Verfahren darauf ab, daß Zielsystem in einer *top-down*-Vorgehensweise zu entwerfen und zu spezifizieren. Im Software Engineering liegen hierzu eine ganze Reihe von Methoden vor, von denen hier nur ein Verfahren exemplarisch herausgegriffen werden kann (für eine Übersicht siehe /Balzert 82/). SADT *(Structured Analysis and Design Technique)* ist eine der am häufigsten verwendeten Methoden in diesem Bereich. In SADT werden Aufgaben bzw. Aktivitäten ausgehend von einer globalen Aktivität auf der obersten Ebene hierarchisch verfeinert. Jede Aktivität (z. B. Produktplanen) wird durch Namen, Eingabedaten, Ausgabedaten, Steuerungsdaten und die Mechanismen oder ausführenden Prozessoren gekennzeichnet, denen die Ausführung der Aktivität übertragen ist.

Hierzu gibt es eine graphische Methode zur Diagrammerstellung, in der die verschiedenen Komponenten in einer definierten Weise angeordnet werden. Jede Aktivität kann durch ein detailliertes Unterdiagramm verfeinert werden. Wenden wir die Methode auf das im vorigen Abschnitt verwendete Szenario (Produktplanung) an, so ergeben sich die in den Abb. 12-2 und 12-3 dargestellten Diagramme. Die einzelnen Diagramme einer SADT-Beschreibung auf den verschiedenen Stufen werden über ihre Ein- und Ausgänge verknüpft. Die Diagrammdarstellung ist übersichtlich, kann aber zu umfangreichen Darstellungen führen, deren Erstellung und Änderung aufwendig ist. SADT kann, wie hier gezeigt, zur Zerlegung der Gesamtfunktionalität in immer kleinere Funktionsbereiche genutzt werden. Das gleiche Verfahren kann allerdings auch zur Modellierung von Daten herangezogen werden.

Die hierarchische Zerlegung der Systemgesamtfunktionalität in Teilbereiche verführt dazu, daß diese auch an der Benutzerschnittstelle sehr stark gegliedert angeboten wird. Typische Realisierungen erfolgen über hierarchische Menüstrukturen und fest formatierte Bildschirmmasken.

Für schwer formalisierbare, flexible Aufgaben ist diese Darstellungstechnik deshalb nur schwer einsetzbar. Dies gilt ebenso für Benutzerschnittstellen nach dem Prinzip der direkten Manipulation (siehe 9. Kapitel), bei denen typischerweise der Einsatz von Grundoperationen auf verschiedenste Anwendungsobjekte wirken kann. Durch die hohe Flexibilität solcher Systeme lassen sich nur schwer feste Aufgaben mit entsprechenden Systemkonzepten darstellen. Im nächsten Abschnitt wird auf Entwurfsmöglichkeiten für diesen Fall eingegangen.

Wie bereits angeführt, gibt es eine starke Überlappung zwischen Analyse- und Entwurfsmethoden. Weitgehend ungelöst ist allerdings die Problematik, wie aus der Analyse einer gegebenen Ist-Situation (entweder als Zustand vor der Rechnereinführung oder auf der Basis eines gegebenen Systems) in systematischer Weise der Entwurf des Zielsystems abgeleitet werden kann. Eine reine Beschreibungsmethodik ermöglicht diesen Übergang nicht, es müssen vielmehr auch betriebswirtschaftliche, organisatorische und selbstverständlich auch software-ergonomische Randbedingungen erhoben und berücksichtigt werden. Aus der Sicht der Software-Ergonomie ist hierbei besonders ein ausreichendes Aufgabenspektrum und eine genügende Handlungsflexibilität bei der Durchführung der jeweiligen Aufgaben von Bedeutung.

12.3.3 Entwurf von Objekten und Operationen (Konzeptueller Entwurf)

Wie bereits dargestellt, sind die klassischen Entwurfsmethoden für Systeme nach dem Prinzip der direkten Manipulation nur bedingt einsetzbar. Solche Systeme zeichnen sich dadurch aus, daß der Benutzer in flexibler Weise auf unterschiedlichen Objekten operieren kann (objekt-orientierte Benutzerschnittstelle). Dementsprechend wird die Strukturierung und Auslegung der Objekte zu einer wesentlichen Fragestellung für die Aufgabenangemessenheit des Systems. Anstatt einen festen Satz von Aufgaben zu definieren, sollte der Entwurf hier von der Auslegung von Objekten und den darauf möglichen Benutzeroperationen ausgehen. Die Aufgaben des Benutzers werden dabei im wesentlichen durch die möglichen Objekt-

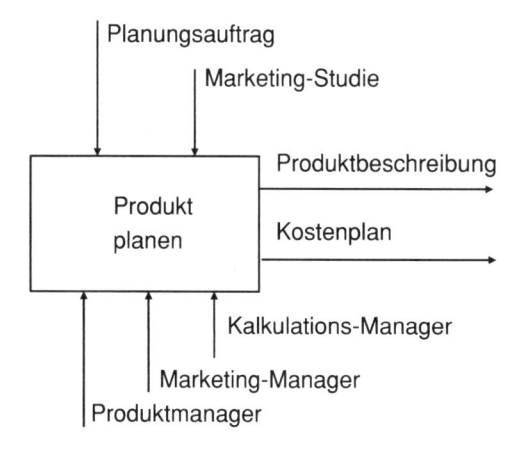

Abb. 12-2: SADT-Beschreibung Produktplanung (1. Stufe)

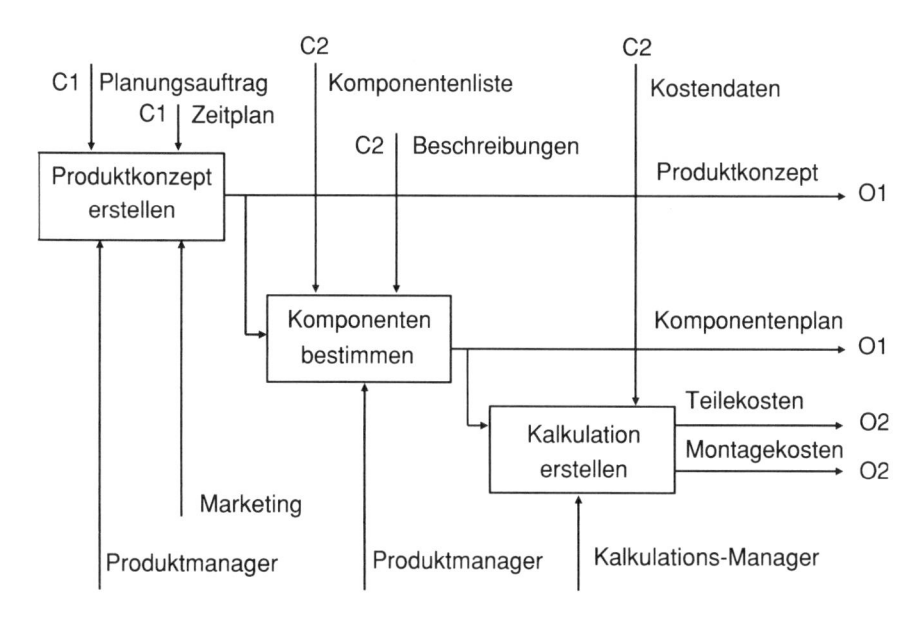

Abb. 12-3: SADT-Beschreibung Produktplanung (2.Stufe)

Operations-Paarungen definiert. Diese Themenstellung wird auch als konzeptuelle Modellierung bezeichnet und ist bislang besonders für Gebiete wie Datenbankentwurf, künstliche Intelligenz und die Gestaltung von Programmiersprachen eingesetzt worden. Da hierzu eine Fülle von Literatur vorliegt, können an dieser Stelle nur einige für die Software-Ergonomie wesentliche Aspekte herausgegriffen werden; für eine Übersicht über die Thematik wird z. B. auf das Buch von /Brodie, Mylopoulos, Schmidt 84/ verwiesen.

Bei der konzeptuellen Modellierung eines Systems sind die folgenden Eigenschaften einer Anwendung von Interesse:
- statische Eigenschaften wie Objekte, Objekteigenschaften (Attribute) und Beziehungen zwischen Objekten,
- dynamische Eigenschaften wie Operationen auf Objekten, Operationseigenschaften und Beziehungen zwischen Operationen,
- Integritätsbedingungen für Objekte und Operationen.

Für eine aufgabenangemessene Systemgestaltung ist es zunächst einmal wesentlich, daß dem Benutzer Objekte mit einem entsprechenden Abstraktionsniveau angeboten werden. Das folgende kleine Beispiel soll dies verdeutlichen: Der Benutzer möchte mit einem Grafikeditor ein Rechteck erzeugen und manipulieren. Das System *kennt* allerdings nur Linien als Objekte. Damit ist das Ziel zwar erreichbar, aber nur mit einem höheren Planungs- und Interaktionsaufwand des Benutzers. Ein System, das Rechtecke als Objekte zur Verfügung stellt, wird in diesem Sinn aufgabenangemessener und effizienter sein.

Ebenso müssen ausreichende und angemessene Operationen für den Benutzer zur Verfügung stehen. So kann in dem oben genannten Beispiel zwar eine Erzeugungsoperation für Rechtecke zur Verfügung stehen, das erzeugte Rechteck aber lediglich als Pixelmuster abgespeichert werden. Weitere Manipulationen auf dem Rechteck sind dann nicht mehr direkt möglich (vgl. z. B. Macintosh MacPaint gegen MacDraw). Ein solches System unterstützt also nur einen Teil der möglichen Intentionen des Benutzers und ist damit nur teilweise aufgabenangemessen. Die Verfügbarkeit von Objekten auf einem entsprechenden Abstraktionsniveau, die während der gesamten Bearbeitung im System erhalten bleiben, ist z. B. eine der Voraussetzungen für Systeme nach dem Prinzip der *Direkten Manipulation* (siehe /Ziegler 87/ und 9. Kapitel).

Aufgabenangemessene Objekte können dadurch erhalten werden, daß ihre Struktur auf die Anwendungsfragestellung hin spezialisiert wird. Auch dies soll anhand eines kleinen fiktiven Beispiels illustriert werden: Für die Gestaltung eines elektronischen Postsystems soll die Struktur des Objektes *Nachricht* festgelegt werden. Dabei kommen verschiedene Stufen der Spezialisierung in Betracht (Abb. 12-4): Die Nachricht kann entweder ein *flacher* Text sein, den der Benutzer bzgl. Syntax und Format selbst richtig zu gestalten hat, oder es können die typischen Komponenten eingebaut werden, aus denen sich eine Nachricht zusammensetzt, die dann systemgesteuert vom Benutzer eingegeben und vom System automatisch in der richtigen Form zusammengesetzt wird. Dabei ist zunächst völlig belanglos, mit welcher Interaktionstechnik die Nachricht eingegeben wird. Wesentlich ist, daß die entsprechende Strukturierung dem System bekannt ist. Der Benutzer kann dann nach der jeweiligen Komponente abgefragt werden, ein Formular mit entsprechenden Feldern ausfüllen oder durch Kommandos die Eingabe steuern.

Die Frage der Spezialisierung gilt entsprechend für Operationen. So kann z. B. das Einmischen von Adressen in einen Serienbrief dadurch geschehen, daß der Benut-

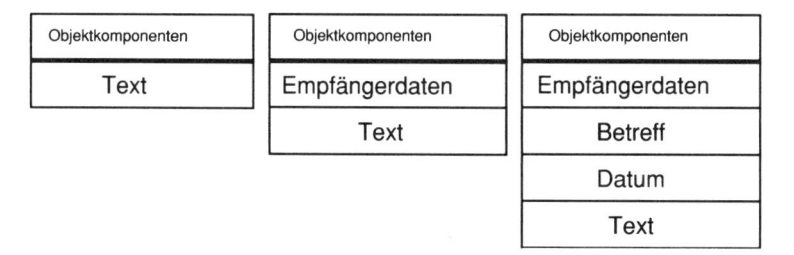

Objektkomponenten	Objektkomponenten	Objektkomponenten
Text	Empfängerdaten	Empfängerdaten
	Text	Betreff
		Datum
		Text

Abb. 12-4: Beispiel für unterschiedliche Stufen der Objektstrukturierung (Nachricht in einem Postsystem

zer die Adressen aus einer Adreßdatei einzeln in den Brief hineinkopiert. Es kann aber auch eine spezielle, effizientere Funktion geben, die das Einmischen automatisch ausführt.

Bislang gibt es nur wenige Methoden, die den benutzerorientierten Entwurf von Objekten und Operationen systematisch unterstützen. Eine in Entwicklung befindliche Methode ist PAD *(Preliminary Analysis for Design,* /Kean, Johnson 87/). In PAD wird zunächst eine representative Aufgabenmenge bestimmt, die dann in der Realsituation analysiert wird. Hieraus wird ein vollständiger Satz von Objekten und Operationen abgeleitet. Anschließend wird auf dem Wege der Generalisierung versucht, hieraus möglichst allgemeingültige (generische) Objekte und Operationen zu bestimmen, mit deren Hilfe dann die analysierten Aufgaben reformuliert werden. Die Methode ist sehr stark auf eine objekt-orientierte Implementation ausgerichtet. Eine Beschreibungsmethode für den konzeptuellen Entwurf von Objekten und Operationen, die allerdings keine Analyseschritte beinhaltet, findet sich in der *Command Language Grammar* von /Moran 81/.

Mit der Spezialisierung von Objekten und Operationen geht Flexibilität verloren. Ein spezialisierter, aufgabenangemessener Systementwurf für umfangreiche Aufgaben kann daher zu einer großen Anzahl spezifischer Konstrukte führen, die für den Benutzer schwer zu erlernen und zu benutzen sind. Sind Anforderungen an Effizienz und Flexibilität eines Systems gleichzeitig zu erfüllen, sollte daher die Möglichkeit in Betracht gezogen werden, das System mit einem Satz von Grundobjekten und -funktionen auszustatten, die vom Benutzer entsprechend den Aufgabenerfordernissen erweitert werden können. Im folgenden Abschnitt soll auf die Optimierungsfragen eingegangen werden, die sich aus diesen Überlegungen ergeben.

12.3.4 Optimierungsfragen beim semantischen Entwurf

In den vorangegangenen Abschnitten wurde gezeigt, wie die Funktionalität eines Systems an die Aufgabe angepaßt werden kann. Je spezieller die Funktionalität eines Systems ausgelegt ist, desto effizienter kann prinzipiell mit dem System gearbeitet werden. Auf der anderen Seite kann ein solches System schwerer erlernbar und benutzbar sein und bei wechselnden Aufgaben des Benutzers nicht genügend

Flexibilität besitzen. Hierbei stellen sich verschiedene Optimierungsfragen, die für eine software-ergonomische Gestaltung von Interesse sind.

Bezüglich der Operationen kann zwischen generischen, auf viele Arbeitsobjekte anwendbaren Funktionen (z. B. Löschen, Kopieren etc.) und auf das jeweilige Arbeitsobjekt spezialisierten Funktionen unterschieden werden. So kann z. B. die spezialisierte Funktion <Vertauschen von Textobjekten> durch zweimaliges Anwenden einer generischen Funktion <Bewegen> erreicht werden. Die spezialisierte Funktion wird im Normalfall schwerer zu erlernen sein (da im angegebenen Beispiel gelernt werden muß, wie die beiden Parameter für das Vertauschen syntaktisch korrekt eingegeben werden müssen), dafür ist nur ein einziger Interaktionsschritt erforderlich. Die generische Funktion <Bewegen> ist leichter zu erlernen, aber weniger effizient, da zwei Schritte benötigt werden. Für empirische Ergebnisse wird auf den Abschnitt zur kognitiven Aufgabenanalyse verwiesen.

Die Kunst der Benutzerschnittstellengestaltung besteht zu einem erheblichen Anteil darin, eine Optimierung zwischen den Anforderungen an Konsistenz und Erlernbarkeit auf der einen, sowie Effizienz auf der anderen Seite zu erreichen. Zur Ermittlung der Effizienz müssen die Aufgaben bzw. Teilaufgaben mit ihrer Häufigkeit und Priorität bekannt sein, wie dies im vorangegangenen Kapitel dargestellt wurde. In diesem Bereich liegen allerdings noch viele ungeklärte Forschungsfragestellungen vor. Die Frage der Erlernbarkeit, Komplexität und Konsistenz für die Benutzung einer bestimmten Systemfunktion ist Gegenstand verschiedener Methoden zur Modellierung der kognitiven Repräsentation der Aufgabe durch den Benutzer. Diese Methoden sind Gegenstand des folgenden Abschnitts. Ziel der Forschung ist es, für beide Gruppen von Einflußfaktoren, Bewertungen und Maße zu finden, um aus der Kunst der Benutzerschnittstellengestaltung eine systematische Methodik zu machen.

12.3.5 Kognitive Aufgabenanalysen in der Mensch-Rechner-Interaktion

Kognitive Aufgabenanalyse hat zum Ziel, die mentale Repräsentation von Aufgaben durch den Benutzer zu bestimmen bzw. zu modellieren, um daraus Aussagen über die Erlernbarkeit von Rechnerfunktionen, deren Konsistenz, Gedächtnisbelastungen und mögliche Fehlerquellen zu gewinnen. Die meisten Methoden gehen dabei so vor, daß die Aufgaben des Benutzers hierarchisch in Teilaufgaben und elementare Benutzeraktionen zerlegt werden, wobei die Aufgaben z. B. als Ziele beschrieben werden.

Die bestehenden Methoden sind dabei vorwiegend auf solche Aufgaben gerichtet, die relativ nahe an den Funktionen des Systems liegen, d. h. die modellierten Aufgaben sind mit nur wenigen Zerlegungsschritten durch verfügbare Funktionen am System ausführbar. Der Grund dafür liegt darin, daß damit die Vorgehensweise und die weitere Aufgabenzerlegung weitgehend durch die Art der Implementation einer Funktion vorgegeben ist und relativ eindeutig beschrieben werden kann. Prinzipiell ist die Methode der hierarchischen Aufgabenzerlegung nicht auf solche systemnahen Aufgaben beschränkt. Allerdings ist die Beschreibung der *darüber* liegenden mentalen Planungsprozesse des Benutzers beim Ausführen einer Aufgabe weitaus weniger erforscht und schwieriger zu erfassen; insbesondere ist die Vorhersage, wie sich der Benutzer im *Aufgabenraum* bewegt und nach welchen Regeln und Strategien er die Gesamtaufgabe löst, angesichts großer individueller Unterschiede schwer zu treffen .

Kennzeichnend für die Analyse kognitiver Aufgaben ist, daß Annahmen über die Herausbildung nicht beobachtbarer mentaler Ziele und Methoden beim Benutzer gemacht werden, die über geeignete empirische Studien validiert werden müssen. Ein kognitives Aufgabenmodell sollte zu Aussagen über Leistungsgrössen, Lernen und den Erwerb und Transfer von proceduralisierten Fertigkeiten *(Skills)* befähigen.

Die Mehrzahl kognitiver Aufgabenmodelle im Bereich der Mensch-Computer-Interaktion kann man als *Task-Action-Mapping*-Modelle bezeichnen. Das bedeutet, daß eine gegebene externe Aufgabe in einem kognitiven Aufgabenmodell strukturell zergliedert wird, bis schließlich die beobachtbaren Aktionen des Benutzers als terminale Elemente dieser Struktur ausgelöst werden. Die Modellierung einer kognitiven Aufgabenstruktur erlaubt also, Aufgaben in Handlungssequenzen abzubilden. Hieran kann zumindest die formale Korrektheit, wenn auch nicht zwangsläufig die psychologische Gültigkeit des Modells überprüft werden.

Analysen kognitiver Aufgaben sollten nach Möglichkeit soweit formalisiert sein, daß sie eindeutig kommunizierbar sind. Weiter ist es wünschenswert, durch eine entsprechende Formalisierung die Berechenbarkeit und Implementierbarkeit eines Modells zu ermöglichen, um Korrektheitsüberprüfungen vornehmen zu können. Die Formalisierung ermöglicht ebenfalls die Aufstellung quantitativer Metriken, z. B. zur kognitiven Komplexität einer Aufgabe.

Eine wünschenswerte Eigenschaft von kognitiven Aufgabenmodellen, die z. Z. in mehreren Forschungsansätzen verfolgt wird, ist der Übergang von rein deskriptiven Modellen zu Prädiktionsmodellen. Prädiktionsmodelle erlauben die Vorhersage von bestimmten Aspekten des Benutzerverhaltens, wie Ausführungszeit für eine Aufgabe, Zeit zum Erlernen einer bestimmten Interaktionsmethode oder die Auswahl bestimmter Strategien aus einer Menge von Alternativen.

In den folgenden Abschnitten werden einige spezielle Methoden der kognitiven Aufgabenanalyse vorgestellt, die in den letzten Jahren entwickelt wurden und die sich alle noch im Stadium theoretischer Entwicklung und empirischer Validierung befinden.

12.3.6 *Task-Action*-Grammatiken (TAG)

Task-Action-Grammatiken (TAG) sind eine Erweiterung des BNF-Formalismus zur Modellierung der mentalen Repräsentation der Aktionen, die zur Ausführung einer Aufgabe erforderlich sind /Payne, Green 83/.

In TAG werden Aufgaben als mental repräsentierte Konzepte betrachtet. Die einzelnen Aufgabenkonzepte werden dadurch beschrieben, daß explizite Aufgabeneigenschaften *(Features)* verwendet werden, die den einzelnen Ersetzungsregeln der

Grammatik zugeordnet werden. Jede Aufgabeneigenschaft kann mit einem Wert aus einer definierten Wertemenge belegt werden. Eine Ersetzungsregel wird ausgeführt, wenn das Regelsymbol der linken Seite aktiviert ist und die Aufgabeneigenschafts-Werte für diese spezifische Regel mit gültigen Werten gesetzt sind.

In TAG wird die Existenz eigenständiger Aufgabeneinheiten (im Sinne von *unit tasks*) angenommen, die kein Problemlösen durch den Benutzer erfordern. Die beschriebenen Aufgaben sind direkt ausführbar. TAG beschreibt die Aktionen zur Ausführung einer Aufgabe mit gegebenen Aufgabeneigenschaften über Vermittlung von Ersetzungsregeln. In diesem Sinne wird ein Kompetenzmodell des Benutzers mit dem zur Aufgabenausführung notwendigen prozeduralen Wissen aufgestellt. Die verwendeten Konzepte stellen mögliche Generalisierungen dar, durch die aus spezifischen Einzelregeln parametrisierte Metaregeln gebildet werden können.

Ein TAG-Modell besteht aus drei Komponenten: (1) den Namen der Aufgabeneigenschaften mit ihren jeweiligen Wertemengen, (2) einem Lexikon von Aufgaben und (3) den Ersetzungsregeln, aus denen die Aktionen erzeugt werden. Das folgende Beispiel soll die Anwendung der Modellierungsmethode verdeutlichen (Abb. 12-5). Das Beispiel beschreibt die grundlegenden Dateiverwaltungsoperationen mit dem System Apple Macintosh bei dem der Benutzer piktogrammartig dargestellte Dateiobjekte mit Hilfe der Maus und verschiedener Menü-Kommandos manipulieren kann. Das Beispiel ist in Englisch gehalten, um eine bessere Vergleichbarkeit mit den Begriffen in der Originalliteratur zu ermöglichen.

Wie man dem Beispiel entnehmen kann, werden mehrere Einzelregeln, die in ihren Aufgabeneigenschaften übereinstimmen, in sogenannten Metaregeln in verdichteter Form dargestellt. Je nach den Werten ihrer Aufgabeneigenschaften zerfällt also jede Metaregel in unterschiedliche Einzelregeln.

TAG ist als Hilfsmittel sowohl für den Psychologen als auch den Systementwerfer gedacht. Für Entwurfszwecke können prinzipiell verschiedene Bewertungen aus einer TAG-Beschreibung abgeleitet werden:

- Ausführungszeit in Abhängigkeit von der Zahl der Regeln pro Aufgabe;
- Belastung des Arbeitsgedächtnisses in Abhängigkeit von der Tiefe des Goal Stack bei der Abbildung von komplexen Aufgaben in elementare;
- Einlernzeit aus der Zahl und Vertrautheit der semantischen Aufgabeneigenschaften und/oder der Zahl der Aufgabenzerlegungsregeln; bestimmte Typen von Fehlern können aus der Überlappung von Aktionssequenzen abgeleitet werden.

Diese möglichen Vorhersagen sind allerdings bis jetzt kaum empirisch untersucht worden und sind im wesentlichen noch hypothetisch.

Ein implizites Ziel einer Modellierung mit TAG ist, für gegebene Aufgaben und die zugehörigen Aktionssequenzen ein möglichst kompaktes Modell aufzustellen. Es wird versucht, die Beschreibung des notwendigen Benutzerwissens zu minimieren, indem soweit als möglich Generalisierungen durch abstrakte Aufgabenmerkmale angenommen werden. Dadurch kennzeichnet der Umfang einer Beschreibung in TAG gleichzeitig die Konsistenz einer Benutzerschnittstelle. Ein inkonsistenter Entwurf führt zu einer umfangreicheren Beschreibung, da weniger Generalisierun-

Features   **Values**
Unit   file-object, folder, copy-of-unit
Effect   deleted, copied, moved, renamed
Target   trash, folder, desk

List of simple tasks

delete object   ::   Unit = any
                       Effect = deleted

copy object   ::   Unit = any
                       Effect = copied
                       Target = (folder, desk)

move object   ::   Unit = any
                       Effect = moved
                       Target = (folder, desk)

rename object   ::   Unit = any
                       Effect = renamed
                       Name = (new-name)

Task Rules

T (Unit = any, Effect = deleted) :=move (Unit = any, Target = trash)
T (Unit = any, Effect = moved, Target (folder, desk) := move (Unit = any, Target = (folder, desk))
T (Unit = any, Effect = copied, Target (folder, desk) :=Target (folder, desk) :=
    select (Unit = any) + menu ("duplicate")+move (Unit = copy-of-unit, Target = any)
T(Unit = any, Effect = renamed) :=
    select (Unit = any) + type ("new-name")

Subtask Rules

move (Unit = any, Target = any) :=select (Unit = any) + drag-to (Target = any)
select (Unit = any) :=mouse (point) + click (button)

Primitives

type ("text"):   perform typing as stored by planning component
menu ("item"):   select menu entry
mouse (point):   point to appropiate unit object
drag-to (Target):   drag with mouse to target position and release button
click (button):   press mouse button

Abb. 12-5: TAG-Beschreibung für Dateiverwaltungsaufgaben am Apple Macintosh (a: Aufgabenmerkmale (Features), b: Auflistung der elementaren Aufgaben (list of simple tasks), c: Ersetzungsregeln (task rules), d: elementare Benutzeraktionen (primitives))

gen durchgeführt werden können. Dadurch wird TAG zu einem sehr interessanten Hilfsmittel zum Systemvergleich.

12.3.7 GOMS-Modelle und die Theorie der kognitiven Komplexität

In diesem Abschnitt werden zwei verwandte Ansätze der Aufgabenmodellierung dargestellt, die in engem Zusammenhang mit den Arbeiten zu menschlichem Problemlösen von /Newell, Simon 72/ stehen. Problemlösen wird in diesen Arbeiten als zielgerichtete Aktivität gesehen, bei der eine Sequenz von Operatoren gefunden werden muß, die von einem gegebenen Anfangszustand zum Zielzustand führt. Aufgaben benötigen im Gegensatz zum Problemlösen keine Suche im Problemraum, sondern sind mit einer festen Lösungsstrategie verbunden. Wenn dem Benutzer eines Systems die notwendigen Strategien nicht bekannt sind, befindet er sich im Zustand des Problemlösens. Somit kann eine Unterscheidung zwischen Aufgabe und Problemlösen nur in Hinsicht auf die jeweilige Person und ihren Wissensstand gemacht werden.

Entsprechend dieser Verwandtschaft können die Begriffe Ziel, Unterziel, Operator und Methode aus dem Bereich des Problemlösens auch für die Repräsentation von Aufgaben verwendet werden. Der von /Card, Moran, Newell 83/ entwickelte GOMS-Ansatz *(Goals, Operators, Methods, Selection Rules)* basiert auf dieser zentralen Idee. GOMS wurde für Fragen der Mensch-Computer-Interaktion und speziell für das Text-Editieren entwickelt, ist aber auch für andere Arten von Aufgaben verwendet worden.

GOMS liefert eine Klasse von Modellen, in denen die kognitive Repräsentation der Aufgabe durch den Benutzer in einem Baum von Zielen und Operatoren dargestellt wird. Die Aufgabenzerlegung beginnt mit einem Aufgabenziel auf der obersten Ebene, welches in weitere Unterziele zerlegt wird. Hinzu kommen Kontrollelemente für die Sequenzierung und Auswahl von Zielen und Operatoren. Operatoren sind elementare perzeptive, kognitive oder motorische Aktionen, die das Verhalten des Benutzers kennzeichnen, welches zum Erreichen des Zielzustands erforderlich ist.

Methoden sind komplexe Operatoren, die aus einer bestimmten Sequenz von Unterzielen und elementaren Operatoren bestehen, stellen also in gewissem Sinn Unterprogramme, wie sie aus Programmiersprachen bekannt sind, dar. Auswahlregeln sind erforderlich, wenn mehrere Ziele oder Methoden an einem bestimmten Punkt konkurrierend zur Verfügung stehen.

Eine wesentliche Unterscheidung zwischen verschiedenen möglichen GOMS-Modellen für eine Aufgabe bezieht sich auf den Detailierungsgrad der Analyse. Die *Körnigkeit* einer GOMS-Analyse wird durch die elementaren Operatoren bestimmt, die in dem Modell verwendet werden. Je nach Komplexität dieser angenommenen Operatoren lassen sich vier Hauptebenen der Analyse innerhalb des gleichen konzeptuellen Rahmens angeben:

– *Unit-Task*-Ebene
– Funktionale Ebene
– Argumentebene
– Tastendruck-Ebene *(keystroke level)*

Auf der obersten Ebene ist der elementare Operator das Ausführen einer *Unit-Task* (Einheitsaufgabe). *Unit-Task* ist ein Begriff, der eine zusammenhängende, von anderen Aufgabenteilen unabhängige Teilaufgabe kennzeichnet. Aufgaben, die in *Unit-Tasks* zerfallen, können sequentiell bearbeitet werden. Das Editieren von Text kann weitgehend als ein solcher Aufgabentyp betrachtet werden. Für allgemeine Aufgaben kann es allerdings oft sehr schwer oder sogar unmöglich sein, unabhängige *Unit-Tasks* zu bestimmen. Auf der Ebene von *Unit-Tasks* wird die Ausführungszeit für eine Aufgabe einfach durch die Zahl der benötigten *Unit-Tasks* vorhergesagt.

Auf der funktionalen Ebene bilden Spezifikation und Ausführung einer Funktion zusammen mit ihren Parametern eine elementare Einheit. Auf der Argumentebene ist jede Funktions- und Parametereingabe ein separater Operator, während auf der Keystroke-Ebene die einzelnen Tastendrücke diese Rolle übernehmen.

GOMS-Modelle wurden erfolgreich im Bereich des Text-Editierens angewendet und getestet, wo das sequentielle Bearbeiten einzelner Editier-Schritte sehr gut in einer hierarchischen Repräsentation dargestellt werden kann.

Im folgenden wird noch einmal das im Abschnitt über *Task-Action Grammar* verwendete Beispiel aufgegriffen, in dem Dateiverwaltungsaufgaben modelliert werden. Abb. 12-6 zeigt eine GOMS-Beschreibung für dieses Beispiel. Es läßt sich erkennen, daß GOMS den prozeduralen Ablauf bei der Abarbeitung einer Aufgabe darstellt, während TAG das erforderliche Benutzerwissen in verdichteter Form angibt, ohne den konkreten Ablauf bei der Durchführung einer Aufgabe festzulegen /Green, Schiele, Payne 88/.

Ausgehend vom GOMS-Modell wurde von /Kieras, Polson 85/ eine Theorie der kognitiven Komplexität (*Cognitive Complexity Theory, CCT*) entwickelt. In der CCT wird eine hierarchische GOMS-Analyse in einzelne Wenn-Dann-Regeln eines Produktionssystems überführt, die das prozedurale Wissen des Benutzers zur Aufgabenausführung darstellen.

In einem Produktionssystem kann mit Hilfe dieser Regeln eine Simulation des Benutzerverhaltens durchgeführt werden. Die Darstellung in Produktionsregeln kann sowohl zur Analyse als auch zur Prädiktion von Lern- und Ausführungszeiten für routinisierbare Aufgaben in der Mensch-Computer-Interaktion herangezogen werden.

In CCT werden Prädiktionen für das beobachtbare Benutzerverhalten in der folgenden Weise abgeleitet: Die Ausführungszeit für eine Aufgabe wird durch die Gesamtzahl der *Recognize-Act*-Zyklen des Produktionssystems abgeschätzt. Die Zeit, die notwendig ist, um eine neue Methode zu erlernen, wird als lineare Funktion der Zahl neu zu lernender Produktionen betrachtet. Somit wird der Lerntransfer zwischen zwei Aufgaben durch die Anzahl der Produktionen, die beiden Aufgaben gemeinsam sind, im Verhältnis zur Gesamtzahl der Produktionen für die neue Aufgabe bestimmt.

Die Theorie von Kieras und Polson unterscheidet sich von den meisten anderen Aufgabenmodellen in der Mensch-Computer-Interaktion, indem sie ein exaktes, berechenbares Modell und quantitative Vorhersagen liefert. Die Exaktheit des Modells bedeutet natürlich an sich noch keine Übereinstimmung mit dem tatsächli-

Top Level Goals
<1>: do filing task
  {repeat until no more unit tasks}
  <2>: get next unit task
  <2>: perform unit task

Task Level
<1>: perform unit task
  {select}
  <2>:   delete file
  <2>:   copy file
  <2>:   move file
  <2>:   rename file

DELETE-FILE-METHOD
<1>: delete file
  <2>:   move file to waste paper basket
         {use MOVE-FILE method}

MOVE-FILE-METHOD
<1>: move file
  <2>:   select file {use SELECT-FILE method}
  <2>:   position cursor to target position {use POSITION-CURSOR operator}
  <2>:   verify target position selected
     {if target displayed as icon}
       <3> verify target highlighted
     {if target is open folder}
       <3> verify cursor in folder window
  <2>:   release mouse button
  <2>:   verify move

SELECT-FILE-METHOD
<1>: select file
  <2>:   lookup position of icon {LOOKUP Op.}
  <2>:   position cursor {POSITION-CURSOR}
  <2>:   press mouse button
  <2>:   verify file selected

COPY-FILE-METHOD
<1>: copy file
  <2>:   select file
         {use SELECT-FILE method}
  <2>:   select function duplicate
         {use SELECT-FUNCTION method}
  <2>:   move copy to target position
         {use MOVE-FILE method}

SELECT-FUNCTION-METHOD
<1>: select function
  <2>:   lookup position of menu title
         {use LOOKUP operator}
  <2>:   position cursor to menu title
         {use POSITION-CURSOR operator}
  <2>:   press mouse button
         {MOUSE BUTTON operator}
  <2>:   lookup position of function name
         {use LOOKUP operator}
  <2>:   position cursor to function name
         {use POSITION-CURSOR operator}
  <2>:   release mouse button

Abb. 12-6: Darstellung des Beispiels aus Abb. 12-5 in einer GOMS-Beschreibung. Auf der obersten Ebene *(Top Level Goals)* läuft eine Schleife ab, in der die Aufgaben eingelesen werden und die Ausführung angestoßen wird. Auf der Aufgabenebene *(Task Level)* wird aus den verschiedenen Aufgaben die entsprechende ausgewählt. Für jede Aufgabe wird dann eine Methode aufgerufen, die wiederum aus Unterzielen, Methoden und elementaren Benutzeraktionen zusammengesetzt ist.

GOMS

MOVE Method
GOAL <1>: Execute Move
  GOAL <2>: Select Object
               {use SEL OBJ method}
  GOAL <2>: Press MOVE Key
               {use keystroke operator}
  GOAL <2>: Select Targetposition
               {use TARGETPOS method}
  GOAL <2>: Verify Move

PRODUCTION RULES

```
(ExecuteMove  (IF     (GOAL EXECUTE MOVE ?OBJ)
                      (NOT ( ?OBJ SELECTED)))
              (THEN   (ADD (GOAL SELECT ?OBJ))
                      (CALL OBJ. SEL)))
(MoveKey      (IF     (GOAL EXECUTE MOVE ?OBJ)
                      (?OBJ SELECTED)
                      (NOT (MOVEKEY PRESSED)))
              (THEN   (SEND "Press MOVE")
                      (ADD (MOVEKEY PRESSED))
                      (ADD (GOAL SET GOALPOS))
                      (CALL TARGETPOS)))
(VerifyMove   (IF     (GOAL EXECUTE MOVE ?OBJ)
                      (GOALPOS SET)
                      (NOT (TARGETPOS TESTED)))
              (THEN   (SEND "Look Doc. - Verify Move")
                      (ADD (TARGETPOS TESTED))
                      (DELETE (TARGETPOS SET))))
(FinishMove   (IF     (GOAL EXECUTE MOVE ?OBJ)
                      (GOALPOS TESTED))
              (THEN   (DELETE (GOAL EXECUTE MOVE ?OBJ))
                      (DELETE (TARGETPOS TESTED))
                      (DELETE (TRANSFERKEY PRESSED))
                      (ADD (MOVE EXECUTED))))
```

Abb. 12-7: Gegenüberstellung einer Aufgabenbeschreibung in GOMS und CCT für das Beispiel *Bewegen eines Objektes* beim Text- und Grafikeditieren am Xerox Star-System.

chem Benutzerwissen und -verhalten. Eine Reihe empirischer Tests der Vorhersagen in CCT hat allerdings gute Ergebnisse für verschiedene Texteditoren /Kieras, Polson 85/, Filing-Systeme /Polson, Muncher, Engelbeck 86/ und ein integriertes Text-Grafik-Editiersystem mit direkt manipulativer Schnittstelle ergeben /Ziegler, Hoppe, Fähnrich 86/.

Im Rahmen von CCT konnte experimentell nachgewiesen werden, daß die Verwendung von generischen Funktionen, wie sie in Abschnitt 12-3 beschrieben wurden, zu einem hohen Transfer des Benutzerwissens zwischen unterschiedlichen Aufgabenbereichen (Text- und Grafikeditieren, Tabellenerstellung) führt /Vossen, Sitter, Ziegler 87/. Dies spricht für die gute Erlernbarkeit konsistenter Interaktionsmethoden, wie sie z. B. bei Systemen mit direkter Manipulation verfolgt werden.

Einige Beschränkungen der CCT in der gegenwärtigen Form liegen darin, daß Problemlösen, Auswahl alternativer Methoden oder Fehler nicht angesprochen werden. Die Wahrnehmung von Aufgaben und System-Rückmeldungen wird nicht weiter differenziert, sondern als eine *Black-Box*-Einheit betrachtet. Die verschiedenartige Objektsemantik wird nicht – wie bei TAG – explizit dargestellt, sondern ist nur implizit in den Benutzungsregeln für die Objekte abgebildet.

12.4 Schlußbemerkung

Ziel des vorliegenden Beitrages war es, die verschiedenen Einflußfaktoren darzustellen, die beim funktionalen Entwurf eines Systems aus software-ergonomischer Sicht zu berücksichtigen sind, und einen Überblick über aufgabenanalytische Methoden und Modellierungen zu geben, die zur Untersuchung von Fragen wie Aufgabenangemessenheit, Erlernbarkeit und Konsistenz eines Systems herangezogen werden können. Weiterhin erscheint es wesentlich, auf die relevanten Optimierungsfragestellungen hinzuweisen, die beim Funktionsentwurf zu lösen sind.

Aufgabenanalytische Methoden auf den verschiedenen dargestellten Ebenen sollen die erforderlichen Informationen liefern, um die Einflußfaktoren erfaßbar oder auch teilweise quantifizierbar zu machen und darauf die notwendigen Optimierungsentscheidungen aufzubauen. Implizit ist damit die Aussage verbunden, daß es nicht eine einzige, optimale Benutzerschnittstelle für ein gegebenes Aufgabenspektrum gibt. Ebenso muß darauf hingewiesen werden, daß viele Aspekte dieser Problemstellung noch Forschungsthemen sind und noch keine endgültigen Methoden oder Lösungen zur Verfügung stehen.

Viele der hier aufgeführten Fragestellungen sind aus dem Software- und Requirements-Engineering wohl bekannt. Während es dort vorwiegend um den Entwurf und die Spezifikation von Systemen aus der Anwendungssicht geht, muß in der Software-Ergonomie die Frage gestellt werden, wie sich ein System aus der Benutzersicht darstellt. Dabei liegen diese beiden Sichtweisen eng beieinander: Ein funktional unbefriedigendes System ist auch software-ergonomisch betrachtet schlecht, unabhängig davon, wie die anderen Aspekte der Benutzerschnittstelle gestaltet sind. Aus diesem Grund gehört ein aufgaben- und benutzergerechter Funktionsentwurf untrennbar zur software-ergonomischen Gestaltung interaktiver Systeme.

Literatur

/Balzert 82/
Balzert H.: *Die Entwicklung von Software-Systemen.*, Mannheim: Bibliographisches Institut 1982

/Brodie, Mylopoulos, Schmidt 84/
Brodie M., Mylopoulos J., Schmidt W.: *On Conceptual Modelling*, Heidelberg: Springer 1984

/Card, Moran, Newell 83/
Card S. K., Moran T. P., Newell A.: *The psychology of human-computer interaction*, Hillsdale N.J.: Erlbaum 1983

/Eason,84/
Eason K. D.: *Towards the experimental study of usability*, in: Behaviour and Information Technology, Vol.3, No. 2, pp. 133-143

/Fähnrich, Ziegler85/
Fähnrich K. P., Ziegler J.: *Direkte Manipulation als Interaktionsform an Arbeitsplatzrechnern*, in: H J Bullinger (Hrsg.): Software-Ergonomie '85, Berichte German Chapter ACM, Stuttgart: Teubner 1985

/Foley, van Dam 73/
Foley J. D., van Dam A.: *Fundamentals of interactive computer graphics*, Reading (Maß.): Addison-Wesley 1973

/Green, Schiele, Payne 88/
Green T. R. G., Schiele F., Payne S. J.: *Formalizable models of user knowledge in human-computer interaction*, in: Green, Hoc, Murray, van der Veer (Eds.): Theory and outcomes in human-computer interaction, London: Academic Press 1988

/Harker, Eason 85/
Harker S., Eason K.: *Task analysis and the definition of user needs*, Proc. IFAC Conf. Analysis, Design and Evaluation of Man-Machine Systems, Varese, Italy, September 1985

/Kean, Johnson 87/
Kean M., Johnson P.: *Preliminary analysis for desig,.* in: Diaper and Winder: People and Computers III, Cambridge University Press 1987

/Krallmann et al. 86/
Krallmann H. (et al.): *Konzeption der Kommunikationsstrukturanalyse*, Tech. Report, Technische Universität Berlin 1986

/Kieras, Polson 85/
Kieras D. E., Polson P. G.: *An approach to the formal analysis of user complexity*, in: Int. J. Man-Machine-Studies, 22, pp. 365-394

/Leplat 81/
Leplat J.: *Task analysis and activity analysis in situations of field diagnosis*, in: J Rasmussen and W B Rouse (Eds.): Human detection and diagnosis of system failures, New York: Plenum Press 1981

/Moran 81/
Moran T. P.: *The Command Language Grammar: A representation for the user interface of interactive computer systems.*, in: Int. J. Man-Machine Studies, 15, pp. 3-50

/Moran 83/
Moran T. P.: *Getting into a system: External – internal task mapping analysis*, in: Proc. ACM Conf. Human Factors in Computing Systems CHI 83, Boston, December 1983

/Newell, Simon 72/
Newell A., Simon H.: *Human problem solving*, Englewood Cliffs (NJ): Prentice-Hall 1972

/Payne, Green 83/
: Payne S. J., Green T. R. G.: *The user's perception of the interaction language: A two-level model*, in: Proceedings ACM Conf. Computer-Human Interaction CHI 83, Boston, Dec. 1983, pp. 202-206

/Polson, Muncher, Engelbeck 86/
: Polson P. G., Muncher E.., Engelbeck G.: *A test of a common elements theory of transfer*, in: Proc. CHI 86, Boston, April 1986

/Rosson 83/
: Rosson M. B.: *Patterns of Experience in Text Editin,.* in: Proceedings CHI 83, Boston pp. 171-175

/Shackel 85/
: Shackel B.: *Human Factors and Usability - Whence and Whither*, in: Bullinger, H.-J.: Software-Ergonomie '85, Stuttgart:Teubner 1985

/VDI 88/
: *VDI-Richtlinie 5005, Software-Ergonomie in der Bürokommunikation*, in Vorbereitung

/Vossen, Sitter, Ziegler 87/
: Vossen P., Sitters S., Ziegler J.: *An empirical validation of cognitive complexity theory*, in: Proceedings INTERACT '87, Stuttgart

/Ziegler, Hoppe, Fähnrich 86/
: Ziegler J., Hoppe H. U., Fähnrich K. P.: *Learning and transfer for text and graphics editing with a direct manipulation interface.*, in: Proc. CHI 86, Boston, April 1986, pp. 72-77

/Ziegler 87/
: Ziegler J.: *Grunddimensionen von Interaktionsformen*, in: Schönpflug, W., Wittstock, M.: Software-Ergonomie '87, Stuttgart: Teubner 1987

13 Empirie des Softwareentwurfs: Richtlinien und Methoden

David Ackermann

13.1 Einleitung

Anfänglich wurden die Dialoge nach Gutdünken und Kenntnissen – oder dem sogenannten gesunden Menschenverstand – des Entwerfers und im Rahmen der beschränkten technischen Möglichkeiten gestaltet. Angesichts unbefriedigender Ergebnisse und des erheblichen Entwicklungsaufwandes für Schnittstellen, erhob sich bald der Ruf nach gesicherten Erkenntnissen und Richtlinien oder Werkzeugen für den Softwareentwurf, um Qualität und *Benutzerfreundlichkeit* der Software zu sichern. Ausgehend von zwei Konzepten des Entwicklungsprozesses stellt dieser Beitrag nach einer Klärung der Begriffe drei der bekanntesten Arbeiten, wie den „Leitfaden zur Einführung und Gestaltung von Arbeit mit Bildschirmsystemen" von /Spinas, Troy, Ulich 83/, die /DIN-Norm 66234, Teil 8/ (Deutsche Industrie Norm) und die „Guidelines for Designing User Interface Software" von /Smith, Mosier 84b, 86/ vor. Das unterschiedliche Informationsangebot dieser Arbeiten wird diskutiert und im Hinblick auf ihren Einsatz bewertet. Als Ergänzung werden anschließend einige Hinweise für die Analyse des Handlungsspielraums dargestellt, welche durch ein Fallbeispiel veranschaulicht werden. Ein weiteres Beispiel bezieht sich auf ungelöste Probleme im Dialogentwurf.

13.2 Aspekte und Schritte des Softwareentwicklungsprozesses

Einen Überblick über den Entwurfsprozeß vermittelt Abb. 13-1, welche den Ansatz des *iterativen Dialogentwurfs* von /Williges, Williges, Elkerton 86/ zeigt.

Die Autoren betonen die Bedeutung von klar umschriebenen Zielsetzungen und daraus hergeleiteten Anforderungs-Katalogen für das Endprodukt im Anfangsstadium des Entwurfsprozesses. Dieser ist zugleich Grundlage für die spätere Evaluation des Produkts. Maßgebend für die **Definition der Anforderungen** sind nach /Williges et. al. 86/ sieben Prinzipien:
- Kompatibilität zum Denken der Benutzer,
- Konsistenz zwischen verschiedenen Systemen,
- Minimierung der Belastung des Kurzzeitgedächtnisses,
- Benutzerunterstützung mittels einer durchschaubaren Systemstruktur,

13 Empirie des Softwareentwurfs: Richtlinien und Methoden

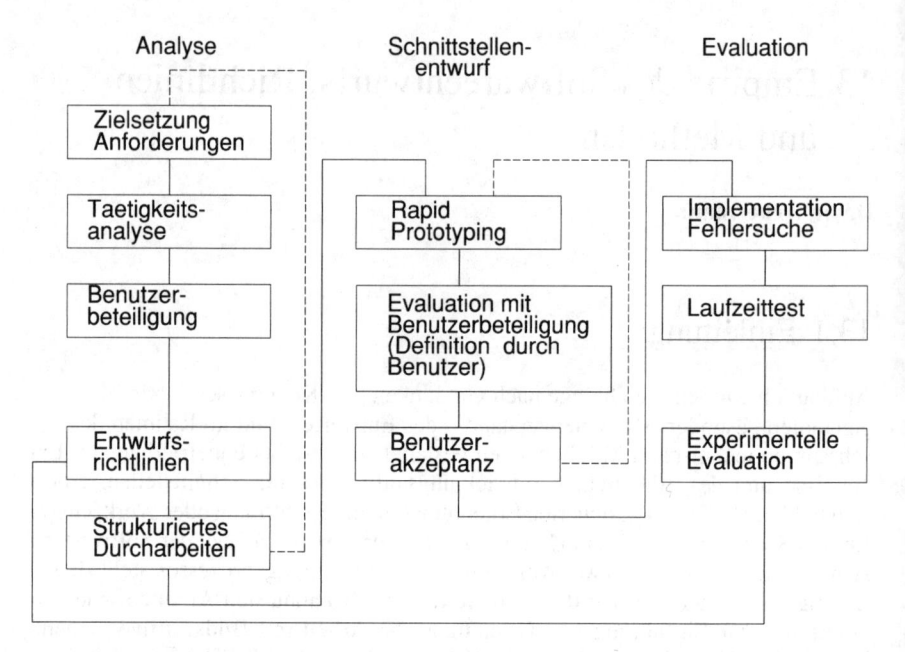

```
Analyse              Schnittstellen-         Evaluation
                        entwurf

Zielsetzung
Anforderungen

Taetigkeits-         Rapid                   Implementation
analyse              Prototyping             Fehlersuche

Benutzer-            Evaluation mit
beteiligung          Benutzerbeteiligung     Laufzeittest
                     (Definition durch
                     Benutzer)

Entwurfs-            Benutzer-               Experimentelle
richtlinien          akzeptanz               Evaluation

Strukturiertes
Durcharbeiten
```

Abb. 13-1: Flußdiagramm der drei Stufen des Softwareentwurfs (nach /Williges, Williges, Elkerton 86, S. 1418/)

- Benutzerunterstützung durch angemessene Rückmeldungen des Systems,
- Angemessene mentale Beanspruchung des Benutzers,
- Berücksichtigung individueller Unterschiede des Benutzers.

In Kreisen der Softwareentwickler herrscht oft die Meinung vor (vgl. /Zehnder 86/), es genüge für den Entwurf der Schnittstelle, einen qualifizierten Vertreter der Sachverständigen – der nicht unbedingt aus dem Kreis der Endbenutzer stammen muß – beizuziehen. Diese Ansicht beruht auf der längst widerlegten Meinung, es gäbe einen *one best way* der Schnittstellengestaltung (vgl. /Ulich, im Druck/). Demgegenüber betonen bereits /Spinas et al. 83/ die Wichtigkeit der umfassenden Benutzerbeteiligung bei der Gestaltung von Arbeitsplätzen bzw. -systemen (vgl. auch /Peschke, in diesem Band/). Diese Forderung wird in neuesten Ansätzen, beispielsweise von /Williges et. al. 86/ aufgenommen:

„The overall philosophy of iterative design is to focus the design process on the end user. Consequently, the initial design phase should incorporate user inputs to the greatest extent possible" /Williges et. al. 86, S. 1425/.

Erst wenn die Benutzer in den Prozeß einbezogen sind, sollen nach /Williges et. al. 86/ Richtlinien für die weitere Schnittstellengestaltung formuliert werden.

Die Phase des Erstentwurfs wird durch ein *strukturiertes Durcharbeiten und Überprüfen* der Ergebnisse abgeschlossen. Je nach Ergebnis wird diese Phase nochmals durchlaufen oder zur nächsten Phase des *formellen Entwurfs* mit den Stadien *Rapid Prototyping, Simulation verschiedener Möglichkeiten mit Benutzerbeteiligung* und

Prüfen der Benutzer-Akzeptanz übergegangen. In der Phase der *zusammenfassenden Evaluation* wird die Qualität der Software nach funktionalen und technischen Gesichtspunkten getestet und anschließend auf ihre Benutzerfreundlichkeit und Einsatzfähigkeit experimentell überprüft. Falls die Ergebnisse den ursprünglich festgelegten Anforderungen nicht genügen, soll zum Stadium der *Entwicklungsrichtlinien* zurückgesprungen werden.

Im Entwicklungsprozeß liefern Normen oder Richtlinien einerseits notwendige Hinweise, wie benutzerfreundliche Schnittstellen zu gestalten sind; andererseits bieten sie die Möglichkeit, Schnittstellen weitgehend zu vereinheitlichen. Nach /Smith, Mosier 84a/ haben **Richtlinien** eine zentrale Funktion:

1) Sie sind ein Hilfsmittel, individuelle Beiträge zur Schnittstellengestaltung zu koordinieren und zu vereinheitlichen.
2) Entscheidungen werden nur einmal getroffen und nicht immer wieder von einzelnen Beteiligten entsprechend ihren Kenntnissen und Ansichten.
3) Anhand von Richtlinien lassen sich detaillierte Anforderungskataloge erarbeiten, welche
4) gleichzeitig als Grundlage für die Evaluation der Zwischenstadien wie auch des Endproduktes dienen.

Darüber hinaus können Richtlinien auch als Grundlage zur Koordination der Zusammenarbeit zwischen verschiedenen am Projekt beteiligten Gruppen dienen (vgl. /Hauptmann 86/).

13.3 Normen, Richtlinien und Leitfaden

Was sind Normen? Worin unterscheiden sich diese von Richtlinien und von einem Leitfaden? /Smith 86/ versteht unter **Normen** eine Anzahl genereller Anforderungen, welche formell von verschiedenen Institutionen akzeptiert sind. Normen können in Vereinbarungen, Reglements oder gar Gesetzen dokumentiert werden. Ein Beispiel hierfür sind die *Deutschen Industrie-Normen* DIN. **Richtlinien** dagegen sind allgemeine Empfehlungen mit Beispielen, zusätzlichen Erklärungen und Kommentaren. Sie beruhen auf einer Übereinkunft zwischen den Beteiligten und werden meist aus empirischen Befunden und/oder bekannten Theorien hergeleitet. Dabei sind Richtlinien meist allgemein formuliert und müssen entsprechend den tatsächlichen Gegebenheiten auf die spezifischen Zielsetzungen des zu entwickelnden Produkts zugeschnitten werden. **Regeln** werden aus den Richtlinien für eine spezifische Anwendung hergeleitet und gelten nur für diese. Die Regeln beruhen demzufolge auf einem Konsens der Beteiligten aufgrund der Anforderungen an das Produkt und der zutreffenden Richtlinien. Die Richtlinien legen den Entscheidungsprozeß nicht fest, sie sind vielmehr ein konstruktives Hilfsmittel zur Entscheidungsfindung, wie der Dialog zu gestalten ist.

Abb. 13-2 zeigt einerseits die hierarchische Ordnung dieser Begriffe und ihre Priorität und andererseits die Schrittfolge im Umsetzungsprozeß hin zu den spezifischen Regeln für das zu entwickelnde System. Ein **Leitfaden** unterstützt diesen

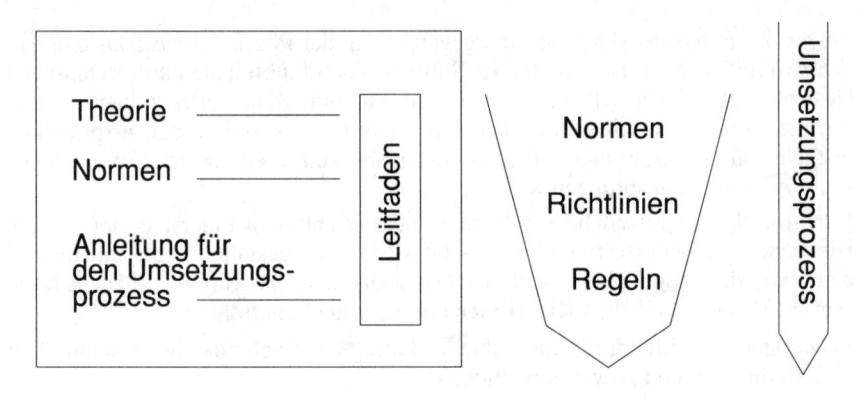

Abb. 13-2: Hierarchische Ordnung der Begriffe und ihre Beziehung im Entwicklungsprozeß

Prozeß, indem er nicht nur auf die normativen Aspekte wie Richtlinien, Regeln und dergleichen eingeht, sondern auch Hinweise auf deren Umsetzung wie auch auf theoretische Konzepte enthält. Die Richtlinien werden innerhalb eines theoretischen Kontextes präsentiert, der gleichsam den Leitfaden zu deren Anwendung und Umsetzung darstellt.

Im folgenden werden drei Standardwerke kurz vorgestellt und ihre Einsatzmöglichkeit besprochen.

13.4 Der Leitfaden zur Einführung und Gestaltung von Arbeit mit Bildschirmsystemen

Der *Leitfaden zur Einführung und Gestaltung von Arbeit mit Bildschirmsystemen* wurde 1983 von Spinas, Troy und Ulich vorgestellt. Bei der Ausarbeitung gingen die Autoren einerseits von bekannten wahrnehmungs- und denkpsychologischen Erkenntnissen aus und integrierten andererseits bewährte arbeits- und organisationspsychologische Konzepte. Der Leitfaden gliedert sich dementsprechend in vier Abschnitte:

1) Ergonomische Aspekte der Gestaltung von Bildschirmarbeitsplätzen

2) Arbeitspsychologische Aspekte der Bild- und Dialoggestaltung

3) Organisationspsychologische Aspekte der funktionalen Einbettung von bildschirmgestützten Arbeitssystemen

4) (Organisations-) Psychologische Aspekte der Einführung von Bildschirmsystemen.

Diese Aufstellung zeigt, daß sich der Leitfaden nicht nur auf die eigentliche Gestaltung des Bildschirms und des Dialogs bezieht, sondern den Schnittstellenentwurf innerhalb des Gesamtkontextes erfaßt. /Spinas et al. 83, S. 12/ begründen dieses Vorgehen wie folgt:

„Zur Beurteilung und Gestaltung der menschlichen Arbeitstätigkeit ist vielmehr eine komplexere Vorgehensweise erforderlich, die den arbeitenden Menschen, die von ihm verwendeten Arbeitsmittel, deren Zusammenwirken und die Einbindung in das organisationale Umfeld im Betrieb einbezieht."

Zum Arbeitssystem *Bildschirmtätigkeit* gehören einerseits das *Teilsystem Mensch* und andererseits die Elemente *Hardware* im weitesten Sinne, *Software* als Interaktionswerkzeug zwischen Mensch und Maschine und die *organisatorische Struktur* des betreffenden Arbeitsbereichs in welchen die Bildschirmtätigkeit eingeordnet ist.

13.4.1 Gliederung des Leitfadens und Beispiele

Ausgehend von einer kurzen, aber umfassenden Einführung in arbeitspsychologische Konzepte und relevante Aspekte psychologischer Theorien (vgl. /Ulich, in diesem Band/), welche anhand von Beispielen illustriert werden, wird den vier Teilen des Leitfadens je eine themenspezifische Einführung vorangestellt. Diese Einführungen erleichtern das Verständnis der jeweils nachfolgenden *Checkliste* und enthalten Hinweise für die Umsetzung und Modifikation der Regeln. Anschließend an die Checkliste wird auf Literaturquellen bzw. weiterführende Literatur hingewiesen. Anhand des Abschnittes *(Arbeits-) Psychologische Aspekte der Bild- und Dialoggestaltung* werden im folgenden die spezifischen Eigenschaften dieses Leitfadens herausgearbeitet.

Der Leitfaden enthält insgesamt 166 Empfehlungen, davon betreffen 82 Empfehlungen die ergonomisch angemessene Gestaltung von Bildschirmarbeitsplätzen, 38 die (arbeits-)psychologisch angemessene Bild- und Dialoggestaltung, 26 die adäquate Gestaltung der Arbeitsorganisation und 20 die Planung und Einführung von Veränderungen.

13.4.2 Ausschnitte aus *(Arbeits-)Psychologische Aspekte der Bild- und Dialoggestaltung*

Häufig wird der Vorwurf geäußert, daß Richtlinien entweder zu allgemein formuliert und daher für spezifische Probleme nicht anwendbar oder daß Richtlinien zu spezifisch ausgerichtet seien und nur auf die betreffenden Problemstellungen anwendbar seien /Mosier, Smith 86/. Diese Problematik wird im Leitfaden durch eine vorgestellte kurze Einführung in theoretische Aspekte umgangen. Bereits in der Einleitung weisen die Autoren darauf hin, daß entsprechende Gestaltungshinweise sinnvoll vor allem über eine psychologische Betrachtung des Zusammenspiels von Mensch und Maschine zu erhalten sind. Dieses Vorgehen soll hier am Beispiel der Anleitung zur Erarbeitung von Grundzügen der Bildgestaltung dargestellt werden.

Bei der Bildschirmgestaltung sind vier Aspekte maßgebend (vgl. /Spinas et al. 83, S. 50/):

Was?	Art der Information Inhalt	
Wer?	Benutzerkreis Personale Voraussetzung	Wie? Bild- und Informations-
Wozu?	Art der Aufgabe Zweck	gestaltung
Womit?	Grenzen von Hardware und Software Technische Voraussetzungen	

Die vier Einflußgrösen *Was, Wer, Wozu* und *Womit* können natürlich ganz unterschiedlich gewichtet werden. Meist muß infolge von Sachzwängen, wie begrenzte Bildschirmauflösung und/oder Schwarz-Weiß Darstellung, irgendein Kompromiß in der Informationsdarstellung gefunden werden. Dies beeinflußt wiederum die Art der darstellbaren Information. Muß zu einer abstrakten Form der Präsentation gegriffen werden, so wird unter Umständen der Benutzerkreis eingeschränkt.

„Welche Codierung ist für welche Informationsinhalte bei welcher Aufgabe des Benutzers für welchen Benutzerkreis adäquat?" /Spinas et al. 83, S. 52/.

Diese Frage zeigt, daß die Festlegung von Entwicklungsregeln ein Optimierungsprozeß ist (vgl. /Ackermann 86/), wobei zunächst Teilaspekte des Arbeitssystems optimiert werden müssen. Da das Ganze meist mehr ist als die Summe seiner Teile, genügt dies noch nicht:

„Zum Zweck einer optimalen Informationsdarstellung auf dem Bildschirm ist ... das Ganze ebenso zu beachten wie seine Einzelteile. Als Schwierigkeit kommt hinzu, daß es hier keinen *one best way* gibt, also nicht die optimale Darstellungsvariante auf dem Bildschirm – unabhängig von der zu bewältigenden Aufgabe, dem Informationsgehalt und dem Benutzerkreis. Zur Lösung dieses Problems kann mitunter nur das *gleichzeitige Angebot unterschiedlicher Darstellungsformen für bestimmte Informationseinheiten und deren Gesamtanordnung beitragen.*" /Spinas et al. 83, S. 50/

Als wichtige Kriterien für diesen Optimierungsprozeß bezeichnen die Autoren neben den Rahmenbedingungen, wie *Anwendungsbereich, Aufgabenstruktur* und *Ablauforganisation*, auch *benutzerspezifische Merkmale* wie die folgenden:

○ Individuumbezogen:

- Menschliche Grundbedürfnisse nach Durchschaubarkeit, Vorhersehbarkeit und Beeinflußbarkeit der Lebens- und damit auch der Arbeitsbedingungen
- Prinzipien des menschlichen Kommunikations- und Problemlöseverhaltens, welches nicht allein in Algorithmen beschreibbar ist
- Individuell unterschiedliche Arbeits- und Denkweisen
- Individelle Unterschiede in bezug auf Vorkenntnisse und Lernbereitschaft

○ Aufgabenbezogen:
- Benutzungshäufigkeit
- Aufgabenkomplexität

Die Darstellung der bald zum Schlagwort gewordenen Forderung nach **Transparenz** soll den Stil des Leitfadens weiter veranschaulichen:

Transparenz
meint   Durchschaubarkeit des Systemverhaltens
               Möglichkeit, sich ein inneres Struktur- und
               Prozeßmodell des Dialogsystems aufzubauen
durch   klar strukturierten Dialogaufbau und -ablauf
               klar dokumentiertes Funktionsangebot und präzise
               Systemzustandserklärungen
               eindeutige Rück- und Fehlermeldungen
               geeignete Unterstützung

Anschließend an die Einführung in theoretische Aspekte und die Wegleitung zur Umsetzung folgt die Checkliste, welche präzisere Aussagen zum Schnittstellenentwurf enthält. Einige wenige Beispiele zum Thema *Bild und Information* zeigen dies.

Beispiele

○ Die Bilder sollen dem Inhalt entsprechend sinnvoll gegliedert bzw. in Teilbildern gruppiert sein.
○ Die Bilder sollten strukturell ähnlich aufgebaut sein; im besonderen sollten häufig wiederkehrende Bildinhalte einheitlich gestaltet sein – z. B. durch einheitliche Formatierung für regelmäßig erscheinende Informationen – und damit von variablen Bildinhalten unterschieden werden können.
○ Die Bilder sollten strukturell verschieden sein, wo eine bestimmte Bedeutung des entsprechenden Informationsinhalts von anderen Bedeutungen abgehoben werden kann (z. B. Aktiva/Passiva-Aufstellung vs. Wechselkurs-Entwicklung)
○ Auf dem Bildschirm sollten nicht viel mehr als 50 Prozent der Zeichenpunkte zur Darstellung von Information genützt werden.
○ Anhand des Bildinhalts sollten vollständige Arbeitsschritte möglich sein.

/Spinas et al. 83, S. 62/

❑

13.4.3 Diskussion

Der *Leitfaden zur Einführung und Gestaltung von Arbeit mit Bildschirmsystemen* stellt zur Zeit die thematisch umfassendste Anleitung für die Schnittstellengestaltung im weitesten Sinne dar, denn er bezieht sich nicht nur auf die eigentliche Gestaltung des Bildschirms und des Dialoges, sondern bietet auch Unterstützung in bezug auf organisatorische Aspekte, Benutzerbeteiligung und ergonomische Gestaltung der Arbeitsumgebung. Die kurzen präzisen theoretischen Einführungen und die anschließenden Beispiele erlauben, die in der jeweiligen *Checkliste* enthaltenen Kriterien optimal für die Herleitung der Entwurfsspezifikation zu nutzen. Die Stärke des Leitfadens ist zugleich auch seine Schwäche: In manchen Aspekten würde man sich detailliertere Informationen wünschen; die Checklisten sind zwar übersichtlich, könnten aber in manchen Aspekten ausführlicher sein. Im Vergleich zu den *Guidelines* von /Smith, Mosier 84, 86/ die allein ca. 900 Richtlinien für die Bildschirm- und Dialoggestaltung enthalten, enthält der Leitfaden nur das absolut Notwendigste.

Aus den Kriterien des Leitfadens wurden von /Ulich 86/ die *Kriterien der benutzerorientierten Dialoggestaltung* abgeleitet. Diese umfassen die Punkte

○ Transparenz
○ Konsistenz
○ Toleranz
○ Kompatibilität
○ Unterstützung
○ Flexibilität/Individualisierbarkeit
○ Partizipation

Eine genauere Beschreibung der Kriterien findet sich in /Ulich, in diesem Band/.

13.5 Deutsche Industrie Norm: DIN 66234, Teil 8

Aufgrund welcher Tatsachen werden Richtlinien festgelegt? Die Entwicklung des Entwurfs DIN 66234 Teil 8 illustriert mögliche Vorgehensweisen und Probleme. Dieser Entwurf beruht auf Daten, die mit einem Fragebogen erhoben wurden, den /Dzida, Herda, Itzfeld 78/ an 594 Mitglieder der Gesellschaft für Informatik oder des *German Chapter of the ACM* verschickten. Die Befragten sollten 100 Systemeigenschaften bezüglich ihrer Relevanz für die Benutzerfreundlichkeit auf einer siebenstufigen Skala einschätzen. 39 Prozent beantworteten die Fragen. Aufgrund der Fragebogendaten wurde eine Faktorenanalyse durchgeführt, nach deren Ergebnissen eine 7-Faktoren Lösung vertretbar ist. Die Autoren dieser Studie betonen, daß die Ergebnisse nicht für alle Benutzergruppen wie ständige vs. gelegentliche oder auch *Batch*- vs. interaktive Benutzer gleichermaßen gelten. Es scheint, daß keine Experimente zur Validierung der Ergebnisse durchgeführt wurden, obwohl die Autoren dies für wünschenswert hielten (vgl. /Ulich 87a/).

13.5.1 Überblick und Beispiel

Die Norm beschränkt sich auf die eigentliche Gestaltung des Bildschirms und des Dialoges. Die DIN-Normen enthalten 5 Kriterien:

○ Aufgabenangemessenheit
○ Selbstbeschreibungsfähigkeit
○ Steuerbarkeit
○ Erwartungskonformität
○ Fehlerrobustheit

Nach einer knappen Definition der Begriffe wird auf die einzelnen Kriterien eingegangen. Als Beispiel dient im folgenden ein Auszug aus dem Abschnitt *Aufgabenangemessenheit*:

„Ein Dialog ist aufgabenangemessen, wenn er die Erledigung der eigentlichen Arbeitsaufgabe des Benutzers unterstützt, ohne ihn durch Eigenschaften des Systems zusätzlich zu belasten.

Vorbereitende Arbeiten, die nicht zu den Arbeitsaufgaben des Benutzers gehören, da sie sich aus der technischen Eigenart des Systems ergeben, sollen im allgemeinen durch das System ausgeführt werden (siehe Beispiele 1 und 2).

Beispiel 1:
Die Positionsmarke wird im Anzeigebereich des Bildschirms automatisch so plaziert, wie es vom Arbeitsablauf her zweckmäßig erscheint.

Beispiel 2:
Der Benutzer möchte die Daten auf einem Datenträger speichern, der Benutzer braucht sich dabei nicht um die Organisation der Daten auf dem Speichermedium (z. B. physikalische Anordnung/Blocklänge) zu kümmern."
(DIN 66 234, Teil 8, S. 3)

13.5.2 Diskussion

Die DIN-Normen bieten eine sehr knappe, globale Normierung für die Schnittstellengestaltung. Auf die theoretischen Grundlagen wird nicht verwiesen und auch die Angabe von weiterführender Literatur fehlt. Aus den Beispielen lassen sich gelegentlich Hinweise für die Entwurfs-Spezifikation herleiten. Die Bedeutung der Normen liegt in der Festlegung einer globalen, allgemeinverbindlichen *Norm* im Sinne von /Smith 86/, für den konkreten Entwurf einer Schnittstelle sind sie nur sehr bedingt geeignet. Die Grundlage der DIN-Normen hat einige Kritik ausgelöst: Es wurden in erster Linie eine beschränkte Anzahl von Experten (z.B. Mitglieder des *German Chapter of the ACM*) befragt, und die Bedürfnisse der Anfänger nicht erhoben. Der Entwurf wurde in einem breitangelegten Vernehmlassungsverfahren überarbeitet, wobei man versuchte, zwischen verschiedensten Interessen einen Ausgleich zu finden (vgl. /Schardt 85/). Die DIN-Norm ist kein konstruktives Hilfsmittel für die Entscheidungsfindung im Entwurfsprozeß, ihr Wert liegt eher darin, daß bestimmte Lösungen im Benutzerinteresse ausgeschlossen werden.

13.6 Entwurfsrichtlinien von Smith und Mosier

Im Unterschied zu den DIN-Normen handelt es sich bei dieser Arbeit von /Smith, Mosier 86/ um eine handbuchartige Zusammenfassung theoretischer und experimenteller Erkenntnisse wie auch von Erfahrungswerten aus verschiedenen Softwareentwicklungsabteilungen, die über mehrere Jahre seit 1982 laufend ausgebaut und an die neuesten Erkenntnisse angepaßt wird. Dies mag am Beispiel des Umfangs der Richtlinien illustriert werden: Die Ausgabe von 1984 enthält ca. 600 Regeln, die Ausgabe von 1986 bereits über 900. Dies ist teilweise durch die Berücksichtigung neuer Techniken (wie Fenster, Schreibtisch-Metapher) bedingt. Die *Guidelines* werden von verschiedenen amerikanischen Behörden als *Standard* anerkannt.

Die *Guidelines* richten sich an unterschiedliche Benutzergruppen: Studenten, Ergonomen, Software-Entwickler und Manager. Die Autoren betonen, daß ihre Richtlinien nicht unbesehen angewendet werden sollen, sondern als ein während des Entwurfsprozesses zu konsultierendes Regelwerk zu betrachten sind:

> „you can derive the specific design rules appropriate for your particular system application. That translation from general guidelines to specific rules will help focus attention on critical user interface design questions early in the design process" /Smith et al. 84b, S. iii/."

Auf die Koordinationsfunktion, welche diese Autoren den Richtlinien zwischen den unterschiedlichen Zielsetzungen und Ansichten der Beteiligten im Entwurfsprozeß zuschreiben, haben wir schon früher hingewiesen.

Die *Guidelines* gliedern sich in sechs Kapitel, deren Themenkreis und Umfang in Tab. 13-1 dargestellt ist.

Tab. 13-1: Themenkreis und Anzahl der enthaltenen Regeln

Kapitel:	Anzahl Regeln 1984	Ausgabe 1986
Dateneingabe (data entry)	143	199
Bildschirmdarstellung (data display)	163	298
Dialogkontrolle (sequence control)	168	184
Benutzerführung (user guidance)	97	110
Datentransfer (data transmission)	40	83
Datenschutz (data protection)	68	70

13.6.1 Beispiele

Jedes Kapitel und jeder Abschnitt werden von einer kurzen, präzisen Definition eingeführt. Nach der Vorstellung der Regel folgen Kommentare, Beispiele zur Veranschaulichung, Verweise auf Ausnahmefälle, Hinweise auf andere relevante Regeln und Literaturhinweise. Die folgenden Beispiele veranschaulichen den Aufbau.

Beispiel

1.8 User-Paced Data Entry

Allow users to pace their data entry, rather than having the pace being controlled by computer processing or external events.

COMMENT: The timing of user-paced data-entry will fluctuate depending upon a user's momentary needs, attention span and time available. At maximum speed, user-paced performance is more accurate than that achieved by machine pacing.

COMMENT: When user pacing does not seem feasible, as in some real-time process control applications, reconsider the general approach to task allocation and interface design.

REFERENCE: MS 5.15.2.1.1; Bertelson, Boons and Renkin, 1965   ❏

Beispiel

1.3.27 Text Displays as Printed

Allow users to display text exactly as it will be printed.

COMMENT: Accurate display is particularly necessary when the format of printed output is important, as when printing letters, tables etc.

COMMENT: Ideally, text displays should be able to represent all the features that are provided in printed output, including upper and lower case, underlining, bolding, subscripting, superscripting, special symbols and different styles and sizes of type. When those features are important, the necessary display capability should be provided.

COMMENT: For special formatting features that are not frequently used, it may be sufficient to use extra symbols to note text features that cannot be directly displayed. In that case, care should be taken that such annotation does not disturb the spacing of displayed text. This may require two display modes one to show text spacing as it will be printed and the other to show annotations to the text.

COMMENT: A corollary to this recommendations is that changes made to display text should appear as a user makes them. Some line-based editors show changes only after a document has been filed and later recalled for display, which does not represent good user interface design.

REFERENCE: Foley and Van Dam, 1982; Gould, 1981.

SEE ALSO: 1.3.1   ❏

Ein letztes Beispiel aus dem Kapitel Ablaufkontrolle (sequence control) soll die Flexibilität der *Guidelines* zeigen. Es bezieht sich einerseits auf das vielzitierte Problem Novize – Experte und andererseits zeigt es die Bedeutung der Forderung nach Möglichkeiten der individuellen Anpassung der Schnittstelle wie sie /Ulich 78, 86, 87 und in diesem Band/ verlangt.

Beispiel

The user-computer dialogue for sequence control will be of different types, to meet task requirements and user needs.

3.1.1 Dialogue Matched to User and Task

Consider task requirements and associated user characteristics when choosing dialogue type(s) and designing sequence control dialogue.

EXAMPLE: Where untrained users must choose among a fixed set of options, as in automated bank teller machines, then labeled function keys will probably suffice for sequence control. When options may be chosen from a large set, as in public information systems, then menu selection will prove a more efficient dialogue type.

EXAMPLE: In a task where users must make data and control entries in an arbitrary order, perhaps mixed with queries (as in making flight reservations when talking with a customer), then some mixture of function keys and coded command entries will be required for effective operation.

COMMENT: A simple dictum here is, „Know the user." However, if user characteristics are variable, which is usually the case, then provide a variety of dialogue types based on analysis of task requirements.

Reference: MS 5.15.4.1.8; Martin, 1973.
See also: 3.0 -3, 4.4 - 26 ❑

13.6.2 Diskussion

Die Arbeit von /Smith, Mosier 84b, 86/ darf mit Recht als *die Guidelines* bezeichnet werden. Trotz ihres Umfangs ist sie klar gegliedert und bietet eine Fülle nützlicher Informationen und Hinweise für den Schnittstellen-Entwurf für den Entwickler wie auch für den Ergonomen. Ausführliche Querverweise zu weiteren relevanten Regeln wie auch Hinweise auf Literaturquellen runden die Arbeit ab. Sie bilden eine gute Ergänzung und Präzisierung zu dem in Abschnitt 13-4 dargestellten *Leitfaden*.

13.7 Methoden der Entwicklung

Normen, Richtlinien und Leitfaden sind geeignete Werkzeuge zur Spezifikation der Anforderungen an die Schnittstelle. Für die Entwicklung der eigentlichen Dialogstruktur werden darüber hinaus noch weitere Hilfsmittel benötigt. Im folgenden werden nach kurzen Hinweisen auf mögliche Fragestellungen bei der Analyse des Handlungsspielraums anhand eines Falles ungelöste Probleme dargestellt und mögliche Hilfsmittel wie kognitive Modellierung und iterativer Entwurf mit Benutzerbeteiligung hingewiesen.

13.7.1 Analyse des Handlungsspielraums

Der Tätigkeitsspielraum besteht nach /Ulich 84/ aus Handlungsspielraum, Gestaltungsspielraum und Entscheidungsspielraum. Das Konzept des Tätigkeitsspielraums hat ganzheitlichen Charakter und beinhaltet insbesondere auch organisationale Aspekte, die beispielsweise den Entscheidungsspielraum beeinflussen. Für den eigentlichen Dialogentwurf ist die Analyse des Handlungsspielraums entscheidend, da dieser sich auf Verfahrenswahl, Mitteleinsatz und zeitliche Organisation der Tätigkeit bezieht, also die Gestaltung des *Werkzeugs* und den *Werkzeugeinsatz* beinhaltet. Eine umfassende Darstellung des Konzepts findet sich bei /Ulich, in diesem Band/.

Die adäquate Analyse des Tätigkeitsspielraums ist für die Qualität des zu entwikkelnden Dialogs von entscheidender Bedeutung. Bis dahin fehlt allerdings eine Methodik der Vorgehensweisen, welche zu gesicherten Ergebnissen führt. Soll der Computer als Werkzeug zur Unterstützung von Arbeitsprozessen eingesetzt werden, so sind die im nachstehenden Abschnitt genannten Punkte bei der Ausarbeitung des Anforderungskatalogs zur Werkzeuggestaltung zu beachten.

13.7.2 Analyse der in den Dialog abzubildenden Aufgabenstellung

Wie soll die Aufgabe optimal in den Dialog abgebildet werden? Als Ergänzung zu Leitfaden und *Guidelines* wollen wir einige Leitfragen zur Analyse des Handlungsspielraums darstellen:

a) Welche Operationen und Operationsabfolgen liegen der Handlungsabfolge zugrunde?

b) Wieviele unterschiedliche Vorgehensweisen, d. h. unterschiedliche Operationsabfolgen werden von den vorgesehenen Benutzern eingesetzt? Weisen die einzelnen Operationen unterschiedliche Funktionalität auf?

   Hinweis: Es empfiehlt sich, die wichtigsten Vorgehensweisen als Algorithmen darzustellen und zu untersuchen, worin sich die einzelnen Vorgehensweisen unterscheiden. Meist lassen sich 3-4 Handlungsstrukturen aufzeigen, welche die häufigsten der individuellen Unterschiede und Bedürfnisse der Benutzer hinreichend abdecken (vgl. /Ackermann 87/).

c) Welche Begriffe verwenden die vorgesehenen Benutzer, von welcher Instanz sind die Begriffe vorgeschrieben und wo sind allenfalls individuelle Unterschiede zu berücksichtigen?

d) Welche Informationen werden in welcher Form (z. B. graphisch, tabellarisch) zu welchem Zeitpunkt verwendet?

Hilfreich zur Beantwortung dieser Fragen sind nebst Interviews mit voraussichtlichen Endbenutzern auch Dokumentenanalysen (z. B. Formulare, Reglemente etc.), Beobachtung von Arbeitsabläufen und anschließende Analyse mit den Beteiligten.

13.7.3 Definition der Anforderungen

a) Entsprechen die umzusetzenden Aufgabenstellungen arbeitspsychologischen Anforderungen? (vgl. /Ulich, in diesem Band/, /Spinas et al. 83/)

b) Welche Möglichkeiten zur Neustrukturierung der Tätigkeit bietet das Medium *Computer* im spezifischen Fall? Welche Vorteile bietet der Computer dem Benutzer für die Tätigkeit?

Hinweis: Diese Überlegungen können zu einer völligen Neugestaltung der Tätigkeit führen, indem das Medium Computer seinen Eigenschaften entsprechend eingesetzt wird.

c) Welche Erkenntnisse aus psychologischen Theorien sind für die zu lösende Aufgabe und den Dialog relevant (z. B. Problemlösen, Gedächtnisunterstützung, Entscheidungsprozesse, emotionale und kognitive Beanspruchung etc.) und im Entwurf zu berücksichtigen?

d) Wie ist die Handlungsstruktur allenfalls anzupassen, um einen optimalen Dialog zu erhalten?

e) Für welchen Benutzerkreis ist der Dialog vorgesehen?

Hinweis: Für einen Gelegenheitsbenutzer entwerfen wir einen leicht lernbaren Dialog, für einen Spezialisten einen interessanten, vielseitigen Dialog, der viele Freiheitsgrade bietet, und somit Möglichkeiten der Qualifizierung beinhaltet und nehmen in Kauf, daß der Lernaufwand für diesen Dialog unter Umständen beträchtlich sein kann.

f) Welche notwendigen Funktionen sind aus der Operations- und Handlungsstrukturanalyse abzuleiten und welche Möglichkeiten individuellen Vorgehens sind in das System zu implementieren?

g) Sind diese Forderungen mit der gegebenen Hardware realisierbar? Welche Techniken der Software-Entwicklung sind einzusetzen, um das gegebene Ziel zu erreichen? Welche Kompromisse sind allenfalls einzugehen?

Hinweis: Hier sei angemerkt, daß im Zweifelsfalle zugunsten des Benutzers zu entscheiden ist.

Im folgenden wollen wir diese Aspekte anhand zweier Fallbeispiele veranschaulichen.

13.7.4 Fallbeispiel 1: Aspekte des iterativen Entwurfs

Zur Unterstützung der Evakuationsplanung der Zivilschutzorganisation der Stadt Zürich wurde von /Lüthi 82/ ein Programm entwickelt, das die Zuweisungsplanung automatisch vornimmt. Das Programm konnte lediglich von einem einzigen Spezialisten im *Batchsystem* gesteuert werden. Es stellte sich nun die Frage, ob ausgehend von diesem Programm ein *Desicion Support System* entwickelt werden könnte, das zur Schulung von Zivilschutzkadern einsetzbar wäre. Als Hardware wurde ein Personalcomputer vorgesehen. Aufgrund von Voruntersuchungen anhand der im vorhergehenden Abschnitt genannten Fragen wurde der Handlungsspielraum analysiert und die technischen Realisierungsmöglichkeiten geprüft. Das System sollte eine Kartendarstellung der Stadt Zürich als interaktive Planungsgrundlage beinhalten.

13.7.5 Methoden des Entwurfs

Um den Entwurfsprozeß zu unterstützen, wurden verschiedene – teilweise selbstentwickelte – Techniken eingesetzt. Ausgehend von der Analyse des Handlungsspielraums der Spezialisten wurden die notwendigen Voraussetzungen für die Dialogsteuerung definiert, da die vorgesehenen Endbenutzer mit der Problemstellung noch nie konfrontiert worden waren. In einer ersten Phase wurden anhand von Papierskizzen Vorschläge zur Dialog- und Bildschirmgestaltung, insbesondere zur Aufteilung und Anordnung der Dialogfenster, diskutiert. Danach wurde aufgrund empirischer Befunde über Vorgehen und Probleme bei Problemlöseprozessen (vgl. /Dörner 74/) ein Problemlösealgorithmus definiert und die in der Analyse des Handlungsspielraums vorgefundenen Handlungseinheiten so eingepaßt, daß keinerlei mathematische Vorkenntnisse oder Kenntnisse des Lösungsalgorithmus mehr notwendig waren. Der Problemlösealgorithmus ist in Tab. 13-2 dargestellt.

ligten Sachverständigen des Zivilschutzes wurde die Interaktion und der Problemlöseprozeß anhand dieser *Comics* durchgespielt und mögliche Menüstruktur wie Informationsdarstellung auf Eignung und mögliche Fehlerquellen überprüft. Anschließend wurden aufgrund der Ergebnisse mit einem Grafikprogramm das Bildschirmlayout versuchsweise definiert. Dieses Vorgehen erlaubte es, wahrnehmungspsychologische Kriterien bei der Gestaltung auf einfachste Art und Weise zu überprüfen und zu optimieren. Dies war insbesondere für die Kartendarstellung (Füllmuster, Grenzlinien), die Definition von Arbeitsfenstern und verschiedenen Cursortypen sehr wertvoll. Mit Hilfe dieser Techniken war es möglich, viele Eigenschaften des Systems zu definieren, zu testen und wertvolle Erkenntnisse für die Gliederung des Dialogs und damit des Handlungsspielraums zu gewinnen, ohne auch nur eine Zeile programmiert zu haben, dies im Gegensatz zum *Rapid Prototyping*. Zudem erlaubt dieses Vorgehen, den vorgesehenen Benutzerkreis bereits in der Anfangsphase im Entwurfsprozeß zu beteiligen und unterschiedlichste Kenntnisse, Anforderungen und Erwartungen an das System zu berücksichtigen.

13.7.6 Implementation

Im Anschluß an diese Arbeiten wurde das System programmiert, wobei bewußt ein etwas höherer Implementationsaufwand in Kauf genommen wurde, um ein leicht adaptierbares System zu erhalten, welches in weiten Grenzen modular entwicklungs- und änderungsfähig ist, sowohl bezüglich der Funktionalität als auch der Dialogführung.

„Die Entwicklungs- und Änderungsfähigkeit des Systems bildet eine der wichtigsten Voraussetzungen, um eine iterative Systementwicklung und -anpassung mit Benutzerbeteiligung durchführen zu können" /Bösze, Ackermann, Lüthi 87 S. 468/.

Um das System leicht und ohne Seiteneffekte an neue Anforderungen anpassen zu können, wurde es in entsprechende Module aufgeteilt und in MODULA-2 implementiert. Um beispielsweise einen einfachen und konsistenten Dialog zu gewähr-

Tab. 13-2: Phasen des Problemlöseprozesses und Entwurf der Handlungsstruktur (aus /Ackermann 87, S. 232/)

Phase	Problemlöseprozeß des Handlungsspielraums	semantische Strukturierung
Zielsuche	Situationsanalyse	Zu evakuierende Blöcke bestimmen
		Vorgabe von Sperrgebieten
		Vorgabe erlaubte Schutzraumkategorien, d. h. welche Kategorien dürfen belegt werden?
	Zielformulierung	Primäres Ziel (Mußziel) Alle Personen evakuieren
		Sekundäres Ziel (Wunschziel), Beispiele:
		Zurückzulegende Wege minimieren
		Optimale Qualität der Schutzräume
		Minimale Anzahl Sammelstellen
		Minimale Anzahl Verschiebungen
Lösungssuche	Synthese einer zulässigen Lösung	Bestimmen von
		Sammelstellen
		Erreichbare Blöcke (Distanz/Umwege)
		Belegungsfaktoren
	Analyse ob Lösung zulässig ist	Test, ob genügend freie Schutzplätze bestimmt wurden
Auswahl	Bewertung	Bestimmung der Evakuationsströme
		Vergleich der verschiedenen Lösungen bezüglich der sekundären Zielvorgaben
	Entscheidung	Erfüllt eine Lösung alle gestellten Anforderungen? Falls ja, setze Lösung in Praxis um. Falls nein: Neue Lösung suchen oder Anforderungen reduzieren.

leisten und Änderungen ohne Aufwand zu implementieren, wurde für die Dialogsteuerung ein eigenes Modul entwickelt.

13.7.7 Benutzerbeteiligung

Lauffähige Programmteile wurden sofort mit den vorgesehenen Endbenutzern zusammen getestet und im gemeinsamen Gespräch evaluiert. Da verschiedene Teilnehmer mangels Computerkenntnissen die Möglichkeiten und Grenzen der Maschine nicht oder nur ungenügend kannten, wurden sie einerseits vom Informatikstudenten, der das System im Rahmen einer Diplomarbeit implementierte, über Möglichkeiten und Grenzen aufgeklärt und andererseits aufgefordert, ihre *Traumvorstellungen* von einem entscheidungsunterstützenden Programm zu formulieren. Dieses Vorgehen ergab äußerst nützliche Hinweise und führte zu verschiedenen Menüstrukturen und Informationsdarstellungen, die ursprünglich vom Entwicklungsteam nicht in Betracht gezogen worden waren, die sich dann aber als sehr nützlich erwiesen (vgl. /Ackermann 87/, /Bösze et al. 87/).

13.7.8 Diskussion

Das System wurde von den Beteiligten sehr gut aufgenommen, bereits während des Entwicklungsprozesses boten sich einige Personen an, freiwillig an der weiteren Evaluation teilzunehmen, obwohl sich die eine oder andere Person anfangs vehement gegen den Computereinsatz zur Wehr gesetzt hatte. Viele Anregungen der Benutzer haben zur Qualität und leichten Bedienbarkeit des Programmes beigetragen. Fehlerquellen wurden rechtzeitig erkannt und behoben. Interessant waren die Wünsche nach unterschiedlichen Informationsdarstellungen, je nach Kenntnissen und Vorwissen der Benutzer. Die Menü-Struktur mußte des öfteren angepaßt und die Möglichkeiten der Grafikdarstellung im System erweitert werden, um den Ansprüchen gerecht zu werden.

Dieses Beispiel zeigt, daß der häufig gehörte und auch als Buchtitel bekannte Slogan *Data + Algorithms = Programs* erweitert werden muß zu *User + Data + Algorithms = Programs*. Dieses Vorgehen verhindert, daß Anpassungen und Verbesserungen der Dialogstruktur im Sinne der Benutzerfreundlichkeit nicht mehr vorgenommen werden können, da dies sehr aufwendige Anpassungsarbeiten (beispielsweise *Mannjahre*) an der Datenstruktur erfordern würde. Die iterative, schrittweise Entwicklung erlaubt es, Probleme rechtzeitig zu erkennen und die Softwarearchitektur entsprechend anzupassen.

13.8 Fallbeispiel 2: Dialogstruktur und Kompetenzentwicklung

Im folgenden Fallbeispiel wird anhand des Computerspiels PRIMP-1 [Programmable Robot for the Investigation of Mental Processes Version 1] /Ackermann 86, 87/ besprochen, wie anforderungsreich unterschiedliche Dialogstrukturen sind und wie sie sich auf die Kompetenz des Benutzers auswirken.

13.8.1 Aufgabenstellung

Der Benutzer soll mit Hilfe eines Roboters Flaschen in einem Flaschenlager sortieren. Der Roboter läßt sich mit einfachen Grundbefehlen steuern. Diese lassen sich mit Hilfe des eingebauten, leicht zugänglichen Editors interaktiv zu komplexen Makros zusammenfassen, welche eine einfache und effiziente Steuerung erlauben.

13.8.2 Experimente zum Dialogentwurf

In verschiedenen Experimenten zur Frage der Effizienz individuell gestaltbarer gegenüber vorgegebenen Dialogformen haben Elektroingenieurstudenten ihnen *benutzerfreundlich* und *effizient* erscheinende Dialoge entworfen, welche sie selbst evaluierten oder welche die Grundlage für weitere Experimente mit neuen Versuchspartnern bildeten. Wichtige, von vielen Versuchspartnern beim Dialogentwurf vorgesehene Operationen zur Unterstützung des Sortierprozesses sind beispielsweise:

- Suchen eines leeren Regals in einem Raum,
- Suchen des nächsten vollen Regals um zu entscheiden, ob die Flasche in einen andern Raum gehört,
- Suchen der Türe beim Verlassen des Raums und/oder das Verschieben des Roboters von Raum zu Raum.

Tab. 13-3: Überblick über die angebotenen Funktionen der Befehlssätze (Nach /Ackermann 87/)

Befehlssätze Übersicht	B Befehlsnamen	E	H
Links Kehre Rechts Laufe (Kombination)	links kehre rechts gstop lauf		
Schieben links mit Ecken erkennen Schieben rechts mit Ecken erkennen	wlinks wrechts		
Leeres Regal suchen Volles Regal suchen Türe suchen		put + next tor	platz flasche exit
von Raum x nach Raum y	x,y (x,y: ε A,B,C)	x GO y	
Verschieben vor Raum			links/rechts

+ deponiert Flasche automatisch

Tab. 13-3 zeigt die Befehle dreier von Studenten entwickelten Befehlssätze (aus /Ackermann 87/). *E* und *H* unterscheiden sich anscheinend lediglich in den Befehlsbezeichnungen und bieten dem Benutzer offenbar eine vergleichbare Funktionalität an. *H* reduziert die Verschiebungsbefehle *von Raum zu Raum* auf die Entscheidung *verschiebe den vor der Türe stehenden Roboter nach LINKS oder nach RECHTS*. Dies führt nach Ansicht des Entwerfers zu einer Verminderung der Gedächtnisbelastung, weil sich der Benutzer nur noch zwei und nicht 6 Befehle merken müsse.

Zum Vergleich ist noch der Befehlssatz *B* dargestellt, der viele einfache Befehle enthält. Die qualitativen Eigenschaften *Zeit pro sortierte Flasche* und *Anzahl notwendige Befehlseingaben pro Flasche* betrachten wir als Indikatoren für den Wirkungsgrad des Dialogs, welcher durch die Eigenschaften der Soft- und Hardware (Rechengeschwindigkeit) und nicht durch jene des Benutzers bestimmt wird /Ackermann 86/. Die Parameter *Zeit pro Flasche* und *Befehle pro Flasche* dieser Befehlssätze wurden aus je 6 Spielen pro Befehlssatz gemittelt und sind in Tab. 13-4 dargestellt.

Wird die Aufgabe mit dem Befehlssatz *B* gelöst, so werden am meisten *Befehle pro sortierte Flasche* und *benötigte Zeit pro Flasche* gebraucht. Befehlssatz *E* ist in bezug auf *benötigte Zeit pro Flasche* mit *H* vergleichbar, in bezug auf *Befehle pro sortierte Flasche* ist *E* eindeutig überlegen. Untersuchungen haben gezeigt, daß das Spiel mit dem selbstentwickelten Befehlssatz im Vergleich zu vorgegebenen meist effizienter ist.

Vergleicht man die vorgelegten Ergebnisse, würde man den Befehlssatz *E* auch aus arbeitspsychologischer Sicht als *guten* Befehlssatz bezeichnen, da Benutzer von *H* bald über Monotonie klagen und *B* einen großen Lern- und Denkaufwand erfordert. Um die Qualität dieser Befehlssätze eingehender beurteilen zu können, müssen wir die Frage nach den durch diese Dialogformen gebotenen Qualifizierungsmöglichkeiten abklären.

Tab. 13-4: Leistungsparameter der Befehlssätze. Das Benutzerwissen wurde mit einem Fragebogen erhoben und bezieht sich auf die Anzahl richtiger bzw. erinnerter Einzelheiten (vgl. /Ackermann 87/)

Befehlssatz	Zeit/Flasche (Min)	Befehle/Flasche	Benutzerwissen nach 6 Spielen
B	1.2	15.25	28.4
E	0.49	3.7	10.8
H	0.45	6.57	19.4

13.8.3 Dialogstruktur und Wissen

Im Rahmen einer Zusammenarbeit mit dem Psychologischen Institut der TU Berlin wurden diese drei Befehlssätze experimentell überprüft /Eyferth et al. 86/. Dabei lösten je 6 Versuchspartner die Aufgabe 6 mal mit demselben Befehlssatz. Bei den ersten fünf Spielen wurde die Verteilung der zu sortierenden Flaschen konstant gehalten, beim 6. Durchgang wurden die Spieler mit einer neuen, ungewohnten Flaschenverteilung konfrontiert. Anschließend an diese Versuche wurde ein Wissenstest durchgeführt, um das Wissen der Versuchspartner in bezug auf die Aufgabenstellung zu erheben. Das Ergebnis ist in Tab. 13-4 dargestellt.

Es war zu erwarten, daß Spieler, welche die Aufgabe mit dem Befehlssatz B lösten, sehr viel über die Aufgabe wissen, denn die Struktur des Befehlssatzes legt nahe, die Roboterwege und die Zahl der eingegebenen Befehle zu optimieren. Im sechsten Durchgang mit veränderter Flaschenverteilung haben diese Spieler kaum Probleme, sich zurechtzufinden. Dies bedingt eine umfassende Kenntnis der Befehlsstruktur wie auch der räumlichen Verhältnisse. Auch Spieler, welche den Befehlssatz H benutzten, wissen über die Aufgaben gut Bescheid und können sich im sechsten Spieldurchgang gut auf die veränderte Aufgabenstellung reagieren. Jene Spieler, die E benutzten, verfügen nur über ein sehr bescheidenes Wissen in bezug auf die Aufgabenstellung. Einige dieser Versuchspartner wußten beispielsweise nicht einmal, an welchen Wänden die Flaschenregale in den Räumen stehen. Die Befehle zur Steuerung des Roboters kannten sie aber gut. Im sechsten Spieldurchgang zeigten sie erhebliche Probleme, die Flaschen richtig zu sortieren und benötigten erheblich mehr Zeit, sich an die neue Flaschenverteilung anzupassen als ihre Kollegen.

13.8.4 Diskussion

Mit einem derart deutlichen Effekt war nicht zu rechnen, denn während des ganzen Spiels sind sämtliche Informationen, wie Labyrinth mit Standort des Roboters, Videoscreen und zu sortierende Flaschen, jederzeit vorhanden und das Spiel unterscheidet sich nur in den Befehlssätzen.

Es zeigt sich, daß der Befehlssatz E sehr einfach zu spielen ist. Auch H bereitet Anfängern kaum Schwierigkeiten, oft wird er sogar E vorgezogen, obwohl seine Dialogstruktur den Handlungsspielraum recht stark strukturiert und einschränkt. B stellt recht hohe Lernanforderungen, erlaubt aber dem Versuchspartner die Robotersteuerung entsprechend seinen Kenntnissen zu optimieren. Mit keinem der andern Befehlssätze führt der Roboter während des Sortierprozesses sowenige Schritte im Labyrinth aus wie mit diesem Befehlssatz. Dies wird durch dessen Struktur bedingt, die viele einfache Befehle enthält, die der Versuchspartner im Spielverlauf optimal kombinieren kann oder muß. Diese Freiheit bedingt aber mehr Überlegungen und Konzentration als die andern Befehlssätze. Dementsprechend ist der kognitive Regulationsaufwand höher. Einige Versuchspartner empfanden dies als anregend, andere beklagten den hohen Lernaufwand.

Wir haben versucht, das Benutzerwissen mit Hilfe eines Expertensystems darzustellen und haben Simulationsexperimente zur Modellierung der kognitiven Prozesse durchgeführt /Ackermann 87/. Die Ergebnisse zeigen, daß die Anzahl der vom Roboter ausgeführten Schritte bei B von der Qualität und dem Umfang des Benutzerwissens abhängt und die Aufgabe mit zunehmendem Wissen effizienter gelöst werden kann. Will sich der Spieler die Standorte falsch eingeordneter Flaschen merken, so kann er die zu sortierenden Flaschen ohne Suchprozeß ansteuern und erreicht damit eine optimale Spielstrategie. Mehr als das absolut Notwendige zu wissen, ist hingegen bei E völlig unnütz, man kann weder die Anzahl notwendiger Befehlseingaben reduzieren noch die Spielzeit wesentlich beeinflussen. H unterscheidet sich in dieser Hinsicht nicht wesentlich von E – und dennoch verfügt Benutzergruppe H über ein besseres Wissen.

E stellt nur ganz geringe Lernanforderungen und auch H ist sehr einfach zu handhaben. Die unterschiedliche Ausbildung von Wissen über den Dialog kann nicht nur mit unterschiedlichen Lernanforderungen erklärt werden, damit wären die Unterschiede zwischen E und H nicht hinreichend erklärt. Es mag sein, daß letzterer infolge seiner Strukturiertheit präzisere Überlegungen erzwingt, die Simulationsexperimente erlauben diesbezüglich noch keine Schlußfolgerungen. Das heißt, in diesem Falle können noch keine Richtlinien formuliert werden können. In solchen – zum Glück seltenen – Fällen müssen verschiedene Dialogvarianten experimentell evaluiert werden, um die geeignetste zu implementieren.

Aufgrund der Simulationsexperimente zeigt es sich, daß der Wirkungsgrad von B um ca. 50% verbessert werden kann, wenn einige Befehlsabfolgen zum Verlassen der Räume kombiniert werden. Kognitive Modellierung ist einerseits ein wertvolles Hilfsmittel zur Evaluation des Benutzerverhaltens und andererseits erlaubt sie Schlüsse auf mögliche Verbesserungen in der Dialogstruktur. Eine Beschreibung der Möglichkeiten wie der Probleme der kognitiven Modellierung findet sich in /Hoppe 86/. Im Gegensatz zu den von /Kieras, Polson 85/ angeregten Methoden sind wir vom individuellen Benutzerwissen ausgegangen. Der Einsatz formaler Grammatiken für die Beschreibung des Entwurfs ist für die Evaluation von Inkonsistenzen wertvoll (vgl. /Schiele 86/).

13.9 Ausblick

Es zeigt sich in der Praxis, daß Richtlinien und Normen ein sehr wertvolles Hilfsmittel für den Entwicklungsprozeß darstellen. Diese Unterlagen können die Kreativität des Entwicklers unterstützen aber nicht ersetzen. Ziel dieser Arbeit war, einerseits Richtlinien und Normen darzustellen und andererseits den Bezug zum Entwicklungsprozeß zu wahren. Das erste Fallbeispiel zeigt, daß mit einfachen Hilfsmitteln wie Papier und Bleistift (Dialog-Comics) ein Dialog skizziert und zusammen mit den Benutzern evaluiert werden kann. Ein iterativer Entwurf mit Benutzerbeteiligung trägt wesentlich zur Optimierung des Endprodukts bei. Richtlinien leisten einen erheblichen Beitrag im Entwicklungsprozeß, Benutzerbeteiligung und experimentelle Evuluationen während des Entwicklungsprozesses können sie aber nicht ersetzen. Es gibt Beispiele, wo noch keine abschließenden Richtlinien formuliert werden können, wie im Fall der Förderung der Benutzerkompetenz durch die Dialogstruktur (Fallbeispiel 2). Das Beispiel belegt, daß mit zunehmenden Freiheitsgraden in der Handlungsplanung die Lernanforderungen steigen, aber auch die Kompetenz des Benutzers entsprechend gefördert wird.

274 13 Empirie des Softwareentwurfs: Richtlinien und Methoden

Als weiterführende Literatur sei hier auf die Arbeiten von /Dehning, Essig, Maaß 81/, /Ulich 86, 87b, im Druck/, /Balzert 88/, /Fischer, Gunzenhäuser 87/ verwiesen. Eine gute Zusammenfassung in deutscher Sprache findet sich auch in /Triebe et al. 87/. Ein Klassiker ist nach wie vor /Card, Moran, Newell 83/ „The Psychology of Human-Computer-Interaction". Für praktische Übungen empfiehlt sich /Kamins, Waite 82/ mit dem sinnigen Untertitel „Humanized Programming in Basic".

Literatur

/Ackermann 86/
Ackermann D.: *Untersuchungen zum individualisierten Computerdialog: Einfluß des operativen Abbildsystems auf Handlungs- und Gestaltungsspielraum und die Arbeitseffizienz.*, in: Dirlich G., Freksa C., Schwatlo U., Wimmer K. (Hrsg.), Kognitive Aspekte der Mensch-Computer-Interaktion. Ergebnisse eines Workshops vom 12./13. April 1984 in München. Berlin: Springer Informatik Fachberichte Nr. 120. 1986, pp. 95-110

/Ackermann 87/
Ackermann D.: *Handlungsspielraum, Mentale Repräsentation und Handlungsregulation am Beispiel der Mensch-Computer Interaktion.* Dissertation, Phil.-hist. Fakultät der Universität Bern 1987

/Balzert 88/
Balzert H.: *Software-Ergonomie und Software Engineering.* Berlin – New York: de Gruyter 1988

/Bösze, Ackermann, Lüthi 87/
Bösze J. Z., Ackermann D., Lüthi H.-J.: *Computer-Laien als Experten? Warum Benutzerpartizipation bei der Entwicklung von Benutzerschnittstellen wichtig ist,* in: Schönpflug W., Wittstock M. (Hrsg.), Softwareergonomie '87 Nützen Informationssysteme dem Benutzer? Stuttgart: Teubner 1987, S. 465-473

/Card, Moran, Newell 83/
Card K., Moran P., Newell, A.: *The psychology of human-computer interaction.* Hillsdale, N. J.: Lawrence Erlbaum 1983

/Dehnig, Essig, Maaß 81/
Dehnig W., Essig H., Maaß S.: *The adaptation of virtual man-computer interfaces to user requirements in dialogs,* Berlin: Springer, Lecture notes Nr. 110, 1981

/DIN-Norm 66234/
DIN-Norm 66234, Teil 8, *Bildschirmarbeitsplätze und Dialoggestaltung.* Normenausschuß Informationsverarbeitungssysteme im DIN Deutsches Institut für Normung e. V. (Erhältlich bei: Beuth Verlag GmbH, Burggrafenstr. 4 - 10, D-1000 Berlin 30.)

/Dzida, Herda, Itzfeld 78/
Dzida W., Herda S., Itzfeldt W. D.: *User-perceived quality of interactive systems,* in: IEEE Transactions on Software Engineering 1978, 4, pp. 270-276

/Eyferth et al. 86/
Eyferth K., Kafai Y., Ottenroth M., Struempfel U., Widowski D.: *Lernen in der Steuerung einer computersimulierten Aufgabe.* TU Berlin, Arbeitspapier zur Präsentation an der Tagung experimentell arbeitender Psychologen, Saarbrücken 1986

/Fischer, Gunzenhäuser 87/
Fischer G., Gunzenhäuser R.: *Methoden und Werkzeuge zur Gestaltung benutzergerechter Computersysteme,* Berlin – new York: de Gruyter 1987

/Hauptmann 86/
Hauptmann O.: *Influence of task type on the relationship between communication and performance: the case of software development,* R & D Management, 1986, 16(2), pp. 127-139

13.9 Ausblick 275

/Hoppe 86/
Hoppe H. U.: *Cognitive Modelling - A new tool for user interface design and evaluation*, in: Proceedings of AI Europa, Wiesbaden 1986

/Kamins, Wite 82/
Kamins S., Wite, M.: *Apple backpack: Humanized programming in basic*, Peterborough, BYTE-Books, 1982

/Kieras, Polson 85/
Kieras D. E., Polson P. G.: *An approach to the formal analysis of user complexity*, in: International Journal of Man-Machine Studies 1985, 22, pp. 365-394

/Lüthi 82/
Lüthi H. J.: *Computerunterstützte Planung im Zivilschutz - Zuweisungsplanung mit CASA*, in: Output 1982, 12, S.19-22

/Mosier, Smith 86/
Mosier J. N., Smith S. L.: *Application of guidelines for designing user interface software*, in: Behaviour and Information Technology, 1986, 5(1), pp. 39-46

/Newell, Card 85/
Newell A., Card St. K.: *The prospects for psychological science in Human-Computer-Interaction*, in: Human Computer Interaction, 1985, 1, pp. 209-242

/Schardt 85/
Schardt L.: *Integrierte Softwaregestaltung: Ein arbeitsorientiertes Technikkonzept für Verwaltungstätigkeiten*. (Anhang: Synopse des Entwurfs der DIN 66234 Teil 8 „Bildschirmarbeitsplätze - Grundsätze der Dialoggestaltung" und der Einsprüche durch den DGB (AWA), die IG Metall und der Gewerkschaft HBV). Vortrag auf dem Westeuropäischen Kongress für Arbeits- und Organisationsspsychologie, 1. - 3.4.1985 in Aachen.

/Schiele 87/
Schiele F.: *Ein analytischer Ansatz zur Überprüfung der Konsistenz von Dialogsprachen*. Berlin, Arbeitspapier des awfi, 1987

/Smith 86/
Smith L. S.: *Standards versus guidelines for designing user interface software.*, in: Behaviour and Information Technology 1986, 5(1), pp. 47-61

/Smith, Mosier 84a/
Smith L. S., Mosier J. N.: *The user interface to computer-based information systems: a survey of current software design practice.*, in: Behaviour and Information Technology 1984, 3(3), pp. 195-203

/Smith, Mosier 84b/
Smith L. S., Mosier J. N.: *A design evaluation checklist for user-system interface software. Prepared for deputy for acquisition logistics and technichal operations, electronic systems dividsion, US Air Force*. The MITRE Corporation, Bedford, Massachusetts 1984

/Smith, Mosier 86/
Smith L. S., Mosier J. N.: *Guidelines for designing user interface software. Bedford*, Mass.: The MITRE Corporation, 1986. Zu beziehen durch: *The National Technical Information Service, 5285 Port Roal Road, Springfield, Virginia 22161 USA, als NTIS Dokument AD A177 198*.

/Spinas, Troy, Ulich 83/
Spinas P., Troy N., Ulich E.: *Leitfaden zur Einführung und Gestaltung von Arbeit mit Bildschirmsystemen.*, München, CW Publikationen, und Zürich, Verlag Industrielle Organisation, 1983

/Triebe, Wittstock, Schiele 87/
Triebe J. K., Wittstock M., Schiele F.: *Arbeitswissenschaftliche Grundlagen der Softwareergonomie*. Schriftenreihe der Bundesanstalt für Arbeitsschutz, Sonderschrift S24, 1987

/Ulich 78/
: Ulich E.: *Über das Prinzip der differentiellen Arbeitsgestaltung*, in: Industrielle Organisation 1978, 47, pp. 566-568

/Ulich 84/
: Ulich E.: *Psychologie der Arbeit*, in: Mangement-Enzyklopädie, Band 7. Landsberg, Moderne Industrie, 1984, pp. 914-929

/Ulich 86/
: Ulich E.: *Aspekte der Benutzerfreundlichkeit.*, in: Remmle W., Sommer, M. (Hrsg.), Arbeitsplätze morgen. Berichte des German Chapter of the ACM, Band 27. Stuttgart: Teubner 1986, S. 102-121

/Ulich 87/
: Ulich E.: *Individual differences in human-computer interaction: concepts and research findings*, in: Salvendy, G. (Ed.), Cognitive engineering in the design of human-computer interaction and expert systems. (Proceedings of the second international conference on human- computer interaction, Honolulu, Hawaii, August 10-14, 1987) Amsterdam: Elsevier 1987

/Ulich 87a/
: Ulich E.: *Arbeitspsychologie*, in: Zink. H. (Hrsg.), Arbeitswissenschaft und neue Technologien. Frankfurt/M., RKW, 1987

/Ulich im Druck/
: Ulich E.: *Individualisierung und Differentielle Arbeitsgestaltung*, in: Zimolong B., Hoyos C. Graf (Hrsg.), Enzyklopädie der Psychologie, Band Ingenieurpsychologie. Göttingen, Hogrefe, im Druck

/Williges, Williges, Elkerton 87/
: Williges R. C., Williges B. H., Elkerton J.: *Software interface design*, in: Salvandey, G. (Ed.), Handbook of Human Factors. New York: J. Wiley & Sons 1987

/Zehnder 86/
: Zehnder C. A.: *Informatik-Projektentwicklung*, Stuttgart: Teubner 1986

14 Werkzeuge für die Prototypenentwicklung von Benutzerschnittstellen

Heinz Ulrich Hoppe

14.1 Prototypentwicklung von Benutzerschnittstellen

Das aktuelle Schlagwort **Rapid Prototyping** (schnelle Prototypentwicklung) bezeichnet eine Arbeitsweise, die insbesondere bei der Entwicklung von interaktiven Benutzerschnittstellen wie auch Expertensystemen erfolgreich angewandt wird. Dabei wird im Gegensatz zu einem *top-down*-Ansatz nicht von einem vollständigen Systementwurf ausgegangen, der zunehmend verfeinert und schließlich in compilierbaren Code überführt wird. Vielmehr ist die schnelle Prototypentwicklung durch eine inkrementelle Vorgehensweise gekennzeichnet: Ausgehend von einer konzeptionellen Vorstellung davon, was das geplante System leisten soll, werden wesentliche Funktionskomponenten herausgegriffen und unter weitgehender Vermeidung von Details in Form lauffähiger Module programmtechnisch realisiert. Diese Bausteine werden im interaktiven Betrieb getestet, verbessert, erweitert und zu größeren Einheiten zusammengefügt.

Beim Entwurf und der prototypischen Realisierung von Benutzerschnittstellen ist es insbesondere wünschenswert, die Schnittstelle so weit als möglich unabhängig von der dahinterliegenden Anwendung realisieren zu können. Dies erleichtert einerseits die Arbeitsteilung zwischen verschiedenen am Entwurfsprozeß beteiligten Spezialistenteams, andererseits können so bestimmte Aspekte des Dialogverhaltens bereits in einem sehr frühen Stadium der Systementwicklung getestet werden.

Software-Prototypen dieser Art entsprechen durchaus den sonst beim ingenieurmäßigen Entwickeln verwendeten Prototypen: Sie sind vorläufige, ggf. unvollständige Realisierungen eines bestimmten (Produkt-)Konzeptes. Bei ihrer Erstellung werden einerseits *handwerkliche* Techniken eingesetzt, andererseits werden, wo sich dies anbietet, vorhandene Versatzstücke (Module) verwendet. Prototypen erfüllen in erster Linie den Zweck, die Produktidee in einem frühen Stadium auf ihre Realisierbarkeit hin zu überprüfen bzw. Mängel des zugrundeliegenden Konzepts frühzeitig aufzudecken. Auf diese Weise kann das Produktkonzept ggf. interativ revidiert werden.

Dabei ist allerdings nicht unbedingt zu erwarten, daß durch die iterative Verbesserung von Prototypen schließlich das Produkt selbst entsteht. Die Qualitätsanforderungen an ein kommerzielles Softwareprodukt (z. B. hinsichtlich des Laufzeitverhaltens, der Kompatibilität mit anderen Produkten sowie der Portabilität) werden häufig eine Neuimplementierung nach den Gesichtspunkten des klassischen Software-Engineering erfordern. Dies hängt nicht zuletzt davon ab, welches Software-Werkzeug bei der Prototypentwicklung verwendet wurde. Einige der derzeit verfügbaren Hilfsmittel unterstützen gerade solche Eigenschaften wie Standardisierung und Portabilität, während andere hochspezialisierte Entwicklungsumgebungen, eventuell sogar spezielle Hardware, voraussetzen, dafür aber besonders flexibel und komfortabel sind.

Unter dem Gesichtspunkt der prototypischen Realisierung von Benutzerschnittstellen spielen fortgeschrittene **Ein-/Ausgabetechniken** (siehe /Balzert, 4. Kap. in diesem Band/) eine wesentliche Rolle. Dazu gehören Rastergraphik, Fenstertechnik sowie die Verwendung von Zeigeoperationen (z. B. mittels einer *Maus*) für die **direkte Manipulation** von Objekten auf dem Bildschirm. Die entsprechenden Hardware-Voraussetzungen werden heute bereits von einer Vielzahl von PCs und Arbeitsplatzrechnern erfüllt. Dies ist für die Zwecke des **Rapid Prototyping** jedoch nicht hinreichend, denn zusätzlich sollte die verwendete Software-Entwicklungsumgebung diese E/A-Techniken durch funktionsgerechte und dem Stand der ergonomischen Erkenntnis entsprechend standardisierte Systemfunktionen unterstützen. Die derzeit angebotenen Entwicklungswerkzeuge sind nicht genügend standardisiert und teilweise auch in ihrer Funktionalität nicht ausreichend (vgl. /Balzert, Hoppe, Ziegler 85/).

Für die Beschreibung und Beurteilung von Werkzeugen für die Prototypentwicklung von Benutzerschnittstellen sind grundsätzlich folgende Gesichtspunkte zu beachten:

- Wie werden verschiedene E/A-Techniken (Fenster, Menüs, Zeigeoperationen etc.) unterstützt? Gibt es darüberhinaus weitere Hilfsmittel zur Informationsdarstellung?
- Welche Hilfsmittel zur Spezifikation von Dialogabläufen bzw. einer Dialogsprache stehen zur Verfügung? Inwieweit kann die Dialogkomponente unabhängig von der Anwendung realisiert werden?
- Vorausgesetzt eine Benutzerschnittstelle sei mit dem jeweiligen Hilfsmittel realisiert, welche Schnittstelle besteht zu den Anwendungsmodulen? Ist *gemischte Kontrolle* möglich, d. h. können Anwendungssystem und Benutzerschnittstelle sich wechselseitig aktivieren?

14.2 Prototypenentwicklung als Modellkonstruktion – verschiedene Ansätze und Sichtweisen

Prototypen sind Modelle zukünftiger Systeme. Sie erlauben es, gewisse Systemeigenschaften im voraus zu simulieren, ohne den aufwendigen Prozeß einer vollständigen Produktentwicklung zu durchlaufen. Im folgenden soll es darum gehen, genauer zu untersuchen, was es heißt, „gewisse Systemeigenschaften im voraus zu simulieren". Im Prinzip handelt es sich um zwei miteinander eng verknüpfte Fragestellungen: 1. *Welche Eigenschaften* sollen simuliert werden? und 2. *zu welchem Zweck?*

Bei den Systemen, die wir hier betrachten, handelt es sich speziell um Benutzerschnittstellen, also um Kommunikationskomponenten, die zwischen dem eigentli-

14.2 Prototypenentwicklung als Modellkonstruktion – verschiedene Ansätze und Sichtweisen

chen Anwendungssystem und dem Benutzer vermitteln. Die Benutzerschnittstelle bestimmt nicht, *was* man mit dem jeweiligen System tun kann (der Funktionsumfang des Anwendungssystems wird als gegeben betrachtet), sondern *wie* die Anwendungsfunktionen angesprochen werden.

Der ingenieurmäßig arbeitende Informatiker, der eine Dialogschnittstelle konstruiert, hat dabei andere Eigenschaften im Blickpunkt als der Psychologe, der z. B. untersucht, wie leicht der Umgang mit einer bestimmten Benutzerschnittstelle zu erlernen ist. Aus der Sicht der Informatik geht es vor allem um folgende Fragen:

– Wie, d. h. mit welchen Methoden oder Werkzeugen läßt sich ein bestimmter Typ von Benutzerschnittstelle am besten realisieren?
– Welche Werkzeuge sind geeignet, die Konstruktion von Benutzerschnittstellen generell zu unterstützen? (Dialoggeneratoren, **User Interface Management Systems**)
– Kann man Benutzerschnittstellen so realisieren, daß für *verschiedene* Anwendungssysteme nur *eine* Schnittstelle benötigt wird? (Anwendungsunabhängigkeit oder Anwendungsneutralität)

Oder im Sinne der *Künstlichen Intelligenz:*

– Wie kann man Benutzerschnittstellen mit Wissen über die Dialogführung ausstatten, um so eine Anpassung an unterschiedliche Benutzerbedürfnisse und Aufgabenkontexte zu ermöglichen? (wissensbasierte, **adaptive Benutzerschnittstellen**)

Für den Informatiker stehen zunächst einmal solche Eigenschaften im Vordergrund, die unmittelbar mit der Implementierung des Systems zu tun haben. Demgegenüber beschäftigt sich der Psychologe in erster Linie mit Benutzungseigenschaften, die nicht systeminhärent vorgegeben sind, sondern erst in der Interaktion von Benutzern mit dem System empirisch ermittelt werden können. Solche empirischen Eigenschaften sind etwa Erlernbarkeit, Effizienz der Bearbeitung oder auch *Akzeptanz*.

Die Simulation von Benutzerschnittstellen durch Prototypen oder Modelle ist jedoch auch in diesem Zusammenhang von Interesse, sofern nicht nur die objektivtechnischen Eigenschaften des Systems sondern auch die Benutzung, d. h. das Verhalten des Benutzers bei der Bearbeitung bestimmter Aufgaben mit dem System, simuliert wird. Die dabei eingesetzten Simulationstechniken gehören in den Bereich der **kognitiven Modellierung** *(cognitive modelling)*. Die Simulation des Benutzerverhaltens erlaubt es, bestimmte empirische Eigenschaften von Systemen aufgrund von Computermodellen vorherzusagen. Diese Art der Modellbildung hat bereits einige vielversprechende Ergebnisse gezeigt. Der Anwendungsbereich war jedoch bisher eng begrenzt, die meisten Arbeiten bezogen sich auf Aspekte des Lernens bei Editoren und Menüsystemen (z. B. /Kieras, Polson 85/, /Hoppe 86/). Die kognitive Modellierung der Mensch-Maschine-Interaktion steht in engem Zusammenhang mit den formalen Methoden der Aufgabenanalyse (vgl. /Ziegler, in diesem Band/).

14.3 Schnittstellengeneratoren und UIMS

14.3.1 Allgemeine Einordnung

Hinter dem z. Zt. sehr aktuellen Begriff **User Interface Management Systems**, kurz UIMS, verbergen sich zwei unterschiedliche Konzepte: Zum einen geht es um standardisierte Systemkomponenten (z. B. sogenannte Dialog- und Präsentations-Manager), die zur Laufzeit bestimmte Funktionen bei der Kommunikation zwischen dem Benutzer und dem Anwendungssystem übernehmen. Zum anderen handelt es sich um Generatoren, also um Konstruktionswerkzeuge für Benutzerschnittstellen. Unter dem Gesichtspunkt der Prototypentwicklung sind natürlich in erster Linie Generatoren von Interesse, wobei es durchaus sinnvoll sein kann, daß ein Generator die Verwendung standardisierter Laufzeitmodule nach dem Baukastenprinzip unterstützt.

Man kann derzeit klar zwei Klassen solcher Generatoren unterscheiden:

A) Oberflächenorientierte Werkzeuge

Sie unterstützen den Aufbau einer Bildschirmoberfläche mit standardisierten Interaktionsobjekten (Fenster, *Pop-up-* oder *Pull-down-*Menüs, *Buttons* etc.). Die Interaktion erfolgt nach dem Prinzip der direkten Manipulation über Zeigeoperationen. Eine explizite Beschreibung von Dialogabläufen bzw. die explizite Definition einer Dialogsprache existieren nicht. Die Interaktion ist – bedingt durch die Fixierung auf Oberflächenobjekte – kurzschrittig und in aller Regel benutzerinitiiert. Anwendungsfunktionen werden normalerweise als *Subroutinen* der Benutzerschnittstelle aufgerufen. Eine Kontrolle des Dialogs durch die Anwendung erfordert den direkten Zugriff auf die Datenstrukturen der Interaktionsobjekte. Beispiele für solche Werkzeuge sind der *Ressource Construction Set* des Systems GEM (Digital Research) oder die *Toolbox* für den Apple Macintosh.

B) Dialoggeneratoren im engeren Sinne

Sie erlauben die Spezifikation von Dialogsprachen oder -abläufen unter Verwendung einer angemessen abstrahierten Beschreibungssprache. Aufgrund einer solchen Spezifikation wird dann automatisch eine entsprechende Dialogschnittstelle erzeugt. Die Schnittstelle zur Anwendung ist in der Regel klar definiert, so daß Anwendungsfunktionen und Benutzerschnittstelle unabhängig voneinander entwickelt werden können. Ein benutzerinitiierter Dialog wird unterstützt, wobei aber die Interaktionsmöglichkeiten durch die Definition möglicher Abläufe stark gelenkt bzw. eingeschränkt werden können. Beispiele für solche Dialoggeneratoren sind die Systeme SYNICS (s. /Edmonds 81/, /Guest 82/), XS-2 (s. /Sugaya et al. 84/, /Stelovsky 84/), RAPID/USE (s. /Wasserman 85/).

Dialoggeneratoren i.e.S. sind im Gegensatz zu den oberflächenorientierten Werkzeugen bisher kommerziell nicht sehr verbreitet und eher ein Gegenstand der Forschung. Dies mag damit zusammenhängen, daß die Systeme teilweise nur auf speziellen Arbeitsplatzrechnern und nicht auf PCs verfügbar sind. Außerdem läßt die Unterstützung unterschiedlicher Eingabetechniken zu wünschen übrig.

Die Werkzeuge der Kategorie A) sind für die prototypische Entwicklung von Benutzerschnittstellen nur sehr eingeschränkt geeignet, da sie die eigentliche Dialog-Ebene überhaupt nicht abdecken und selbst in dem Bereich, den sie unterstützen, nämlich bei der Gestaltung der Oberfläche kaum Freiheitsgrade aufweisen. Wenn überhaupt eignen sie sich für die Prototypentwicklung mit dem Ziel, zu zeigen wie eine Systemoberfläche prinzipiell aussehen könnte. Dies kann für Demonstrationszwecke genügen, wird aber für empirische Tests mit Benutzern im Rahmen eines iterativen Systementwurfs nicht ausreichen.

Dialoggeneratoren i.e.S. sind als Prototyping-Werkzeuge vor allem deshalb interessant, weil sie auf einer hochstehenden Beschreibung der möglichen Dialoge beruhen. In dieser Hinsicht bieten sie weit mehr Unterstützung als allgemeine Programmierhilfsmittel, (wie z. B. Programmgeneratoren). Für die Generierung bestimmte Dialogspezifikationen enthalten relevante Informationen über die Konzeption der Schnittstelle in verhältnismäßig gut verständlicher Form und können so als Grundlage der Kommunikation zwischen Entwerfern, Psychologen und Informatikern dienen. Dies ist für den iterativen Systementwurf von entscheidender Bedeutung. Im weiteren sollen deshalb am Beispiel der Systeme SYNICS und XS-2 zwei unterschiedliche Ansätze zur Dialogrepräsentation eingehender erläutert werden.

Für die Dialogrepräsentation bieten sich verschiedene aus der Theorie der formalen Sprachen bekannte Methoden an. Es sind dies in erster Linie formale Grammatiken sowie verschiedene Arten von Automaten. Für jede Klasse von Sprachen im Sinne der Chomsky-Hierarchie gibt es äquivalente Beschreibungsmethoden durch Automaten bzw. Grammatiken. Beispielsweise läßt sich jede reguläre Grammatik in einen endlichen Automaten abbilden und umgekehrt (vgl. /Hopcroft, Ullman 69/). Es gibt daher keine formalen Gründe, die eine oder andere Darstellungsmethode prinzipiell vorzuziehen. Deshalb geht es bei der Beurteilung von Dialoggeneratoren vor allem um die Angemessenheit und Verständlichkeit der Repräsentation.

14.3.2 Das System SYNICS

Das SYNICS-System verwendet für die Dialogrepräsentation rekursive Zustands-Transitions-Netze. Diese gehören zur Familie der Automaten und sind äquivalent zu kontextfreien Grammatiken. Im Gegensatz etwa zu einer in *Backus-Naur-Form* (BNF) notierten Grammatik läßt sich ein Zustands-Transitions-Netz unmittelbar grafisch veranschaulichen. Ein solcher Graph besteht aus Knoten, die bestimmten Dialogzuständen entsprechen, und gerichteten Kanten, welche Übergänge von einem in einen anderen Dialogzustand darstellen.

Ein Dialogzustand ist gekennzeichnet durch bestimmte Ausgabeoperationen und Nebenwirkungen sowie durch die von ihm ausgehenden Transitionen (Kanten). Eine Transition wird beschrieben durch eine Bedingung, welche einen Eingabeausdruck spezifiziert, und die Angabe eines Zielknotens. Die Syntax von Eingabeausdrücken wird in erweiterter BNF – also durch Grammatikregeln – beschrieben. Abb. 14-1 zeigt die symbolische und die graphische Darstellung für einen kleinen

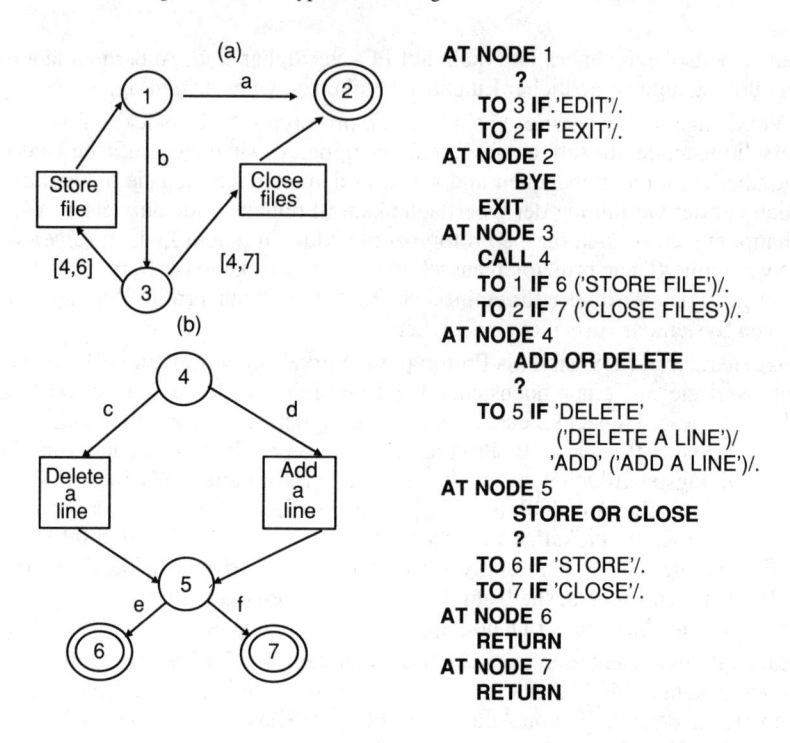

282 14 Werkzeuge für die Prototypenentwicklung von Benutzerschnittstellen

```
AT NODE 1
    ?
    TO 3 IF.'EDIT'/.
    TO 2 IF 'EXIT'/.
AT NODE 2
    BYE
    EXIT
AT NODE 3
    CALL 4
    TO 1 IF 6 ('STORE FILE')/.
    TO 2 IF 7 ('CLOSE FILES')/.
AT NODE 4
    ADD OR DELETE
    ?
    TO 5 IF 'DELETE'
        ('DELETE A LINE')/
        'ADD' ('ADD A LINE')/.
AT NODE 5
    STORE OR CLOSE
    ?
    TO 6 IF 'STORE'/.
    TO 7 IF 'CLOSE'/.
AT NODE 6
    RETURN
AT NODE 7
    RETURN
```

Abb. 14-1: Beispiel für eine Dialogspezifikation mit SYNICS (nach /Edmonds 81/)

Ausschnitt aus einer solchen Dialogbeschreibung. Anhand dieses Beispiels lassen sich einige wesentliche Sprachelemente für die Dialogbeschreibung mit SYNICS erläutern:

AT NODE n leitet die Spezifikation eines Dialogzustandes (Knotens) ein, eventuell gefolgt von einer Ausgabeoperation.

TO n IF ... beschreibt eine Transition zum Knoten n, wobei die Bedingung entweder ein Eingabeausdruck oder die Nummer eines RETURN-Knotens sein kann (vgl. NODE 3)

CALL n ruft einen Subgraphen mit Startknoten n.

RETURN bewirkt die Rückkehr aus einem Subgraphen zum letzten rufenden Knoten.

EXIT beendet den Dialog.

Die besondere Anschaulichkeit von Zustands-Transitions-Netzen beruht auf ihrer graphischen Darstellbarkeit. Der Quellcode für den Schnittstellengenerator ist allerdings wiederum symbolisch repräsentiert. Es ist daher naheliegend, einen gra-

präsentation den Quellcode abzuleiten. Derartige Hilfsmittel gibt es inzwischen sowohl für SYNICS als auch für das ähnlich geartete RAPID/USE.

14.3.3 Das System XS-2

Das System XS-2, das zu Beginn der achtziger Jahre an der ETH Zürich und bei BBC Baden entwickelt wurde, ist insofern kein reiner Dialoggenerator, als es neben der Möglichkeit, Dialogschnittstellen über Kommandobäume zu spezifizieren, auch eine standardisierte Oberflächendarstellung bietet. Die Oberflächenstruktur entspricht dem Konzept der *sites, modes* and *trails* /Nievergelt, Weydert 79/, durch das die Interaktion des Benutzers mit dem System transparent, reversibel und flexibel gestaltet werden soll.

Abb. 14-2 zeigt die standardmäßige Aufteilung des XS-2-Bildschirms in vier Fenster. Die Fenster sind nicht überlappend aber vom Benutzer in der Größe veränderbar. Im *Commands*-Fenster wird der aktuelle Teil des Kommandobaums angezeigt. Diese Anzeige ist interaktiv, d. h. der Baum dient als Menü für die Kommandoselektion mit der Maus. So wie die *Commands* den Dialogzustand, repräsentie-

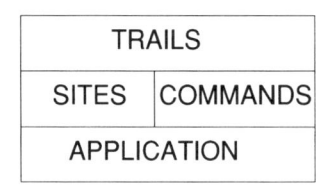

TRAILS	
SITES	COMMANDS
APPLICATION	

Abb. 14-2: Bildschirmlayout des Systems XS-2

ren die *Sites* – ebenfalls baumartig – den jeweiligen Anwendungszustand. Dies setzt voraus, daß der *Anwendungsraum* selbst hierarchisch strukturiert ist. Das *Trails*-Fenster enthält Protokolle sowohl der verwendeten Kommandos als auch der Anwendungszustände. Als eigentlicher Ausgabebereich dient das Anwendungsfenster (*Application*). Der Unterschied zwischen *Sites* und *Application* ergibt sich sehr deutlich aus dem in Abb. 14-3 dargestellten Beispiel.

Die Knoten des Kommandobaumes tragen neben den Kommandonamen Typbezeichnungen. Zunächst wird zwischen Kontrollkommandos und elementaren Kommandos unterschieden. Letztere entsprechen den Benutzereingaben, die entsprechend den Kategorien *text command, number command, cursor command* und *command* typisiert sind. Vier Typen von Kontrollkommandos sind vorgesehen: *sequence, selection, repetition* und *option*. Ein Knoten vom Typ *sequence* bewirkt, daß alle Unterknoten in der angegebenen Reihenfolge traversiert werden. *Selection* bedeutet, daß genau einer der Folgeknoten ausgewählt werden muß. *Repetition* entspricht einer n-fach wiederholten *selection* (ggf. auch mit n=0). Eine andere Verall-

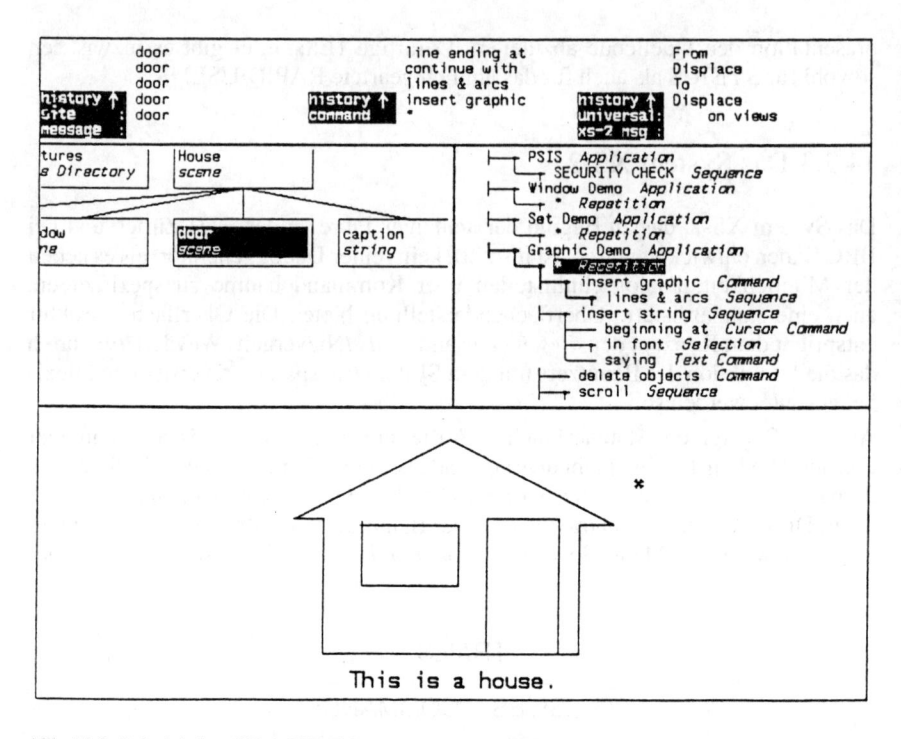

284 14 Werkzeuge für die Prototypenentwicklung von Benutzerschnittstellen

Abb. 14-3: Beispiel eines XS-2-Bildschirms

gemeinerung von *selection* ist *option*, wobei maximal *eine* Auswahl stattfinden darf.

Die Verwendung von XS-2 als Generator erfolgt über die Standard-Schnittstelle. Dabei wird eine vorhandene Applikation *Baumeditor* benutzt, um den Kommandobaum zu editieren, z. B. indem neue Kommandos eingefügt werden. Es ist sogar möglich, die Kommandostruktur des Baumeditors selbst auf die gleiche Weise selbstbezüglich zu verändern.

Das System XS-2 stellt eine hochgradig konsistente, hinsichtlich der Dialogstrukturen leicht modifizierbare Benutzerschnittstelle dar. Die fest vorgegebene Oberflächenstruktur ist jedoch in zweierlei Hinsicht problematisch: Zum einen wird man für manche Zwecke gern auf einen Teil der dargebotenen Informationen (z. B. *Sites* oder *Trails*) von vornherein verzichten. Zum anderen bedeutet die Verwendung der vollständigen Kommandobäume als Menü eine unnötige Komplikation zumindest für *naive Benutzer*. Als Entwicklungsumgebung ist XS-2 jedoch sehr komfortabel und vergleichsweise leicht zu handhaben.

14.4 Werkzeuge und Methoden aus dem Bereich der KI

14.4.1 Überblick

Der Begriff **Künstliche Intelligenz** (KI) bezeichnet ein Teilgebiet der Informatik, das sich bisher vor allem dadurch ausgezeichnet hat, daß dort andere Programmiersprachen und Arbeitsweisen vorherrschen als in der *klassischen* Informatik, die von der Philosophie des *strukturierten Programmierens* mit Sprachen vom Pascal-Typ geprägt ist. (Einen sehr guten, niveauvollen Überblick über die Techniken der KI gibt /Charniak, Riesbeck, McDermott 80/.) Insbesondere hat die KI selbst neue Sprachen und Programmierumgebungen hervorgebracht. Das älteste Beispiel ist die immer noch aktuelle Sprache LISP, die bereits in der Gründerzeit der KI Ende der fünfziger Jahre speziell für deren Zwecke entworfen und realisiert wurde (vgl. /McCarthy 78/). Inzwischen sind weitere Sprachen und Programmiersysteme hinzugekommen, die teils auf LISP aufbauen – wie bestimmte objektorientierte Sprachen (z. B. ObjTalk, – s. /Rathke, Laubsch 83/) – oder eigenständige Entwicklungen darstellen – wie z.b. die logikorientierte Sprache Prolog (entwickelt von Colmerauer et al. zu Beginn der siebziger Jahre in Marseille, gut dokumentiert durch /Clocksin, Mellish 84/).

Wenn hier von KI die Rede ist, geht es in erster Linie um Fragen der Arbeitsweise (Programmiermethodik) sowie um die Verwendung abstraktionsfähiger Programmiersprachen für die Spezifikation und Implementierung von interaktiven Benutzerschnittstellen. Bestimmte Anwendungen wie z. B. Expertensysteme oder Parser für natürliche Sprachen werden in diesem Zusammenhang nicht berücksichtigt. Dementsprechend soll auch die tiefere Bedeutung des Begriffs *KI* (an sich eine unglückliche Übernahme aus dem Englischen) hier nicht weiter thematisiert werden.

Die im Bereich der KI vorherrschende Programmiermethodik ist durch ein experimentelles Vorgehen in einer interaktiven Programmierumgebung gekennzeichnet, wobei typischerweise bereits Teillösungen und erste Ansätze in lauffähige Programme umgesetzt werden. Sandewall bezeichnet diese Methode der Softwareentwicklung als *strukturiertes Wachstum* (structured growth) und charakterisiert sie folgendermaßen:

> „An initial program with a pure and simple structure is written, tested, and then allowed to grow by increasing the ambition of its modules. The process continues recursively as each module is rewritten. The principle applies not only to input/output routines, but also to the flexibility of the data handled by the program, the sophistication of deduction, the number and versatility of the services provided by the system, etc. The growth can occur both 'horizontally', through the addition of more facilities, and 'vertically' through a deepening of existing facilities and making them more powerful in some sense." /Sandewall 78/

Eine solche Vorgehensweise entspricht offensichtlich in hohem Maße den Erfordernissen des **Rapid Prototyping**. Darüberhinaus lassen sich daraus konkrete Anforderungen an Programmier- bzw. Entwicklungsumgebungen ableiten: So sollte die verwendete Programmiersprache eher problem- als maschinenorientiert sein und einen inkrementellen Arbeitsstil (Programmieren als Spracherweiterung) unterstützen. Außerdem sollte die Programmierumgebung komfortable Möglichkeiten für die Fehlersuche und -korrektur *(Debugging)*, das Verfolgen der Programmabarbeitung *(Trace)* sowie für das Editieren komplexer Programmstrukturen (z. B. durch *Browser*) bereitstellen.

Programmierumgebungen aus dem Bereich der KI erfüllen diese Anforderungen in unterschiedlicher Weise, wobei die verschiedenen Schwerpunkte vor allem durch die zugrundeliegende Sprache sowie hinsichtlich der E/A-Möglichkeiten auch durch die Basishardware bestimmt sind. Besonders günstige Voraussetzungen bieten spezielle Arbeitsplatzrechner, die bereits hardwaremäßig für den Betrieb mit KI-Sprachen und entsprechende Umgebungen ausgelegt sind (siehe Abschnitt 14.5).

14.4.2 Sprachen und Programmierstile der KI

Die verschiedenen Programmiersprachen der KI haben gewisse Eigenschaften gemeinsam, die zum einen mit einem hohen Abstraktionsniveau der Programmrepräsentation, zum anderen mit der Unterstützung des von Sandewall beschriebenen Arbeitsstils (s. o.) zusammenhängen. Ein Vergleich der Sprachen LISP, Prolog und z. B. ObjTalk als Vertreter des objektorientierten Ansatzes ergibt folgende Gemeinsamkeiten:

- Vordefinierte dynamische Datenstrukturen (Listen),
- Sprachmittel zur Beschreibung symbolischer Ausdrücke (LISP: S-expressions, Eigenschaftslisten; Prolog: Terme i. S. der Logik),
- Flexible, hochstehende Kontrollstrukturen (LISP: rekursive Funktionen, Prolog: automatisches *Backtracking* und *Unifikation*, objektorientierte Systeme: Methodenvererbung und *message passing),*
- Äquivalenz von Daten und Programmen, insbesondere die Möglichkeit, zur Laufzeit Programmcode zu erzeugen und zu evaluieren,
- Verzicht auf Typdeklarationen sowohl für Argumentparameter als auch sonstige Datenstrukturen *(Typfreiheit),*
- Unterstützung der Programmentwicklung durch einen Interpreter, dadurch interaktiver Arbeitsstil nach dem Prinzip des *Programmierens als (inkrementelle) Spracherweiterung* sowie gezielte Fehlermeldungen und andere *Debugging*-Hilfen zur Laufzeit.

Die genannten Sprachen beruhen jedoch auf drei völlig unterschiedlichen *Verarbeitungsmodellen* /Stoyan 87/. Ein solches Verarbeitungsmodell entspricht einem Grundprinzip, nach dem die in der jeweiligen Sprache geschriebenen Programme funktionieren. Es ist nicht identisch mit der technischen Spezifikation des Interpreters, sondern ein gedankliches Modell, wie es der Programmierer verwendet und das beim Entwurf der Sprache ursprünglich zugrunde gelegt wurde. Bei den Sprachen der KI ist dies typischerweise ein mathematisch begründetes formales System.

Im Falle von LISP handelt es sich um den Funktionskalkül *(Lambda-Kalkül)*. Prolog beruht auf einer Teilmenge der Prädikatenlogik *(Horn-Klausel-Logik)*. Weniger gut definiert sind die formalen Grundprinzipien der objektorientierten Programmierung; die gelegentlich angeführte Theorie der Verbände erklärt nur einige Teilaspekte.

Funktionale Programmierung mit LISP
Von den hier betrachteten Sprachen bzw. Sprachfamilien ist LISP die flexibelste, aber auch die mit dem niedrigsten Abstraktionsniveau. LISP legt den Programmierer nicht auf einen bestimmten Programmierstil fest; so ist es möglich *maschinennahe* FORTRAN-Programme nahezu eins-zu-eins in LISP zu übertragen. Typisch für LISP ist jedoch der höher abstrahierte *funktionale* Programmierstil: Im Extremfall wird dabei auf die Verwendung freier Variablen vollständig verzichtet, d. h. Variablen treten nur als Argumente von Funktionen auf. Komplexe Programme entstehen dann allein durch die Zusammensetzung (Komposition) von Funktionen, wobei Schleifenkonstruktionen durch rekursive Funktionsaufrufe dargestellt werden. Rein funktionale Programme entsprechen dem zugrundeliegenden mathematischen Modell und sind daher besonders gut formal verifizierbar (vgl. dazu /Backus 78/).

Die Vorteile von LISP liegen zum einen natürlich in der Flexibilität und Offenheit der Sprache, zum anderen aber im (technischen) Komfort der für LISP verfügbaren Programmierumgebungen. Häufig bildet LISP die Basis einer Systemumgebung, auf der dann je nach Abstraktionsbedarf höhere Sprachebenen aufgesetzt werden. Verschiedene Entwicklungswerkzeuge für Expertensysteme wie etwa die Systeme BABYLON oder KEE verwirklichen bereits einen solchen hybriden Ansatz, indem sie auf LISP-Basis Komponenten für objektorientiertes wie auch regel- oder logikorientiertes Programmieren anbieten.

Logisches Programmieren mit Prolog

Im Falle von Prolog ist das zugrundeliegende logische Verarbeitungsmodell besonders konsistent verwirklicht. Die Standardform einer Prolog-Regel ist:

p(X1, ..., Xn) : – cond-1(...), ..., cond-m(...).

Dabei stehen p sowie die cond-i für Prädikate, die Variablen, atomare Symbole oder Listenstrukturen als Argumente haben können. Die Interpretation einer solchen *Klausel* ist: Das Prädikat p(..) ist wahr, wenn die Konjunktion aller cond-i(..) wahr ist. Ein Prolog-*Programm* ist nichts anderes als eine Ansammlung von Klauseln. Klauseln, deren Bedingungsteil leer ist gelten grundsätzlich als wahr und werden als Fakten bezeichnet.

Ein Prolog-Interpreter arbeitet als *Beweiser* nach dem Prinzip der Rückwärtsverkettung, indem er versucht, gegebene Hypothesen oder Anfragen *(queries)* auf in der Datenbasis abgesichertes Wissen zurückzuführen. Dabei wird automatisch eine Tiefensuche *(depth-first search)* mit *Backtracking* durchgeführt. Das ebenfalls standardmäßige *Unifikationsverfahren* sorgt für einheitliche Ersetzung der auftretenden Variablen auch in komplexen symbolischen Ausdrücken. Durch automatisches *Backtracking* und *Unifikation* werden Lösungen formaler Probleme in Prolog besonders gut unterstützt und erheblich verkürzt. Als einfaches Beispiel mag die Definition eines zweistelligen Prädikates *element(<E1>,<Liste>)* dienen:

element (X1, [X1 | X]).

element (X1, [X2 | X]) : – element (X1, X).

Die erste Klausel ist ein Faktum mit den Variablen X1 und X als Argumenten: X1 ist Element jeder Liste, die X1 als erstes Element enthält. Dabei wird die Listenstruktur durch das Muster [<erstes Element> | <Restliste>] analytisch beschrieben. Die zweite Klausel stellt eine rekursive Regel dar: X1 ist Element einer Liste, wenn es Element der Restliste (ohne das erste Element) ist.

Man bezeichnet den für Prolog typischen Programmierstil auch als *deklarativ*. Damit soll ausgedrückt werden, daß nicht Berechnungsverfahren für bestimmte Problemlösungen angegeben werden, sondern daß vielmehr Relationen zwischen verschiedenen Größen spezifiziert werden, deren Erfüllbarkeit und ggf. mögliche Lösungen *das System*, d.h. der Prolog-Interpreter, dann automatisch ermittelt. Der deklarative Ansatz eignet sich besonders für logisch-analytische Probleme, z. B. die Analyse sprachlicher Ausdrücke *(Parsing)*. Bei Problemen, die nicht in das logik-orientierte Verarbeitungsmodell passen, wie etwa bei der Darstellung grafischer Seiteneffekte, kommt man jedoch auch in Prolog nicht ohne ein prozedurales Verständnis des Programmablaufs aus.

Hinsichtlich der Eignung für die Prototypentwicklung von Benutzerschnittstellen kann man folgende Eigenschaften von Prolog konstatieren:

– Formale Dialogsprachen – etwa definiert durch Grammatiken – lassen sich sehr leicht in Prolog beschreiben und auf diese Weise auch implementieren.

– Prolog ist das Werkzeug der Wahl für die (prototypische) Realisierung von natürlichsprachlichen Schnittstellen und Datenbankabfragesprachen.

– Prolog-Umgebungen bieten bisher nur wenig Unterstützung im Bereich der E/A-Funktionalität, insbesondere bei Graphik.

– Die verfügbaren Programmierhilfen (Editoren, *Debugger*, *Tracer*) sind derzeit nicht so komfortabel wie bei komplexen LISP-Systemen.

Objektorientierte Programmiersysteme

Objektorientierte Systeme beruhen auf den Prinzipien der Datenabstraktion durch hierarchische Klassenbildung und des Nachrichtenaustauschs (*message passing*) als Kontrollstruktur. Die beiden Prinzipien sind jedoch nicht voneinander abhängig; vor allem findet man Systeme, die den Aufbau einer Klassenhierarchie aber nicht das *message passing* unterstützen (z. B. *flavors* in Zeta-LISP). Prinzipiell wäre es aber auch möglich, *message passing* ohne Klassenbildung zu realisieren.

Alle in einer objektorientierten Systemumgebung vorkommenden Daten oder Funktionen sind entweder selbst Objekte oder an Objekte gebunden. Eine Objektbeschreibung besteht aus einer Menge von *slots* (Eigenschaftsnamen), denen entweder unmittelbar ein Wert oder aber eine Methode (Funktion) zur Berechnung des jeweiligen Wertes zugeordnet ist. Im einfachsten Fall entspricht dies einem *record* in Pascal oder einer *property list* in LISP.

14.4 Werkzeuge und Methoden aus dem Bereich der KI

Klassen sind spezielle Objekte, die verwendet werden, um die Eigenschaften einer ganzen Menge von Objekten zu spezifizieren. Durch die Klassendefinition sind alle *Slot*-Namen und zugehörigen Methoden sowie ggf. Voreinstellungen (*defaults*) einzelner Werte für die zu der Klasse gehörigen Objekte festgelegt. Die Klassen selbst sind bezüglich einer Relation *Superklasse* (bzw. invers dazu: *Subklasse)* hierarchisch geordnet. Eigenschaften, die in einer Superklasse definiert sind, werden sukzessive an die Subklassen vererbt. Auf diese Weise ist es möglich, immer komplexere Datenobjekte durch Verfeinerung vorhandener zu definieren. Verschiedene Systeme unterscheiden sich darin, ob eine Klasse nur eine oder ggf. mehrere Oberklassen haben kann, deren Eigenschaften dann sozusagen *gemischt* werden. Im Falle mehrer Vererbungslinien spricht man auch von *heterarchischer* Vererbung. SMALLTALK (s. /Goldberg, Robson 83/) ist in diesem Sinne rein hierarchisch, während ObjTalk (s. /Rathke, Laubsch 83/) und LOOPS (s. /Bobrow, Stefik 83/) eine Klassenheterarchie zulassen. Abb. 14-4 zeigt ein Beispiel für das LOOPS-System.

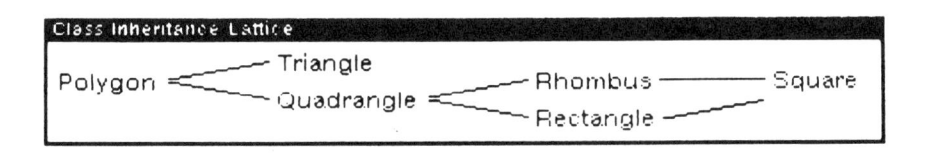

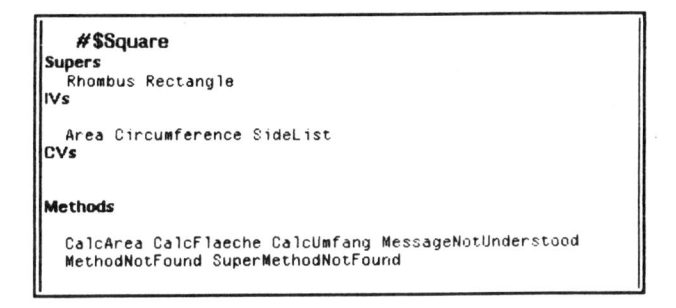

```
Class Inheritance Lattice
                 ┌─ Triangle
    Polygon ─────┤                ┌─ Rhombus ──────── Square
                 └─ Quadrangle ───┤
                                  └─ Rectangle
```

```
#$Square
Supers
   Rhombus Rectangle
IVs

   Area Circumference SideList
CVs

Methods
   CalcArea CalcFlaeche CalcUmfang MessageNotUnderstood
   MethodNotFound SuperMethodNotFound
```

Abb. 14-4. Klassenheterarchie und Klassendefinition in LOOPS

Das Prinzip des *message passing* stellt einen uniformen Kontrollmechanismus dar, der auch intuitiv leicht verständlich ist : Objekte kommunizieren über Nachrichten miteinander, wobei durch eine Nachricht ein *Slot* adressiert wird, dessen Wert dann zurückgemeldet wird. Das Aktivieren eines *Slots* kann natürlich auch weitere Folgewirkungen (d. h. zunächst weitere Nachrichten) auslösen. Das allgemeine Format einer solchen Nachricht sieht so aus:

(ask <Object> <Slot-Selector> <Parameter>*)

Benutzereingaben in einer objektorientierten Umgebung entsprechen dem gleichen Schema, d. h. der Benutzer sendet Nachrichten an bestimmte Objekte. Der folgende Beispieldialog in der LOOPS-Umgebung mag dies illustrieren.

Beispiel

(←$Rectangle New 'R1)
;Diese Nachricht veranlaßt die Klasse der Rechtecke *($Rectangle)* eine neue Instanz *(R1)* zu erzeugen. ← steht in LOOPS für *ask*. *New* ist eine universelle Methode, über die jede Klasse verfügt und die dazu dient, neue Objekte des entsprechenden Typs zu generieren.

(←@ $R1:SideList '(10 20))
;Der Slot *SideList* des Objekts R1 erhält den Wert (10 20). ←@ ist eine Abkürzung für *ask* in Kombination mit einem *setvalue*-Selektor.

(← $R1 CalcArea)
;Die Anwendung der entsprechenden Methode zur Flächenberechnung ergibt den Wert 200. ❑

New und *CalcArea* sind Beispiele für *universelle* oder *generische* Methoden, *New* gilt für alle Klassen, *CalcArea* für alle Polygone. Obwohl die Flächenberechnung für die verschiedenen Typen von Vielecken prozedural unterschiedlich erfolgt, kann doch in allen Fällen der gleiche *Slot*-Selektor verwendet werden, da die spezifische Berechnungsprozedur eine lokale Eigenschaft der Objekte ist. Eine Typüberprüfung ist also nicht erforderlich. Typische Beispiele für generische Methoden, die – trotz unterschiedlicher Realisierung – für eine große Klasse von Objekten gelten, sind z. B. *Löschen* und *Kopieren*.

Die Eingabe von Nachrichten durch den Benutzer wird dadurch erleichtert, daß auf dem Bildschirm Interaktionsobjekte (z. B. Piktogramme oder Menüs) angezeigt werden, die durch Selektion mit einem Zeigeinstrument aktiviert werden können und daraufhin entsprechende Nachrichten auslösen. Auf diese Weise können beliebig komplexe logische Eingabegeräte in einer objektorientierten Programmierumgebung realisiert werden (vgl. /Herczeg 86/). Wenn von *objektorientierten Benutzerschnittstellen* die Rede ist, bezieht sich das allerdings häufig nur auf diese Oberflächeneigenschaft nicht aber auf die zugrundeliegende Implementierung.

Die Datenabstraktion durch Klassenbildung sowie die einfache Realisierung generischer Methoden und logischer Eingabegeräte lassen den objektorientierten Ansatz für die prototypische Entwicklung von Benutzerschnittstellen als besonders geeignet erscheinen. Gewisse Nachteile sollten jedoch auch beachtet werden:

– Anders als beim funktionalen oder logischen Programmieren gibt es kein einheitliches formales Modell für die objektorientierte Sprachfamilie. Dies hat dazu geführt, daß immer wieder neue Sprachmittel in objektorientierte Systeme eingeführt wurden und die Systeme so immer umfangreicher wurden. Dabei ist vielfach nicht klar, welche der neu eingeführten Konstrukte redundant und welche wirklich notwendig sind.

– Die Klassenhierarchie spiegelt nicht die *ist-Teil-von*-Relation wieder, die hauptsächlich die Komplexität von Systemen ausmacht. Die beispielsweise in einem Bürosystem vorkommenden Objekte wie Ablagemappen, Text- und Graphikdokumente, Textseiten oder einzelne Graphikobjekte sind eben nicht fortlaufende Spezialisierungen eines bestimmten Objekttyps, sondern Teile einer größeren Einheit mit einer jeweils eigenen Struktur.

14.5 Programmierumgebungen auf LISP-Maschinen

LISP-Maschinen sind Spezialrechner, deren Systemsoftware und teilweise auch Hardware für den Betrieb von LISP optimiert ist. Es handelt sich dabei um leistungsfähige Einplatzsysteme, hardwaremäßig in etwa vergleichbar mit der neuen Klasse der UNIX-Arbeitsplatzrechner mit 32 Bit-Prozessoren. Anders als bei UNIX-Rechnern sind bei der LISP-Maschine jedoch alle Betriebssystemfunktionen wie auch Ein-/Ausgabefunktionen in die LISP-Umgebung integriert. Damit können Erweiterungen und Veränderungen auf der Systemebene unmittelbar in LISP vorgenommen werden – LISP ist sozusagen Maschinensprache.

Der Vorteil einer LISP-Maschine gegenüber einem LISP-System auf einem konventionellen Rechner (z. B. Mini im *time-sharing*-Betrieb oder PC) liegt in der Kombination von leistungsfähiger Hardware und auf LISP-Basis integrierter Systemsoftware. Der Sprachumfang einer LISP-Maschine unterscheidet sich dabei nicht wesentlich von dem komplexer LISP-Dialekte wie z. B. NIL für VAX-Rechner. Allerdings können solche umfangreichen Systeme auf konventionellen Rechnern nicht effizient betrieben werden.

Im Bereich der E/A-Funktionalität gehören Rastergraphik und entsprechende Bitmap-Operationen, die Integration eines Zeigeinstrumentes (i. d. R. eine *Maus*)

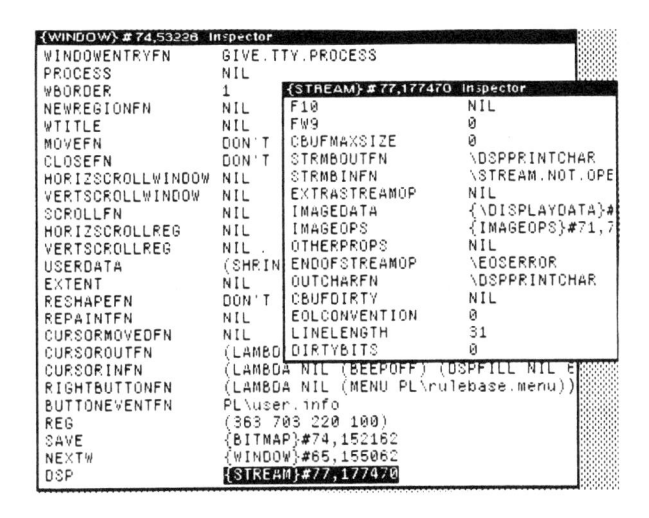

Abb. 14-5: INTERLISP-D-Inspector

sowie eines Fenstersystems zur Standardausstattung einer LISP-Maschine. Die z. Zt. marktgängigen Systeme unterscheiden sich allerdings hinsichtlich Einheitlichkeit und Funktionsumfang – insbesondere was das Fenstersystem angeht.

Die folgenden Beispiele sind der INTERLISP-D-Umgebung entnommen. Das INTERLISP-D-System läuft auf Maschinen vom Typ Xerox 1108 (bzw. baugleichen Siemens-Systemen), die dem Entwickler standardmäßig eine konsistente Systemoberfläche bieten. Der Funktionsumgang ist jedoch geringer als etwa bei den von Symbolics angebotenen Maschinen, die dafür aber keine so einheitliche Schnittstelle zu den verschiedenen E/A-Werkzeugen aufweisen.

Die in der INTERLISP-D-Umgebung verfügbaren Programmierhilfsmittel sind selbst unter Verwendung von Fenstertechniken realisiert. So läuft die interaktive *read-eval-print*-Schleife im *Toplevel-Typescript-Window* ab. Systemmeldungen erscheinen im invers unterlegten *Prompt-Window*. Der Struktureditor *DEdit* ist ebenfalls an einen bestimmten Fenstertyp gebunden. Ein *Trace-Window* dient der dynamischen Mitschau von Funktionsaufrufen während der Programmabarbeitung. Unter Verwendung von *Inspector-Windows* können die Eigenschaften verschiedener komplexer Datenobjekte inspiziert und modifiziert werden (siehe Abb.14-5). Alle diese *Systemfenster* können vom Benutzer frei positioniert, in ihrer Größe verändert und einander überlappend gestapelt werden.

Der Editor DEdit erlaubt es, Listenausdrücke, insbesondere Funktionen in Form von Lambda-Ausdrücken, strukturiert darzustellen und zu modifizieren (vgl. Abb. 14-6). Dabei wird immer nur eine Funktion (bzw. ein sonstiger Listenausdruck) in einem Editorfenster bearbeitet. Es können jedoch mehrere DEdit-Fenster gleichzei-

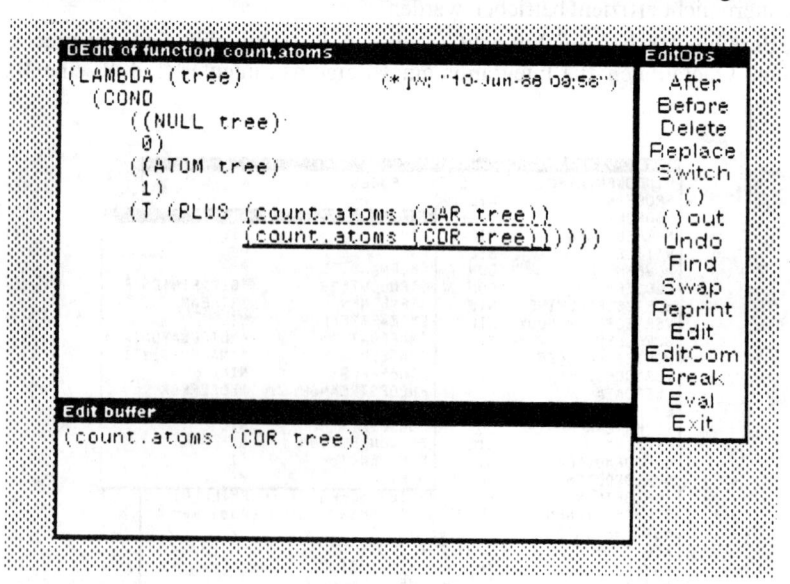

Abb. 14-6: Editieren einer Funktion mit DEdit

14.5 Programmierumgebungen auf LISP-Maschinen

tig geöffnet sein und Teilstrukturen von einem in ein anders Fenster übertragen werden. Die Interaktion mit DEdit folgt dem Prinzip der direkten Manipulation: Durch *Anklicken* mit der Maus werden Teilstrukturen selektiert und Operationen wie *Delete* oder *Replace* aus dem Editormenü aktiviert. Die Eingabe neuer Strukturen erfolgt zeilenorientiert in einem separaten Fenster *(edit-buffer)*. DEdit zeigt jeweils den aktuellen Zustand der editierten Datenstruktur. Nach Verlassen des Editors mit *Exit* ist dieser Zustand festgeschrieben.

INTERLISP-D verfügt über einen Mechanismus zur Erkennung und Korrektur von bestimmten Schreibfehlern wie Buchstabendrehern *(Beipsiel)* oder Auslassungen. Dieser Mechanismus wird als DWIM *(Do What I Mean)* bezeichnet. Je nach Voreinstellung des Systems wird ein erkannter Fehler automatisch oder erst nach Bestätigung durch den Benutzer verbessert. DWIM kann außerdem bestimmte von der LISP-Syntax abweichende Formen wie etwa Infix-Operationen in die Standardsyntax übersetzen (vgl. Abb. 14-7, speziell Zeilen 8 bis 10).

Eine weitere interessante Eigenschaft von INTERLISP-D beruht darauf, daß der Dialog im *Toplevel-Typescript-Window* intern aufgezeichnet wird. Dadurch ist es möglich, einzelne Eingabezeilen wiederholt auszuführen (REDO), rückgängig zu machen (UNDO) oder neu zu editieren (FIX).

Die INTERLISP-D-Programmierumgebung bietet selbst ein gutes Beispiel für die *moderne* Gestaltung einer Benutzerschnittstelle. Die Vorgeschichte dieses Systems reicht bis Ende der sechziger Jahre zurück und ist eng mit dem Namen *Teitelman*

```
5←(DEFINEQ (fact (LAMMDA (n)
    (cond ((zerop n) 1)
       (t (times n (facct (SUBL n]
(fact)
6←(fact 3)
LAMMDA {in fact} → LAMBDA ? yes
cond {in fact} → COND ? yes
zerop {in fact} → ZEROP ? yes
t {in fact} → T ? yes
times {in fact} → TIMES ? yes
facct {in fact} → fact ? yes
6
7←(fact 6)
720
8←(DEFINEQ (test (LAMBDA (A B) A+B*2]
(test)
9←(test 3 5)
13
10←(PP* test)
(test
    [LAMBDA (A B)        (*jw:"5-Jun-86 22:46")
       (PLUS A (TIMES B 2])
(test)
11←
```

Abb. 14-7: Wirkungsweise von DWIM im Toplevel-Dialog

verbunden. Die UNDO/REDO-Möglichkeiten sowie ein DWIM waren bereits Bestandteil von BBN LISP /Teitelman 72/. Aus BBN LISP entwickelten sich später verschiedene INTERLISP-Versionen. Die wesentlichen Ideen für die Integration direkt-manipulativer Interaktionstechniken in die Programmierumgebung wurden bereits in der zweiten Hälfte der siebziger Jahre bei Xerox PARC verwirklicht (vgl. /Teitelman 78/). Teitelman beschreibt diese Dialogtechnik wie folgt:

> „The user interacts with the system either by typing on the keyboard, or by pointing at commands or expressions on the screen, or an asynchronous mixture of the two. In particular, any material that is displayed on the screen can be selected and then treated as though it were input, i. e., typed.
>
> *The ability ... to select, i. e., point at, material currently displayed and cause it to be treated as input is extremely useful, and situations where such a facility can be used occur very often during the course of an interactive session.*"
> /Teitelman 84/

14.6 Vergleichende Gegenüberstellung verschiedener Werkzeuge

Die Vergleichstabelle (Tab. 14-1) soll einen Überblick über die Eigenschaften der verschiedenen Werkzeuge für die prototypische Realisierung von Benutzerschnittstellen vermitteln. Wie bereits festgestellt, sind die oberflächenorientierten Werkzeuge nur begrenzt sinnvoll einsetzbar, etwa für Demonstrationszwecke im Vorfeld einer Systementwicklung. Dialoggeneratoren haben gerade dort ihre Schwächen, wo die oberflächenorientierten Werkzeuge ansetzen, nämlich bei der Gestaltung der Ein-/Ausgabe. Eine Synthese beider Ansätze wäre von daher wünschenswert und dürfte auch keine prinzipiell neuen Probleme aufwerfen.

Die Stärke der Generatoren liegt bei der Dialogrepräsentation, wobei die natürliche Visualisierbarkeit von Zustands-Transitions-Netzen keineswegs bedeutet, daß diese grundsätzlich den grammatikbasierten Ansätzen vorzuziehen wären. Für den der im Umgang mit formalen Darstellungen geübt ist, schlagen Exaktheit und Kürze der formalen Darstellung als Vorteile zu Buche.

KI-Systeme zeichnen sich durch Flexibilität und hohen Programmierkomfort aus. Diese Eigenschaften gelten jedoch generell für die Programmentwicklung mit KI-Werkzeugen und nicht speziell für die Implementierung von Benutzerschnittstellen. Immerhin bieten aber z. B. LISP-Maschinen bei der Gestaltung der Ein-/Ausgabe mindestens ebensogute Unterstützung wie die oberflächenorientierten Werkzeuge. Prolog wiederum eignet sich ausgesprochen gut für die Implementierung sprachgebundener Schnittstellen.

Die Vorzüge von KI-Werkzeugen liegen jedoch nicht in erster Linie in deren Nutzen bei der Implementierung einzelner Schnittstellen, sondern vielmehr in der Möglichkeit, zunächst einmal neue Werkzeuge auf dem Basissystem aufzubauen. Dies können sowohl Generatoren als auch allgemein verwendbare Schnittstellenkomponenten (z. B. ein regelbasiertes System für automatisches Bildschirm-

Tab. 14-1: Vergleichende Übersicht verschiedener Werkzeuge für die Prototyp-Entwicklung von Benutzerschnittstellen

	KI-Werkzeuge	Generatoren i.e.S.	Oberflächenorientierte Werkzeuge
Oberflächendarstellung **Ein-/ Ausgabe**	**Prolog:** •wenig Unterstützung **LISP-Maschinen:** •gute Unterstützung •hohe Flexibilität bei relativ geringem Programmieraufwand	**SYNICS:** •kaum Unterstützung **XS-2:** •fest vorgegeben, daher unflexibel, aber kein Programmieraufwand	•eingeschränkter Gestaltungsspielraum •relativ geringer Programmieraufwand
Dialoggestaltung	**Prolog:** •sehr gute Unterstützung für sprachgebundene Schnittstellen **allgemein** •flexibel, aber ggf. hoher Programmieraufwand	**SYNICS:** •anschauliche Repräsentation **allgemein** •gute Unterstützung beim Aufbau von Kommando-Strukturen	•keine Unterstützung
Schnittstelle zur Anwendung	•undefiniert	•klar definiert •gemischte Kontrolle möglich	•Anwendungsfunktionen als Subroutinen oder: •aufwendige Verwaltung der Oberflächen-Datenstrukturen durch die Anwendung

Layout oder ein aktives Hilfesystem) sein. Gegenwärtig geht man davon aus, daß dabei je nach Problemstellung unterschiedliche Sprachkonzepte zum Einsatz kommen, daß es sich also um hybride Systeme handeln wird. Ein interessantes Beispiel für einen solchen Ansatz ist das bei der GMD entwickelte Werkzeug *X-AiD* (s. /Kellermann, Finke, Hein 87/), das auf LISP-Basis sowohl objektorientierte als auch regelbasierte Komponenten vereinigt.

Den KI-Systemen kommt eine besondere Bedeutung bei der Realisierung sogenannter **adaptiver Benutzerschnittstellen** zu. Eine Schnittstelle gilt als adaptiv, wenn sie sich – z. B. hinsichtlich der Kommandostruktur oder der Informationsdarbietung – an die im jeweiligen Kontext vorliegenden Benutzeranforderungen anpaßt. Dies setzt voraus, daß das System über ein internes Modell von möglichen Aufgabenkontexten und Benutzereigenschaften verfügt (zur Problematik von *Benutzermodellen* (vgl. den Beitrag von /Herrmann, in diesem Band/). Für die computerorientierte Darstellung solcher Modelle bieten sich verschiedene im Bereich der KI entwickelte Techniken der *Wissensrepräsentation* an.

Adaptive Benutzerschnittstellen sind gegenwärtig ein zentrales Thema der Forschung und keineswegs schon Realität. Unabhängig davon, ob sie letztlich überhaupt wünschenswert sind, bildet ihre Realisierbarkeit einen zentralen Prüfstein für die derzeit sehr hochgesteckten Erwartungen an den Einsatz von KI-Werkzeugen.

Literatur

/Backus 78/
 Backus J.: *Can Programming be Liberated from the von Neumann Style?*, in: Comm. ACM 21, 8/1978, pp. 613-641

/Balzert et al. 85/
 Balzert, H., Hoppe, H.U., Ziegler, J.: *Fenstersysteme im Vergleich: Architektur, Leistungsfähigkeit und Eignung für die Anwendungsentwicklung*, in: Bullinger H.-J. (Hrsg.): Software-Ergonomie '85. Stuttgart: Teubner 1985, S. 42-52

/Barstow et al. 84/
 Barstow, D.R., Shrobe, H.E., Sandewall, E.: *Interactive Programming Environments*, New York:McGraw-Hill 1984

/Bobrow, Stefik 83/
 Bobrow, D.G., Stefik, M.: *The LOOPS Manual*, Palo Alto: Xerox PARC 1983

/Charniak et al. 80/
 Charniak, E., Riesbeck, D., McDermott, D.: *Artificial Intelligence Programming*, Hillsdale NJ: Erlbaum 1980

/Clocksin, Mellish 84/
 Clocksin, W.F. Mellish, C.S.: *Programming in Prolog*, 2nd Edition, Berlin: Springer 1984

/Edmonds 81/
 Edmonds, E.A.: *Adaptive Man-Computer Interfaces*, in: Coombs, M.J./ Alty J.L. (Hrsg.): Computing Skills and the User Interface, London: Academic Press 1981

/Goldberg, Robson 83/
 Goldberg A., Robson D.: *Smalltalk 80 – The Language and its Implementation*, Reading MA: Addison-Wesley 1983

/Guest 82/
 Guest S.P.: *The Use of Software Tools for Dialogue Design*, in: Int. J. Man-Machine Studies 16 1982, pp. 263-285

/Kellermann et al. 87/
 Kellermann G.M., Finke E., Hein H.-W., Thomas C.: *X-Aid – Eine wissenbasierte, anwendungsunabhängige Mensch-Computer-Schnittstelle*, in: GMD-Spiegel 1/87, S. 23-29

/Herczeg 86/
 Herczeg M. : *Eine objektorientierte Architektur für Benutzerschnitstellen*, Dissertation, Univ. Stuttgart 1986

/Hopcroft, Ullman 69/
 Hopcroft J.E, Ullman J.D.: *Formal Languages and their Relation to Automata*, Reading MA: Add.-Wesley 1969

/Hoppe 86/
 Hoppe H.U. : *Cognitive Modelling – A New Tool for User Interface Design and Evaluation*, in: Proc. of AI Europa '86, Wiesbaden 1986

/Kieras, Polson 85/
 Kieras D.E., Polso P.G.: *An Approach to the Formal Analysis of User Complexity*, in: Int.J.Man-Machine-Studies 22 1985, pp. 365-397

/McCarthy 78/
McCarthy J.: *The History of LISP*, in: Sigplan Notices 13/8,1978, pp. 217-223
/Nievergelt et al. 79/
Nievergelt J., Weydert J.: *SITES, MODES and TRAILS: Telling the User of an Interactive System Where he is, What he can do, and How to get to places*, in: Techn. Report Nr. 28. Institut für Informatik, ETH Zürich 1979
/Rathke, Laubsch 83/
Rathke C., Laubsch J.H.: *ObjTalk – eine Erweiterung von LISP zum interaktiven Programmieren*, Institut für Informatik, Universität Stuttgart 1983
/Sandewall 78/
Sandewall E.: *Programming in an Interactive Environment – The LISP Experience*, in: ACM Computing Surveys 10/1, pp. 35-71,1978, nachgedruckt in /Barstow et al. 84/, S. 31-82
/Stelovsky 84/
Stelovsky J.: *XS-2: The User Interface of an Interactive System*, Dissertation, ETH Zürich 1984
/Stoyan 87/
Stoyan H.: *Künstliche Intelligenz – Sprachen und Systeme*, in: Computer Magazin 3/87, S. 68-71
/Sugaya et al./
Sugaya H., Stelovsky J., Nievergelt J., Biagioni E.S.: *XS-2: An Integrated Interactive System*, BBC Forschungsbericht KLR 84-73C, Baden (CH)1984
/Teitelman 72/
Teitelman W.: *Automated Programming – The Programmer's Assistant*, in: Proc. of Fall Joint Comp. Conference, nachgedruckt in /Barstow et al. 84/, pp. 232-239
/Teitelman 78/
Teitelman W. : *INTERLISP Reference Manual*, Palo Alto: Xerox PARC 1978
/Teitelman 84/
Teitelman W.: *A Display-Oriented Programmer's Assistant*, in: /Barstow et al. 84/, pp. 240-287
/Wasserman 85/
Wasserman A.I.: *Extending State Transition Diagrams for the Specification of Human-Computer Interaction*, in: IEEE Transactions on Software Engineering, Vol. SE-11 (8/85), pp. 699-713

15 Partizipative Entwicklung und Einführung von Informationssystemen

Helmut Peschke

15.1 Einleitung

In der partizipativen Entwicklung und Einführung von Informationssystemen werden die hiervon betroffenen Mitarbeiter als *die* Experten *ihrer* Arbeit verstanden und am gesamten Prozeß beteiligt. Qualifizierung zur Beteiligung und zum späteren Einsatz neuer DV-Systeme ist wesentlich für das Gelingen partizipativer Vorgehensweisen.

Als Systementwicklungskonzept ist die **Partizipation** vor allem in England (z. B. /Mumford, Welter 84/) und den skandinavischen Ländern (Zusammenfassung bei /Kubicek 80/) in zahlreichen Betriebsprojekten eingesetzt worden, in Deutschland ist sie kaum über ein wissenschaftliches Vorhabenstadium hinausgekommen. Einzelne Elemente einer partizipativen Systementwicklung werden zwar in vielen Vorgehen praktiziert, doch mangelt es sowohl an einem einheitlichen Verständnis als auch einem umfassenden Konzept der Partizipation (vgl. /Wilpert, Kawalek, 88/).

Partizipation steht zwischen Mitbestimmung und Fremdbestimmung; teils wird bereits bei einseitiger Information aller Betroffenen von Partizipation gesprochen (vgl. /Heilmann 81/), teils jedoch erst bei rechtlich gesicherten Mitbestimmungsrechten (vgl. /Steinle 82/). Da partizipatives Vorgehen zumindest kurzfristig den Aufwand erhöht, legen Auftraggeber von Systementwicklungsprozessen oft weniger Wert darauf. Wegen der rechtlich ungesicherten Basis (Initiative des Arbeitgebers, jederzeitige Rücknahme möglich, etc.) ist Partizipation auch aus Arbeitnehmersicht umstritten /Kubicek, Berger 83/. Andererseits bemühen sich inzwischen fast alle Systementwickler, die Anforderungen zukünftiger Benutzer in den Entwicklungsprozeß zu integrieren und sie *zu beteiligen;* ohne das Fachwissen der späteren Benutzer kann kein anforderungsgerechtes Informationssystem entstehen.

/Duell, Frei 86/ ordnen die Beteiligung innerhalb eines Vorgehens zur qualifizierenden Arbeitsgestaltung ein, in dem bereits durch die Beteiligung selbst eine Qualifizierung der Betroffenen stattfindet (z. B. Einsicht in organisatorische und technische Zusammenhänge), die letztendlich auch zu besser angepaßten Arbeitssystemen und einer höheren betrieblichen Flexibilität führt (Abb. 15-1). Durch den Prozeß der Beteiligung werden zunächst soziale Auswirkungen erreicht, die mittelbar zur Erreichung betrieblicher und technischer Systemziele führen.

Im Rahmen der Software-Ergonomie spielt Partizipation vor allem in der Ableitung und Umsetzung software-ergonomischer Gestaltungshinweise eine Rolle. Hierbei muß beachtet werden, daß sich das sozio-technische Arbeitssystem weiterentwik-

15 Partizipative Entwicklung und Einführung von Informationssystemen

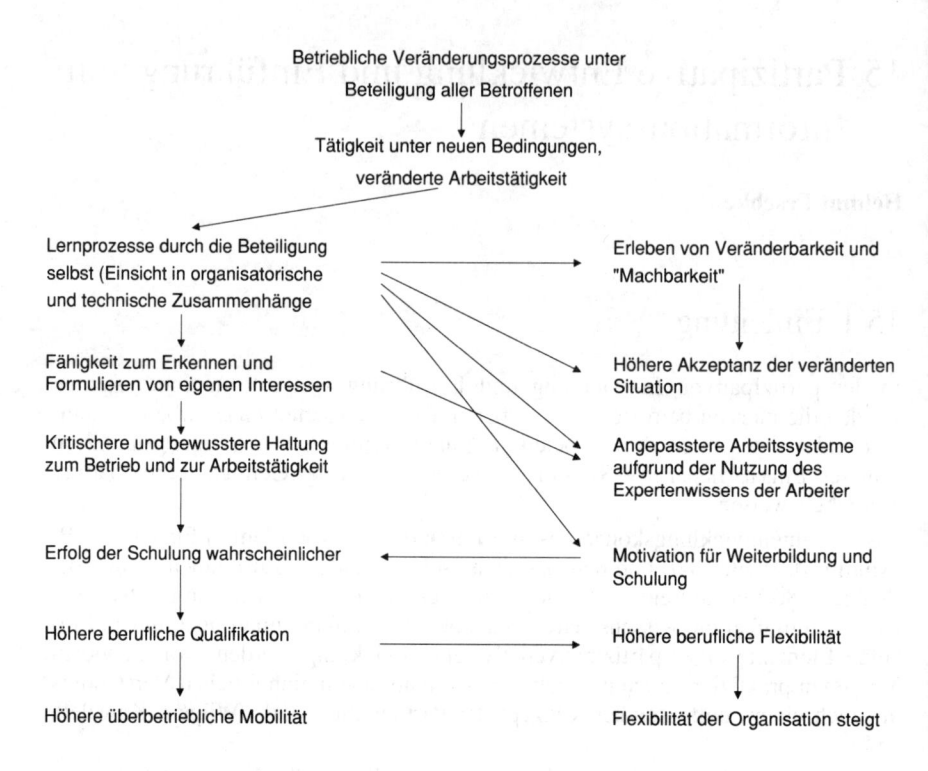

```
                    Betriebliche Veränderungsprozesse unter
                         Beteiligung aller Betroffenen
                                     ↓
                         Tätigkeit unter neuen Bedingungen,
                            veränderte Arbeitstätigkeit

Lernprozesse durch die Beteiligung           Erleben von Veränderbarkeit und
selbst (Einsicht in organisatorische         "Machbarkeit"
und technische Zusammenhänge

Fähigkeit zum Erkennen und                   Höhere Akzeptanz der veränderten
Formulieren von eigenen Interessen           Situation

Kritischere und bewusstere Haltung           Angepasstere Arbeitssysteme
zum Betrieb und zur Arbeitstätigkeit         aufgrund der Nutzung des
                                             Expertenwissens der Arbeiter

Erfolg der Schulung wahrscheinlicher    ←    Motivation für Weiterbildung und
                                             Schulung

Höhere berufliche Qualifikation              Höhere berufliche Flexibilität

Höhere überbetriebliche Mobilität            Flexibilität der Organisation steigt
```

Abb. 15-1: Auswirkungen von Beteiligung /Duell, Frei 86/

kelt, z. B. durch Lernprozesse der Benutzer, und daß sich dabei auch Anforderungen an die Gestaltung ändern. Die Gestaltung des Dialogsystems sollte während der Einführung in das Arbeitssystem fortgesetzt werden, andererseits muß auch das Arbeitssystem ganzheitlich in die Gestaltung einbezogen werden.

/Shackel 85/ benennt partizipative Gestaltung als eine von fünf notwendigen Voraussetzungen für benutzerfreundlichen Systementwurf:

User Centered Design legt die Grundlage im Sinne eines interdisziplinären Ansatzes mit Untersuchungen des Benutzerverhaltens und der Anforderungen direkt beim zukünftigen Benutzer. Zusammen mit *User Supportive Design* kann hierunter die Software-Ergonomie verstanden werden.

Participative Design meint hier die Mitarbeit zukünftiger Benutzer im Entwicklungsteam, besonders in den frühen Phasen der Entwicklung. *Experimental Design* ist das schrittweise Austesten von Prototypen oder Pilotversionen, um alternative Lösungen zu bewerten[1]. Hierbei sind alle weiteren Prinzipien der Partizipation

---
[1] Eine solche Vorgehensweise bietet sich auch zur Entwicklung von Standardsoftware an und wird von den meisten Herstellern bereits eingesetzt.

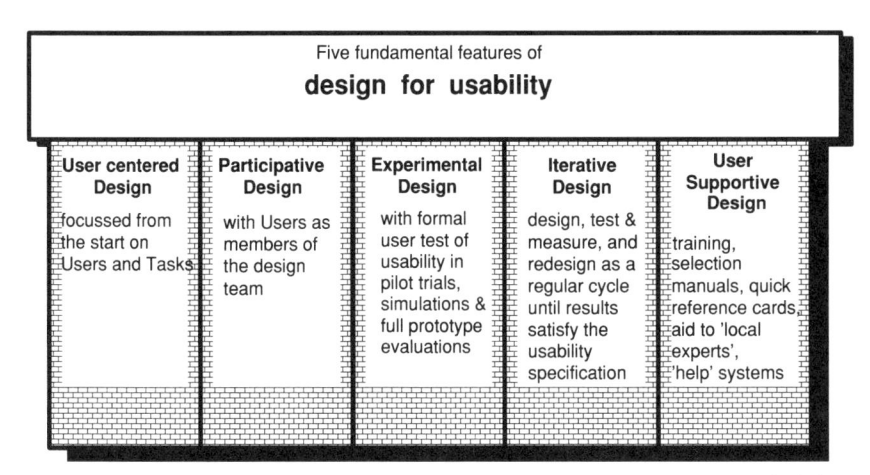

Five fundamental features of **design for usability**				
User centered Design	Participative Design	Experimental Design	Iterative Design	User Supportive Design
focussed from the start on Users and Tasks	with Users as members of the design team	with formal user test of usability in pilot trials, simulations & full prototype evaluations	design, test & measure, and redesign as a regular cycle until results satisfy the usability specification	training, selection manuals, quick reference cards, aid to 'local experts', 'help' systems

/nach Shakel 85/

Abb. 15-2: Fünf Grundlagen der Benutzerfreundlichkeit

(z. B. Qualifizierung, ganzheitliche Gestaltung, etc.) analog der Entwicklung individueller Software anzuwenden. *Iterative Design* bedeutet eine zyklische Vorgehensweise bei der eigentlichen Entwicklung und Umsetzung von Informationssystemen[2].

Damit wird deutlich, daß sich eine partizipative Entwicklung in einen umfassenden Gestaltungsansatz einordnen muß, der über die Software-Entwicklung hinaus alle Gestaltungsebenen der realen Nutzungssituation umfaßt (ganzheitliche Gestaltung) und die Beteiligung in einen zyklischen und damit reversiblen Prozeß des Vorgehens einbindet (rückgekoppelte Vorgehensweise). Zunächst werden daher im folgenden diese beiden grundlegenden Punkte diskutiert, bevor näher auf die Dimensionen und Reichweiten der Partizipation eingegangen wird. Einige Bemerkungen zur Einordnung in der Praxis und zu den dabei gewonnenen Erfahrungen beschließen die Darstellung der Partizipation.

15.2 Ganzheitliche Gestaltung

Im Bereich der Software-Ergonomie liegt mit dem IFIP-Schnittstellenmodell /Dzida 84/ eine differenzierte Betrachtung einzelner Gestaltungsebenen vor. Die Einbeziehung einer Schnittstelle des Benutzers zur Organisation wird dargestellt, kommt jedoch bei den gesetzten Schwerpunkten des Modells zwangsläufig zu kurz. Demgegenüber hat bereits /Kubicek 80/ einen umfassenden Gestaltungsansatz vorgelegt und nennt folgende Elemente einer Technikanwendung:

---

[2] bzw. bei der Auswahl und anwendungsspezifischen Gestaltung von Standardsoftware.

- die Hardware,
- die Software,
- Bedienungs- und Benutzungsregeln,
- organisatorische Regeln, und
- die Stellenbesetzung.

/Rödiger 85/ teilt die „notwendige Abfolge bei der Gestaltung von Dialogsystemen" als Fortschreiten von der äußeren zu den inneren Schalen der folgenden Abb. 15-3 ein.

Leider berücksichtigt diese Abbildung nicht die wichtige Frage der Stellenbesetzung, die im Rahmen von Einführungs- und Umsetzungsprozessen zu lösen ist und an die sich u. a. vielfältige Qualifikationsmaßnahmen knüpfen. Die dargestellte Priorität der organisatorischen Arbeitsgestaltung (vgl. hierzu den Beitrag von /Uhlich, in diesem Band/) vor der Gestaltung von Soft- und Hardware ist als Leitlinie des Vorgehens zu interpretieren, die ergänzt werden muß durch notwendige Rückkopplungen *innerer* Gestaltungsebenen zu den äußeren Schalen des Modells. Die Gestaltung der Organisation ist bei einem so komplexen Arbeitsmittel wie der DV keine werkzeug-unabhängige Frage. Ein menschengerechter Einsatz neuer Technik verlangt vielmehr eine fortwährende Überprüfung der organisatorischen Vorgaben und der Umsetzung der Gestaltungsziele in einem iterativen Prozeß (vgl. Abschnitt 15.3).

Eine Vielzahl von unterschiedlich abgeleiteten Faktoren muß berücksichtigt werden; /Bjørn-Andersen 84, S.4/ nennt psychologische, organisatorische, soziologische, ethisch-moralische und epistemologische Faktoren bei der Bildung eines effektiven Informationssystems. Partizipative Systemgestaltung verlangt daher einen mehrdimensionalen Prozeß, der verschiedene Gestaltungs*ebenen* in unterschiedlichen Gestaltungs*dimensionen* umfaßt.

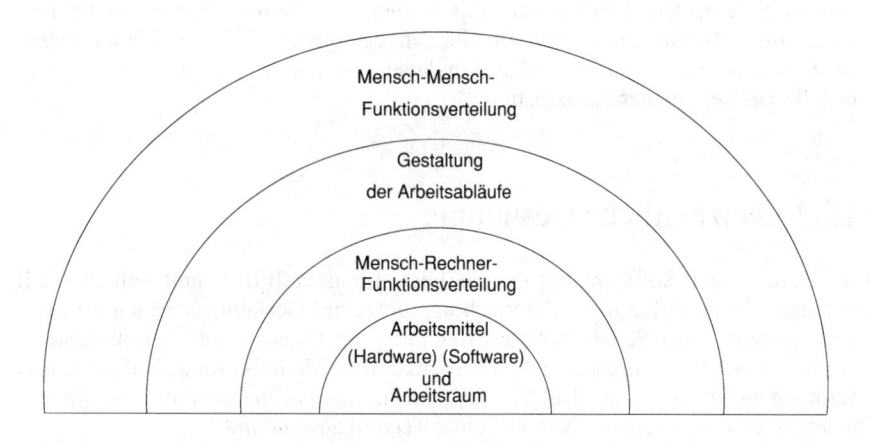

Abb. 15-3: Ebenen der Systemgestaltung /Rödiger 85/

15.2 Ganzheitliche Gestaltung 303

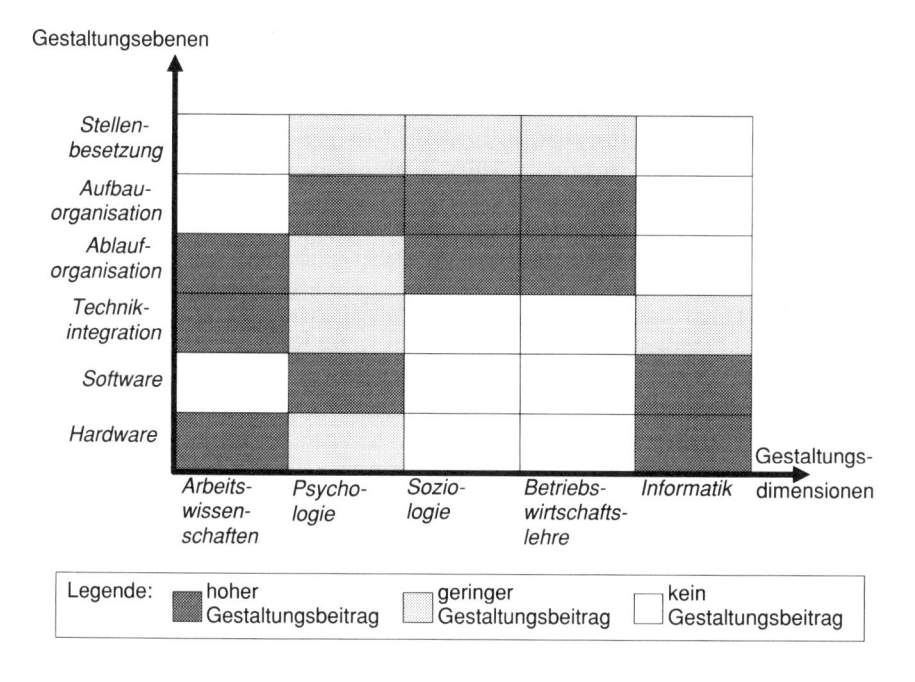

Abb. 15-4: Beiträge der Gestaltungsdimensionen zu Gestaltungsebenen

Die in diesem Rahmen zu beteiligenden Wissenschaften und deren Beitrag zu einzelnen Ebenen der Gestaltung zeigt Abb. 15-4. Erkennbar ist, daß schon aus Gründen einer umfassenden Gestaltung aller Ebenen zukünftiger Arbeitssysteme eine Vielzahl von Gestaltungsdimensionen betrachtet werden müssen.

Die Beiträge der jeweiligen Dimensionen können sich nicht gegenseitig ersetzen, da sie aus verschiedenen Sichten Erklärungen und Handlungsmodelle liefern. Es kommt daher bei einer ganzheitlichen Systemgestaltung darauf an, in der Betrachtung aller Gestaltungsebenen Methoden und Konzepte aus unterschiedlichen Dimensionen ergänzend einzusetzen. Ein Systementwickler benötigt zusätzlich zu seinen technischen Kenntnissen Wissen aus den Gebieten Arbeitswissenschaften, Psychologie, Soziologie und Betriebswirtschaften, das ihm die Anwendung entsprechender Methoden gestattet (vgl. /Duell, Frei 86/, /Oppermann, Tepper 83/, /Mumford, Welter 84/.

15.3 Rückgekoppelte Vorgehensweise

Die geschilderte Vorgehensweise unter Berücksichtigung vieler Faktoren und Gestaltungsebenen erscheint zu komplex, um sich noch analytisch umsetzen zu lassen. Zwar ist eine Vielzahl struktureller Hilfsmittel und Herangehensweisen denkbar (vgl. auch den nächsten Abschnitt), doch kann eine umfassende Gesamtsicht meist nicht vorher bestimmt werden, die gegenseitige Beeinflussung aller Gestaltungsebenen und -faktoren ist nicht vorhersehbar. Daher muß eine Vorgehensweise gefunden werden, die eine dauernde Rückkopplung der Ergebnisse in einer heuristischen Entwicklung ermöglicht. Nur so können schrittweise die Abhängigkeiten der Gestaltungsfaktoren untereinander befriedigend gelöst werden, nur in einem *lernfähigen* Prozeß ist eine sinnvolle Beteiligung der Betroffenen denkbar.

Die Fachkompetenz der zukünftigen Benutzer ist zumeist unumstritten, problematisch ist jedoch die Nutzung dieses Fachwissens und der über das eigentliche Fachwissen hinausgehenden sozialen Kompetenz der Anwender in traditionellen Vorgehensweisen der Systementwicklung. Solche *Phasenmodelle* (vgl. auch Abb. 15-6) sind zu eindimensional und sequentiell angelegt, ein schrittweises *Lernen* und Experimentieren wird nicht unterstützt und die Gestaltungsdimensionen sind meist einseitig auf technische Faktoren ausgerichtet.

Dabei haben 56% der Fehler bei der Systementwicklung ihren Ursprung in der Phase der Anforderungsermittlung (Abb. 15-5, nach /Tavolato, Vincena 84/). Dem stehen bereits 83% der Kosten für eine Beseitigung dieser Fehler gegenüber, frühe Fehler sind also besonders häufig und besonders teuer. So erklärt sich auch der hohe Anteil der Wartungskosten an den Gesamtkosten im *software-life-cycle* von 67%. Es ist also durchaus auch aus betriebswirtschaftlicher Sicht sinnvoll, durch einen höheren Aufwand in den frühen Projektphasen dazu beizutragen, kostspielige Fehler zu vermeiden.

/Boehm 83/ sieht die spätere Behebung früher Fehler als ein *Schwimmen gegen den Strom* an (Abb. 15-6). Im traditionellen Vorgehen *fällt der Entwickler wie in einem Wasserfall* von einer Phase in die folgende, Rückschritte sind nicht vorgesehen und

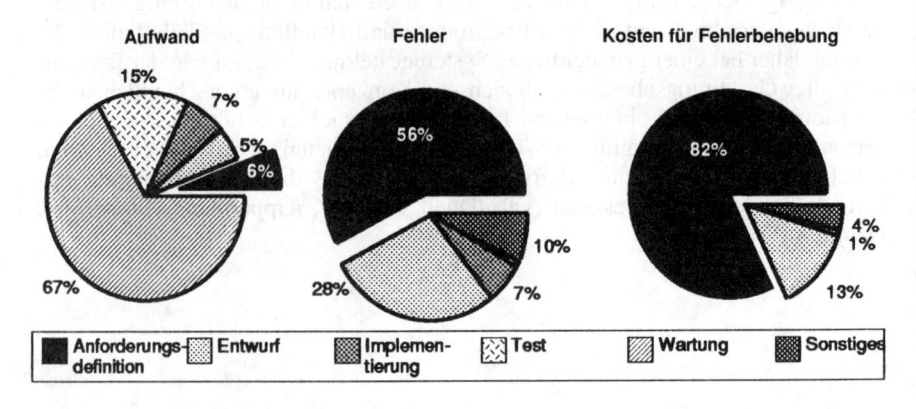

Abb. 15-5: Aufwand und Fehler einzelner Systementwicklungsphasen (nach /Tavolato, Vincena 84/)

15.3 Rückgekoppelte Vorgehensweise

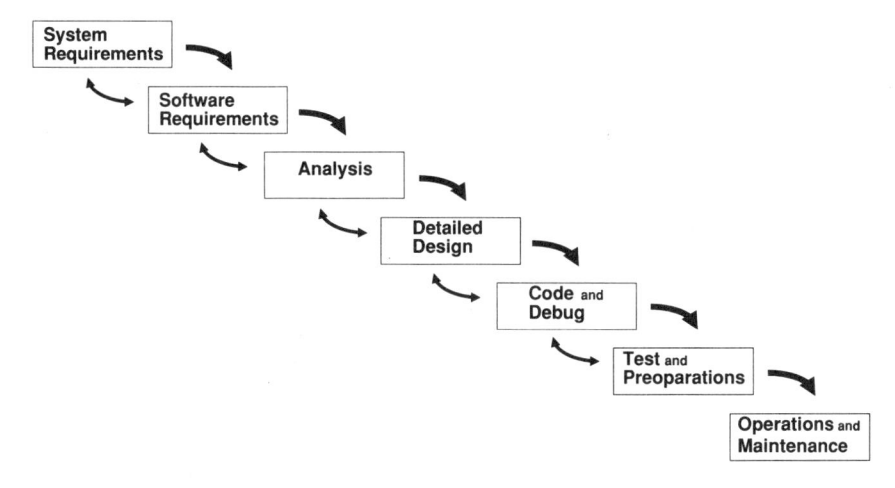

```
System
Requirements
    ↘
     Software
     Requirements
         ↘
          Analysis
              ↘
               Detailed
               Design
                   ↘
                    Code and
                    Debug
                        ↘
                         Test and
                         Preoparations
                             ↘
                              Operations and
                              Maintenance
```

Abb. 15-6: Wasserfall-Modell der Systementwicklung /Boehm 83/

führen zu hohen Kosten- und Terminüberschreitungen. So ist es durchaus möglich und durch diese Herangehensweise noch unterstützt, daß die Erkennung von Fehlern nicht zwangsläufig deren grundlegende Behebung bedeutet, um nicht in Widerspruch mit dem Projektplan zu geraten. Allerdings lassen sich beim Einsatz des Phasenmodells in der Praxis unterschiedlich rigide Vorgehensweisen feststellen, von der Sicht einer Anforderungsdefinition als *„Vertrag zwischen Benutzer und Entwickler, dessen Änderungen durch zusätzliche Kosten bewußt erschwert werden"* [3] bis zu stark sich überschneidenden Phasen, die außerdem je nach Bedarf mehr oder weniger intensiv bearbeitet werden /Peschke 86, S.45ff./.

Als Folgerung daraus muß der frühen Phase der Anforderungsermittlung mehr Aufmerksamkeit als bisher zukommen. Jedoch sind die Mittel in ihrer Wirksamkeit sehr begrenzt, eine Ausdehnung der berücksichtigten Faktoren auch auf soziale Dimensionen reicht nicht aus. Die zwischen Entwicklern und Benutzern auftretenden Kommunikationsprobleme /Klutmann 86/ und die Dynamik des Arbeitssystems selber[4] verhindern meist eine befriedigende Lösung der Probleme der Benutzer durch die Entwickler, die wiederum nur auf Initiative eines Dritten (des Auftraggebers) handeln.

Die Konsequenz aus diesen Problemen kann nur lauten, einen heuristischen, iterativ rückgekoppelten Prozeß der Systementwicklung zu verfolgen, der an der eben

---

[3] Aussage eines Org/DV-Leiters anläßlich einer Podiumsdiskussion auf der Tagung COMPAS'84.

[4] Einerseits verändert sich der Mensch im Arbeitssystem permanent und lernt besonders in der Phase der Systemeinführung wesentlich Neues dazu, andererseits hat der gesamte Systementwicklungsprozeß selber einen Veränderungseinfluß auf seine Umwelt. Für die zu ermittelnden Anforderungen ergibt sich damit eine Analogie zur Heisenberg'schen Unschärferelation: „jede Systementwicklung verändert unvermeidlich das Umfeld, aus dem heraus das Bdürfnis für das neue System entstanden ist" (nach /McCracken, Jackson 81/ S. 31)

geschilderten Bruchstelle ansetzt und eine systematische Überarbeitung des neuen Arbeitssystems unter Berücksichtigung aller Gestaltungsdimensionen ermöglicht. Ein solcher Prozeß wurde u. a. vorgeschlagen in /Horn 80/, /Floyd, Keil 83/, /Peschke 85/; weitgehend synonym verwandte Bezeichnungen dafür sind *evolutionäre Systementwicklung*, *Versionenkonzept*, *Prozeßmodell* und *Regelkreismodell*. Gemeinsam ist all diesen Vorschlägen die Einbeziehung der Betroffenen in die Bewertung eines konkreten, arbeitsfähigen Systems (bzw. einer *Version*) und die darauf aufbauende Überarbeitung, Neugestaltung und Erweiterung des Systems. Der prinzipielle Ablauf ergibt sich damit wie in Abb. 15-7 gezeigt.

Diese Entwicklung grenzt sich gegenüber den sequentiellen Phasenmodellen durch den mehrfachen Durchlauf aller Gestaltungsphasen innerhalb der Projektlaufzeit ab. Dabei beträgt die Zeit bis zur ersten arbeitsfähigen Version nicht 90-95% wie bei traditionellen Vorgehen, sondern nur 30-50% der gesamten Projektlaufzeit. Dies kann erreicht werden durch die anfängliche Reduzierung des Funktionsumfanges[5] und den Einsatz geeigneter Entwicklungswerkzeuge für eine schnelle Anwendungsentwicklung (vgl. /Peschke 86/, /Hoppe, in diesem Band/).

Zur Unterstützung der Beteiligung darf die Zykluszeit im iterativen Vorgehen jedoch nicht zu lange sein, im Idealfall sollte sie zwischen 3 und 6 Monaten betragen. Die Beteiligungsprozesse werden nur durch konkrete Erfahrungen ausreichend unterstützt, beim ersten Systemeinsatz zeigt sich auch die persönliche Betroffenheit am deutlichsten, so daß anhand der konkreten Version die Bewertungen der Betroffenen erhoben werden können.

Die begleitende Schulung darf sich nicht im Sinne einer Bedienungsschulung nur auf das systembezogene Bedienungswissen konzentrieren, vielmehr müssen übergreifende Aspekte gemeinsam erarbeitet werden. Das iterative Vorgehen ermöglicht den Benutzern das schrittweise Erarbeiten der Beherrschung des Software-Systems. dabei durchläuft der Benutzer drei Lernphasen, in denen er unterschiedlich *tief* in das System eindringt. Einer ersten Orientierungsphase (Umgang mit Tastatur und Bildschirm) folgt die Erlernung der Dialogschnittstelle und der Abbildung bisheriger Arbeitsabläufe auf die Funktionalität des neuen Systems. Erst in der dritten Lernphase verlangt die routinierte Bedienung kaum noch Aufmerksamkeit, und die bisherige Arbeitsaufgabe kann unter Einbeziehung der technischen Möglichkeiten neu strukturiert werden (vgl. /Peschke, Wittstock 1987/). Hat sich der Einsatz des ersten Systems etwas stabilisiert, muß die Überarbeitung und der zweite Entwicklungsdurchlauf erfolgen. Der Entwicklungsprozeß ist zwar nie ganz abgeschlossen, nach Umsetzung (nahezu) aller Anforderungen sollte jedoch in eine Betreuungsphase übergeleitet werden, in der nach Bedarf [6] Überarbeitungen möglich sind, vorrangig aber auf ein langfristig stabiles Einsatzkonzept geachtet wird.

---

[5] der aber immer noch einen sinnvollen Einsatz im Arbeitssystem zulassen und die durchgängige Bearbeitung einer Aufgabe unterstützen muß, es muß ein abgeschlossenes Teilsystem mit einer vollständigen Benutzerschnittstelle und sicherem Systemverhalten resultieren.

[6] z. B. durch Erfahrungsgruppen festgestellter Bedarf

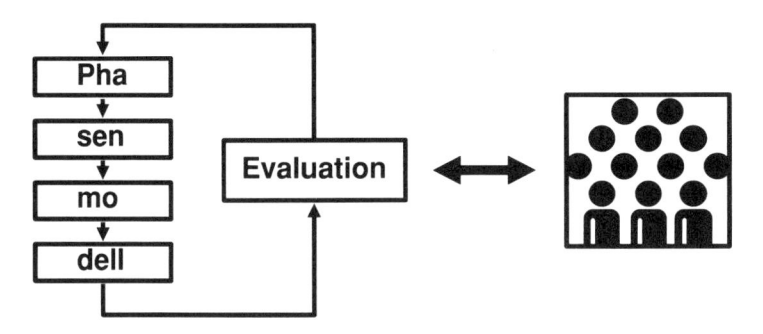

Abb. 15-7: Ablaufstruktur der rückgekoppelten Vorgehensweise

15.4 Beteiligung der Betroffenen

Die partizipative Systemanalyse beinhaltet im Gegensatz zur traditionellen Systemanalyse eine stärkere Beteiligung der vom Systemeinsatz Betroffenen am eigentlichen Entwicklungsprozeß.

Die mit dem Begriff *Partizipation* verknüpften Inhalte der Benutzerbeteiligung sind sehr vielschichtig, und reichen von der einfachen Information der Beteiligten bis zur Entscheidungsgewalt in einer Projektgruppe und als ideale Endstufe zum *autonomen Design* /Oppermann 83/.

Partizipation ist schon in der griechischen Demokratie gebräuchlich gewesen und bedeutet dort die Berücksichtigung von mehr als einer Seite von Interessen bei der Entscheidung (/Mumford 84/). Als Gründe für die Verfolgung eines partizipativen Ansatzes bei der Gestaltung von Informationssystemen werden u. a. angenommen (/Mumford 84/, S. 101):

- die Berücksichtigung des Fachwissens der Anwender,
- die Einbeziehung neuer Arbeitsträger, da Experten rar und teuer sind,
- die Akzeptanzsteigerung bei den Anwendern durch aktives Erleben des Entwicklungsprozesses, und
- die gesteigerte Bedeutung der Anwender, die heute vermehrt auch gleichzeitig Auftraggeber sind.

Eine weitere wesentliche Begründung ist die mit einem partizipativen Vorgehen verbundene Qualifizierung für die Beteiligten (vgl. Abschnitt 15.1).

Beispiele für partizipative Vorgehensweisen liegen vor allem aus dem nordeuropäischen Raum vor (vgl. /Kubicek 80/, /Mumford, Welter 84/, /Klockare 83/), in Deutschland wurden verschiedene Projekte mit Benutzerbeteiligung durchgeführt (/Oppermann, Tepper 83/, /Ehrenberg, Kaeten-Ammon, Tepper 83/, /Smolawa, Toepfer 83/, /Mambrey, Oppermann, Tepper 86/). In den USA wird Benutzerbeteiligung eher von der Seite geeigneter Werkzeuge für die Implementierung durch Benutzer gesehen, ein umfassendes Organisationsmodell (wie etwa in /Heilmann 81/)

existiert dort nicht (Beispiele in /Franz 84/, /Raynor, Speckmann 83/, /Robey, Farrow 82/).

15.4.1 Beteiligungsform

Grundsätzlich wird zwischen der direkten Beteiligung der Betroffenen an der Systementwicklung und einer indirekten Beteiligung durch Repräsentanten unterschieden.

Werden alle Benutzer an der Entwicklung gleichberechtigt direkt beteiligt, spricht Enid Mumford von einem *consensus design* (/Mumford 79, S. 222 ff./), einer Systementwicklung unter dem Harmonieansatz des gemeinsamen Konsenses aller Beteiligten.

Die repräsentative Mitwirkung (indirekte Beteiligung durch Repräsentanten) kann viele Formen der Interessenvertretung umfassen:

1. gewählte Vertreter bestimmter Benutzergruppen;
2. ausgewählte Vertreter (durch Unternehmens- und/oder Projektleitung bestimmt);
3. interessierte Benutzer, die ihre Interessen freiwillig und exemplarisch einbringen (ohne Legitimation durch eine Wahl);
4. qua-Amt bestimmte Interessenvertreter (Betriebsrat, Gewerkschaft, etc.);
5. Einsatz von Experten, Anwaltsplanung.

Die ersten drei Formen sehen die Mitarbeit tatsächlich Betroffener vor, hingegen sind in den beiden letzten Fällen Experten einbezogen, die nicht (bzw. nicht zwangsläufig) selbst Benutzer sind oder sein werden. Während jedoch Betriebsräte durch Wahlen legitimiert sind und auch Gewerkschaftsvertretern eine (wenn auch durch die Instanzen verschwommene) Legitimation zuerkannt werden muß, so agiert der Experte in der Anwaltsplanung ohne eine formale Anerkennung durch die Benutzer. Anwaltsplanung bedeutet die Schaffung eines Experten, der als Benutzeranwalt spezielle Gruppen (-interessen) vertritt und den Entwicklungsprozeß in deren Sinne zu beeinflussen sucht (vgl. /Oppermann 83/). Ein solcher Anwalt kann entweder bereits über genaue Kenntnisse der Interessenlage der Betroffenen verfügen, oder im Sinne einer Anlaufstelle herangetragene Wünsche weiterleiten. Dieses Prinzip wird sinnvoll dann angewendet, wenn eine Interessenvertretung nicht existiert und eine direkte Mitwirkung der Benutzer wenig Erfolg verspricht bzw. nicht machbar erscheint.

Im Falle der Anwaltsplanung, bei der freiwilligen Mitarbeit interessierter Betroffener und bei der Auswahl *von oben* mangelt es an der Legitimation und eventuell auch der Anerkennung durch die Basis der Betroffenen. Dagegen ist in den anderen beiden Fällen das nötige (arbeitsplatzbezogene) Sachverständnis problematisch. Generell spielt die Frage der Qualifikation der Benutzer oder ihrer Vertreter eine ausschlaggebende Rolle in der Partizipation. Nicht nur die fachlichen, arbeitsplatzbezogenen Kenntnisse sind gefordert, auch DV-Kenntnisse sind nötig, um sich an der Alternativensuche und -auswahl wirklich aktiv beteiligen zu können. Darüberhinaus ist eine Qualifikation zur Gruppenarbeit und -diskussion nötig, um die eigenen Interessen effektiv einbringen zu können.

Ein Argument dafür, daß die Frage der Legitimation nicht das entscheidende Kriterium der Benutzerauswahl sein kann, liefert /Tepper 85, S. 471/ in einer Auswertung von Befragungen innerhalb eines Partizipationsprojektes. Er kommt dabei zu dem Schluß, daß zunächst die Schnittmenge aus beteiligungsbereiten und -fähigen Betroffenen eine leere Menge sei, die nur durch Qualifizierungsmaßnahmen gefüllt werden kann.

Ergänzend zu dem Konzept der Anwaltsplanung, einer *Interessenvertretung* der Betroffenen im Entwicklungsteam, kann die Funktion eines *change-agent* eigesetzt werden. Dieser hat vor allem die Aufgabe, die Betroffenengruppe zu informieren, zu notwendigen Veränderungen zu motivieren und in allen Belangen zu unterstützen (vgl. /Helmreich 85, S. 38ff./)[7]. Hierbei kommt es vor allem auf eine vertrauensvolle Zusammenarbeit mit allen beteiligten Gruppen an, für die ein intensiver persönlicher Kontakt Voraussetzung ist. Ein *change-agent* kann intern (innerhalb der Gruppe) aber auch als externer Berater eingesetzt werden.

15.4.2 Ausprägungen der Partizipation

Partizipation kann neben der Form der Interessenvertretung nach der Ausprägung der Beteiligung unterschieden werden (vgl. Abb. 15-8). Hierbei sind vor allem drei Faktoren wesentlich:

- die Kommunikation bzw. der Informationsaustausch (in Abb. 15-8 anfangs nur einseitig, später wechselseitig zwischen Benutzern und Entwicklern);
- die Entscheidungsbeteiligung (erst ab *aktiver Mitentscheidung* gegeben);
- die Gestaltungsbeteiligung (nur bei *aktiver Partizipation* und *autonomen Design*)

Von Partizipation sollte erst dann gesprochen werden, wenn sowohl ein wechselseitiger Informationsaustausch zwischen Benutzern und Entwicklern als auch eine Entscheidungs- und Gestaltungsbeteiligung vorhanden ist. Letzteres bedeutet, daß Benutzer sowohl unpassende Systemkonzepte ablehnen (Entscheidung) als auch alternative Konzepte selbst (mit) entwickeln können (Gestaltung).

Ein Spezialfall der Partizipation ist das autonome Design, das meist als Idealfall einer *hundertprozentigen* Beteiligung angesehen wird. Hierbei ist der Benutzer gleichzeitig auch Entwickler in eigener Sache, ohne verantwortliche Beteiligung *externer* Entwickler. Ein solches Modell muß durch spezielle Werkzeuge unterstützt werden; beispielsweise leisten DV-Systeme der neuen fünften Generation, Expertensysteme, einen Beitrag in diese Richtung (vgl. /Schneider 84/). Dabei sollte allerdings beachtet werden, das die Grenzen der Gestaltbarkeit durch ein solches Expertensystem wieder vorgegeben sind.

---

[7] Eine ähnliche Aufgabe hat bei bereits installierten Systemen der Benutzerservice des Rechenzentrums, allerdings hier eher technisch orientiert.

Partizipationsausprägungen	
Keine Partizipation	Keine Vorabinformationen betroffener Benutzer über Mensch-Computer-Systeme
Information	Vorabinformationen betroffener Benutzer über Mensch-Computer-Systeme
Passive Mitgestaltung (konventioneller Entwurf)	Die Meinung betroffener Benutzer wird gehört und in unterschiedlichem Ausmass bei Entscheidungen berücksichtigt
Aktive Mitentscheidung	Die betroffenen Benutzer wirken an Entscheidungen mit, können z.B. Modifikationen erzwingen (Vetorecht)
Aktive Partizipation (Mitgestaltung und Mitentscheidung)	Die betroffenen Benutzer sind an der Gestaltung von und den Entscheidungen über Mensch-Computer-Systeme beteiligt
Autonomer Entwurf	Die betroffenen Benutzer gestalten ihre Mensch-Computer-Systeme selbst und treffen völlig autonome Entscheidungen

Abb. 15-8: Ausprägungen der Partizipation /Heilmann 81/

Ein weiterer Sonderfall liegt mit der gemischten Projektgruppe vor (nicht in Abb. 15-8 berücksichtigt). Hier werden in das Entwicklungsteam Benutzer integriert, die als Kopplungsglied zwischen Entwicklern und Benutzern agieren sollen und die Berücksichtigung der Bedürfnisse der Betroffenen sicherstellen sollen. Voraussetzung für einen Beitrag zur Gestaltbarkeit ist aber neben einer möglichst umfassenden Fachqualität eine weitgehende DV-Ausbildung. Es ergibt sich aber die Gefahr, daß der (oder die) Benutzer im Entwicklungsteam als *Kommunikations-Hilfskräfte* zwischen Entwicklern und Benutzer pendeln und letztlich von keiner Gruppe mehr als Mitglied anerkannt werden. In einer solchen gemischten Projektgruppe besitzt der Benutzer meist weder ein Entscheidungsrecht noch ist er fachlich in der Lage, in DV-technische Entscheidungen eingreifen zu können. Wegen des gewünschten Projekterfolges sollte jedoch seine Stimme einiges Gewicht besitzen und ihn von der Rolle als Datensammler und Testobjekt befreien. Soziologisch ist eine Rolle als *Vermittler zweier Welten* in beiden Hemisphären (der Entwickler und der Fachanwender) prinzipiell problematisch.

15.4.3 Inhalte der Partizipation

Neben der Beteiligungsform und der Ausprägung der Partizipation kann nach den Inhalten der Beteiligung unterschieden werden.
Heilmann gliedert nach *Ebenen der Partizipation* (/Heilmann 81, S. 130 ff./), die sich analog der Sicht einer Unternehmenshierarchie als strategische, administrative und operative Partizipationsebenen ergeben (vgl. Abb. 15-9). Aktivitäten auf der operativen Ebene bedeuten eine Aufgabenerledigung ohne Veränderung des organisatorischen und DV-technischen Systems. Im Bereich der ad-hoc-Auswertungen (Abb. 15-9) ergeben sich neue Perspektiven durch benutzerfreundliche Datenbankabfragesprachen und Expertensysteme. Üblicherweise sind auf administrativer Ebene die Inhalte von Partizipationsprojekten angesiedelt, wobei es vorrangig um Alternativenauswahl und -gestaltung geht. Die grundsätzlichen und langfristigen Ziele und unternehmenspolitischen Rahmenbedingungen werden jedoch auf der strategischen Ebene festgelegt, auf der die Teilhabe der Betroffenen selten über eine Beratungsform hinausgeht.

Da sich die Partizipation meist nur auf die effektive Umsetzung vorgegebener strategischer Entscheidungen bezieht, ohne an den Zielen und Rahmenbedingungen etwas ändern zu können, kann Partizipation auch als kosmetische Maßnahme zur Steigerung der Akzeptanz organisatorischer Änderungen aufgefaßt werden. So bezeichnen Kubicek und Berger die Benutzerbeteiligung als Maßnahme im Intersse der Arbeitgeber, während als durch die Arbeitnehmer bevorzugte Beteiligungsform die Mitbestimmung angesehen wird (/Kubicek, Berger 83, S. 27ff./; vgl. Abb. 15-10). An der Benutzerbeteiligung, die „im Rahmen des Direktionsrechts des Arbeitgebers gewährt" wird (/Kubicek, Berger 83, S. 33/), kritisieren Kubicek und Berger vorrangig die Einengung auf eine rein technische Perspektive (ohne Thematisierung der Veränderung der Arbeitsbedingungen), und die Rolle der Benutzervertreter, die durch die „Fachsprache der DV-Spezialisten verunsichert" werden und sich „als hilflose Objekte oder Geiseln" sehen /Kubicek, Berger 83,/. Die Mitbestimmung dagegen wird als gewerkschaftliches und durch basisdemokratische Wahl legitimiertes Interesse betrachtet.

Auf strategischer und überbetrieblicher Ebene ist die Mitbestimmung das erfolgversprechenste Mittel der Durchsetzung der Interessen der vom Einsatz der Informationstechnologie Betroffenen. Im innerbetriblichen Rahmen dagegen können Partizipationsvorhaben (bei für die Betroffenen akzeptabler Zielsetzung!) als willkommenes Mittel der Einbringung von Betroffeneninteressen und als effektives Mittel der Systemgestaltung gesehen werden. Überbetriebliche Regelungen der Mitbestimmung und Mitwirkung von Arbeitnehmern, wie sie im skandinavischen Raum vorhanden sind (insbesondere in Norwegen; vgl. /Kubicek 80/), könnten

15 Partizipative Entwicklung und Einführung von Informationssystemen

Partizipations-ebene	partizipationsbezogene Aufgaben	potentielle Aufgabenträger
strategische Partizipationsebene	Langfristige, globale Festlegung von Zielvorstellungen für Mensch-Computer-Systeme unter Beachtung - der Interessen aller Beteiligten, - humaner und ökonomischer Gesichtspunkte, und - sozialer, gesamtwirtschaftlicher und technologischer Trends. Ergänzung der Zielvorstellungen um ihrer Realisierung dienende Vorhaben, deren Reihenfolge und Innovationszeiten, und erforderliche Resourcen.	Gremium auf Geschäftsleitungsebene mit Repräsentanten von - Geschäftsleitung, - Führungskräften aus den Unternehmensbereichen, - Benutzern, - Betriebsrat, - Spezialisten, Experten.
administrative Partizipationsebene	Detaillierung der globalen Zielvorstellungen aus der strategischen Ebene	
	1. übergreifende Alternativenentwicklung und -auswahl zu - DV-Rahmenplanung, - Grundsätzen der Systemanalyse, -entwicklung, -einführung und -pflege, - bereichsübergreifenden und anderen grossen projekten mit Subprojektbildung.	eine oder mehrere verbundene Gremien mit Repräsentanten von - Führungskräften aus den Unternehmensbereichen, - Benutzern, - Betriebsrat, - DV-Spezialisten, - anderen Spezialisten und Experten.
	2. Steuerung und Kontrolle laufender Projekte zu einzelnen Mensch-Computer-Systemen.	Lenkungsgremium je Projekt (Zusammensetzung wie bei 1.)
	3. Gestaltung einzelner Mensch-Computer-Systeme.	Projektteam je Projekt/Subprojekt mit - Org/DV-Spezialisten, und/oder - Benutzern oder deren Repräsentanten
operative Partizipationsebene	1. Arbeiten mit dem Mensch-Computer-System unter Ausnutzung eingebauter Handlungs- und Entscheidungsspielräume	Benutzer
	2. Ad-hoc-Auswertungen im Rahmen des Systems	Benutzer und/oder Spezialisten

Abb. 15-9: Ebenen der Partizipation /Heilmann 81/

Benutzerbeteiligung	Mitbestimmung i.w.S (Beteiligung der betrieblichen Arbeitnehmervertretung)
Beteiligt werden einige der Beschäftigten, die später mit dem System arbeiten sollen (individuelle Beteiligung).	Beteiligt werden Betriebs- bzw. Personalräte (repräsentative Beteiligung).
Basis sind generelle oder einzelfallbezogene, schriftlich oder mündlich vorgegebene organisationsinterne Regelungen (Regelungen durch den Arbeitgeber kraft Direktionsrecht, d.h. von Arbeitnehmerseite nicht zustimmungspflichtig und vom Arbeitgeber jederzeit widerrufbar).	Basis sind gesetzliche Vorschriften und/oder tarifliche oder betriebliche Vereinbarungen zwischen Arbeitgeberverband und Gewerkschaften bzw. Arbeitgeber und betrieblicher Interessenvertretung (kollektive Regelung). Ihre Geltung und ihre Auflösung oder Veränderung bedarf eines gesetzgeberischen Aktes bzw. der Zustimmung beider Vertragsparteien.
Die Initiative geht vom Arbeitgeber aus.	Die Initiative geht von der gewerkschaftlichen bzw. betrieblichen Arbeitnehmervertretung aus.
Gründe und Zweck liegen in der Abhängigkeit des Arbeitgebers vom Erfahrungswissen der Beschäftigten und von ihrer Akzeptanz des Systems	Gründe und Zweck liegen in der Ausweitung des Prinzips des Arbeitnehmerschutzes, das die Arbeits- und Sozialordnung im Kapitalismus seit der Industrialisierung bestimmt.

Abb. 15-10: Vergleich Partizipation – Mitbestimmung /Kubicek, Berger 83/

beide Aspekte verbinden und die Partizipation in einen entscheidungsrelevanten Rahmen für die Betroffenen stellen. Beide Instrumente sollten also eher als sinnvolle Kombination denn als Gegensatz gesehen werden. Partizipationsvorhaben müssen durch die Wahrnehmung der Mitbestimmungsrechte ergänzt werden und können andererseits auf administrativer und operativer Ebene zusätzlich Einflußmöglichkeiten für die Betroffenen eröffnen.

Weitere Probleme der Beteiligung diskutieren /Mambrey, Oppermann 85/, die als ungelöste Problembereiche vor allem die folgenden Punkte sehen:

- Die Problemvermittlung, beispielsweise die Methoden und die Organisation der Kommunikation zwischen Entwicklern und Betroffenen, wobei die Sichtweise der Rolle eines Betroffenen durch die Entwickler bedeutsam ist. Diese können die Betroffenen als Gegner, als Korrektiv, als Partner oder nur als Adressat von Leistungen ansehen.
- Die Rückkopplungsprozesse, die inhaltlich und organisatorisch völlig offen sind.
- Die Antizipation, d. h. die Vorstellung der Anforderungen und der Auswirkungen auf die Betroffenen.
- Der Prozeß der Auswahl und Entscheidung.
- Die Transformation der Ziele und Planung in Ergebnisse und Wirkungen.
- Die Einführung und Qualifizierung der Betroffenen.

Mambrey und Oppermann beklagen vor allem, daß die in zahlreichen wissenschaftlichen Projekten gemachten Erfahrungen (eine Zusammenstellung von Projekten den GMD findet sich beispielsweise in /Oppermann, Tepper 83/) bisher keinen Eingang in die Praxis der Systementwicklung gefunden haben.

15.5 Einordnung in der Praxis

Als Beispiel für die Verwirklichung von Beteiligung in der betrieblichen Praxis sollen im folgenden zwei Projekte kurz geschildert werden, die das Arbeitswissenschaftliche Forschungsinstitut (awfi GmbH) im Rahmen des Förderprogrammes *Humanisierung des Arbeitslebens* bearbeitet hat. Dabei handelt es sich um einen umfassenden ganzheitlichen Gestaltungsansatz in einer öffentlichen Verwaltung, bei der die Entwicklung eines DV-Systems nur ein Unterpunkt in der Veränderung der gesamten Organisation ist, sowie um ein (Teil-) Projekt in einem Industrieunternehmen, in dem es um die nachträgliche korrektive Gestaltung von Benutzerschnittstellen ging (vgl. /Mielke 85/).

15.5.1 Beispiel einer Beteiligung im Rahmen von Organisationsentwicklung

Die Zielsetzung im Rahmen des Projektes *Verbesserung der Arbeitsbedingungen und des Dienstleistungsangebotes in der Handwerkskammer Hamburg durch Organisationsentwicklung* geht über einen traditionellen, eingegrenzten Ansatz der Systemgestaltung hinaus. Trotz einer anfänglichen Zielsetzung (u. a. Humanisierung der Arbeit in der Kammer und in den Handwerksbetrieben, Stärkung des Dienstleistungsangebotes der Kammer, Einsatz moderner Bürotechnologie, Entwicklung betrieblicher Anpassungsmaßnahmen) fand eine Zieldefinition erst im Rahmen des Projektes statt, und wird mit dem Projektfortschritt laufend überprüft und korrigiert. Richtungsweisend für das Projekt ist vor allem ein umfassendes Beteiligungskonzept, das allen Mitarbeitern der Handwerkskammmer, den Handwerksverbänden und -betrieben eine Beteiligung in allen Projektphasen ermöglichen soll.

Die *Beteiligungsform* ist dabei sehr unterschiedlich (vgl. Abb. 15-11). Im Rahmen von Gruppengesprächen zur Istaufnahme und Problemanalyse fand eine direkte Beteiligung aller Betroffenen statt (96% nahmen teil[8]). Im Projektausschuß beteiligt waren sowohl qua-Amt bestimmte Interessenvertreter (3 Mitglieder des Personalrates), als auch ausgewählte Vertreter (vor allem durch Unternehmensleitung und Personalrat bestimmt) und Experten (Begleitforschung). Die Arbeitskreise, in denen vertieft zu einzelnen Fragen gearbeitet wurde (beispielsweise Weiterbildung,

---

[8] Eine Ausnahme gab es nur im Schulungsbereich der Kammer, hier konnten nicht alle Lehrkräfte, insbesondere Honorarlehrkräfte, einbezogen werden. In diesem Bereich gab es eine repräsentative Beteiligung.

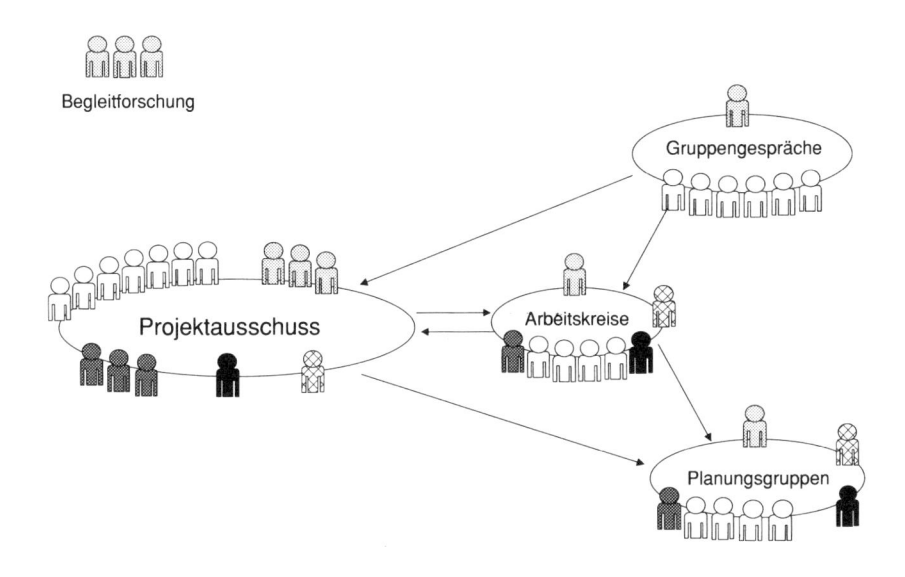

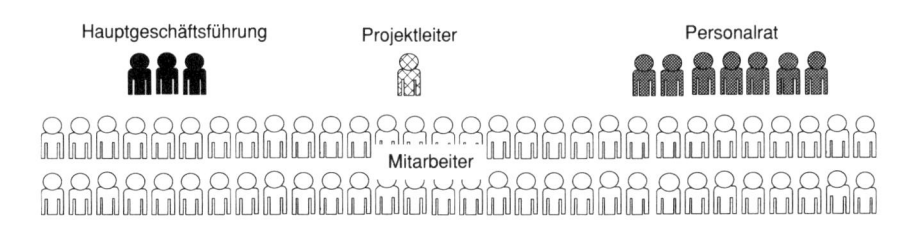

Abb. 15-11: Beteiligungsstruktur Projekt HWK-HH

DV), setzten sich aus Mitgliedern des Projektausschusses (ausgewählte Vertreter) und interessierten Betroffenen zusammen. Gleiches gilt für die Planungsgruppen, jeweils für einen Teil ein Sollkonzept zu entwickeln.

Die *Ausprägung der Partizipation* war teils aktiv basisdemokratisch (in den Gruppengesprächen und der Aufarbeitung der Ergebnisse daraus), teils aktiv repäsentativ (in allen Projektgremien). Für die Beteiligten war dabei vor allem eine Gestaltungsbeteiligung sowie informal eine Entscheidungsbeteiligung gegeben. Die Entscheidungsgewalt der organisationsüblichen Gremien war allerdings nicht aufgehoben. Da jedoch im Rahmen von öffentlicher Förderung die Zustimmung des Personalrates unabdingbar ist, ergab sich hier spätestens im Rahmen der (ergänzenden) Mitbestimmung ein Vetorecht. Die meisten Entscheidungen, die eigentlich von einem *Entscheidungsgremium*, paritätisch aus Geschäftsführung und Personalrat zusammengesetzt, getroffen werden sollten, wurden bereits im Vorfeld der Beratung abgestimmt.

Die oben genannten Probleme der Zusammenarbeit zwischen Benutzern und Entwicklern werden sich frühestens in der anstehenden Hauptphase zeigen, wenn konkrete DV-Verfahren entwickelt und eingeführt werden sollen. Die Vorgehensweise ist dabei auf eine schrittweise Umsetzung ausgelegt, als wichtigstes Konzept steht die Anforderungsdefiniton und Systemevaluation in *Feinplanungsgruppen* im Mittelpunkt der Vorgehensweise. Die Qualifizierungstrategie ist auf die persönliche Betroffenheit abgestimmt, d. h. eine zunächst zusammenhanglose *Grundqualifikation* im Vorfeld der Arbeiten wurde abgelehnt, stattdessen werden Hospitationen, Gruppenseminare, DV-Schulungen je nach Projektphase und Betroffenengruppe eingesetzt.

In der (abgeschlossenen) Vorphase war die Begleitforschung vor allem in der Rolle der Berater der Betroffenen und gab ihnen Hilfestellungen bei der Definition und Umsetzung ihrer Interessen.

Die *Inhalte der Partizipation* lagen auf allen drei Ebenen. Auf strategischer Ebene wurde beispielsweise ein Unternehmensstatut der Kammer erarbeitet, zwar vorrangig von den Führungskräften, in zahlreichen Diskussionen aber abgestimmt mit den Mitarbeitern und Mitgliedsbetrieben der Kammer. Eine Planungsgruppe entwickelte ein kooperatives Führungssystem, welches strategische Grundsätze mit administrativer Umsetzung und operativen Handlungsanweisungen verknüpft. Die laufende Zieldiskussion im Projekt kann ebenfalls als strategische Partizipation angesehen werden.

Auf administrativer Ebene wurde ein Konzept für die Ausstattung der Kammer mit DV-Unterstützung entwickelt und Grundsätze der weiteren Projektplanung und DV-Entwicklung erarbeitet. Diese wurden, wie alle anderen Planungsaktivitäten, frühzeitig mit den Betroffenen diskutiert, ein Grobkonzept der DV wurde beispielsweise auf einer *Info-Tour* allen Mitarbeitern vorgestellt. Weitere Umsetzungsvorhaben für die Hauptphase sind Änderungen der Aufbau- und Ablauforganisation, ein Planungs- und Controllingsystem und Maßnahmen im Bereich der Personal- und Organisationsentwicklung.

Auf der operativen Ebene fand bereits in der Folge der Gruppengespräche eine Umgestaltung kurzfristig lösbarer Probleme durch die Betroffenen selber statt. Für die Hauptphase steht hier die Realisierung eines im Rahmen des Führungssystems definierten weitgehend dezentralen Handlungs- und Entscheidungsspielraumes mit entsprechender Kostenverantwortung an.

Die Umsetzung der Projektplanungen ist teilweise bereits erfolgt bzw. in Bearbeitung, größere Umsetzungsvorhaben werden zur Zeit für eine Hauptphase vorbereitet.

Im Rahmen der DV-Einführung sollen die Grundlagen geschaffen werden, die dem Unternehmen die Beherrschbarkeit der neuen Technik sichern und eine Weiterentwicklung der Programme ermöglichen sollen. Es wird ein abteilungsnahes Fachbetreuer-Konzept eingerichtet, in dem Mitarbeiter aus den Feinplanungsgruppen nach der Entwicklung die Schulung durchführen, die Betreuung der Benutzergruppen übernehmen und die Weiterentwicklung verantworten.

Die oben genannten *Problembereiche* (vgl. Abschnitt 15.4.3) wurden teilweise gelöst, teils erwiesen sie sich jedoch als nicht antizipierbar. Es wurde daher im Sinne einer rückgekoppelten Vorgehensweise schrittweise vorgegangen, insbesondere bei der Entwicklung eines DV-Systems. Dies erleichterte zum einen die Rückkopplungsprozesse und relativierte zum anderen die Bedeutung der Vorstellung der Anforderungen und der Auswirkungen auf die Betroffenen. Die Rückkopplung der Arbeitsergebnisse war dabei sehr weitreichend, so wurden beispielsweise alle Gruppengespräche an Metaplan-Wänden dokumentiert, ein Protokoll aus den Reproduktionen dieser Wände und ergänzenden Bemerkungen erstellt, das wieder in einem Rückkopplungsgespräch mit den Betroffenen abgestimmt wurde. Erst dieses genehmigte Protokoll bildete die Grundlage für gruppenübergreifende Projektaktivitäten.

Schwierig war es, die Führungskräfte, die sich alle auf die Beteiligungsphilosophie eingeschworen hatten, auch tatsächlich zu einer kooperativen Führung zu veranlassen. Hier ergeben sich anscheinend Rechtfertigungsprobleme für den *Mittelbau*, solange die Umverteilung der Entscheidungsbeteiligung nicht durchgängig von oben nach unten erfolgt ist.

Probleme ergaben sich in diesem Projekt vor allem mit der Rollenverteilung; aus der Erfahrung mit vorangegangenen Projekten im eigenen Haus oder im Umfeld wurde eine festbestimmte Erwartungshaltung der Betroffenen eingebracht, die sich eher als willenlose Gestaltungsobjekte sahen denn als aktive Gestalter und Entwickler. Umgekehrt wurden die Entwickler, insbesondere der Vertreter der Informatik, mit großem Mißtrauen gesehen, eine Haltung, die sich erst durch die Zusammenarbeit lockerte.

Die Betroffenen warteten anfangs immer auf ein Konzept der Entwickler, gegen das sie Stellung beziehen müßten; da die Entwickler jedoch zunächst nichts vorlegten, wurden die Betroffenen eher ungeduldig und aktiv. Die anfängliche Abwehrhaltung gegen DV wurde in vielen Bereichen durch Forderungen auf baldigen DV-Einsatz abgelöst. Statt mit Abwehrreaktionen hat die Planungsgruppe DV inzwischen mehr mit Einzelinitiativen zu kämpfen, die sinnvoll in das Gesamtkonzept integriert werden müssen.

15.5.2 Beispiel korrektiver Software-Ergonomie

War das vorige Projekt ein Beispiel, wie versucht werden kann, prospektiv und präventiv Arbeitssysteme nach den Betroffeneninteressen zu gestalten, so gibt das im folgenden geschilderte Projekt ein Beispiel korrektiver Software-Ergonomie im Sinne von Anpassungsgestaltung. Die software-ergonomische Überarbeitung einer IBM-Großrechnersoftware war Teil eines umfassenden Programms zur Arbeitsstrukturierung im Bürobereich eines Industrieunternehmens. Eine ausführliche Darstellung findet sich in /Mielke 85, 86/, im folgenden sollen kurz die verfolgten Ziele und Ergebnisse zusammengefaßt werden.

Die *Beteiligungsform* war indirekt repräsentativ. Zunächst wurden auf der Grundlage von Expertengespächen Gestaltungskriterien definiert[9], die dann unter Beteiligung ausgewählter interessierter Mitarbeiter in Maßnahmen zur Dialog- und Maskengestaltung umgesetzt wurden.

Die *Ausprägung der Partizipation* war hier vor allem in einer konventionellen Mitwirkung gegeben, ein formales Entscheidungsrecht besaßen die Betroffenen nicht.

Die *Beteiligungsinhalte* lagen vor allem auf der operativen (Umgestaltung bestehender Systeme) und administrativen Ebene (Entwicklung von Gestaltungsrichtlinien für DV-Benutzerschnittstellen). Eine Zuordnung der gewählten Maßnahmen der Umgestaltung bestehender Systeme zu den Kriterien der DIN 66234, Teil 8 zeigt die folgende Maßnahmenliste:

Aufgabenangemessenheit
- Gestaltung der Bildschirmmasken
- An- und Abmeldeprozeduren
- Schlüsselzeilen
- Dialogverzweigung
- Blätterfunktionen

Selbstbeschreibungsfähigkeit
- Verständliche Systemmeldungen
- Info-Funktionen
- Menüsteuerung
- Feldbezeichnungen

Steuerbarkeit
- Keine Zwangsfolgen
- Dialogunterbrechung
- Dialogverzweigung
- Beliebiger Aufruf über Transaktionscode

Erwartungskonformität
- Benutzergerechter Wiederanlauf
- Kurze Antwortzeiten
- Automatische Datensicherung vor Abbruch
- Feste Funktionszuordnung bei Funktionscode und PF-Tasten

Fehlerrobustheit
- Umfangreiche Eingabeprüfung
- Standardwerte bei fehlender Eingabe
- Löschbestätigung

---

[9] Benutzerfreundlichkeit, Individualisierungsfreiräume, Einheitlichkeit, Transparenz, Stabilität, Nutzung ergonomischer Hardware.

Die Umsetzung dieser Maßnahmen stieß in der vorgegebenen Systemumgebung allerdings auf Schwierigkeiten, da der Dialogteil des eingesetzten Standardprogrammes nicht vom Anwendungsprogramm getrennt war und so einige Änderungen nicht möglich waren. Probleme treten beim Einsatz von Standardsystemen auch in der Frage der Gewährleistung und Wartung der Hersteller auf; hier kommt es auf eine gute Zusammenarbeit zwischen Anwender und Hersteller an /Mielke 85/.

Die korrektive Gestaltung kann erheblich erleichtert werden, wenn Anwendungssysteme und Dialogschnittstelle getrennt implemetiert werden. So fordert /Balzert 86/ eine modulare Trennung von Ein-/Ausgabe-, Dialog-, und Werkzeugschnittstelle von den Anwendungssystemen; Vorteil wäre einerseits die erleichterte Anpassung der Benutzerschnittstelle an die jeweilige Arbeitsumgebung (Betroffene und Systeme), sowie eine mögliche Bereitstellung standardisierter *Dialogmodule* ähnlich der grafischen GKS-Schnittstelle. In diesem Projekt jedoch konnten nicht einmal die unverständlichen englischen Fehlermeldungen korrigiert werden, da die entsprechende Stelle im Anwendungsprogramm nicht änderbar war.

Grenzen der korrektiven Gestaltung sind leider nicht nur in der Tiefe der möglichen Überarbeitung zu sehen, vor allem ist eine ganzheitliche Gestaltung nicht möglich, Arbeitsabläufe sind durch die Programmstrukturen bereits weitgehend vorgegeben. Hier fehlt es noch an Konzepten, Abläufe und Objekte im Büro für den Anwender gestaltbar in eine Systemumgebung einzupassen, erste Ansätze liegen beispielsweise mit den objektorientierten Sprachen vor[10].

15.6 Zusammenfassung und Ausblick

Partizipation hat mit der zunehmenden Verbreitung der DV an Bedeutung gewonnen. Dabei verfolgen heute die Führungskräfte der Unternehmen nicht mehr ausschließlich technische und monetäre Systemziele. Der Beitrag partizipativer Gestaltung zu menschengerechten und effizienten Arbeitssystemen wird zumeist anerkannt; einer weiten Verbreitung stehen jedoch die noch fehlende klare Struktur und die daher erschwerte Aufwandsabschätzung entgegen. Ob jemals eine formale Struktur gefunden werden kann (über die Mitbestimmung hinaus), erscheint aufgrund der Komplexität des ganzheitlichen Ansatzes fraglich, doch können Hilfsmittel aus einer breiten Basis geeigneter Methoden je nach Projekt ausgewählt werden. Die Aufwandsbetrachtungen stellen mit Sicherheit zur Zeit einen durch Partizipation erhöhten Entwicklungsaufwand fest, wohingegen der Nutzen nicht unmittelbar zu bestimmen ist. Die Ergänzung monetärer Unternehmensziele durch qualitative soziale Zielsetzungen wird den Einsatz der Partizipation fördern, zumal eine effektivere Nutzungssituation und verringerte Wartungskosten von solch einem Prozeß zu erwarten sind.

Im Bereich der Hersteller von Programmen muß in Zukunft zum einen die Voraussetzung für eine Gestaltbarkeit von Anwendungen im Einsatzfeld geschaffen

---

[10] Ein möglicherweise geeignetes System ist beispielsweise das NIXDORF Advanced Software Environment /Müller, Pröfrock 86/.

werden, zum anderen müssen gerade bei solchen Entwicklungen Vertreter der zukünftigen Betroffenengruppe in Pilotprojekten und bei der Entwicklung von Prototypen einbezogen werden. Standardsoftware sollte in Zukunft vor allem Baukastensoftware sein, aus dem der Endanwender oder zumindest sein Anwendungsprogrammierer die geeigneten Funktionen und Darstellungen auswählen und zusammenstellen kann.

Literatur

/Balzert 86/
Balzert H.: *Software-Architekturen zur Realisierung ergonomischer Anforderungen*, in: Software-Ergonomie Herbstschule 1986, Berlin 1986

/Bemelmans 84/
Bemelmans Th. (Hrsg.): B*eyond productivity: information systems development for organizational effectiveness*, Amsterdam, New York, Oxford 1984

/Bjoern-Andersen 84/
Bjoern-Andersen N.: *Challenge to certainity,* in: /Bemelmans 84/

/Boehm 84/
Boehm B.W.: *Seven basic principles of software-engineering.*, in: Journal of Systems and Software, Nr.3/1984

/Budde, Züllighoven 83/
Budde R., Züllighoven H.: *Socio-technical problems of system design methods,* in: /Briefs, Ciborra, Schneider 83/

/Bullinger 85/
Bullinger H.-J. (Hrsg.): *Software-Ergonomie '85 Mensch-Computer-Interaktion.*, Stuttgart 1985

/Briefs, Ciborra, Schneider 83/
Briefs U., Ciborra C., Schneider L. (Hrsg.): *Systems design for, with and by the user, Amsterdam New York Oxford 1983*.

/Budde et al. 84/
Budde R., Kuhlenkamp K., Mathiassen L., Züllighoven H. (Hrsg.): *Approaches to prototyping*, Berlin Heidelberg New York Tokyo 1984

/Cakir 84/
Cakir A.: *Aktueller Stand und Zukunftsaspekte der Software-Ergonomie*,in: AMK Berlin (Hrsg.) COMPAS'84, Berlin 1984

/Duell, Frei 86/
Duell W., Frei F.: *Leitfaden für qualifizierende Arbeitsgestaltung*, Köln 1986

/Dzida 84/
Dzida W.: *Das IFIP-Modell für Benutzerschnittstellen, in: Office-management, Sonderheft 1984*

/Ehrenberg, Kaeten-Ammon, Tepper, 83/
Ehrenberg U., Kaeten-Ammon H., Tepper A.: *Beteiligung von Bürgern und Mitarbeitern an der Entwicklung eines kommunalen Bürgeramtes –Zwischenbericht bis zur Phase der Auswahl eines Bürgeramtsmodells.*, GMD Arbeitspapier Nr.69, Bonn St.Augustin 1983

/Floyd, Keil 83/
Floyd C., Keil R.: *Softwaretechnik und Betroffenenbeteiligung,* in: /Mambrey, Oppermann 83/

/Franz, Robey 84/
Franz C.R., Robey D.: *An investigation of user-led system design: rational and political perspectives,* in: Com. of the ACM, vol.27, 12/1984

/Heilmann 81/
Heilmann H.: *Modelle und Methoden der Benutzermitwirkung*, in: Mensch-Computer-Systemen. Stuttgart Wiesbaden 1981

/Helmreich 85/
Helmreich R.: *Zur Akzeptanz evolutionär entwickelter Bürosysteme –Standortbestimmung mit Erfahrungsbericht*, in: Möller,K.-H. (Hrsg.): Softwaretechnik-Trends, Mitteilungen der Fachgruppe „Software-Engineering", Heft 5-2, 1985, S.31-46

/Horn 80/
Horn E.C.v.: *Software must evolve*, in: Freeman,H., Lewis III,P.M. (Hrsg.): Software-Engineering, Academic Press 1980

/Klockare, Norrby 83/
Klockare B., Norrby K.: *A swedish model for system development in public administrations*, in: /Briefs, Ciborra, Schneider 83/

/Klutmann 85/
Klutmann B.: *Literaturanalyse und Voruntersuchungen zur Betroffenen-Entwickler-Kommunikation während der Softwareentwicklung*, in: Möller,K.-H. (Hrsg.): Softwaretechnik-Trends, Heft 5-3, 1985

/Kubicek 80/
Kubicek H.: *Interessenberücksichtigung beim Technikeinsatz im Büro- und Verwaltungsbereich*, München Wien 1980.

/Kubicek, Berger 83/
Kubicek H., Berger P.: *Regelungen und Rahmenbedingungen der Beteiligung im Bereich der Arbeitgeber-Arbeitnehmer-Beziehungen*, in: /Mambrey, Oppermann 83/

/Mambrey, Oppermann 83/
Mambrey P., Oppermann R. (Hrsg.): *Beteiligung von Betroffenen bei der Entwicklung von Informationsystemen*, Frankfurt New York 1983

/Mambrey, Oppermann, Tepper 86/
Mambrey P., Oppermann R., Tepper A.: *Computer und Partizipation, Opladen 1986*

/McCracken, Jackson 82/
McCracken D.D., Jackson M.A.: *Life cycle concept considered harmful*, in ACM SIGSOFT, vol.7, 2/1982

/Mielke 85/
Mielke M.: *Korrektive Gestaltung von transkationsorientierter Standardsoftware – Prinzipien, Probleme, Ergebnisse*, in: /Bullinger 85/

/Mielke 86/
Mielke M.: *Der Prozeß korrektiver Gestaltung von Standardsoftware*, in: Software-Ergonomie Herbstschule 1986, Berlin 1986

/Müller, Pröfrock 86/
Müller G., Pröfrock A.-K.: *Objektorientierte Büroanwendungen – Theorie und Umsetzung in die Praxis.*, in: Unix/mail 3/1986

/Mumford 79/
Mumford E.: *Consensus system design: an evaluation of this approach*, in: /Szyperski, Grochla 79/

/Mumford 84/
Mumford E.: *Participation – from Aristotle to today*, in: /Bemelmans 84/

/Mumford, Welter 84/
Mumford E., Welter G.: *Benutzerbeteiligung bei der Entwicklung von Computersystemen*, Berlin Bielefeld München 1984

/Oppermann 83/
Oppermann R.: *Forschungsstand und Perspektiven partizipativer Systementwicklung,* München Wien 1983

/Oppermann, Tepper 83/
Oppermann R., Tepper A. (Hrsg.): *Fallbeispiele der Betroffenenbeteiligung bei der Entwicklung von Informationssystemen,* GMD Arbeitspapier 28, Bonn St.Augustin 1983

/Peschke 85/
Peschke H.: *Phasenmodell –Nein Danke ?!,* in: Unix/mail 1/1985

/Peschke 86/
Peschke, H:: *Betroffenenorientierte Systementwicklung,* Frankfurt a.M. Bern 1986

/Peschke, Wittstock 87/
Peschke H., Wittstock M.: *Benutzerbeteiligung im Software-Entwicklungsprozeß,* in: Fähnrich K.-P.(Hrsg.): Software-Ergonomie, München Wien 1987, S. 81-92

/Raynor, Speckmann 83/
Raynor R.J., Speckmann L.D.: *Maintaining user participation throughout the system development cycle,* in: AFIPS (Hrgs.): 1983 National Computer Conference, Anaheim 1983

/Robey, Farrow 82/
Robey D., Farrow D.: *User involment in information system development: a conflict model and empirical test,* in: management sciences, vol. 28, 1/1982

/Rödiger 85/
Rödiger K.H.: *Beiträge der Softwareergonomie zu den frühen Phasen der Software-Entwicklung,* in: /Bullinger 85/

/Schneider 84/
Schneider H.-J.: *Entwicklungswerkzeuge der 5.Software-Generation,* in: Proceedings Tutzing Fachtagung 1984

/Schönpflug, Wittstock 87/
Schönpflug W., Wittstock W. (Hrsg.): *Software-Ergonomie '87 – Nützen Informationssysteme dem Benutzer ?,* Stuttgart 1987

/Shakel 85/
Shakel B.: *Human factors and usability –whence and wither ?,* in: /Bullinger 85/

/Smolawa, Toepfer 83/
Smolawa C., Toepfer A.: *A strategy for user participation in the development of future non-commercial services,* in: /Briefs, Ciborra, Schneider 83/

/Steinle 82/
Steinle H.: *Partizipative Planung neuer Formen der Produktionsorganisation,* Berlin 1982

/Szyperski, Grochla 79/
Szyperski N., Grochla E. (Hrsg.): *Design and Implementation of Computer-based Information Systems,* Germantown 1979

/Tavolato, Vincena 84/
Tavolato P., Vincena K.: *A prototyping methodology and its tool.,* in: /Budde et al. 84/

/Tepper 85/
Tepper A.: *Betroffenheit oder Interesse als Ausgangspunkt der Beteiligung,* in: /Bullinger 85/

/Wilpert, Kawalek 88/
Wilpert B., Kawalek J.: *Partizipation und Arbeitsorganisation,* in: Soziologische Revue 11(1988), S. 286-293

16 Software-ergonomische Evaluationsverfahren

Reinhard Oppermann

16.1 Einleitung

Die Güte der **Benutzbarkeit** von Software-Produkten ist nicht von ungefähr zu einem relevanten und beachteten Kriterium geworden. *Hardware*-ergonomische Anforderungen sind weitgehend bekannt und zu einem guten Teil auch bereits realisiert (z. B. Auflösung, Flimmerfreiheit, Tastaturausstattung). Im Sinne einer Bedürfnishierarchie kann nunmehr mit der *Software*-Ergonomie das nächste Gestaltungsfeld in Angriff genommen werden. Außerdem ist das generelle Leistungspotential der Informationstechnik gestiegen. Die Realisierung neuer Anforderungen an Software-Produkte erscheint möglich. Eine Reihe innovativer Ideen zur benutzerorientierten Gestaltung von Systemen sind bereits in einige marktstarke Produkte eingegangen und gehören dort mittlerweile fast schon zur Selbstverständlichkeit. Auffällig ist an der gegenwärtigen Diskussion, daß gute software-ergonomische Eigenschaften besonders dort als Gütezeichen proklamiert werden, wo sie sich an Benutzer wenden, die nicht selbst Entwickler sind und auch nicht die technische Kompetenz haben, um sich ein Software-Produkt nach eigenen Vorstellungen einzurichten. Hieraus könnte man den Schluß ziehen, daß software-ergonomische Eigenschaften für DV-Experten irrelevant wären. Dem ist aber keinesfalls so. Der DV-Experte hatte in der Regel lediglich schon selbst die Möglichkeit der Anpassung und konnte evtl. Mängel beheben bzw. sich sein Werkzeug nach seinen Vorstellungen einrichten. Für ihn haben software-ergonomische Eigenschaften eher eine *subjektive* Qualität. Für Anwender, die nicht selbst Entwickler bzw. DV-Experten sind, sondern ein anderes Anforderungs- und Qualifikationsprofil aufweisen, ist die Notwendigkeit und das Bedürfnis gewachsen, die software-ergonomische Qualität zu *objektivieren*. Sie muß beschreibbar, anhand von Kriterien prüfbar gemacht werden. Mit dem Stand der Entwicklung solcher Kriterien und den Methoden der **Evaluation** software-ergonomischer Eigenschaften von Software-Produkten soll sich dieser Beitrag befassen.

16.2 Unbestimmtheit software-ergonomischer Evaluationskriterien

Entwurfsrichtlinien als Empfehlungen und Normen zur software-ergonomischen Gestaltung von Systemen sind bisher nur zu einem kleinen Teil konkret und präzise. Dies liegt einmal an dem Stand der software-ergonomischen Erkenntnisse; nur in einigen Teilbereichen, des Maskenaufbaus und der Bildschirmgestaltung zum Beispiel, liegen klare Erkenntnisse vor, die soweit operationalisiert sind, daß man sie bei einer Systemgestaltung direkt umsetzen kann. Diese Unschärfe ist durch weitere Forschung prinzipiell überwindbar.

Die Vagheit der Gestaltungsrichtlinien liegt zum anderen jedoch an ihrem Bezugsobjekt und kann prinzipiell nicht ausgeräumt werden. Software-ergonomische Qualität ist ausgerichtet auf den Benutzer. Den/die Benutzer/in gibt es aber bekanntermaßen nicht. Jeder Benutzer unterscheidet sich von jedem anderen Benutzer. Benutzer/innen unterscheiden sich in ihren Kenntnissen, ihren psycho-motorischen Fähigkeiten, ihren Gewohnheiten. Sie unterscheiden sich über die Zeit hinweg auch von sich selbst. Sie lernen, sie ermüden, sie suchen u. U. nach Abwechslung und neuen Wegen. In diesen intra-individuellen Unterschieden unterscheiden sich die Benutzer inter-individuell. Entsprechend können Gestaltungsrichtlinien nicht Einheitlichkeit festschreiben, wo Unterschiede möglich sein sollen, um den unterschiedlichen Anforderungen Rechnung tragen zu können. Konzeptionell werden diese Anforderungen unter dem Begriff der *differentiell-dynamischen* **Schnittstellengestaltung** diskutiert (vgl. /Ulich 78/, /Paetau, Pieper 85/, /Ulich, in diesem Band /).

Ein letzter Grund für die Unbeständigkeit von Gestaltungskriterien liegt in der Entwicklungsdynamik der Technik selbst. Es können immer nur Gestaltungsvorgaben für Gegenstände formuliert werden, die vorhanden oder zumindest in den Bereich der Vorstellbarkeit gerückt sind. Als objekt-orientiertes Programmieren noch nicht bekannt war, konnten auch keine diesbezüglichen Gestaltungsempfehlungen ausgegeben werden. Alle Aussagen zur software-ergonomisch guten Systemrealisierung gingen von Kommando- oder Menü-orientierten Konzepten aus. Nicht nur neue Gestaltungsprinzipien treten zu bisherigen technischen Realisierungen hinzu, sondern auch das, was bisher für gut gehalten wurde, erscheint durch neue technische Möglichkeiten plötzlich als die schlechtere Lösung. *Gute* Standards sind demnach nicht absolut gut, sondern sind immer nur die jeweils beste Alternative im Vergleich zu den bekannten Lösungen. Software-ergonomische „Richtlinien und Empfehlungen ... geben an, wie etwas funktionieren könnte, nicht wie es funktionieren muß" /Stewart 84, S. 97/. „Ergonomische Gestaltungsmaßnahmen sind streng genommen nicht logisch richtig oder falsch, sondern mehr oder weniger angemessen..." /Dzida 86, S. 39/.

Diesen Beschränkungen hinsichtlich der Präzision und Bestimmtheit von Gestaltungskriterien tragen die bekannten Richtlinien mehr oder weniger bewußt Rechnung. Am deutlichsten ist die Problematik in der Entwicklungsgeschichte der DIN-Normen (DIN 66 234, Teil 8) geworden. Viele Kriterien sind im Verlauf der Diskussion uminterpretiert bzw. umbenannt worden (z. B. Konsistenz über Verläßlichkeit zur Erwartungskonformität); einige sind wegen ihrer inneren Brisanz und Mißverständlichkeit aus der Sammlung eliminiert worden (z. B. Erlernbarkeit); die Formulierung der eigentlichen Normen sind recht allgemein gehalten und lediglich in Beispielen ohne Anspruch auf Vollständigkeit erläutert; eine Reihe von Empfehlungen sind lediglich in Negativform formuliert, um die nicht wünschenswerten Eigenschaften zu bezeichnen, ohne aber die *richtige* Lösung anzugeben, da sie nicht angebbar ist.

Die Anfang 1988 verabschiedeten Kriterien lauten (vgl. /DIN 88/):

1. Aufgabenangemessenheit
Ein Dialog ist aufgabenangemessen, wenn er die Erledigung der Arbeitsaufgabe des Benutzers unterstützt, ohne ihn durch Eigenschaften des Dialogsystems unnötig zu belasten.

2. Selbstbeschreibungsfähigkeit
Ein Dialog ist selbstbeschreibungsfähig, wenn dem Benutzer auf Verlangen Einsatzzweck sowie Leistungsumfang des Dialogsystems erläutert werden können und wenn jeder einzelne Dialogschritt unmittelbar verständlich ist oder der Benutzer auf Verlangen zu dem jeweiligen Dialogschritt entsprechende Erläuterungen erhalten kann.

3. Steuerbarkeit
Ein Dialog ist steuerbar, wenn der Benutzer die Geschwindigkeit des Ablaufs sowie die Auswahl und Reihenfolge von Arbeitsmitteln oder Art und Umfang von Ein- und Ausgaben beeinflussen kann.

4. Erwartungskonformität
Ein Dialog ist erwartungskonform, wenn er den Erwartungen der Benutzer entspricht, die sie aus Erfahrungen mit Arbeitsabläufen mitbringen, die sie sich während der Benutzung des Dialogsystems, im Umgang mit dem Benutzerhandbuch und während der Benutzerschulung bilden.

5. Fehlerrobustheit
Ein Dialog ist fehlerrobust, wenn trotz erkennbar falscher Eingaben das beabsichtigte Arbeitsergebnis ohne oder mit minimalem Korrekturaufwand erreicht wird. Dazu müssen dem Benutzer die Fehler zum Zwecke der Behebung verständlich gemacht werden.

16.3 Ebenen von Systemevaluationen

Die Bewertung von Systemen kann sich auf unterschiedliche Ebenen eines Systems beziehen. Man unterscheidet seit einiger Zeit gern zwischen der Ebene der **Benutzerschnittstelle** und der Ebene des **Anwendungssystems**, vgl. /Balzert 86, S. 98ff./. Die Benutzerschnittstelle läßt sich software-ergonomisch hinsichtlich der **Handhabbarkeit**, die Funktionalität des Anwendungssystems hinsichtlich der **Nützlichkeit** beurteilen. Unterstellt wird bei einer schichtenorientierten Architektur, daß eine Benutzerschnittstelle unabhängig von einer konkreten Anwendung realisiert und im Sinne einer horizontalen Schicht mit unterschiedlichen Anwendungssystemen gekoppelt werden kann. Die Benutzerschnittstelle selbst kann noch einmal unterschieden werden in Ein-/Ausgabe-Schnittstelle, Dialogschnittstelle, Werkzeugschnittstelle und Organisationsschnittstelle (vgl. /Dzida 83/). Bei einer anderen Modellvorstellung wird hierarchisch unterschieden zwischen einem *Konzeptentwurf*, der Objekte, Relationen, Aktionen und Attribute von Objekten umfaßt, einem *semantischen* Entwurf, der Symbole, Kommandonamen und -bedeutungen enthält, einem *syntaktischen* Entwurf, der Sequenzen, Interpunktionen beinhaltet, und einem *lexikalischen* Entwurf, der die Übersetzung in Hardware-Elemente (Tastatur, Funktionstasten, Maus etc.) umfaßt (vgl. /Foley, van Dam 82/; /Foley 87/; vgl. auch das ISO-OSI Modell /Nielsen 84/).

Software-ergonomische Anforderungen lassen sich zu jeder der genannten Schichten in spezifischer Weise formulieren. Auf der Ebene der Anwendungssysteme geht es im wesentlichen um eine aufgabenangemessene Funktionalität. Ein Textverarbeitungssystem muß beim gegenwärtigen Stand der Technik z. B. die Möglichkeit zur Erstellung von Serienbriefen bieten. Eine Datenbank muß variabel lange Felder verwalten können. Ein Graphiksystem muß die Möglichkeit von Beschriftungen in unterschiedlichen Schriftarten zulassen. Diese Funktionalitäten können nur jeweils gemessen werden am erreichten Stand der Kunst. Einen absoluten Maßstab gibt es nach den vorstehenden Ausführungen zur **Evaluation** von Funktionalitäten nicht. Das gleiche gilt für die Bewertung der Eigenschaften der verschiedenen Ebenen der Benutzerschnittstelle. Ob man ein System abwertet, das an der Ein-Ausgabe-Schnittstelle keine natürliche Sprache anbietet, hängt vom Zeitpunkt der Beurteilung ab; 1987 wird man dies noch nicht als Manko empfinden, obwohl es vielleicht ergonomischer wäre, wenn ich diesen Text nicht mit einer Tastatur, sondern per Spracheingabe hätte erfassen können. 1997 wird man diesen Vorgang vielleicht schon als steinzeitliche Zumutung zurückweisen.

Eine Bewertung von Systemen kann letztlich nur Sinn machen, wenn man alle genannten Ebenen in die Bewertung einbezieht. Eine ansonsten ergonomisch *gute* Benutzerschnittstelle mit einer *schlechten* Ein-/Ausgabe-Schnittstelle müßte insgesamt abgewertet werden. Ein System mit einer *guten* Benutzerschnittstelle, aber mit einer *schlechten* Funktionalität kann nicht als ergonomisch bezeichnet werden. Hier gilt das Prinzip der Stärke einer Kette gemäß des schwächsten Gliedes.

16.4 Evaluation in unterschiedlichen Phasen der Systementwicklung

Eine **Evaluation** von software-ergonomischen Eigenschaften kann in unterschiedlichen Phasen einer Produktentwicklung einsetzen. Je nach Zielsetzung und Akteur bzw. Interessent kann eine Evaluation bereits im Stadium eines Systementwurfs stattfinden. Dabei ginge es um eine Prüfung eines angemessenen Gestaltungskonzeptes bezüglich der Einbeziehung der bestmöglichen Ein-/Ausgabemedien, Dialogtechniken, Software-Werkzeuge usw. Auch die angestrebte Integration einzelner Systemkomponenten für den Benutzer kann bereits in dieser Phase überprüft werden. Eine Evaluation wird hier als Prüfung anhand einer noch relativ allgemeinen Prüfliste software-ergonomischer Eigenschaften erfolgen.

Konkreter wird eine Evaluation, wenn der Systementwurf bereits in einen Prototyp umgesetzt worden ist. Methodisch unterscheidet sich eine Evaluation von Prototypen nicht von der eines fertigen Systems. Man wird genauso anhand von objektivierten Prüflisten oder mit Benutzerexperimenten arbeiten können, wenn auch die Funktionalität oder Performanz noch unvollständig ist. Die Zielsetzung ist jedoch eine andere. Während beim Prototyp der Entwickler ein Interesse daran haben kann, aus der Evaluation zu lernen und sein System zu verbessern, ist es bei einem fertigen System eher der potentielle Benutzer, der eine Evaluation durchführt bzw. durchführen läßt, um sich ein Bild von der Eignung für seinen Bedarf in Relation zu konkurrierenden Produkten zu verschaffen.

Eine Evaluation eines fertigen Produktes unterscheidet sich von der eines Produktkonzeptes in noch einer anderen Hinsicht. Während bei einem Produktkonzept die zu realisierenden software-ergonomischen Prinzipien und deren logische Konsistenz zu prüfen sind, spielt bei der Produktevaluation darüber hinaus auch die Frage eine Rolle, ob diese Prinzipien *durchgängig* realisiert sind. Dies ist insofern ein wichtiger Aspekt, als der mit dieser Frage verbundene Prüfaufwand theoretisch gegen Unendlich strebt. Die Einlösung des Gestaltungsprinzips z. B., den Benutzer in jeder Dialogsituation über den Systemzustand zu informieren, müßte für jede mögliche Dialogsituation geprüft werden. Hiervon gibt es aber eine nicht vorstellbare Anzahl. Daher wird man eine solche Prüfung nur an einem Beispiel durchführen, um zu sehen, ob das *Prinzip* von dem Entwickler in der richtigen Weise verstanden und umgesetzt wurde und ansonsten auf die Sorgfalt des Entwicklers vertrauen, oder man wird an einer mehr oder weniger großen Zahl von Fällen die Durchgängigkeit der Realisierung stichprobenartig prüfen.

16.5 Methoden der Evaluation

Methoden der **Evaluation** von Benutzerschnittstellen lassen sich unter verschiedenen Gesichtspunkten ordnen. Hier soll zunächst nach subjektiven und objektiven Methoden unterschieden werden.

16.5.1 Subjektive Evaluationsmethoden

Subjektive Evaluationsmethoden knüpfen unmittelbar an die Beurteilung durch den Benutzer an. Der Benutzer ist die Quelle der Evaluation, u. U. sogar auch sein Initiator. In letzterem Fall prüft eine Person (z. B. ein Entwickler sein eigenes oder ein fremdes Produkt, ein Anwender ein für seinen Einsatzzweck evtl. in Frage kommendes Produkt) gemäß eigener Erfahrung mit einem System dessen software-ergonomische Eigenschaften. In der Regel haben wir es bei dieser Art von Prüfung nicht mit einer subjektiven *Methode* zu tun – wenn dieses Vorgehen in der Praxis auch von zumindest quantitativ hoher Bedeutung ist. Solange diese Prüfung nämlich ganzheitlich, intuitiv und nicht nach systematischen Gesichtspunkten erfolgt, fehlt ihr die Qualität des *Methodischen*; wenn die Prüfung andererseits anhand expliziter Kriterien erfolgt, ist sie nicht mehr rein *subjektiv,* sondern eher bei den *leitfadenorientierten* Prüfverfahren (s. dort) anzusiedeln. Zu den *subjektiven Methoden* sollen demnach nur diejenigen Vorgehensweisen gezählt werden, bei denen der Benutzer in systematischer Weise sein(e) Urteil(e) über das System abgibt. Die bevorzugte Herangehensweise dieser Art ist die der Befragung (Interview oder Fragebogen).

Bei der *Befragung* werden dem Benutzer eines Systems Fragen über bestimmte Systemeigenschaften gestellt, die er aufgrund seiner Erfahrung mit dem System beantworten muß. Die Erfahrung kann der Benutzer aufgrund eigener Initiative gewonnen haben, d. h. er ist Benutzer eines Systems, das ihm als Arbeitsmittel dient. Oder der Untersuchungsleiter definiert eine bestimmte Aufgabe, anhand derer sich der Benutzer speziell für die Durchführung der Befragung eine Erfahrungsbasis bildet. Im ersteren Fall ist die Tiefe und Intensität der Erfahrung in der Regel größer, während im letzteren Fall die beteiligten Benutzer eher über eine kontrollierbare und damit gleiche Erfahrungsbasis mit dem System verfügen.

Bei Befragungen ist zu unterscheiden zwischen mündlichen und schriftlichen Befragungen sowie zwischen solchen, die ein Untersuchungsleiter mit Probanden durchführt und solchen, die er bei sich selbst anwendet (Durchführungsprotokoll). Außerdem ist die Methode des *lauten Denkens* zu nennen, bei der ein Benutzer eine Aufgabe ausführt und dabei seine Überlegungen, Probleme, Handlungsalternativen etc. laut formuliert und dadurch dem Untersuchungsleiter Anhaltspunkte für die Interpretation des Versuchsgeschehens bietet. Als Alternative zu dieser manchem Teilnehmer künstlich erscheinenden Vorgehensweise wird gelegentlich die Methode des *constructive interaction* angewandt, bei der zwei Benutzer eine Aufgabe gemeinsam bearbeiten und sich gegenseitig *erzählen*, was sie jeweils empfinden, tun bzw. zu tun gedenken etc. und dadurch auf *natürlichere* Weise Interpretationsmaterial liefern.

Bei Befragungen werden eher *weiche* Daten gewonnen: ob die Benutzung des Systems bequem, angenehm, klar, einsichtig ist etc., und nicht so sehr *harte* Daten: ob die Aufgaben mit dem System schnell, fehlerfrei etc. bearbeitet werden können. Die Vorteile der Befragung können in einer wenig aufwendigen und leichten Durchführung liegen, in der Anwendbarkeit in allen Phasen einer Systementwicklung, in der Einsetzbarkeit zur Einkreisung unstrukturierter Probleme etc.; Nachteile können darin bestehen, daß sie anfällig sind für Übertreibungen, daß sie Suggestionen durch die Untersuchungsfragestellung fördern, daß sie eine Vielzahl von Daten produzieren, die die Auswertung aufwendig gestalten, und daß Befragungen von den Befragten nicht besonders geschätzt werden (vgl. /Root, Draper 83, S. 83/, /Blake 87, S. 67/). Wenn man eine Befragung durchführt, sollte man zwei Grundregeln beachten: Erstens sollte man sich bei jeder Frage und bei jeder Antwortvorgabe, die man formuliert, vorab überlegen, was die möglichen Ergebnisse für das Untersuchungsanliegen bedeuten – ansonsten produziert man einen *Datenfriedhof*; Zweitens sollte man jeden Fragebogen bzw. Interview-**Leitfaden** vor der eigentlichen Untersuchung an einer Anzahl von Repräsentanten der Zielgruppe erproben.

16.5.2 Objektive Evaluationsmethoden

Bei den objektiven Verfahren der Evaluation gibt es eine große Anzahl an Methoden. Sie fängt bei vor-experimentellen Studien an (z. B. *Wizard of Oz*, bei dem ein Beobachter an einem parallel geschalteten Monitor das Verhalten eines Benutzers beim Arbeiten mit einem System beobachtet, auswertet und evtl. steuert – vgl. /Pew 87/), geht über die Bewertung von Systemeigenschaften anhand von Prüflisten und reicht bis zu klassischen Experimenten. Die Beobachtung eines Benutzers kann mehr oder weniger ganzheitlich, mehr oder weniger verdeckt erfolgen. Bei dem technisch übermittelten Protokollieren des Benutzerverhaltens an den Eingabemedien kann die Beobachtung verdeckt durchgeführt werden; sie ist allerdings auf das Verhalten des Benutzers an der Tastatur oder anderer Eingabemedien beschränkt. Aktionen oder Interaktionen des Benutzers anderer Art, wie z. B. mimische/pantomimische Ausdrucksweisen, Exklamationen, Handbuchgebrauch, Kommunikation mit anderen Personen etc., können nicht berücksichtigt werden.

16.5.3 Leitfadenorientierte Evaluationsmethoden

In gewissem Sinn eine Zwischenstufe zwischen subjektiven und objektiven Evaluationsmethoden sind **leitfaden**orientierte Prüfverfahren. Hierbei wird ein System durch einen Experten geprüft, der sich dabei jedoch – anders als der Benutzer bei den oben besprochenen Befragungen – weniger an (s)einer Aufgabe mit dem zu prüfenden System, als an (seinen) software-ergonomischen Fragestellungen orientiert. Subjektiv sind diese Verfahren insofern, als ein Subjekt aufgrund seiner Einschätzung eine software-ergonomische Fragestellung selbst prüft und beantwortet; objektiv sind diese Verfahren insofern – und dieser Aspekt wiegt schwerer – als die software-ergonomischen Prüfkriterien soweit operationalisiert und präzisiert sind, daß der Prüfer seine Antwort aufgrund eindeutiger Testvorschriften und intersubjektiv nachvollziehbarer Bedingungen gibt. Es gibt gegenwärtig eine Reihe von Listen, die zur Prüfung von software-ergonomischen Qualitäten eingesetzt werden können und die mehr oder weniger den genannten Bedingungen der Operationalisierung und Präzisierung der Fragestellung und der Kontextbedingungen der Prüfung entsprechen. Die Prüflisten variieren einmal nach dem Grad ihrer Detailliertheit. Eine relativ abstrakte Zusammenstellung von Prüfkriterien stellt die DIN 66234, Teil 8 dar, bei dem auf der Ebene von Beispielen eine Konkretisierung geleistet wird. Die Richtlinien der MITRE-Corporation (vgl. /Smith, Aucella 83/) stellen am anderen Ende der Skala den gegenwärtig wohl detailliertesten Stand einer Prüfliste dar (vgl. /Ackermann, in diesem Band/). Ein anderes Unterscheidungsmerkmal von Prüflisten ist der Grad ihrer Einbettung in ein Testbett, d. h. in eine Verfahrensvorschrift für die Durchführung einer Evaluation. Die meisten Prüflisten – und dazu gehören die beiden gerade genannten – überlassen es dem Prüfer, wie er mit dem zu prüfenden System umgeht, um zu Antworten auf die Prüffragen zu kommen. Einige Verfahren bieten neben den eigentlichen Prüffragen auch eine Durchführungsvorschrift. Hierzu gehört z. B. das EVADIS-Verfahren, das im nächsten Abschnitt exemplarisch für leitfadenorientierte Evaluationsansätze dargestellt wird. Viele der existierenden Leitfäden sind entweder ausschließlich der Orientierung bei einer Systementwicklung oder bei einer Systemevaluierung gewidmet. Praktisch kann man eine Prüfliste jedoch gleichermaßen zur Entwicklung und zur Evaluierung von Systemen verwenden.

16.5.4 Experimentelle Evaluationsmethoden

Bei den *experimentellen Verfahren* spielt der *Benchmark-Test* eine prominente Rolle. Bei Benchmark-Tests werden Systeme anhand von standardisierten Aufgaben im Vergleich untersucht. Als Beispiel kann die Untersuchung von /Robert, Moran 83/ dienen. In der Studie wurden 9 Texteditoren verglichen. Vergleichsbasis war eine standardisierte Aufgabe, bei der fest definierte Operationen an einem Text vollzogen werden mußten. Versuchspersonen waren Anfänger und erfahrene Benutzer von Texteditoren. Kennzeichen der Methode war ihre Objektivität, d. h. ihre Unabhängigkeit von individuellen Eigenschaften einzelner Editoren, die *Generalität* der Evaluationsaspekte, d. h. die Erfassung verschiedener Variablen wie Ausführungszeit, Fehler, Erlernbarkeit und Funktionalität, sowie die *Leichtigkeit der Anwendung*, d. h. der geringe Aufwand des Einsatzes der Methode durch Entwickler. Das Besondere der Benchmark-Tests ist ihr vorwiegend vergleichender Charakter. Sie kommen – von einigen Beispielen im Hardware-Test abgesehen – nicht zu absoluten Aussagen über ein System, sondern ordnen verschiedene Systeme anhand definierter Kriterien auf einer Rangskala.

Der vergleichende Charakter der Benchmark-Tests gilt nicht unbedingt für *andere Experimente*, in denen z. B. Modelle/Theorien getestet werden. Hierfür prominente Beispiele sind Untersuchungen, die das GOMS-Modell von /Card, Moran, Newell 83/ testen. In dem GOMS-Modell wird angenommen, daß routinemäßige kognitive Fähigkeiten zur Benutzung von Anwendungssystemen durch die *Goals, Operations, Methods* und *Selection rules* der Benutzer beschrieben werden können. Experimente werden so zugeschnitten, daß sie diese Annahme zu überprüfen vermögen. Dabei wird z. T. explizit auf Poppers Falsifikationsprinzip Bezug genommen, d. h. der Untersuchungsrahmen wird so gestaltet, daß wohl-definierte Bedingungen für die Möglichkeit des Scheiterns der Theorievorhersage gegeben sind (wenn diese Position auch manchmal eher ein Lippenbekenntnis bleibt und der *Erfolg* eines Tests in der *Bestätigung* der Theorie gesehen wird – vgl. z. B. /Polson, Bovair, Kieras 87, S. 27/).

Ein Problem bei der Planung von Experimenten liegt in der angemessenen Bestimmung der abhängigen und unabhängigen Variablen, ein anderes in der angemessenen Wahl der Untersuchungsumgebung (wenn dieser Faktor nicht mit als unabhängige Variable betrachtet wird). Bei der Zusammenstellung von unabhängigen Variablen kommt man leicht auf einige Dutzend, wenn nicht hunderte von Merkmalen. Schon bei einfachen Hard- und Software-Konfigurationen kommt man auf astronomischen Zahlen der möglichen Einflußfaktoren auf software-ergonomisch relevante Merkmale; mit verschiedene Aufgaben, Tageszeit-, oder Motivationsbedingungen hat man weitere Beispiele der zu berücksichtigenden unabhängigen Variablen. Ebenso geht es bei den abhängigen Variablen. Auch hier kann man sich beliebig viele Merkmale vorstellen, die zu erfassen wären: Belastungsmaße, Ermüdung, Arbeitszufriedenheit, Leistungsmerkmale, mentale Repräsentation der Abläufe etc. (in der Praxis scheint allerdings die Phantasie kaum über die Einbeziehung von Zeit und Fehlern hinauszugehen). Vielfältiger ist die Zahl der praktisch berücksichtigten unabhängigen Variablen, wenn man nicht auf ein einzelnes Experiment schaut, sondern über die verschiedenen Experimente verschiedener Autoren hinweg. In einem einzelnen Experiment werden jedoch jeweils nur ganz wenige Variablen variiert und tatsächlich ist etwas anderes auch nur schwer realisierbar. Trotzdem ist es unbefriedigend, aus Praktikabilitätsgründen einfach bei zwei, drei unabhängigen Merkmalen stehen zu bleiben (z. B. zwei Typen von Kommandoaktivierungen und zwei Gruppen von Benutzern) und alle anderen möglichen Merkmale zu ignorieren (z. B. Art der Aufgabe, Relevanz von Fehlern, Streßbedingungen etc.). Probleme bezüglich der Berücksichtigung von Variablen im Untersuchungsdesign liegen allerdings nicht nur in der technischen Einbettung in den Versuchsaufbau. Schwerwiegender ist der Mangel an grundlegender Theoriebildung zur Mensch-Maschine-Kommunikation für die Bestimmung der relevanten Variablen. Die Festlegung der zu berücksichtigenden Merkmale ist daher meist der Phantasie und Einfühlung des Forschers überlassen. Wenn man also aus praktischen und theoretischen Gründen nur unzureichend in der Lage ist, die relevanten Variablen explizit zu kontrollieren, so sollten jedoch wenigstens die Bedingungen, unter denen Experimente durchgeführt werden, wenn sie schon nicht systematisch variiert werden können, so doch sorgfältig dokumentiert werden, um die Möglichkeit zu Nachprüfungen zu bieten. Wichtige unabhängige Variablen, die häufig vernachlässigt werden, die die externe Validität der Ergebnisse von Experimenten im Sinne der Übertragung auf reale Anwendungssituationen jedoch erheblich beeinträchtigen können, sind die Kontextbedingungen der Untersuchung. Hierzu gehören der Ort der Untersuchung (Labor oder *normaler* Arbeitsplatz), die Bedeutung der Aufgabe, die in Experimenten zu bearbeiten ist (artifizielle Fingerübung oder repräsentative Arbeitsaufgabe eines Benutzers) und die Art der einbezogenen Personen (fiktive Benutzer/Studenten oder reale Benutzer).

16.6 Exemplarischer Evaluationsansatz EVADIS

Als ein Beispiel für die Beschreibung software-ergonomischer Eigenschaften von **Mensch-Maschine-Schnittstellen** wird im folgenden ein **Evaluationsleitfaden** vorgestellt /Oppermann et al. 88/. Es handelt sich dabei um ein von der Projektgruppe *Evaluation von Dialogsystemen (EVADIS)* der Forschungsgruppe Mensch-Maschine Kommunikation der Gesellschaft für Mathematik und Datenverarbeitung mbH (GMD) erarbeitetes Instrumentarium, vgl /Oppermann et al. 88/. Das Instrumentarium besteht aus (1) einer Reihe von Prüffragen, (2) einer Standardaufgabe, die als Grundlage für die Nutzung der zu prüfenden Software dient und (3) aus einer Durchführungsvorschrift für die Software-Evaluation. Das Verfahren bezieht sich auf alle Ebenen der **Schnittstelle** der Mensch-Rechner-Beziehung. Nicht berücksichtigt wird die Ergonomie der Funktionalität der jeweiligen Anwendung. Der **Leitfaden** soll software-ergonomische Prüfverfahren ermöglichen, die ohne Versuchspersonen, also von Software-Ergonomie-Experten durchgeführt werden. Er ist primär gedacht für den Test von Systemen, die zur Unterstützung von Tätigkeiten sogenannter *Wissensverarbeiter* vorgesehen sind, also vor allem integrierte Bürosysteme mit den Anwendungsmodulen Datenbank, Tabellenkalkulation, Textverarbeitung, Bürographik und Kommunikation.

16.6.1 Ziel und Entwicklungsstand des Leitfadens

Der EVADIS-Leitfaden ist ein Instrumentarium zur umfassenden Analyse von Mensch-Computer-Schnittstellen. Nicht einzelne Aspekte, wie beispielsweise die Hilfe-Funktion eines Systems oder die Fehlermeldungen, die Übersichtlichkeit der Kommandostruktur o. ä. werden zum Gegenstand software-ergonomischer Untersuchungen gemacht, sondern alle unmittelbar auf den Menschen einwirkenden software-technischen Elemente.

Die Analyse anhand des EVADIS-Leitfadens in seiner jetzigen Fassung ermöglicht vor allem eine beschreibende Erhebung der software-ergonomischen Qualitäten einer bestimmten Schnittstelle. Bewertungen der jeweiligen Ausprägungen sind aufgrund des gegenwärtig vorhandenen empirischen Wissens in der Software-Ergonomie nur zum Teil möglich. Die Entwicklung des Leitfadens erfolgt in zwei Etappen: In der ersten abgeschlossenen Etappe *(Version I)* wurde das Ziel verfolgt, einen Leitfaden zu erstellen, der zunächst einmal der Beschreibung der software-ergonomischen Qualität dient und noch nicht einer Bewertung. Auch, wenn gegenwärtig noch keine letzte Klarheit darüber herrscht, wie bestimmte technische Lösungen, wie z. B. ikonische Darstellungen, Menüs, aktive Hilfen etc., zu bewerten sind, so ist es dennoch wichtig zu wissen, ob ein System über solche Komponenten verfügt oder nicht, und wie diese gegebenenfalls ausgestaltet sind. Der Adressat der deskriptiven Darstellung wird sich sein bewertendes Urteil selbst bilden müssen und oft für seinen Bedarf auch bilden können.

Ohne Frage bleibt die beschreibende Darstellung software-ergonomischer Eigenschaften durch den EVADIS-Leitfaden unbefriedigend. Er soll deshalb Schritt für Schritt in der zweiten Version erweitert werden. Ein erster Schritt hierzu stellen die Bewertungskommentare zu jedem Item dar. Die Überführung des Leitfadens von der Version I in die Version II ist allerdings keine einfache (redaktionelle) Endbearbeitung, sondern mehr ein Forschungsprogramm, an dem letztlich die gesamte software-ergonomische Forschungsgemeinschaft teilnehmen muß und das prinzipiell nie abgeschlossen werden kann, da nach den Ausführungen im Abschnitt 16.1 software-ergonomische Prüfkriterien notwendig unbestimmt bleiben müssen und sich mit der technischen Entwicklung erweitern.

Die in den jetzt vorliegenden Evaluationsleitfaden enthaltenen Items sind in unterschiedlicher Weise gewonnen worden. Der größte Teil stammt aus Literaturstudien. Ein zweiter Teil aus eigenen Vorstudien und Erfahrungen als Benutzer von Computersystemen. Ein guter Teil auch aus Gesprächen und Diskussionen mit Kollegen.

16.6.2 Prüf-Items

Die Prüfitems des EVADIS-Verfahrens bestehen aus fünf Gruppen, die durch unterschiedliche Prüfmethoden charakterisiert sind (siehe auch Abb. 16-1):

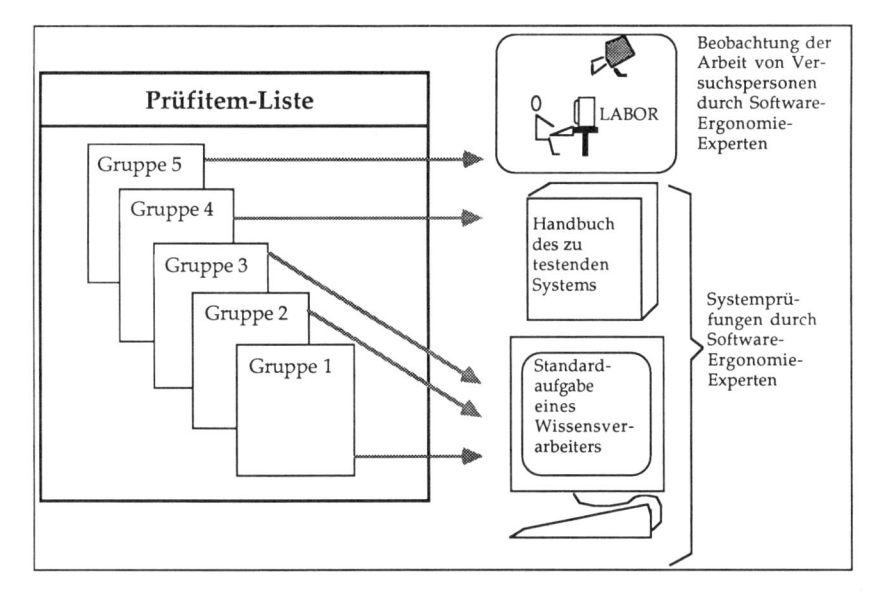

Abb. 16-1: Die Items sind in insgesamt fünf Gruppen

Gruppe 1:
Items, die durch Abfragen anhand einer *Standardaufgabe* geprüft werden (Abfrage nach bestimmten, in der Testvorschrift eindeutig definierten Dialogsequenzen);
Gruppe 2:
Items, die anhand der *Standardaufgabe* geprüft werden, aber nur einmal *am Ende eines Anwendungsmoduls* (Datenbank, Tabellenkalkulation, Textverarbeitung etc.) abgefragt werden;
Gruppe 3:
Items, die nach Abarbeiten der *gesamten Standardaufgabe* abgefragt werden;
Gruppe 4:
Items, die aufgrund der *Handbuchangaben* oder durch mehr oder weniger systematische Suchstrategien geprüft werden (Equipmentprüfung, Systembeschreibungen, Handbuch, Ausprobieren etc.);
Gruppe 5:
Items, die nur in kontrollierten Laborexperimenten mit Versuchspersonen überprüft werden können. Items dieser Gruppe sind in der Version I des EVADIS-Leitfadens zunächst ausgeklammert. Sie werden in der Version II enthalten sein.

Beispiele

Beispiele für Prüf-Items sind die folgenden:
Sind Vorschläge zur Fehlerbehebung von der eigentlichen Fehlermeldung zu unterscheiden?

Sind die Bereiche für Benutzerführung (z. B. Hilfen etc.) und für Arbeitsdaten voneinander getrennt?
Wird die jeweils selektierte Menüoption hervorgehoben?
Muß bei fehlerhaften Kommandos das gesamte Kommando neu eingegeben werden oder sind nur die Fehler zu korrigieren?
Wird vor der Ausführung des *Lösche-Kommandos* oder anderer Kommandos mit schwerwiegenden (möglicherweise irreversiblen) Auswirkungen eine zusätzliche Bestätigung verlangt?
Können bereits ausgeführte Operationen storniert werden? (UNDO-Funktion)
Zeigt das System an, ob es eine Eingabe erwartet oder ob es eine Verarbeitung durchführt?
Gibt das System Informationen über Art, Objekt, Umfang oder Dauer umfangreicher Kommandoausführungen?
Ist die Hilfe-Funktion zustandsabhängig beanspruchbar? ❑

Insgesamt besteht die Itemsammlung gegenwärtig aus ca. 150 Prüf-Items, die allein durch Software-Ergonomie-Experten bearbeitet werden können (Gruppe 1 - 4), und noch einmal ca. 100 Prüfitems, die die Einbeziehung von Versuchspersonen erfordern (Gruppe 5).

16.6.3 Standardaufgabe

Zur Beantwortung der Items in den Gruppen 1 - 3 ist ein mehr oder weniger umfangreicher Bearbeitungskontext erforderlich. Um zu vermeiden, daß dieser Kontext immer wieder neu formuliert werden muß, wurde die bereits erwähnte *Standardaufgabe* entwickelt, auf die je nach inhaltlicher Fragestellung vollständig oder teilweise zurückgegriffen werden kann.

Bei der Entwicklung der Standardaufgabe für den EVADIS-Leitfaden wurden die folgenden Konstruktionsbedingungen zugrundegelegt:

○ Innerhalb verschiedener Anwendungsmodule müssen einzelne in sich geschlossene Arbeitsschritte formuliert sein, die das Abfragen der Items im Rahmen mehrerer *Prüfabschnitte* ermöglichen.

○ Die Standardaufgabe sollte eine typische Tätigkeit eines *Wissensverarbeiters* repräsentieren, die im allgemeinen durch folgende Merkmale charakterisiert ist:

– ganzheitliche Vorgangsbearbeitung, d. h. hierarchisch-sequentielle Vollständigkeit der Tätigkeit;

– geringe Arbeitsteilung und dadurch bedingt weitgehende Selbständigkeit bei der Erstellung von Arbeitsergebnissen;

– Anwendung aller Stufen des Problemlösens, von der Verwendung mehr oder minder einfacher Regeln bis zur Entwicklung von Lösungsalgorithmen;

- Notwendigkeit der Wissensnutzung und Wissensaquisition innerhalb der Tätigkeit
- überwiegend wenig formalisierte Arbeitsergebnisse, die stärker durch die jeweilige Sachaufgabe als durch von der Arbeitsteilung bedingte Formalismen strukturiert sind.

○ Sie sollte die wichtigsten Funktionen von multifunktionalen Systemen umfassen.

Die jetzt vorliegende Standardaufgabe läßt sich wie folgt kurz beschreiben: Ein Tester soll eine Marktstudie auswerten und einen Bericht erstellen. Er kann sich dabei auf Datenbankdateien und eine Textdatei stützen. Er selbst muß folgende Operationen durchführen: Eine schon vorhandene Datenbank vervollständigen, einige Werte von bereits eingegebenen Datensätzen ändern, Eingabemasken-Layouts modifizieren, statistische Berechnungen durchführen, dazu Tabellen erstellen und überarbeiten, Zahlen, Formeln und Texte eingeben, Kommunikation *via electronic mail* durchführen.

Die Standardaufgabe ist so strukturiert, daß sowohl ein die verschiedenen Funktionen umfassendes *integriertes System* als auch jeweils *spezielle Systeme* Gegenstand der Untersuchung sein können. Bei einem integrierten System wird die Standardaufgabe nacheinander in den einzelnen Anwendungsmodulen abgearbeitet, zunächst in der Datenbank, dann im Tabellenkalkulationsmodul, im Graphikmodul und zum Schluß im Texteditor und – soweit technisch vorhanden – im Kommunikationsmodul. Der Aufbau der Standardaufgabe ist in Abb. 16-2 dargestellt.

16.6.4 Durchführungsvorschrift

Aufgrund der komplexen Struktur des Testobjekts *Benutzerschnittstelle* ist es in den meisten Fällen mit einer einmaligen Itembeantwortung nicht getan. In der Regel müssen die Items in jedem Anwendungsmodul (Datenbank, Tabellenkalkulation, Textverarbeitung, Graphik, Kommunikation) mindestens einmal und darüber hinaus noch in den verschiedenen Hierarchiestufen des Systems abgefragt werden. Geht man davon aus, daß – je nach System – die Menütiefe bis zu fünf Ebenen umfaßt, werden bestimmte Items in jedem Anwendungsmodul eine ein- bis fünfmalige Prüfung erfordern, wobei ein Arbeitskontext, der das Eindringen in die verschiedenen, hierarchisch gegliederten Systemebenen ermöglicht, künstlich konstruiert werden müßte. Dieser, für jedes Item neu zu betreibende Aufwand wird durch eine Standardaufgabe erheblich reduziert. Durch Abarbeiten einer Standardaufgabe können die Items dann in unterschiedlichen Sequenzen stichprobenmäßig abgefragt werden. Für manche Fragestellungen sind allerdings auch noch weitergehende Prüfungen über die Standardaufgabe hinaus erforderlich.

Die Beantwortung der Items der Gruppe 4 erfolgt durch die Prüfung des Systems über das Handbuch und durch einige gezielte Operationen mit dem System, wenn die Informationen des Handbuchs nicht ausreichen. Für die Beantwortung der Prüf-Items der Gruppe 1 sind in der Standardaufgabe Prüfpunkte definiert, an denen der Gutachter die Gestaltung des Systems hinsichtlich der in dem jeweiligen Item er-

336 16 Software-ergonomische Evaluationsverfahren

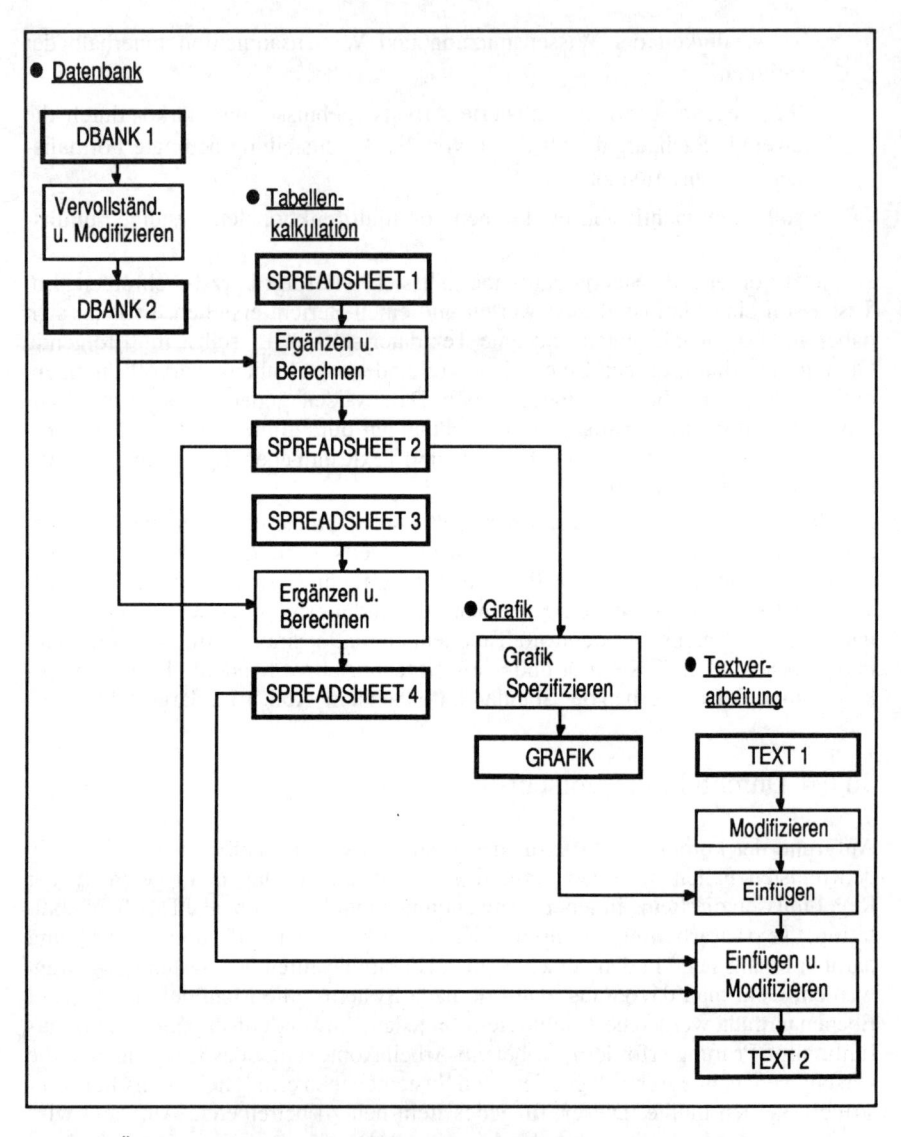

Abb. 16-2: Übersicht über die Standardaufgabe des Prüfverfahrens

fragten Eigenschaft zu prüfen hat. Durch diese definierten Prüfpunkte wird gewährleistet, daß die Produktprüfung in systematisch umfassender Weise erfolgt und das Zustandekommen einer Aussage nachvollziehbar wird. Die Prüfung der Items der Gruppe 3 und 4 erfolgt nach Abarbeiten eines jeweiligen Moduls bzw. der gesamten Standardaufgabe.

16.6.5 Bezugsrahmen der Itemsammlung

Ein wichtiger Orientierungspunkt für die Itemsammlung war die gegenwärtig in der Fachöffentlichkeit diskutierte DIN 66234, Teil 8 (siehe am Ende des Abschnitts 16.1). Diese Norm versteht sich als ausdrückliche Empfehlung für die software-ergonomische Gestaltung der **Dialogschnittstelle**. Da der EVADIS-Leitfaden sich jedoch auf alle im IFIP-Modell genannten Schnittstellenkategorien (d. h. auch auf die *Ein-/Ausgabe-* sowie die *Werkzeugschnittstelle*) bezieht, sind die DIN-Kriterien etwas erweitert worden und umfassen die folgenden allgemeinen Anforderungskriterien (vgl. auch Abb. 16-3):

1. **Aufgabenangemessenheit** (keine Änderung gegenüber DIN):
   Die eigentliche Arbeitsaufgabe des Benutzers soll unterstützt werden, ohne daß sie durch die spezifischen Eigenschaften des Systems zusätzlich belastet wird.
2. **Erwartungskonformität** (keine Änderung gegenüber DIN):
   Das Dialogverhalten des Systems soll denjenigen Erwartungen des Benutzers entsprechen, die er aus Erfahrungen mit Arbeitsabläufen – mit und ohne

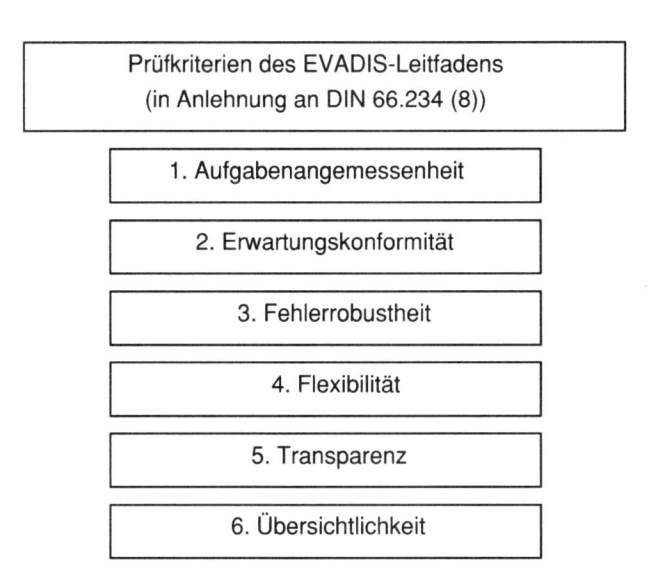

```
┌─────────────────────────────────┐
│  Prüfkriterien des EVADIS-Leitfadens │
│  (in Anlehnung an DIN 66.234 (8))    │
└─────────────────────────────────┘
       ┌──────────────────────────┐
       │ 1. Aufgabenangemessenheit │
       └──────────────────────────┘
       ┌──────────────────────────┐
       │ 2. Erwartungskonformität  │
       └──────────────────────────┘
       ┌──────────────────────────┐
       │ 3. Fehlerrobustheit       │
       └──────────────────────────┘
       ┌──────────────────────────┐
       │ 4. Flexibilität           │
       └──────────────────────────┘
       ┌──────────────────────────┐
       │ 5. Transparenz            │
       └──────────────────────────┘
       ┌──────────────────────────┐
       │ 6. Übersichtlichkeit      │
       └──────────────────────────┘
```

Abb. 16-3: EVADIS-Kriterien

Computer – mitbringt. Das Kriterium der Erwartungskonformität ist für die Erlernbarkeit eines Systems wichtig.

3. **Fehlerrobustheit** (keine Änderung gegenüber DIN):
Fehlerrobustheit ist eine Forderung, die es dem Benutzer trotz eines Eingabefehlers erlaubt, zu einem gewünschten Arbeitsergebnis zu kommen. Allerdings muß dem Benutzer die Ursache des Fehlers zum Zweck seiner Behebung verständlich gemacht werden. Es mag in einigen Fällen sinnvoll sein, eindeutige Fehler automatisch korrigieren zu lassen. Allerdings muß dieser Mechanismus vom Benutzer bei Bedarf abschaltbar sein.

4. **Flexibilität** (umfaßt Steuerbarkeit nach DIN und Einsatzmöglichkeiten der Werkzeugschnittstelle):
Dieses Kriterium bezieht sich vor allem auf die Werkzeug- und Dialogschnittstelle. Es fordert eine möglichst weitreichende Anpassungsmöglichkeit der Software-Werkzeuge an die individuellen Wünsche, Erfahrungen etc. des Benutzers. Der während des Umgangs mit einem System schrittweise zunehmenden Beherrschung eines Systems durch den Benutzer sollte Rechnung getragen werden. Der Dialogablauf, seine Geschwindigkeit – inklusive Unterbrechungen – und die Reihenfolge der einzelnen Dialogschritte sollten vom Benutzer beeinflußt werden können.

5. **Transparenz** (umfaßt die Selbstbeschreibungsfähigkeit nach DIN ausgeweitet auf Aspekte der Werkzeugschnittstelle):
Das System soll für den Benutzer *durchschaubar* sein. Dieses Kriterium bezieht sich sowohl auf die Systemleistungen, also z. B. auf die Beschaffenheit der einzelnen Anwendungsmodule, der Kommandostruktur, der Tiefe und Breite der Menübäume etc. (*statische* Transparenz) als auch auf Meldungen des Systems an den Benutzer, wie Präsenzanzeigen, Fehlermeldungen, außergewöhnliche Zustände wie Überlastung etc. (*dynamische* Transparenz). Der Dialog muß also entweder unmittelbar verständlich sein oder aber, wenn dies nicht der Fall ist, sollte das System dem Benutzer auf Verlangen den Einsatzzweck sowie die Einsatzweise des Dialogs erläutern können. Soweit der Dialog nicht unmittelbar verständlich ist, sollen dem Benutzer auf Verlangen auch der Leistungsumfang der Arbeitsmittel des Systems erklärt werden können. Dadurch soll der Benutzer sich eine zweckmäßige Vorstellung von den Systemzusammenhängen für seine Aufgabenerledigung machen können. Die Transparenz eines Systems ist auch von entscheidender Bedeutung für seine Erlernbarkeit.

6. **Übersichtlichkeit** (umfaßt die Informationsdarbietung auf der Ebene der Ein-/ Ausgabeschnittstelle, nicht in DIN 66 234 Teil 8 enthalten):
Als Pendant zur Durchschaubarkeit bezieht sich Übersichtlichkeit auf die Anordnung der Daten auf dem Bildschirm, auf die übersichtliche Gestaltung der Kommandozeilen, Systemhilfen etc. Hier kommen vor allem die Kriterien der Gestaltpsychologie zur Geltung, wie sie auch schon in die Teile 3 und 5 der DIN 66 234 eingeflossen sind, vgl. den Beitrag von /Zwerina, in diesem Band/.

Neben den allgemeinen Bewertungskriterien sind die Prüf-Items technischen Systemkomponenten zugeordnet, die sich an den genannten Schnittstellenebenen des IFIP-Modells orientieren, d. h. diese konkretisieren. In Tab. 16-1 sind die Systemkomponenten im einzelnen aufgeführt.

16.6.6 Auswertung nach technischen Systemkomponenten und/oder software-ergonomischen Prüfkriterien

Das EVADIS-Verfahren ermöglicht die detaillierte Beschreibung der *gesamten* Schnittstelle. Und nur hierzu sollte es auch verwendet werden. Zwar lassen sich nach der Analyse der Gesamtschnittstelle komponentenspezifische oder kriterienspezifische Aussagen machen, es ist jedoch nicht sinnvoll, den Leitfaden für eine von vornherein auf einzelne Komponenten oder Kriterien bezogene empirische Prüfung in isolierter Weise einzusetzen. Die einzelnen Elemente der Komponenten oder auch der Kriterien sind noch so stark miteinander verknüpft, daß sinnvolle Aussagen über Teilbereiche nur durch einen ausdrücklichen Bezug zum Gesamtkontext möglich sind. Dies erfordert die Erhebung des Gesamtkontextes.

Je nach Zweck lassen sich die Ergebnisse in unterschiedlicher Form darstellen. Eine mögliche Form der Beschreibung software-ergonomischer Eigenschaften wäre die nach *Komponenten* gegliederte Darstellung. Diese Form ist besonders für den Entwerfer geeignet, der ja möglichst konkrete Hinweise erwartet, an welcher

Tab. 16-1: Technische Systemkomponenten

1. Ein- / Ausgabe-Schnittstelle

1.1 Instrumentelle Ebene (Kommandos; Menüs; Direktmanipulation)
1.2 Syntaktische Ebene (Kommandos; Menüs; Direktmanipulation; Benutzerobjekte; Rückmeldungen)
1.3 Semantische Ebene (Kommandos; Menüs; Piktogramme; Rückmeldungen)
1.4 Informationsdarstellung (Bildschirmmasken; Codierungen; Hervorhebungen)

2. Dialogschnittstelle

2.1 Dialogsyntax / Dialogstil (Kommandos; Menüs; Direktmanipulation)
2.2 Dialogablauf
2.3 Fehlerbehandlung
2.4 Sicherungskonzepte (UNDO; BREAK; REDO etc.)
2.5 Hilfen zur Dialogsteuerung
2.6 Systemreaktionszeiten (Eingabeverzögerungen; Antwortzeiten)

3. Werkzeugschnittstelle

3.1 Zugriffsmöglichkeiten auf Systemleistungen
3.2 Einstellmöglichkeiten von System- und Programmparametern
3.3 Schnittstellenfunktionalität

Stelle welche Probleme auftreten. Für Abschätzungen anderer Art, etwa um eine Kaufentscheidung treffen zu können, wird man sich möglicherweise zusätzlich eine *kriterien*bezogene Auswertung wünschen und sich hinsichtlich der Systemkomponenten mit einer Zusammenfassung der Ergebnisse auf der Ebene von Oberbegriffen begnügen. In den bisherigen Einsätzen des EVADIS-Leitfadens wurden beide Darstellungsformen erprobt und als mögliche Gliederung der zu vermittelnden Ergebnisse demonstriert.

Bis heute wurden fünf Praxistests des Evaluationsverfahrens an Systemen unterschiedlichen Einsatzzwecks und Funktionsumfangs vorgenommen. Getestet wurde ein integriertes Bürosystem (Textverarbeitung, Tabellenkalkulation, Datenbank, Bürographik), zwei Textverarbeitungssysteme und zwei Kommunikationssysteme. Die Probeeinsätze des Verfahrens haben gezeigt, daß man mit ihm in überschaubarem Zeitraum die software-ergonomischen Qualitäten von Anwendungssystemen beschreiben kann. Ein Validitätsnachweis für EVADIS ist dieser Probeeinsatz im strengen Sinne allerdings nicht, da hierfür Außenkriterien erforderlich wären, die bisher nicht entwickelt sind.

16.7 Schlußbemerkung

Der vorliegende Beitrag sollte den Stand software-ergonomischer Evaluationsverfahren vermitteln. Es sollte deutlich werden, daß gegenwärtig drei grundlegende Defizite software-ergonomischer Evaluationsmöglichkeiten bestehen: 1. Viele Untersuchungen und deren Ergebnisse in Form von Gestaltungskriterien sind auf einzelne Aspekte aus der Gesamtheit relevanter Eigenschaften und Fragestellungen beschränkt. Hierfür gibt aus theoretische und Gründe. 2. Einige Evaluationsansätze bieten nur abstrakte Hinweise für Gestaltung und Bewertung, ohne dem Entwickler konkrete Richtlinien an die Hand zu geben, die dieser direkt umsetzen kann. 3. Ansätze, die die ersten beiden Defizite zu überwinden trachten, liefern lediglich eine Beschreibung, nicht aber eine Bewertung software-ergonomischer Qualitäten.

Literatur

/Balzert 86/
  Balzert H.: *Software-Architekturen zur Realisierung ergonomischer Anforderungen*, in: Software-Ergonomie Herbstschule 1986, S. 97-134.

/Blake 87/
  Blake T.: *Introduction to the Art and Science of User Interface Design*. Tutorial Notes for the Conference „Human Factors in Computing Systems and Graphics Interface" (CHI + GI 87). Toronto 1987

/Card, Moran, Newell 83/
  Card St. K., Moran Th. P., Newell A.: *The Psychology of Human-Computer Interaction*. Hillsdale/London: Lawrence Erlbaum Associate, Publishers 1983

/DIN 88/
  DIN, *Bildschirmarbeitsplätze. Grundsätze der Dialoggestaltung*, Berlin: Beuth Verlag 1988

/Dzida 83/
> Dzida W.: *Das IFIP-Modell für Benutzerschnittstellen.* Office-Management, Sonderheft, 31 (1983), S. 6-8

/Dzida 86/
> Dzida W.: *Normen für die ergonomische Gestaltung von Benutzerschnittstellen,* in: Software-Ergonomie Herbstschule 1986, S. 39-48

/Foley 87/
> Foley J. D.: *Designing User-Computer Interfaces.* Tutorial Notes for the Conference „Human Factors in Computing Systems and Graphics Interface" (CHI + GI 87). Toronto 1987

/Foley 82/
> Foley J. D.: *Van Dam Andries, Fundamentals of Interactive Computer Graphics,* Reading M.A.: Addison-Wesley 1982

/Nielsen 84/
> Nielsen J.: *Virtual Protocol Model for Computer-Human Interaction,* DAIMI PB-178, Computer Science Department Aarhus University, Denmark 1984

/Oppermann et al. 88/
> Oppermann R., Murchner B., Paetau M., Pieper M., Simm H., Stellmacher I.: *Evaluation von Dialogsystemen. Das software-ergonomische Analyseverfahren EVADIS.,* Berlin: de Gruyter 1988

/Paetau 85/
> Paetau M.: *The Cognitive Regulation of Human Action as a Guideline for Evaluating the Man-Computer Dialogue,* in: B. Shackel (Ed.): Human-Computer Interaction. Interact 84. Amsterdam: North-Holland 1985, pp. 731-735

/Paetau, Pieper 85/
> Paetau M., Pieper M.: *Differentiell-dynamische Gestaltung der Mensch-Maschine-Kommunikation. Ergebnisse und Konsequenzen empirischer Laboruntersuchungen,* in: Bullinger H.-J. (Hrsg.): Software-Ergonomie '85. Mensch-Computer-Interaktion. Stuttgart: Teubner 1985, S. 316 - 324

/Pew 87/
> Pew R.: *How to Study User-Computer Systems,* Tutorial Notes for the Conference „Human Factors in Computing Systems and Graphics Interface" (CHI + GI 87). Toronto 1987

/Polson, Bovair, Kieras 87/
> Polson P. G., Bovair S., Kieras D.: *Transfer Between Text Editors,* in: Carrol J. M./ Tanner P. P. (Eds): Conference Proceedings „Human Factors in Computing Systems and Graphics Interface" (CHI + GI 87). Toronto 1987, pp. 27 - 32.

/Roberts, Moran83/
> Roberts T. L., Moran T. P.: *The Evaluation of Text Editors: Methodology and Empirical Results,* in: Communications of the ACM 26 (1983) ,4, pp. 265-283

/Root, Draper 83/
> Root Robert W., Draper Steve, *Questionaires as a Software Evaluation Tool,* in: Ann Janda (Ed.): Conference Proceedings „Human Factors in Computing Systems and Graphics Interface" (CHI 83). Boston 1983, pp. 83-87.

/Smith, Aucella 83/
> Smith S. L., Aucella A. F.: *Design Guidelines for the User Interface to Computer-based Information Systems.* Bedfort, Massachusetts :The MITRE-Corporation 1983

/Stewart 84/
> Stewart T.: *Die Software-Schnittstelle,* in: Tomas Berns (Hrsg.): Die ergonomischen Grundsätze bei der Büroautomation. Stockholm: Ericson Information Systems AB 1984, S. 78-99

/Ulich 78/
　　Ulich E.: *Über das Prinzip der differentiellen Arbeitsgestaltung,* in: Industrielle Organisation 47 (1978), S. 566-568

/Ulich, in diesem Band/
　　Ulich E.: *Arbeits- und organisationspsychologische Aspekte,* in: diesem Band

/Zwerina, in diesem Band/
　　Zwerina H.: *Masken und Formulare,* in diesem Band

Ausblick

17 Trends und Perspektiven der Software-Ergonomie

Helmut Balzert

17.1 Einführung

In den einzelnen Beiträgen dieses Buches werden vielfältige Aspekte der Software-Ergonomie betrachtet. Wichtig ist, daß Software-Ergonomie nicht isoliert betrachtet werden darf. Beim Einsatz eines Computersystems sind neben der Software-Ergonomie noch folgende Gestaltungsbereiche zu beachten:
- physikalische Gestaltung des Computers (Hardware-Gestaltung),
- physikalische und organisatorische Gestaltung des Arbeitsplatzes (Arbeitsplatz-Gestaltung),
- Einbettung des Arbeitsplatzes in die physikalische und organisatorische Umgebung einschließlich der Kommunikation und Kooperation zwischen verschiedenen, vernetzten Computersystemen (Organisations-Gestaltung).

Zwischen diesen Gestaltungsbereichen gibt es Abhängigkeiten und Wechselwirkungen.

Die Rahmenbedingungen für die Software-Ergonomie werden durch die makroskopische Arbeitsgestaltung und -organisation vorgegeben. Dieser Themenbereich wird daher im folgenden Abschnitt näher betrachtet. Die Software-Ergonomie am einzelnen Computer-Arbeitsplatz wird primär nicht durch die Ergonomie der Benutzungsoberfläche, sondern durch die Funktionalität der eingesetzten Anwendungssysteme bezogen auf die zu erledigenden Arbeitsinhalte bestimmt. Daher wird in Abschnitt 17.3 auf die ergonomische Gestaltung von Anwendungssystemen eingegangen. Das Leistungs- und Funktionsangebot für den Benutzer wird insbesondere durch die Vernetzung der Computersysteme weiter zunehmen. Daher ist es nötig, daß der Benutzer eine wesentlich stärkere Unterstützung durch Auskunfts- und Beratungssysteme erhält (Abschnitt 17.4). So wie heute jeder Mitarbeiter – in einem mehr oder weniger umfangreichen Rahmen – seinen Arbeitsplatz und seine persönliche Arbeitsumgebung individuell gestalten kann, so ist es auch erforderlich, daß er seine Arbeitsumgebung auf dem Computersystem an seine Wünsche und Bedürfnisse anpassen kann. Daher ist es erforderlich, daß Computersysteme adaptierbar und adaptiv sind (Abschnitt 17.5).

Ergonomische Software wird sich in der Praxis nur durchsetzen, wenn sie ökonomisch realisierbar ist. Daher wird im Abschnitt 17.6 auf geeignete Software-Architekturen eingegangen. Da wissensbasierte Systeme eine Reihe von Eigenschaften besitzen, die die Konstruktion ergonomischer Software unterstützen, wird in einem Exkurs auf die wichtigsten Charakteristiken dieser Technik eingegangen.

17.2 Ergonomische Organisations-Gestaltung

Trotz ergonomischer Gestaltung der an einem Arbeitsplatz eingesetzten Anwendungssysteme und einer ergonomischen Mensch-Computer-Schnittstelle kann es sein, daß die an einem Arbeitsplatz zu erledigende Arbeit für den Arbeitenden völlig unbefriedigend ist.

Eine solche Situation tritt auf, wenn bei der *makroskopischen Arbeitsorganisation* ergonomische Gestaltungsziele nicht oder nicht ausreichend berücksichtigt wurden.

Da in zunehmendem Maße nicht eine isolierte Aufgabe, sondern Aufgabenstrukturen oder ganze Aufgabenbereiche zu gestalten sind, spielt die geeignete Aufteilung der Arbeitsbereiche in Arbeitsstrukturen und der Arbeitsstrukturen selbst eine zentrale Rolle.

Geht man davon aus, daß für jeden Arbeitsplatz – vielleicht in unterschiedlichen Ausprägungsgraden – eine *persönlichkeitsförderliche* und *zumutbare* Arbeit vorhanden sein soll, dann muß bei der makroskopischen Arbeitsorganisation folgendes beachtet werden:

- Die Aufgabenteilung muß so erfolgen, daß für *jeden* Arbeitsplatz ein hinreichendes Minimum an ergonomischen Gestaltungszielen erreichbar ist.
- Beim Einsatz von Computersystemen ist von vornherein festzulegen, welche Aufgabenteile in welchem Umfang bezogen auf den Aufgabeninhalt vom jeweiligen Anwendungssystem des Computersystems erledigt werden sollen. Erst danach ist die Aufgabenaufteilung auf die Arbeitsplätze vorzunehmen.

  Diese Vorgehensweise ist nötig, da das Arbeitsmittel Computersystem die *Aufgabenmischung* (Planungs-, Ausführungs- und Überwachungsanteil), die *Kontextabhängigkeit der Aufgabe* und die *Einheit von Arbeitsprozessen* determiniert. Kontextabhängigkeit definiert den Grad, in dem ein Anwendungssystem von der Umwelt abhängig ist, z. B. von Informationen anderer Anwendungssysteme. Ein Arbeitsprozeß ist als Einheit ausführbar, wenn verschiedene, aber inhaltlich aufeinander bezogene Tätigkeiten, durchgängig und koordiniert abgewickelt werden können. Insbesondere die Aufgabenmischung wird wesentlich durch das Computersystem beeinflußt.

  Zeigt sich bei einer ersten Aufgabenteilung, daß an einem Arbeitsplatz keine geeignete Aufgabenmischung mehr übrig bleibt, dann muß die makroskopische Aufgabenteilung anders vorgenommen werden.

- Bei vernetzten Computersystemen können die Interaktionserfordernisse einer Aufgabe (Umfang der erforderlichen Kommunikation mit anderen Anwendungssystemen) beeinflußt werden, indem das Computersystem die Kommunikation/Kooperation technisch unterstützt.
- Die vorhandenen oder geplanten Qualifikationen der Arbeitenden an dem jeweiligen Arbeitsplatz sind bei der Aufgabenmischung zu berücksichtigen.

17.3 Ergonomische Gestaltung von Anwendungssystemen

Software-Ergonomie darf sich nicht auf die Gestaltung der **Mensch-Computer-Schnittstelle** reduzieren. Das Ziel eines Benutzers, ein Computersystem zu benutzen, besteht im allgemeinen darin, eine *Aufgabe* damit zu erledigen.

Wie gut die Erledigung der Aufgabe unterstützt wird, hängt von der Ergonomie des oder der eingesetzten **Anwendungssysteme** ab. Die Mensch-Computer-Schnittstelle ist nur das Mittel zum Zweck, nämlich das Mittel um das jeweilige Anwendungssystem möglichst gut zu handhaben.

Die Basis für eine optimale Gestaltung der Mensch-Computer-Schnittstelle ist i.allg. ein gut gestaltetes Anwendungssystem. Das heißt, ein schlecht gestaltetes Anwendungssystem kann durch eine gute Mensch-Computer-Schnittstelle nicht verbessert werden.

Wird beispielsweise ein Textsystem ohne Serienbrieffunktionalität in einem Sekretariat eingesetzt, in dem zu 80 % Serienbriefe geschrieben werden, dann ist dieses Textsystem für diesen Arbeitsplatz nicht ergonomisch. Auch eine noch so gute Mensch-Computer-Schnittstelle kann diesen Mangel nicht beheben.

Es ist daher erforderlich, daß vorhandene Gestaltungszielansätze die ergonomische Gestaltung von Anwendungssystemen einbeziehen (siehe auch /Ulich, in diesem Band/, /Oppermann, in diesem Band/, /Balzert 87, 88/).

Die Gestaltung von Anwendungssystemen wird zunehmend komplexer. Während früher isolierte, singuläre Anwendungen zu gestalten waren, nehmen heute integrierte Anwendungen pro Arbeitsplatz zu. In Zukunft kommen kooperierende, verteilte Anwendungen hinzu (Abb. 17-1).

isolierte, singuläre Anwendungen	integrierte Anwendungen pro Arbeitsplatz	kooperierende verteilte Anwendungen

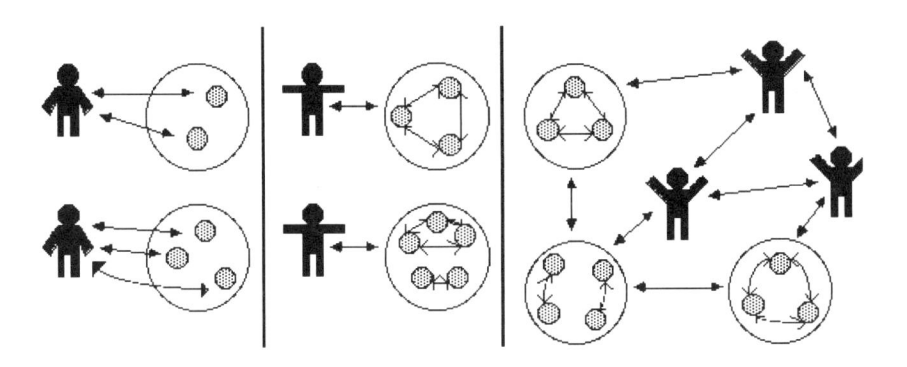

Abb. 17-1: Änderung der Qualität und Quantität von Anwendungssystemen

Für die Entwicklung von Anwendungssystemen ergibt sich, daß sie gegenüber der traditionellen Anwendungsentwicklung wesentlich *umfassender* angelegt sein muß, um die Ziele der *Flexibilität* und der *maximalen Freiheitsgrade* zu erreichen. Bisheriges Ziel der Anwendungssoftware-Entwicklung war es, eine den definierten Anwenderanforderungen entsprechende Funktionalität zu ermitteln und zu realisieren.

Geht man davon aus, daß es nicht *die* Funktionalität unabhängig vom individuellen Anwender und seinen zu lösenden Aufgaben gibt und sich außerdem die Anforderungen im Laufe der Zeit ändern, dann muß es Ziel der Entwicklung sein, die *elementaren Basisfunktionen* zu ermitteln, die den Anwendungsbereich möglichst vollständig und orthogonal überdecken. Daraus ergeben sich erhöhte Anforderungen an das *fachbezogene Requirements Engineering* im Gegensatz zum heutigen *zielgruppenorientierten* bzw. *kundenspezifischen Requirements Engineering*.

Durch Mechanismen der *Metakommunikation* und *Änderungs- & Erweiterungsmechanismen* muß es sowohl dem Spezialisten für Software-Ergonomie als auch dem Anwender ermöglicht werden, die Basisfunktionalität den gegenwärtigen Bedürfnissen und Aufgaben anzupassen. Außerdem muß ein entsprechend umfangreiches Spektrum an Anwendungssystemen vorhanden sein.

Eine Anwendungssystem-Entwicklung unter Berücksichtigung der aufgeführten Gesichtspunkte kann in folgende Schritte gegliedert werden:

a) Definition des vom zu entwickelnden Anwendungssystem abzudeckenden Aufgabengebietes einschl. der Abgrenzung zu Nachbargebieten.
 Beispiel
 Text-System einschl. Textbausteinen, Serienbriefen, Rechnen im Text, Tabellengestaltung. ❑

b) Klassifizierung des Aufgabengebietes nach Grad der Kontextabhängigkeit, Grad der Allgemeinheit, Art der Anwendung.
 Beispiel
 Text-System ist integriertes Anwendungssystem, Basisanwendung, verarbeitungs- bis syntheseorientiert. ❑

 In Abhängigkeit von der Klassifizierung erfolgen weitere Festlegungen.
 Beispiel
 Text-System soll mit Grafik-Programm, kommerziellen Anwendungssystemen, Freizeichnen-Programm und Tabellenkalkulations-Programm Informationen austauschen können, so daß eine gegenseitige Einbettung der Information möglich ist. ❑

c) Überprüfung der organisatorischen Einbettung.
 Beispiel
 Text-System soll mit gleichem Text-System auf anderen Computersystemen kommunizieren können. Außerdem soll es möglich sein, ein gemeinsames Text-Dokument mit mehreren Text-Systemen zu erstellen. Das heißt, es muß einen Mechanismus geben, der den schreibenden Zugriff auf ein Text-Dokument zu einem Zeitpunkt nur jeweils einem Text-System erlaubt. ❑

d) Ermittlung, Gewinnung, Befragung und Einbindung kompetenter Personen auf dem Gebiet des Anwendungssystems
   Beispiel
   Zur Entwicklung des Text-Systems werden potentielle Zielgruppen-Repräsentanten, Textverarbeitungs-Verbände, Wissenschaftler, Praktiker, die sowohl Schreibmaschinen als auch unterschiedliche Textsysteme kennen, hinzugezogen. ❏

e) Festlegung der software-ergonomischen Gestaltungsziele bezogen auf das zu entwickelnde Anwendungssystem.
   Beispiel
   In hohem Maße sollen Lern- und Entwicklungsmöglichkeiten, Autonomie und Arbeitsökonomie erreichbar sein. ❏

f) Definition, Repräsentation, Simulation und Evaluation der Basisfunktionalität.
   Beispiel
   Schrittweise werden die einzelnen Basisfunktionen definiert (Text kreieren, löschen, modifizieren), in der verwendeten Wissensrepräsentation dargestellt, die Abhängigkeiten und Abläufe simuliert (mögliche Strategien, Taktiken) und gegen die vorgegebenen Gestaltungsziele von e) evaluiert. ❏

Durch die inkrementelle Entwicklung – insbesondere durch den frühzeitigen Aufbau von Wissensbasen und die dazu notwendige Formalisierung des Anwendungsgebietes – erhält man auch von vornherein Aussagen über die Durchführbarkeit einer entsprechenden Entwicklung.

g) Ergonomische Gestaltung des Anwendungssystems (parallel zu e) und f)).
   Durch Analyse der Zielgruppenwünsche und -tätigkeiten:
   – Bündelung von Basisoperationen zu Funktionsmengen für Standardanwendungen und Spezialanwendungen,
   – Bündelung von Basisoperationen zu Funktionsmengen für Anfänger,
   – Festlegung von Voreinstellungen,
   – Überprüfung der Basisfunktionalität auf Vollständigkeit, Orthogonalität, Differenzierung und Überlappung,
   – Definition von notwendigen tutoriellen Einheiten,
   – Überprüfung vorhandener mentaler Modelle in den Zielgruppen,
   – Festlegung von Auskunfts- und Beratungsinformationen.
   Beispiel
   Für das Text-System werden die Funktionen zu folgenden Einheiten zusammengefaßt: Standard-Textsystem, Textbausteine, Serienbriefe, Rechnen im Text, Integration anderer Informationen, Tabellengestaltung.
   Für Anfänger wird eine Anfänger-Funktionsmenge mit minimalem Funktionsumfang definiert. Für alle Einzelkonzepte gibt es tutorielle Einheiten. Für die Zielgruppe *Schreibmaschinenbediener* gibt es eine besonders zugeschnittene

Funktionsmenge sowie eine tutorielle Einheit zur Erläuterung der wesentlichen Unterschiede zwischen einer Schreibmaschine und einem Text-System.

Das Text-System wird so voreingestellt, daß ein DIN A4-Geschäftsbrief direkt geschrieben werden kann.

Als Auskunfts- und Beratungsinformationen werden festgelegt:
- Hinweis auf Möglichkeit der automatischen Konsistenzüberprüfung von Postleitzahl und Wohnort,
- Hinweis auf Rechtschreibkorrektur-Möglichkeiten,
- Hinweis auf vorhandene Voreinstellungen für bestimmte Aufgabenklassen wie Notizen machen, Formulare ausfüllen, Standardlayouts für Hausmitteilungen. ❑

Besonders gravierende Auswirkungen hat diese Entwicklungsmethodik auf das *Requirements Engineering*.

Während traditionell die Produktanforderungen von Informatikern (*requirements engineers*, Systemanalytikern, DV-Organisatoren) zusammen mit der betroffenen Fachabteilung (bei Individual-Software) bzw. zusammen mit dem Marketing (bei Standard-Software) entwickelt werden, ist in Zukunft eine breite interdisziplinäre Zusammenarbeit erforderlich zwischen:
- Informatik,
- jeweiliger Fachwissenschaft,
- Arbeitswissenschaft,
- kognitiver Psychologie,
- Organisationswissenschaft.

Das heißt *Requirements Engineering* ist eine hochgradig interdisziplinäre Tätigkeit.

17.4 Auskunfts- und Beratungssysteme

Die weiter zunehmende Leistungsfähigkeit der Hard- und Software von Computersystemen und insbesondere die wachsende Vernetzung von Computerarbeitsplätzen führt dazu, daß dem einzelnen Benutzer ein umfangreiches Leistungs- und Funktionsangebot zur Verfügung gestellt werden kann.

Prinzipiell sollte es möglich sein, daß der Benutzer eine Leistungs- oder Funktionsanforderung – oder noch weitergehend ein Problem – spezifiziert und sein Computersystem ihm dann Vorschläge unterbreitet, welche Anwendungssysteme zur Verfügung stehen und welche in welcher Reihenfolge benutzt werden sollten. Dabei sollte das Computersystem in der Lage sein, lokal nicht verfügbare Leistungen über das Netz von anderen Systemen bzw. *Servern* abzurufen. In /Bauer, Schwab, in diesem Band/ und /Hermann, in diesem Band/ werden aktive und passive Hilfesysteme vorgestellt und diskutiert. Diese bilden den notwendigen aber noch nicht hinreichenden Ausgangspunkt für umfassende Unterstützungsleistungen für den Benutzer.

Um Szenarien, wie oben geschildert, zu ermöglichen sind umfangreiche **Auskunftssysteme** (AUS) und **Beratungssysteme** (BES) erforderlich.

Auskunftssysteme geben dem Benutzer Auskunft über alle den Einsatz der Mensch-Computer-Schnittstelle und der Anwendungssysteme betreffenden Fragen.

Beratungssysteme beraten den Benutzer über alle den Einsatz der Mensch-Computer-Schnittstelle und der Anwendungssysteme betreffenden Fragen.

Diese Systeme unterscheiden sich von klassischen Anwendungssystemen dadurch, daß sich mit ihnen keine Arbeitsergebnisse erstellen lassen. Von der Mensch-Computer-Schnittstelle unterscheiden sie sich dadurch, daß sie keinen Beitrag dazu liefern, ein Anwendungssystem ergonomisch anzuwenden.

Global betrachtet **unterstützen** diese Systeme den Benutzer beim **Einsatz** sowohl der Mensch-Computer-Schnittstelle als auch der Anwendungssysteme.

Der Unterschied zwischen beiden Unterstützungssystemen ist qualitativer Art. Eine Beratung ist sehr viel weitergehender als eine Auskunft, d. h. eine Beratung bietet dem Benutzer eine u. a. umfassendere Unterstützung als eine Auskunft.

Um eine Beratungsleistung zur Verfügung zu stellen, muß dem System wesentlich mehr Wissen über den Benutzer zur Verfügung stehen, als dies bei einem Auskunftssystem nötig ist. Steht solch notwendiges Wissen nicht oder nur teilweise zur Verfügung, dann ist eine Beratungsleistung nicht oder nur teilweise möglich oder die Beratung reduziert sich auf eine Auskunft. In Anlehnung an /Morik, Rollinger 83/, /Morik 84/ sollte ein Beratungssystem *vorschlagen, empfehlen, zuraten* und *abraten* können.

Um dies leisten zu können, muß das Beratungssystem Wissen über **Bewertungen** des Benutzers besitzen. Etwas vom Benutzer negativ Bewertetes kann z. B. aufrichtig *nicht* empfohlen werden.

Das Leistungsspektrum beider Systeme ist aber nicht deckungsgleich, sondern überlappt sich in einigen Bereichen. Die Überlappung kommt teilweise dadurch zustande, daß es von der subjektiven Einschätzung des Benutzers abhängt, ob er eine Unterstützungsleistung als Auskunft oder bereits als Beratung interpretiert.

Beispiel

Ein Anwender möchte mit Text und Graphik arbeiten. Er bekommt vom Auskunfts- und Beratungssystem die Information, daß dafür ein Text-Programm und ein Geschäftsgraphik-Programm sowie ein Freizeichnen-Programm zur Verfügung steht. Außerdem werden noch die Einsatzgebiete der zwei Graphik-Programme und ihre Unterschiede erläutert. Es wird eine Kriterienliste ausgegeben, die der Anwender ausfüllen soll. Anhand der ausgefüllten Kriterienliste empfiehlt das Auskunfts- und Beratungssystem dem Anwender die Anwendung des Geschäftsgraphik-Programms. Ausgehend von einer Auskunft wandelt sich hier die Information nach dem Einholen zusätzlicher Informationen vom Benutzer in eine Beratung. ❏

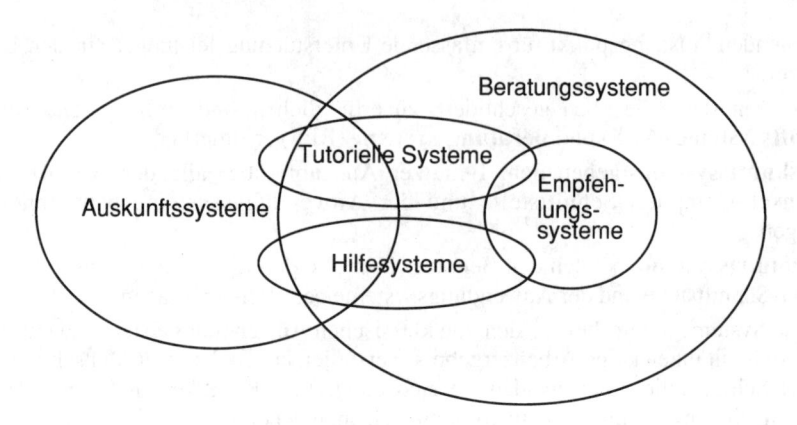

Abb. 17-2: Auskunfts- und Beratungssyteme sowie ihre Teilsysteme

Sowohl bei den Auskunfts- als auch bei den Beratungssystemen lassen sich Teilsysteme mit abgrenzbaren Teilaufgaben definieren (Abb. 17-2).

Tutorielle Systeme (TS) unterstützen den Benutzer beim **Erlernen** der Mensch-Computer-Schnittstelle oder eines Anwendungssystems oder von Komponenten davon.

Hilfesysteme (HS) unterstützen den Benutzer bei der **Benutzung** der Mensch-Computer-Schnittstelle und der jeweiligen **Anwendung** des Anwendungssystems.

Empfehlungssysteme (ES) geben dem Benutzer bei der Benutzung der Mensch-Computer-Schnittstelle und bei der jeweiligen Anwendung Empfehlungen, indem sie die Bewertungen des Benutzers einer kritischen Betrachtung unterziehen.

Beispiel

Ein Benutzer hat der Mensch-Computer-Schnittstelle durch Konventionen mitgeteilt, daß er die Maus nicht benutzen möchte. Der Benutzer befragt das Auskunfts- und Beratungssystem nach einem arbeitsökonomischen Geschäftsgraphikprogramm. Das Auskunfts- und Beratungssystem informiert ihn, daß es ein entsprechendes Anwendungssystem mit und ohne Mauseinsatz gibt. Es empfiehlt ihm das Anwendungssystem mit Mauseinsatz, da es ökonomischer anzuwenden ist und weist den Benutzer darauf hin, daß seine Konventionen einen Einsatz aber ausschließen. Es empfiehlt ihm daher, seine Konventionen zu ändern. ❑

17.5 Adaptierbare und adaptive Systeme

Die Zufriedenheit eines Benutzers bei der Computersystembenutzung hängt ganz wesentlich davon ab, ob die Mensch-Computer-Schnittstelle und die Anwendungssysteme auf seine individuellen Wünsche, Bedürfnisse und Fähigkeiten zugeschnitten sind.

Solange ein relativ homogener Benutzerkreis vorhanden war, erfolgte die Benutzer-Modellierung implizit durch die Software-Entwickler.

Die Erweiterung der Anwendungsgebiete sowie die zunehmende Anzahl von Arbeitsplatzrechnern führt zu einer rapiden Verbreitung des Benutzerkreises und damit zu der Aufgabe, *verschiedenartige* Benutzer zu berücksichtigen.

Um dies zu erreichen, wurde als erster Schritt versucht, Benutzer zu Benutzergruppen zusammenzufassen.

Vielfach erfolgt eine eindimensionale Klassifizierung anhand der Benutzererfahrung. Es werden dann die Benutzergruppen Anfänger, Gelegenheitsbenutzer und Experten unterschieden.

Zu diesen Untersuchungen läßt sich kritisch anmerken, daß keine Unterscheidung zwischen Mensch-Computer-Schnittstellen-Erfahrung und Anwendungssystem-Erfahrung gemacht wird. Es kann jedoch sein, daß ein Benutzer zwar täglich am Computersystem arbeitet, d. h. viel Erfahrung mit der Mensch-Computer-Schnittstelle hat, aber nur einmal monatlich ein bestimmtes Anwendungssystem benutzt.

Zusätzliche Kriterien ergaben sich durch Forschungen auf dem Gebiet der künstlichen Intelligenz und dort insbesondere bei quasi-natürlichsprachlichen Systemen (siehe z. B. /Kobsa, Trost, Trappl 83/, /Jameson, Wahlster 82/), bei tutoriellen Systemen (siehe z. B. /Goldstein 82/, /Morik 84/) und bei Beratungssystemen (siehe z.B. /Morik, Rollinger 83/, /Rich 79/).

In diesen Systemen wurde auch der Schritt hin zu expliziten **Benutzermodellen** getan, d. h. die einzelnen Komponenten verfügen über Wissen über den individuellen Benutzer und benutzen dieses Wissen zur Steuerung der Mensch-Computer-Schnittstelle, der Anwendungssysteme sowie der Auskunft und der Beratung.

Die publizierten Erkenntnisse zur Benutzermodellierung lassen sich zu folgenden *Ergebnissen* zusammenfassen:

- Benutzer-Erwartungen und -Fähigkeiten werden durch eine Vielzahl von Kriterien bzw. Faktoren bestimmt. Jede Reduktion auf wenige Kriterien sowie die Zusammenfassung zu Benutzergruppen führt zu einer groben Vereinfachung, die völlig realitätsfern sein kann.
- Kein Benutzer gleicht dem anderen. Jeder Benutzer ist ein Individuum.
- Der Benutzer ist nicht statisch, sondern *dynamisch* /Mozeico 82/. Seine Erwartungen und Fähigkeiten ändern sich durch die Benutzung des Computersystems insbesondere durch die dabei ablaufenden Lernprozesse.
- Die Voraussetzungen, die auf alle Benutzer zutreffen (Der Benutzer als Mensch), müssen bei der Mensch-Computer-Schnittstelle generell berücksichtigt werden.
- Empirische Untersuchungen betrachten nur wenige Benutzervariablen unter definierten Umgebungsbedingungen. Es ist daher fraglich, inwieweit die Ergebnisse verallgemeinert werden können.

- Benutzer- und Gestaltungskriterien sind nicht oder nicht ausreichend operationalisiert und quantifiziert.
- Benutzer- und Gestaltungskriterien müssen im Computersystem selbst explizit repräsentiert werden, um aus der Benutzung heraus das jeweilige Benutzermodell individuell zu modifizieren, zu ergänzen und zu konkretisieren.

Aus diesen Ergebnissen lassen sich folgende Konsequenzen ableiten:

- Optimal ist es, wenn jeder Benutzer seine Mensch-Computer-Schnittstelle und seine Anwendungssysteme selbst gestaltet. In der Regel wird diese Möglichkeit nur für die Auslotung des Gestaltungsrahmens bei neuen Mensch-Computer-Schnittstellen und Anwendungssystemen im Rahmen der Entwicklung sinnvoll sein (siehe z. B. /Peschke, in diesem Band/). Außerdem muß sichergestellt sein, daß sich Mensch-Computer-Schnittstellen und Anwendungssysteme anschließend dynamisch anpassen können, da sich das Benutzerverhalten mit der Zeit ändern kann. Das heißt, die Systeme müssen **adaptierbar** sein.
- Optimal ist es auch, wenn sich die Mensch-Computer-Schnittstelle und das jeweilige Anwendungssystem individuell dem jeweiligen Benutzer anpassen (**adaptive Systeme**). Zu berücksichtigen ist jedoch, daß es auch Benutzer geben kann, die eine Selbstadaption der Mensch-Computer-Schnittstelle und der Anwendungsssteme nicht wünschen, d. h. die Adaptionsfähigkeit muß vom Benutzer abstellbar sein.
- Eine andere Möglichkeit besteht darin, dem Benutzer eine Vielzahl von multiplen Optionen anzubieten. Die Mensch-Computer-Schnittstelle und die Anwendungssysteme merken sich dann die Bedienungsart und bieten diese als Voreinstellung an. Auch diese Möglichkeit ist für den Benutzer zeitaufwendig. Oft will sich der Benutzer nicht intensiv mit der Mensch-Computer-Schnittstelle bzw. dem jeweiligen Anwendungssystem beschäftigen, da er das Anwendungssystem z. B. nur selten benutzt.
- Für die Hauptzielgruppen werden Standardvoreinstellungen ermittelt und angeboten. Der eilige, sporadische Benutzer kann dann eine Standardvoreinstellung auswählen, auch wenn diese nicht optimal auf ihn zugeschnitten ist.
- Jeder Benutzer kann die Mensch-Computer-Schnittstelle und die jeweiligen Anwendungssysteme auf seine individuellen Bedürfnisse selbst anpassen.
- Jeder Benutzer sollte seine individuellen Einstellungen von einem Computersystem zu einem anderen mitnehmen können. Beispielsweise könnten die individuellen Parameter auf einer Chipkarte aufgezeichnet werden /Norman 83, S. 2/.
- Die Benutzerkriterien müssen operationalisiert und quantifiziert sowie ihre Abhängigkeiten beschrieben werden.
- Die Benutzerkriterien und ihre Auswirkung auf die Gestaltung der Mensch-Computer-Schnittstelle und der Anwendungssysteme müssen erforscht und evaluiert werden.
- Neue Erkenntnisse müssen schnell und leicht in die Benutzermodelle eingebracht werden können.

Unabhängig davon, ob ein System sich selbst an den Benutzer anpassen können soll oder ob der Benutzer das System an sich adaptieren können soll, ergibt sich für die Software-Architektur, daß sie *flexibel* und *änderbar* sein muß (siehe unten).

Soll der individuelle Benutzer optimal unterstützt werden, dann muß ein individuelles **Benutzermodell** aufgebaut und dynamisch mitgeführt werden.

Ein Benutzermodell sollte folgende drei Bereiche abdecken (siehe auch /Möller, Rosenow 87/):

○ Benutzerkonventionen,

○ Benutzerkompetenz,

○ Benutzerintentionen.

Unter **Benutzerkonventionen** versteht man die Möglichkeit des Benutzers, die Mensch-Computer-Schnittstelle und die Anwendungssysteme entsprechend seinen individuellen Wünschen und Bedürfnissen zu konfigurieren. Die Informationsaufnahme und -veränderung erfolgt durch einen *Metadialog* zwischen Benutzer und System. Konventionen können ohne Veranlassung oder Bestätigung des Benutzers vom System *nicht* geändert werden.

Die Festlegung statischer **Benutzerkonventionen** ist bereits in einer Reihe heutiger Systeme möglich. Meist handelt es sich hier um Benutzerdateien, die beim Systemaufruf aktiviert werden (sog. *profiles*, *login-files*, *autoexec-files*, usw.). Die Erstellung und Veränderung dieser Dateien setzt in der Regel gute Kenntnisse des (Betriebs-)Systems voraus. Sie haben daher für den ungeübten oder gelegentlichen Benutzer nur eine eingeschränkte Bedeutung. Die Vereinbarung von Konventionen oder Optionen ist allerdings in einigen modernen Anwendungssystemen (wie GEM Desktop oder MS Word) bereits benutzerfreundlicher realisiert.

Beispiel

Nach dem Anmelden des Benutzers meldet sich das System mit einer individuell gestalteten Benutzungsoberfläche (individueller Dialogmodus, individuelle Anordnung von Fenstern usw.) und aktiviert automatisch ein oder mehrere Anwendungssystem(e), z. B. Terminkalender, Posteingang, Umsatzübersicht. ❑

Wichtig ist, daß das System den Benutzer bei der *dynamischen Vereinbarung* von temporären oder permanenten Konventionen aktiv unterstützt.

Beispielsweise kann das System aufgrund der Dialoggeschichte feststellen, daß der Benutzer eine Reihe von Anwendungssystemen stets in einer bestimmten Reihenfolge aufruft, und ihm daraufhin die Vereinbarung einer entsprechenden Konvention in Form eines Befehlsmakros vorschlagen.

Da ein Anfänger oder sporadischer Benutzer die verfügbaren Möglichkeiten des Systems nur unzureichend kennt, darf er durch das Angebot des Systems zur Vereinbarung von **Konventionen** nicht überfordert wird. Daher sollten seine bisherigen Kenntnisse und Erfahrungen mit dem System, in einer Komponente **Benutzerkompetenz** verwaltet werden.

Die Kompetenz des Benutzers umfaßt bestimmte Ausschnitte seiner kognitiven und sensomotorischen Fähigkeiten, Fertigkeiten und Kenntnisse, soweit diese für

die Interaktion mit dem System von Bedeutung sind. Die Operationalisierung der **Benutzerkompetenz** kann über folgende Indikatoren geschehen:
- die Systemerfahrung des Benutzers,
- die Zeitspanne seit der letzten Systembenutzung,
- die Benutzungshäufigkeit von Systemfunktionen,
- die fehlerhafte Benutzung von Systemfunktionen pro Anwendung,
- die Benutzungshäufigkeit von Funktionen, die in verschiedenen Anwendungen realisiert sind.

Diese *Benutzerparameter* werden vom System im Verlauf der Interaktion ermittelt und dienen zur Erzeugung bzw. Veränderung der im Benutzermodell gespeicherten Werte.

Die Benutzerparameter können auf zwei verschiedene Arten ermittelt werden:
- durch **Metakommunikation** mit dem Benutzer und
- durch die Auswertung der **Dialoghistorie**.

Zu Beginn der Interaktion mit einem unbekannten Benutzer ist das System auf explizite Angaben des Benutzers angewiesen, insbesondere bei Parametern, die sich auf die Vorerfahrung des Benutzers beziehen.

Solange dem System keine Angaben über den Benutzer zur Verfügung stehen, werden *Voreinstellungswerte* für das Kompetenzmodell verwendet, die nicht von spezifischen Vorerfahrungen jedes Benutzers ausgehen.

Während des Dialogs werden ständig diejenigen Parameter protokolliert, die als Indikatoren für die Kompetenz des Benutzers angesehen werden. Dabei handelt es sich insbesondere um die folgenden Merkmale:

○ Benutzungshäufigkeit von Kommandos und Funktionen

○ Fehlerhäufigkeit

   Syntaktische Fehler des Benutzers werden für jede Systemfunktion getrennt protokolliert und auf der Grundlage der Häufigkeitsverteilungen der benutzten Systemfunktionen relativiert.

○ Hilfe-Informationen

   Die Häufigkeit und Art der vom Benutzer angeforderten Hilfe-Informationen wird als Kompetenz-Indikator kontextabhängig erfaßt und dient u. a. zur Identifizierung von individuellen Lernbarrieren des Benutzers und deren anschließender Bearbeitung, z. B. im Rahmen eines vom System angebotenen individuellen Tutorials.

○ Systemkomponenten

   Die Häufigkeit und Dauer der Benutzung verschiedener Systemkomponenten wie Applikationen oder Dialogmodi werden vom System erfaßt, ebenso die Zeitspanne zwischen den Benutzungen, und als Indikator für die Kompetenz des Benutzers verwendet.

Die ermittelten Daten werden zu statistischen Kennwerten verdichtet und stellen die Grundlage für die Erzeugung und die fortlaufende Veränderung der Kompetenzwerte in dem Benutzermodell dar.

Die Anpassung an die individuellen Lernfortschritte des Benutzers erfolgt in regelmäßigen Zeitabständen nach festgelegten Regeln.

Intentionen des Benutzers sind neben seiner Kompetenz ein weiterer Aspekt, der bei der Realisierung von adaptiven Systemen im Rahmen eines Benutzermodells berücksichtigt werden kann, wenn eine Anpassung an die Aufgabe des Benutzers stattfinden soll. Das System soll die Absichten, die der Benutzer mit dem Systemeinsatz verbindet, erkennen und ihn in geeigneter Weise beim Erreichen seiner Ziele unterstützen. Die Absichten des Benutzers sind sowohl bei der Gestaltung der Schnittstelle und der Anwendungen des Systems als auch bei Auskunfts- und Beratungsleistungen zu berücksichtigen.

Ziel ist es nicht, Systeme zur Unterstützung von *kurzfristigen Benutzerintentionen* wie z. B. einzelnen Aktionen, die der Benutzer während seiner Arbeit durchführt, zu entwickeln. Eine sinnvolle Unterstützung des Benutzers ist jedoch möglich, wenn das System erkennt, welche mittel- oder langfristigen Intentionen der Benutzer mit der Systemanwendung verbindet, und darauf entsprechend reagieren kann.

Mittelfristige Intentionen des Benutzers sind mit bestimmten Teilaufgaben innerhalb einer Anwendung, wie z. B. *Abschnitt löschen* in einem Textsystem, verbunden. Erkennt das System, daß der Benutzer diese Intention hat, daß er jedoch nicht optimal vorgeht, weil er beispielsweise satzweise den Abschnitt löscht, kann ein Vorschlag für die optimale Vorgehensweise vom System gemacht werden. Damit wird der Lernprozeß des Benutzers für die Systembedienung unterstützt. Auch bei Hilfesystemen können die mittelfristigen Intentionen des Benutzers zur Präzisierung des Frageinhalts und zur Bestimmung von suboptimalem Verhalten dienen (vgl. /Lutze 85/).

Auch bei *langfristigen Intentionen* des Benutzers, die über mehr als eine Sitzung gelten (z. B. *der Benutzer schreibt ein Buch*), kann ein adaptives System entsprechend reagieren, wenn es in der Lage ist, die Intentionen zu erkennen. In diesem Beispiel kann die Unterstützung möglicherweise darin bestehen, dem Benutzer für ein Buch geeignete Formate vorzuschlagen.

Die Erkennung von Benutzerintentionen und eine jeweils angepaßte Reaktion des Systems erfordert eine Sammlung von *Handlungsplänen*, mit denen das Anwendungsverhalten des Benutzers ständig verglichen werden kann. Gleichzeitig erfolgt eine laufende Beobachtung des Dialogverhaltens des Benutzers. Nur so sind bestimmte Ziele des Benutzers zu erkennen und Abweichungen von einer optimalen Vorgehensweise bestimmbar.

Für ein solchermaßen adaptives Verhalten ist es nötig, daß das System auf Wissen über den Benutzer und seine Aufgaben zugreifen kann. Insbesondere bei langfristigen Benutzerintentionen muß das Benutzermodell auch über die einzelnen Sitzungen hinaus die Informationen über die Absichten des Benutzers aufbewahren und aktualisieren.

17.6 Konstruktion ergonomischer Software-Systeme

Die Realisierung software-ergonomischer Anforderungen muß durch geeignete Software-Architekturen unterstützt werden. Wichtig ist dabei, daß ergonomische Gestaltungsvorgaben ökonomisch umgesetzt werden können. Analysiert man heutige interaktive Anwendungssysteme, so stellt man fest, daß 50 % bis 70 % des Codeanteils für die Interaktion benötigt werden. Das bedeutet, daß das eigentliche Anwendungssystem nur 30 % bis 50 % des Codes umfaßt. Da die heute möglichen, vielfältigen Interaktionsarten aus ökonomischen Gründen nicht zu jedem Anwendungssystem neu geschrieben werden können, muß durch eine geeignete Architektur von vornherein eine geeignete Trennung von **Mensch-Computer-Schnittstelle** und **Anwendungssystemen** erfolgen.

17.6.1 Basisarchitektur

Als Konsequenz aus den oben dargestellten Überlegungen ergibt sich die in Abb. 17-3 dargestellte Basisarchitektur.

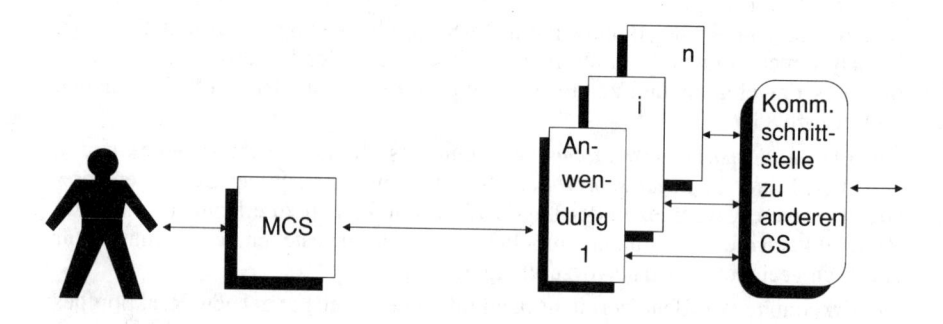

Abb. 17-3: Basisarchitektur eines Software-Systems zur Unterstützung software-ergonomischer Anforderungen

Die Basisarchitektur geht davon aus, daß es eine anwendungsunabhängige Mensch-Computer-Schnittstelle (MCS) gibt, über die der Benutzer seine Interaktionen mit den einzelnen Anwendungs-Systemen (AS) abwickelt.

Für eine **Mensch-Computer-Schnittstelle**, die unabhängig von den Anwendungs-Systemen ist, sprechen folgende Argumente:

– Mensch-Computer-Schnittstelle und Anwendungssysteme sind bis auf eine festgelegte Schnittstelle unabhängig voneinander.
– Eine Mensch-Computer-Schnittstelle kann für viele Anwendungssysteme verwendet werden.

- Da nur eine Mensch-Computer-Schnittstelle benötigt wird, kann sie einen hohen Komfort bieten und alle Möglichkeiten heutiger Technik unterstützen, d. h. für ein Anwendungsssytem können mehrere Benutzungsoberflächen angeboten werden.
- Entlastung der Mensch-Computer-Schnittstelle von Wissen über die Anwendungssysteme.
- Realisierung durch Spezialisten für Mensch-Computer-Schnittstellen möglich.
- Konsistente Bedienung der Anwendungssysteme kann erzwungen werden.
- Es wird Entwicklungs- und Speicheraufwand gespart, da nur eine Mensch-Computer-Schnittstelle vorhanden ist.
- Es gibt eine Anzahl von Gestaltungszielen der Software-Ergonomie, die nur auf die Mensch-Computer-Schnittstelle zutreffen, wie *Sinneskanalvielfalt, Unterstützung der Orientierung, Optimierung der Aufmerksamkeitserfordernisse*.
- Ändern sich die Gestaltungsziele für die Mensch-Computer-Schnittstelle, so kann die Konstruktion der Mensch-Computer-Schnittstelle geändert werden, ohne daß die Anwendungssysteme tangiert werden.

Für **Anwendungssysteme**, die unabhängig von der Mensch-Computer-Schnittstelle sind, sprechen folgende Argumente:
- Die Anwendungssysteme werden von den Anteilen der Mensch-Computer-Schnittstelle entlastet.
- Es besteht die Möglichkeit, die Schnittstelle zur Mensch-Computer-Schnittstelle hin zu normieren.
- Es gibt Gestaltungsziele der Software-Ergonomie, die spezielle Ausprägungen für die Anwendungssysteme haben wie *Möglichkeiten/Erfordernisse zur fachlichen Interaktion*.
- Ändern sich die Gestaltungsziele für die Anwendungssysteme, so kann die Konstruktion der Anwendungssysteme geändert werden, ohne daß die Mensch-Computer-Schnittstelle tangiert wird.

Durch die Trennung MCS – AS ist es möglich, die Mensch-Computer-Schnittstelle und das jeweilige Anwendungssystem getrennt voneinander dem Benutzer anzupassen.

Sowohl die Kommunikation zwischen den Komponenten der Basisarchitektur als auch die Detailarchitektur der einzelnen Komponenten wird durch die Aufgaben beeinflußt, die die einzelne Komponente zu erledigen hat.

Die für alle Anwendungssysteme gemeinsame **Mensch-Computer-Schnittstelle** soll folgende Aufgaben erledigen:

○ **Adapter** zwischen Benutzer und Anwendungssystem (Abb. 17-4). Die Mensch-Computer-Schnittstelle ist ein janusförmiger aktiver Adapter. Sie hat sich sowohl der Oberfläche des Benutzers als auch der Oberfläche der Anwendungssysteme anzupassen.

○ **Tranformator** zwischen der Informationsrepräsentation gegenüber dem Benutzer und der in den Anwendungssystemen benutzten Informationsrepräsentation (Abb.17-5).

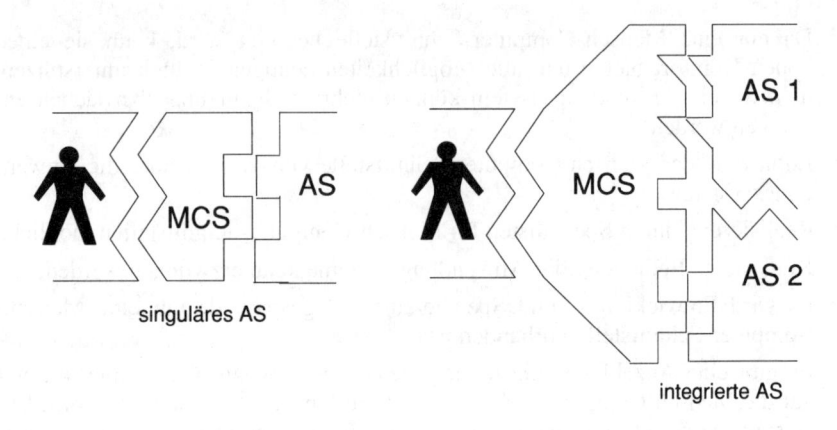

17 Trends und Perspektiven der Software-Ergonomie

Abb. 17-4: Mensch-Computer-Schnittstelle als Adapter zwischen Benutzer und Anwendungssystem

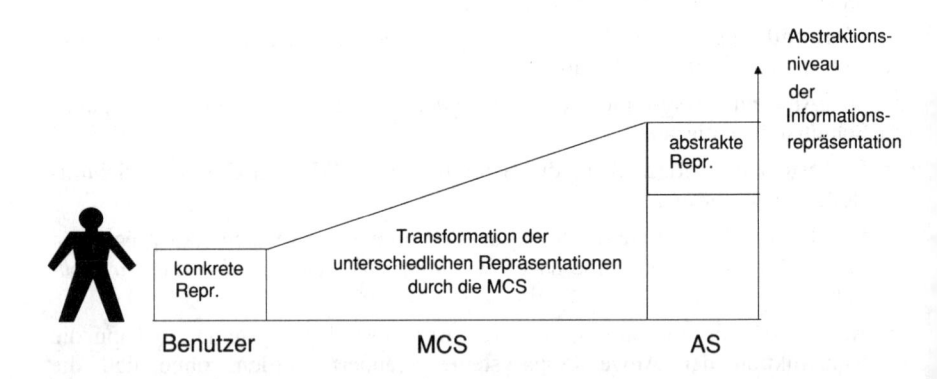

Abb. 17-5: Mensch-Computer-Schnittstelle als Transformator zwischen unterschiedlichen Repräsentationen

○ Ablieferung von geforderten Eingabeinformationen in der vom jeweiligen Anwendungssystem gewünschten Form. Das heißt die Überprüfung der Eingabe nach vom Anwendungssystem vorgegebenen Bedingungen erfolgt durch die Mensch-Computer-Schnittstelle. Evtl. erfolgt ein Korrekturdialog mit dem Benutzer.
○ Aufbereitung und Präsentation der vom Anwendungssystem übergebenen Ausgabeinformationen gegenüber dem Benutzer.

Jedes **Anwendungssystem** soll folgende **Aufgaben** erledigen:
○ Alle spezifischen Aufgaben der Anwendungsssteme, d. h. das Anwendungssystem muß auch dann ausführbar sein, wenn die benötigten Informationen

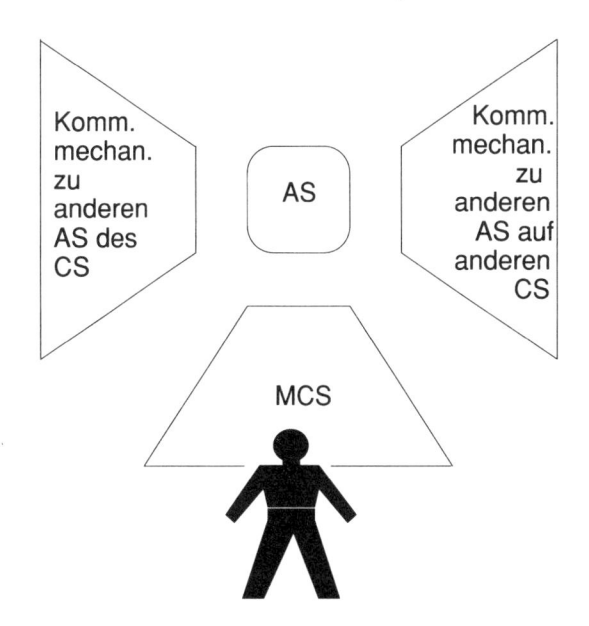

17.6 Konstruktion ergonomischer Software-Systeme

Abb. 17-6: Die Umgebung aus der Sicht eines Anwendungssystems

nicht von der Mensch-Computer-Schnittstelle, sondern durch ein anderes Anwendungssystem geliefert werden (Abb. 17-6).

Ein Anwendungssystem kommuniziert nicht nur mit dem Anwender, sondern bei integrierten Anwendungen mit anderen Anwendungssystemen auf dem gleichen Computersystem (CS) und bei verteilten Anwendungen mit anderen Anwendungssystemen auf anderen Computersystemen.

Es darf also keine Aufgabe in die Mensch-Computer-Schnittstelle verlagert werden, die beim Zugriff über andere Anwendungssysteme auf das betreffende Anwendungssystem benötigt wird.

Das heißt insbesondere, daß auch die gesamte *AS-spezifische Semantik* und *Syntax* beim Anwendungssystem verbleiben muß.

○ Das anwenderspezifische Wissen wird bei dem jeweiligen Anwendungssystem gesammelt, gespeichert und ausgewertet.

○ Spezifikation nur der unbedingt notwendigen *abstrakten* MCS-Informationen innerhalb des jeweiligen Anwendungssystems, d. h. nur derjenigen Informationen, die die Mensch-Computer-Schnittstelle zur Entscheidungsfindung benötigt.

Für die Schnittstelle zwischen Mensch-Computer-Schnittstelle und Anwendungssystem muß ein Repräsentationsniveau spezifiziert werden, das es erlaubt, die notwendigen Informationen auszutauschen, ohne daß die Anwendungssysteme mit zuvielen Details der Mensch-Computer-Schnittstelle belastet werden. Gibt man dem Ziel, die Anwendungssysteme möglichst weitgehend von der Mensch-Computer-

Schnittstelle zu entlasten, hohe Priorität, dann bedeutet dies, daß die Mensch-Computer-Schnittstelle in der Lage sein muß, aus der Repräsentation des Anwendungssystems sich die für die Mensch-Computer-Schnittstelle notwendigen Informationen abzuleiten.

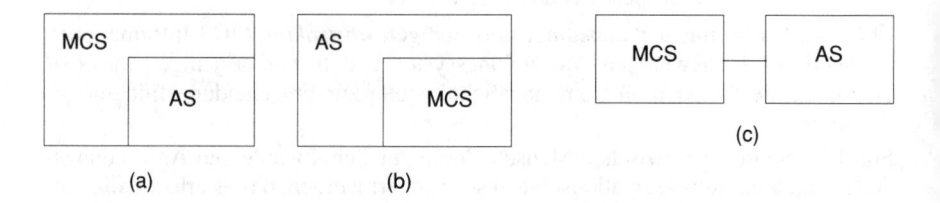

Für die **Kontrollstruktur** zwischen Mensch-Computer-Schnittstelle und Anwendungssystem gibt es global betrachtet drei Alternativen (Abb. 17-7):

(a) Die Mensch-Computer-Schnittstelle steuert die Anwendungssysteme.

(b) Die Anwendungssysteme steuern die Mensch-Computer-Schnittstelle.

(c) Mensch-Computer-Schnittstelle und Anwendungssysteme sind autonome Prozesse.

Da heute i. allg. mehrere Anwendungssysteme auf einem Computersystem vorhanden sind und der Benutzer z.T. parallel mit mehreren Anwendungssystemen arbeitet, sind die Kontrollstrukturen (a) und (b) nicht flexibel genug. Die Vielfalt möglicher Ereignisse – mehrere vom Benutzer initiierte Anwendungssysteme sind aktiv, von anderen Computersystemen kommen Aufträge an die Anwendungssysteme, der Benutzer aktiviert ein neues Anwendungssystem – kann nur durch die Kontrollstruktur (c) ausreichend flexibel verwaltet werden. Das jeweilige System muß daher autonom und asynchron Ereignisse empfangen, auf sie reagieren und eigene versenden können.

Von der hier dargestellten Basisarchitektur ist man in der Praxis noch weit entfernt. In einer Untersuchung von /Balzert, Hoppe, Ziegler 85/ wurde festgestellt, daß die Funktionalität verschiedener Fenstersysteme zwar ähnlich ist, die Ansteuerung durch die Anwendungssysteme jedoch sehr unterschiedlich erfolgen muß. Die heutigen Interaktionsformen haben daher eher zu einer stärkeren Abhängigkeit zwischen der Mensch-Computer-Schnittstelle und den Anwendungssystemen geführt – verglichen mit den eher primitiven E/A-Operationen früherer Zeiten. Verschiedene Forschungsansätze versuchen jedoch zu Lösungen im Sinne der oben beschriebenen Basisarchitektur zu gelangen. Einen vergleichenden Überblick über verschiedene Architekturen enthält /Balzert 88/.

Abb. 17-7: Mögliche Kontrollstrukturen zwischen Mensch-Computer-Schnittstelle und Anwendungssystem

17.6.2 Integration eines eigenständigen Auskunfts- und Beratungssystems

Wegen der oben postulierten zunehmenden Bedeutung und Notwendigkeit von Auskunfts- und Beratungsleistungen muß ein Auskunfts- und Beratungssystem daher von vornherein in einer Basisarchitektur berücksichtigt werden.

Da Auskunfts- und Beratungssysteme sowohl bei der MCS-Benutzung als auch bei jeder AS-Anwendung zur Verfügung stehen sollen, gibt es zwei Architekturmöglichkeiten (Abb. 17-8):
- integrierter Bestandteil von Mensch-Computer-Schnittstelle und jeweiligem Anwendungssystem,
- eigenständiges, unabhängiges, allgemeines Auskunfts- und Beratungssystem.

Integrierte Auskunfts- und Beratungssysteme sind ökonomisch nicht tragbar, da für die Mensch-Computer-Schnittstelle und für jedes Anwendungssystem ein separates Auskunfts- und Beratungssystem entwickelt werden müßte. Außerdem sind sie ergonomisch nicht wünschenswert, da eine einheitliche Funktionalität nur schwer sicherzustellen ist.

Eigenständige Auskunfts- und Beratungssysteme sind ökonomisch und ergonomisch realisierbar, erfordern aber, daß
- sie auf die Wissensbasen der Mensch-Computer-Schnittstelle und der Anwendungssysteme zugreifen können,
- die Wissensbasen von Mensch-Computer-Schnittstelle und Anwendungssystemen das Wissen enthalten, das für diese Unterstützungsleistungen erforderlich ist.

Daraus ergibt sich, daß
- Mensch-Computer-Schnittstelle und Anwendungssysteme von vornherein so konzipiert werden, daß notwendiges Wissen für Auskunfts- und Beratungssysteme bereitgestellt werden kann,

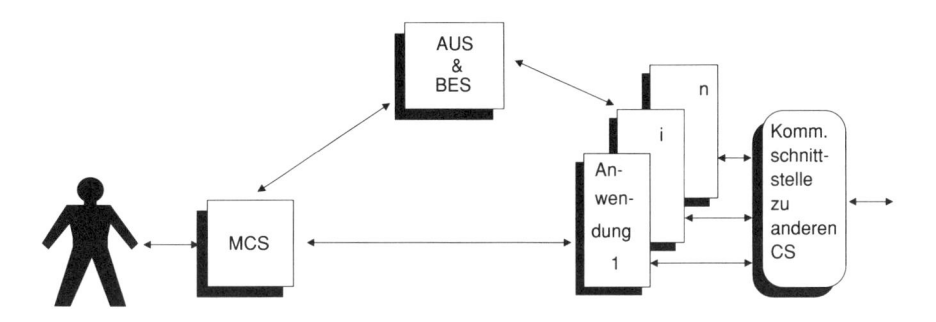

Abb. 17-8: Architektur unter Berücksichtigung von Auskunfts- und Beratungssystemen

- Mensch-Computer-Schnittstelle und Anwendungssysteme ihr Wissen in einer weitgehend einheitlichen Form repräsentieren.

Neben diesen gibt es noch weitere Argumente:

- Der Leistungsumfang der Auskunfts- und Beratungssysteme kann erweitert und modifiziert werden, ohne daß Mensch-Computer-Schnittstelle und Anwendungssysteme geändert werden müssen.
- Der Leistungsumfang steht für die Mensch-Computer-Schnittstelle und alle Anwendungssysteme zur Verfügung, wenn sie eine festgelegte Wissenrepräsentation verwenden.
- Auskunfts- und Beratungssysteme werden durch die Mensch-Computer-Schnittstelle von den Kommunikationsmechanismen mit dem Benutzer entlastet.
- Es wird Entwicklungsaufwnad und Speicherplatz gespart, da nur ein Auskunfts- und Beratungssystem vorhanden ist.
- Realisierung durch Spezialisten für Auskunfts- und Beratungssysteme möglich.

Folgende Argumente sprechen dafür, daß die Mensch-Computer-Schnittstelle und die Anwendungssysteme unabhängig vom Auskunfts- und Beratungssystem sind:

- Mensch-Computer-Schnittstelle und Anwendungssysteme werden von Mechanismen, die für die Aufbereitung der Auskunft und der Beratung benötigt werden, entlastet.
- Mensch-Computer-Schnittstelle und Anwendungssysteme sind – bis auf bereitzustellende Wissensbasen – unabhängig von Auskunfts- und Beratungssystemen und auch unabhängig funktionsfähig.
- Für die Interaktion des Auskunfts- und Beratungssystems mit dem Benutzer benötigt die Mensch-Computer-Schnittstelle spezielle Dialogformen, z. B. den quasi-natürlichsprachlichen Dialog (Was-, Wie-, Warum-Fragen). Diese Dialogformen können dann auch für die Anwendungssysteme genutzt werden.

Obwohl die Auskunfts- und Beratungsleistungen sehr differenziert sind, ist es jedoch nicht sinnvoll, zwischen einem eigenständigen Auskunftssystem und einem eigenständigen Beratungssystem zu unterscheiden. Die Übergänge sind fließend.

Außerdem erscheint es nicht notwendig, zwischen verschiedenen Auskunfts- und Beratungssystemen zu unterscheiden.

17.6.3 Exkurs: Wissenbasierte Systeme und Expertensysteme

In mehreren Beiträgen dieses Buches wurden bereits wissensbasierte Systeme und Expertensysteme zur Prototypentwicklung /Hoppe, in diesem Band/ und zur Realisierung von Software-Systemen (z. B. /Bauer, Schwab, in diesem Band/) angesprochen. In diesem Exkurs soll nochmals herausgearbeitet werden, welche Vor- und Nachteile diese Systeme gegenüber der klassischen Software besitzen.

Als Teilgebiet der Künstlichen Intelligenz sind wissensbasierte Systeme und Expertensysteme in den letzten Jahren aus dem Forschungsstadium herausgetreten und beginnen praktikabel, einsetzbar und ökonomisch zu werden.

Wissenbasierte Systeme und **Expertensysteme** verwenden menschliches Wissen, um in erklärungsfähiger Form Probleme zu lösen, die normalerweise menschliche Intelligenz erfordern.

Die neue Qualität, die sich durch den Einsatz von wissensbasierten Systemen und Expertensystemen für Anwendungen ergibt, wird deutlich, wenn man sie mit den Leistungen und Möglichkeiten bisheriger, konventionell realisierter Anwendungssysteme vergleicht.

Im folgenden werden die Charakteristika, die für Büroanwendungen relevant sind, herausgearbeitet und teilweise am Beispiel einer Reiseplanung verdeutlicht.

Menschliches Wissen setzt sich aus verschiedenen Komponenten zusammen:
○ Strukturelles Wissen,
○ Fachwissen,
○ Problemlösungswissen.

Das **Strukturelle Wissen** modelliert *statische* Sachverhalte über das jeweilige Anwendungsgebiet. Es bildet das *Begriffsgerüst* des Anwendungsgebietes.

Beispiel

Mit Hilfe eines Beschreibungsschemas lassen sich die einzelnen Objekte für ein Reiseplanungssystem (Abb. 17-9) näher beschreiben.

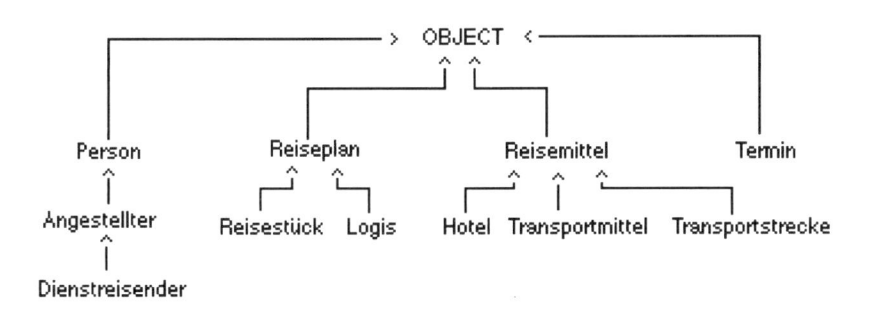

Abb. 17-9: Ausschnitt aus dem Begriffsgerüst des Anwendungsgebietes Reiseplanung

```
OBJECT          Dienstreisender                      OBJECT          Termin
ISA             Angestellter                         ISA             OBJECT
PROPERTIES      Genehmigungsbefugter: Angest.        COMPONENTS      Termin-Dat.: Datum
                Abreise: Termin                                      Termin-Ort: Ort
                Terminplan: Termin, ...                              mit-wem: Person
                Rückkehr: Termin                                     von-Zeit: Zeit
                Reiseroute: Reiseplan                                bis-Zeit: Zeit
END             Dienstreisender                      END             Termin

OBJECT          Reiseplan                            OBJECT          Reisemittel
ISA             OBJECT                               ISA             OBJECT
SPECIALIZATIONS Reisestück,                          SPECIALIZATIONS Transport-
                Logis                                                mittel, Transport-
END             Reiseplan                                            strecke
                                                     END             Reisemittel        ❏
```

Das **Fachwissen** ist das *dynamische* Wissen über das Anwendungsgebiet, das zum Handeln oder zum Bilden von Schlußfolgerungen benötigt wird.

Beispiel

Regel 1:

WENN   es in der Reiseroute eines Dienstreisenden eine *Logis* gibt,
       deren Reservierungsidentifikation bekannt ist,
DANN   kann die *Logis* zurückgegeben werden (*Logis canceln*)

Regel 2:

WENN   die Kapazität eines *Transportmittels* größer der Anzahl der
       Personen in der Buchungsliste des Transportmittels für das Datum-x ist
DANN   ist das *Transportmittel* am Datum-x verfügbar   ❏

Das **Problemlösungswissen** bestimmt, in welcher Reihenfolge und unter welchen Randbedingungen eine jeweilige Regel des Fachwissens anzuwenden ist. Es beschreibt also die Strategie und Taktik zum Erreichen einer Problemlösung.

Beispiel

Regel A:

WENN   es einen *Dienstreisenden* gibt mit einem nicht leeren Terminplan derart: es gibt einen
       Termin in diesem Terminplan, dessen Termin-Ort ungleich dem Termin-Ort des Termins
       der Abreise
UND   es gibt kein *Reisestück* in der Reiseroute des *Dienstreisenden* deren nach-Ort gleich
       dem Termin-Ort ist, dessen an-Datum gleich dem Termin-Datum oder früher ist,
       dessen an-Zeit substantiell früher als die von-Zeit des Termins ist
DANN   beschaffe ein solches *Reisestück*, dessen *Transportmittel* für das geeignete Datum
       verfügbar ist, reserviere das *Transportmittel* des *Reisestücks*, gliedere das
       Reisestück in die Reiseroute ein, beschaffe notwendige *Logis*.   ❏

Wissen kann auch zwischen Problemlösungswissen und Fachwissen liegen.

Beispiel

Regel I:

WENN   das mit-Mittel eines *Reisestücks* ein Flugzeug ist
UND   das ab-Datum eine Jahreszeit ist zu der am von-Ort wahrscheinlich Nebel herrscht
UND   das Reisestück in der Reiseroute eines Dienstreisenden verwendet wird, der als

DANN   Angestellter „Führungskraft" ist
       ist präventiv eine *Logis* für das ab-Datum am von-Ort zu beschaffen
       (mit Reservierungsidentifikation)   ❏

Anhand der Beispiele lassen sich drei wichtige Eigenschaften verdeutlichen, die die neuen Möglichkeiten wissensbasierter Anwendungssysteme gegenüber traditionellen Anwendungssystemen zeigen:
(A) Flexible Anpaßbarkeit an neue Problemstellungen
(B) Selbsterklärungsfähigkeit
(C) Heuristisches Wissen

(A) Flexible Anpaßbarkeit an neue Problemstellungen

In traditionellen Anwendungssystemen wird das **Fachwissen** so in einem Algorithmus angeordnet, wie es dem **Problemlösungswissen** des Entwicklers des Anwendungssystems entspricht.

Beispiel

Bei der traditionellen Entwicklung erfolgt nach der Festlegung der Funktionalität (Kriterium: Problemangemessenheit) eine Aufteilung der Anwendung in Funktionen (Kriterium: Benutzerprofil), anschließend erfolgen Entwurf und Implementierung jeder einzelnen Funktion (Kriterium: Abfragereihenfolge so, daß zuerst Ausschließungsbedingungen abgefragt werden).
Im Beispiel der Reiseplanung bedeutet dies, daß eine Funktion Reisestück beschaffen realisiert wird:

```
...
VAR    Termin =     RECORD   Termin-Datum: datum;
                    Termin-Ort: ort; ........
                    END;
       Reisestück = RECORD   ab-Datum: datum;
                    von-Ort: ort; ........
                    END
...
BEGIN
WITH Termin DO
   WITH Reisestück DO
      IF Termin-Ort <> Abreise-Ort AND
         NOT Reisestück-vorhanden (nach-Ort, Termin-Ort,
            an-Datum, Termin-Datum, an-Zeit, von-Zeit)
               THEN Reisestück-beschaffen (Reisender, Termin-
                  Datum, beschafftes-Reisestück)........
END
FUNCTION Reisestück-vorhanden (...): boolean;
...
PROCEDURE Reisestück-beschaffen (Reisender: ...; Datum-x: ...; var Reisestück...)
...
BEGIN
.....
      IF Transportmittel-verfügbar (Datum-x, Strecke)
```

```
              THEN BEGIN    Transportmittel-reservieren (Datum-x, Strecke, Reisender);
                           Logis-beschaffen (Datum-x, Reisender, Reservierungsidentifikation);
                           ....
                      ....END
              END                                                                            ❑
```

Explizites **Problemlösungswissen** des Anwendungssystem-Entwicklers geht über in implizites Problemlösungswissen, inkorporiert im Algorithmus und seinen Kontrollstrukturen.

Das stückweise vorhandene Fachwissen wird durch die Einbettung in einen Algorithmus – entsprechend dem Problemlösungswissen – zu einem monolithischen Block verschmolzen.

Das **Strukturelle Wissen** ist i. allg. rudimentär und nur implizit in den Datenstrukturen und den Aufruf-Parametern abgebildet.

Im Gegensatz dazu bleiben bei wissensbasierten Anwendungssystemen die verschiedenen Wissenskomponenten auch zur Laufzeit **explizit** und **getrennt**.

Abb. 17-10 veranschaulicht die Unterschiede, Tab.17-1 verdeutlicht die Vor- und Nachteile beider Ansätze.

Eine hohe Flexibilität erfordert einen leistungsfähigeren Computer, um akzeptable Ausführungsgeschwindigkeiten zu garantieren. Die leichte Änderbarkeit oder Ergänzung von Wissen ermöglicht auf der andern Seite die *Anpassung* an aktuelle Situationen. Im Beispiel der Reiseplanung können neue Tarifmöglichkeiten z. B. der Bundesbahn in Form von Fachwissen oder Problemlösungswissen schnell eingebracht werden.

(B) Selbsterklärungsfähigkeit

Die Benutzerakzeptanz komplexer Anwendungssysteme hängt wesentlich davon ab, daß der Benutzer die Resultate des Anwendungssystems nachvollziehen kann.

Will man bei einem traditionellen Anwendungssystem erfahren, nach welcher Problemlösungsstrategie es arbeitet, dann muß man das Programm analysieren. Aus der Reihenfolge der Abfragen kann man dann vielleicht entnehmen, welche Strategie verfolgt wird. Bei der Reiseplanung kann die Problemlösungsstrategie z. B. kostenoptimal oder zeitoptimal ausgelegt sein.

Durch die explizite Repräsentation aller relevanten Wissenskomponenten bei wissensbasierten Systemen können dem Benutzer folgende Fragen beantwortet werden /Lutze 85/:

1) **Was ist ein ...?**
   Solche Fragen können durch Zugriff auf das Strukturelle Wissen beantwortet werden.
   Beispiel:
   Was ist ein Transportmittel?
   Antwort: Auto, Schiff, Zug, Flugzeug
2) **Warum gibt es hier ...? Warum gilt hier ...?**
   Solche Fragen können durch Zugriff auf das Fachwissen und die Historie der Verwendung dieses Fachwissens im Anwendungssystem beantwortet werden.

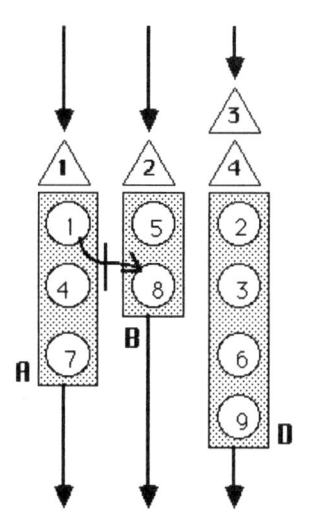

17.6 Konstruktion ergonomischer Software-Systeme   369

(a) traditionell

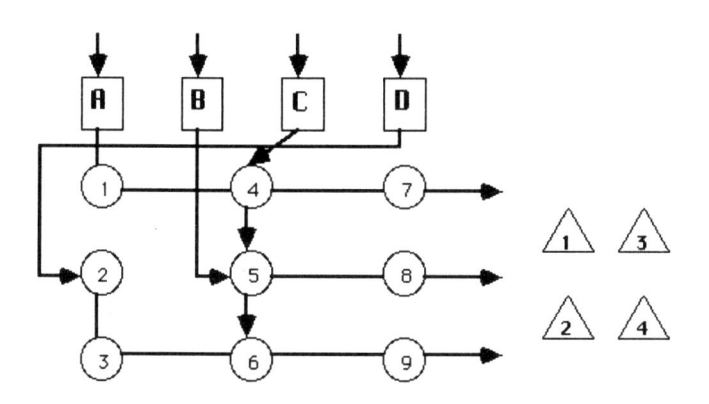

(b) wissensbasiert

Legende :   ◯ = Fachwissen

☐ = Problemlösungswissen

△ = strukturelles Wissen

Abb. 17-10: Unterschiede in der Wissensrepräsenation

Tab. 17-1: Unterschiede zwischen traditionellen und wissensbasierten Anwendungssystemen

Eigenschaften	traditionell	wissensbasiert
Architektur	monolithisch	hohe Granularität
Wissensrepräsentation	implizit	explizit
Übersetzung	ja, durch Compiler	nein, aber Optimierung möglich
Ausführung	entsprechend dem einmal codierten Algorithmus	entsprechend dem Problemlösungswissen mit Hilfe einer Suchstrategie
Anzahl möglicher Problemlösungswege	endlich, entsprechend den durch die Kontrollstrukturen vorgegebenen Pfade	beliebig
Ausführungsgeschwindigkeit	schnell	langsam
Flexibilität	nur wenige, antizipierte Standardlösungen	viele, individuelle Lösungen, da Lösung bei Bedarf konstruierbar
Änderbarkeit	aufwendig (Zeit & Kosten), da (zum Verständnis) implizites Wissen im Algorithmus erst wieder decodiert und neues Wissen im (geänderten) Algorithmus codiert werden muß	leicht möglich, da nur explizit repräsentiertes Wissen modifiziert oder neues Wissen eingetragen werden muß
Ausführung von Änderungen	Programmierer	Anwender
Anpassung	des Menschen an die Anwendung	der Anwendungen an den Menschen

Beispiel:
Warum gilt hier Transportmittel ist am Datum x nicht verfügbar?
Antwort: Die Kapazität des Transportmittels am Datum x ist kleiner als die Anzahl der Personen in der Buchungsliste.

3) **Wie kann ich erreichen ...?**
Solche Fragen können durch Zugriff auf das Problemlösungswissen beantwortet werden.
Beispiel:
Wie kann ich erreichen, daß ein Reisestück beschafft wird?
Antwort: Wenn Transportmittel für das geeignete Datum verfügbar ist, dann Transportmittel des Reisestücks für das Datum reservieren, Reisestück in Rei-

seroute einordnen, notwendige Logis beschaffen. Ein Transportmittel wird für ein Reisestück reserviert, indem ...

Die Selbsterklärungsfähigkeit erfordert:

- ein weitgehend vollständiges Modell des Anwendungsgebietes, speziell des **Strukturellen Wissens** (Was-Fragen).
- eine Ablaufsteuerung im Anwendungssystem, die das explizite Fach- und Problemlösungswissen auf das Strukturelle Wissen (Objekte) anwendet. Sind Änderungen des Strukturellen Wissens die einzigen Seiteneffekte des Anwendungssystems, so können diese rückgängig gemacht werden. Im Bedarfsfall kann deshalb das wissensbasierte System sein zuvor getätigtes Verhalten dem Benutzer aus dem alten Zustand des Strukturellen Wissens heraus begründen (Warum-Fragen).
- sämtliche mögliche Operationen des Anwendungssystems sind vollständig modelliert. Durch Anwendungen des **Problemlösungswissens** und ggf. des Fachwissens kann eine Operationsfolge **geplant** werden, die der Zielbeschreibung des Benutzers genügt (Wie-Fragen).

(C) Heuristisches Wissen

Wissen läßt sich in Typen gliedern /Hayes-Roth 84/:

- Fakten, die gültige Aussagen beschreiben,
- Glauben, der plausible Aussagen ausdrückt,
- Heuristik, die gut begründete Regeln für Situationen beschreibt, wo gültige Algorithmen i. allg. nicht existieren.

Die Aufgaben, die menschliche Experten ausführen, erfordern eine geübte und fundierte Urteilsfähigkeit. Dies ist erforderlich, da i. allg. die verfügbaren Informationen und Problemlösungsmethoden komplex, widersprüchlich oder unsicher sind.

Im Gegensatz zu konventionellen Anwendungssystemen arbeiten die meisten wissensbasierten Anwendungssysteme in Situationen, in denen es keine optimalen oder korrekten Lösungen gibt. In solchen Fällen muß der Problemlöser die Qualität der Antwort gegen den erforderlichen Ermittlungsaufwand abwägen. Ein Experte findet den besten Kompromiß, indem er eine akzeptable Lösung mit vertretbaren Ressourcen findet.

Mit der konventionellen Technik der Anwendungssysteme können nur Probleme gelöst werden, die auf Fakten basieren.

Wissensbasierte Systeme und Expertensysteme eröffnen neue Anwendungsgebiete, da sie Techniken benutzen, die auch Wissen verarbeiten können, die Glauben und Heuristik enthalten (siehe z. B. Regel I bei der Reiseplanung).

Wissensbasierte Systeme und Expertensysteme unterscheiden sich vom Anwendungsgebiet her.

Expertensysteme enthalten Wissen über ein Anwendungsgebiet, für dessen Bearbeitung menschliche Expertise erforderlich ist, üblicherweise eine langjährige Expertenausbildung sowie entsprechende Erfahrung.

Im Extremfall gibt es weltweit nur einige menschliche Experten, die auf einem Gebiet Expertise besitzen z. B. auf medizinischen Spezialgebieten, Auswertung von Ölexplorationsbohrungen, Diagnose technischer Sachverhalte usw. Bei Expertensystemen wird daher versucht, das extensiv strukturierte Sachwissen von Experten in einer Wissensbasis zu formalisieren. Das Expertensystem soll sich dann bei der Problemlösung im Anwendungsgebiet ähnlich wie ein menschlicher Experte verhalten.

Wissensbasierte Systeme lösen demgegenüber einfachere Aufgaben in einem typischerweise nur schwach strukturiertem Anwendungsgebiet, die normalerweise menschliche Intelligenz erfordern, aber keine Expertise auf einem Spezialgebiet /Hayes-Roth et al. 83/. Bei Expertensystemen steht deshalb das Fachwissen und das Strukturelle Wissen im Vordergrund, bei Wissensbasierten Systemen das heuristische Wissen und Problemlösungswissen /Raulefs 82/.

Um Wissensbasierte Systeme und Expertensysteme anwenden zu können, müssen folgende Voraussetzungen erfüllt sein:

− Abgrenzbares Wissen für ein Sachgebiet,
− Rational formalisierbares Wissen für das Sachgebiet,
− Bei Expertensystemen Verfügbarkeit menschlicher Experten zur Formalisierung des Wissens.

17.7 Resümee

In der Software-Ergonomie wurden in den letzten Jahren insbesondere auf dem Gebiet der Mensch-Computer-Interaktion wesentliche Fortschritte erreicht. Zusammen mit den Fortschritten im Bereich Hardware hat sich ein Standard bei der Mensch-Computer-Interaktion herausgebildet, der vor 10 Jahren noch nicht vorstellbar war (Graphikbildschirme, Zeigeinstrumente, Fenstertechnik, direkte Manipulation). Die möglichen und sinnvollen Interaktionsformen über Menüs, Formulare, Kommandos, natürliche und gesprochene Sprache sowie Handschrift sind abzählbar und endlich. In den nächsten Jahren werden diese Interaktionsformen weiter verbessert werden und von der Mensch-Computer-Schnittstelle unterstützt werden. In nicht allzu ferner Zeit wird es zum Standard gehören, daß auf jedem Computersystem alle heute bekannten Interaktionsformen zur Verfügung stehen werden.

Im Gegensatz zu der begrenzten Anzahl der Interaktionsformen gibt es keine Beschränkung bei der Menge der möglichen Anwendungen. Wegen der großen Bedeutung der Anwendungsfunktionalität sowie der Freiheitsgrade, die der Benutzer für seine Arbeit von den Anwendungssystemen zur Verfügung gestellt bekommt, ist es notwendig, daß sich die Software-Ergonomie verstärkt diesen Fragen widmet.

Wegen der zunehmenden Fähigkeit der Computersysteme auch komplexe und *intelligente* Aufgaben zu erledigen, spielt die Aufgabenteilung zwischen Mensch und Computersystem eine wichtige Rolle bei der Arbeitsstrukturierung. Es muß sichergestellt werden, daß für den Arbeitenden u. a. noch genügend Planungs- und Über-

wachungstätigkeiten *übrigbleiben.*
Ist dies nicht der Fall, dann muß die makroskopische Arbeitsorganisation modifiziert werden. Daher gehört es zu den zukünftigen Aufgaben der Software-Ergonomie Hinweise, Anforderungen und Vorgaben für die globale Arbeitsaufteilung und Strukturierung zu erarbeiten. Ohne geeignete Arbeitsorganisation und Arbeitsaufteilung bleibt die Arbeit des Software-Ergonomen unbefriedigend und unvollständig.
Um die Unterstützung des Benutzers zu verbessern muß sich die Software-Ergonomie verstärkt um die Anforderungen an Auskunfts- und Beratungssysteme kümmern.
Die ökonomische Umsetzung ergonomischer Anforderungen in geignete Software-Architekturen steht erst am Anfang. Die Kopplung zwischen Anwendungssystemen und Mensch-Computer-Schnittstelle hat eher zu- als abgenommen. Vom Software Engineering sind daher vielfältige Anstrengungen erforderlich, um durch neue Techniken einschl. wissensbasierter Systeme und Expertensysteme zu adaptiven und adaptierbaren Systemen zu gelangen.

Damit wäre ein Hauptziel der Software-Ergonomie erreicht:

Der Computer paßt sich dem Menschen an und nicht der Mensch dem Computer.

Literatur

/Balzert 87/
  Balzert H.: *Gestaltungsziele der Software-Ergonomie*, in: Schönpflug W., Wittstock M. (Hrsg.), Software-Ergonomie '87, Stuttgart: Teubner 1987, S. 477-488

/Balzert 88/
  Balzert H.: *Software-Ergonomie und Software Engineering,* Berlin-New York: de Gruyter 1988

/Balzert, Hoppe, Ziegler 85/
  Balzert H., Hoppe U., Ziegler J.: *Fenstersysteme ein Vergleich – Architektur, Leistungsfähigkeit und Eignung für die Anwendungsentwicklung,* in: Bullinger A.-J. (Hrsg.), Software-Ergonomie 85, Stuttgart: Teubner-Verlag 1985, S. 42-52

/Goldstein 82/
  Goldstein I. P.: *The genetic graph: a representation for the evolution of procedural knowledge,* in: Sleeman D., Brown J. S. (eds.), Intelligent Tutoring Systems, London 1982, pp. 51-76

/Hayes-Roth et al. 83/
  Hayes-Roth F., Waterman D. A., Lenat D. B.: *Building Expert Systems,* Reading M.A., 1983

/Jameson, Wahlster 82/
  Jameson A., Wahlster W.: *User Modelling in Anaphora Generation: Ellipsis and Definite Description,* in: Proceedings of the 1982 European Conference on Artificial Intelligence, Orsay, France, pp. 222-227

/Kobsa, Trost, Trappl 83/
  Kobsa A., Trost H., Trappl R.: *Ist benutzerangepaßtes Dialogverhalten auch ohne Dialogpartnermodell möglich?,* in: Angewandte Informatik 9/83, S. 383-387

/Lutze 85/
  Lutze R.: *Hilfesysteme – ihre Beziehungen zu Anwendungssystemen und zukünftige Entwicklungstendenzen,* in: Bullinger H.-J. (Hrsg.), Software-Ergonomie '85, Stuttgart: Teubner 1985, S. 142-154

/Möller, Rosenow 87/
Möller H., Rosenow E.: *Benutzermodellierung für wissensbasierte Mensch-Computer-Schnittstellen,* in: Schönpflug W., Wittstock M. (Hrsg.), Software-Ergonomie '87, Stuttgart: Teubner 1987, S. 111-120

/Morik, Rollinger 83/
Morik K., Rollinger C.-R.: *Partnermodellierung im Evidenzraum,* in: GWAI 1983, S. 158-168

/Morik 84/
Morik K.: *Partnermodellierung und Interessenprofile bei Dialogsystemen der künstlichen Intelligenz,* in: Report ANS-25, Forschungsstelle für Informationswissenschaft und künstliche Intelligenz, Universität Hamburg, Feb. 1984

/Mozeico 82/
Mozeico H.: *A Human/Computer Interface to Accomodate User Learning Stages,* in: CACM, Feb. 1982, pp. 100-104

/Norman 83/
Norman D. A.: *Design Principles for Human-Computer Interfaces,* in: CHI 83, pp. 1-10

/Nullmeier, Rödiger 88/
Nullmeier E., Rödiger K.-H. (Hrsg.): *Dialogsysteme in der Arbeitswelt,* Mannheim/Wien/Zürich: B.I.-Wissenschaftsverlag 1988

/Raulefs 82/
Raulefs P.: *Methoden der künstlichen Intelligenz: Übersicht und Anwendungen in Expertensystemen,* in: Informatik-Fachberichte, Heidelberg: Springer 1982, S. 170-187

/Rich 79/
Rich E.: *Building and Exploiting User Models,* Ph. D. Thesis, Carnegie-Mellon University 1979

Glossar

Adaptive Benutzerschnittstelle:
Benutzerschnittstelle, die sich hinsichtlich der Informationsdarbietung, des Eingabemodus, ggf. auch hinsichtlich des Funktionsangebots an die individuellen Eigenschaften des jeweiligen Benutzers oder an den Aufgabenkontext automatisch anpaßt. Im Unterschied dazu heißt eine Schnittstelle *adaptierbar*, wenn sie durch explizite Voreinstellungen (z. B. durch den Benutzer) individuell konfiguriert werden kann.

Akzeptanz:
Oberflächliche *Annahme* eines Systems durch die Benutzer. Die bloße Beschränkung auf eine vordergründige und kurzfristige Betrachtung der Akzeptanz verhindert oft einzig sinnvolle inhaltlich tiefergehende Änderungen z. B. des Arbeitsinhaltes.

Anforderungsermittlung:
Phase am Anfang der Systemerstellung, in der die Anforderungen zukünftiger Benutzer und/oder der Auftraggeber detailliert erhoben werden. Ergebnis ist meist ein Pflichtenheft, eine Beschreibung der vom System erwarteten Leistungen und Funktionen. Diese Phase entscheidet wesentlich über die Inhalte (auch software-ergonomischer Art) des neuen Anwendungssystems.

Anwaltsplanung:
In der partizipativen Systementwicklung die Vertretung von Betroffeneninteressen durch einen Experten, der (meist) nicht dieser Gruppe angehört. Einsatz bei sozial benachteiligten Gruppen oder wenn eine Benutzergruppe nicht direkt beteiligt werden kann.

Arbeitsinformation:
Im Sinne der Arbeitsaufgabe ist Arbeitsinformation die eigentliche Nutzinformation für den Benutzer. Dagegen sind Status-, Steuerinformation und Meldungen erforderlich, um mit Hilfe eines Dialogsystems die Arbeitsinformation benutzergerecht hantieren zu können.

Aufgabe:
Die Zielsetzung, einen gegebenen Ausgangszustand in einen gewünschten Zielzustand zu überführen. Dabei kann es sich um eine organisatorisch vorgegebene Aufgabe, um die subjektive Interpretatiom der Aufgabenstellung oder um eine selbstgestellte Aufgabe handeln. In der Software-Ergonomie ist der Begriff Aufgabe nicht auf Handlungen im Rahmen von Erwerbstätigkeiten beschränkt.

Aufgabenanalyse:
Methodisches Vorgehen zur Bestimmung von Aufgaben sowie deren Struktur und Merkmale. Je nach Kontext wird die Aufgabenanalyse durchgeführt, um aus einem nicht rechnergestützten Arbeitskontext Anforerungen an eine Systemgestaltung abzuleiten oder für ein bestehendes System Verbesserungen zu spezifizieren. Die Aufgabenanalyse liefert Information für den Systementwurf.

Aufgabenanalyse, kognitive:
Die kognitive Aufgabenanalyse wird zur Erfassung und Modellierung der geistigen Repräsentation einer Aufgabe durch den Benutzer herangezogen. Aus einer Modellierung der kognitiven Aufgabenrepräsentation können Aussagen über Erlernbarkeit, Handlungseffizienz, Fehlerwahrscheinlichkeit, Konsistenz u. a. von Benutzerschnittstellen gewonnen werden.

Auskunftssysteme:
Geben dem Benutzer Auskunft über alle den Einsatz der Mensch-Computer-Schnittstelle (→ Schnittstelle) und der Anwendung betreffenden Fragen (→ Hilfesystem, → tutorielles System).

Benutzbarkeit:
→ Handhabbarkeit

Benutzermodell:
Ein Modell des Systems über den Benutzer. Dieses beinhaltet Fakten oder Annahmen über einen Benutzer, die in der Regel aus dem Dialog zwischen System und Benutzer gewonnen werden. Benutzermodelle sind die Voraussetzung für eine individuelle Behandlung verschiedener Benutzer oder Benutzergruppen.

Benutzerschnittstelle:
→ Schnittstelle

Beratungssysteme:
Beraten den Benutzer über den Einsatz der Mensch-Computer-Schnittstelle (→ Schnittstelle) und der Anwendungssysteme betreffenden Fragen (→ Hilfesystem, → tutorielles System). Für die Beratung wird ein → Benutzermodell benötigt.

Bildschirme:
Ausgabegeräte zum Anzeigen von Informationen. Man unterscheidet zeichendarstellende Bildschirme und Graphikbildschirme, Schwarz-Weiß-Bildschirme und Farbbildschirme, Kathodenstrahl-Bildschirme und Flachbildschirme (Flüssigkristallanzeigen bzw. LCD, Plasma-Bildschirme, Elektrolumineszenz-Bildschirme).

Browser:
Ein *Browser* ist ein Programm zur strukturierten Darstellung von Abhängigkeiten zwischen Daten, Dateien oder Programmen. Dafür werden die Abläufe und Zusammenhänge der Daten, Dateien oder Programme visualisiert. Häufige Darstellungsweisen sind baum- oder netzartige Strukturen.

Dialog:
Nach DIN 66234 (Teil 8) ein Dialogschritt oder eine Folge von Dialogschritten.

Dialogform:
Form der Interaktion zwischen Mensch und Computer. Sie ist bestimmt durch die Eigenschaften der Aufnahme und der Produktion der zwischen Mensch und Computer ausgetauschten Information.

Dialogschnittstelle:
→ Schnittstelle

Dialogschritt:
Nach DIN 66234 (Teil 8) besteht ein Dialogschritt aus Eingabedaten, den zugehörigen Verarbeitungsprozessen und den zugehörigen Ausgabedaten des Systems.

Differentielle Arbeitsgestaltung:
Arbeitsgestaltung mit dem Ziel der Berücksichtigung interindividueller Unterschiede durch das Angebot verschiedener Arbeitsstrukturen.

Direkte Manipulation:
Direkte Manipulation ist eine Form der Mensch-Computer-Interaktion, bei der dem Benutzer in graphischer Weise Objekte auf dem Bildschirm präsentiert werden, die er mit Hilfe eines Zeigeinstrumentes bewegen, verändern oder in eine bestimmte Relation setzen kann.

Dokument, multimediales:
Dokument, das verschiedene Informationsarten enthält, z B. Texte, Graphiken, Bilder und Sprachanmerkungen.

Drucker:
Ausgabegerät eines Computersystems, um Informationen in schriftlicher Form auszugeben. Für multimediale Dokumente (→ Dokument, multimedial) eignen sich besonders abschlagfrei Drucker (Laserdrucker, Laserbelichter für Schwarz/Weiß-Ausgabe; Tintenstrahl- und Thermo-Transfer-Drucker für Schwarz/Weiß- und Farbausgabe).

Eigenschaften-Fenster:
Ein Eigenschaften-Fenster dient zur graphischen oder symbolischen Darstellung von Objekt-Funktionen und -Attributen und ermöglicht dadurch eine indirekte Auslösung im Gegensatz zur direkten Auslösung z. B. über Funktionstasten.

Ein-/Ausgabe-Geräte (E/A-Geräte):
Geräte, die die Eingabe von Informationen in ein Computersystem (→ Tastatur, → Zeigeinstrumente, →Scanner, Mikrophon, Videokamera) sowie die Ausgabe von Informationen aus Computersystemen (→ Bildschirme, → Drucker, Lautsprecher) ermöglichen. Kombinierte E/A-Geräte erlauben z. B. die Eingabe von Informationen über ein transparentes Graphiktablett, das über einem Flachbildschirm angeordnet ist.

Empfehlungssysteme:
Geben dem Benutzer bei der Benutzung der Mensch-Computer-Schnittstelle (→ Schnittstelle) oder bei der jeweiligen Anwendung Empfehlungen, indem sie die Bewertungen des Benutzers (→ Benutzermodell) einer kritischen Betrachtung unterziehen.

Entwurfsrichtlinien:
Entwurfsrichtlinien geben an, wie ein zu entwickelndes System gestaltet werden *sollte*. Sie unterscheiden sich dadurch von den Evaluationskriterien, die sich auf die Beurteilung von gegebenen Qualitäten bereits existierender Objekte beziehen.

Evaluation:
Bei einer Evaluation beurteilt man die Qualität eines Gegenstandes. Die software-ergonomische Evaluation charakterisiert die Qualität eines Software-Produktes unter dem Gesichtspunkt der Verwendbarkeit durch den Benutzer im Lichte von software-ergonomischen Gütekriterien. Da diese nur zu einem geringen Teil präzise und zugleich unstrittig sind, sind eine Reihe von evaluativen Aussagen lediglich deskriptiv, d. h. ohne explizite Bewertung der jeweils vorliegenden Realisierung alternativer Realisierungsmöglichkeiten.

Expertensysteme:
Programmsysteme, die menschliches Expertenwissen, das durch Ausbildung und Erfahrung erworben wurde, verwenden, um in erklärungsfähiger Form Probleme zu lösen, die normalerweise menschliche Intelligenz erfordern (→ Künstliche Intelligenz).

Funktionalität:
Gesamtmenge der für ein System bzw. für einen bestimmten Anwendungsbereich verfügbaren Systemfunktion, die vom Benutzer zur Aufgabenerfüllung herangezogen werden können.

Ganzheitliche Gestaltung:
Gestaltung eines Informationssystems im arbeitsorganisatorischen Zusammenhang, dabei werden alle Ebenen betrachtet (Arbeitsmittel: Hardware, Software; Arbeitsplatz und -raum, Arbeitsorganisation, Einführungs- und Umstellungsprozesse).

Generisches Kommando:
Werden verschiedene Funktionen (z. B. Bewegen, Kopieren, Löschen etc.) in unterschiedlichen Anwendungsbereichen (Text, Graphik) konsistent und nach gleichen Regeln behandelt, so kann man diese Funktionen als generische Kommandos bezeichnen.

Gesprochene Sprache
→ Sprachspeicherung, → Spracherkennung, → Sprachausgabe.

Handhabbarkeit:
Handhabbarkeit kennzeichnet die software-ergonomische Qualität der Schnittstelle zwischen Benutzer und System.

Handschrifteingabe:
Eingabe von Handschrift z. B. über ein Graphiktablett in das Computersystem mit und ohne Erkennung der Schrift.

Hilfesystem:
Programm, das bei der Benutzung eines interaktiven Systems durch explizite Erklärungen hilft. Hilfesysteme lassen sich in aktive and passive Systeme unterteilen. Aktive Hilfesysteme bieten von sich aus Hilfe an, wenn sie erkennen, daß der Benutzer Schwierigkeiten bei der Systembedienung hat. Passive Hilfesysteme treten dagegen nur auf Initiative des Benutzers in Aktion. Desweiteren kann man zwischen statischen und dynamischen Hilfesystemen differenzieren. Dynamische Hilfesysteme beziehen Information aus dem Kontext des Dialogs mit ein. Statische Hilfesysteme geben dagegen auf dieselbe Frage, unabhängig vom Zeitpunkt des Dialogs, stets dieselbe Antwort.

Interpunktion:
In der Kommunikationspsychologie die Zerlegung des scheinbar kontinuierlichen Kommunikationsablaufs in einzelne Reiz-Reaktions- oder Ursache-Wirkungs-Sequenzen.

Kognitive Modellierung:
Die typische Vorgehensweise einer sich konstruktiv verstehenden *Kognitionswissenschaft* (cognitive science), die sich aus der Überlappung von Informatik (speziell KI), kognitiver Psychologie und Linguistik ergibt. Das allgemeine Ziel ist, Denkprozesse durch Computermodelle zu simulieren. Dabei kommt es nicht allein darauf an, daß das Modell ein bestimmtes *intelligentes* Verhalten zeigt, sondern auch darauf, daß die im Modell verwirklichten internen Prozesse und Strukturen den in der Realität festgestellten oder vermuteten entsprechen, also *psychologisch valide* sind.

Konsistenz:
Grad der strukturellen und inhaltlichen Übereinstimmung zwischen verschiedenen Teilen einer Benutzerschnittstelle, zwischen verschiedenen Anwendungsprogrammen oder zwischen verschiedenen Systemen. Hohe Konsistenz fördert das Erlernen und die Durchschaubarkeit von Benutzerschnittstellen.

Korrektive Arbeitsgestaltung:
Arbeitsgestaltung mit dem Ziel der Korrektur erkannter Mängel.

Künstliche Intelligenz (KI):
KI ist ein Teilgebiet der Informatik, das sich bisher vor allem dadurch ausgezeichnet hat, daß dort höher abstrahierte Programmiersprachen (z. B. Lisp, Prolog) verwendet werden und eine interaktive Arbeitsweise vorherrscht. Damit steht die KI in einem methodischen Gegensatz zur *klassischen* Informatik, die von der Philosophie des strukturierten Programmierens mit Sprachen vom Pascal-Typ geprägt ist. Typische Arbeitsgebiete der KI sind u. a. Expertensysteme, intelligente Bildverarbeitung, Robotik, natürlichsprachliche Systeme und automatisches Beweisen.

Leitfaden:
Leitfäden geben die Vorgehensweise bei der Ausführung eines Verfahrens an. Sie bieten Orientierungshilfen für die Bearbeitungsschritte einer Aufgabe, ohne jede Elementaroperation zu determinieren.

Lexikalik:
Die Lexikalik bezeichnet die Übersetzung von Funktionen in Hardware-Elemente, z. B. die Art, in der mit einer Maus die Funktion des Markierens ausgeführt wird.

Maus:
Kleines Kästchen mit einem, zwei, drei oder fünf Schaltern auf der Oberseite und einer Rollkugel auf der Unterseite. Wird mittels darauf liegender Hand auf dem Schreibtisch bewegt. Entsprechend der Handbewegung bewegt sich der Cursor auf dem Bildschirm.

Menüauswahl:
Dialogform, definiert als sichtbares Angebot von Funktionen oder Objekten (Menü) durch den Computer, aus dem der Benutzer auswählen kann.

Menüauswahl, Beschleunigungsmöglichkeiten:
Pfadnamen: Benutzer kann schon im Anfangsmenü die Sequenz der Auswahlkürzel (Buchstaben oder Ziffern) eingeben, die der gewünschten Menüfolge entsprechen.
Direkter Zugriff: Benutzer kann direkt den Namen des gewünschten Menüitems eingeben.
Makro-Kommandos: Gewünschte Menüfolge wird mittels eines speziellen Programms unter einem Namen abgespeichert. Nach Eingabe des Namens wird die Menüfolge automatisch durchlaufen.

Menüstrukturen:
Einzelne Menüs: Es wird nur einmal ein Menü dargeboten.
Lineare Menüsequenzen: Unabhängig von seiner Wahl durchläuft der Benutzer stets die gleiche Folge von Menüs.
Bäume: Hierarchische Gruppierung der Menüs. Je nach Wahl des Benutzers wird ein anderes Menü der darunterliegenden Hierarchieebene dargeboten. Zwischen einzelnen Zweigen des Baumes existiert keine Verbindung.

Netzwerke: Baumstruktur, erweitert um zusätzliche Übergänge zwischen Menüs. Bei *azyklischen* Netzwerken sind Verbindungen zwischen verschiedenen Zweigen erlaubt, allerdings nur in einer Richtung. Bei *zyklischen* Netzwerken sind zusätzlich noch Rücksprünge zu übergeordneten bzw. vorausgehenden Menüs möglich.

Menütypen:
Binäres Menü: Menü mit genau zwei Wahlmöglichkeiten.
Multiples Menü: Menü mit drei und mehr Wahlmöglichkeiten.
Erweitertes Menü: Ein Menü erstreckt sich über mehr als eine Bildschirmseite.
Mehrfachwahl-Menü: Benutzer kann in einem Menü mehr als eine Auswahl treffen.
Permanentes Menü: Menü ist ständig auf Bildschirm sichtbar.
Pull-down Menü: Menü klappt unter einem Titel auf, nachdem mit dem Cursor auf den Titel in einer Menüleiste geklickt wurde. Menü verschwindet nach Loslassen der Cursortaste.
Drop-down Menü: Ähnlich wie pull-down Menü. Menü klappt unter einem Titel auf, nachdem der Cursor den Titel in einer Menüleiste berührt. Es bleibt solange sichtbar, bis mit dem Cursor auf eine Bildschirmstelle außerhalb des Menüs geklickt wird.
Pop-up Menü: Menü erscheint an der Stelle auf dem Bildschirm, die mit dem Cursor ausgewählt wurde. Zeigt Handlungsmöglichkeiten zu dem jeweils vorher ausgewählten Objekt.

Normen:
Bindende Vereinbarungen in Bezug auf die Gestaltung von Produkten. In Deutschland besteht die Deutsche Industrie Norm DIN. DIN 66 234 Teil 8 ist für die Dialoggestaltung von Softwareprodukten maßgebend.

Nützlichkeit:
Nützlichkeit kennzeichnet die software-ergonomische Qualität der Funktionalität eines Systems.

Objekt:
Zusammenhängende Dateneinheit, deren Typ durch die Liste ihrer Attribute und deren Ausprägung durch die Werte dieser Attribute bestimmt wird. Mengen von Objekten können unterschiedlich strukturiert werden (z. B. als Klassenhierarchie). Für die Software-Ergonomie sind die für den Benutzer zugänglichen und veränderbaren Objekte (Text, Graphik etc.) von Bedeutung.

Operation:
Vom Benutzer oder vom System angestossene Veränderung eines Objektes. Aufgaben können vielfach in Form von erforderlichen Operationen auf bestimmten Objekten angegeben werden.

Partizipation:
Teilhabe (Beteiligung) der späteren Benutzer an allen Phasen der Systementwicklung. Zur Berücksichtigung des Wissens der Benutzer und im Sinne einer qualifizierenden Arbeitsgestaltung als Ergänzung zur (rechtlich gesicherten) Mitbestimmung einzusetzen.

Präventive Arbeitsgestaltung:
Arbeitsgestaltung mit dem Ziel der vorwegnehmenden Vermeidung gesundheitlicher Schädigungen und Beeinträchtigungen.

Programmierung, funktionale:
Art der Programmierung, die auf der Komposition bzw. rekursiven Definition von Funktionen (im mathematischen Sinne) beruht. Die von Backus definierte funktionale Sprache FP verzichtet völlig auf die Verwendung von Variablen innerhalb von Funktionsdefinitionen. Von praktischer Bedeutung als idealtypischer Programmierstil ist *pure LISP*.

Programmierung, logische:
Ein logisches Programm ist eine Datenbasis aus Axiomen (Fakten und Regeln), dessen dynamisches Verhalten dadurch zustande kommt, daß Anfragen an die Datenbasis mittels eines Inferenzmechanismus ausgewertet werden können. Im Fall der am weitesten verbreiteten logischen Programmiersprache Prolog beruht der Inferenzmechanismus auf dem Resolutionsverfahren. In vielen Fällen (aber nicht immer) kann man logische Programme rein deklarativ verstehen: Es wird spezifiziert, welche Beziehungen zwischen den Daten bestehen sollen (was gilt?), nicht aber, wie diese Relationen letztendlich ausgewertet werden sollen. Prolog ist besonders geeignet für sprachgebundene – insbesondere auch natürlichsprachliche – Schnittstellen.

Programmierung, objektorientierte:
Objektorientierte Programmiersysteme sind häufig als Erweiterungen prozeduraler bzw. funktionaler Sprachen verwirklicht (z. B. ObjTalk auf der Basis von LISP, C++ auf der Basis von C, Ausnahme: Smalltalk). Die objektorientierte Programmierung beruht auf dem Prinzip der Datenabstraktion durch die Definition einer Klassenhierarchie von Objekten. Entlang dieser Hierarchie werden sowohl dynamische als auch statische Eigenschaften von Objekten von oben nach unten weitergegeben oder *vererbt*. Die grundlegende Kontrollstruktur ist der Austausch von Botschaften zwischen Objekten *(message passing)*. Beide Prinzipien, das der Klassenbildung als auch *message passing*, sind allerdings auch unabhängig voneinander realisierbar. Objektorientierte Ansätze eignen sich besonders gut für die Realisierung stark graphikorientierter (z. B. direkt-manipulativer) Schnittstellen.

Property Sheet:
→ Eigenschaften-Fenster

Prospektive Arbeitsgestaltung:
Arbeitsgestaltung mit dem Ziel der Schaffung von Möglichkeiten der Persönlichkeitsentwicklung.

Qualifizierende Arbeitsgestaltung:
Gestaltung einer neuen Arbeitsorganisation (z. B. Abläufe und/oder Inhalte) unter gleichzeitiger Qualifizierung der Gestaltenden. Dabei kann sich die Qualifizierung sowohl auf inhaltliche als auch auf methodische Aspekte beziehen.

Regeln:
Werden aus den Richtlinien für eine spezifische Anwendung bzw. Implementation aus den für eine Anwendung bzw. ein Softwarepaket festgelegten Anforderungen hergeleitet. Dabei dienen → Normen und → Richtlinien als Entscheidungshilfe.

Richtlinien:
Richtlinien für den Dialogentwurf sind allgemeine Empfehlungen mit Beispielen, zusätzlichen Erklärungen und Kommentaren. Sie beruhen auf einer Übereinkunft zwischen den Beteiligten und werden meist aus empirischen Befunden und/oder bekannten Theorien hergeleitet. Richtlinien sind allgemein formuliert und müssen entsprechend den tatsächlichen Gegebenheiten auf die spezifischen Zielsetzungen des zu entwickelnden Produkts zugeschneidert werden, wobei bestehende → Normen einzuhalten sind.

Scanner:
Abtastgerät, das es ermöglicht, Informationen auf Papier in Bitmuster umzuwandeln. Dadurch ist es z. B. möglich, Papierpost in elektronische Post zu wandeln.

Schnelle Prototypentwicklung (Rapid Prototyping):
Vorgehensweise bei der Software-Entwicklung. Bereits innerhalb der Entwurfsphase werden lauffähige Modelle (Prototypen) verwendet, um bestimmte Entwurfsideen sowohl hinsichtlich ihrer funktionalen als auch hinsichtlich ihrer Benutzungseigenschaften zu testen. Damit Prototypen wirklich schnell implementiert und leicht verändert werden können, bedarf es entsprechender Programmierwerkzeuge (z. B. KI-Entwicklungsumgebungen oder → User Interface Management Systems).

Schnittstelle:
Unter Schnittstelle versteht man den Teil eines Systems, der die Verbindung zum Benutzer herstellt. Entsprechend könnte man diesen Teil auch angemessener *Verbindungsstelle* nennen. Im Deutschen hat sich allerdings der Begriff Schnittstelle als Übersetzung des englischen Begriffs *interface* eingebürgert.

Semantik:
Die Semantik bezeichnet die Bedeutung von Sätzen, Begriffen oder Operationen. Semantik bezieht sich auf die Verständlichkeit und Merkbarkeit von Namen.

Sprachausgabe:
Generierung einer Sprachausgabe über Lautsprecher aus einem gespeicherten Text (vollsynthetische Sprachausgabe) oder einer gespeicherten, komprimierten Sprachinformation (→ Sprachspeicherung; halbsynthetische Sprachausgabe).

Spracherkennung:
Erkennung von Wörtern und Sätzen → gesprochener Sprache durch ein Spracherkennungsprogramm.

Sprachspeicherung:
Umwandlung gesprochener Sprache in digitale Form, Komprimierung und Abspeicherung auf internen oder externen Speichermedien; die Wiedergabe erfolgt durch Dekomprimierug, Umwandlung in analoge Form und Wiedergabe über einen Lautsprecher; → gesprochene Sprache.

Spread Sheet:
→ Tabellenkalkulation

Syntax:
Die Syntax bezeichnet die Bildungsregeln von Kommandos, Systemmeldungen, aber auch direkt-manipulativer Operationen.

Tabellenkalkulation:
Unter Tabellenkalkulation wird das Arbeiten mit voneinander unabhängigen Zahlen, die in Tabellenform darstellbar sind, verstanden. Dazu sind am Markt Standardprogramme verfügbar, die häufig in Verbindung mit Graphikprogrammen zur besseren Veranschaulichung der Ergebnisse eingesetzt werden.

Tastatur:
Eingabegerät zum manuellen Eintippen von Zeichen; besteht aus einem Schreibmaschinenteil, speziellen Sondertasten, Cursortasten, evtl. Zehnerblock und frei programmierbaren Funktionstasten.

Tutorielle Systeme:
Unterstützen den Benutzer beim Erlernen der Mensch-Computer-Schnittstelle (→ Schnittstelle) oder eines Anwendungssytems oder von Komponenten davon (→ Auskunftsysteme, → Beratungssysteme).

User Interface Management Systems (UIMS):
UIMS erfüllen zwei unterschiedliche Funktionen: die Bereitstellung von standardisierten Komponenten zur Laufzeit-Unterstützung von Benutzer- Schnittstellen (z. B. *event handler*, Dialog-Manager, Oberflächenobjekte wie Menüs etc.) sowie die Generierung einer Dialogschnittstelle aus einer formalen Spezifikation (Dialoggeneratoren). Einige kommerziell verfügbare Systeme unterstützen in erster Linie den Aufbau einer graphischen Systemoberfläche nicht aber die Spezifikation von Dialogabläufen oder Interaktionssprachen. Es ist allerdings zu erwarten, daß in Zukunft auch Dialog-Generatoren stärkere Verbreitung finden – insbesondere im Zusammenhang mit → Schneller Prototypentwicklung.

Verwendbarkeit:
Verwendbarkeit kennzeichnet die software-ergonomische Qualität eines Gesamtsystems. Verwendbarkeit setzt sich zusammen aus der → Nützlichkeit (Funktionalität) und der → Handhabbarkeit (Schnittstelle).

Wissensbasierte Systeme:
Programmsysteme, die menschliches Allgemeinwissen vewenden, um in erklärungsfähiger Form Probleme zu lösen, die normalerweise menschliche Intelligenz erfordern (→ Künstliche Intelligenz).

WYSIWYG-Prinzip:
Mit dem WYSIWYG-Prinzip (What You See Is What You Get) wird im Zusammenhang mit der Gestaltung von Benutzerschnittstellen die Darstellung der tatsächlichen Dokumentform (der späteren Papierform) mit sofortiger Rückmeldung bei Änderungen bezeichnet.

Zeigeinstrumente:
Dienen zum manuellen Positionieren des Cursors auf dem Bildschirm, um Interaktionsaufgaben auszuführen (Auswählen, Positionieren, Orientierung, Pfad, Quantifizierung, Text) (→ Direkte Manipulation). Zum *direkten Zeigen* auf die Bildschirmoberfläche gibt es Lichtgriffel und berührungsempfindliche Bildschirmoberflächen (absolute Adressierung). Ein *indirektes Zeigen* ist mit → Maus, Steuerknüppel, Rollkugel (jeweils relative Adressierung) und Graphiktablett (absolute und relative Adressierung) möglich.

Kurzbiographien

Dr. David Ackermann
Geb. 1948. Sammelte erste Berufserfahrungen bei den Schweizerischen Bundesbahnen, bevor er auf dem zweiten Bildungsweg die Maturitätsexamen nachholte und anschliessend an der Universität Zürich Psychologie und im Nebenfach Informatik studierte. Nach dem Wechsel an den Lehrstuhl für Arbeits- und Organisationspsychologie der ETH Zürich (Prof. Dr. E. Ulich) führte er verschiedene Experimente zu Fragen der Arbeitsgestaltung durch. Neben der Grundlagenforschung über *Mentale Modelle* und zu Fragen der differentiellen Arbeitsgestaltung, Beschäftigung mit Aspekten der Schnittstellengestaltung und -implementation. Seine Dissertation wurde 1987 mit dem *Human-Computer Doctoral Award* der IFIP ausgezeichnet.

Prof. Dr.-Ing. habil. Helmut Balzert
Lehrstuhl für Software-Technik, Ruhr-Universität Bochum. Geb. 1950. Studium der Elektrotechnik und Informatik an der TH Darmstadt (Diplom 1973). 1974-1979 Wissenschaftlicher Assistent an der Universität Kaiserslautern in der Forschungsgruppe *Programmiersprachen und Compilerbau* (Promotion 1979). 1979-1983 Leiter der Abteilung Software-Engineering bei der TA Triumph-Adler AG in Nürnberg. 1983-1988 Bereichsleiter für Neue Technologien/Basisentwicklung bei TA. 1984-1987 Gesamtprojektleiter des Verbundprojekts WISDOM (Wissensbasierte Systeme zur Bürokommunikation: Dokumentenverarbeitung, Organisation, Mensch-Computer-Kommunikation). 1983-1988 Sprecher des Fachausschusses 2.3 *Ergonomie in der Informatik* der Gesellschaft für Informatik (GI), Mitglied des Präsidiums der GI. 1987 Habilitation.
Forschungsgebiete: Software-Ergonomie, Zuverlässige Software, Automatisierungssysteme, Desk Top Publishing, Büroautomation.
Herausgeber der Buchreihen *Mensch-Computer-Kommunikation* und *Angewandte Informatik*.

Dr. rer. nat. Joachim Bauer
Geb. 1956. Studium der Informatik an der Universität Stuttgart, 1981 Diplomprüfung. Von Dezember 1981 bis April 1988 wissenschaftlicher Mitarbeiter in der Forschungsgruppe INFORM. Von 1981 bis 1983 Beschäftigung mit Texteditoren. Seit 1983 schwerpunktmäßig Arbeit über Hilfesysteme. Promotion 1988. Seit Juni 1988 bei der Firma IBM Deutschland GmbH in Böblingen.

Edmund Eberleh
Geb. 1957. Studium der Psychologie an der TU Braunschweig mit Schwerpunkt Kognitive Psychologie. Nach dem Diplom 1984 bis 1985 dort wissenschaftlicher Mitarbeiter bei Professor K. F. Wender in Forschungsprojekten zur Wissensrepräsentation. Von 1986 bis Mitte 1987 wissenschaftlicher Mitarbeiter in der Forschungsgruppe ACCEPT bei Prof. A. Sanders und Dr. N. A. Streitz am Institut für Psychologie der RWTH Aachen. Arbeiten zur kognitiven Repräsentation der Mensch-Computer-Interaktion.
Parallel dazu dort Aufbaustudium in Arbeit-, Betriebs- und Organisationspsychologie, mit Abschluß 1987. Seit Juni 1987 wissenschaftlicher Mitarbeiter des Aachen-er Instituts für Psychologie und Leiter der Forschungsgruppe ACCEPT. Lehr- und Arbeitsschwerpunkte Software-Ergonomie und Künstliche Intelligenz. Zur Zeit Abschluß der Promotion zur Klassifikation und kognitiven Repräsentation der Mensch-Computer-Interaktion.

Dr.-Ing. Thomas Herrmann
Geb. 1956. Studium der Informatik und Kommunikationswissenschaften in Bonn (1976-1983). Tätig im Bereich Wirkungsforschung bei der Gesellschaft für Mathematik und Datenverarbeitung von

1980-1986. Promotion zum Dr.-Ing. an der TU Berlin (1986), danach Leiter des Bereichs Informatik und Gesellschaft an der Universität Dortmund.

Dr. rer. soc. Heinz Ulrich Hoppe

Geb. 1954. Studium der Mathematik und Physik an der Universität Marburg. Erste und zweite Staatsprüfung für das Lehramt an Gymnasien 1978 bzw. 1980. Anschließend bis Ende 1983 wissenschaftlicher Mitarbeiter in einem Projekt zum computerunterstützten Problemlösen im Mathematikunterricht an der PH Esslingen. 1984 Promotion zum Dr. rer.soc. an der Universität Tübingen. Bis Mitte 1987 wissenschaftlicher Mitarbeiter am Fraunhofer Institut IAO in Stuttgart. Danach Wechsel an das GMD-Institut für Integrierte Publikations- und Informationssysteme in Darmstadt.
Forschungsschwerpunkte: Adaptive Systeme, kognitive Modellierung des Benutzerverhaltens.

Rolf Ilg

Geb. 1953. Studium des Maschinenbaus an der Technischen Hochschule Darmstadt, Diplom mit Schwerpunkt Arbeitswissenschaft. Seit 1981 wissenschaftlicher Mitarbeiter am Fraunhofer-Institut für Arbeitswirtschaft und Organisation (IAO), Stuttgart, in der Forschungsgruppe *Mensch-Rechner-Interaktion*.
Forschungsschwerpunkte: Hard- und Software-Ergonomie, Mensch-Rechner-Schnittstellengestaltung sowie visuelle Informationsgestaltung, zahlreiche Seminar- und Vortragstätigkeiten. Technischer Direktor im europäischen ESPRIT-Projekt HUFIT (Human Factors in Information Technology).

Dr. phil. Reinhardt Oppermann

Geb. 1946. Studium der Psychologie von 1969 bis 1973. Diplom 1973 an der Universität Bonn. Promotion zum Dr. phil. 1975 an der Universität Bonn. Tätigkeiten in verschiedenen Forschungsprojekten über Determinanten politischer Partizipation von 1974 bis 1979 an der Universität Bonn. Forschungs- und Entwicklungsprojekte über Benutzerbeteiligung, Auswirkungen der Informationstechnik auf das Verhältnis Bürger – Staat und Software-Ergonomie seit 1979 in der Gesellschaft für Mathematik und Datenverarbeitung (GMD).

Dr.-Ing. Helmut Peschke

Geb. 1954. Studium der Informatik an der Technischen Universität Berlin und anschließend dort fünf Jahre im Fachgebiet Systemanalyse/EDV in Forschung und Lehre tätig. Lehrveranstaltungen zur Benutzerfreundlichkeit und Arbeitsgestaltung. 1986 Promotion mit einer Arbeit zur betroffenenorientierten Systementwicklung. Seit drei Jahren am *awfi* Arbeitswissenschaftlichen Forschungsinstitut GmbH Berlin Betreuung von EDV- und Organisationsprojekten in den Schwerpunkten Benutzerbeteiligung, Organisationsentwicklung und Software-Ergonomie.

Dr. Gabriele Rohr

Geb. 1947. Studium der Experimentalpsychologie in Mannheim, Gießen und Berlin. Promotion über Objektrepräsentation 1982 in Berlin. Seit 1983 Forschungstätigkeit am Wissenschaftlichen Zentrum der IBM in Heidelberg.
Forschungsgebiete. Bildliche Repräsentation, Gedächtnis und Wiedererkennen, Benutzerforschung.

Thomas Schwab

Geb. 1958. Studium der Informatik an der Universität Stuttgart, 1984 Diplom. Seit Oktober 1984 wissenschaftlicher Mitarbeiter in der Forschungsgruppe INFORM. Arbeitsgebiete: Hilfesysteme und Fragen der Planerkennung und Benutzermodellierung in adaptiven Systemen.

Dr. Dr. Norbert Streitz

Geb. 1948. Studium der Physik und Mathematik an der Universität Kiel, Promotion in theoretischer Physik über Allgemeine Relativitätstheorie und Elementarteilchenphysik. Parallel dazu Studium der Psychologie (Schwerpunkte: mathematische Methoden, experimentelle und kognitive Psychologie). 1976/77 einjähriger Forschungsaufenthalt an der University of California in Berkeley (cognitive science, expert problem solving). Anschließend wissenschaftlicher Assistent am Institut für Psychologie der RWTH Aachen und Promotion in Psychologie mit einem Thema über Wissensrepräsentationen und kognitive Prozesse beim Textverstehen und Problemlösen. Gründer und Leiter der dortigen Forschungsgruppe ACCEPT (Aachen Cognitive Ergonomics Projects), die interdisziplinäre Projekte zur Software-Ergonomie und Mensch-Computer-Interaktion durchführte.
Seit Mitte 1987 als Forschungsbereichskoordinator für Publikationssysteme und Projektleiter für Wissensbasierte Autorensysteme und Hypertextsysteme im neugegründeten Institut für Integrierte Publikations- und Informationssysteme (F4) der Gesellschaft für Mathematik und Datenverarbeitung (GMD) in Darmstadt tätig.
Sprecher der Fachgruppe *Software-Ergonomie* und Mitglied des Fachausschusses *Ergonomie in der Informatik* in der Gesellschaft für Informatik (GI). Mitbegründer und im Vorstand der European Association for Cognitive Ergonomics (EACE). Weiterhin Mitglied in verschiedenen nationalen und internationalen Programm- komitees auf dem Gebiet der Mensch-Computer-Interaktion und Software-Ergonomie.

Prof. Dr. phil Eberhard Ulich

Ordentlicher Professor für Arbeit- und Betriebspsychologie an der ETH Zürich. Geb. 1929. Studium der Psychologie mit Diplom 1954 und Promotion zum Dr. phil. 1955 an der Universität München. 1955 bis 1957 Assistent am Max-Planck-Institut für Arbeitspsychologie Dortmund. Bis 1965 Assistent und Lehrbeauftragter an der Universität München. Bis 1967 Privatdozent an der Technischen Hochschule München. Bis 1969 wissenschaftlicher Rat und Professor an der Technischen Universität Berlin. Bis 1972 Ordinarius für Psychologie an der Deutschen Sporthochschule Köln und Honorarprofessor an der Universität Heidelberg. Seit 1972 Ordinarius für Arbeits- und Betriebspsychologie an der Eidgenössischen Technischen Hochschule Zürich.
Forschungsobjekte: alternative Arbeitsformen in Industrie und Verwaltung, Veränderungen von Arbeits- und Organisationsstrukturen durch Einsatz fortgeschrittener Technologien, Arbeitszufriedenheit, persönlichkeitsförderliche Arbeitsgestaltung, Schicht- und Nachtarbeit.
Herausgeber der *Schriften zur Arbeitspsychologie*.

Jürgen Ziegler

Geb. 1954. Studium der Elektrotechnik und Biokybernetik an der TH Karlsruhe. Zur Zeit Leiter der Forschungsgruppe Mensch-Rechner-Interaktion am Fraunhofer Institut für Arbeitwirtschaft und Organisation, Stuttgart.
Forschungsschwerpunkte: Kognitive Modelle der Mensch-Rechner-Interaktion, direkt manipulative Interaktionstechniken und Software-Werkzeuge für Benutzerschnittstellen. Technischer Direktor im europäischen ESPRIT-Projekt HUFIT (Human Factors in Information Technology). Zahlreiche Lehr-, Seminar-,und Vortragstätigkeiten. Beteiligung an Standardisierungsarbeiten (z. B. Leitung des VDI-Ausschusses Software-Ergonomie in der Bürokommunikation).

Dr. Magdalena Zoeppritz

Geb. 1940. Sprachwissenschaftliches Studium in Hamburg, Berlin, Southern Illinois und Stanford, mit Magister im Hamburg 1968 und Promotion 1984. Seit 1970 Arbeit bei der IBM Deutschland GmbH auf dem Gebiet der Computerlinguistik.
Arbeitsschwerpunkte: Syntaxanalyse des Deutschen, Interaktion mit der Maschine in natürlicher Sprache und linguistische Aspekte der Software-Ergonomie.

Harald Zwerina

Geb. 1954. Von 1973 bis 1978 Studium an der Universität Karlsruhe, Abschluß als Diplom-Wirtschaftsingenieur.
Seit 1978 im Ergonomiezentrum der Siemens AG in Erlangen. Bis 1982 Tätigkeiten in den Bereichen *Bildschirmarbeitsplatz-Gestaltung, Büro- und Fabrikplanung*. Seit 1982 Leiter der Labors für Kommunikations-Ergonomie, Entwicklung von Nutzungskonzepte für multifunktionale Systeme des Bürobereichs und der Ferti-gungsautomatisierung. Durchführung von Trainings-Seminaren über Ergonomie und Mitarbeit bei der Erstellung von Ergonomie-Normen des DIN.

Personenregister

Abholz 57, 63
Abrahamson 134, 137
Ackermann 58, 61, 63, 258, 265, 267, 269, 271-272, 274, 329, 383
Albert 13, 83-84, 96
Alexander 137
Alioth 50-51, 55, 63, 66
Altmann 193
Alty 14, 21
Anderson 41, 47
Arend 31, 47
Argyle 104, 117
Aschwanden 54, 61, 63
Aucella 329, 341

Backus 287, 296
Badre 13, 20
Baitsch 51-52, 64-66
Balzert 10, 14, 20, 89, 92, 96, 109, 251, 274, 278, 296, 319-320, 325, 340, 347, 362, 373, 383
Barber 134, 136
Barnard 151
Barstow 296
Barton 103, 117
Bauer 200, 203-205, 212-213, 216, 224, 227, 364, 383
Beavin 105-107, 120
Bemelmans 320
Benbasat 105, 113, 117
Benda 63-64
Benz 166, 168, 174
Berger 299, 311, 321
Billingsley 133, 136
Bird 83, 98
Bjoern-Andersen 320
Bjørn-Andersen 302
Blake 328, 340
Blaser 144, 159
Bobrow 289, 296
Böcker 205, 213
Boehm 304, 320
Bonar 160
Borning 177, 193
Bösze 267, 269, 274
Boucsein 137
Bovair 330
Boyce 160
Bozkov 31, 47
Briefs 320
Broadbent 154, 159
Brodie 239-240, 251

Budde 111, 118, 320
Budge 177, 193
Bugelski 37, 47
Bühler 104, 118
Bullinger 13-14, 20-21, 320
Burr 193
Buxton 80, 96

Cakir 14, 21, 193, 320
Card 13, 17, 21, 84, 96, 132, 136, 143, 159, 191, 193, 232, 246, 251, 274-275
Carroll 45, 47, 115, 118, 151, 159
Cars 330
Chamberlin 160
Charniack 296
Charniak 285
Christie 109, 118
Ciborra 320
Clocksin 285, 296
Coombs 14, 21, 23
Curtis 147, 159
Cyranek 104, 118

Dehnig 274
Derisavi-Fard 174
Döbele-Berger 61, 64
Dörner 267
Draper 13, 22, 328, 341
Dreyfus 224, 227
Duell 52, 64, 299, 303, 320
Dyer 35, 47
Dzida 21, 64, 101, 118, 260, 274, 301, 320, 324-325, 341

Eason 233, 251
Eberleh 18, 23, 61, 64, 104, 117-118, 120, 137, 383
Edmonds 216, 227, 280, 296
Ehrenberg 307, 320
Ehrlich 148, 155, 160
Elkerton 253, 276
Emery 55-56, 64
Emmons 72, 97
Engelbeck 248-250, 252
English 84, 97, 193
Epstein 38, 47
Ernst 114, 116, 118
Essig 274
Estrin 221, 227
Ewing 84, 97
Eyferth 274

Personenregister

Fabian 122, 136
Fähnrich 21, 178, 193, 234, 250-252
Falzon 14, 21
Farrow 308, 322
Fenchel 221, 227
Finin 204, 213
Finke 295
Fischer 50, 59, 64, 202, 204, 207, 213, 274
Fisk 34, 47
Fleishman 102, 118
Floyd 306, 320
Foderaro 205, 213
Foley 72, 74, 97, 108, 118, 234, 251, 326, 341
Ford 161
Fraisse 29
Franz 308, 320
Frei 52, 64, 299, 303, 320
Frese 64, 192-193
Frieling 174

Gaines 10-13, 21, 103, 118
Galotti 159
Ganong 159
Gerstendörfer 41, 47, 153, 159
Gibson 35
Gittings 193
Giuliano 4
Glaser 137
Goldberg 193, 289, 296
Goldstein 353, 373
Goodwin 84, 97
Gould 16, 21, 72, 97
Granda 137
Grandjean 14, 21
Grass 137
Green 14, 21, 23, 155, 157, 159, 243, 247, 251-252
Grob 57, 61, 64, 168, 174
Grochla 322
Groner 29, 42, 47
Grudin 151
Guest 280, 296
Guliano 21
Gunzenhäuser 274

Hacker 3, 10, 21, 53, 64
Haffner 57, 64
Haller 83, 97
Hard 21
Harker 233, 251
Hart 14, 21
Hartson 13, 22
Haubner 166, 168, 174
Hauptmann 255, 274
Hauser 92, 97
Hayes 198, 213, 216, 227
Hayes-Roth 371-373

Heilmann 299, 307, 311, 321
Hein 223, 227, 295
Heine 43, 48
Helmreich 309, 321
Herczeg 61, 64, 200, 213, 290, 296
Herda 260, 274
Herrmann 222, 227, 295, 383
Higman 147, 159
Hoffmann 116, 118
Hollan 115-118, 177, 181, 193
Hopcroft 281, 296
Hoppe 192, 250, 252, 273, 275, 279, 296, 306, 364, 373, 384
Horn 306, 321
Huffman 137
Hurrel 13, 22
Hutchins 115-118, 177, 181, 193

Iivari 108, 118
Ikeda 92, 97
Ilg 74, 194, 384
Itzfeld 260, 274

Jackendoff 40, 48
Jackson 105-107, 120, 321
Jacob 32, 48
Jagodzinski 220, 227
Jameson 353, 373
Jarke 144, 146, 161
Johnson 241, 251
Jones 194

Kaeten-Ammon 307, 320
Kahneman 33, 48
Kamins 274-275
Karat 97, 137
Katz 63-65
Kawalek 299, 322
Kean 241, 251
Keil 306, 320
Kellermann 295-296
Kenighan 157
Kieras 110, 118, 192, 248-251, 273, 275, 279, 296, 330
Kieser 51, 64
Kiger 128, 136
Klix 14, 22, 31, 48, 104, 106, 118
Klockare 307, 321
Klutmann 305, 321
Kobsa 222, 228, 353, 373
Kohl 83, 98
Korat 84
Korffmacher 61, 64, 104, 118
Koskela 108, 118
Kosslyn 41-42, 48
Kraasch 116, 119
Krallmann 236, 251

Personenregister

Krause 104, 108, 119, 146, 159
Kubicek 51, 64, 299, 301, 307, 311, 321
Kuhmann 137
Kupka 104, 114, 119

Landauer 128, 136
Laubsch 285, 289, 297
averson 136-137
Lehmann 144, 159
Lemke 208, 210, 213
Leontjew 52, 64
Leplat 232, 251
Levy 194
Lewis 16, 21, 144, 159
Liebelt 123, 132, 137
Lloyd 48
Lodding 194
Lucas 134, 136
Lüthi 266-267, 274-275
Lutze 357, 368, 373

Maaß 104, 115, 119, 274
Mack 115, 118, 144, 151, 159
Mambrey 307, 313, 321
Marcus 194
Margono 194
Marken 85, 97
Martin 13, 22, 108, 113, 119
Mayer 157
McCarthy 285, 297
McCracken 321
McDermott 285
McDonald 132, 137
McEwen 128, 137
Mellish 285, 296
Menton 157
Metzger 170, 174
Mielke 314, 317, 319, 321
Mölle r355, 374
Moran 13, 17, 21, 108-109, 111, 119, 159, 178, 194, 232, 234, 241, 246, 251, 274, 330, 340-341
Morik 351, 353, 374
Moritz 170, 174
Morris 103, 107, 119
Morrison 61, 64
Mosier 253, 257, 260, 262, 264, 275
Mozeico 353, 374
Müller 321
Mumford 299, 303, 307-308, 321
Muncher 248-250, 252
Murray 134, 137
Mussmann 61, 65, 123, 137
Mylopoulos 239-240, 251

Nachbar 128, 136
Newell 13, 17, 21, 104, 119, 159, 232, 246, 251, 274-275, 330, 340

Nicholas 48
Nickerson 12, 22
Nielsen 178, 194, 326, 341
Nievergelt 61, 63, 283, 297
Noble 61, 64
Norman 6, 13, 22, 101, 105, 111, 114-119, 136-137, 177, 193, 354, 374
Norrby 321
Nullmeier 374

Oberquelle 104, 119
Oborne 151, 160
Ogden 153, 160
Oppermann 303, 307-308, 313-314, 321-322, 331, 341, 347, 384
Ortmann 228
Oschanin 106, 119

Paetau 57, 65, 324
Paivio 48, 106, 119
Parton 133, 137
Pateau 341
Payne 14, 21, 109, 119, 243, 247, 251-252
Penninger 97
Perlman 130, 137
Peschke 61, 254, 305-306, 322, 354, 384
Pew 329, 341
Picardi 132, 137
Pickering 77, 97
Pieper 65, 324
Plauger 157
Poge 83
Polson 110, 118, 192, 248-252, 273, 275, 279, 296, 330, 341
Pressmar 157, 159
Pridgen 137
Pröfrock 321

Quaintance 102, 118

Rasmussen 6, 16, 22
Ratcliff 157, 160
Rathke 61, 65, 205, 213, 285, 289, 297
Raulefs 372, 374
Raum 61, 65
Raynor 308, 322
Reinhart 85, 97
Reisner 109, 119, 139, 144, 153, 160
Restle 157, 160
Rich 202, 213, 222, 228, 353, 374
Riesbeck 285
Roberts 330, 341
Robey 308, 320, 322
Robson 193, 289, 296
Rödiger 302, 322, 374
Rogers 151, 160
Rohr 41-43, 47-48, 151, 153, 159-160

Rollinger 351, 353, 374
Root 328, 341
Rosch 39, 48
Rosemann 170, 174
Rosenberg 187, 194, 220, 228
Rosenow 355, 374
Rossberg 94, 98
Rosson 231, 252
Rowe 152, 160
Rumelhart 111, 119

Sackman 13, 22
Salvendy 13, 22
Sanders 115
Sandewall 285, 297
Sauter 13, 22
Schaefer 119, 134, 137
Schardt 261, 275
Schefe 147, 160
Schiele 61, 65, 247, 251, 273, 275
Schlager 153, 160
Schmidt 239-240, 251
Schneider 13, 34-35, 47-48, 309, 320, 322
Schönfelder 10, 21
Schönpflug 14, 22, 322
Schroder 56, 65
Schulte-Göcking 193
Schwab 204, 207, 213-214, 216, 224, 227, 364, 384
Schwellach 61, 64
Searle 106, 120
Senders 29, 48
Shackel 6, 10, 12-14, 21-23, 231, 252, 300, 322
Shaw 103, 118
Shiffrin 34-35, 48
Shinar 85, 98
Shipstone 157, 160
Shneiderman 5-6, 13, 20, 23, 83, 98, 123, 134, 136-137, 152, 160, 175, 192, 194
Siddiqui 157, 160
Sime 14, 23
Simon 104, 119, 232, 246, 251
Sitter 250, 252
Skarpelis 10, 23
Sklower 205, 213
Sleeman 204, 214
Small 154, 160
Smith 14, 23, 140, 160, 175, 187, 194, 204, 214, 253, 255, 257, 260-262, 264, 275, 329, 341
Smolawa 307, 322
Solloway 148, 155, 160
Speckmann 308, 322
Spinas 10, 23, 54-55, 58, 61, 63, 65, 137, 253-254, 256-259, 265, 275
Stammers 83, 98
Starringer 61, 66
Stefik 289, 296

Stein 116, 119
Steinle 299, 322
Stelovsky 280, 297
Stemple 152, 161
Stewart 14, 21, 324, 341
Stone 132, 137
Stoyan 286, 297
Streitz 6, 8, 10, 17-19, 23, 61, 64, 104, 115, 117-118, 120, 137, 385
Sugaya 280, 297
Sutherland 194
Swigger 143, 161
Sydow 50, 65
Sylla 111, 118
Szyperski 322

Tafel 83, 98
Tauber 116, 120, 151, 161
Tavolato 304, 322
Teil 58
Teitelbaum 137
Teitelman 294, 297
Tepper 303, 307, 309, 314, 320-322
Tesler 194
Thomas 13, 24, 45, 47, 153, 161
Thorsrud 55-56, 64
Toepfer 307, 322
Tombaugh 128, 137
Trappl 353, 373
Triebe 56, 61, 65, 274-275
Trost 353, 373
Troy 10, 23, 55, 58, 65, 253, 256, 275
Tversky 32, 48

Ulich 10, 23-24, 51, 55, 57-58, 61, 64-66, 123, 137, 253-254, 256-257, 260, 263-265, 274-276, 302, 324, 342, 385
Ullman 296

van Dam 251, 326
van der Veer 14, 21, 24
Vassiliou 13, 24, 144, 159, 161
Verwey 127, 132, 137
Viereck 116, 120
Vigliani 14, 21
Vincena 304, 322
Vossen 192, 250, 252

Wahlster 216, 228, 353, 373
Waite 274
Wallace 108, 118
Wand 105, 113, 117
Wandtke 22, 111, 120, 151, 161
Warfield 98
Wasserman 280, 297
Watzlawick 105-107, 120
Weinberg 13, 24

Weitzman 177, 193
Weldon 154, 160
Welter 299, 303, 307, 321
Welty 152, 161
Weng 94, 98
Wertheimer 31, 48
Wetzenstein-Ollenschläger 151, 161
Weydert 283
Whiteside 191, 194
Williams 194, 197, 204, 214
Williges 120, 253-254, 276
Wilpert 299, 322
Wilsing 114, 119
Wite 275
Witten 204, 214

Wittstock 14, 22, 61, 65, 275, 306, 322
Wixon 194

Yamada 92, 98

Zehnder 254, 276
Ziegler 74, 116, 120, 178, 192-194, 234, 240, 250-252, 278-279, 373, 385
Zimmermann 54, 61, 63
Zissos 204, 214
Zloof 176, 194
Zoeppritz 140, 146, 152, 161, 385
Zoltan 146, 161
Zülch 61, 66
Züllighoven 320
Zwerina 132, 174, 342, 386

Sachregister

Abfrage-Sprachen 144, 149
Abrufprozesse 36
Adapter 359
Akzeptanz 375
Anforderungsermittlung 375
Anforderungsvielfalt 55
Anwaltsplanung 375
Anwendung 352
Anwendungsdialog 115
Anwendungssysteme 325, 347, 358-360
Arbeitsgedächtnis 36
Arbeitsgestaltung, differentielle 377
Arbeitsgestaltung, korrektive 49, 379
Arbeitsgestaltung, präventive 50, 381
Arbeitsgestaltung, Prinzip der flexiblen 57
Arbeitsgestaltung, prospektive 50, 382
Arbeitsgestaltung, qualifizierende 382
Arbeitsgestaltung, Prinzip der differentiellen 57
Arbeitsinformation 166, 375
Arbeitskontextes 16
Attributierung 189
Aufgabe 232, 375
Aufgabenanalyse 232-233, 375
Aufgabenanalyse, kognitive 242, 376
Aufgabenangemessenheit 27, 234, 325, 337
Aufgabenmerkmale 233
Aufgabenzentriertheit 9
Aufmerksamkeit, fokussierte 34
Aufmerksamkeit, verteilte 34
Aufmerksamkeitssteuerung 33
Auskunfts- und Beratungssysteme 363
Auskunftssysteme 351, 376
Auswahl 74
Auswahlkürzel 128
Autonomie 56

Baumstruktur 127
Beeinträchtigungslosigkeit 49
Benchmark-Test 330
Benennungen 151
Benutzbarkeit 323, 376
Benutzer 222
benutzerinitiierter Dialog 114
Benutzerkompetenz 356
Benutzerkonventionen 355
Benutzermodell 222, 353, 355, 376
Benutzerorientiertheit 10
Benutzerschnittstelle 325, 376
Benutzerschnittstelle, adaptive 295, 375
Benutzerschnittstelle, direkt manipulative 178
Benutzertypisierung 222
Benutzung 352
Beratungssysteme 351, 376
Beteiligungsform 308

Betroffene 308
Bewertungen 351
Bildschirme 376
Bildschirmeditoren 176
Browser 376
Browser, graphische 176

CAD-Systeme 176
CAM-Systeme 176
CCT 247
Codierung 36
cognitive engineering 6
cognitive ergonomics 6
Cursortasten 71

Datenerhebung 46
Definition der Anforderungen 253
Dialog 101, 376
Dialogablauf 166
Dialogebene 178
Dialogform 101-102, 376
Dialogformen, Klassifikation von 101
Dialogformen, Merkmale von 103
Dialoggenerator 280
Dialoghistorie 356
Dialoginhalt 166
Dialogschnittstelle 337, 376
Dialogschritt 101, 376
Dialogteilnehmer, Symmetrie der 107
DIN 66234 Teil 8 169, 260
Direktheit 181
Direktheit, formale 182
Direktheit, operationale 182
Direktheit, semantische 181
Dokumente, multimediale 89, 377
Drucker 91, 377
DWIM 293

Ebene, semantische 180
Ebene, konzeptuelle 178
Eigenschaften-Fenster 189, 377
Ein-/Ausgabe-Geräte 67, 377
Ein-/Ausgabetechniken 278
Ein-Ausgabeebene 178, 181
Elektrolumineszenz-Bildschirm 91
Empfehlungssysteme 377
Entwicklung, Methoden der 264
Entwicklung, partizipative 299
Entwurf, Methoden des 267
Entwurfskontextes 16
Entwurfsrichtlinien 323, 377
Erinnerungsgedächtnis 58
Erkennung 86
Erklärungen, deskriptive 220

Erlernen 352
Erwartungskonformität 325, 337
EVADIS 331, 333, 335, 337, 339
Evaluation 323, 326-327, 377
Evaluation, Methoden der 327, 329
Evaluationsleitfaden 331
Evaluationsmethoden, experimentelle 330
Evaluationsmethoden, leitfadenorientierte 329
Evaluationsmethoden, objektive 328
Evaluationsmethoden, subjektive 327
Evaluationsverfahren 323-324, 326, 328, 330, 332, 334, 336, 338, 340, 342
Expertensysteme 365, 371, 378

Fachwissen 366-368
Fehlerrobustheit 325, 338
Fenstertechnik 278
Flächen, berührungsempfindliche 76
Flexibilität 54, 58, 60, 338
Flüssigkristallanzeigen 90
Folien, berührungsempfindliche 76
Foveales Sehen 28
Freiheitsgrade des Benutzers 114
Funktion - Objekt 186
Funktionalität 326, 378
Funktionen 189
Funktionsaufruf 183
Funktionsaufruf, impliziter 185
Funktionstasten 71, 183

Ganzheitlichkeit 55
Gebiete, berührungsempfindliche 76
Gedächtnisorganisation 36
generische Operationen 242
Gestaltgesetze 31, 170
Gestaltung, ganzheitliche 301, 378
Gestaltungsspielraum 54
GOMS-Ansatz 246
GOMS-Modell 246, 330
Grafiktablett 82

Handhabbarkeit 325, 378
Handlungsspielraum 52, 117, 233
Handlungsspielraum, Analyse des 264
Handlungssteuerung 28, 43
Handschrifteingabe 85, 378
Handschrifteingabe mit Schrifterkennung 85
Handschrifteingabe ohne Schrifterkennung 85
Hardware-Ergonomie 3
Hierarchie 127
Hierarchische Dialoge 116
Hilfe, indirekte 220
Hilfestellung und Erklärung, argumentative 221
Hilfesystem 352, 378
Human Factors in Computing 3
Human-Computer Interaction 3

Individualisierbarkeit 58, 60
Informationsübermittlung, Modalität der 106
Initiative 113
Inkonsistenz, semantische 190
Intelligenz, künstliche 379
Intentionen 357
Interaktion, Möglichkeiten der sozialen 55
Interaktionssprachen 139
Interaktionssprachen, Eigenschaften von 140
Interaktivität 114, 178-179
INTERLISP-D 292
Interpretionssicherheit 224
Interpunktion 116, 378
Isolation, soziale 226

Kategorienbildung 39
KI 285-286
Klassen 289
Kognitive Ergonomie 6
Kognitive Komplexitt 247
Kognitive Prozesse 43
Kommando, generisches 187, 378
Kommandosprachen 141, 149
Kompatibilität 58, 117
Konsistenz 58-59, 379
Konsistenz, syntaktische 190
Konstellation des Benutzers, psychische 222
Kontextberücksichtigung 215-216
Kontrollierbarkeit 226
Kontrollstruktur 362
Konventionen 356
Konzeptueller Entwurf 238

Langzeitgedächtnis 36
Laserbelichter 91
Laserdrucker 91
Lautsprecher 86
Leitfaden 255, 328, 331, 379
Lern- und Entwicklungsmöglichkeiten 56
Lernförderlichkeit, mangelnde 225
Lexikalik 379
Lichtgriffel 75
LISP 287
LISP-Maschinen 291

Makrokommando 136
Makros 148, 150
Manipulation, direkte 73-74, 175, 278, 377
Maus 78, 379
Maus, mechanische 78
Maus, optische 78
Meldungen 166
Mensch-Computer Interaktion (MCI) 3
Mensch-Computer-Schnittstelle 347, 358-359
Mensch-Maschine-Schnittstelle 331
Menü, Drop-down 184
Menü, Pop-up 183

Sachregister

Menü, Pull-down 184
Menüauswahl 121, 379
Menüauswahlen, allgemeine Eigenschaften von 122
Menüleiste 184
Menüs, Gestaltung von 131
Menüstrukturen 380
Menütypen 380
Merkmalsraum 103
Metadialog 115
Metakommunikation 356
Metaphern 27, 39, 44-45, 115
Mikrophon 86
Mißverständnisse 225
mnemonische Abkürzungen 151
mnemotechnische Buchstabenwahl 130
Modell, konzeptuelles 180
Modellierung, kognitive 279, 379

Naming 114
Netzwerke 128
rmen 255, 380
Nützlichkeit 325, 380

Objekt 380
Objekt - Funktion 186
ODA 188
Operation 381
Organisations-Gestaltung, ergonomische 346
Organisationseinheit, innerer Zusammenhang 51
Organisationseinheiten, Bildung von 51
Orientierung 74

parallele Dialoge 116
Partizipation 58, 62, 299, 309, 381
Partizipation, Inhalte der 311
Persönlichkeitsförderlichkeit 49
Pfad 75
Pfadname 135
Plasma-Bildschirm 90
Pointing 114
pop-up-Menü 125
Positionierung 74
Pragmatik 108, 223
Primäraufgabe 55
Problemlösungswissen 366-368, 371
Programmieren, logisches 287
Programmiersprachen 147, 150
Programmiersysteme, objektorientierte 288
Programmierumgebungen 291
Programmierung, funktionale 287, 381
Programmierung, logische 381
Programmierung, objektorientierte 381
Property Sheet 189-190, 382
Prototypen 39
Prototypenentwicklung 277
Prototypenentwicklung, schnelle 382

Prozeduralik 109
pull-down-Menü 125

Quantifizierung 75
Query-by-example 176
Qwertz-Tastaturen 69

Rang 223
Rapid Prototyping 277-278, 285
Raum 223
recall 122
recognition 122
Referenzieren 179
Referenzierung 116, 178
Regeln 255, 382
Repräsentanten 308
Repräsentation 116, 178
Reproduktionsgedächtnis 58
Richtlinien 255, 382
Rollkugel 81

Scanner 89, 94, 382
Schädigungsfreiheit 49
Schnittstelle 331, 382
Schnittstellengestaltung 324
Sekundäraufgabe 55
Selbstbeschreibungsfähigkeit 325
Selbsterklärungsfähigkeit 368, 371
Semantik 108, 223, 382
semantischer Entwurf 241
Softkey-Konzept 71
Software-Ergonomie 3
Software-Ergonomie, korrektive 317
Softwareentwurf 253
Speicherung 86
Sprachausgabe 88, 382
Sprache 286
Sprache, gesprochene 378
Sprachebene 116
Spracherkennung 383
Sprachspeicherung 383
Spread Sheet 383
Standardaufgabe 334
Statusinformation 166
Steuerbarkeit 325
Steuerdialog 116
Steuerinformation 166
Steuerknüppel 79
SYNICS 281
Synta x108, 181, 186, 223, 383
Systemanalyse partizipative 307
Systeme, adaptierbare 353
Systeme, adaptive 222, 353
Systeme, tutorielle 352, 383
Systeme, wissensbasierte 365, 372, 384
Systemgestaltung, Konzept der soziotechnischen 50

Sachregister

systeminitiierter Dialog 113
Systeme, adaptive 354

Tabellenkalkulation 176, 383
Task-Action-Grammatiken (TAG) 243
Tastatur 68, 383
Tätigkeitsspielraum 52
Text 75
Thermo-Transfer-Drucker 91
Tintenstrahl-Drucker 91
Toleranz 58-59
Transformator 360
Transparenz 58-59, 259, 338
Transparenz, mangelnde 225

Übersichtlichkeit 338
UIMS 280
Umfang 223
Unterstützung 58-59
User Interface Management Systems (UIMS) 279-280, 383

Vagheit 224
Versorgungsdialog 116
Verwendbarkeit 383
Videokamera 89

Videospiele 176
Visuelle Wahrnehmung 28
Vorgehensweise, rückgekoppelte 304

Wahrnehmungsfaktoren 33
Werkzeuge, oberflächenorientierte 280
Wiedererkennungsgedächtnis 58
Wissen, heuristisches 371
Wissen, konzeptuelles 224
Wissen, strukturelles 365, 371
Wissensrepräsentation 39
WYSIWYG-Prinzip 384

XS-2 283

Zeigeinstrumente 68, 74, 384
Zeigeinstrumente, indirekte 78, 83
Zeigeinstrumente, Kriterien für 74
Zeigeinstrumente, Vergleich der 83
Zeigen, direktes 83
Zeiginstrumente 68, 74
Zeit 223
Zugriff, direkter 136
Zumutbarkeit 49
Zustandsorientierung 30

MCK
Mensch Computer Kommunikation

Herausgeber der Reihe:
Helmut Balzert

Computersysteme wurden durch die Hardware-Revolution der letzten 10 Jahre verfügbar gemacht. Jetzt geht es darum, sie nutzbar zu machen.

Damit der Benutzer Computersysteme für seine Ziele und mit seinen Kenntnissen nutzen kann, ist eine ergonomische Gestaltung der Mensch-Computerschnittstelle und der Anwendungssysteme notwendig.

Diese Reihe befaßt sich daher mit allen Aspekten der Software-Ergonomie einschl. interdisziplinärer Arbeiten aus den Gebieten Informatik, Arbeitswissenschaft und Psychologie.

Studien und Forschungsergebnisse von theoretischer Bedeutung und praktischer Relevanz werden dargestellt.

Die Zielsetzung dieser Buchreihe ist es, den „State of Art" darzustellen, die Forschung voranzubringen, die Lehre zu unterstützen und zu einer Strukturierung dieses Wissenschaftsgebietes beizutragen.

Die Beiträge sind relevant für Wissenschaftler, Entwickler, Anwender und Studenten.

Walter de Gruyter · Berlin · New York

Mensch Computer Kommunikation MCK

MCK 1
Methoden und Werkzeuge zur Gestaltung benutzergerechter Computersysteme
Herausgegeben von Gerhard Fischer und Rul Gunzenhäuser
15,5 x 23 cm. XII, 282 Seiten. 1986. Gebunden DM 118,-
ISBN 3 11 010070 3

MCK 2
Michael J. Staufer
Piktogramme für Computer
Kognitive Verarbeitung, Methoden zur Produktion und Evaluation
15,5 x 23 cm. X, 186 Seiten. 1987. Gebunden DM 110,-
ISBN 3 11 010917 4

MCK 3
Dietmar Freiburg
Ergonomie in Dokumenten-Retrievalsystemen
15,5 x 23,cm. VIII, 196 Seiten. 1987. Gebunden DM 110,-
ISBN 3 11 010208 6

MCK 4
Prototypen benutzergerechter Computersysteme
Herausgegeben von Rul Gunzenhäuser und Heinz-Dieter Böcker
15,15,5 x 23 cm. VIII, 286 Seiten. 1988. Gebunden DM 120,-
ISBN 3 11 011530 1

MCK 5
R. Oppermann / B. Murchner / M. Paetau / M. Pieper / H. Simm / I.Stellmacher
Evaluation von Dialogsystemen
Der software-ergonomische Leitfaden EVADIS
15,5 x 23 cm. X, 229 Seiten. 1988. Gebunden DM 110,-
ISBN 3 11 011769 X

Preisänderungen vorbehalten

Walter de Gruyter · Berlin · New York